LEHREN
DES PROPHETEN
JOSEPH SMITH

LEHREN
DES PROPHETEN
JOSEPH SMITH

*Seinen Predigten und schriftlichen Abhandlungen
entnommen, die sich in der Dokumentarischen Geschichte
und anderen Veröffentlichungen der Kirche finden und zur
Zeit seines Wirkens geschrieben oder veröffentlicht
worden sind*

Ausgewählt und zusammengestellt vom Geschichtsschreiber der
Kirche Jesu Christi der Heiligen der Letzten Tage und seinen
Mitarbeitern im Büro des Geschichtsschreibers

Das Stichwortverzeichnis
wurde von Robert J. Matthews zusammengestellt

Kirche Jesu Christi der Heiligen der Letzten Tage
Frankfurt am Main
1983

Abkürzungen:

MSS – Manuscript History (Handschriftliche geschichtliche Aufzeichnungen)

JH – Journal History of the Church (Geschichte der Kirche in Tagebuchform)

DHC – Documentary History of the Church (Dokumentarische Geschichte der Kirche)

E&MS – Evening and Morning Star („Abend- und Morgenstern", eine Zeitung)

T&S – Times and Seasons (Eine periodische Zeitschrift der HLT)

FWR – Far West Record (Aufzeichnungen aus Far West)

M&A Messenger and Advocate („Der Bote und Fürsprecher", eine Zeitschrift)

Das englische Original trägt den Titel
„Teachings of the Prophet Joseph Smith"

© 1976 by Deseret Book Company, Salt Lake City, Utah, USA

© der deutschen Ausgabe:
Kirche Jesu Christi der Heiligen der Letzten Tage
Frankfurt am Main, 1983

ISBN 3-922834-05-1

Aus dem Englischen übersetzt von Immo Luschin

Gedruckt in der Deutschen Demokratischen Republik

PB MI 4314 GE

EINLEITUNG

Vor einem Vierteljahrhundert veröffentlichte Bruder Edwin F. Parry eine thematisch geordnete Zusammenstellung von Auszügen aus dogmatischen Reden und Schriften des Propheten Joseph Smith. Diese Worte wurden der Dokumentarischen Geschichte der Kirche entnommen. Das kleine Werk erfüllte eine wichtige Aufgabe, hinterließ aber bei allen, die an den Aussprüchen des Propheten der Letzten Tage interessiert waren, den Wunsch nach weiteren seiner Aussprüche, aber der Wunsch blieb unbefriedigt. Viele treue Mitglieder der Kirche brachten ihr Verlangen zum Ausdruck, ein umfassenderes Buch dieser Art möge herausgebracht werden. Ganz allgemein wollen die Mitglieder der Kirche wissen, was der Prophet Joseph Smith über wichtige Themen zu sagen hatte, denn sie sehen den Ursprung seiner Äußerungen in göttlicher Inspiration.

Viele dieser Ansprachen und Schriften finden sich in der Dokumentarischen Geschichte der Kirche, aber andere sind in den betreffenden Bänden nicht enthalten, sondern in den frühen Veröffentlichungen der Kirche verstreut. Es war für Wissensdurstige schwer, sie zu finden, denn die alten Veröffentlichungen sind der allgemeinen Benutzung nicht zugänglich.

Um der Nachfrage nach einer umfassenderen Zusammenstellung dieser Reden und Worte zu entsprechen, wurde die Sache vom Büro des Geschichtsschreibers aufgegriffen, und die Zusammenstellung wurde vorgenommen, der Ersten Präsidentschaft vorgelegt und von dieser zur Veröffentlichung freigegeben.

Es ist zu bedenken, daß diese Zusammenstellung einige Reden und Abhandlungen enthält, die in den Protokollen von Rats- und Priestertumsversammlungen verzeichnet sind, also keine wörtlichen Niederschriften der Äußerungen des Propheten darstellen, die aber als Teil der betreffenden Protokolle gebilligt worden sind. Es wurde nicht versucht, die Äußerungen nach Themen zusammenzustellen, denn häufig werden in ein und demselben Artikel mehrere Themen behandelt. Es wurde als beste Lösung angesehen, die einzelnen Artikel oder Auszüge chronologisch zu ordnen und durch ein erschöpfendes Stichwortverzeichnis das Auffinden der verschiedenen Themen zu ermöglichen. Rein Geschichtliches, Nebensächliches und Unwesentliches wurde ausgesondert; Sternchen (*) bezeichnen jeweils die Stelle, wo solche Auslassungen vorkommen.

5

Verfügbare Artikel, wie etwa „Joseph Smith erzählt seine Geschichte", als Traktat und ebenso in der Köstlichen Perle veröffentlicht, sind in dieses Werk nicht aufgenommen worden. Wo es notwendig war, wurden Hinweise auf die Offenbarungen im Buch ‚Lehre und Bündnisse' gegeben, aber diese Offenbarungen sind im vorliegenden Buch nicht enthalten.

Wir sind der Meinung, daß dieses Buch einem Bedürfnis entgegenkommt und unter den Mitgliedern der Kirche glaubensfördernd wirken wird. Mit dieser Arbeit sei es seiner Aufgabe überantwortet als ein weiteres Zeugnis für die göttliche Berufung des Propheten Joseph Smith.

JOSEPH FIELDING SMITH
Geschichtsschreiber der Kirche

ERSTER ABSCHNITT
1830–1834

Titelblatt des Buches Mormon

Als sich unsere Übersetzung dem Ende näherte, gingen wir nach Palmyra, Kreis Wayne im Staate New York, sicherten uns das Urheberrecht und kamen mit Mr. Egbert B. Grandin über den Druck von fünftausend Exemplaren um den Preis von dreitausend Dollar überein. Hier möchte ich erwähnen, daß das Titelblatt des Buches Mormon eine buchstäbliche Übersetzung ist, dem allerletzten Blatt entnommen, nämlich auf der linken Seite dieses Stoßes oder Buches von Platten, woraus der übersetzte Bericht stammt; er ist insgesamt so abgefaßt wie alle hebräischen Schriften im allgemeinen, und das betreffende Titelblatt ist keineswegs ein Erzeugnis der Neuzeit – weder von mir noch von sonst irgend jemand, der in unserer Generation gelebt hat oder noch lebt. Aus diesem Grund gebe ich – um einen Irrtum richtigzustellen, der diesbezüglich allgemein besteht – nachstehend[1] denjenigen Teil des Titelblatts aus der englischen Version des Buches Mormon wieder, der eine echte und buchstäbliche Übersetzung des Titelblatts aus dem Original des Buches Mormon darstellt, wie es auf den Platten verzeichnet ist. (1830) DHC 1:71.

Der Wert der Offenbarungen und Gebote

Meine Zeit war fast zwei Wochen lang vom Durchsehen der Gebote und von der Teilnahme an Konferenzen stark in Anspruch genommen, denn vom 1. bis 12. November (1831) hielten wir vier Sonderkonferenzen ab. In der letzten, die bei Bruder Johnson in Hiram stattfand, – nach sorgfältiger Überlegung hinsichtlich des Buches der Offenbarungen, das jetzt gedruckt werden soll[2] und die Grundlage der Kirche in diesen Letzten Tagen und ebenso einen Segen für die Welt darstellt, denn es beweist, daß die Schlüssel der Geheimnisse des Reiches unseres Erretters wieder den Menschen anvertraut worden sind und daß die Reichtümer der Ewigkeit denjenigen zugänglich sind, die gewillt sind, nach einem jeden Wort zu leben, das aus dem Mund Gottes hervorgeht – gab die

---

1 Siehe das Titelblatt des Buches Mormon, die beiden erwähnten Absätze.

2 Auf einer Konferenz der Kirche im November 1831 empfing der Prophet die Offenbarung, die als Abschnitt 1 oder Geleitwort des Buches der Gebote bekannt ist. Auf dieser Konferenz berieten die Ältesten die Veröffentlichung der bis dahin erteilten Offenbarungen als ‚Das Buch der Gebote'. Der Herr billigte diesen Beschluß durch Offenbarung. Es wurde beschlossen, 10.000 Exemplare herauszubringen, aber dies wurde später auf 3.000 abgeändert. Auf dieser Konferenz gab es eine Anzahl Brüder, die aufstanden und erklärten, sie seien bereit, vor der Welt zu bezeugen, daß die vom Propheten empfangenen Offenbarungen vom Herrn seien.

Konferenz die Erklärung ab, daß für die Kirche der Wert der Offenbarungen den Reichtümern der ganzen Welt gleichkomme, zeitlich gesehen. Die großen Vorteile, die der Welt aus dem Buch Mormon und den Offenbarungen erwachsen, – beides hat der Herr uns in seiner unbegrenzten Weisheit zu unserer Errettung geschenkt und zur Errettung aller, sofern sie glauben –, wurden entsprechend gewürdigt, und als Antwort auf eine Anfrage empfing ich folgendes[3]. (Nov. 1831.) – DHC 1:235–236.

Vollkommener Glaube vermag den Schleier zu teilen

Bruder Joseph Smith jun. sagte: Wir haben uns versammelt, um das Werk des Herrn zu tun, und wir verdanken es der großen Barmherzigkeit unseres Gottes, daß wir verschont geblieben sind und uns versammeln können. Viele von uns sind auf das Gebot des Herrn hin ausgegangen, allem Bösen zum Trotz, und haben unbeschreibliche Segnungen er-

---

Die Offenbarungen wurden dann zeitgerecht vom Propheten zusammengestellt und auf einer am 12. November 1831 abgehaltenen Konferenz mit Danksagung angenommen. Oliver Cowdery, John Whitmer und William W. Phelps wurden bestimmt, die Offenbarungen für den Druck durchzusehen, und Oliver Cowdery und John Whitmer wurden beauftragt, sie nach Missouri zu bringen, wo sie gedruckt werden sollten. Diese Brüder waren „ergeben und weihten sich und die heiligen Schriften und alles, was in ihrer Obhut war, dem Herrn". Die Veröffentlichung wurde von William W. Phelps & Co. im Kreis Jackson, Missouri, in Angriff genommen, aber bevor die Arbeit beendet werden konnte, wurden die Druckpresse und der Satz am 20. Juli 1833 vom Pöbel zerstört, und nur wenige Druckbögen blieben erhalten; diese wurden dann gebunden und von denen verwendet, die das Glück hatten, sich diese Bögen in unvollständiger Form als ‚Buch der Gebote‘ zu sichern. Später, im Jahre 1835, wurden die inzwischen sehr viel zahlreicheren Offenbarungen abermals zusammengestellt und als ‚Lehre und Bündnisse‘ in Druck gegeben. Diese erste Ausgabe, hergestellt unter der Aufsicht des Propheten Joseph Smith, enthielt 254 Seiten und wurde von Frederick G. Williams & Co. in Kirtland, Ohio, gedruckt. Die Offenbarungen erstreckten sich über den Zeitraum von 1828 bis 1834. Sieben Vorträge über den Glauben, die vor der Schule der Ältesten in Kirtland gehalten worden waren, wurden ebenfalls in das Buch aufgenommen, aber nicht als Offenbarungen, sondern, wie es die Brüder zu der Zeit ausdrückten, als „nützlich für die Lehre". In dem Buch erschienen auch zwei Artikel von der Hand Oliver Cowderys, einer über Ehe und der andere über Regierungen und Gesetze im allgemeinen. Sie wurden mit dem Buch in Druck gegeben, aber man muß sich vor Augen halten, daß dies in Abwesenheit des Propheten Joseph Smith und ohne seine Zustimmung geschah. Joseph Smith befand sich zur betreffenden Zeit mit Präsident Frederick G. Williams in Michigan. Somit sind diese Artikel nicht, wie einige gemeint haben, Offenbarungen, und sie wurden von der Kirche auch nicht als solche angesehen. Es war aus Anlaß der Annahme der Offenbarungen für die Veröffentlichung, am 12. November 1831, daß der Prophet die Bemerkungen über den Wert der Offenbarungen in sein Tagebuch eintrug.

3 LuB Abschn. 70.

10

langt; infolgedessen ist unser Name in das Lebensbuch des Lammes gesiegelt, denn der Herr hat es gesprochen. Jeder Älteste kann und darf von den Dingen Gottes sprechen, und wenn wir alle mit einerlei Herz und einerlei Sinn in vollkommenem Glauben zusammenkommen würden, so könnte der Schleier heute ebensogut wie nächste Woche oder zu beliebiger anderer Zeit zerreißen; wenn wir uns nur reinigen und vor Gott geloben wollen, ihm zu dienen, so dürfen wir die Gewißheit haben, daß Gott uns zu allen Zeiten beschützen wird[4]. – FWR, S. 13–14. (25. Okt. 1831.)

Vollkommene Liebe, eine Gewähr gegen den Verlust der Gnade

Bruder Joseph Smith jun. sagte, er habe die Absicht, seine Pflicht vor dem Herrn zu tun, und er hoffe, die Brüder würden Geduld haben, denn sie hätten eine beträchtliche Strecke vor sich. Er sagte auch, es sei die Verheißung Gottes, daß die größten Segnungen, die Gott zu geben habe, denen zukämen, die zum Unterhalt seiner Familie beitrügen, solange er die Fülle der heiligen Schrift übersetze. Bis daß wir vollkommene Liebe haben, sind wir der Gefahr ausgesetzt zu fallen; wenn wir aber ein Zeugnis davon haben, daß unser Name in das Lebensbuch des Lammes gesiegelt ist, dann hätten wir vollkommene Liebe, und dann sei es unmöglich, daß falsche Christusse uns täuschen. Er sagte auch, der Herr habe die Kirche verpflichtet, für die Familien der abwesenden Ältesten zu sorgen, während diese das Evangelium verkünden; ferner, daß Gott schon oft die Himmel versiegelt habe, weil es in der Kirche Habsucht gegeben habe. Der Herr werde sein Werk in Rechtschaffenheit abkürzen, und wenn die Kirche die Fülle der heiligen Schrift nicht empfinge, würde sie dennoch scheitern[5]. – FWR, S. 16. (25. Okt. 1831.)

Bemerkungen zur Überarbeitung der heiligen Schrift

Nach meiner Rückkehr von der Konferenz in Amherst macht ich mich wieder an die Übersetzung der heiligen Schrift[6]. Aus etlichen Offenba-

---

4 Dies ist keine wörtliche Wiedergabe, sondern ein Auszug aus dem Protokoll der an diesem Tag abgehaltenen Konferenz.
5 Dies ist ebenfalls ein Auszug aus dem Protokoll, das ein Schreiber von den Worten des Propheten angefertigt hat, eine Zusammenfassung, nicht eine wörtliche Wiedergabe.
6 Kurz nach der Gründung der Kirche gebot der Herr dem Propheten Joseph Smith, mittels Offenbarung eine Übersetzung der Bibel zu verfassen.

11

rungen, die empfangen worden waren, ging hervor, daß viele wichtige Punkte bezüglich der Errettung der Menschen aus der Bibel herausgenommen worden oder schon vor der Zusammenstellung der Bibel verlorengegangen waren. Aus den verbliebenen Stücken der Wahrheit ging hervor: Wenn Gott einen jeden Menschen gemäß seinen im Fleisch vollbrachten Taten belohnt, so muß der Begriff „Himmel", als ewige Wohnstätte der Heiligen gedacht, mehr als nur ein einziges Reich umfassen.

In der Übersetzung des Buches Mormon war kundgetan worden, daß „in dem Buch, welches das Buch des Lammes Gottes ist, viel Klares und Kostbares fehlt" (1Ne 13:28). Überdies, „weil nun aus dem Buch so viel Klares und Kostbares herausgenommen worden ist, was für die Menschenkinder klar zu verstehen wäre gemäß der Klarheit, die im Lamm Gottes ist, du siehst also, weil dies aus dem Evangelium des Lammes weggenommen ist, werden überaus viele stolpern, ja, so sehr, daß der Satan große Macht über sie hat" (1Ne 13:29).

Schon im April 1829 tat der Herr kund, daß viele dieser klaren und kostbaren Worte wiederhergestellt werden würden, nicht nur durch das Buch Mormon, sondern auch durch eine Überarbeitung der Bibel. Als Oliver Cowdery zum Propheten Joseph Smith kam und anfing, nach dem Diktat des Propheten die Übersetzung des Buches Mormon niederzuschreiben, sprach der Herr zu ihm: „Wahrlich, wahrlich, ich sage dir: Es gibt Aufzeichnungen, die viel von meinem Evangelium enthalten, und sie sind wegen der Schlechtigkeit der Menschen zurückbehalten worden. Und nun gebiet ich dir: Wenn du gute Wünsche hast – den Wunsch, Schätze für dich anzusammeln im Himmel –, dann sollst du mithelfen, mit deiner Gabe diejenigen Teile meiner Schriften ans Licht zu bringen, die wegen des Übeltuns verborgen worden sind." (LuB 6:26, 27.) Ein paar Tage später, im selben Monat April 1829, verwies der Herr abermals auf das Hervorkommen dieser Schriften, und zwar mit den folgenden Worten: „... so möchte ich, daß ihr weitermacht, bis ihr diesen Bericht (nämlich das Buch Mormon) zu Ende gebracht habt, den ich ihm (Joseph Smith) anvertraut habe. Und dann, siehe, habe ich noch weitere Aufzeichnungen, bei denen ich dir die Macht geben will, an der Übersetzung mitzuhelfen." (LuB 9:1, 2.) Die frühesten Manuskripte der Bibelübersetzung sind in der Handschrift Oliver Cowderys. Sie tragen das Anfangsdatum Juni 1830 und setzen sich bis zum 21. Oktober desselben Jahres fort. Das geschah in Harmony, Pennsylvania, und in Fayette im Staat New York. Danach reiste Bruder Cowdery, einem Ruf des Herrn zum Missionsdienst unter den Lamaniten folgend, nach Ohio und Missouri. (LuB 32:1, 2.) Zu diesem Zeitpunkt diente John Whitmer dem Propheten als Schreiber bei der weiteren Übersetzung. Im Dezember 1830 kam Sidney Rigdon, der sich kurz zuvor der Kirche angeschlossen hatte, zum Propheten Joseph und wurde durch Offenbarung mit folgenden Worten berufen, die Niederschrift zu besorgen: „Und ich gebe dir das Gebot, daß du für ihn schreiben sollst; und die heilige Schrift wird gegeben werden, wie sie in meinem Herzen ist, zur Errettung meiner Auserwählten." (LuB 35:20.) Im Februar 1831 sprach der Herr abermals, nämlich: „Du sollst bitten, und meine heilige Schrift wird gegeben werden, wie ich es bestimmt habe, und sie soll in Sicherheit aufbewahrt werden; und es ist ratsam, daß du diesbezüglich Stillschweigen bewahrst und nicht daraus lehrst, bis ihr sie vollständig empfangen habt. Und ich gebe euch das Gebot, daß ihr sie dann alle Menschen lehrt; denn sie soll allen Nationen, Geschlechtern, Sprachen und Völkern gelehrt werden." (LuB 42:56–58.)

Von Juni 1830 bis 7. März 1831 beschäftigten sich die Brüder mit der Überarbeitung der ersten Kapitel des Buches Genesis. An dem Tag jedoch wurden sie angewiesen, auch eine Übersetzung des Neuen Testaments zu beginnen. (LuB 45:60, 61.) Sie fingen

Demgemäß sahen ich und Bruder Rigdon, als wir am 16. Februar 1832 das Evangelium des hl. Johannes übersetzten, die folgende Vision[7]. (16. Feb. 1832.) DHC 1:245.

Des Propheten Ansicht über die Vision

Nichts könnte für die Heiligen in bezug auf die Ordnung des Reiches des Herrn erfreulicher sein als das Licht, das durch die vorgenannte Vision auf die Welt niederstrahlt. Jedes Gesetz, jedes Gebot, jede Verheißung, jede Wahrheit und jeder Belang, der sich auf das Geschick des Menschen bezieht, vom Buch Genesis bis zur Offenbarung des Johannes, wo die Reinheit der heiligen Schrift durch menschliche Torheit nicht getrübt worden ist, weist auf die völlige Richtigkeit dieser Annahme hin (daß es im zukünftigen Leben verschiedene Grade der Herrlichkeit geben wird) und bezeugt die Tatsache, daß die Niederschrift eine Übertragung aus den Aufzeichnungen der ewigen Welt ist. Die Erhabenheit der Vorstellung, die Reinheit der Sprache, der Spielraum für eigenes Tun, die andauernde Möglichkeit zur Vervollständigung, damit die Erben der Errettung den Herrn bekennen und die Knie beugen können, ferner die Belohnung für Glaubenstreue und die Bestrafung für Sünde – dies alles geht so weit über die Beschränktheit des Menschen hinaus, daß jedermann gar nicht anders kann als ausrufen: „Das kommt von Gott!" (Feb. 1832.) DHC 1:252–253.

---

damit am nächsten Tag, dem 8. März, an. Die Arbeit wurde sowohl im Alten wie auch im Neuen Testament bis zum 2. Juli 1833 fortgeführt, wo der Prophet die Arbeit beendete, soweit der Herr sie von ihm zu der Zeit verlangte. In den verbleibenden elf Jahren seines Lebens überarbeitete der Prophet noch weiter einige Stellen und machte sich daran, das Manuskript für die Veröffentlichung fertigzustellen. Aber wegen der Verfolgung und aus Geldmangel wurde es bis zu seinem Tod nicht mehr zustande gebracht. Das handschriftliche Original gelangte in die Hände seiner Witwe, Emma Smith, die sich weigerte, es der Kirche zu übergeben, obwohl sie darum ersucht worden war. Im weiteren Verlauf kam das Manuskript in den Besitz der Reorganisierten Kirche und wurde dort zur Veröffentlichung der „Inspirierten Version" der Bibel im Jahre 1867 benutzt.

Eine teilweise Abschrift des Manuskripts wurde im Frühjahr 1845 von Dr. John M. Bernhisel angefertigt und befindet sich jetzt im Archiv der Kirche in Salt Lake City. Wenn es sich auch um eine unvollständige Abschrift handelt, so hat sie doch dazu gedient, die Richtigkeit der gedruckten Ausgabe zu bestätigen, soweit dies der begrenzte Umfang gestattet.

Die Bibelübersetzung des Propheten Joseph Smith ist eines der bedeutendsten greifbaren Beweismittel für seine geistige Erkenntnis und göttliche Berufung.

7 Abschnitt 76, LuB.

Erforscht die Offenbarungen Gottes

Die folgenden Auszüge sind der zweiten Nummer des „Evening and Morning Star" entnommen, die im August 1832 veröffentlicht wurde. Der Artikel, aus dem die folgenden Gedanken stammen, wurde vom Propheten verfaßt und in der genannten Nummer abgedruckt.

Erforscht die Schrift – erforscht die Offenbarungen, die wir veröffentlichen, und bittet euren Vater im Himmel im Namen seines Sohnes Jesus Christus, er möge euch die Wahrheit kundtun; und wenn ihr es so tut, daß ihr nur seine Herrlichkeit im Auge habt und in nichts zweifelt, wird er euch durch die Macht seines Heiligen Geistes Antwort geben. Ihr werdet es dann selbst wissen und nicht durch jemand anders. Ihr werdet dann nicht mehr auf Menschen angewiesen sein, wenn es um Gotteserkenntnis geht; auch bleibt kein Platz mehr für Mutmaßungen. Nein; denn wenn die Menschen ihre Unterweisung von dem bekommen, der sie geschaffen hat, dann wissen sie, wie er sie erretten wird. So sagen wir abermals: Erforscht die heilige Schrift, erforscht die Propheten, und findet heraus, welcher Teil davon sich auf euch und die Menschen des neunzehnten Jahrhunderts bezieht! Zweifellos werdet ihr uns zustimmen und sagen, daß ihr kein Recht habt, die Verheißungen zu beanspruchen, die den Erdbewohnern vor der Sintflut gegeben worden sind, daß ihr der Hoffnung auf eure Errettung nicht den Gehorsam zugrunde legen könnt, den die Kinder Israel auf ihrer Wanderung durch die Wildnis erzeigt haben; ihr könnt auch nicht erwarten, daß die Segnungen, die die Apostel über die Gemeinden Christi vor achtzehnhundert Jahren ausgesprochen haben, für euch gedacht waren. Also, wenn die Segnungen anderer nicht eure Segnungen sind, dann ist ein Fluch auf andere auch nicht euer Fluch, und so seid ihr in diesen letzten Tagen, wie alle anderen vor euch auch, selbständig und für euch selbst verantwortlich und werdet gemäß euren Werken gerichtet werden.

Jeder Mensch ist für sich selbst verantwortlich

Jeder Mensch lebt selbständig. Adam wurde geschaffen, um der Welt den Weg aufzutun und den Garten zu pflegen. Noach wurde geboren, um die Nachkommenschaft aller Wesen zu erretten, als die Erde durch die Flut von ihrer Schlechtigkeit reingewaschen wurde; und der Sohn Gottes kam in die Welt, um sie vom Fall Adams zu erlösen. Aber wenn der Mensch nicht von neuem geboren wird, kann er das Reich Gottes nicht sehen. Diese ewige Wahrheit erledigt die Frage über die Religion aller Menschen. Jemand mag, nach dem Gericht, in das terrestriale

Reich oder in das telestiale Reich errettet werden, aber er kann nie das celestiale Reich Gottes sehen, ohne daß er aus Wasser und Geist geboren ist. Er mag eine Herrlichkeit wie die des Mondes empfangen (d. h. die dem Licht des Mondes entspricht) oder eine wie die eines Sterns (d. h. die dem Sternenlicht entspricht), aber er kann nie zum Berg Zion kommen, nie zur Stadt des lebendigen Gottes, zum Jerusalem des Himmels, und zu einer unzählbaren Schar von Engeln; nie zur Allgemeinen Versammlung und Kirche des Erstgeborenen, die im Himmel verzeichnet ist, nie zu Gott, dem Richter aller, und zu den Geistern gerechter Menschen, die vollkommen gemacht worden sind, und zu Jesus, dem Mittler des neuen Bundes – wenn er nicht wie ein Kind wird und sich vom Geist Gottes belehren läßt. Darum sagen wir abermals: Erforscht die Offenbarungen Gottes, befaßt euch mit den Prophezeiungen, und freut euch, daß Gott der Welt Seher und Propheten gibt. Sie sind es, die die Geheimnisse der Frömmigkeit gesehen haben; sie sahen die Flut, ehe sie kam; sie sahen Engel auf- und niedersteigen auf einer Treppe, die von der Erde bis zum Himmel reichte; sie sahen den Stein, der aus dem Berg gehauen wurde und die ganze Erde füllte; sie sahen den Sohn Gottes aus den Regionen der Seligkeit kommen und unter den Menschen auf Erden leben; sie sahen den Befreier aus Zion hervorgehen und die Gottlosigkeit von Jakob abwenden; sie sahen die Herrlichkeit des Herrn, als er auf dem Berg die Verklärung der Erde zeigte; sie sahen, wie jeder Berg erniedrigt und jedes Tal erhöht wird, wenn der Herr Rache nimmt an den Schlechten; sie sahen, wie Wahrheit aus der Erde quillt und Gerechtigkeit vom Himmel horniederblickt – in den letzten Tagen, ehe der Herr zum zweitenmal kommt, um seine Erwählten zu sammeln; sie sahen das Ende der Schlechtigkeit auf Erden und den Sabbat der Schöpfung mit Frieden gekrönt; sie sahen das Ende der herrlichen tausend Jahre, wenn der Satan eine kurze Zeit lang losgebunden wird; sie sahen den Tag des Gerichts, wenn allen Menschen gemäß ihren Werken zugemessen wird, und sie sahen den Himmel und die Erde hinwegfliegen, um Platz zu machen für die Stadt Gottes, wenn die Rechtschaffenen ein Erbteil in Ewigkeit empfangen werden. Und, ihr Mitbewohner der Erde, es ist euer verbürgtes Recht, euch zu reinigen und zu derselben Herrlichkeit zu kommen; ihr könnt selbst sehen, und ihr könnt selbst wissen. Bittet, und es wird euch gegeben werden; sucht, und ihr werdet finden; klopft an, und es wird euch aufgetan werden. – E&MS, August 1832. DHC 1:282–284.

Ein Brief an Schriftleiter Seaton

Am 4. Januar 1833 schrieb der Prophet an Mr. N. E. Seaton, den Schriftleiter einer Zeitung, folgenden Brief, worin er Worte des Rates und der Warnung hinsichtlich des Zustandes der Welt zum Ausdruck brachte; er äußerte sich auch über die Absicht des Herrn bei der Wiederherstellung, wovon die Propheten in alter Zeit gesprochen haben.

Kirtland, den 4. Januar 1833

Geehrter Herr Schriftleiter!

In Anbetracht der liberalen Grundsätze, auf die sich Ihre interessante und wertvolle Zeitung in ihren Veröffentlichungen stützt (und ich selbst bin ein Abonnent), und weil ich ein tiefes Interesse an der Sache Zions und am Glück meiner Brüder und Mitmenschen verspüre, greife ich frohgemut zur Feder, um mein Scherflein in dieser höchst interessanten und wichtigen Zeit beizutragen.

Einige Zeit lang habe ich die Zustände sorgfältig betrachtet, die, wie es scheint, in unserem ganzen christlichen Land herrschen; ich habe sie mit schmerzlicher Besorgnis wahrgenommen. Während ich einerseits sehe, wie sich Gottes Heiliger Geist offenkundig zurückzieht und der Schleier der Dummheit sich über die Menschenherzen senkt, erblicke ich andererseits das Strafgericht Gottes, das früher und jetzt Hunderte und Tausende unseres Geschlechts in die Schattengefilde des Todes fegt – unvorbereitet, wie ich fürchte. Mit dieser ernsten und alarmierenden Tatsache vor Augen, fühle ich mich veranlaßt auszurufen: „Ach, wäre mein Haupt doch Wasser, mein Auge ein Tränenquell, Tag und Nacht weinte ich!"

Schlafende Christenheit

Ich meine, es ist für die christliche Welt höchste Zeit, aus dem Schlaf zu erwachen und mächtig zu dem Gott zu schreien, Tag und Nacht, dessen Zorn wir uns verdientermaßen zugezogen haben. Ist denn das nicht Grund genug, die Fähigkeiten und Kräfte jedes Mannes, jeder Frau, jedes Kindes aufzurütteln, soweit sie ein Mitgefühl für ihren Nächsten haben oder sich in irgendeinem Maße der sprießenden Sache unseres glorreichen Herrn gewidmet haben? Ich überlasse es einer verständigen Gemeinschaft, diese wichtige Frage zu beantworten, und bekenne gleichzeitig, daß dies der Grund dafür ist, daß ich über meine eigene Unfähigkeit hinwegsehe und meine Schwäche einer gelehrten Welt offenlege. Ich vertraue aber auf den Gott, der gesagt hat, daß dies vor den Weisen und Klugen verborgen und den kleinen Kindern offenbart wird, und so trete ich auf den Plan, um euch zu sagen, was der Herr tut und was ihr tun müßt, um euch in diesen letzten Tagen der Gunst des Herrn erfreuen zu können.

Der Bund mit Israel

Endlich ist die Zeit gekommen, wo der Gott Abrahams, Isaaks und Jakobs seine Hand zum zweitenmal ausgestreckt hat, um den Rest seines Volkes, der übriggeblieben ist, wiederzubringen von Assyrien und von Ägypten, von Patros und von Kusch, von Elam und von Schinar, von Hamat und von den Inseln des Meeres, und um mit ihm die Fülle der Andern herbeizuführen und mit ihnen den Bund aufzurichten, der verheißen war, wenn ihre Sünden von ihnen genommen würden. (Siehe Jesaja 11, Römer 11:25, 26, 27 und Jeremia 31:31, 32, 33.) Dieser Bund ist mit dem Haus Israel und auch mit dem Haus Juda niemals aufgerichtet worden, denn für einen Bund braucht es zwei Partner, und diese beiden Partner müssen sich einig sein, sonst kann kein Bund geschlossen werden.

Christus hat in seinen irdischen Tagen mit ihnen einen Bund schließen wollen, aber sie verwarfen ihn und seine Vorschläge, und infolgedessen wurden sie abgebrochen, und kein Bund wurde damals mit ihnen geschlossen. Aber ihr Unglaube hat der Verheißung Gottes nicht ihre Wirkung genommen, o nein; denn es wurde durch David ein weiterer Tag bestimmt, nämlich der Tag seiner Macht, und dann würde sein Volk, Israel, ein williges Volk sein. Da würde er ihnen sein Gesetz ins Herz schreiben und es ihrem Sinn einprägen; ihrer Sünden und Übeltaten würde er nicht mehr gedenken.

Der Bund mit den Andern

Nachdem also die erwählte Familie Christus und seine Vorschläge verworfen hatte, sprachen die Verkünder der Errettung zu ihnen: „Nun, dann wenden wir uns zu den Andern", und die Andern empfingen den Bund und wurden dort eingepfropft, wo die erwählte Familie herausgebrochen worden war. Aber die Andern sind nicht in der Güte Gottes verblieben, sondern sind vom Glauben abgewichen, der einmal den Heiligen übergeben worden war, und haben den Bund gebrochen, in den ihre Väter eingetreten waren (s. Jesaja 24:5); sie sind hochmütig geworden und fürchten nicht, und darum werden nur wenige von ihnen zur erwählten Familie versammelt werden. Haben nicht der Stolz, der Hochmut und der Unglaube der Andern den Heiligen Israels dazu getrieben, seinen Heiligen Geist von ihnen zurückzuziehen und sein Strafgericht auszusenden, um sie für ihre Schlechtigkeit zu geißeln? Das ist doch gewiß der Fall.

Die Erde ist entweiht

Christus hat zu seinen Jüngern gesagt (Markus 16:17, 18), daß denen, die glauben, diese Zeichen folgen: „In meinem Namen werden sie Dämonen austreiben, sie werden in neuen Sprachen reden; wenn sie Schlangen anfassen oder tödliches Gift trinken, wird es ihnen nicht schaden; und die Kranken, denen sie die Hände auflegen, werden gesund werden"; und in diesem Zusammenhang lese man auch 1. Korinther, Kapitel 12.

Wir können die christliche Welt durch die genannten Zeugnisse betrachten und sehen, daß es einen Abfall von den apostolischen Glaubensgrundsätzen gegeben hat. Und wer kann das erkennen und muß dann nicht in den Worten Jesajas ausrufen: „Die Erde ist entweiht durch ihre Bewohner; denn sie haben die Weisungen übertreten, die Gesetze verletzt und den ewigen Bund gebrochen."!

Es ist eine klare Tatsache, daß die Macht Gottes auf die Nationen zu fallen anfängt, und das Licht der herrlichen Letzten Tage beginnt den finsteren Einfluß sektiererischer Schlechtigkeit zu durchbrechen; ihr Übeltun wird sichtbar, und die Nationen der Andern sind wie die Meereswogen, sie werfen Schlamm und Schmutz auf, sie sind alle in Bewegung, und sie machen sich eilends bereit, ihre Rolle zu übernehmen, wenn der Herr die Nationen zurechtweist, wenn er sie mit eiserner Rute regieren und wie das Gefäß des Töpfers in Stücke brechen wird. Der Herr hat seinen Dienern verkündet, und das ist an die achtzehn Monate her, daß er damals seinen Geist von der Erde zurückgezogen hat; und wir können sehen, daß es tatsächlich so ist, denn nicht nur schwinden die Kirchen dahin, es gibt auch keine Bekehrungen oder nur sehr wenige. Das ist aber noch nicht alles: Die Regierungen der Erde sind in Verwirrung und Spaltung gestürzt, und für den, der Geistiges sehen kann, ist es so, als sei auf fast alles, was wir betrachten, das Wort *Zerstörung* geschrieben – in Großbuchstaben und vom Finger einer unsichtbaren Hand.

Wie können wir dem Strafgericht entgehen?

Und nun, was bleibt unter derlei Umständen zu tun übrig? Ich will fortfahren euch zu sagen, was der Herr von allen Leuten fordert – hoch

18

und niedrig, reich und arm, männlich und weiblich, Geistliche und Laien, Bekenner und Ungläubige –, damit sie den Heiligen Geist Gottes in Fülle genießen und dem Strafgericht Gottes, das nahe daran ist, über die Nationen der Erde hereinzubrechen, entgehen können. Kehrt um von all euren Sünden, und laßt euch zu ihrer Vergebung im Wasser taufen – im Namen des Vaters und des Sohnes und des Heiligen Geistes –, und empfangt die Verordnung des Händeauflegens von einem, der zu dieser Macht ordiniert und gesiegelt ist, damit ihr den Heiligen Geist Gottes empfangen könnt. Dies ist gemäß der heiligen Schrift und dem Buch Mormon; und es ist der einzige Weg, wie der Mensch in das celestiale Reich eingehen kann. Das sind die Bedingungen des neuen Bundes oder die ersten Grundsätze des Evangeliums Christi. Dann verbindet „mit eurem Glauben die Tugend, mit der Tugend die Erkenntnis, mit der Erkenntnis die Selbstbeherrschung, mit der Selbstbeherrschung die Ausdauer, mit der Ausdauer die Frömmigkeit, mit der Frömmigkeit die Brüderlichkeit und mit der Brüderlichkeit die Liebe. Wenn dies bei euch vorhanden ist und wächst, dann nimmt es euch die Trägheit und Unfruchtbarkeit, so daß ihr Jesus Christus, unseren Herrn, immer tiefer erkennt.“

Zion und Jerusalem

Das Buch Mormon ist ein Bericht von den Vorvätern unserer westlichen Indianerstämme. Es wurde mit der Hilfe eines heiligen Engels aufgefunden und durch die Gabe und Macht Gottes in unsere Sprache übersetzt, nachdem es während der letzten vierzehnhundert Jahre in der Erde verborgen gewesen war; es enthält das Wort Gottes, das ihnen gegeben worden war. Daraus erfahren wir, daß unsere Indianer die Abkömmlinge jenes Josefs sind, der nach Ägypten verkauft wurde, und daß das Land Amerika für sie ein verheißenes Land ist, in das alle Stämme Israels kommen werden, und mit ihnen alle von den Andern, die die Bedingungen des neuen Bundes erfüllen. Aber der Stamm Juda wird in das alte Jerusalem zurückkehren. Die Stadt Zion, von der David im hundertundzweiten Psalm gesprochen hat, wird in Amerika gebaut werden, und „die vom Herrn Befreiten kehren zurück und kommen voll Jubel nach Zion. Ewige Freude ruht auf ihren Häuptern“ (Jesaja 35:10). Dann werden sie von der überflutenden Geißel befreit werden, die durch das Land gehen wird. Aber Juda wird seine Befreiung in Jerusalem erlangen. Siehe Joel 2:32, Jesaja 26:20 und 21, Jeremia 31:12, Psalm 1:5, Ezechiel 34:11, 12 und 13. Dies sind Zeugnisse dafür, daß der gute Hirte seine Schafe zum Vorschein bringen und sie aus allen Nationen, wohin sie an einem trüben und finsteren Tag verschlagen worden sind, herausführen wird nach Zion und nach Jerusalem. Darüber hinaus könnten noch viele weitere Zeugnisse beigebracht werden.

Und nun bin ich bereit, in Vollmacht Jesu Christi zu sagen, daß nicht mehr viele Jahre vergehen werden, und die Vereinigten Staaten werden ein Bild derartigen Blutvergießens bieten, wie es ein solches in der Geschichte unserer Nation noch nicht gegeben hat; Seuche, Hagel, Hungersnot und Erdbeben werden die Schlechten dieser Generation vom Erdboden hinwegfegen, um den Weg zu öffnen und vorzubereiten für die Wiederkehr der verlorenen Stämme Israels aus dem Land im Norden. Das Volk des Herrn, diejenigen, die die Bedingungen des neuen Bundes erfüllt haben, sind schon dabei, sich nach Zion zu versammeln, das im Staat Missouri ist. Darum verkündige ich euch die Warnung, von der der Herr mir geboten hat, sie dieser Generation zu verkünden. Und ich bin mir bewußt, daß die Augen meines Schöpfers auf mir ruhen und daß ich ihm über jedes Wort, das ich sage, Rechenschaft geben muß. Ich wünsche meinen Mitmenschen nichts Übles, allein nur ihre ewige Errettung; darum „fürchtet Gott und gebt ihm die Ehre; denn die Stunde seines Gerichts ist da!" Kehrt um, kehrt um, und nehmt den immerwährenden Bund an, und flieht nach Zion, ehe die überflutende Geißel euch erfaßt. Denn es gibt etliche, die jetzt auf Erden leben, deren Augen sich nicht im Tod schließen werden, ehe sie nicht alles, was ich gesprochen habe, erfüllt sehen. Behaltet das im Sinn; ruft den Herrn an, solange er nahe ist, und sucht ihn, solange er zu finden ist. Das ist die Ermahnung eures unwürdigen Dieners

(gez.) Joseph Smith jun.

DHC 1:312–316.

Wichtige Korrespondenz mit den Brüdern in Zion

„Olivenblatt" ist der Name, den der Prophet der herrlichen Offenbarung beigelegt hat, die als Abschnitt 88 im Buch ‚Lehre und Bündnisse' bekannt ist. Wenn überhaupt eine, so gibt es nur wenige Offenbarungen, die der Kirche gegeben worden sind – und auch der Welt, wenn die Welt sie nur annehmen will –, die bedeutender sind als dieses „Olivenblatt, gepflückt vom Baum des Paradieses". In dem folgenden Brief an W. W. Phelps, einen der präsidierenden Brüder in Missouri, erhebt der Prophet seine warnende Stimme und bezieht sich dabei auf das in der genannten Offenbarung erteilte Wort des Herrn sowie auf Mitteilungen aus Missouri.

Kirtland, den 14. Januar 1833

Bruder William W. Phelps:

Ich sende Euch das „Olivenblatt", das wir vom Baum des Paradieses gepflückt haben – die Friedensbotschaft des Herrn an uns; denn wenn

20

auch unsere Brüder in Zion Gefühle gegen uns hegen, die mit den Bedingungen des neuen Bundes nicht im Einklang stehen, so haben wir doch die Genugtuung zu wissen, daß der Herr uns anerkennt und uns angenommen hat; und er hat seinen Namen in Kirtland aufgerichtet – zur Errettung der Nationen. Denn der Herr will einen Ort haben, von wo sein Wort in diesen letzten Tagen in Reinheit ausgehen soll; denn wenn Zion sich nicht reinigt, so daß es in seinen Augen in allem anerkannt werden kann, wird er sich ein anderes Volk suchen. Denn sein Werk wird vorwärtsgehen, bis Israel gesammelt ist, und wer seine Stimme nicht hören will, muß damit rechnen, seinen Grimm zu verspüren. Laßt mich Euch sagen: Trachtet danach, Euch zu reinigen, ebenso die Einwohner Zions, damit der Ärger des Herrn nicht heftig entflammt.

Eine Warnung an Zion

Kehrt um, kehrt um – das ist die Stimme Gottes an Zion; und so seltsam es auch erscheinen mag, so ist es doch wahr: die Menschheit will in Selbstrechtfertigung verharren, bis all ihr Übeltun offenkundig ist und ihre Wesensart die Erlösung nicht mehr zuläßt und bis das, was sie als Schatz im Herzen haben, den Blicken der Menschheit ausgesetzt ist. Ich sage Euch (und was ich Euch sage, sage ich allen): Hört die warnende Stimme Gottes, damit nicht Zion falle und der Herr in seinem Grimm schwöre, daß die Einwohner Zions nicht in seine Ruhe eingehen sollen.

Die Brüder in Kirtland beten für Euch ohne Unterlaß, denn sie, die sie die Schrecken des Herrn kennen, bangen sehr um Euch. Ihr werdet sehen, daß der Herr uns in Kirtland geboten hat, ein Haus Gottes zu bauen und eine Schule der Propheten einzurichten; dies ist das Wort des Herrn an uns, und wir müssen, ja, wenn der Herr uns hilft, werden wir gehorchen. Denn, bedingt auf unseren Gehorsam, hat er uns Großes verheißen, ja, sogar einen Besuch vom Himmel, um uns mit seiner Gegenwart zu ehren. Und nun bangen wir, in Erwartung des Herrn, sehr davor, daß wir dieser großen Ehre verlustig gehen, die unser Meister uns zukommen lassen möchte; wir trachten nach Demut und großem Glauben, damit wir uns in seiner Gegenwart nicht schämen müssen. Unser Herz ist sehr bekümmert über den Geist, der sowohl Eurem Brief als auch dem Brief Bruder Gilberts entströmt, den Geist nämlich, der die Kraft Zions aufzehrt wie eine Seuche. Und wenn er nicht aufgedeckt und ausgetrieben wird, wird er Zion für das drohende Strafgericht Gottes reif werden lassen. Denkt daran, Gott sieht die geheimen Quellen menschlichen Tuns und kennt das Herz aller Lebenden.

Bruder, erlaubt uns, klar zu sprechen; denn Gott achtet die Gefühle seiner Heiligen, und er wird nicht zulassen, daß man sie ungestraft peinigt. * * * Zum Abschluß können wir nur noch sagen: Wenn die Quelle unserer Tränen nicht versiegt ist, werden wir noch weiter um Zion weinen. Dies von Eurem Bruder, der um Zion zittert und vor dem Grimm des Himmels bangt, der auf Zion fallen wird, wenn es nicht Umkehr übt.

(gez.) Joseph Smith jun.

DHC 1:316

Ein Brief

Von der Ersten Präsidentenschaft an die Kirche Christi in Thompson, Kreis Geauga, Ohio.

Kirtland, den 6. Februar 1833

Liebe Brüder:

Mit diesem unserem Brief grüßen wir Euch in den Banden der Liebe, und wir freuen uns über Eure Beharrlichkeit im Glauben an Christus Jesus, unseren Herrn; und wir wünschen Euch Gedeihen auf den Wegen der Wahrheit und Rechtschaffenheit. Wir beten beständig für Euch, daß Euer Glaube Euch nicht im Stich läßt und daß ihr alles Böse, womit Ihr umgeben seid, überwinden und rein und heilig werden mögt vor Gott, der unser Vater ist und dem Ehre sei für immer und ewig. Amen.

Dem Heiligen Geist und uns schien es gut, diesen unseren Brief durch unseren geliebten Bruder Salmon Gee, Euren Boten, an Euch zu senden; er ist von uns in Befolgung göttlichen Gebots zum Amt eines Ältesten ordiniert worden, um über die Kirche in Thompson zu präsidieren, darüber die Aufsicht zu führen, Euch zu leiten und das zu lehren, was der Frömmigkeit entspricht. Wir haben großes Vertrauen zu ihm und nehmen an, daß Ihr es auch habt; darum sagen wir Euch, ja, nicht allein wir, sondern auch der Herr: Nehmt ihn als solchen an, wissend, daß der Herr ihn zu Eurem Besten zu diesem Amt bestimmt hat, stützt ihn durch Euer Gebet, und bittet beständig für ihn, er möge mit Weisheit und Verständnis in der Erkenntnis des Herrn ausgerüstet werden, damit Ihr durch ihn vor bösen Geistern bewahrt bleibt, bewahrt vor allem Streit und Hader, und zunehmt an Gnade und Erkenntnis unseres Herrn und Erretters Jesus Christus.

Geliebte Brüder, fahrt fort in brüderlicher Liebe, wandelt in Sanftmut, seid wachsam im Gebet, damit Ihr nicht überwunden werdet. Strebt dem nach, was zum Frieden beiträgt, wie unser geliebter Bruder Paulus gesagt hat, damit Ihr die Kinder unseres Vaters im Himmel seiet und nicht Anlaß gebt zum Stolpern, weder dem Heiligen noch dem Sünder. Schließlich, Brüder, betet für uns, damit wir imstande seien, das

Werk zu tun, zu dem wir berufen sind, daß Ihr Euch der Geheimnisse Gottes erfreuen mögt, ja, einer Fülle davon; und möge die Gnade unseres Herrn Jesus Christus mit Euch allen sein. Amen.

Joseph Smith jun.
Sidney Rigdon
Frederick G. Williams

DHC 1:324–325

Die Ordnung für die Unterweisung in der Kirche

Kirtland, den 13. April 1833

Lieber Bruder Carter: – Euer Brief an Bruder Jared ist soeben in meine Hände gelangt, und ich habe seinen Inhalt sorgfältig durchgelesen; ich nütze die Gelegenheit, ihn zu beantworten. Wir gehen also daran, Eure Fragen zu beantworten, nämlich zuerst wegen Eurer Arbeit in der Gegend, wo Ihr wohnt. Wir nehmen Eure Gefühle in dieser Angelegenheit hin, bis der Mund des Herrn sprechen wird. Was die Vision anlangt, von der Ihr sprecht, so halten wir nicht dafür, daß wir irgendeine Offenbarung von irgendeinem Mann oder irgendeiner Frau annehmen müssen, ohne daß der Betreffende rechtmäßig befugt und zu dieser Vollmacht ordiniert worden ist und ausreichende Beweise dafür beibringt.

Offenbarung geschieht in einer bestimmten Ordnung

Ich möchte Euch mitteilen, daß es der Weltordnung Gottes widerspricht, daß irgendein Mitglied der Kirche oder sonst jemand eine Anweisung erhält für diejenigen, die eine höhere Vollmacht innehaben als der Betreffende. Ihr könnt also sehen, daß es nicht recht wäre, solch eine Anweisung zu beachten. Wenn aber jemand eine Vision oder den Besuch eines Himmelsboten erhält, so muß dies zu seinem eigenen Nutzen, zu seiner eigenen Belehrung sein; denn die fundamentalen Grundsätze, die Ausübung der Regierung und die Lehre der Kirche liegen bei den Schlüsseln des Reiches. Was nun einen Abtrünnigen oder jemand, der von der Kirche ausgeschlossen worden ist und wieder eintreten möchte, betrifft, so sieht das Gesetz unserer Kirche ausdrücklich vor, daß der Betreffende Umkehr übe, getauft werden und in gleicher Weise eingelassen werden muß wie beim erstenmal.

Die Obliegenheit eines Hohen Priesters besteht darin, daß er in geistigen und heiligen Belangen amtiert und Verbindung mit Gott hält; er soll aber keine Alleinherrschaft ausüben oder Versammlungen für die Ältsten ansetzen, ohne daß diese zugestimmt haben. Und wiederum, es obliegt dem Hohen Priester, für das Lehren der Grundsätze und Dogmen besser qualifiziert zu sein als die Ältesten, denn das Amt des Ältesten ist eine Beigabe zum Hohen Priestertum, richtet sich aber auf ein und dasselbe. Und weiter, was den Vorgang bei der Arbeit mit Mitgliedern betrifft: Wir sollen mit ihnen genau so arbeiten, wie die Schrift es anordnet. Wenn dein Bruder sich gegen dich vergeht, so nimm ihn dir, zwischen ihm und dir allein; leistet er dir Genugtuung, so hast du deinen Bruder errettet. Tut er das nicht, so nimm noch einen mit dir usw., und wenn es da keinen Bischof gibt, so sollen die Mitglieder von der Stimme der Kirche gerichtet werden; und wenn ein Ältester oder Hoher Priester anwesend ist, so soll dieser die Leitung der Verhandlung übernehmen, wenn nicht, dann derjenige, der die höchste Vollmacht innehat.

Was nun die Vorbereitung anlangt, nach Zion zu gehen: Erstens wäre es dem Herrn angenehm, daß die Kirche oder die Gemeinden, die nach Zion gehen, organisiert seien und jemand bestimmen, der mit den Umständen der Gemeinde wohl vertraut ist; er soll nach Kirtland gesandt werden und dort den Bischof verständigen und von diesem eine Bewilligung einholen, wie es der Offenbarung entspricht. Auf diese Weise wird man Verwirrung und Unordnung vermeiden und vielen Schwierigkeiten aus dem Wege gehen, die sich sonst bei der Reise einer unorganisierten Gruppe in den letzten Tagen ergeben.

Und dann sollen diejenigen, die Schulden haben, in jedem Fall ihre Schulden bezahlen. Und die Reichen sollen keinesfalls die Armen ausstoßen oder zurücklassen, denn es steht geschrieben, daß die Armen die Erde ererben werden.

Ihr zitiert eine Stelle aus Jeremia, die sich auf die Reise nach Zion bezieht; das Wort des Herrn steht fest, so laßt es also geschehen.

Es sind da zwei Absätze in Eurem Brief, die ich nicht loben will, da sie wohl blindlings geschrieben sind. Einmal, daß die Ältesten ausgesandt werden wie ein Blitz vom Bogen des Juda, und zum anderen, kein Geheimnis in den Räten Zions. Ihr sprecht davon, als wärt Ihr von Furcht bedrückt, anders können wir das nicht verstehen. Wir erfragen von Gott niemals eine besondere Offenbarung, außer es sei der Fall, daß es noch keine frühere Offenbarung gibt, die auf den Fall anwendbar wäre; und das geschieht nur in einem Rat von Hohen Priestern.

* * *

Es ist etwas Großes, von Gott etwas zu erfragen oder in seine Gegenwart zu gelangen; wir haben Angst, uns ihm in Angelegenheiten zu nähern, die von wenig oder keiner Bedeutung sind, nur um die Fragen von einzelnen Leuten zufriedenzustellen, besonders in den Fällen, wo die

Leute ihre Erkenntnis in aller Aufrichtigkeit vor Gott selbst erlangen sollten – in Demut und durch gläubiges Gebet, besonders wenn es sich um einen Lehrer oder einen Hohen Priester der Kirche handelt. Ich sage dies nicht als Vorwurf, sondern zur Belehrung, und ich spreche, als wäre ich mit Euch bekannt, wo wir uns doch nie persönlich getroffen haben.

Ich liebe Eure Seele und die Seele aller Menschenkinder, und ich bete und tue alles, was ich kann, für die Errettung aller.

Ich schließe nun, indem ich Euch einen Gruß des Friedens sende im Namen des Herrn Jesus Christus. Amen.

Der Segen unseres Herrn Jesus Christus sei und verbleibe mit Euch allen. Amen.

Joseph Smith jun.

DHC 1:338, 339.

Anweisung über die Weihung von Eigentum

25. Juni 1833

Bruder Edward Partridge:

Mein Herr! Ich will hiermit Eure Frage wegen der Weihung von Eigentum beantworten. Erstens, es ist nicht recht, bei der Bestandsaufnahme allzusehr ins einzelne zu gehen. Es steht doch fest, daß man durch das Gesetz der Kirche gebunden ist, dem Bischof Eigentum zu weihen, ehe man als rechtmäßiger Erbe im Reich Zion angesehen werden kann, und das muß ohne Nötigung geschehen. Wenn jemand das nicht tut, kann er vor dem Herrn keine Anerkennung im Buch der Kirche finden. Darum nun, was die Einzelheiten anlangt, will ich Euch sagen, daß jedermann selbst beurteilen muß, wieviel er empfangen soll und wieviel er in den Händen des Bischofs lassen soll. Ich spreche von denen, die mehr weihen, als sie für den eigenen Unterhalt und den ihrer Familie benötigen.

Beiderseitiges Einverständnis

Die Weihung muß im gegenseitigen Einverständnis der beiden Parteien geschehen; denn wenn der Bischof ermächtigt würde zu sagen, wieviel jemand haben soll, und der Betreffende dann verpflichtet wäre, sich dem Urteil des Bischofs zu fügen, so hieße das dem Bischof mehr Macht geben, als ein König hat. Andererseits, wenn man einen jeden sagen ließe, wieviel er braucht, und der Bischof wäre verpflichtet, sich dieser Beurteilung zu fügen, so hieße das, Zion in Verwirrung zu stürzen und den

Bischof zum Sklaven zu machen. Tatsache ist, es muß Ausgewogenheit, ein Gleichgewicht an Macht, zwischen dem Bischof und dem Volk geben, und auf diese Weise wird Eintracht und guter Wille unter Euch bewahrt bleiben.

Wenn daher jemand dem Bischof in Zion Eigentum weiht und dann ein Erbteil zurückbekommt, muß er dem Bischof billigerweise darlegen, daß sein Anspruch wirklich seinem Bedarf entspricht. Können sich die beiden Parteien nicht einigen, so soll der Bischof mit der Entgegennahme solchen geweihten Eigentums nichts zu tun haben. Der Fall ist einem Rat aus zwölf Hohen Priestern vorzulegen, dem der Bischof aber nicht angehören darf, sondern er soll ihnen den Fall vortragen.

* * *

Wir waren nicht wenig erstaunt zu hören, daß einige unserer Briefe von allgemeinem Interesse, die wir zum Wohl Zions gesandt haben, dem Bischof vorenthalten worden sind. Das ist ein Verhalten, das wir in höchstem Maße mißbilligen.

Antwort auf Anfragen zu Bruder Phelps' Brief vom 4. Juni

Erstens, in bezug auf die Armen: Wenn gemäß unserer Empfehlung Bischöfe bestimmt werden, so ist es ihre Aufgabe, sich gemäß dem Gesetz der Kirche um die Armen zu kümmern.

* * *

Sagt den Brüdern Hulet und allen anderen, daß der Herr sie nie ermächtigt hat zu sagen, der Teufel oder seine Engel oder die Söhne des Verderbens würden jemals wiedergewonnen werden; denn ihr schließliches Los ist dem Menschen nicht offenbart worden, wird ihm jetzt nicht offenbart und wird ihm auch nie offenbart werden, außer denjenigen, die davon selbst betroffen sind; wenn daher jemand diese Lehre predigt, so hat er sie nicht vom Geist des Herrn empfangen. Bruder Oliver hat dies zu Recht als Lehre des Teufels hingestellt. Wir gebieten darum, daß diese Lehre in Zion nicht mehr verkündigt werden soll. Wir billigen die Entscheidung des Bischofs und seines Rates, nämlich daß diese Lehre ein Hinderungsgrund für die Mitgliedschaft eines Menschen ist.

* * *

Wir schließen diesen Brief mit dem üblichen Grußwort als Zeichen des neuen und immerwährenden Bundes. Wir schließen in Eile, weil die Post soeben abgeht.

> Joseph Smith jun.
> Sidney Rigdon
> F. G. Williams

NS. Wir sind sehr zufrieden mit der Art und Weise, wie Bruder William W. Phelps jetzt die Zeischrift STAR leitet; wir hoffen, daß er bestrebt sein wird, sie noch interessanter zu gestalten. Was den Umfang der Bischofschaften anlangt: Wenn Zion einmal richtig geordnet ist, so wird es für einen jeden Wohnblock von der Größe, wie aus dem beigefügten Plan ersichtlich, einen eigenen Bischof geben; aber gegenwärtig muß das so gehandhabt werden, wie es weise ist. Es ist notwendig, Brüder, daß Ihr alle eines Herzens und eines Sinnes seid, wenn Ihr den Willen des Herrn tut.

Unter denen, die Zion regieren, muß es die größtmögliche Freiheit und Vertrautheit geben.

Wir waren sehr betrübt, als wir die Beschwerde in Bruder Edward Partridges Brief lesen mußten, nämlich daß ihm die dem „Olivenblatt" beigelegten Briefe vorenthalten wurden. Es ist angebracht, daß er über alles unterrichtet ist, was Zion betrifft; denn der Herr hat ihn zu einem Richter in Zion bestimmt. Wir hoffen, liebe Brüder, daß etwas Ähnliches nicht mehr vorkommen wird. Wenn wir Briefe nach Zion schreiben, an irgendeinen Hohen Priester, und sie haben mit der Ordnung der Angelegenheiten Zions zu tun, so beabsichtigen wir damit jedesmal, daß sie dem Bischof vorgelegt werden, damit er seine Pflicht tun kann. Wir sagen das in der Hoffnung, daß es in Güte aufgenommen wird und daß unsere Brüder auf die Gefühle des anderen Rücksicht nehmen und in Liebe wandeln, einander mehr ehren als sich selbst, wie der Herr es verlangt.

> Immer die Euren
> J. S.
> S. R.
> F. G. W.

DHC 1:364–368.

Auszüge aus der zweiten Mitteilung an die Brüder in Zion

An die Brüder in Zion:

Kirtland, den 2. Juli 1833

* * *

Die Gabe der Zungenrede

Wir beschäftigen uns soeben mit einem Brief, den wir nach Eugene (in die dortige Gemeinde) schreiben, wegen der beiden Brüder Smith; wir haben nämlich zwei Briefe von ihnen erhalten, einen von John Smith, den anderen vom Ältesten der Gemeinde (Eden Smith). Was die Gabe der Zungenrede betrifft, so können wir nur sagen, daß wir sie hiesigenorts so empfangen haben wie die Alten; wir möchten aber, daß Ihr vorsichtig seid, damit Ihr nicht getäuscht werdet. Seid auf der Hut vor allem Bösen, das Berichten entspringen mag, die von Frauen oder auch anderen gegeben werden. Seid vorsichtig in allem, damit nicht Bitterkeit unter Euch entstehe und dadurch viele verunglimpft werden. Der Satan wird Euch wegen der Gabe der Zungenrede zweifellos bedrängen, wenn Ihr nicht vorsichtig seid; Ihr könnt gar nicht genug auf ihn achten und könnt gar nicht genug beten. Möge der Herr Euch Weisheit schenken in allen Dingen. In einem Brief, der vorige Woche abgegangen ist, werdet Ihr gewiß, noch ehe Ihr diesen hier erhaltet, Mitteilung bezüglich der neuen Übersetzung bekommen haben. Verfrachtet die Kiste mit dem Buch der Gebote an N. K. Whitney & Co, Kirtland, Kreis Geauga, Ohio, per Adresse Kelly & Walworth, Cleveland, Kreis Cuyahoga, Ohio.

* * *

Wir schließen, indem wir einer jeden Maßnahme, die auf die Verbreitung der Wahrheit in diesen letzten Tagen abzielt, unsere herzliche Zustimmung erteilen, unsere stärksten Wünsche, unsere aufrichtigsten Gebete für das Wohlergehen Zions! Sagt allen Brüdern und Schwestern in Zion, daß unser Herz, unsere besten Wünsche und das heftigste Verlangen unseres Geistes auf ihr zeitliches, geistiges und ewiges Wohlergehen gerichtet sind. Wie immer grüßen wir Euch im Namen des Herrn Jesus. Amen.

Joseph Smith jun.
Sidney Rigdon
F. G. Williams

DHC 1:368–370.

Ein Brief an Vienna Jaques

4. September 1833. – Ich schrieb folgendes an Schwester Vienna Jaques in Independence, Missouri?

Liebe Schwester: Da ich ein paar Augenblicke Muß genieße, setze ich mich hin und teile Ihnen einige Wort mit, zu denen ich mich verpflichtet fühle, um Sie zufriedenzustellen, wenn es Ihnen eine Befriedigung bedeutet, von Ihrem unwürdigen Bruder in Christus einige Worte zu erhalten. Vor einiger Zeit habe ich Ihren Brief bekommen, worin Sie von Ihrer Reise und guten Ankunft berichten; dafür bin ich dem Herrn dankbar. Seit Erhalt Ihres Briefes habe ich öfters etwas flüstern gehört wie: „Joseph, du bist Gott zu Dank verpflichtet für die Opfergabe deiner Schwester Vienna; denn dies hat sich in deinen pekuniären Sorgen als Lebensrettung erwiesen. Darum darf sie von dir nicht vergessen werden, denn der Herr hat dies getan, und du sollst sie in allen deinen Gebeten erwähnen und ihr auch schreiben, denn sie ruft oft den Herrn an und sagt: ‚O Herr, inspiriere deinen Diener Joseph, daß er deiner unwürdigen Magd ein paar Worte schreibt; kannst du nicht friedvoll zu deiner Magd sprechen und sagen, daß alle meine Sünden vergeben sind und du zufrieden bist mit der Züchtigung, womit du deine Magd gezüchtigt hast?' Ja, Schwester, dies scheint das Flüstern eines Geistes zu sein, und Sie mögen beurteilen, was für ein Geist das ist. Als Sie Kirtland verließen, war mir bewußt, daß der Herr Sie züchtigen würde, aber ich betete inbrünstig im Namen Jesu, Sie mögen so lange leben, daß Sie Ihr Erbteil empfangen können – im Einklang mit dem Gebot, das im Hinblick auf Sie gegeben wurde. Ich bin über das, was Ihnen zugestoßen ist, ganz und gar nicht erstaunt, auch nicht über das, was Zion zugestoßen ist, und ich könnte den Grund und den Zweck all dieses Unheils wohl nennen. Aber leider ist es müßig, zu warnen und Vorschriften zu machen, denn alle Menschen sind von Natur aus so veranlagt, daß sie ihre eigenen Wege gehen, die ihnen von ihren eigenen Fingern gewiesen werden, und nicht gewillt sind, nachzudenken und den Pfad zu beschreiten, der ihnen von einem anderen gewiesen wird, der sagt: Das ist der Weg, gehe ihn – auch wenn der Betreffende ein untrüglicher Richtungsweiser wäre und der Herr Gott ihn gesandt hätte. Doch ist mir nicht danach zumute, irgendwelche Vorwürfe zu erheben, sondern danach, mächtig zum Herrn zu schreien, daß alles, was geschehen ist, zum Besten führen möge. Ja, ich möchte sagen: O Herr, laß Zion getröstet sein, laß seine Trümmer aufgebaut werden und hundertfach dastehen; laß deine Heiligen aus einer jeden Nation nach Zion kommen; laß es in den dritten Himmel erhöht sein, und laß deinen Richterspruch hinausgehen zum Sieg! Und nach dieser großen Trübsal laß deine Segnungen auf dein Volk fallen, und laß deine Magd leben, bis daß ihre Seele sich sättigt am Anblick der Herrlichkeit Zions; denn wenn es auch jetzt bedrängt ist, so wird es sich doch erheben und sich in seine schönen Gewänder kleiden und die Freude und Herrlichkeit der ganzen Erde sein. Darum laß dein Herz getröstet sein, lebe streng gehorsam nach den Geboten Gottes, und wandle demütig vor ihm, so wird er dich zu seiner rechten Zeit erhöhen. Sei gewiß, daß der Herr das Opfer achtet, das du gebracht hast. Bruder David W. Patten ist gerade von seiner Reise in den Osten zurückgekehrt und hat uns mit seinem Dienst sehr zufriedengestellt. Er hat in dem Teil des Landes, wo seine Freunde leben, im Staat New York, eine Gemeinde von etwa 83 Mitgliedern aufgerichtet. Viele wurden durch seine Mithilfe geheilt, und einige Gelähmte wurden wiederhergestellt. Einmal sind nicht weniger als zwölf Leidende von fern her gekommen, um geheilt zu werden; er und andere haben sie im Namen Jesu gesegnet, und sie sind gesund geworden. So sehen Sie, daß die Arbeiter im Weingarten des Herrn mit aller Macht arbeiten, solange es Tag ist, denn sie wissen, daß bald „die Nacht kommt, in der niemand etwas tun kann."

(gez.) Joseph Smith

DHC 1:407–409.

Ein Brief nach Kanada – Sorge um die Heiligen

19. November – Aus Kirtland schrieb ich das folgende an Moses C. Nickerson in Mount Pleasant, Ontario, Kanada:

Bruder Moses: Wir sind hier am vergangenen 4. ds. nach einer ermüdenden Reise angekommen, während der wir wie gewöhnlich mit Gesundheit gesegnet waren. Wir schieden von Vater und Mutter Nickerson in Buffalo; sie waren beide gesund und drückten ihre Zufriedenheit über die Gedeihlichkeit und die Segnungen ihrer Reise aus.

Seit unserer Ankunft hier leidet Bruder Sidney an einer Augenentzündung, und das ist wohl der Grund, warum Ihr nicht schon früher von uns gehört habt; er hatte im Sinn, Euch sogleich zu schreiben. Obwohl ich erwarte, daß er Euch zweifellos bald schreiben wird, da seine Augen sich beträchtlich gebessert haben, denke ich doch, Ihr werdet einige Zeilen von mir mit Genugtuung empfangen, damit Ihr nicht ungeduldig werdet, weil Ihr nichts von uns hört – auch wenn ich mich nicht ganz so flüssig ausdrücken kann wie die heutigen Gebildeten. Bedenkt doch, wie eng wir durch die immerwährenden Bande des Evangeliums unseres Herrn Jesus Christus verbunden sind.

Wir trafen unsere Familien und die Gemeinde hier im allgemeinen wohlbehalten an. Während unserer Abwesenheit ist nichts von Bedeutung vorgefallen, abgesehen vom Tod eines unserer Brüder (David

Johnson), eines jungen Mannes von großem Wert als Bürger unter uns, und wir betrauern seinen Verlust zu Recht.

Wir dürfen uns über häufige Nachrichten aus den verschiedenen Gegenden unseres Landes freuen, nämlich über den Fortschritt des Evangeliums, und wir beten täglich zum Vater, es möge sich weit ausbreiten, ja, bis alle Nationen die herrliche Nachricht vernehmen und zur Erkenntnis der Wahrheit gelangen.

Wir haben neulich Briefe von unseren Brüdern in Missouri erhalten, können aber daraus nicht entnehmen, in welchem Maße die Leute, die sie gerne aus dem Land vertreiben möchten, ihre ungesetzlichen und unredlichen Absichten ausführen. Unsere Brüder haben sich an den Regierenden des Staates gewandt, und er hat ihnen alle Unterstützung zugesagt, die das Bürgerrecht geben kann. Wahrscheinlich ist schon jetzt ein Verfahren anhängig.

Man teilt uns aber mit, daß die Betreffenden sehr gewalttätig sind und mit der unverzüglichen Ausrottung aller drohen, die unsere Lehre vertreten. Inwieweit man zulassen wird, daß sie ihre Drohungen in die Tat umsetzen, wissen wir nicht, aber wir vertrauen auf den Herrn und überlassen es ihm, die Sache in seiner weisen Vorsehung zu regeln.

Ich erwarte von Euch zu hören, sobald Ihr diesen Brief bekommen habt, und hoffe, Ihr werdet mir von den Brüdern berichten, von ihrer Gesundheit, ihrem Glauben usw. Berichtet mir auch von unseren Freunden, mit denen wir bekannt geworden sind.

Ohne Zweifel seid Ihr, Bruder, Euch bewußt, daß ich beständig von unsagbaren Sorgen um die Heiligen bedrängt bin, wenn ich die vielen Versuchungen bedenke, denen wir ausgesetzt sind durch die Heimtücke und Schmeichelei des großen Widersachers unserer Seelen. Ich kann fürwahr sagen, daß ich den Herrn wegen unserer Brüder in Kanada mit großer Inbrunst angerufen habe. Und wenn ich daran denke, mit wieviel Bereitschaft sie das Wort der Wahrheit angenommen haben, als Br. Sidney und ich dort wirkten, sehe ich mich wahrlich verpflichtet, mich vor dem Herrn zu demütigen.

Das Kommen des Menschensohnes

Wenn ich mir überlege, wie rasch der große und herrliche Tag des Kommens des Menschensohnes heranrückt – wenn er kommt, um seine Heiligen zu sich zu nehmen, wo sie in seiner Gegenwart wohnen und mit Herrlichkeit und Unsterblichkeit gekrönt sein werden –, wenn ich bedenke, daß bald die Himmel erschüttert werden und die Erde zittern und hin und her taumeln wird und daß der Himmel weichen wird wie ein Buch, das man zusammenrollt, und daß jeder Berg und jede Insel von ihrer Stätte weichen werden, so schreie ich in meinem Herzen auf: Was für Menschen müssen wir doch sein, wie heilig und fromm müssen wir dann leben!

Ihr erinnert Euch des Zeugnisses, das ich im Namen des Herrn Jesus abgelegt habe, und zwar über das große Werk, das er in den letzten Tagen hervorgebracht hat. Ihr kennt meine Art der Mitteilung, wie ich in Schwachheit und Einfalt Euch verkündet habe, was der Herr durch den Dienst seiner heiligen Engel für mich, zugunsten dieser Generation, hervorgebracht hat. Ich bete, daß der Herr Euch befähigen möge, dies alles in Eurem Sinn zu bewahren; denn ich weiß, sein Geist gibt all denen Zeugnis, die eifrig nach Erkenntnis von ihm suchen. Ich hoffe, Ihr werdet die Schrift erforschen, um herauszufinden, ob dies nicht auch mit dem übereinstimmt, was die Propheten und Apostel in alter Zeit geschrieben haben.

Ich grüße Bruder Freeman und seine Frau, auch Ransom und Schwester Lydia und den kleinen Charles und alle Brüder und Schwestern. Ich bitte, daß Ihr in all Euren Gebeten mein gedenkt, vor dem Gnadenthron im Namen Jesu. Ich hoffe, der Herr wird erlauben, daß ich Euch alle wiedersehe, und vor allem, daß wir den Sieg davontragen mögen und uns im Reich unseres Vaters miteinander hinsetzen können.

Euer Bruder in den Armen des Evangeliums
Joseph Smith

DHC 1:441–443.

Gedanken des Propheten über Sidney Rigdon

Der Charakter Sidney Rigdons wird hier mit lebhaften Farben gemalt, darauf folgt ein Gebet für seine Errettung und eine Prophezeiung über seine Nachkommenschaft. Es stimmt, seine Generation hat man gejagt, und einige sind gefunden geworden. Sein Sohn John schloß sich vor vielen Jahren der Kirche an, nachdem er in Finsternis umhergeirrt war. In den dreißiger Jahren hat sich einer seiner Enkelsöhne der Kirche angeschlossen, während ein anderer sich wohlmeinend über die Kirche äußerte. So sehen wir, daß sich diese ernste Bitte Joseph Smiths wenigstens teilweise erfüllt hat.

Vom 13. November, wo es die vielen Sternschnuppen gegeben hat, bis zum heutigen Tag, dem 19., ist nichts Bemerkenswertes geschehen. Heute ist mein Herz ziemlich mit Sorge erfüllt, aber ich setze mein Vertrauen in den Herrn, den Gott Jakobs. Auf meinen Reisen habe ich erfahren, daß der Mensch mit nur wenigen Ausnahmen treulos und selbstsüchtig ist.

32

Sidney Rigdon

Bruder Sidney ist ein Mann, den ich liebe, aber er ist jener reinen und beständigen Liebe für diejenigen, die seine Wohltäter sind, nicht fähig, einer Liebe, die in der Brust eines Präsidenten der Kirche Christi wohnen muß. Dies, zusammen mit anderen Kleinigkeiten wie Selbstsucht und Eigensinn, die sich allzuoft zeigen, zerstört das Vertrauen derer, die ihr Leben für ihn hingeben würden; das sind seine Fehler. Aber dessenungeachtet ist er ein sehr bedeutender und guter Mensch, ein Mann von großer Wortgewalt, und er kann die Zuneigung seiner Zuhörer sehr schnell gewinnen. Er ist ein Mann, den Gott stützen wird, sofern er seiner Berufung treu bleibt. O Gott, gib, daß er dazu imstande ist, um des Herrn willen. Amen.

Und abermals, gesegnet sei Bruder Sidney; und wenn er auch anmaßend und erhaben ist, so wird er sich doch unter das Joch beugen wie ein Esel, der unter seiner Last wankt und den Willen seines Herrn durch die Rutenschläge lernt; so spricht der Herr: Doch der Herr wird ihm barmherzig sein, und er wird viel Frucht bringen, ja, wie die Rebe eines edlen Weinstocks, wenn ihre Trauben reif sind, ehe die Zeit der Weinlese gekommen ist. Und der Herr wird ihm sein Herz froh machen wie mit süßem Wein, denn er streckt seine Hand aus und zieht ihn aus der tiefen Grube und zeigt ihm den Weg und lenkt seine Schritte, wenn er strauchelt, und demütigt ihn in seinem Stolz. Gesegnet sind seine Generationen; und doch wird man sie jagen wie einer, der einen Esel jagt, der sich in der Wildnis verlaufen hat, und ihn findet und zur Herde zurückbringt. So wird der Herr über seine Generation wachen, damit sie errettet werde. So sei es. Amen. (Joseph Smith, Tagebuch, S. 24–26.)

Maximen des Propheten

Wenn jemand gewillt ist, das Rechte zu tun, sollen wir seine Tugenden loben und nicht hinter seinem Rücken von seinen Fehlern sprechen. Jemand, der sich ohne Anlaß vorsätzlich von seinem Freund abwendet, findet nicht leicht Vergebung. Daß jemand freundlich war, darf man nie vergessen. Wer das in ihn gesetzte Vertrauen nie enttäuscht, soll in unserem Herzen den Platz der höchsten Achtung einnehmen, und unsere Liebe darf niemals aufhören, sondern muß immer mehr zunehmen. Das ist meine Einstellung, das ist meine Gesinnung. – DHC 1:443–444.

Anweisungen über den Landverkauf in Zion

Das folgende ist ein Auszug aus einer Mitteilung an die Heiligen in Zion, die vom Pöbel in Kreis Jackson, Missouri, von ihren Heimstätten vertrieben und schändlich verfolgt worden waren.

Kirtland, den 5. Dezember 1833

Ich wünsche, daß Ihr, sobald Ihr diesen Brief empfangt, alle Einzelheiten über den Pöbel zusammentragt, von Anfang an, und uns einen unanfechtbaren Tatsachenbericht schickt – was vom einen zum anderen Mal geschehen ist –, so daß wir die Öffentlichkeit darüber richtig informieren können. Gebt uns auch Nachricht über die Situation der Brüder, nämlich in bezug auf ihren Lebensunterhalt.

Ich möchte Euch mitteilen, daß es nicht der Wille des Herrn ist, daß Ihr Euer Land in Zion verkauft, wenn es auch ohne das möglich ist, Lebensunterhalt für Euch zu schaffen. Jede Anstrengung soll unternommen werden, um die Sache weiterzuführen, der Ihr Euch verschrieben habt, und einander so weit wie möglich in dieser unglücklichen Lage mit dem Notwendigen zu versorgen; denkt daran, daß Ihr nicht darüber murren dürft, wie Gott mit seinen Geschöpfen umgeht. Ihr seid noch keineswegs in so mißliche Umstände versetzt wie die alten Propheten und Apostel. Ruft Euch Daniel in den Sinn, dann die drei hebräischen Jünglinge, dann Jeremia, Paulus, Stephanus und viele andere – zu zahlreich, als daß man sie aufführen könnte –, die gesteinigt wurden, entzweigesägt, zum Bösen verlockt, mit dem Schwert getötet, und solche, die in Schaffellen und Ziegenhäuten umherzogen, mittellos, bedrängt, gequält, deren die Welt nicht würdig war. Sie zogen in Wüsten und Bergen umher, verbargen sich in Höhlen und Erdspalten; und doch erlangten sie alle durch den Glauben einen guten Ruf. Und inmitten all ihrer Bedrängnis freuten sie sich, daß sie für würdig befunden worden waren, um Christi willen Verfolgung zu leiden.

Wir wissen nicht, was wir alles über uns ergehen lassen müssen, ehe Zion befreit und aufgerichtet werden wird. Darum haben wir es sehr nötig, nahe bei Gott zu leben und jederzeit alle seine Gebote streng zu befolgen, damit unser Gewissen frei sei von Unrecht gegenüber Gott und den Menschen. Ihr habt das Recht, jedes gesetzliche Mittel zu gebrauchen, das Euch zur Verfügung steht, um für die durch Eure Feinde erlittenen Mißhandlungen Wiedergutmachung zu fordern und sie strafrechtlich zu verfolgen; für uns aber ist es unmöglich, Euch materiellen Beistand zu leisten, denn unsere Mittel sind bereits erschöpft, und wir sind stark verschuldet und wissen noch keinen Ausweg, wie wir uns selbst herauswinden können.

Die Einwohner dieses Kreises drohen mit unserer Vernichtung, und wir wissen nicht, wie bald man ihnen gestatten wird, dem Beispiel der Leute in Missouri zu folgen. Aber unser Vertrauen liegt in Gott, und mit Hilfe seiner Gnade sind wir entschlossen, die Sache weiter hochzuhalten und getreu bis ans Ende auszuharren, damit wir mit Kronen celestialer Herrlichkeit gekrönt werden und in die Ruhe eingehen können, die für die Kinder Gottes bereitet ist.

Wir sind jetzt dabei, den Satz abzulegen, und rechnen damit, daß wir heute mit dem Setzen beginnen können, um zum Ende dieser Woche oder zu Anfang der nächsten eine Zeitung herauszubringen. Wir haben vor einiger Zeit an Elder Phelps geschrieben und haben auch zu Elder Hyde um die Liste der Abonnenten des „Star" geschickt, haben sie aber noch nicht bekommen; bis wir sie nicht haben, werden die meisten Abonnenten ihn nicht erhalten, und wenn Ihr bei Erhalt dieses Briefes die Liste noch nicht abgesandt habt, so möchte ich, daß Ihr Euch unverzüglich darum kümmert, denn eine Verzögerung würde viele Unannehmlichkeiten mit sich bringen.

* * *

Wir erfahren von Elder Phelps, daß die Brüder ihre Waffen an die Leute von Missouri ausgeliefert haben und über den Fluß fliehen. Wenn das der Fall ist, so wäre es nicht recht, die Feindseligkeiten wieder aufzunehmen; wenn aber nicht, solltet Ihr den Boden so lange behaupten, wie es noch einen Mann gibt; denn das Stück Boden, auf dem Ihr Euch befunden habt, ist der Ort, den der Herr zu Eurem Erbteil bestimmt hat, und in den Augen Gottes ist es recht, daß Ihr bis zum letzten darum kämpft.

Ihr werdet Euch entsinnen, daß der Herr gesagt hat, Zion soll nicht von seinem Platz entfernt werden; darum darf das Land nicht verkauft werden, sondern muß von den Heiligen gehalten werden, bis der Herr in seiner Weisheit einen Weg für Eure Rückkehr öffnet; und bis dahin – wenn Ihr einen Streifen Land im Kreis Clay kaufen könnt, um der gegenwärtigen Notlage zu entgehen – ist es recht, daß Ihr es tut und Euer Land im Kreis Jackson nicht verkauft. Es ist für uns keine sichere Sache, Euch eine geschriebene Offenbarung über dieses Thema zu schicken, aber was vorstehend geschrieben ist, ist der Weisheit gemäß. Ich beeile mich zu schließen, um Bruder Oliver Platz zu machen, und verbleibe der Eure in den Banden des immerwährenden Bundes,

Joseph Smith jun.

DHC 1:448–451.

Ein Brief des Propheten Joseph Smith an die vertriebenen Heiligen in Missouri

Dieser Brief veranschaulicht die Weichherzigkeit und das Mitgefühl des Propheten gegenüber den Heiligen in Missouri sowie seinen Wunsch, sie in dieser schweren Stunde tiefer Bedrängnis mit Glauben und Hoffnung zu ermutigen und zu stärken.

Kirtland Mills, Ohio, den 10. Dezember 1833

An Edward Partridge, W. W. Phelps, John Whitmer, A. S. Gilbert, John Corrill, Isaac Morley sowie alle Heiligen, die es betrifft:

Geliebte Brüder:

Heute morgen brachte die Post Briefe von Bischof Partridge, Corrill und Phelps, alle am 19. November in Liberty aufgegeben; sie brachten uns die betrübliche Nachricht von Eurer Flucht aus dem Land Eures Erbteils, nachdem Eure Feinde in der Gegend Euch vor sich her gejagt haben.

Früheren Briefen haben wir entnommen, daß eine Anzahl unserer Brüder getötet worden sind, aber aus den oben angeführten ersehen wir, daß es wohl nur einer war, und zwar Br. Barber, während Br. Dibble am Bauch verwundet wurde. Wir sind dankbar, daß nicht mehr getötet worden sind, und wir beten täglich, der Herr möge nicht zulassen, daß seine Heiligen, die in sein Land hinaufgezogen sind, um seine Gebote zu halten, seinen heiligen Berg mit ihrem Blut röten.

Zion muß Bedrängnis leiden

Aus den Mitteilungen des Geistes an mich kann ich nicht ersehen, daß Zion seinen Anspruch auf eine celestiale Krone verwirkt hätte, auch nicht angesichts der Tatsache, daß der Herr es so sehr hat bedrängen lassen. Es kann sein, daß einige Menschen ungehorsam gewesen sind und den neuen Bund verlassen haben, aber das wird schon zur rechten Zeit durch ihre Werke offenbar werden. Ich habe immer erwartet, daß Zion einige Bedrängnis erleiden würde, und zwar aufgrund meiner Erfahrung mit den gegebenen Geboten. Aber ich möchte Euch an eine bestimmte Stelle in einem davon erinnern, wo es heißt, daß nach viel Drangsal der Segen kommt. Daraus und auch aus anderen und noch einem, das neulich empfangen wurde, weiß ich, daß Zion in der vom Herrn festgesetzten Zeit erlöst werden wird; aber wieviel Tage es sein werden, daß es gereinigt, bedrängt und geprüft wird, das hat der Herr vor meinen Augen verborgen, und wenn ich ihn darüber befrage, sagt die Stimme des Herrn: Sei ruhig und wisse, daß ich Gott bin; alle, die in meinem Namen leiden, werden mit mir herrschen, und wer sein Leben um meinetwillen verliert, wird es wiederfinden.

Es gibt aber zweierlei, was ich nicht weiß, und der Herr will es mir nicht zeigen, vielleicht aus einem weisen Grund, den nur er kennt – ich meine, in gewisser Hinsicht –, und es ist dies das folgende: Warum hat Gott ein so großes Unglück über Zion kommen lassen, und was ist der große Beweggrund für diese arge Bedrängnis?, und dann: Auf welche Weise wird er es wieder zu seinem Erbteil zurückführen, mit Liedern immerwährender Freude auf dem Haupt? Diese zwei Fragen, meine Brüder, sind teilweise zurückgehalten, so daß sie mir nicht klar gezeigt sind, aber es gibt einiges – und es ist klar ersichtlich –, was das Mißfallen des Allmächtigen erregt hat.

Die Rechtschaffenen leiden mit den Schuldigen

Wenn ich über alles nachdenke, was kundgetan worden ist, so bin ich mir bewußt, daß ich nicht murren darf, und murre daher nicht, außer darüber, daß die Unschuldigen gezwungen sind, für die Übeltaten der Schuldigen mitzuleiden. Dafür weiß ich keinen triftigen Grund, als vielleicht nur den, daß das Wort des Erretters nicht streng befolgt worden ist: „Wenn dich dein rechtes Auge zum Bösen verführt, dann reiß es aus und wirf es weg! Und wenn dich deine rechte Hand zum Bösen verführt, dann hau sie ab und wirf sie weg!" Es steht doch fest, wenn eines der Glieder unseres Körpers in Unordnung ist, so leidet der übrige Körper, und alle zusammen geraten in Knechtschaft; und wenn es auch so ist, so kann ich meine Gefühle doch nur mit Mühe zurückhalten, wenn ich weiß, daß Ihr, meine Brüder mit denen ich so viele glückliche Stunden verbracht habe – da wir gleichsam an himmlischer Stätte in Christus Jesus gesessen haben und da ich von der Makellosigkeit Eurer Beweggründe auch ein Zeugnis fühle und immer gefühlt habe –, ausgestoßen seid, Fremdlinge und Pilger auf der Erde, ohne Schutz, dem Hunger, der Kälte, der Gefahr, dem Schwert ausgesetzt – ich sage, wenn ich darüber nachdenke, so kann ich nur mit Mühe an mich halten und nicht klagen und murren gegen diese Evangeliumszeit. Aber ich bin mir bewußt, daß es nicht recht wäre, und gebe Gott, daß – ungeachtet Eurer großen Bedrängnis und Leiden – nichts uns von der Liebe Christi trennen möge.

Brüder, da wir nun von Euren Leiden erfahren, erwacht alles Mitgefühl in unserem Herzen; wir sind bedrückt, wir können die Tränen nicht zurückhalten, und doch sind wir außerstande, Eure Leiden ganz zu ermessen, und oft höre ich die Brüder sagen, sie wünschten, sie könnten bei Euch sein, um einen Teil Eurer Leiden mit zu tragen. Und ich selbst würde bei Euch sein – hätte Gott dies in der Ordnung seiner Vorsehung nicht verhindert –, damit das Joch der Bedrängnis weniger schmerzhaft auf Euch laste. Gott hat mich darin um Euretwillen gewarnt, und auch Elder Cowdery konnte durch sein längeres Verweilen Eure Bedrängnis nicht erleichtern, denn seine Anwesenheit hätte Eure Feinde nur noch mehr in Wut gebracht; darum ist Gott barmherzig mit uns umgegangen. O Brüder, laßt uns dankbar sein, daß alles mit uns so gut steht, wie es steht, und daß wir immer noch am Leben sind, daß Gott vielleicht in dieser Generation viel Gutes für uns aufgespart hat. Möge er geben, daß wir seinen Namen doch verherrlichen.

Der Wert eines Erbteils

Ich bin dankbar, daß keine mehr den Glauben verleugnet haben. Ich bete zu Gott im Namen Jesu, daß Ihr alle bis ans Ende im Glauben behalten werden mögt; was auch immer Eure Leiden sein mögen – es ist besser in den Augen Gottes, daß Ihr sterbt, als daß Ihr das Land Zion aufgebt, die Erbteile, die Ihr mit Eurem Geld gekauft habt. Denn ein jeder, der sein Erbteil nicht aufgibt, auch wenn er sterben müßte, der wird, wenn der Herr kommt, darauf stehen und, wie Ijob, in seinem Fleische Gott schauen. Darum rate ich Euch, daß Ihr Euer Land behaltet, ja, bis zum äußersten, und mit allen gesetzlichen Mitteln danach trachtet, von Euren Feinden Wiedergutmachung zu erlangen. Betet zu Gott, Tag und Nacht, er möge Euch in Frieden und Sicherheit zu den Ländereien Eures Erbteils zurückführen. Und wenn der Richter Euch im Stich läßt, dann wendet Euch an die Staatsgewalt; und wenn die Staatsgewalt Euch im Stich läßt, dann wendet Euch an den Präsidenten; und wenn der Präsident Euch im Stich läßt und alle Gesetze Euch im Stich lassen und wenn die Menschlichkeit des Volkes Euch im Stich läßt und wenn Euch sonst alles im Stich läßt außer Gott allein und Ihr ihn mit Euren zudringlichen Bitten weiterhin ermüdet, wie es die arme Frau mit dem ungerechten Richter getan hat, dann wird er nicht versäumen, über Eure Feinde Gericht zu halten und seine Auserwählten zu rächen, die Tag und Nacht zu ihm schreien.

Siehe, er wird Euch nicht im Stich lassen! Mit zehntausend Heiligen wird er kommen, und alle seine Widersacher werden durch den Hauch seiner Lippen vernichtet werden! Alle, die ihr Erbteil behalten, auch wenn sie geschlagen und verjagt werden sollten, werden den klugen Jungfrauen gleich sein, die Öl in ihren Lampen hatten. Aber alle diejenigen, die ungläubig und furchtsam sind, werden den törichten Jungfrauen gleich sein, die kein Öl in ihren Lampen hatten. Und wenn sie dann zurückkehren und zu den Heiligen sagen werden: Gebt uns von Eurem Land – siehe, da wird man keinen Platz für sie finden. Was nun das Ausstellen von Besitzurkunden anlangt, so möchte ich Euch raten, solche auszustellen, soweit die Brüder gesetzlichen und rechtmäßigen Anspruch darauf haben, und dann soll jedermann sich vor Gott verantworten, was er damit gemacht hat.

Ich möchte Elder Phelps einige Gedanken unterbreiten; ich weiß freilich nicht, ob sie wirklich nützen werden, unterbreite sie aber zur Erwägung. Ich würde mich freuen, wenn er hier wäre, wage aber nicht, das anzuraten, selbst wenn es ihm möglich wäre zu kommen, denn wir wissen nicht, was mit uns hier geschehen wird, wo wir an diesem Ort unter schwerer und ernstlicher Bedrohung von sehr vielen Leuten stehen.

Aber vielleicht sind die Leute in Liberty willens – und Gott hat die Macht, allen Menschen das Herz zu erweichen –, daß dort eine Druckpresse aufgestellt wird, und wenn nicht dort, dann woanders, wo auch immer es am praktischsten ist und man daran gelangen kann. Gott wird bereit sein, sie dort zu haben, wo sie zweckmäßig und sicher stehen kann. Wir müssen klug sein wie die Schlangen und arglos wie die Tauben. Nochmals, ich wünsche, daß Elder Phelps alle Informationen sammelt und uns einen wahren Bericht gibt von den Anfängen Zions, seinem Aufstieg und seinem Unglück.

Ein Gebet für die bedrängten Heiligen

Vernehmt nun das Gebet Eures unwürdigen Bruders in den Banden des neuen und immerwährenden Bundes: O mein Gott! Der du durch dein schwaches Werkzeug und auf Gebot hin einige wenige berufen und ausgewählt und nach Missouri gesandt hast, einem Ort, den du Zion genannt hast und geboten, deine Knechte sollten ihn als Ort der Zuflucht und Sicherheit für die Sammlung deiner Heiligen dir weihen, daß dir eine heilige Stadt erbaut werde, und da du gesagt hast, kein anderer Ort solle bestimmt werden als dieser, so bitte ich dich im Namen Jesu Christi, laß dein Volk in seine Häuser und Erbteile zurückkehren, so daß es sich der Frucht seiner Arbeit erfreuen kann; damit alle verwüsteten Stätten aufgebaut werden können; daß alle Feinde deines Volkes, die nicht Umkehr üben und sich dir zuwenden, vom Erdboden vertilgt werden. Laß ein Haus erbaut und deinem Namen geweiht werden, und laß alle Verluste, die dein Volk tragen muß, wiedergutgemacht werden, ja, mehr als vierfach, damit die Grenzen Zions für immer weit gemacht werden; laß es aufgerichtet sein und nie mehr niedergeworfen werden, und laß alle deine Heiligen, wenn sie zerstreut sind wie Schafe und verfolgt werden, nach Zion fliehen und dort inmitten fest stehen, und laß es gemäß deinem Gesetz organisiert sein, und laß dieses Gebet vor deinem Angesicht verzeichnet sein. Gib meinen Brüdern deinen Heiligen Geist, ihnen, denen ich schreibe; schicke deine Engel aus, daß sie sie behüten und von allem Übel befreien; und wenn sie ihr Gesicht nach Zion richten und sich vor dir neigen und beten, mögen ihre Sünden nie vor dich gebracht werden und auch nicht Platz finden in deinem Buch der Erinnerung, und mögen sie von all ihren Übeltaten Abstand nehmen. Versorge sie mit Nahrung, wie du es für die Raben tust, versorge sie mit Kleidung, ihre Blöße zu bedecken, und mit Häusern, daß sie darin wohnen können; gib ihnen reichlich Freunde, und laß ihren Namen in das Lebensbuch des Lammes geschrieben sein, ewiglich vor deinem Angesicht. Amen.

Schließlich, Brüder, die Gnade unseres Herrn Jesus Christus sei mit Euch allen, bis er mit seinem Reich kommt. Amen.

Joseph Smith jun.

DHC 1:453–456.

Segen, erteilt an Oliver Cowdery und an die Familie des Propheten

Am 18. Dezember 1833 versammelten sich der Prophet und eine Anzahl der führenden Ältesten der Kirche in der Druckerei, die eben erst eingerichtet worden war, und der Prophet Joseph Smith weihte diese Druckerei. Nach der Zeremonie sprach der Prophet über Oliver Cowdery und mehrere Angehörige der Familie Smith Segnungen aus, nachdem er Joseph Smith sen. das Amt und Priestertum eines Patriarchen der Kirche übertragen hatte. Nachstehend die Segnungen:

Der Segen für Oliver Cowdery

Gesegnet vom Herrn ist Bruder Cowdery, und doch gibt es in ihm zwei Übel, die er notwendigerweise ablegen muß, sonst kann er den Schlägen des Widersachers nicht entgehen. Wenn er diese Übel ablegt, wird ihm vergeben werden, und er wird wie der Bogen sein, den der Herr in den Himmel gesetzt hat, und er wird den Nationen ein Zeichen und ein Panier sein. Siehe, wegen seiner Unwandelbarkeit und Standhaftigkeit im Werk des Herrn ist er vom Herrn gesegnet; darum ist er in seinen Nachkommen gesegnet, und sie sollen nie ausgetilgt werden, und ihm wird aus viel Mühsal geholfen werden. Und wenn er die Gebote hält und dem Rat des Herrn Gehör schenkt, wird seine Ruhe herrlich sein.

Der Segen des Propheten für seine Eltern

So sprach der Seher Joseph Smith, und dies sind die Worte, die von seinen Lippen fielen, während die Visionen des Allmächtigen seinem Auge erschlossen waren, nämlich:

Gesegnet vom Herrn ist mein Vater, denn er wird inmitten seiner Nachkommen stehen und durch deren Segnungen getröstet werden, wenn er alt und von den Jahren gebeugt ist, und er wird ein Fürst über sie genannt werden, und man wird ihn zu denen zählen, die das Recht des patriarchalischen Priestertums innehaben, ja, die Schlüssel dieses Amtes. Denn er wird seine Nachkommenschaft um sich versammeln wie Adam, und die Versammlung, die dieser einberufen hat, soll für meinen Vater ein Beispiel sein, denn so steht es geschrieben über ihn:

Drei Jahre vor seinem Tod berief Adam Set, Enosch, Kenan, Mahalalel, Jered, Henoch und Metuschelach, die Hohe Priester waren, mit seinen übrigen Nachkommen, sofern sie rechtschaffen waren, in das Tal von Adam-ondi-Ahman und erteilte ihnen dort seinen letzten Segen. Und es erschien ihnen der Herr, und sie erhoben sich und segneten Adam und nannten ihn Michael, den Fürsten, den Erzengel. Und der Herr spendete Adam Trost und sprach zu ihm: Ich habe dich an die Spitze gestellt, und eine Menge Nationen werden aus dir hervorgehen, und du bist Fürst über sie für immer.

So soll es mit meinem Vater sein: Er wird Fürst über seine Nachkommenschaft genannt werden, und er hat die Schlüssel des patriarchalischen Priestertums über das Reich Gottes auf Erden inne, ja, der Kirche der Heiligen der Letzten Tage, und er wird in der allgemeinen Versammlung der Patriarchen sitzen, nämlich im Rate mit dem Hochbetagten, wenn dieser sitzen wird, und alle Patriarchen mit ihm, und sich seines Rechts und seiner Vollmacht unter der Leitung des Hochbetagten erfreuen.

Und gesegnet ist auch meine Mutter, denn sie ist eine Mutter in Israel, und sie wird mit meinem Vater an allen seinen Segnungen als Patriarch teilhaben.

Und gesegnet sind auch meine Brüder und Schwestern, denn sie werden noch Erlösung finden im Haus des Herrn, und ihre Sprößlinge werden Segen, Freude und Trost für sie sein.

Gesegnet ist meine Mutter, denn ihre Seele ist immer erfüllt von Wohltätigkeit und Menschenliebe, und ungeachtet ihres Alters soll sie Kraft empfangen und inmitten ihres Hauses getröstet sein. Und so spricht der Herr: Sie wird ewiges Leben haben.

Und weiter, gesegnet ist mein Vater, denn die Hand des Herrn wird über ihm sein, und er wird vom Heiligen Geist erfüllt sein; denn er wird alles weissagen, was seiner Nachkommenschaft widerfahren wird, bis hin zur letzten Generation; und er wird die Bedrängnis seiner Kinder vergehen sehen und ihre Feinde unter ihren Füßen; und wenn sein Haupt ganz reif geworden ist, wird er sich als einen Ölbaum betrachten, der von viel Frucht niedergebeugt ist. Siehe, die Segnungen Josefs, erteilt von seinem Vater, werden auf das Haupt meines Vaters und seiner Nachkommen kommen, ja, er wird ein fruchtbarer Ast sein; er wird wie ein fruchtbarer Ast sein, nämlich ein fruchtbarer Ast an der Quelle, dessen Zweige emporsteigen über die Mauer, und seine Nachkommen werden in der Stärke verbleiben, und ihre Arme und Hände werden stark gemacht werden durch die Hände des mächtigen Gottes Jakobs und des Gottes seiner Väter; ja, der Gott Abrahams, Isaaks und Jakobs wird ihm und seinen Nachkommen helfen; ja, der Allmächtige wird ihn und seine Nachkommen mit den Segnungen des Himmels oben und den Segnungen der Tiefe unten segnen, und seine Nachkommen werden sich erheben und ihn gesegnet heißen. Er wird wie die Rebe eines edlen Weinstocks sein, wenn ihre Trauben ganz reif sind; und er wird auch eine Wohnung in der Höhe haben, ja, im celestialen Reich. Tausende werden seinen Rat suchen, und er wird eine Stätte haben im Haus des Herrn; denn er wird mächtig sein im Rat der Ältesten, und seine Tage werden verlängert werden. Und wenn er von hinnen geht, so wird er in Frieden gehen, und seine Ruhe wird herrlich sein; und seines Namens wird bis ans Ende gedacht werden. Amen.

Oliver Cowdery, Schreiber und Berichtführer

Joseph Smith, Tagebuch, 18. Dez. 1833.

Der Segen des Propheten für seinen Bruder Hyrum

Gesegnet vom Herrn ist mein Bruder Hyrum wegen der Lauterkeit seines Herzens; umgürtet wird er sein von Kraft; Wahrheit und Treue werden die Kraft seiner Lenden sein. Von Generation zu Generation wird er ein Pfeil in der Hand seines Gottes sein, um Gericht zu halten über seine Feinde, und er wird von der Hand des Herrn verborgen werden, daß nichts von seinen Weichteilen von seinen Feinden entdeckt werden wird, um ihn zu verwunden. Sein Name wird als Segnung unter den Menschen gelten. Bekannt wird er sein unter Königen, und gesucht wird er werden, auf daß er im Rat sitze, von den Nationen und Königen von ferne. Und in den Händen Gottes wird er ein Werkzeug sein, um Tausende Seelen zur Errettung zu bringen. Und wenn er in Schwierigkeiten ist und große Drangsal über ihn gekommen ist, soll er sich des Gottes Jakobs erinnern, und er wird ihn vor der Macht des Satans beschirmen. Im Haus des Allerhöchsten wird er Rat empfangen, damit er in Hoffnung gestärkt sei. Er wird sein wie eine erquickende Quelle, die am Fuß des Berges entspringt, überschattet von erlesenen Bäumen, die schwer sind von reifer Frucht, die gleichermaßen dem Hunger Nahrung gibt und den Durst stillt, die den müden Wanderer erfrischt. Und die Schritte seiner Füße werden immer an lebendigem Wasser entlangführen. Er wird nicht fehlgehen, und ihm wird es nicht an Erkenntnis mangeln, denn der Herr, sein Gott, wird die Hand ausstrecken und ihn erheben und ihn mit seiner eigenen Stimme anrufen auf dem Weg, den er wandelt, auf daß er für immer fest stehe. Er wird der Spur seines Vaters folgen und zu denen gehören, die das Recht des patriarchalischen Priestertums innehaben, ja, das Priestertum und die Macht eines Evangelisten sollen auf ihm sein, damit in seinen alten Tagen sein Name auf Erden gerühmt werde. Siehe, er wird mit den Reichtümern der Erde in Hülle und Fülle gesegnet sein – Gold, Silber, Schätze von Edelsteinen, Diamanten und Platin. Seine Wagen werden zahlreich sein, und sein Vieh wird sich reichlich vermehren: Pferde, Maultiere, Esel, Kamele, Dromedare und schnelle Tiere, damit er den Namen des Herrn preise und den Armen Wohltat erweise. Ja, dies wird das Verlangen seiner Seele sein – die Bedürftigen zu trösten und gebrochene Herzen zu heilen. Seiner Kinder werden viele sein, seine Nachkommenschaft zahlreich, und sie werden sich erheben und ihn gesegnet heißen. Und er wird ewiges Leben haben. Amen.

Oliver Cowdery, Schreiber und Berichtführer

Gegeben zu Kirtland, 18. Dez. 1833.

Der Segen für Samuel und William Smith

Gesegnet vom Herrn ist mein Bruder Samuel, denn der Herr wird zu ihm sagen: Samuel, Samuel; darum wird er im Haus des Herrn zu einem Lehrer gemacht werden, und der Herr wird seine Urteilskraft reifen lassen, und dadurch wird er die Achtung und Gemeinschaft seiner Brüder erlangen, und seine Seele wird fest stehen, und er wird dem Haus des Herrn ein Nutzen sein, denn er wird in seiner Glaubenstreue Antwort aufs Gebet erlangen.

Bruder William ist wie der wilde Löwe, der seinen Raub nicht teilt, da er ja stark ist; und im Stolz seines Herzens wird er das Gewichtigere vernachlässigen, bis seine Seele von Kummer gebeugt ist; und dann wird er zurückkommen und den Namen seines Gottes anrufen und Vergebung finden, und er wird stark werden und darum ganz gerettet werden; und wie der brüllende Löwe im Wald, inmitten seiner Beute, so wird sich die Hand seiner Nachkommen gegen diejenigen erheben, die an hohen

Plätzen sitzen und gegen den Gott Israels kämpfen; furchtlos und unverzagt werden sie im Kampf sein und das Unrecht der Schuldlosen rächen und die Bedrückten frei machen; darum werden die Segnungen des Gottes Jakobs mitten in seinem Haus sein trotz seines widerspenstigen Herzens.

Und nun, o Gott, laß die übrigen aus meines Vaters Haus vor dir in Erinnerung gebracht werden, daß du sie aus der Hand des Bedrückers befreist und ihre Füße fest auf den göttlichen Felsen stellst, daß sie in deinem Haus eine Stätte haben mögen und in deinem Reich errettet seien; und laß alles so sein, wie ich es gesagt habe, um Christi willen. Amen. – DHC 1:466–467.

Ratschlag und Ermahnung

Liebe Brüder in Christus und Gefährten in Drangsal!

Es schien uns angebracht, Euch ein paar Zeilen zu senden und Euch einige Anweisungen in bezug auf die Bewältigung der Belange des Gottesreiches zu geben, das uns in dieser letzten Zeit übergeben worden ist durch den Willen und das Testament unseres Mittlers, dessen Fürsprache zu unseren Gunsten im Herzen des ewigen Vaters wohnt und binnen kurzem Segen auf das Haupt aller Getreuen herabströmen lassen wird.

Wir sind alle noch Kinder, und das in der gegenwärtigen Zeit allzusehr. Aber wir hoffen im Herrn, daß wir in Gnade heranwachsen und in allem bereit sind für das, was die Zukunft uns bringen wird. Die Zeit vergeht rasch, und die Prophezeiungen müssen sich erfüllen. Die Tage der Drangsal nähern sich schnell; und die Zeit, da die Treue der Heiligen auf die Probe gestellt werden soll, ist gekommen. Das Gerücht mit seinen tausend Zungen verbreitet seine zweifelhaften Töne in fast jedes Ohr, aber in diesen Zeiten schwerer Prüfung sollen die Heiligen geduldig sein und auf die Errettung durch Gott blicken. Wer Verfolgung nicht ertragen kann und nicht imstande ist, in den Tagen der Bedrängnis zu stehen, wird auch nicht an dem Tag stehen können, an dem der Sohn Gottes den Schleier zerteilen und mit den heiligen Engeln in aller Herrlichkeit seines Vaters erscheinen wird.

Das Übel einer vorschnellen Ordinierung

Zum Thema Ordinierung sind ein paar Worte notwendig. In vielen Fällen hat es dabei zu große Eile gegeben, und die Ermahnung des Paulus: „Lege keinem die Hände vorschnell auf!", ist allzu leichtfertig mißachtet worden. Einige sind zum Dienst ordiniert worden und haben in ihrem Amt niemals etwas getan und ihre Berufung überhaupt nicht groß gemacht. So jemand darf erwarten, daß er seine Berufung verliert, außer er erwacht und bringt sein Amt zu Ehren. Laßt die Ältesten, die unterwegs sind, darin äußerst sorgfältig verfahren, und wenn sie einen Mann zum heiligen Dienst ordinieren, soll es ein treuer Mann sein, der imstande ist, auch andere zu belehren, damit nicht die Sache Christi Schaden nehme. Es ist nicht die Anzahl der Prediger, die das herrliche Millenium herbeiführen wird, sondern es sind diejenigen, die berufen und erwählt und treu sind!

Streitgespräch meiden!

Die Ältesten sollen sehr darauf bedacht sein, daß sie nicht die Gefühle der Menschen unnötig verwirren und verletzen. Vergeßt nicht, daß es Eure Aufgabe ist, das Evangelium in aller Demut und Sanftmut zu predigen und die Sünder aufzufordern, daß sie Umkehr üben und zu Christus kommen.

Vermeidet Zwistigkeiten und Streitgespräche mit Leuten, deren Sinn verdorben ist, die gar nicht den Wunsch haben, die Wahrheit kennenzulernen. Denkt daran: „Dies ist ein Tag des Warnens und nicht ein Tag vieler Worte!" Wenn sie an dem einen Ort Euer Zeugnis nicht annehmen, so zieht Euch an einen anderen zurück. Erhebt keine Vorwürfe und stoßt auch keine bitteren Reden aus. Wenn Ihr Eure Pflicht tut, werdet Ihr ebenso gut dastehen, als hätten alle Menschen das Evangelium angenommen.

Wenn Ihr Knaben aussendet, der Welt das Evangelium zu predigen, so tut es mit Bedacht; wenn sie hinausgehen, sollen sie von jemand begleitet werden, der sie auf den richtigen Weg bringen kann, damit sie nicht aufgeblasen werden und sich schuldig machen und in die Fallstricke des Teufels geraten. Schließlich seid in diesen kritischen Zeiten vorsichtig: Ruft den Herrn Tag und Nacht an, hütet Euch vor Stolz, hütet Euch vor falschen Brüdern, die sich bei Euch einschleichen, um Eure Freiheit auszukundschaften. Ermuntert Euch zur Rechtschaffenheit und sündigt nicht! Laßt Euer Licht scheinen, und erzeigt Euch als Arbeiter, die sich nicht zu schämen brauchen, als Männer, die offen und klar die wahre Lehre vertreten. Gebt Euch eifrig dem Lernen hin, damit Euer Sinn Vorrat habe an notwendiger Kenntnis.

Wir verbleiben Eure Brüder in Christus und beten inständig, daß der Tag der Erlösung kommen möge, wo dann das Übeltun von der Erde gefegt und immerwährende Rechtschaffenheit eingeführt werden wird. Lebt wohl! (Dez. 1833.) DHC 1:467–469.

ZWEITER ABSCHNITT
1834–1837

Auszüge aus einem Brief der Ältesten der Kirche in Kirtland an ihre Brüder unterwegs

Liebe Brüder in Christus und Gefährten in Drangsal:

* * *

Geistige Finsternis

Betrachtet einen Augenblick lang, Brüder, die Erfüllung des Wortes des Propheten: Denn siehe, Finsternis bedeckt die Erde und Dunkel die Völker – daß nämlich unter den Menschen immer mehr Verbrechen jeder Art geschehen, Laster von größter Abscheulichkeit zur Gewohnheit werden, die junge Generation in einem Höchstmaß von Stolz und Anmaßung heranwächst, die Alten jegliches Schuldgefühl verlieren und anscheinend jeden Gedanken an einen Tag der Vergeltung von sich weisen, dazu Unmäßigkeit, Sittenverfall, Verschwendung, Stolz, Herzensverblendung, Abgötterei, der Verlust der natürlichen Zuneigung, Liebe zum Weltlichen und Gleichgültigkeit gegenüber dem, was ewig ist, die immer mehr zunehmen unter denen, die einen Glauben an die Religion des Himmels vorgeben, wodurch sich dann aber die Ungläubigkeit immer mehr ausbreitet, ferner daß Menschen sich dazu hergeben, Taten der widerlichsten Art zu begehen, Handlungen von der übelsten Sorte: Gotteslästerung, Betrug, Zerstörung des guten Rufs der Mitmenschen, Diebstahl, Raub, Mord, Eintreten für Falsches und Widerstand gegen die Wahrheit, Abkehr vom Bund des Himmels und Verleugnung des Glaubens an Jesus –, und mitten in dem allen kommt der Tag des Herrn schnell herbei, wo keiner, der sich nicht das Brautkleid erworben hat, in der Gegenwart des Bräutigams, des Friedensfürsten, wird essen und trinken dürfen!

Der beklagenswerte Zustand der Welt

Von der Wahrheit dieser Tatsachen beeindruckt – was für Gefühle können denn die Menschen haben, die von der himmlischen Gabe genossen und das gute Wort Gottes und die Kräfte der zukünftigen Welt kennengelernt haben? Wer anders als sie, die den furchtbaren Abgrund sehen, an dem die Menschheit in dieser Generation steht, kann im Weingarten des Herrn arbeiten, ohne nicht auch die beklagenswerte Lage der Welt zu verspüren? Wer anders als sie, die die Herablassung des Vaters unseres Geistes recht erkannt haben, indem er ein Opfer für seine Geschöpfe bereitstellt, einen Plan der Erlösung, eine sühnende Kraft, einen Heilsplan, der sich das große Ziel setzt, die Menschen in die Gegenwart des Himmelskönigs zurückzubringen, sie in der celestialen Herrlichkeit zu krönen und sie zusammen mit dem Sohn zu Erben zu machen, so daß sie das unzerstörbare, makellose und unvergängliche Erbe empfangen –, wer anders als so jemand kann erkennen, wie wichtig es ist, vor allen Menschen untadelig zu wandeln und sie eifrig aufzurufen, dieser Segnung teilhaftig zu werden? Wie unbeschreiblich herrlich ist dieser Plan für die Menschen! Er ist fürwahr als Nachricht von großer Freude für die Menschen anzusehen, eine Nachricht, die die Erde erfüllen und das Herz eines jeden, der sie hört, froh machen sollte. Die Überlegung, daß jeder gemäß seinem Eifer und seiner Beständigkeit im Weingarten belohnt werden wird, sollte einen jeden, der berufen ist, diese frohe Nachricht zu verbreiten, dazu veranlassen, daß er sein Talent nutzbringend einsetzt, um weitere Talente zu gewinnen, so daß, wenn der Meister sich hinsetzt, um seine Knechte für ihr Verhalten zur Rechenschaft zu ziehen, gesagt werden kann: Sehr gut, du bist ein tüchtiger und treuer Diener. Du bist im Kleinen ein treuer Verwalter gewesen, ich will dir eine große Aufgabe übertragen. Komm, nimm teil an der Freude deines Herrn!

Einige erdreisten sich und sagen, die Welt nehme in unserer Zeit schnell an Rechtschaffenheit zu, die finstere Zeit des Aberglaubens und der Verblendung, wo nur einige wenige den Glauben an Christus gekannt und hochgehalten haben, die Zeit, wo die Gewalt der Kirche eine beinah vollständige Herrschaft über die Christenheit ausübte und das Gewissen der Menschen durch die starken Ketten priesterlicher Macht gebunden war, sei vorüber, und nun sei die düstere Wolke zerteilt, und das Evangelium leuchte in der ganzen strahlenden Glorie der apostolischen Zeit; das Reich des Messias breite sich sehr weit aus, das Evangelium unseres Herrn werde zu verschiedenen Nationen der Erde getragen, die Heilige Schrift werde in verschiedene Sprachen übersetzt; die Künder der Wahrheit überquerten die tiefen Ozeane, um den Menschen, die im Dunkel seien, den auferstandenen Erretter zu verkündigen und das Banner des Immanuel aufzurichten, wo noch kein Licht geleuchtet hat; die Götzen seien zerstört, die Tempel der Schnitzbilder verlassen, und diejenigen, die noch vor kurzer Zeit den Überlieferungen ihrer Väter gefolgt seien und ihr eigenes Fleisch zum Opfer gebracht hätten, um den Zorn eines Scheingottes zu besänftigen, erhöben nun ihre Stimme, um den Allerhöchsten zu verehren, und ließen ihre Gedanken zu ihm emporsteigen in der Erwartung, sie würden eines Tages eine freudevolle Aufnahme in seinem immerwährenden Reich finden!

50

Das Gesetz des freien Handelns

Wenn man aber nur einen Augenblick unvoreingenommen über die Grundsätze dieser Institutionen nachdenkt, über die Art und Weise, wie sie geführt werden und was für Menschen da beschäftigt werden, wobei das augenscheinliche Ziel als Anreiz hingehalten wird, um sie zum Handeln zu veranlassen, so genügt das unserer Meinung nach für einen jeden unvoreingenommenen Menschen, selbst den Schluß zu ziehen, ob das die Ordnung des Himmels ist oder nicht. Wir halten es für einen gerechten Grundsatz – und es ist einer, der, wie wir meinen, von jedem einzelnen gründlich erwogen werden sollte –, daß alle Menschen gleich erschaffen sind und daß ein jeder berechtigt ist, sich über alles, was mit dem Gewissen zu tun hat, seine eigenen Gedanken zu machen. Infolgedessen ist es nicht unsere Absicht – selbst wenn wir die Macht dazu hätten –, irgend jemand daran zu hindern, daß er seine Gedankenfreiheit unabhängig ausübt, die der Himmel als eine seiner erlesensten Gaben dem Menschen so gnädig verliehen hat. Aber wir nehmen uns die Freiheit (und dazu haben wir das Recht), diese Ordnung der Dinge ein wenig zu betrachten und sie der Ordnung Gottes gegenüberzustellen, die wir in den heiligen Schriften finden. Bei dieser Überprüfung werden wir aber die Punkte so vorbringen, wie der, der sie gegeben hat, unserer Meinung nach bestimmt hat, daß sie verstanden werden sollen, ebenso die erfreulichen Ergebnisse, die daraus entstehen, daß man die Bedingungen des Himmels erfüllt, die jedem offenbart sind, der sie befolgt; schließlich die Folgen von falscher Auslegung oder Verdrehung oder gekünstelter Meinung, die nie in der Absicht des Herrn gelegen hat, als er sich herabließ, vom Himmel zu den Menschen zu sprechen, damit sie errettet werden können.

* * *

Gehorsam gegenüber der Regierung ist notwendig

Alle ordnungsgemäß gegründeten und stabilen Regierungen haben bestimmte Gesetze, durch die die Unschuldigen geschützt und die Schuldigen bestraft werden. Wenn man als Tatsache anerkennt, daß gewisse Gesetze gut, recht und billig sind, so muß sich jeder, der das anerkennt, dadurch verpflichtet fühlen und dazu veranlaßt sehen, diesen Gesetzen peinlich genau Gehorsam zu leisten. Wenn diese Gesetze von jemandem verletzt oder gebrochen werden, so müssen sie ihm im Sinne der Gerechtigkeit mit doppelter Kraft, wenn möglich, das Ausmaß und die Größe seines Verbrechens vor Augen halten, weil er nicht vorbringen kann, er sei unwissend gewesen, und weil er seine Übertretung offen gegen Licht und Wissen begangen hat. Wenn aber jemand in Unwissenheit oder unbewußt Gesetze übertritt oder verletzt, so verlangt der Staat zwar, daß er dafür büßen muß, aber er wird doch nicht die gleichen Gewissensbisse haben wie der andere, und dieses scharfe, schneidende Schuldgefühl wird in seiner Brust nicht in gleicher Weise aufsteigen, wie wenn er andererseits die Tat mit vollem Bewußtsein begangen, den Gesetzesbruch mit der vollen Gewißheit verübt hätte, ein Gesetz seines Landes zu brechen, das er vorher als recht anerkannt hatte. Wir haben mit diesen Bemerkungen nicht die Absicht, die Gesetze der Menschen mit den Gesetzen des Himmels gleichzustellen, denn wir glauben nicht, daß sie mit der gleichen Weisheit und Überlegung geschaffen werden. Wir glauben auch nicht, daß es an sich genügt, dem Menschen etwas den Gesetzen des Himmels Vergleichbares zu geben, selbst wenn der Himmel es verheißt. Die Gesetze der Menschen können dem Volk Schutz bei seinen redlichen Lebensbestrebungen gewähren, ebenso das zeitliche Glück, das sich aus der Bewahrung vor ungerechter Beleidigung und Schädigung ergibt. Damit ist aber auch schon alles gesagt, was man wahrheitsgemäß über die Kraft, das Ausmaß und die Wirkung der Menschengesetze sagen kann, von dem Gesetz Gottes ganz abgesehen. Das Gesetz des Himmels liegt dem Menschen vor, und es garantiert allen, die es befolgen, einen Lohn, der weit über irdische Erwägung hinausgeht; gleichwohl verspricht es nicht, daß die Gläubigen in jedem Zeitalter von den Bedrängnissen und Schwierigkeiten ausgenommen werden sollen, die sich aus verschiedenen Ursachen als Folge der Handlungen schlechter Menschen auf Erden ergeben. Und doch gibt es inmitten all dessen eine Verheißung, die sich auf die Tatsache stützt, daß es das Gesetz des Himmels ist, das über das Menschengesetz ebenso weit hinausgeht wie das ewige Leben über das zeitliche und daß die Segnungen, die Gott geben kann, größer sind als diejenigen, die der Mensch zu geben vermag. Wenn also das Menschengesetz für den Menschen bindend ist, sofern er es anerkennt, um wieviel mehr muß dann das Gesetz des Himmels es sein! Und weil das Gesetz des Himmels um so viel vollkommener ist als das Menschengesetz, muß auch der Lohn, wenn es befolgt wird, um so viel größer sein. Das Menschengesetz verspricht Sicherheit im zeitlichen Leben, aber das Gesetz Gottes verheißt ein Leben, das ewig ist, ja, ein Erbteil zur rechten Hand Gottes, gesichert vor aller Macht jenes einen, der schlecht ist.

Bei der Annäherung an Gott wird der Mensch erleuchtet

Wir meinen, daß Gott den Menschen mit einem Verstand geschaffen hat, der imstande ist zu lernen, und mit einer Fähigkeit, die sich in gleichem Maß erweitert, wie man dem Licht, das vom Himmel her dem

Denkvermögen mitgeteilt wird, Eifer und Beachtung schenkt. Je näher der Mensch zur Vollkommenheit gelangt, um so klarer wird sein Blick und um so größer seine Freude, bis er das Böse in seinem Leben überwunden und jeglichen Wunsch nach Sünde verloren hat und wie die Alten an einem Punkt des Glaubens anlangt, wo er von der Macht und Herrlichkeit seines Schöpfers eingehüllt und emporgehoben wird, um bei ihm zu wohnen. Wir meinen aber auch, daß dies ein Punkt ist, den noch niemand in einem Augenblick erreicht hat: man muß in der Regierung und den Gesetzen jenes Reiches ordnungsgemäß Schritt um Schritt unterwiesen worden sein, bis der Verstand einigermaßen imstande ist, die Besonderheit, Gerechtigkeit, Gleichheit und innere Beschaffenheit ebendieses Reiches zu begreifen. Zur weiteren Belehrung verweisen wir auf Deuteronomium 32, wo der Herr sagt, Jakob sei sein Erbland. Er fand ihn in der Steppe, in der Wüste, wo wildes Getier heult. Er hüllte ihn ein, gab auf ihn acht und hütete ihn wie seinen Augenstern usw. Daraus ersieht man die Eindringlichkeit des letzten vorgetragenen Punktes, daß es nämlich notwendig ist, daß der Mensch die Gesetze des Himmelreiches verstehen lernt, ehe er eintreten darf – wir meinen die celestiale Herrlichkeit. Die Regierungen der Menschen und ihre Gesetze sind so verschieden von der Regierung und den Gesetzen des Himmels, daß zum Beispiel jemand, der gehört hat, daß es auf der Erdkugel ein Land namens Vereinigte Staaten von Nordamerika gibt, an diesen Ort reisen kann, ohne vorher die Gesetze der Regierung kennenzulernen. Aber die Bedingungen des Reiches Gottes sind so, daß alle, die an dieser Herrlichkeit teilhaben wollen, genötigt sind, zuvor etwas darüber zu lernen, ehe sie eintreten können. Ein Fremder kann in unser Land kommen, ohne daß er eine Silbe des Gesetzes kennt oder sich auch nur verpflichtet, sie nach seiner Einreise zu befolgen. Warum? Weil die Regierung der Vereinigten Staaten das nicht verlangt; sie verlangt nur, daß man ihre Gesetze befolgt, sobald man sich innerhalb ihres Hoheitgebietes befindet.

Die Gesetze der Menschen stehen mit den Gesetzen des Himmels nicht auf einer Stufe

Wie schon vorhin erwähnt, haben wir nicht die Absicht, das Menschengesetz mit dem Gesetz des Himmels auf eine Stufe zu stellen. Aber wir wollen einen weiteren Punkt vorbringen, um noch eindringlicher darauf hinzuweisen, wie notwendig es ist, dem Gesetz des Himmels Gehorsam zu leisten, sobald man die Tatsache anerkannt hat, daß das Menschengesetz für den Menschen bindend ist. Angenommen, ein König erstreckt seine Herrschaft auf die ganze bewohnbare Erde und läßt ein

Gesetz ergehen, das so gut wie vollkommen ist, wonach seinen Untertanen insgesamt geboten wird, dem Gesetz zu gehorchen; und er setzt denen, die das Gesetz befolgen, als Lohn fest, daß sie zu einem bestimmten Zeitpunkt gerufen werden sollen, um an der Hochzeit seines Sohnes teilzunehmen, der einmal das Reich übernehmen wird, und sie sollen ihm in diesem Land gleich sein; weiter angenommen, der König setzt als Strafe für den Ungehorsam fest, daß jeder, der sich dessen schuldig macht, bei der Hochzeit ausgestoßen werden und weder Teil noch Anteil an seinem Reich haben soll – welcher vernünftige Mensch könnte auch nur einen Augenblick den König beschuldigen, er sei ungerecht, wenn er solche widerspenstige Untertanen bestraft? Erstens einmal waren seine Gesetze gerecht, leicht zu befolgen und vollkommen, es wurde nichts gefordert, was als tyrannisch gelten konnte, sondern der ganze Aufbau der Gesetze war Gleichheit und Harmonie, und wenn sie befolgt wurden, konnten sie für alle, die sich daran hielten, den höchstmöglichen Glückszustand herbeiführen, abgesehen von dem großen Vorzug, mit einer königlichen Robe angetan in Gegenwart des Königs beim grandiosen Hochzeitsmahl seines Sohnes zu sitzen und diesem in allen Angelegenheiten des Reiches gleich zu sein.

„So spricht der König"

Als diese königlichen Gesetze erlassen und im ganzen ungeheuren Reich verkündet wurden, antwortete jeder Untertan auf die Frage, ob er glaube, daß sie von seinem Landesherrn kämen: Ja, ich weiß, daß es so ist, ich kenne die Unterschrift, sie ist so wie immer. *So spricht der König!* Da er dies anerkannt hat, ist der Untertan bei seiner Ehre dem Land, dem König und sich selbst verpflichtet, jede Vorschrift des königlichen Edikts peinlich genau zu beachten. Falls irgend jemand die Sendboten des Königs verpassen und nie etwas von diesen jüngsten Gesetzen hören sollte, die seinen Untertanen so erhabene Freiheiten brachten, so würde man für ihn eine Entschuldigung vorbringen, und er würde dem Tadel des Königs nicht ausgesetzt sein. Für diejenigen aber, die diese gerechten Gesetze gehört, anerkannt und sie zu befolgen versprochen hatten, konnte keine Entschuldigung geltend gemacht werden, und wenn sie in die Gegenwart des Königs gebracht würden, dann mußte die Gerechtigkeit sicherlich fordern, daß sie eine Strafe erlitten. Könnte der König noch gerecht genannt werden, wenn er diese Widersetzlichen zur vollen Freude und zu allen Rechten gelangen ließe, deren sich sein Sohn und alle, die seinen Geboten gehorsam waren, erfreuten? Gewiß nicht, denn sie mißachteten die Stimme ihres rechtmäßigen Königs, sie kümmerten sich nicht um seine rechtschaffenen Gesetze, nicht um seine

Würde, nicht um die Ehre seines Namens; sie achteten weder die Ehre ihres Landes noch ihre persönliche Unbescholtenheit. Sie hielten von seiner Autorität nicht so viel, daß sie ihm gehorcht hätten, und sie hielten auch nichts von den unmittelbaren Vorteilen und Segnungen, die sich aus der Befolgung der Gesetze ergaben; so sehr mangelte es ihnen an Tugend und Güte. Vor allem aber hielten sie so wenig von der Freude und Befriedigung über einen rechtmäßigen Sitz in der Gegenwart des einzigen Sohnes des Königs und daß sie diesem in allen Vorzügen, Ehren, Annehmlichkeiten und Wohltaten des Reiches gleich sein sollten, daß sie sich von einer Teilnahme daran abwandten und meinten, das sei unter ihrer gegenwärtigen Stellung, obwohl sie über die Rechtsgültigkeit des königlichen Edikts nie im Zweifel waren.

* * *

Wie könnte eine Regierung in Eintracht bestehen, wenn ihre Organe von so verschiedenen Einstellungen und Grundsätzen durchdrungen wären? Könnte sie gedeihen? Könnte sie blühen? Würde Eintracht herrschen? Würde es Ordnung geben, könnte in allen ihren Abteilungen rechtschaffene Gerechtigkeit geübt werden? Nein! In ihr gab es zwei Klassen von Menschen, die so verschieden waren wie Licht und Finsternis, Tugend und Laster, Gerechtigkeit und Ungerechtigkeit, Wahrheit und Falschheit, Heiligkeit und Sünde. Die eine Klasse war vollkommen arglos und tugendhaft; sie wußten, was Tugend war, denn sie hatten so gelebt, daß sie sich ihrer voll erfreuten, und ihre Treue zur Wahrheit war durch eine Reihe von Jahren, während deren sie allen himmlischen Richtlinien der Wahrheit gehorcht hatten, genügend auf die Probe gestellt worden. Sie wußten, was gute Ordnung war, denn sie selbst waren ordentlich und den Gesetzen gehorsam gewesen, die ihnen ihr weiser Landesherr auferlegt hatte; sie hatten die Vorteile erfahren, die das Leben unter seiner Regierung mit sich brachte, bis er es nun für richtig hielt, sie seinem eigenen Sohn gleich zu machen. Solche Menschen waren in der Tat eine Zierde für jeden Hof, wo Vervollkommnung einer der Hauptbeweggründe war, und erstrahlten schöner als das kostbarste Juwel im Diadem des Fürsten.

* * *

Gott spricht vom Himmel

Wir nehmen die heiligen Schriften zur Hand und anerkennen, daß sie durch direkte Inspiration zum Wohle des Menschen gegeben worden sind. Wir glauben, daß Gott sich herabgelassen hat, vom Himmel zu sprechen und seinen Willen in bezug auf das Menschengeschlecht zu verkünden, ihnen gerechte und heilige Gesetze zu geben, ihr Verhalten in bestimmte Bahnen zu lenken und sie auf eine unmittelbare Weise zu führen, so daß er sie zur gegebenen Zeit zu sich nehmen und zu Miterben mit seinem Sohn machen kann. Wenn man aber die Tatsache anerkennt, daß der Wille des Himmels unmittelbar in der Schrift enthalten ist – sind wir dann als vernünftige Geschöpfe nicht gehalten, nach allen ihren Richtlinien zu leben? Wird die bloße Anerkennung, daß dies der Wille des Himmels sei, uns irgend etwas nützen, wenn wir nicht allen ihren Lehren nachkommen? Fügen wir nicht der höchsten Intelligenz des Himmels eine Beleidigung zu, wenn wir die Wahrheit ihrer Lehren anerkennen, sie aber nicht befolgen? Steigen wir nicht durch ein solches Verhalten unter unsere eigene Kenntnis hinab, unter unser besseres Wissen, womit der Himmel uns ausgestattet hat? Wenn uns nun direkte Offenbarung vom Himmel gegeben ist, so ist sie gewiß nicht gegeben worden, daß man damit leichtfertig umgeht; und wer das tut, zieht Mißfallen und Vergeltung auf sein Haupt herab – wenn es eine Gerechtigkeit im Himmel gibt, und daß es eine gibt, muß von jedem zugegeben werden, der die Wahrheit und Kraft der Lehren Gottes, seiner Segnungen und Flüche zugibt, die in dem heiligen Buch enthalten sind.

Die Getreuen empfangen celestiale Ruhe

Hier haben wir also diesen Teil unseres Themas unmittelbar vor Augen, um darüber nachzudenken: Gott hat sich eine Zeit vorbehalten, einen Zeitpunkt, den er in seinem Herzen bestimmt hat, wo er alle seine Untertanen, die seiner Stimme gehorcht und seine Gebote befolgt haben, in seine celestiale Ruhe führen wird. Diese Ruhe ist von solcher Vollkommenheit und Herrlichkeit, daß der Mensch sich im Einklang mit den Gesetzen dieses Reiches bereitmachen muß, ehe er eintreten und seine Segnungen genießen darf. Da dies so ist, hat Gott den Menschen bestimmte Gesetze gegeben, deren Befolgung ausreicht, um sie für die Erlangung dieser Ruhe vorzubereiten. Wir folgern also, daß dies der Zweck ist, zu dem Gott uns seine Gesetze gegeben hat; wenn es nicht so ist, warum und wozu sind sie dann gegeben worden? Wenn das ganze Menschengeschlecht ohne sie ebensogut auskommen könnte als mit ihnen, zu welchem Zweck und mit welcher Absicht sind sie dann gegeben worden? War es so, daß Gott einfach nur zeigen wollte, daß er sprechen kann? Es wäre Unsinn anzunehmen, daß Gott sich herablassen würde, um unnütz zu sprechen; denn es wäre unnütz und diente überhaupt keinem Zweck (wenn das Gesetz Gottes dem Menschen keinen Nutzen brächte), denn alle Gebote, die im Gesetz des Herrn enthalten sind, sind von einer sicheren Verheißung begleitet, nämlich einer Belohnung für alle, die gehorsam sind; dies gründet sich freilich auf die Tatsache, daß es wirklich Verheißungen eines Wesens sind, das nicht lügen kann, eines, das reichlich imstande ist, sein Wort in allen Einzelheiten zu erfüllen. Wenn der Mensch ebensogut vorbereitet wäre oder vorbereitet sein könnte, Gott zu begegnen, ohne daß die Gesetze überhaupt erst gegeben werden mußten – warum sind sie dann gegeben worden? Denn in diesem Fall konnten sie ihm doch keinen Nutzen bringen.

Alle Regierungen haben Gesetze

Wie schon früher erwähnt, haben alle stabilen und ordnungsgemäß gegründeten Regierungen bestimmte festgelegte und deutliche Gesetze, womit die Regierung geregelt und gehandhabt werden kann. Wenn schon der Mensch Weisheit erlangt hat und imstande ist zu erkennen, wie gut und nützlich Gesetze für die Regierung der Nationen sind – darf man dann vom Herrscher und Erhalter des Weltalls weniger erwarten? Kann man annehmen, er habe ein Reich ohne Gesetze? Oder glauben wir etwa, es bestehe aus einer unzählbaren Schar von Wesen, die völlig über jedes Gesetz erhaben sind? Und die daher nichts brauchen, um sie zu regieren und zu lenken? Wären solche Vorstellungen nicht ein Vorwurf für unseren Vater, unvereinbar mit seiner überragenden Intelligenz? Hieße das nicht behaupten, der Mensch habe ein Geheimnis herausgefunden, das größer ist als die Gottheit? Daß er zwar gelernt habe, es sei gut, Gesetze zu haben, aber Gott, der seit Ewigkeit besteht und die Macht hat, den Menschen zu erschaffen, habe nicht herausgefunden, daß es recht sei, Gesetze für seine Regierung zu haben? Wir erkennen an, daß Gott der Ursprung und die Quelle ist, woher alles Gute kommt, daß er die vollkommene Intelligenz ist und daß seine Weisheit allein ausreicht, die mächtigen Schöpfungen und Welten zu regieren und zu lenken, die so großartig und glänzend über uns leuchten und strahlen, als seien sie von seinem Finger berührt und durch sein allmächtiges Wort bewegt worden. Wenn es wirklich so ist, dann ist es durch Gesetz geschehen; denn ohne Gesetz muß alles in ein Chaos geraten. Wenn wir also anerkennen, daß Gott die Quelle aller Weisheit und Erkenntnis ist, müssen wir auch anerkennen, daß er durch seine direkte Inspiration dem Menschen beigebracht hat, daß das Gesetz notwendig ist, um seine eigenen unmittelbaren Interessen und sein eigenes Wohlergehen zu ordnen und zu lenken, und daß daher das Gesetz nützlich ist, um Frieden und Glück unter den Menschen zu fördern. Wie zuvor gesagt, Gott ist die Quelle, woher alles Gute kommt, und wenn das Gesetz dem Menschen nützt, dann ist es doch sicherlich gut; und wenn das Gesetz gut ist, dann geht das Gesetz oder das ihm zugrundeliegende Prinzip von Gott aus; denn Gott ist die Quelle alles Guten. Infolgedessen ist er der erste Urheber des Gesetzes oder des ihm zugrundeliegenden Prinzips für die Menschen.

* * *

Was ist der Zweck des Daseins?

Man denke einen Augenblick an die Größe dessen, der das All geschaffen hat, und frage sich: Kann er zu seinem eigenen Charakter so sehr in Widerspruch stehen, daß er die Menschen ohne Gesetz oder Regel läßt, womit sie ihr Verhalten lenken könnten, nachdem er sie (die Menschen) hierher versetzt hat, wo sie gemäß ihrer Natur und Beschaffenheit nach kurzer Zeit in den Staub sinken müssen? Gibt es weiter nichts? Gibt es kein Dasein jenseits dieses Todesschleiers, der so plötzlich über jeden von uns geworfen wird? Wenn es eins gibt, warum unterrichtet uns dann das Wesen, das die Macht hatte, uns hierher zu versetzen, nicht über das, was nachher sein wird? Wenn wir die Macht gehabt hätten, uns selbst in dieses gegenwärtige Dasein zu versetzen, warum hätten wir dann nicht die Macht haben sollen zu wissen, was folgt, wenn dieser dunkle Schleier über unseren Leib geworfen wird? Wenn wir in diesem Leben alles empfangen, wenn wir in dem Augenblick, wo wir zu Staub zerfallen, nicht mehr sind – von welcher Quelle sind wir dann gekommen, und was für einen Zweck hat dann unser Dasein? Wenn dieses Leben alles wäre, müßten wir uns fragen, ob denn das Dasein überhaupt einen wesentlichen Inhalt hat, und wir könnten zu Recht sagen: „Wir wollen essen, trinken und lustig sein, denn morgen sterben wir!" Wenn aber dieses Leben alles ist, warum dann dieses beständige Mühen, dieses unaufhörliche Kriegführen, diese endlosen Sorgen? Aber dieses Leben ist nicht alles; die Stimme der Vernunft, die Sprache der Inspiration und der Geist des lebendigen Gottes, unseres Schöpfers, lehren uns, da wir den Bericht der Wahrheit in Händen halten, daß dies nicht der Fall ist, daß dem nicht so ist; denn die Himmel rühmen die Herrlichkeit Gottes, vom Werk seiner Hände kündet das Firmament; und ein Augenblick Nachdenken reicht aus, um jeden Menschen mit normalem Verstand davon zu überzeugen, daß dies alles nicht bloß durch Zufall zustande gekommen ist und auch nicht durch eine geringere Macht als eine allmächtige Hand aufrechterhalten werden kann; und wer die Kraft der Allmacht erkennen kann, die in die Himmel geschrieben ist, kann auch Gottes eigene Handschrift im heiligen Buch sehen; und wer es am öftesten liest, wird es am meisten schätzen; und wer damit vertraut ist, wird die Hand erkennen, wo immer er sie sehen kann; hat er sie aber erst einmal entdeckt, so wird er sie nicht nur anerkennen, sondern ihr in all ihren himmlischen Weisungen Gehorsam leisten. Eine kurze Überlegung: Was mag wohl der Zweck gewesen sein, daß unser Vater uns ein Gesetz gegeben hat? War es der, daß es befolgt oder nicht befolgt werden sollte? Man denke ferner nicht nur darüber nach, ob es recht war, sondern auch darüber, daß es wichtig ist, seine Gesetze in jeder Einzelheit zu beachten. Wenn es also in dieser Beziehung eine große Wichtigkeit gibt – liegt dann nicht eine große Verantwortung auf denen, die berufen sind, den Menschen diese Wahrheiten zu verkünden? Wenn wir imstande wären, irgend etwas als zutreffenden Vergleich vorzubringen, so würden wir es gern tun; aber hier versagt unser Können, und wir neigen zu der Annahme, daß der Mensch nicht imstande ist – ohne daß ihm über das hinaus, was frühere Generationen erhalten haben, Hilfe geleistet wird –, die große Bedeutung dieses wichtigen Themas in Worte zu fassen. Wir können nur sagen, wenn die Vorfreude auf die celestiale Herrlichkeit, die den Demütigen bezeugt worden ist, nicht ausreicht, dann überlassen wir jedem selbst die Ergebnisse seines Eifers; denn Gott wird schon bald alle seine Knechte zu sich rufen, und dort werden sie von seiner eigenen Hand einen gerechten Lohn und redliche Vergeltung für alle ihre Arbeit empfangen.

* * *

Der Mensch ist von der Regierung des Herrn abgewichen

Man darf vernünftigerweise annehmen, daß der Mensch von den ersten Belehrungen oder Unterweisungen, die er zu Anfang vom Himmel erhalten hat, abgewichen ist und sich aus Ungehorsam geweigert hat, sich davon lenken zu lassen. Infolgedessen schuf er sich Gesetze, die ihm am besten zusagten oder die, wie er meinte, seiner Lage am besten entsprachen. Wir zögern aber nicht zu glauben, daß Gott den Menschen von jener Zeit an bei der Schaffung des Gesetzes zu seinem Nutzen mehr oder weniger beeinflußt hat; denn, wie gesagt, da er die Quelle alles Guten ist, ist jedes rechte und billige Gesetz in größerem oder geringerem Maße von ihm beeinflußt worden. Und wenn der Mensch in seiner vermeintlichen Weisheit auch nicht zugeben wird, daß es einen Einfluß von seiten einer ihm überlegenen Macht gibt, so hat doch Gott – zu seinem weisen und erhabenen Zweck und zum Wohl und Glück seiner Geschöpfe – den Menschen angewiesen, weise und zweckmäßige Gesetze zu schaffen, nachdem er sich von ihm abgewandt und geweigert hatte, von den Gesetzen gelenkt zu werden, die Gott ihm zu Anfang mit seiner eigenen Stimme aus der Höhe gegeben hatte. Aber trotz der Übertretung, wodurch der Mensch sich vom unmittelbaren Verkehr mit seinem Schöpfer ohne Mittler abgeschnitten hatte, zeigt es sich, daß der große und herrliche Plan der Erlösung schon zuvor bereitet worden war; das Opfer war bereit; die Versöhnung wurde im Sinn und in der Absicht Gottes bewirkt, nämlich in der Person des Sohnes, durch den der Mensch nun seine Annehmbarkeit erstreben mußte und, wie er belehrt wurde, durch dessen Verdienst er allein Erlösung finden konnte, seit das Wort ausgesprochen worden war: Zum Staub mußt du zurück!

Das Gesetz des Opferns

Daß aber der Mensch von sich aus nicht imstande war, einen Vorgang oder Plan zu schaffen, der die Macht gehabt hätte, ihn vor der Vernichtung zu bewahren, die ihn erwartete, ergibt sich aus der Tatsache, daß Gott, wie gesagt, ein Opfer vorgesehen hatte, und zwar in der Hingabe seines eigenen Sohnes, der zur rechten Zeit gesandt werden sollte, um einen Weg zu bereiten oder ein Tor zu öffnen, durch das der Mensch in die Gegenwart des Herrn eingehen konnte, woraus er wegen seines Ungehorsams verstoßen worden war. Von Zeit zu Zeit erklang diese frohe Botschaft in den Ohren der Menschen zu verschiedenen Zeitaltern der Welt bis zum Erscheinen des Messias. Im Glauben an diese Versöhnung, an diesen Erlösungsplan, brachte Abel Gott ein Opfer dar, das angenommen wurde, denn es bestand aus den Erstlingen der Herde. Kain opferte die Frucht des Ackers und fand keine Annahme, denn er konnte es nicht im Glauben tun, und er konnte nicht einen Glauben haben oder Glauben ausüben, der dem Plan des Himmels zuwiderlief. Das Blut des Einziggezeugten mußte vergossen werden, um für den Menschen die Versöhnung zuwege zu bringen; denn so sah es der Erlösungsplan vor, und ohne Blutvergießen gab es keine Vergebung der Sünden. Und weil das Blutopfer als Sinnbild eingeführt wurde, mit dessen Hilfe der Mensch das große Opfer erkennen konnte, das Gott bereitet hatte, konnte für ein Opfer, das dem zuwiderlief, kein Glaube ausgeübt werden, denn die Erlösung ließ sich nicht auf diese Weise kaufen, auch nicht die Macht der Versöhnung, die nach dieser Ordnung zustande gebracht wurde. Darum konnte Kain keinen Glauben haben, und was nicht Glaube ist, das ist Sünde. Abel hingegen brachte ein annehmbares Opfer dar, und dadurch empfing er das Zeugnis, daß er rechtschaffen war; denn Gott selbst bezeugte es bei seiner Opfergabe. Gewiß konnte es keinem Menschen nützen, wenn das Blut eines Tieres vergossen wurde, außer es geschah in Nachahmung oder als Sinnbild oder zur Erklärung dessen, was durch die Hingabe Gottes selbst geopfert werden sollte, und zwar im glaubensvollen Hinblick auf die Kraft des großen Opfers zur Vergebung der Sünden. Wie verschieden auch die Meinungen der Menschen über das Verhalten Abels und seine Kenntnis vom Thema Versöhnung gewesen sein mochten oder heute noch sein mögen, so ist es uns doch augenscheinlich, daß er über den Plan umfassender unterrichtet worden war, als es in der Bibel zum Ausdruck kommt; denn wie konnte er ein Opfer im Glauben darbringen und zu Gott aufschauen, um mit der Kraft der großen Versöhnung Sündenvergebung zu erlangen, ohne daß er zuvor über den Plan unterrichtet worden war? Und weiter, wenn er von Gott angenommen worden war – was für weitere Verordnungen wurden außer dem Opfern der Erstlinge der Herde noch vollzogen?

Der Herr sprach zu Abel

Paulus sagt in seinem Brief an die Hebräer, Abel habe ein Zeugnis erlangt, daß er gerecht sei, da Gott selbst es bei seinen Opfergaben bezeugte. Wem hat Gott für die Opfergaben Abels Zeugnis gegeben, etwa Paulus? In den vorderen Seiten der Bibel finden wir sehr wenig über dieses wichtige Thema. Aber es heißt, daß Abel selbst Zeugnis erlangt habe, daß er gerecht sei. Dann hat gewiß Gott zu ihm gesprochen, ja, es heißt, daß Gott mit ihm geredet habe, und als er das tat und sah, daß Abel rechtschaffen war, hat er ihm da nicht auch den gesamten Evangeliumsplan mitgeteilt? Und ist nicht das Evangelium die Nachricht von der Erlösung? Wie konnte Abel denn ein Opfer darbringen und mit Glauben nach dem Sohn Gottes ausschauen, damit ihm seine Sünden vergeben würden, und nicht das Evangelium verstehen? Das bloße Vergießen des Blutes von Tieren oder Darbringen von irgend etwas anderem als Opfer konnte keine Vergebung der Sünden zuwege bringen, außer es wurde im Glauben an etwas Zukünftiges getan, denn sonst wäre das Opfer Kains ebenso gut gewesen wie das Abels. Und wenn Abel über das Kommen des Gottessohnes unterrichtet wurde – wurde er dann nicht auch über seine Verordnungen belehrt? Wir alle erkennen an, daß es im Evangelium Verordnungen gibt. Wenn das so ist, hat es dann nicht schon immer Verordnungen gegeben, und waren diese Verordnungen nicht schon immer die gleichen?

Evangeliumsverordnungen von Anfang an

Vielleicht werden unsere Freunde sagen, das Evangelium und seine Verordnungen waren nicht bekannt bis in die Zeit des Johannes, Sohn des Zacharias, in den Tagen des Herodes, des Königs von Judäa. Wir wollen es aber hier von dieser Seite betrachten: Was uns betrifft, so können wir nicht glauben, die Altvorderen seien in den Angelegenheiten des Himmels so unwissend gewesen, wie viele meinen; denn alle, die je errettet worden sind, sind durch die Kraft dieses großen Erlösungsplanes errettet worden, vor dem Kommen Christi ebensogut wie nachher. Wenn dem nicht so wäre, hätte Gott verschiedene Pläne ins Werk gesetzt (wenn wir das so darstellen dürfen), um die Menschen zurückzuführen, so daß sie wieder bei ihm wohnen konnten. Das können wir nicht glauben, denn es hat in der Verfassung des Menschen seit seinem Fall keine Veränderung gegeben, und die Verordnung oder Einrichtung des Blutopfers als Opfer war nur vorgesehen, bis Christus dargebracht wurde und sein Blut vergoß, damit, wie gesagt, der Mensch glaubensvoll nach der Zeit ausschauen würde. Man wird bemerken, daß – Paulus zufolge (siehe Galater 3:8) – Abraham das Evangelium gepredigt bekam. Da möchten wir aber gerne wissen, in wessen Namen damals gepredigt wurde, ob es im Namen Christi geschah oder im Namen eines anderen. Wenn im Namen eines anderen – war es dann das Evangelium? Und wenn es das Evangelium war und im Namen Christi gepredigt wurde, gab es darin Verordnungen? Wenn nicht, war es dann das Evangelium? Und wenn es Verordnungen gab, was für welche waren es? Unsere Freunde werden vielleicht sagen, daß es vor dem Kommen Christi nie irgendwelche Verordnungen gab, außer das Darbringen von Opfern, und daß es nicht möglich gewesen war, das Evangelium anzuwenden, solange das Gesetz des Blutopfers in Kraft war. Aber wir rufen uns ins Gedächtnis, daß Abraham Opfer dargebracht hat und daß ihm dessenungeachtet das Evangelium gepredigt wurde. Daß das Darbringen von Opfern lediglich den Sinn nach vorwärts, zu Christus, lenken sollte, schließen wir aus den folgenden bemerkenswerten Worten Jesu an die Juden: „Euer Vater Abraham jubelte, weil er meinen Tag sehen sollte. Er sah ihn und freute sich." (Johannes 8:56.) Daß die Alten Opfer dargebracht haben, hat sie demnach nicht daran gehindert, das Evangelium zu hören; aber das diente wie gesagt dazu, ihnen die Augen zu öffnen und es ihnen zu ermöglichen, nach dem Kommen des Erretters auszuschauen und sich über die Erlösung durch ihn zu freuen. Wir sehen auch, daß den Israeliten bei ihrem Auszug aus Ägypten das Evangelium gepredigt wurde; das steht bei Paulus in seinem Brief an die Hebräer, wo es heißt: „Denn uns ist die gleiche Freudenbotschaft wie jenen verkündigt worden; doch hat ihnen das Wort, das sie hörten, nichts genützt, weil es sich nicht durch den Glauben mit den Hörern verband." (Hebräer 4:2.) Weiter heißt es im Galaterbrief (3:19), das Gesetz (des Mose, nämlich das Levitische Gesetz) sei „hinzugefügt worden" um der Sünden willen. Wozu ist denn das Gesetz hinzugefügt worden, so fragen wir, wenn nicht zum Evangelium? Es muß doch klar sein, daß es zum Evangelium hinzugefügt wurde, da wir doch wissen, daß ihnen das Evangelium gepredigt worden ist. Aus diesen wenigen Tatsachen schließen wir: Wann auch immer der Herr sich den Menschen in alter Zeit offenbarte und ihnen gebot, ihm Opfer darzubringen, so geschah dies, damit sie glaubensvoll nach der Zeit seines Kommens ausschauen und auf die Macht der Versöhnung zur Vergebung der Sünden vertrauen sollten. Und das haben sie getan, Tausende, die vor uns dahingegangen sind, deren Kleider unbefleckt sind und die, wie Ijob, mit der gleichen Gewißheit wie dieser darauf warten, ihn in den letzten Tagen auf der Erde zu sehen, nämlich in ihrem Fleisch.

Wir können auch schlußfolgern, daß es zwar verschiedene Evangeliumszeiten gegeben hat, daß aber alles, was Gott seinem Volk mitgeteilt hat, darauf berechnet war, den Sinn der Menschen auf das große Ziel zu lenken und sie zu lehren, sich allein auf Gott zu verlassen, der der Urheber ihrer Errettung ist, wie es in seinem Gesetz vorgesehen ist.

Nicht alle Offenbarung ist in der Bibel

Aus dem, was wir in bezug auf die Unterweisung vom Himmel den Schriften entnehmen können, neigen wir zu der Annahme, daß dem Menschen von Anfang an viel Unterweisung gegeben worden ist, die wir jetzt nicht mehr besitzen. Dies mag nicht mit der Meinung einiger unserer Freunde übereinstimmen, die sich erkühnen zu sagen, es sei alles in der Bibel aufgeschrieben, was Gott seit Anfang der Welt je zu den Menschen gesprochen habe, und wenn er jemals mehr gesagt habe, so hätten wir es zweifellos empfangen. Wir fragen aber: Ist es denn die Sache von Leuten, die nie genug Glauben gehabt haben, um auch nur ein Stückchen Offenbarung vom Himmel herabzurufen, und die alles, was sie jetzt haben, dem Glauben anderer verdanken, die Hunderte und Tausende von Jahren vor ihnen gelebt haben; steht es ihnen denn zu, festzustellen, wieviel Gott gesprochen hat und wieviel er nicht gesprochen hat? Wir haben, was wir haben, und die Bibel enthält, was sie enthält, aber zu sagen, Gott habe niemals noch weiteres zu den Menschen gesagt als das, was dort berichtet ist, hieße zugleich sagen, daß wir endlich eine Offenbarung empfangen haben, denn es bedarf einer, um so weit zu kommen; heißt es doch nirgends in dem Buch aus dem Mund Gottes, daß er, nachdem er gegeben hat, was dort enthalten ist, nicht abermals sprechen würde. Und wenn jemand es als Tatsache annimmt, daß die Bibel alles enthält, was Gott dem Menschen je offenbart hat, so hat er das durch unmittelbare Offenbarung herausgebracht und nicht durch das, was früher von Propheten und Aposteln geschrieben worden ist. Aber durch die gütige Vorsehung unseres Vaters ist ein Teil seines Wortes, das er seinen Heiligen in alter Zeit mitgeteilt hat, in unsere Hände gelangt, ist uns übergeben worden mit der Verheißung einer Belohnung, wenn wir es befolgen, und einer Strafe, wenn wir es nicht befolgen. Daß alle an diesen Gesetzen oder Unterweisungen höchst interessiert sein sollten, muß von allen zugegeben werden, die ihre göttliche Echtheit anerkennen.

Die Auferstehung – ein Segen für die Getreuen

Es ist wohl angebracht, daß wir an dieser Stelle einige der vielen Segnungen beachten, die in diesem Gesetz des Himmels denen als Lohn versprochen werden, die seine Lehren befolgen. Gott hat einen Tag bestimmt, an dem er die Welt richten wird, und er hat das zu einer Gewißheit gemacht, indem er seinen Sohn Jesus Christus von den Toten auferweckt hat – und das ist es, worauf sich die Hoffnung aller, die dem heiligen Bericht glauben, im Hinblick auf ihre zukünftige Glückseligkeit und Freude gründet; denn wenn „Christus nicht auferweckt worden ist", sagt Paulus zu den Korinthern, „dann ist euer Glaube nutzlos, und ihr seid immer noch in euren Sünden; und auch die in Christus Entschlafenen sind dann verloren." (1. Korinter 15:17, 18.) Wenn die Auferstehung von den Toten nicht ein wichtiger Punkt oder Teil unseres Glaubens wäre, so müßten wir zugeben, daß wir nichts darüber wissen. Denn wenn es keine Auferstehung von den Toten gibt, dann ist Christus nicht auferstanden, und wenn Christus nicht auferstanden ist, dann ist er nicht der Sohn Gottes gewesen, und wenn er nicht der Sohn Gottes gewesen ist, dann gibt es keinen Sohn Gottes und kann es auch keinen geben, wenn das vorliegende Buch, das wir die Schrift nennen, wahr ist. Denn die Zeit ist vorbei, wo er, gemäß dem Buch, in Erscheinung treten sollte. Bei diesem Thema werden wir an die Worte erinnert, die Petrus zum jüdischen Sanhedrin sagte, als er über Christus sprach, nämlich daß Gott ihn von den Toten auferweckt habe: „Zeugen dieser Ereignisse sind wir (die Apostel) und der Heilige Geist, den Gott allen gegeben hat, die ihm gehorchen." (Apostelgeschichte 5:32.) So gibt also nach dem Zeugnis der heiligen Schrift über diesen Punkt der Heilige Geist die Gewißheit, indem er es denen bezeugt, die Gott gehorchen, daß Christus selbst gewiß von den Toten auferstanden ist; und wenn er von den Toten auferstanden ist, wird er durch seine Macht alle Menschen dazu bringen, daß sie vor ihm stehen; denn wenn er von den Toten auferstanden ist, dann sind die Bande des zeitlichen Todes zerrissen, so daß das Grab keinen Sieg davonträgt. Wenn aber das Grab keinen Sieg davonträgt, dann haben diejenigen, die die Reden Jesu bewahren und seine Lehren befolgen, nicht nur die Verheißung einer Auferstehung von den Toten, sondern auch die Zusicherung, daß sie in sein herrliches Reich eingelassen werden; denn so sagt er selbst: „Wo ich bin, dort wird auch mein Diener sein." (Johannes 12:26.)

Das Hochzeitsmahl

Im 22. Kapitel im Bericht des Matthäus über den Messias finden wir, daß das Himmelreich mit einem König verglichen wird, der seinem Sohn die Hochzeit bereitete. Daß dieser Sohn der Messias ist, läßt sich nicht bestreiten, denn es ist ja das Himmelreich, von dem im Gleichnis die Rede ist, und daß mit den Heiligen, nämlich denjenigen, die als dem Herrn treu befunden werden, die Menschen gemeint sind, die als würdig erachtet werden, ihren Platz beim Hochzeitsmahl einzunehmen, geht klar aus den Worten Johannes des Offenbarers hervor, der die Stimme, die er im Himmel gehört hat, mit der Stimme einer großen Schar vergleicht, „wie das Rollen mächtiger Donner: Halleluja! Denn König geworden ist der Herr, unser Gott, der Herrscher über die ganze Schöpfung. Wir wollen uns freuen und jubeln und ihm die Ehre erweisen. Denn gekommen ist die Hochzeit des Lammes, und seine Frau hat sich bereit gemacht. Sie durfte sich kleiden in strahlend reines Leinen. Das Leinen bedeutet die gerechten Taten der Heiligen." (Offenbarung 19:6–8.)

Die bis ans Ende ausharren

Diejenigen, die die Gebote des Herrn halten und bis ans Ende in seinen Satzungen wandeln, sind die einzigen, die bei diesem herrlichen Fest sitzen dürfen. Das geht aus der folgenden Stelle im letzten Brief des Paulus an Timotheus hervor, den er kurz vor seinem Tod geschrieben hat, nämlich: „Ich habe den guten Kampf gekämpft, den Lauf vollendet, die Treue gehalten. Schon jetzt liegt für mich der Kranz der Gerechten bereit, den mir der Herr, der gerechte Richter, an jenem Tage geben wird, aber nicht nur mir, sondern allen, die sehnsüchtig auf sein Erscheinen warten." (2. Timotheus 4:7, 8.) Niemand, der dem Bericht glaubt, wird auch nur einen Augenblick diese Aussage des Paulus bezweifeln, die er, wie er selbst gewußt hat, knapp vor seinem Abschied von dieser

Welt gemacht hat. Obwohl er vormals, wie er selbst sagt, die Kirche Gottes verfolgte und sie zu vernichten suchte, richtete sich, nachdem er den Glauben angenommen hatte, sein ganzes Bemühen darauf, die herrliche Nachricht zu verbreiten; und wie ein treuer Soldat, von dem gefordert wird, daß er sein Leben läßt für die Sache, für die er kämpft, legte auch er es nieder, wobei er sich, wie er sagt, eines ewigen Kranzes gewiß war. Wenn man die Arbeit dieses Apostels von seiner Bekehrung bis zum Tod verfolgt, hat man ein schönes Beispiel für Fleiß und Geduld bei der Verkündigung des Evangeliums Christi. Verspottet, gepeitscht und gesteinigt – in dem Augenblick, wo er den Händen seiner Verfolger entrann, verkündigte er mit ungemindertem Eifer die Lehre vom Erretter. Und mögen es alle wissen: Er nahm den Glauben nicht um der Ehre in diesem Leben willen an, auch nicht, um irdische Güter zu gewinnen. Was konnte ihn dann veranlaßt haben, sich all dieser Mühe zu unterziehen? Es geschah, wie er sagt, um den Kranz der Gerechtigkeit aus der Hand Gottes zu empfangen. Wie wir annehmen, wird wohl niemand bezweifeln, daß Paulus bis ans Ende treu gewesen ist. Niemand wird sagen, er habe nicht die Treue gehalten, habe nicht den guten Kampf gekämpft, habe nicht bis zum letzten gepredigt und überzeugt. Und was sollte er empfangen? Einen Kranz der Gerechtigkeit. Und was werden die anderen empfangen, die nicht treulich arbeiten, die nicht bis ans Ende ausharren? Wir überlassen es ihnen selbst, sich ihre Verheißungen hervorzusuchen, wenn sie überhaupt welche haben; und wenn sie welche haben, dann können sie sie unseretwegen gerne genießen, denn der Herr hat gesagt, ein jeder würde gemäß seinen Werken empfangen. Denkt einen Augenblick nach, Brüder, und fragt Euch, ob Ihr Euch, falls Ihr untreu gewesen wärt, für einen Platz beim Hochzeitsmahl mit Paulus und seinesgleichen als würdig erachten würdet. Dürftet Ihr erwarten zu empfangen, wenn Ihr nicht den guten Kampf gekämpft, nicht die Treue gehalten hättet? Hättet Ihr die Verheißung, einen Kranz der Gerechtigkeit aus der Hand des Herrn zu empfangen – zusammen mit der Kirche des Erstgeborenen? Hierin also setzte Paulus seine Hoffnung auf Christus, wie wir es auffassen, denn er hatte die Treue gehalten, und wartete sehnsüchtig auf sein Erscheinen und bekam die Verheißung, aus seiner Hand einen Kranz der Gerechtigkeit zu empfangen.

Für die Rechtschaffenen einen Kranz

Zu welchem Zweck werden die Heiligen bekränzt, wenn sie nicht regieren sollen? In einer Mahnrede an eine bestimmte Gemeinde in Kleinasien, die in den Tagen der Apostel gegründet wurde, sagt der Herr, indem er die Worte durch seinen Knecht Johannes mitteilen läßt: „Ich komme bald. Halte fest, was du hast, damit kein anderer deinen Kranz bekommt" (Offenbarung 3:11), und weiter: „Wer siegt, der darf mit mir auf meinem Thron sitzen, so wie ich auch gesiegt habe und mich mit meinem Vater auf seinen Thron gesetzt habe." (Offenbarung 3:21.) Außerdem steht geschrieben: „Liebe Brüder, jetzt sind wir Kinder Gottes. Aber was wir sein werden, ist noch nicht offenbar geworden. Wir wissen, daß wir ihm ähnlich sein werden, wenn er offenbar wird; denn wir werden ihn sehen, wie er ist. Jeder, der dies von ihm erhofft, heiligt sich, so wie er heilig ist." (1. Johannes 3:2, 3.) Wie kommt es, daß diese alten Apostel so viel über das Kommen Christi zu sagen haben? Gewiß war er schon einmal gekommen, aber Paulus sagt, daß allen, die sehnsüchtig auf sein Erscheinen warten, der Kranz gegeben würde, und Johannes sagt, wenn er offenbar wird, werden wir ihm ähnlich sein, denn wir werden ihn sehen, wie er ist. Können wir eine solche Sprache noch mißverstehen? Beleidigen wir nicht unsere Urteilskraft, wenn wir das zweite Kommen des Messias leugnen? Wann hat er denn vom Gewächs des Weinstocks neu getrunken mit seinen alten Aposteln in seines Vaters Reich, wie er es verheißen hat, kurz bevor er gekreuzigt wurde? Im Brief des Paulus an die Philipper sagt er: „Unsere Heimat aber ist im Himmel. Von dorther erwarten wir auch Jesus Christus, den Herrn, als Retter, der unseren armseligen Leib verwandeln wird in die Gestalt seines verherrlichten Leibes, in der Kraft, mit der er sich alles unterwerfen kann." (Philipper 3:20, 21.) Wir finden eine weitere Verheißung an Mitglieder der Kirche in Sardes, die ihre Kleider nicht besudelt haben: „Sie werden mit mir in weißen Gewändern gehen, denn sie sind es wert. Wer siegt, wird ebenso mit weißen Gewändern bekleidet werden. Nie werde ich seinen Namen aus dem Buch des Lebens streichen, sondern ich werde mich vor meinem Vater und vor seinen Engeln zu ihm bekennen." (Offenbarung 2:4, 5.) Johannes deutet die Stimme, die er vom Himmel hört, als Danksagung und Lobpreisung Gottes und sagt, das Lamm sei würdig, das Buch zu nehmen und seine Siegel zu öffnen; denn es sei geschlachtet worden und habe mit seinem Blut Menschen erworben und sie für Gott zu Königen und Priestern gemacht, und sie werden auf der Erde herrschen (siehe Offenbarung 5:9, 10). Im 20. Kapitel ist ein Zeitraum angegeben, währenddessen der Satan an dem für ihn bestimmten Ort eingeschlossen werden wird und die Heiligen in Frieden regieren werden. Alle diese Verheißungen und Segnungen, deren sich die Rechtschaffenen erfreuen sollen, finden wir im Gesetz des Herrn, und wir könnten noch viele weitere Stellen aufführen, wo den Getreuen gleiche oder ähnliche Verheißungen gemacht werden, aber wir halten es nicht für wichtig, sie hier zu wiederholen; der Brief ist ohnehin schon sehr lang, und unsere Brüder kennen sie sicherlich alle.

Die Heiligen in alter Zeit erhielten Verheißungen

Völlig sicher ist es andererseits, daß die Alten, obwohl verfolgt und durch Menschen bedrängt, von Gott Verheißungen von solcher Gewichtigkeit und Herrlichkeit erhalten haben, daß unser Herz oft voller Dank ist dafür, daß wir sie betrachten dürfen, während wir uns darüber Gedanken machen, daß es in seinen Augen kein Ansehen der Person gibt und daß ihm in jedem Volk derjenige angenehm ist, der ihn fürchtet und recht tut. Aber aus den vorhin angeführten wenigen Stellen können wir den Schluß ziehen, daß es einen Tag geben wird, wo alle gemäß ihren Werken gerichtet und entsprechend belohnt werden; diejenigen, die die Treue gehalten haben, werden mit einem Kranz der Gerechtigkeit gekrönt, mit einem weißen Gewand bekleidet und zum Hochzeitsmahl eingelassen werden; sie werden von jeder Bedrängnis frei sein und mit Christus auf Erden regieren, wo sie, gemäß der alten Verheißung, mit ihm in dem herrlichen Reich vom Gewächs des Weinstocks trinken werden. Immerhin können wir sehen, daß den Heiligen in alter Zeit solche Verheißungen gemacht worden sind.

Wenn wir diese Verheißungen, die den Alten gemacht worden sind, auch nicht für uns beanspruchen dürfen, denn sie sind ja nur den Heiligen in alter Zeit gegeben worden, so können wir doch – wenn wir die Kinder des Allerhöchsten sind und mit derselben Berufung berufen sind, mit der sie berufen worden sind, und denselben Bund auf uns nehmen, den sie auf sich genommen haben, und dem Zeugnis von unserem Herrn treu bleiben wie sie – im Namen Christi zum Vater kommen, wie sie gekommen sind, und die gleichen Verheißungen für uns erlangen. Wenn wir diese Verheißungen jemals erlangen, so nicht deshalb, weil Petrus, Johannes und die übrigen Apostel mit den Gemeinden in Sardes, Pergamos, Philadelphia und anderswo gottesfürchtig gewandelt sind und die Kraft und den Glauben gehabt haben, sich zu behaupten und die Verheißungen zu erlangen, sondern es wird deswegen sein, weil wir selbst Glauben haben und im Namen seines Sohnes Jesus Christus zu Gott kommen, ebenso wie sie es getan haben. Und wenn diese Verheißungen erlangt werden, so werden es Verheißungen unmittelbar an uns sein, denn sonst werden sie uns nichts nützen. Sie werden zu unserem Nutzen erteilt werden und (als Gabe Gottes) unser Eigentum sein, verdient durch unseren Eifer im Halten seiner Gebote und durch untadeligen Wandel vor ihm. Wenn nicht – welchem Zweck dient dann das Evangelium unseres Herrn Jesus Christus, und wozu ist es uns überhaupt mitgeteilt worden?

* * *

Abtrünnige werden aus der Gemeinschaft ausgeschlossen

Das Reich des Messias auf Erden ist jene Art von Regierung, wo es immer zahlreiche Abtrünnige gibt, und zwar deshalb, weil dort nicht zugelassen wird, daß Sünden ohne Umkehr bleiben, ohne daß der Betreffende aus seiner Gemeinschaft ausgeschlossen wird. Unser Herr hat gesagt: „Bemüht euch mit allen Kräften, durch die enge Tür zu gelangen; denn viele, sage ich euch, werden versuchen hineinzukommen, aber es wird ihnen nicht gelingen." (Lukas 13:24.) Und weiter, viele sind berufen, aber wenige werden erwählt. Paulus sagte zu den Ältesten der Gemeinde zu Ephesus, nachdem er drei Jahre mit ihnen gearbeitet hatte, er wisse, daß einige von ihnen sich vom Glauben abwenden und versuchen würden, die Jünger auf ihre Seite zu ziehen. Niemand, so meinen wir, wird in unserer Generation behaupten wollen, er habe die Erfahrung des Paulus im Aufbau der Kirche, und doch wandten sich nach seinem Weggang von Ephesus viele, sogar aus den Reihen der Ältesten, von der Wahrheit ab und versuchten – wie es fast immer der Fall ist –, Jünger mit sich zu ziehen. So seltsam es in der ersten Überlegung auch erscheinen mag, so ist es doch nicht so sehr seltsam als wahr, daß Abtrünnige trotz aller vorgeblichen Entschlossenheit, rechtschaffen zu leben, früher oder später in die Fallstricke des Bösen geraten, nachdem sie sich vom Glauben an Christus abgewandt haben und sofern sie nicht eilends umkehren; dann sind sie vom Geist Gottes verlassen und tun ihre Schlechtigkeit vor der großen Masse kund. Von den Abtrünnigen haben die Getreuen die schlimmsten Verfolgungen erfahren. Judas wurde zurechtgewiesen, und schon verriet er seinen Herrn an dessen Feinde, weil der Satan in ihn kam. Denen, die das Evangelium mit voller Herzensabsicht befolgen, wird eine überragende Intelligenz verliehen, und wenn der Abtrünnige dagegen sündigt, so hat er sie eingebüßt und ist vom Geist Gottes verlassen, und er ist fürwahr nahe daran, verflucht zu werden, und sein Ende ist, daß er verbrannt werden wird. Wenn ihnen einmal das Licht, das in ihnen war, weggenommen wird, dann wird es in ihnen ebenso finster, wie es vorher licht in ihnen war, und es wundert einen nicht, wenn sie alle ihre Kraft gegen die Wahrheit aufbieten und, wie Judas, nach der Vernichtung derer trachten, die ihre größten Wohltäter gewesen sind. Welchen engeren Freund auf Erden oder im Himmel hatte Judas als den Erretter? Und sein erstes Ziel war es, ihn zu vernichten. Wer von allen Heiligen in diesen letzten Tagen könnte sich für so gut halten wie den Herrn? Wer ist so vollkommen? Wer ist so rein? Wer ist so heilig, wie er es war? Kann man so jemand finden? Er übertrat niemals, brach nie ein Gebot oder Gesetz des Himmels – keine Arglist war in seinem Mund, und Falschheit war in seinem Herzen nicht zu finden. Und doch war einer, der mit ihm aß, der oft mit ihm aus demselben Becher getrunken hatte, der erste, der seine Ferse gegen ihn hob. Wo ist einer wie Christus? Auf Erden wird man keinen finden. Warum sollten dann seine Nachfolger klagen, wenn sie von denjenigen, die sie einst Brüder nannten und als im immerwährenden Bund in engster Beziehung stehend betrachteten, Verfolgung erleiden? Aus welcher Quelle stammt denn der Grundsatz, der sich schon immer bei denen, die von der wahren Kirche abgefallen sind, geäußert hat, nämlich mit doppeltem Eifer zu verfolgen, mit doppelter Beharrlichkeit danach zu trachten, diejenigen zu vernichten, die sie einstmals zu lieben vorgaben, mit denen sie einst verkehrten und mit denen zusammen sie einst gelobt hatten, sie würden mit aller Kraft in Rechtschaffenheit danach streben, die Ruhe Gottes zu erlangen? Unsere Brüder werden vielleicht sagen, aus der gleichen Quelle, die auch den Satan veranlaßt hat, das Reich Gottes umstürzen zu wollen; denn er selbst war böse, und das Reich Gottes ist heilig.

*   *   *

Die Gabe der Errettung

Der große Plan der Errettung ist ein Thema, das unsere Aufmerksamkeit voll in Anspruch nehmen sollte; man sollte ihn als eines der besten Geschenke des Himmels an die Menschen betrachten. Keine sonstige Überlegung darf uns daran hindern, uns in den Augen Gottes als bewährt zu erzeigen, wie es seiner göttlichen Forderung entspricht. Allzuoft vergessen die Menschen, daß sie für jede Segnung, deren sie sich erfreuen dürfen, auf den Himmel angewiesen sind; sie müssen auch für jede Gelegenheit, die ihnen gewährt wird, Rechenschaft ablegen. Brüder, Ihr kennt das Gleichnis von den anvertrauten Talenten, das der Erretter gebraucht hat: Da rief der Herr seine Knechte zusammen und gab ihnen, jedem nach seinen Fähigkeiten, Talente, die sie während seiner längeren Abwesenheit nutzbringend verwenden sollten. Als er heimkehrte, forderte er Rechenschaft. So ist es auch jetzt. Unser Herr ist nur eine Zeitlang abwesend, und danach wird er einen jeden aufrufen, Rechenschaft abzulegen; und wo fünf Talente anvertraut worden waren, werden zehn gefordert werden, und derjenige, der keine Vermehrung zustande gebracht hat, wird als ein schlechter Knecht ausgestoßen werden, während die Getreuen ewige Ehren genießen werden. Darum beten wir ernstlich, die Gnade unseres Vaters möge auf Euch ruhen, durch Jesus Christus, seinen Sohn, damit Ihr in der Stunde der Versuchung nicht schwach werdet und in der Zeit der Verfolgung nicht überwunden werdet. (22. Januar 1834.) DHC 2:4–24.

Pflichten der Siebziger

Die Siebziger sollen reisende Kollegien bilden; sie sollen überallhin auf Erden gehen, wohin auch immer die Zwölf Apostel sie berufen. (8. Februar 1834.) DHC 2:202.

Ordnung im Rat

Am 12. Februar abends sagte ich in meinem Haus in Kirtland vor einem Rat von Hohen Priestern und Ältesten (mit Orson Hyde als Schreiber), daß ich versuchen wolle, dem Rat die Würde des Amtes auseinanderzusetzen, das mir durch den Dienst eines Engels, durch Gottes eigene Stimme und durch die Stimme der Kirche übertragen worden sei; ferner, daß ich noch nie zuvor einem Rat die Ordnung dargelegt hätte, die für seine Arbeit gelten solle, und das habe vielleicht den Räten ein paar oder viele Segnungen vorenthalten.

Und ich fuhr fort und sagte, kein Mann sei imstande, im Rat eine Angelegenheit zu beurteilen, wenn nicht sein Herz rein sei, und wir seien häufig so sehr von Vorurteil erfüllt oder hätten einen Balken im eigenen Auge, daß wir nicht imstande seien, rechte Entscheidungen zu treffen.

Um aber auf das Thema Ordnung zurückzukommen: In alter Zeit wurden Ratssitzungen so streng nach der Ordnung durchgeführt, daß es niemandem erlaubt war, zu wispern, zu dösen, den Raum zu verlassen oder auch nur im geringsten unruhig zu werden, bis die Stimme des Herrn durch Offenbarung oder die Stimme des Rates durch den Geist erlangt wurde; und dies ist in dieser Kirche bis heute nicht beachtet worden. In der alten Zeit war man sich über folgendes klar: Wenn der eine in der Sitzung bleiben konnte, dann konnte der andere es auch; wenn der Präsident die Zeit dafür aufbringen konnte, dann konnten die Mitglieder es auch. Aber in unseren Ratssitzungen ist es allgemein so, daß der eine unruhig ist, der andere schläft; der eine betet, der andere nicht, der eine ist mit seinen Gedanken bei der Sache, der andere denkt an etwas anderes.

Was wir tun, wird aufgezeichnet

Was wir tun, wird aufgezeichnet, und eines Tages in der Zukunft wird es uns vorgehalten werden, und wenn wir versäumen, rechtes Urteil zu fällen, sondern unsere Mitmenschen verletzen, wird uns das dort vielleicht schuldig sprechen; es hat schwere Folgen, und mir scheint, daß die Folgen wirksam sein werden, mehr als irgend etwas anderes, was ich aufführen könnte. Stellt Euch die Frage, Brüder, wie sehr Ihr Euch im Gebet angestrengt habt, seit Ihr von diesem Rat gehört habt, und ob Ihr jetzt bereit seid, über die Seele Eures Bruders zu Rat zu sitzen.

Ich schilderte ihnen dann meine Lage zu der Zeit, als ich den Bericht (das Buch Mormon) erhielt, von der Verfolgung, der ich ausgesetzt war, und prophezeite, ich würde dastehen und leuchten wie die Sonne am Firmament, wenn meine Feinde und die, die mein Zeugnis leugnen, niedergeworfen und umgehauen werden, wenn ihr Name ausgetilgt wird unter den Menschen. – DHC 2:25.

Der Bund des Zehnten

29. November 1834 – Heute abend vereinigte ich mich mit Bruder Oliver im Gebet, damit unsere Segnungen andauern mögen. Nachdem wir für die Hilfe gedankt hatten, die der Herr uns kürzlich gewährt hatte, indem er verschiedenen Brüdern im Osten das Herz geöffnet hatte, so daß sie uns 430 Dollar liehen, und nachdem wir ein inneres Gespräch geführt und uns vor dem Herrn darüber gefreut hatten, kamen wir überein, den folgenden Bund mit dem Herrn einzugehen, nämlich:

Wenn der Herr unsere Angelegenheiten sich gedeihlich entwickeln läßt und uns den Weg öffnet, daß wir Mittel erlangen, um unsere Schulden zu bezahlen, daß wir keine Schwierigkeiten haben und auch nicht vor der Welt in Verruf geraten, auch nicht vor seinem Volk – dann wollen wir von allem, was er uns gibt, einen Zehnten geben, der für die Armen in seiner Kirche verwendet werden soll oder wie er es gebieten wird; wir wollen mit dem, was er unserer Obhut anvertraut hat, sorgsam umgehen, damit wir viel erlangen; und unsere Kinder nach uns sollen dieses heiligen Bundes eingedenk sein und ihn beachten; und damit unsere Kinder und Kindeskinder davon wissen, unterzeichnen wir dies mit eigener Hand vor dem Herrn.

J. S. Tagebuch, S. 87.

(gez.) Joseph Smith jun.
Oliver Cowdery

Offenbarung ist wichtig

Auf einer Konferenz der Ältesten der Kirche im Haus Jared Carters am 21. April 1834 las der Prophet das zweite Kapitel Joël und machte dann die folgenden Bemerkungen.

Es ist für uns sehr schwierig, den Gemeinden alles mitzuteilen, was Gott uns offenbart hat, und zwar wegen der Tradition. Wir sind in einer ganz anderen Lage als jedes andere Volk, das es je auf der Erde gegeben hat. Daher lassen sich frühere Offenbarungen nicht an unsere Verhältnisse anpassen, sie sind anderen Völkern gegeben worden, die vor uns waren; aber in den Letzten Tagen wollte Gott einen Überrest rufen, in welchem es Befreiung geben sollte, ebenso wie in Jerusalem und Zion. Nun aber, wenn Gott uns keine Offenbarung mehr gäbe, wo sollen wir dann Zion und diesen Überrest finden? Die Zeit ist nahe, wo Verwüstung über die Erde kommen wird, und dann will Gott einen Ort der Befreiung in diesem Überrest und in Zion haben.

* * *

Man nehme uns das Buch Mormon und die Offenbarungen, und wo ist unsere Religion? Wir haben keine mehr, denn ohne Zion und einen Ort der Befreiung müssen wir fallen: denn die Zeit ist nahe, wo die Sonne sich verfinstern und der Mond wie Blut werden wird, wo die Sterne vom Himmel fallen und die Erde taumelt. Wenn das der Fall ist und wir nicht geheiligt sind und nicht an den Orten versammelt sind, die Gott bestimmt hat, dann müssen wir trotz all unserer früheren Beteuerungen und unserer großen Liebe zur Bibel doch fallen; wir können nicht bestehen; wir können nicht errettet werden; denn Gott wird seine Heiligen aus den Andern sammeln, und dann kommen Verwüstung und Zerstörung, und niemand kann entrinnen als die Herzensreinen, die gesammelt worden sind. – DHC 2:52.

Der Mensch soll sich zum Tier gütig verhalten

Die folgenden Vorfälle ereigneten sich, als sich das Zionslager auf dem Marsch von Kirtland nach Missouri befand.

Als mein Zelt aufgestellt wurde, entdeckten wir drei Massasaugas oder Kettenklapperschlangen, und die Brüder wollten sie töten, doch ich sagte: „Laßt sie in Ruhe, tut ihnen nichts! Wie soll die Schlange jemals ihre Giftigkeit verlieren, solange die Knechte Gottes dieselbe Veranlagung besitzen und ihr dauernd nachstellen? Der Mensch muß vor dem unvernünftigen Tier arglos werden, und wenn er seine bösartige Einstellung verliert und aufhört, die Tierwelt zu zerstören, dann können der Löwe und das Lamm beieinander liegen, und ein Säugling kann ungefährdet mit der Schlange spielen." Die Brüder hoben die Schlangen sorgfältig auf Stöcke und trugen sie über den Bach hinüber. Ich ermahnte die Brüder, während unseres Marsches keine Schlangen, Vögel oder sonstigen Tiere zu töten, außer wenn es nötig sei, uns vor Hunger zu bewahren. (26. Mai 1834.) DHC 2:71.

73

Keine Leichtfertigkeit mit Gottes Verheißungen

Martin Harris brüstete sich vor den Brüdern, er könne ungefährdet Schlangen anfassen, und als er barfüßig mit einer schwarzen Schlange herumspielte, wurde er am linken Fuß gebissen. Die Sache wurde mir berichtet, und ich nahm die Gelegenheit wahr, ihn zu tadeln und die Brüder zu ermahnen, niemals mit den Verheißungen Gottes leichtfertig umzugehen. Ich sagte ihnen, es sei vermessen, wenn jemand eine Schlange reize, bis sie ihn beiße; aber wenn ein Mann Gottes zufällig von einer Giftschlange gebissen würde, so könne er Glauben geltend machen, oder seine Brüder könnten für ihn Glauben geltend machen, so daß der Herr sein Gebet erhöre und er geheilt würde; aber wenn jemand eine Schlange absichtlich reize, ihn zu beißen, dann sei es im Prinzip das gleiche, wie wenn einer tödliches Gift trinke und sich der Tödlichkeit dabei bewußt sei. In einem solchen Fall hat niemand Anspruch auf die Verheißung Gottes, er werde geheilt werden. (16. Juni 1834.) DHC 2:95–96.

Wichtige Unterweisungen an die Zwölf

Kirtland, den 27. Februar 1835
Heute abend versammelten sich neun von den Zwölf, nämlich Lyman Johnson, Brigham Young, Heber C. Kimball, Orson Hyde, David W. Patten, Luke Johnson, William E. McLellin, John F. Boynton und William Smith, im Haus von Präsident Joseph Smith jun., der mit Frederick G. Williams, Sidney Rigdon, Bischof Whitney und drei Ältesten ebenfalls anwesend war. Parley P. Pratt war nach New Portage gegangen, und Orson Pratt und Thomas B. Marsh waren noch nicht eingetroffen, um ihre Ordinierung zu empfangen.

Berichte sind wichtig

Nachdem Präsident Joseph Smith jun. das Gebet gesprochen hatte, sagte er, wenn wir geduldig zuhören wollten, könnte er dem Rat eine wichtige Sache vorlegen. Er habe aus eigener Erfahrung eine Tatsache gelernt, die ihm, sooft er daran denke, tiefen Kummer verursache: Wenn ich eine jede Entscheidung, die über wichtige Punkte der Lehre und Pflichten seit Beginn dieses Werkes ergangen ist, jetzt im Besitz hätte, tatsächlich, ich würde mich um keine Summe Geldes davon trennen; aber wir haben versäumt, über derlei Sachen Protokoll zu führen, vielleicht weil wir gedacht haben, sie würden uns nachher nichts mehr nützen. Wenn wir sie aber jetzt hätten, so würden sie fast jede Frage der Lehre klären, die aufgeworfen werden könnte. Aber das ist vernachlässigt worden, und nun können wir der Kirche und der Welt nicht mit derselben Kraft und Vollmacht Zeugnis geben von den großen und herrlichen Kundgebungen, die uns gewährt worden sind, wie wir es andernfalls könnten, wenn wir sie niedergeschrieben hätten und dann draußen veröffentlichen könnten.

Da die Zwölf jetzt ausgewählt sind, möchte ich ihnen einen Rat erteilen, den sie nachher befolgen mögen, damit er ihnen Nutzen bringe. Es handelt sich um eine Einsicht, deren sie sich gegenwärtig nicht bewußt sind. Wenn sie jedesmal, da sie sich versammeln, einen Bruder bestimmen, daß er während der Versammlung den Vorsitz führe, und einen oder mehrere, um über den Verlauf und über jede Entscheidung, die zu einer Frage oder einem Punkt gefällt wurde, was auch immer es sei, schriftlich zu berichten, dann bleibt so eine Entscheidung für immer eingetragen und erscheint als Punkt des Bundes oder der Lehre. Eine so getroffene Entscheidung mag zu der Zeit scheinbar wenig oder keinen Wert haben, aber sollte sie veröffentlicht werden und sollte einer von Euch sie später in die Hand bekommen, so wird er finden, daß sie von unermeßlichem Wert ist – nicht nur für Eure Brüder, sondern es wird auch ein Labsal für Eure eigene Seele sein.

Berichte sind ein Schutz vor Bösem

Da ist noch ein wichtiger Punkt. Wenn Ihr Euch von Zeit zu Zeit versammelt, wichtige Fragen besprecht und dazu Entscheidungen trefft, sie aber nicht niederschreibt, werdet ihr nach und nach in Schwierigkeiten geraten, aus denen Ihr Euch nicht werdet herauswinden können, weil ihr nicht in der Lage seid, Euren Glauben mit genügend Vollkommenheit oder Kraft zur Wirkung zu bringen, um den gewünschten Aufschluß zu erlangen. Oder aber, weil Ihr versäumt habt, ihn niederzuschreiben, als Gott ihn gegeben hat – in der Meinung, es zahle sich nicht aus –, zieht sich der Geist zurück, und Gott ist vielleicht zornig. Und so gibt es oder gab es ein riesiges Wissen von ungeheurer Wichtigkeit, das jetzt verloren ist. Was ist der Grund dafür? Nun, es ist eine Folge von Faulheit oder daß man versäumt hat, jemand ein paar Augenblicke damit zu beschäftigen, daß er alle diese Entscheidungen niederschreibt.

Hier möchte ich prophezeien: Die Zeit wird kommen, daß Ihr durch die Hand unredlicher Menschen fallen werdet, wenn Ihr dies weiterhin vernachlässigt. Wenn Ihr vor die Behörde gestellt und irgendeines Verbrechens oder Deliktes beschuldigt werdet und doch so unschuldig seid wie die Engel Gottes, so werden Eure Feinde die Oberhand gegen Euch behalten, wenn Ihr nicht beweisen könnt, daß Ihr woanders gewesen seid. Wenn Ihr aber zwölf Männer beibringen könnt, die bezeugen, daß Ihr zu der betreffenden Zeit an einem bestimmten Ort gewesen seid, dann werdet Ihr ihren Händen entrinnen. Wenn Ihr über derlei sorgfältig Protokoll führt, wie ich gesagt habe, so wird das einer der wichtigsten Berichte werden, die man je gesehen hat; denn alle solchen Entscheidungen werden nachher immer als Punkte der Lehre und des Bündnisses erhalten bleiben. (Aus dem Protokoll der Anweisungen an die Zwölf, 27. Februar 1835.) DHC 2:198–199.

Die Berufung der Apostel

Präsident Smith legte die folgende Frage vor: Welche Bedeutung geht mit der Berufung der Zwölf Apostel einher, zum Unterschied von den sonstigen Berufungen und Ämtern in der Kirche?

Nachdem die Frage von den Ratsmitgliedern Patten, Young, Smith und McLellin besprochen worden war, traf Präsident Joseph Smith jun. die folgende Entscheidung:

Sie sind die Zwölf Apostel, die zum Amt als Reisender Hoher Rat berufen sind; sie sollen im Gebiet der Andern über die Gemeinden der Heiligen präsidieren, wenn da keine Präsidentschaft eingesetzt ist; sie sollen zu den Andern reisen und dort predigen, bis der Herr ihnen gebieten wird, zu den Juden zu gehen. Sie sollen die Schlüssel dieses Amtes innehaben, so daß sie allen Nationen die Tür zum Himmelreich aufschließen und jedem Geschöpf das Evangelium predigen können. Dies ist die Kraft, Vollmacht und Gewalt ihres Aposteltums.

Oliver Cowdery, Schreiber

(27. Februar 1835.) DHC 2:200.

Anweisungen an die Zwölf und an die Siebzig
Die Ordnung der Räte

Präsident Joseph Smith stellte fest, daß die Zwölf nicht das Recht haben, nach Zion oder zu irgendeinem Pfahl zu gehen und dort Angelegenheiten regeln zu wollen, wo es einen ständigen Hohenrat gibt, sondern es sei ihre Pflicht, hinauszugehen und alle Angelegenheiten der einzelnen Zweige der Kirche zu regeln. Wenn die Zwölf – oder eine beschlußfähige Anzahl von ihnen – in irgendeiner Gemeinde beisammen sind, so sind sie ermächtigt, selbständig zu handeln und Entscheidungen zu treffen, und diese Entscheidungen sind gültig. Wo sie aber nicht in beschlußfähiger Anzahl beisammen sind, müssen sie die Angelegenheit mit Zustimmung der Gemeinde regeln. Ein ständiger Hoherrat ist nicht ermächtigt, nach auswärts zu gehen und dort Angelegenheiten zu regeln, denn das ist Sache der Zwölf. Ein ständiger Hoherrat wird nur in Zion oder einem seiner Pfähle eingerichtet, sonst nicht. Wenn die Zwölf eine Entscheidung fällen, geschieht dies im Namen der Kirche und ist daher bindend.

Kein Beamter der Kirche ist ermächtigt, in irgendeinen Zweig der Kirche zu gehen und dort Beamte zu ordinieren, es sei denn mit Zustimmung des betreffenden Zweiges. Kein Ältester ist ermächtigt, in irgendeinen Zweig der Kirche zu gehen und dort Versammlungen anzusetzen oder die Angelegenheiten der Gemeinde regeln zu wollen, ohne daß er dazu den Rat und die Zustimmung des präsidierenden Ältesten des betreffenden Zweiges erteilt bekommt.

Die Berufung von Siebzigern

Wenn die ersten Siebzig alle beschäftigt sind und Bedarf an weiteren Arbeitern besteht, wird es die Pflicht der sieben Präsidenten der ersten Siebzig sein, weitere Siebzig zu berufen und zu ordinieren und sie zur Arbeit in den Weingarten zu senden, bis sie, sofern es nötig ist, siebenmal siebzig eingesetzt haben, ja, bis sogar einhundertvierundvierzigtausend solchermaßen für den Dienst eingesetzt sein werden.

Die Siebzig sollen nicht an den Konferenzen der Zwölf teilnehmen, außer sie werden dazu von den Zwölf aufgefordert oder darum ersucht. Die Zwölf und die Siebzig sind, was ihren Lebensunterhalt und den ihrer Familie betrifft, hauptsächlich auf ihren geistigen Dienst angewiesen, und kraft ihres Amtes sind sie berechtigt, die Gemeinden um Beistand anzurufen.

* * *

Die Umstände der Präsidenten der Siebzig wurden einzeln erwogen, nämlich in bezug auf ihre Reisen im Weingarten, und man war sich ausnahmslos darüber einig, daß sie sich bereithalten sollten zu gehen, sobald der Ruf von den Zwölf erginge, wenn der Herr den Weg öffnet. Siebenundzwanzig von den Siebzig wurden ebenfalls in Erwägung gezogen, und man kam zu dem Schluß, daß sie sich bereithalten sollten, im Dienst des Amtes zu reisen, sobald der Ruf vom Präsidenten der Siebzig erginge, wenn der Herr den Weg öffnet.

* * *

Es wurde offiziell erklärt, daß alle Ältesten der Kirche verpflichtet sind, in die Welt zu reisen und das Evangelium zu predigen – mit aller Macht, mit ganzem Sinn und ganzer Kraft –, wenn ihre Umstände es erlauben, und daß nun die Tür geöffnet sei.

Es wurde offiziell erklärt, daß die Ältesten Brigham Young, John P. Greene und Amos Orton beauftragt werden sollen, hinzugehen und dem Überrest Josefs das Evangelium zu predigen, und daß die Tür durch Ältesten Brigham Young geöffnet werden solle; dies werde die Tür zum gesamten Haus Josef öffnen. Es wurde offiziell erklärt: Für den Fall, daß weitere Siebzig erforderlich werden, soll die Präsidentschaft der ersten Siebzig sie aus den erfahrensten Ältesten der Kirche auswählen, ordinieren und einsetzen. – Aus dem Protokoll einer Allgemeinen Priestertumsversammlung am 2. Mai 1835. DHC 2:200–222.

Briefe an die auswärtigen Heiligen
Einander lieben

Liebe Brüder! Es ist eine Pflicht, die jeder Heilige seinen Brüdern gern und vorbehaltlos erweisen soll – sie immer zu lieben und ihnen jederzeit beizustehen. Um vor Gott gerechtfertigt zu sein, müssen wir einander lieben; wir müssen das Böse überwinden. Wir müssen für die Vaterlosen und Witwen sorgen, wenn sie in Not sind, und uns vor jeder Befleckung durch die Welt bewahren; denn diese Tugenden entspringen der erhabenen Quelle reiner Frömmigkeit. Wir müssen unseren Glauben dadurch stärken, daß wir jede gute Eigenschaft erwerben, die die Kinder des gesegneten Jesus ziert. Wir können beten, wenn es Zeit zum Beten ist; wir können unseren Nächsten lieben wie uns selbst, wir können in Drangsal glaubenstreu bleiben, weil wir wissen, daß der Lohn dafür im Himmelreich um so größer ist. Welch ein Trost! Welche Freude! Laßt mich das Leben eines Rechtschaffenen leben, und laßt mich einen Lohn haben wie er.

Obliegenheiten des Hohenrates und der Ältesten

Gemäß der Ordnung des Reiches, das in den letzten Tagen begonnen hat, um die Menschen für die Ruhe des Herrn bereitzumachen, sind die Ältesten in Zion oder seinem unmittelbaren Gebiet weder ermächtigt noch berechtigt, sich in die geistigen Angelegenheiten Zions einzumischen, seine Belange zu regeln oder Ratsversammlungen über die Ausstoßung von Mitgliedern abzuhalten, solange es noch nicht organisiert ist. Der Hoherat wurde ausdrücklich dazu gegründet, daß er sich mit allen geistigen Angelegenheiten Zions befasse, und der Bischof und seine Ratgeber sind über seine zeitlichen Belange gesetzt; somit sind die Maßnahmen der Ältesten null und nichtig. Der Herr läßt nun das Unkraut und den Weizen mitsammen wachsen, denn Zion muß mit Verständnis erlöst werden, seine Bekehrten mit Rechtschaffenheit. Jeder Älteste, der dazu imstande ist, muß, nachdem er seine Familie versorgt hat (sofern er eine hat) und seine Schulden bezahlt hat, hingehen und sein Gewand vom Blut dieser Generation reinigen. Anstatt, solange sie in diesem Gebiet sind, gegen Mitglieder wegen Übertretung oder Verstößen zu verhandeln, soll ein jeder daran arbeiten, daß er sich für den Weingarten bereitmacht; er soll ein wenig Zeit erübrigen, um die Trauernden zu trösten, die gebrochenen Herzen zu heilen, die Abgefallenen zurückzuführen, die Irrenden wieder auf den Weg zu bringen, diejenigen, die abgeschnitten worden sind, wieder in das Reich einzuladen, indem sie sie ermutigen, sich anzustrengen, solange es Tag ist, Rechtschaffenheit zuwege zu bringen und – einig in Herz und Sinn – sich vorzubereiten, um an der Erlösung Zions mitzuwirken, jenes schönen Landes der Verheißung, wo die Willigen und Folgsamen gesegnet werden sollen. In den Augen Gottes sind Seelen so kostbar wie eh und je; und die Ältesten waren niemals aufgerufen, irgendwen in die Hölle hinunterzujagen, sondern alle Menschen an jedem Ort zu überzeugen und aufzufordern, daß sie umkehren, damit sie Erben der Errettung werden können. Es ist das angenehme Jahr des Herrn: befreit die Gefangenen, so daß sie Hosanna singen können. Die Priester sollen ebenfalls nicht müßig sein: ihre Pflichten sind klar, und wenn sie sie nicht eifrig erfüllen, können sie nicht erwarten, Anerkennung zu finden. Das Ziel der Heiligen muß in allen Dingen Rechtschaffenheit sein, und wenn die Bündnisse veröffentlicht sein werden, wird es ihnen klar werden, daß von ihnen Großes erwartet werden muß. Tut Gutes und bewirkt Rechtschaffenheit, das Auge allein nur auf die Herrlichkeit Gottes gerichtet, und Ihr werdet Euren Lohn ernten, wenn der Herr einem jeden nach seinen Werken vergelten wird. Die Lehrer und Diakone sind die ständigen Helfer der Kirche, und bei Abwesenheit der anderen Beamten wird Großes von ihnen verlangt, auch, daß sie in Heiligkeit wandeln. Sie müssen den Glauben der Mitglieder stärken, sie müssen diejenigen, die vom Weg abgewichen sind, überzeugen, daß man umkehren, sich Gott zuwenden und somit leben muß; mit Sanftmut müssen sie alle davon überzeugen, daß man einander alle Übertretungen, Verstöße und Sünden vergeben muß, damit man sich mit Furcht und Zittern um die Errettung bemühe!

Trachtet danach, Seelen zu erretten

Brüder, vertragt Euch und ertragt Euch, denn so meint es der Herr mit uns. Betet für Eure Feinde in der Kirche, und flucht nicht Euren Feinden draußen; denn mein ist die Rache, spricht der Herr, und ich werde vergelten. Jedem ordinierten Mitglied und allen anderen sagen wir: Seid barmherzig, dann werdet Ihr Barmherzigkeit erlangen. Trachtet danach, Seelen erretten zu helfen, und nicht, sie zu vernichten; denn Ihr wißt doch: Im Himmel wird mehr Freude herrschen über einen einzigen Sünder, der umkehrt, als über neunundneunzig Gerechte, die es nicht nötig haben umzukehren. Streitet nicht über die Geheimnisse des Reiches; werft Eure Perlen nicht den Schweinen vor, gebt das Brot der Kinder nicht den Hunden, damit nicht Ihr und Eure Kinder leiden müßt und Ihr dadurch Euren gerechten Richter beleidigt. Eure Brüder, die ihre Familien zurücklassen, mit denen sie ein irdisches Maß von Frieden und Freude genossen haben, und in alle Welt gehen, um frohe Nachricht zu bringen, erwarten von Euch Großes; denn Ihr genießt ja den Vorzug, Euch der Gesellschaft der Heiligen erfreuen zu dürfen. Sie beten zum Vater im Himmel, Ihr mögt nie das Beten vergessen, Ihr mögt demütig sein und viel Nächstenliebe haben, eifrig an der Erlösung Zions mitarbeiten, geistig ebenso wie zeitlich, damit die, deren Herz rein ist, mit Liedern immerwährender Freude zurückkehren können, um ihre Trümmerstätten aufzubauen und dem Herrn zu begegnen, wenn er in seiner Herrlichkeit kommt. Brüder, im Namen Jesu flehen wir Euch an, lebt so, daß Ihr der Segnungen würdig seid, die der vielen Drangsal folgen werden, um die Seele derer zu sättigen, die bis ans Ende treu aushalten. M & A, Juni 1835; auch DHC 2:229–231.

Der wesentliche Inhalt des vorstehenden Artikels aus dem „Messenger and Advocate" ist, wie aus der handgeschriebenen Geschichte John Whitmers hervorgeht (Seite 52), auch in einem Brief enthalten, der an Hezekiah Peck gerichtet war und von Joseph Smith jun., Oliver Cowdery, Sidney Rigdon, Frederick G. Williams, W. W. Phelps und John Whitmer unterschrieben wurde. Der erste Absatz des Briefes lautet wie folgt:

Beamte in Übertretung

Die Präsidentschaft von Kirtland und Zion stellt fest: Der Herr hat durch Offenbarung seines Geistes kundgetan, daß die Hohen Priester, Lehrer, Priester und Diakone, oder mit anderen Worten, alle Beamten, die der Kirche im Kreis Clay, Missouri, angehören, mehr oder minder in Übertretung sind, weil sie sich des Geistes Gottes nicht in einem Maße erfreut haben, daß sie imstande gewesen wären, ihre Obliegenheiten in bezug auf sich selbst und auf das Wohl Zions zu erfassen. Deshalb haben sie in einer Weise gehandelt, daß es Zions Interessen geschadet hat und seiner Erlösung hinderlich gewesen ist. Wenn sie nun aber weise sein wollen, so werden sie sich auf eine besondere Weise demütigen, so daß Gott ihnen die Augen ihres Verständnisses öffnen kann. Es wird deutlich offenbar werden, was der Plan und die Absicht des Allmächtigen in bezug auf sie selbst und auf die Kinder Zions ist: daß sie den Hohenrat, der von Gott bestimmt und zu diesem Zweck eingesetzt worden ist, alle Angelegenheiten Zions in die Hand nehmen und regeln lassen und daß es der Wille Gottes ist, daß alle Kinder Zions stille stehen und die Errettung durch Erlösung mit ansehen sollen.

Dann folgt der wesentliche Inhalt des Artikels im „Messenger and Advocate". Dieser Brief hat auch eine Nachschrift, die der Prophet persönlich an Bruder Peck geschrieben hat; sie ist eine wahre Perle, und man kann darin die tiefe Zuneigung des Propheten zu den Getreuen in Israel erkennen:

PS. Bruder Hezekiah Peck: Wir gedenken Eurer Familie mit all den ersten Familien der Kirche, die die Wahrheit zu Anfang angenommen haben. Wir gedenken Eurer Verluste und Sorgen, unsere anfänglichen Bande sind nicht zerrissen, wir nehmen mit Euch am Bösen ebenso teil wie am Guten, an den Sorgen ebenso wie an den Freuden; unsere Bindung, dessen sind wir sicher, ist stärker als der Tod und wird nie aufhören. Grüßt von uns alle, die an die Fülle des Evangeliums unseres Herrn und Erretters Jesus Christus glauben. Hiermit ermächtigen wir Euch, Hezekiah Peck, unseren geliebten Bruder, diesen Brief der gesamten Bruderschaft in Eurem Teil des Landes vorzulesen und mitzuteilen.

Vor mir, Eurem unwürdigen Bruder und Mitarbeiter im Zeugnis des Buches Mormon, diktiert und eigenhändig im Zeichen des immerwährenden Bundes unterzeichnet:
(Juni 1835.) DHC 2:229–231.   Joseph Smith jun.

Auszüge aus einem Brief an die Ältesten der Kirche der Heiligen der Letzten Tage

Nach so langer Zeit und nachdem so vieles gesagt worden ist, halte ich es für meine Pflicht, ein paar Bemerkungen fallenzulassen, um vielleicht den Ältesten – die durch die Welt reisen, um die Bewohner der Erde zu warnen, damit sie dem kommenden Zorn entfliehen und sich aus dieser treulosen Generation retten können – zu einem gewissen Grad in der Lehre beizustehen und bei ihrer Pflicht zu helfen. Ich habe in dieser Sache seit acht Jahren gearbeitet und bin während dieser Zeit viel gereist, habe viel Erfahrung gesammelt. Ich bin im Februar 1831 vom Kreis Seneca im Staat New York nach dem Kreis Geauga in Ohio umgezogen.

Dem Propheten wurde geboten, nach Missouri zu gehen

In einer Vision vom Himmel erhielt ich im darauffolgenden Juni das Gebot, mich an die Westgrenze des Staates Missouri zu begeben und dort die genaue Stelle zu bezeichnen, die der Mittelpunkt für den Beginn der Sammlung derer sein sollte, die die Fülle des immerwährenden Evangeliums annehmen. Demgemäß machte ich mich auf den Weg, nahm einige bestimmte Brüder mit und kam nach einer langen und umständlichen Reise, wo wir viel Entbehrungen und Beschwerden durchmachen mußten, im Kreis Jackson in Missouri an. Nachdem ich mir das Land betrachtet und voll Eifer Gott gefragt hatte, gab er sich mir kund und bezeichnete mir und anderen die genaue Stelle, die er für den Beginn des Werkes der Sammlung und die Errichtung einer „heiligen Stadt" bestimmt hatte, die Zion heißen sollte – Zion, weil es ein Ort der Rechtschaffenheit sein wird –, und alle, die dort bauen, sollen den wahren und lebendigen Gott verehren, alle an ein und dieselbe Lehre glauben, nämlich die Lehre unseres Herrn und Erretters Jesus Christus. „Horch, deine Wächter erheben die Stimme, sie beginnen alle zu jubeln. Denn sie sehen mit eigenen Augen, wie der Herr nach Zion zurückkehrt." (Jesaja 52:8.)

* * *

Wo Zion sein soll

Nachdem ich den genauen Ort festgestellt hatte und die Freude hatte, eine ganze Anzahl von Familien meiner Brüder in dem Gebiet bequem eingerichtet zu sehen, verabschiedete ich mich von ihnen und reiste nach Ohio zurück und verwendete allen Einfluß und sämtliche Beweisgründe, die mir zu Gebote standen, darauf, daß alle diejenigen, die an den immerwährenden Bund glaubten, deren Umstände es zuließen und deren Familien dazu bereit waren, an den Ort übersiedelten, den ich nun als das Land Zion bezeichnet hatte. Und so ging der Schall von der Sammlung und der Lehre hinaus in die Welt. Wir fürchten aber, daß viele, deren Eifer größer war als ihre Erkenntnis und die die reinen Grundsätze der Lehre der Kirche nicht begriffen, im Fieber ihrer Begeisterung vieles gelehrt und gesagt haben, was der echten Wesensart und den eigentlichen Grundsätzen der Kirche abträglich ist; und das tut uns herzlich leid, und wir möchten uns dafür entschuldigen, wenn eine Entschuldigung noch etwas nützt.

Grundsätze des Evangeliums

Hier aber unterbrechen wir und möchten etwas zu dem Ausspruch bemerken, der, wie wir erfahren haben, in die Welt hinausgegangen ist und dort in einer Weise angewendet worden ist, daß der Sache der Wahrheit daraus Schaden erwächst, nämlich: „Indem wir die Lehre von der Sammlung verkündigen, zerstören wir Familien und geben Männern einen Freibrief, ihre Familien im Stich zu lassen, Frauen, daß sie ihre Männer, Kindern, daß sie ihre Eltern, und Sklaven, daß sie ihre Herren verlassen; wir bringen die Ordnung durcheinander und zerstören den Einklang und Frieden der Gesellschaft." Wir wollen hier unseren Glauben darstellen und dadurch, wie wir demütig annehmen, diesen falschen und schlechten Darlegungen ein Ende bereiten, nachdem sie, wie wir jeden Grund haben zu glauben, Tausende zu der Annahme verleitet haben, sie leisteten Gott einen Dienst, wenn sie die Kinder Gottes verfolgten. Hätten sie dagegen das wahre Licht gesehen und eine rechte Kenntnis von unseren Grundsätzen gehabt, so würden sie sie von ganzem Herzen angenommen und sich an der Liebe zur Wahrheit erfreut haben. Um aber nun unsere Lehre zu diesem Thema darzulegen, wollen wir mit den ersten Grundsätzen des Evangeliums beginnen, die da sind: Umkehr und Taufe zur Sündenvergebung und die Gabe des Heiligen Geistes durch Händeauflegen. Und das halten wir für unsere Pflicht, nämlich alle Menschen in der Lehre von der Umkehr zu unterweisen, und wir werden sie aus den folgenden Zitaten erarbeiten:

„Darauf öffnete er ihnen die Augen für das Verständnis der Schrift. Er sagte zu ihnen: So steht es in der Schrift: Der Messias wird leiden und am dritten Tag von den Toten auferstehen, und in seinem Namen wird man allen Völkern, angefangen in Jerusalem, verkünden, sie sollen umkehren, damit ihre Sünden vergeben werden." (Lukas 24:45–47.)

Daraus lernen wir, daß es dem Messias zufiel, zu leiden und gekreuzigt zu werden und am dritten Tage wieder aufzustehen, und zwar ausdrücklich zu dem Zweck, daß allen Völkern Umkehr und Sündenvergebung verkündigt würde.

Umkehr

„Petrus antwortete ihnen: Kehrt um, und jeder von euch lasse sich auf den Namen Jesus Christi taufen zu Vergebung seiner Sünden; dann werdet ihr die Gabe des Heiligen Geistes empfangen. Denn euch und euren Kindern gilt die Verheißung und all denen in der Ferne, die der Herr, unser Gott, herbeirufen wird." (Apostelgeschichte 2:38, 39.)

Daraus lernen wir, daß die Verheißung des Heiligen Geistes allen denen gegeben ist, denen die Lehre von der Umkehr gepredigt werden soll, und das sind alle Nationen. Und wir entdecken ferner, daß die Verheißung sich durch Abstammung ausweiten soll, denn Petrus sagt, sie gelte nicht nur euch, sondern auch „euren Kindern und all denen in der Ferne". Daraus folgern wir, daß die Verheißung sich zu den Kindeskindern fortsetzen soll, ja zu allen, die Gott herbeirufen würde. Wir entdecken hier, daß in diesen Zitaten zwei Grundsätze miteinander verquickt sind: der erste ist der Grundsatz der Umkehr, und der zweite ist der Grundsatz der Sündenvergebung. Von Petrus lernen wir, daß Sündenvergebung durch die Taufe auf den Namen Jesu Christi erlangt wird, und daß die Gabe des Heiligen Geistes selbstverständlich folgt, „denn", sagt Petrus, „ihr werdet die Gabe des Heiligen Geistes empfangen".

Darum halten wir es für notwendig, daß die Lehre von der Umkehr in aller Welt gepredigt wird, alt und jung, reich und arm, geknechtet und frei. Wir werden hernach zeigen, wie und auf welche Weise und inwieweit es für das Gewissen der Menschen bindend ist, und wir werden die rechte Unterscheidung zwischen alt und jung, Männern, Frauen, Kindern und Knechten treffen. Aber wir sehen auch, wenn uns die Lehre von der Umkehr Nutzen bringen soll, müssen wir daran glauben, daß man Vergebung der Sünden erlangt. Und um Sündenvergebung zu erlangen, müssen wir an die Lehre von der Taufe auf den Namen Jesu Christi glauben. Und wenn wir an die Taufe zur Vergebung der Sünden glauben, dürfen wir erwarten, daß die Verheißung in bezug auf den Heiligen Geist Erfüllung findet, denn die Verheißung erstreckt sich auf alle, die der Herr, unser Gott, rufen wird. Hat er doch, wie es im letzten Kapitel der Offenbarung zu lesen ist, ausdrücklich gesagt: „Der Geist und die Braut aber sagen: Komm! Wer hört, der rufe: Komm! Wer durstig ist, der komme. Wer will, empfange umsonst das Wasser des Lebens." (Offenbarung 22:17.)

Und weiter sagt der Erretter: „Kommt alle zu mir, die ihr euch plagt und schwere Lasten zu tragen habt. Ich werde euch Ruhe verschaffen. Nehmt mein Joch auf euch und lernt von mir; denn ich bin gütig und von Herzen demütig; so werdet ihr Ruhe finden für eure Seele. Denn mein Joch drückt nicht, und meine Last ist leicht." (Matthäus 11:28–30.)

Ferner sagt Jesaja: „Wendet euch mir zu, und laßt euch erretten, ihr Menschen aus den fernsten Ländern der Erde; denn ich bin Gott, und sonst niemand. Ich habe bei mir selbst geschworen, und mein Mund hat die Wahrheit gesprochen, es ist ein unwiderrufliches Wort: Vor mir wird jedes Knie sich beugen, und jede Zunge wird bei mir schwören: Nur beim Herrn – sagt man von mir – gibt es Rettung und Schutz. Beschämt kommen alle zu ihm, die sich ihm widersetzen." (Jesaja 45:22–24.)

Von den Anfängen aus hin zur Vollkommenheit

„Darum wollen wir beiseite lassen, was man zuerst von Christus verkünden muß, und uns dem Vollkommeneren zuwenden; wir wollen nicht noch einmal den Grund legen mit der Belehrung über die Abkehr von toten Werken, über den Glauben an Gott, über die Taufen, die Handauflegung, die Auferstehung der Toten und das ewige Gericht; das wollen wir dann tun, wenn Gott es will. Denn es ist unmöglich, Menschen, die einmal erleuchtet worden sind, die von der himmlischen Gabe genossen und Anteil am Heiligen Geist empfangen haben, die das gute Wort Gottes und die Kräfte der zukünftigen Welt kennengelernt haben, dann aber abgefallen sind, erneut zur Umkehr zu bringen; denn sie schlagen jetzt den Sohn Gottes noch einmal ans Kreuz und machen ihn zum Gespött." (Hebräer 6:1–6.)

Joseph Smith jun.

M&A, 1. Sept. 1835; auch DHC 2:253–259.

An die Ältesten der Kirche der Heiligen der Letzten Tage

Am Schluß meines Briefes in der Septemberausgabe des Messenger and Advocate versprach ich, das dort begonnene Thema fortzusetzen. Ich tue es in der Hoffnung, daß es den Ältesten bei ihrer Arbeit nützen und Hilfsmittel sein wird, wenn sie die Vorurteile einer unehrlichen und widernatürlichen Generation bekämpfen. Sie besitzen dann die Tatsachen meiner religiösen Grundsätze, die von fast allen verdreht werden, weil ihre Machenschaften dadurch in Gefahr sind. Ich möchte auch denen helfen, die begierig fragen – und dazu durch Gerüchte angestachelt worden sind –, und die feststellen wollen, was denn meine Grundsätze eigentlich sind. Ich bin zu diesem Vorgehen genötigt worden, und zwar durch die Verfolgung, der wir aufgrund von falschen Gerüchten und der Entstellung meiner Gesinnung ausgesetzt sind.

Rechtschaffenheit wird über die Erde fegen

Nun zur Sache: In dem erwähnten Brief wurden nicht nur die Grundsätze der Umkehr und der Taufe zur Sündenvergebung dargelegt, sondern es wurden auch viele Schriftstellen zitiert, die das Thema klar und deutlich machen. Dazu möchte ich sagen, daß ich auf die Wahrheit dieser Grundsätze, die im Neuen Testament enthalten sind, unbedingt vertraue; ich will nun von den obengenannten Punkten aus weitergehen, und zwar zum Thema Sammlung, und meine Ansichten über diesen Punkt darlegen, dem ich eine überaus große Bedeutung beimesse in bezug auf diejenigen, die nach Errettung in dieser Generation ausschauen oder, wie man sagen könnte, in dieser Letzten Zeit. Alles, was die Propheten geschrieben haben, von den Tagen des rechtschaffenen Abel bis herab zum letzten Mann, der irgendein Zeugnis zu unserer Erwägung im Bericht hinterlassen hat, und was sich auf die Errettung Israels in den Letzten Tagen bezieht, zeigt eindeutig, daß sie im Werk der Sammlung besteht.

Zunächst will ich mit einem Zitat aus der Prophezeiung Henochs anfangen, der von den Letzten Tagen spricht: „Ich werde Rechtschaffenheit aus dem Himmel herabsenden, und Wahrheit werde ich aus der Erde hervorgehen lassen, Zeugnis zu geben von meinem Einziggezeugten, von seiner Auferstehung von den Toten (unter dieser Auferstehung verstehe ich den leiblichen Körper), ja, und auch von der Auferstehung aller Menschen; und Rechtschaffenheit und Wahrheit werde ich über die Erde strömen lassen wie eine Flut, um meine Auserwählten aus den vier Teilen der Erde an einer Stätte zu sammeln, die ich bereiten werde, eine heilige Stadt, damit mein Volk sich die Lenden gürte und ausschaue nach der Zeit meines Kommens; denn dort soll meine heilige Wohnstätte sein, und sie wird Zion heißen, ein neues Jerusalem." (Mose 7:62.)

Die herrliche Auferstehung

Nun ersehe ich aus diesem Zitat folgendes: Gott offenbarte Henoch klar und deutlich die Erlösung, die er – schon vor Grundlegung der Welt – bereitet hatte, nämlich den Messias als ein Lamm, das getötet werden würde, zu opfern, und ebenso kraft deren die herrliche Auferstehung des Erretters und die Auferstehung aller Menschen, ja, die Auferstehung ihres leiblichen Körpers, und auch, daß Rechtschaffenheit und Wahrheit wie eine Flut über die Erde strömen werden. Nun frage ich: Wie werden denn Rechtschaffenheit und Wahrheit wie eine Flut über die Erde strömen? Ich will das beantworten. Menschen und Engel werden zusammenarbeiten, um dieses große Werk zustande zu bringen; und Zion, ja, ein Neues Jerusalem, wird für die Erwählten bereitet, die aus den vier Teilen der Erde gesammelt werden sollen, und sie werden eine heilige Stadt bilden, denn die Wohnstätte des Herrn wird bei ihnen sein.

Die Auserwählten müssen gesammelt werden

Henoch befand sich mit seiner Ansicht über dieses Thema in guter Gesellschaft: „Da hörte ich eine laute Stimme vom Thron her rufen: Seht, die Wohnung Gottes unter den Menschen! Er wird in ihrer Mitte wohnen, und sie werden sein Volk sein; und er, Gott, wird bei ihnen sein." (Offenbarung 21:3.)

Ich entnehme diesem Zitat, daß Johannes auf der Insel Patmos im Hinblick auf die Letzten Tage das gleiche gesehen hat wie Henoch. Ehe aber die Wohnung unter den Menschen sein kann, müssen die Auserwählten aus den vier Teilen der Erde gesammelt werden. Und um weiteres Licht auf das Thema Sammlung zu werfen: Nachdem Mose über die Kinder Israel, entsprechend ihrem Gehorsam oder Ungehorsam, Segen und Fluch gesprochen hatte, sagte er folgendes:

„Und wenn alle diese Worte über dich gekommen sind, der Segen und der Fluch, die ich dir vorgelegt habe, wenn du sie dir zu Herzen nimmst mitten unter den Völkern, unter die der Herr, dein Gott, dich versprengt hat, und wenn du zum Herrn, deinem Gott, zurückkehrst und auf seine Stimme hörst in allem, wozu ich dich heute verpflichte, du und deine Kinder, mit ganzem Herzen und mit ganzer Seele, dann wird der Herr, dein Gott, dein Schicksal wenden, er wird sich deiner erbarmen, sich dir zukehren und dich aus allen Völkern zusammenführen, unter die der Herr, dein Gott, dich verstreut hat. Und wenn einige von dir bis ans Ende des Himmels versprengt sind, wird dich der Herr, dein Gott, von dort zusammenführen, von dort wird er dich holen." (Deuteronomium 30:1–4.)

Das Neue Jerusalem

Viele der gelehrten und weisen Männer und Historiker haben gesagt, die Indianer oder Ureinwohner dieses Erdteils gehörten den verstreuten Stämmen Israels an. Viele andere hingegen haben gemutmaßt, die Ureinwohner dieses Erdteils seien nicht die Stämme Israels, sondern die zehn Stämme seien in eine unbekannte Gegend des Nordens weggeführt worden. Das soll sein, wie es will – die eben von mir zitierte Prophezeiung wird sie in den Letzten Tagen „von dort holen" und sie in das Land bringen, das ihre Väter besessen haben. Und im 7. Vers des 30. Kapitels heißt es weiter: „Alle diese Verwünschungen aber wird der Herr, dein Gott, über deine Feinde und Gegner verhängen, die dich verfolgt haben."

Viele werden sagen, diese Schriftstelle sei erfüllt, aber sie mögen sorgfältig beachten, was der Prophet sagt: „Wenn einige von dir bis ans

Ende des Himmels versprengt sind ..." (Das muß die ganze Weite der Erde bedeuten.) Diese Verheißung gilt aber für alle, wenn es welche gibt, die vertrieben werden, auch in den Letzten Tagen, darum haben die Kinder der Väter Anspruch auf diesen Tag. Und wenn diese Verwünschungen über ihre Feinde verhängt werden sollen, dann weh den Andern (siehe Buch Mormon, 3. Nephi 16:8): „Aber, so spricht der Vater, weh den Ungläubigen unter den Andern." Und weiter: „Und siehe, ich will dieses Volk in diesem Land aufrichten, damit der Bund erfüllt werde, den ich mit eurem Vater Jakob gemacht habe; und es wird ein Neues Jerusalem sein." (3. Nephi 20:22.) Nun erfahren wir aber aus dem Buch Mormon genau die gleiche Stelle und denselben Erdteil, wo das Neue Jerusalem stehen soll, und gemäß der Vision des Johannes auf der Insel Patmos muß es entrückt werden.

Manche werden nun geneigt sein zu sagen, dieses besagte Neue Jerusalem sei das Jerusalem, das von den Juden auf dem östlichen Erdteil erbaut wurde. Aber aus Offenbarung 21:2 wird man ersehen, daß es ein Neues Jerusalem gibt, das von Gott aus dem Himmel herabkommen wird, geschmückt wie eine Braut für ihren Mann. Danach wurde der Offenbarer im Geist hinweggeführt, auf einen großen und hohen Berg, und sah die heilige Stadt herabkommen aus dem Himmel von Gott. Hier wird also von zwei Städten gesprochen, und weil in einem so begrenzten Umfang wie hier in diesem Brief nicht alles gesagt werden kann, will ich nur kurz sagen, daß es ein Neues Jerusalem gibt, das auf diesem Erdteil errichtet werden soll, und ebenso das Jerusalem, das auf dem östlichen Erdteil wieder erbaut werden wird (siehe Buch Mormon, Ether 13:1–12): „Siehe, Ether schaute die Tage Christi, und er sprach von einem Neuen Jerusalem in diesem Land. Und er sprach auch vom Haus Israel und von Jerusalem, von wo Lehi kommen werde – nachdem es zerstört worden sei, würde es wieder aufgebaut werden, eine Stadt, heilig dem Herrn; darum kann es nicht ein neues Jerusalem sein, denn es bestand schon in alter Zeit." Das möge zum Thema Sammlung genügen, bis zum nächstenmal.

Die Obliegenheiten der Ältesten

Ich gehe nun, am Schluß meines Briefes, daran, einige Bemerkungen über die Obliegenheiten der Ältesten zu machen, und zwar wenn sie Eltern und Kinder belehren, Mann und Frau, Herren und Sklaven oder Knechte, wie ich schon in meinem vorigen Brief angekündigt habe.

Erstens soll der Älteste, wenn er durch die Welt reist und die Bewohner der Erde auffordert, sich zu sammeln, um dem Herrn eine heilige Stadt zu bilden, nicht bei den Kindern und denjenigen beginnen, die Eltern oder Vormündern unterstehen; er soll nicht versuchen, ihren Sinn zu beeinflussen, und sie auf diese Weise ihrer Pflicht entziehen, die sie den Betreffenden zu Recht zu leisten haben, sondern er soll seine Arbeit bei den Eltern oder Vormündern beginnen, und seine Belehrung soll darauf ausgerichtet sein, das Herz der Väter den Kindern und das Herz der Kinder den Vätern zuzuwenden. Bei den Kindern darf kein Einfluß ausgeübt werden, der nicht die Zustimmung der Eltern oder Vormünder findet. Aber auf alle, die auf eine rechtmäßige und rechtschaffene Weise und unter beiderseitiger Zustimmung überzeugt werden können, sollen wir pflichtgemäß einwirken, daß sie sich zum Volk Gottes versammeln. Sonst aber wollen wir die Verantwortung auf dem Haupt der Eltern oder Vormünder ruhen lassen, und jede Schuld und alle Folgen lasten auf deren Haupt, entsprechend der Verfügung, die er uns gegeben hat; denn Gott hat angeordnet, daß sein Werk in den Letzten Tagen in Rechtschaffenheit verkürzt werden soll. Darum belehre man zuerst die Eltern, und dann soll man, mit deren Zustimmung, die Kinder davon überzeugen, daß auch sie das Evangelium annehmen. Und wenn Kinder das Evangelium annehmen, ihre Eltern und Vormünder aber nicht daran glauben, dann belehre man die Kinder, daheim zu bleiben und ihnen zu folgen, wenn sie es wünschen; wenn sie aber damit einverstanden sind, daß die Kinder sich mit dem Volk Gottes versammeln, so laßt sie es tun, und das wird nichts Unrechtes sein. Aber alles soll sorgfältig und rechtschaffen getan werden, und Gott wird ihnen allen seine väterliche Fürsorge angedeihen lassen.

Zweitens ist es die Aufgabe der Ältesten, wenn sie ein Haus betreten, daß sie ihre Arbeit und ihre warnende Stimme an den Herrn des Hauses ergehen lassen; und wenn er das Evangelium annimmt, dann kann er seinen Einfluß auch auf seine Frau ausüben, damit sie das Evangelium ebenfalls bekommen möge. Wenn der Mann nun das Evangelium nicht annimmt, aber einverstanden ist, daß seine Frau es erhält, und sie daran glaubt, dann soll sie es empfangen. Wenn aber der Mann seiner Frau und seinen noch nicht volljährigen Kindern verbietet, das Evangelium anzunehmen, dann ist es die Pflicht des Ältesten, seines Weges zu gehen und keinen Einfluß gegen ihn geltend zu machen, sondern ihn die Verantwortung tragen zu lassen: Schüttle den Staub von deinen Füßen zum Zeugnis gegen ihn, und dein Gewand wird dann frei sein von Schuld gegen ihre Seele. Ihre Sünden sollen nicht denen angelastet werden, die Gott gesandt hat, um sie zu warnen und vor dem kommenden Zorn fliehen zu lassen und sich aus dieser verdorbenen Generation zu retten. Die Knechte Gottes werden mit ihrer warnenden Stimme nicht alle Nationen der Andern erreichen, bis der zerstörende Engel beginnen wird, die Bewohner der Erde zu verheeren, und wie der Prophet gesagt hat: „Dann wird man nur noch mit Entsetzen das Gehörte erklären." Ich spreche so, weil ich mit meinen Mitmenschen Mitgefühl habe, und ich tue es im Namen des Herrn, da der Heilige Geist mich dazu bewegt. O daß ich sie doch dem Sog des Elends entreißen könnte, in den ich sie durch Sündigen tauchen sehe, o daß ich durch die warnende Stimme imstande sein möge, ein Werkzeug zu sein, um sie zu echter Umkehr zu bringen, daß sie Glauben haben mögen, der sie befähigt, an dem bösen Tag zu bestehen!

Drittens soll es die Pflicht des Ältesten sein, wenn er ein Haus betritt, den Herrn des Hauses zu grüßen, und wenn er sein Einverständnis erlangt, kann er allen predigen, die in dem Haus sind. Wenn er aber sein Einverständnis nicht erlangt, soll er nicht zu den Sklaven oder Knechten gehen, sondern die Verantwortung soll auf dem Haupt des Hausherrn lasten samt allen Folgen, und darum haftet die Schuld dieses Hauses nicht länger an deinen Kleidern, du bist frei, darum schüttle den Staub von deinen Füßen, und gehe deines Weges. Wenn aber der Herr des Hauses zustimmt, daß du seiner Familie, seinen Kindern und Knechten, seinen Dienern und Mägden oder Sklaven predigst, dann soll es die Pflicht des Ältesten sein, furchtlos für die Sache Christi einzutreten und diese Leute aufzufordern, daß sie einmütig Umkehr üben und sich zur Vergebung der Sünden und zum Empfang des Heiligen Geistes taufen lassen; er soll ihnen immer im Namen des Herrn gebieten, auf sanfte Weise, daß sie zueinander gütig sein sollen, daß der Vater zu seinen Kindern, der Mann zu seiner Frau, der Herr zu seinen Sklaven oder Knechten gütig sein soll, die Kinder aber ihren Eltern gehorsam – ebenso die Frau dem Mann und die Sklaven oder Knechte ihrem Herrn.

Liebe zwischen Mann und Frau

„Ihr Frauen, ordnet euch euren Männern unter wie dem Herrn; denn der Mann ist das Haupt der Frau, wie auch Christus das Haupt der Kirche ist; er hat sie gerettet, denn sie ist sein Leib. Wie aber die Kirche sich Christus unterordnet, sollen sich die Frauen in allem den Männern unterordnen. Ihr Männer, liebt eure Frauen, wie Christus die Kirche geliebt und sich für sie hingegeben hat, um sie im Wasser und durch das Wort rein und heilig zu machen. So will er die Kirche herrlich vor sich erscheinen lassen, ohne Flecken, Falten oder andere Fehler; heilig soll sie sein und makellos. Darum sind die Männer verpflichtet, ihre Frauen so zu lieben wie ihren eigenen Leib. Wer seine Frau liebt, liebt sich selbst. Keiner hat je seinen eigenen Leib gehaßt; sondern er nährt und pflegt ihn, wie auch Christus die Kirche. Denn wir sind Glieder seines Leibes. Darum wird der Mann Vater und Mutter verlassen und sich an seine Frau binden, und die zwei werden ein Fleisch sein." (Epheser 5:22–31.)

„Ihr Frauen, ordnet euch euren Männern unter, wie es sich im Herrn geziemt. Ihr Männer, liebt eure Frauen, und seid nicht aufgebracht gegen sie! Ihr Kinder, gehorcht euren Eltern in allem; denn so ist es gut und recht im Herrn. Ihr Väter, schüchtert eure Kinder nicht ein, damit sie nicht mutlos werden. Ihr Sklaven, gehorcht euren irdischen Herren in allem! Arbeitet nicht nur, um euch bei den Menschen einzuschmeicheln, sondern fürchtet den Herrn mit aufrichtigem Herzen!" (Kolosser 3:18–22.)

Aber nun muß ich diesen Brief beschließen und das Thema ein andermal wieder aufnehmen.

In den Banden des neuen und immerwährenden Bundes,

Joseph Smith jun.

M&A Nov. 1835; auch DHC 2:259–264.

Der Hoherat und die Zwölf

Ich stellte fest, daß der Hoherat mit den Zwölf oder den Entscheidungen der Zwölf nichts zu schaffen hat. Sondern wenn die Zwölf sich irren, sind sie allein dem Allgemeinen Rat der Vollmachtsträger der gesamten Kirche verantwortlich, gemäß den Offenbarungen. (26. Sept. 1835.) DHC 2:285.

Betrachtungen

Freitag, 6. Nov. – Daheim. Besuchte während der Unterrichtszeit die Schule, kehrte heim und verbrachte den Abend zu Hause. Heute morgen wurde ich einem Mann aus dem Osten vorgestellt. Als er meinen Namen hörte, bemerkte er, ich sei auch nur ein Mensch; er gab mit diesen Worten zu verstehen, er habe angenommen, daß jemand, den der Herr ausersehen habe, ihm seinen Willen zu offenbaren, mehr sein müsse als nur ein Mensch. Er schien den Ausspruch nicht zu kennen, der aus dem Mund des hl. Jakobus gekommen war, nämlich daß Elija ein Mensch war wie wir, und doch hatte er bei Gott soviel Kraft, daß dieser, als Antwort auf sein Gebet, den Himmel verschloß, so daß es drei Jahre und sechs Monate auf der Erde nicht regnete; und abermals, als Antwort auf sein Gebet, gab der Himmel Regen, und die Erde brachte ihre Früchte hervor. Es herrscht tatsächlich in dieser Generation eine solche Finsternis und Unwissenheit, daß es als unglaublich angesehen wird, daß jemand mit seinem Schöpfer verkehrt. (6. Nov. 1835.) DHC 2:302.

91

Bemerkungen des Propheten zu den Zwölf

Am 12. November 1835 um 6 Uhr trafen sich die Apostel mit der Ersten Präsidentschaft zu einer Beratung, und bei dieser Gelegenheit machte der Prophet die folgenden Bemerkungen:

Ich freue mich und bin glücklich, daß ich mich zu dieser Gelegenheit mit diesem Rat treffen kann. Ich bin davon überzeugt, daß der Geist des Herrn anwesend ist, und ich bin zufrieden mit all den Brüdern, die anwesend sind. Ich brauche wohl nicht zu sagen, daß Ihr mein vollstes Vertrauen genießt und daß ich bis zum äußersten für Euch einzutreten gewillt bin, denn es ist mir wohl bewußt, daß Ihr meinen Charakter gegen die schmählichen Anwürfe und Beschimpfungen dieser gottlosen Generation verteidigen müßt und daß Ihr es mit Freuden tut.

In der jetzigen Zeit herrscht Finsternis ebenso wie damals, als Jesus Christus gekreuzigt wurde. Die Mächte der Finsternis waren bestrebt, die herrliche Sonne der Rechtschaffenheit zu verdunkeln, die über der Welt zu leuchten anfing und bald große Segnungen über die Häupter der Getreuen herniederstrahlen lassen würde. Und laßt mich Euch sagen, Brüder, daß uns zu dieser Zeit große Segnungen erwarten, und sie werden bald über uns ausgegossen werden, wenn wir in allem treu sind, denn wir sind sogar zu noch größeren Segnungen berechtigt als sie, denn sie hatten ja Christus persönlich bei sich, um von ihm über den großen Errettungsplan belehrt zu werden. Er ist nicht persönlich bei uns anwesend, darum brauchen wir größeren Glauben, weil wir uns in einer besonderen Lage befinden. Und ich bin entschlossen, alles zu tun, dessen ich fähig bin, um für Euch einzutreten, wenn ich auch vielleicht manches tue, was in den Augen Gottes nicht recht ist.

Besondere Verordnungen

Ihr werdet vieles wissen wollen, was Euch bevorsteht, damit Ihr wißt, wie Ihr Euch auf das Große vorbereiten sollt, das Gott soeben in die Wege geleitet hat. Aber da gibt es einen großen Mangel oder ein Hindernis auf dem Weg, wodurch uns die größeren Segnungen vorenthalten bleiben. Um die Grundlage dieser Kirche vollständig und dauerhaft zu machen, müssen wir dieses Hindernis beseitigen, das heißt, wir müssen verschiedene Aufgaben erledigen, die wir bisher noch nicht erledigt haben. Ich hatte angenommen, daß ich diese Kirche auf eine dauerhafte Grundlage gestellt hatte, als ich nach Missouri ging, und das hatte ich wirklich getan, denn wenn ich weggenommen worden wäre, so hätte es dennoch genügt. Aber ich lebe noch immer, und darum verlangt Gott noch mehr von mir. Das, worauf ich heute abend Eure ganz besondere Aufmerksamkeit lenken möchte, ist die Verordnung der Fußwaschung. Wir haben sie bisher nicht vollzogen, aber jetzt ist es notwendig, ebenso wie in den Tagen des Erretters, und wir müssen einen Ort bereiten lassen, so daß wir diese Verordnung abseits von der Welt besorgen können. Wir haben – mit Glauben und Gehorsam – noch nicht so viel vom Herrn begehrt, als wir hätten sollen, und doch haben wir uns großer Segnungen erfreut, und wir sind dafür nicht so empfänglich, wie wir sein sollten. Wann oder wo hat Gott zugelassen, daß einer der Zeugen oder der ersten Ältesten dieser Kirche falle? Niemals und nirgends. Inmitten allen Unheils und Strafgerichts, das über die Bewohner der Erde gekommen ist, hat uns sein allmächtiger Arm gestützt, und Menschen und Teufel haben vergeblich gewütet und ihre Bosheit vergeudet. Wir müssen alles bereitmachen lassen und unsere feierliche Versammlung einberufen, wie es der Herr uns geboten hat, damit wir imstande sind, sein großes Werk zu tun, und es muß auf die Weise Gottes getan werden. Das Haus des Herrn muß vorbereitet und die feierliche Versammlung darin einberufen und organisiert werden, wie es der Ordnung des Hauses Gottes entspricht, und darin müssen wir die Verordnung der Fußwaschung besorgen. Diese war nie für jemand anders als für offizielle Mitglieder bestimmt. Sie ist dafür gedacht, daß unsere Herzen sich verbinden, daß wir eins werden in Gefühl und Gesinnung und daß unser Glaube stark werde, damit der Satan uns nicht zu Fall bringen und auch keine Gewalt über uns haben kann.

Die Ordnung im Haus Gottes ist immer gleich

Das Endowment, worauf Ihr so begierig seid, könnt Ihr jetzt noch nicht begreifen, und auch Gabriel könnte es Eurem unerleuchteten Verstand nicht erklären; aber bestrebt Euch, im Herzen vorbereitet zu sein, seid in allem gläubig und treu, denn wenn wir uns in der feierlichen Versammlung zusammenfinden, das heißt, wenn diejenigen, die Gott aus all den offiziellen Mitgliedern bezeichnen wird, sich versammeln, dann müssen wir ganz rein sein. Laßt uns glaubenstreu und verschwiegen sein, meine Brüder, und wenn Gott Euch eine Kundgebung zuteil werden läßt, behaltet es für Euch; seid wachsam und betet, und Ihr werdet einen Vorgeschmack von der Freude bekommen, die Gott an dem Tag ausgießen wird. Sucht nicht nach Unrecht aneinander, denn wenn ihr das tut, werdet Ihr das Endowment nicht empfangen, weil Gott es so jemandem nicht gibt. Aber wenn wir treu sind und von einem jeden Wort leben, das durch den Mund Gottes geht, dann will ich wagen zu prophezeien, daß wir eine Segnung erhalten werden, die es wert ist, daß wir uns daran erinnern, selbst wenn wir so lange leben sollten wie Johannes der Offenbarer. Unsere Segnungen werden von einer Art sein, wie wir sie zuvor noch nie bemerkt haben, auch nicht in dieser Generation. Die Ordnung im Haus Gottes war und ist immer gleich, wird es auch immer sein, selbst nach dem Kommen Christi; und nach dem Ende der tausend Jahre wird sie noch immer gleich sein, und wir werden schließlich in das celestiale Reich Gottes gelangen und für immer daran Freude haben.

Das Endowment ist notwendig

Ihr braucht ein Endowment, Brüder, damit Ihr vorbereitet und imstande seid, alles zu überwinden; und wer Euer Zeugnis verwirft, wird verdammt sein. Die Kranken werden geheilt werden, die Lahmen werden dazu gebracht werden, daß sie gehen, die Tauben, daß sie hören, die Blinden, daß sie sehen – durch Euer Wirken. Aber ich will Euch sagen, daß Ihr auch nach dem Endowment nicht die Macht haben werdet, diejenigen zu heilen, die nicht Glauben haben. Ihr könnt ihnen nichts nützen; denn ihr könntet ebensogut erwarten, einem Teufel in der Hölle zu nützen, wie denen, die von seinem Geist besessen sind und willens sind, ihn zu behalten; denn sie sind Behausungen für Teufel und nur für seine Gesellschaft geeignet. Aber wenn Ihr mit dem Endowment ausgerüstet und bereit seid, das Evangelium allen Nationen, Geschlechtern und Zungen in ihrer eigenen Sprache zu predigen, dann müßt Ihr alle getreulich warnen; ihr müßt das Zeugnis zubinden und das Gesetz versiegeln, und der zerstörende Engel wird Euch dicht auf den Fersen folgen und seine schreckliche Sendung unter den Kindern des Ungehorsams vollbringen und die Übeltäter vernichten, während die Heiligen aus ihnen heraus gesammelt werden und an heiligen Stätten stehen werden, bereit, dem Bräutigam zu begegnen, wenn er kommt.

Ich fühle mich veranlaßt, Euch, meine Brüder, noch einige Worte mehr über das Endowment zu sagen: Alle, die bereit sind, die so rein sind, daß sie in der Gegenwart des Erretters sein können, werden ihn in der feierlichen Versammlung sehen.

Die Brüder brachten ihren Dank für die von mir erteilten Unterweisungen zum Ausdruck. Wir schlossen dann mit Gebet, und ich ging nach Hause und begab mich zur Ruhe. – DHC 2:308–310.

Die Indianer sind von Israel

Bemerkungen des Propheten auf einer Versammlung des Hohenrates in Kirtland.

Die Sammlung Israels

In der letzten Zeit hat die allgemeine Regierung in bezug auf die Indianer (Lamaniten) innerhalb der Territorialgrenzen der Vereinigten Staaten viel gesagt und getan. Einer der wichtigsten Punkte im Glauben der Kirche der Heiligen der Letzten Tage, vermittels der Fülle des immerwährenden Evangeliums, ist die Sammlung Israels (wovon die Lamaniten einen Teil bilden), jene beglückende Zeit, wo Jakob zum Haus des Herrn hinaufgehen wird, um ihn im Geist und in Wahrheit anzubeten und heilig zu leben; wo der Herr wieder Richter geben wird, wie sie vormals waren, und Ratsherren wie im Anfang; wo ein jeder unter seinem eigenen Weinstock und Feigenbaum wohnen wird, und niemand wird da sein, zu belästigen oder zu schrecken; wo er ihnen eine reine Sprache zuweisen wird, und die Erde erfüllt wird von heiliger Erkenntnis, wie das Wasser die große Tiefe bedeckt; wo man nicht mehr sagen wird: So wahr der Herr lebt, der die Kinder Israel aus Ägyptenland geführt hat, sondern: So wahr der Herr lebt, der die Kinder Israel geführt hat aus dem Lande des Nordens und aus allen Ländern, wohin er sie verstoßen hatte. Das ist ein bestimmter Tag, von höchster Bedeutung für alle Menschen.

Angesichts seiner Bedeutung und all dessen, was die Propheten vor uns darüber gesagt haben, möchten wir ein paar Gedanken zu den offiziellen Aussagen der Regierung in bezug auf die Indianer zum Ausdruck bringen. Wenn wir von Sammlung sprechen, so wollen wir es so verstanden wissen, daß es sich gemäß der Schrift um die Sammlung der Erwählten des Herrn aus jeder Nation auf Erden handelt, die an den Ort des Herrn der Heerscharen gebracht werden, wenn die Stadt der Rechtschaffenheit erbaut werden wird und wo die Menschen eines Herzens und eines Sinnes sein werden, wenn der Erretter kommt: ja, wo die Menschen mit Gott wandeln werden wie Henoch und frei sein werden von Sünde. Das Wort des Herrn ist kostbar, und wenn wir lesen, daß der Schleier, womit alle Nationen bedeckt sind, weggetan werden wird, daß alle, die im Herzen rein sind, Gott sehen und mit ihm tausend Jahre auf Erden regieren werden, dann wünschen wir, daß alle ehrlichen Menschen eine Möglichkeit haben, sich zu sammeln und eine Stadt der Rechtschaffenheit zu bilden, wo selbst auf den Pferdeschellen stehen wird: Heilig dem Herrn.

Das Buch Mormon hat kundgetan, wer auf diesem Kontinent Israel ist. Und während wir sehen, wie die Regierung der Vereinigten Staaten die Indianer sammelt und sie auf Ländereien versetzt, die ihnen gehören sollen – wie lieblich ist doch der Gedanke, daß sie eines Tages durch das Evangelium zusammengeführt werden sollen! (6. Jan. 1836.) DHC 2:357.

Ordnung in Ratssitzungen

Bemerkungen Joseph Smiths auf einer Priestertumsversammlung im Tempel zu Kirtland; aus seinem Tagebuch.

Bei der Verfolgung dieses Themas (nämlich ein Gesetz, um das Haus des Herrn zu leiten) fand ich, daß viele, die sich mit diesem Thema befaßt hatten, in ihrem Verstand verdunkelt waren, und ich machte daher einige Bemerkungen über die Privilegien der Autoritäten der Kirche, nämlich daß jeder zu seiner Zeit und an seinem Platz sprechen soll, wenn er an der Reihe ist, denn es soll in allem eine vollkommene Ordnung geben; und jeder, der zu einem Punkt, der zur Behandlung vorgelegt wird, einen Einspruch erhebt, soll sich vorher vergewissern, daß er das Thema aufhellen und nicht verdunkeln wird und daß sein Einwurf auf Rechtschaffenheit gegründet ist; das geschieht am besten dadurch, daß wir eifrig den Sinn und Willen des Herrn zu erforschen trachten, dessen Geist immer die Wahrheit kundtut und sichtbar macht, so daß alle, die seinen Geist besitzen, sie verstehen können. (15. Jan. 1836.) DHC 2:370.

An die Ältesten der Kirche der Heiligen der Letzten Tage
Das Gleichnis vom Sämann

Letztesmal habe ich Euch gezeigt, daß es zwei Jerusalem gibt, von denen in der heiligen Schrift gesprochen wird, und zwar auf eine Weise, von der ich denke, daß sie Euch zufriedengestellt hat. Jedenfalls habe ich meine Ansichten zu diesem Thema dargelegt. Ich werde jetzt fortfahren und einige Bemerkungen über Worte des Erretters machen, die im 13. Kapitel seines Evangeliums in der Fassung des hl. Matthäus berichtet sind und die meines Erachtens ein ebenso klares Verständnis über das wichtige Thema der Sammlung vermitteln wie irgendwelche anderen Stellen in der Bibel. Zu der Zeit, als der Erretter diese schönen Worte und Gleichnisse, die im oben erwähnten Kapitel enthalten sind, sprach, sehen wir ihn in einem Schiff sitzen, und zwar wegen der Men-

96

schenmenge, die sich zu ihm drängte, um seine Worte zu hören; und er fing an, sie zu lehren und sagte:

„Ein Sämann ging aufs Feld, um zu säen. Als er säte, fiel ein Teil der Körner auf den Weg, und die Vögel kamen und fraßen sie. Ein anderer Teil fiel auf felsigen Boden, wo es nur wenig Erde gab, und ging sofort auf, weil das Erdreich nicht tief war; als aber die Sonne hochstieg, wurde die Saat versengt und verdorrte, weil sie keine Wurzeln hatte. Wieder ein anderer Teil fiel in die Dornen, und die Dornen wuchsen und erstickten die Saat. Ein anderer Teil schließlich fiel auf guten Boden und brachte Frucht,·teils hundertfach, teils sechzigfach, teils dreißigfach. Wer Ohren hat, der höre!"

Wer das Licht nicht empfangen will, wird das Licht verlieren

Da kamen die Jünger zu ihm und sagten: „Warum redest du zu ihnen in Gleichnissen?" (Ich möchte hier bemerken, daß das persönliche Fürwort ‚ihnen' sich auf die Menschenmenge bezieht). Er antwortete: „Euch ist es gegeben, die Geheimnisse des Himmelreichs zu erkennen, ihnen aber" (das heißt denen, die nicht glauben) „ist es nicht gegeben. Denn wer da hat, dem wird gegeben, und er wird im Überfluß haben; wer aber nicht hat, dem wird auch noch weggenommen, was er hat."

Wir lernen aus diesen Worten, daß diejenigen, die schon vorher nach einem Messias, der gemäß dem Zeugnis der Propheten kommen sollte, ausschauten und dann, zu der betreffenden Zeit, tatsächlich auf ihn warteten, infolge ihres Unglaubens nicht genügend Erkenntnis hatten, um ihn als ihren Erretter wahrzunehmen. Da er aber wirklich der Messias war, mußten sie demnach enttäuscht sein und jeden Rest von Erkenntnis verlieren, oder es wurde ihnen alles Licht, alles Verständnis und aller Glaube weggenommen, die sie zu diesem Thema besessen hatten. Wer daher das hellere Licht nicht empfangen will, dem muß alles Licht weggenommen werden, das er hat. Wenn nun das Licht in dir Finsternis ist, wie groß muß dann die Finsternis sein! „Deshalb rede ich," spricht der Erretter, „zu ihnen in Gleichnissen, weil sie sehen und doch nicht sehen, weil sie hören und doch nicht hören und nichts verstehen. An ihnen erfüllt sich die Weissagung Jesajas: Hören sollt ihr, hören, aber nicht verstehen; sehen sollt ihr, sehen, aber nicht erkennen."

Nun entdecken wir die eigentlichen Gründe, warum sie den Messias nicht empfangen wollten – dieser Prophet legt sie uns dar: Sie verstanden nicht oder wollten nicht verstehen, und mit sehenden Augen sahen sie und erkannten es nicht. „Denn das Herz dieses Volkes ist hart geworden, und mit ihren Ohren hören sie nur schwer, und ihre Augen halten sie geschlossen, damit sie mit ihren Augen nicht sehen und mit ihren Ohren nicht hören, damit sie mit ihrem Herzen nicht zur Einsicht kommen, damit sie sich nicht bekehren und ich sie nicht heile." Aber was sagt er zu seinen Jüngern? „Ihr aber seid selig, denn eure Augen sehen und eure Ohren hören. Amen, ich sage euch: Viele Propheten und Gerechte haben sich danach gesehnt zu sehen, was ihr seht, und haben es nicht gesehen, und zu hören, was ihr hört, und haben es nicht gehört."

Finsternis ist die Verdammnis der Welt

Hier machen wir wieder eine Bemerkung, denn wir finden, daß die Jünger grundsätzlich deswegen selig genannt werden, weil es ihnen gestattet war, mit ihren Augen zu sehen und mit ihren Ohren zu hören, und daß die Verdammnis, die auf der Menschenmenge lastete, die seine Rede nicht annahm, sich daraus ergab, daß sie nicht willens waren, mit ihren Augen zu sehen und mit ihren Ohren zu hören; nicht etwa, weil sie das nicht konnten und nicht das Recht gehabt hätten, zu sehen und zu hören, sondern weil ihr Herz von Übeltun und Greuel erfüllt war. "Eure Väter schon, und nun auch ihr!" Der Prophet, der vorhersah, daß sie ihr Herz auf diese Weise verhärten würden, verkündete es ganz klar, und hierin liegt die Verdammnis der Welt: daß in die Welt Licht gekommen ist, und die Menschen lieben die Finsternis mehr als das Licht, denn ihre Werke sind böse. Der Erretter lehrt das so deutlich, daß der Wanderer es gar nicht mißverstehen kann.

„Hört also, was das Gleichnis vom Sämann bedeutet." Die Menschen haben die Gewohnheit, wenn ihnen von den Knechten Gottes die Wahrheit dargelegt wird, daß sie sagen: Alles ist Geheimnis, es wird in Gleichnissen gesprochen, und darum soll es gar nicht verstanden werden. Es stimmt, sie sehen und sehen doch nicht, aber niemand ist so blind wie derjenige, der nicht sehen will. Und obgleich der Erretter dieses Gleichnis Menschen dieser Art gab, legte er es doch seinen Jüngern deutlich aus, und wir haben fürwahr Grund, vor dem Gott unserer Väter demütig zu sein, daß er uns dies in geschriebener Form hinterlassen hat, so klar und deutlich, daß die Baalspriester mit all ihren Anstrengungen und ihrem vereinten Einfluß doch nicht die Macht haben, uns die Augen zu blenden und den Verstand zu verfinstern, wenn wir nur unsere Augen einen Moment lang öffnen und unvoreingenommen lesen.

Die Deutung des Gleichnisses vom Sämann

Hört euch nun die Deutung des Gleichnisses vom Sämann an: „Immer wenn ein Mensch das Wort vom Reich hört und es nicht versteht, kommt der Böse und nimmt alles weg, was dem Menschen ins Herz gesät wurde;" (man beachte den Ausdruck: was gesät wurde, also schon vorhanden ist in seinem Herzen) „hier ist der Samen auf den Weg gefallen." Menschen, die keinen Grundsatz der Rechtschaffenheit in sich tragen und deren Herz von Übeltun erfüllt ist und die kein Verlangen nach den Grundsätzen der Wahrheit haben, verstehen das Wort der Wahrheit nicht, wenn sie es hören. Der Teufel nimmt ihnen das Wort der Wahrheit aus dem Herzen weg, weil in ihnen kein Verlangen nach Rechtschaffenheit vorhanden ist. „Auf felsigen Boden ist der Samen bei dem gefallen, der das Wort hört und sofort freudig aufnimmt, aber keine Wurzeln hat, sondern unbeständig ist; sobald er um des Wortes willen bedrängt oder verfolgt wird, kommt er zu Fall. In die Dornen ist der Samen bei dem gefallen, der das Wort zwar hört, aber dann ersticken es die Sorgen dieser Welt und der trügerische Reichtum, und er bringt keine Frucht. Auf guten Boden ist der Samen bei dem gesät, der das Wort hört und es auch versteht; er bringt dann Frucht, hundertfach oder sechzigfach oder dreißigfach." So deutet der Erretter selbst seinen Jüngern das Gleichnis, das er vorgebracht hat, und läßt kein Geheimnis und keine Finsternis in denen, die fest an seine Worte glauben.

Wir ziehen also folgenden Schluß: Der wahre Grund, warum die Menge – oder die Welt, wie der Erretter sie bezeichnete – die Deutung seiner Gleichnisse nicht zu hören bekam, war ihr Unglaube. Er sagt: Euch (und damit spricht er seine Jünger an) ist es gegeben, die Geheimnisse des Gottesreiches zu verstehen. Und warum? Weil sie an ihn glaubten und auf ihn vertrauten. Dieses Gleichnis wurde erzählt, um die Wirkung zu zeigen, die entsteht, wenn das Wort gepredigt wird; und wir glauben, daß es einen direkten Hinweis auf den Beginn oder die Errichtung des Reiches in jener Zeit enthält. Darum wollen wir seine Reden über dieses Reich noch weiter verfolgen – von jener Zeit an bis zum Ende der Welt.

Das Gleichnis vom Unkraut

„Jesus erzählte ihnen noch ein anderes Gleichnis (und dieses Gleichnis enthält ebenfalls einen Hinweis auf die Errichtung des Reiches zu jener Zeit): Mit dem Himmelreich ist es wie mit einem Mann, der guten Samen auf seinen Acker säte. Während nun die Leute schliefen, kam sein Feind, säte Unkraut unter den Weizen und ging wieder weg. Als die

Saat aufging und sich die Ähren bildeten, kam auch das Unkraut zum Vorschein. Da gingen die Knechte zu dem Gutsherrn und sagten: Herr, hast du nicht guten Samen auf deinen Acker gesät? Woher kommt dann das Unkraut? Er antwortete: Das hat ein Feind von mir getan. Da sagten die Knechte zu ihm: Sollen wir gehen und es ausreißen? Er entgegnete: Nein, sonst reißt ihr zusammen mit dem Unkraut auch den Weizen aus. Laßt beides wachsen bis zur Ernte. Wenn dann die Zeit der Ernte da ist, werde ich den Arbeitern sagen: Sammelt zuerst das Unkraut und bindet es in Bündel, um es zu verbrennen; aber den Weizen sammelt mir in meine Scheune."

Aus diesem Gleichnis lernen wir nicht nur von der Errichtung des Reiches in den Tagen des Erretters, dargestellt durch den guten Samen, der Frucht bringt, sondern auch von den Verfälschungen in der Kirche, dargestellt durch das Unkraut, das der Feind säte; seine Jünger wollten es gerne ausreißen oder die Kirche gesäubert haben, wenn sich der Erretter ihren Ansichten zugeneigt hätte. Aber er, der Allwissende, sagt: Nicht doch! Womit er sagen will, eure Ansichten sind nicht richtig, die Kirche ist noch im Kindesalter, und wenn ihr diesen übereilten Schritt tut, werdet ihr den Weizen, oder die Kirche, zusammen mit dem Unkraut vernichten. Darum ist es besser, sie miteinander wachsen zu lassen bis zur Ernte oder bis zum Ende der Welt, womit die Vernichtung der Schlechten gemeint ist, und das ist noch nicht eingetreten, wie wir nachher in der Deutung sehen werden, die der Erretter von diesem Gleichnis gibt und die so klar ist, daß kein Platz für Ungewißheit bleibt, mögen auch die Priester noch so sehr schreien: „Gleichnisse, Gleichnisse! Symbole, Symbole! Geheimnis, Geheimnis! Alles ist Geheimnis!" Aber wir finden hier keinen Platz für Zweifel, denn die Gleichnisse wurden alle deutlich erläutert.

Das Gleichnis von der Kirche in den Letzten Tagen

Und ein anderes Gleichnis legte er ihnen vor – mit einem Hinweis auf das Reich, das kurz vor oder eben zur Zeit der Ernte errichtet werden sollte, und das wie folgt lautet: „Mit dem Himmelreich ist es wie mit einem Senfkorn, das ein Mann auf seinen Acker säte. Es ist das kleinste von allen Samenkörnern; sobald es aber hochgewachsen ist, ist es größer als die anderen Gewächse und wird zu einem Baum, so daß die Vögel des Himmels kommen und in seinen Zweigen nisten." Wir können also klar erkennen, daß dieses Symbol die Kirche darstellen soll, die in den Letzten Tagen hervorkommt. Siehe, das Himmelreich wird damit verglichen, und was ist ihm gleich?

Nehmen wir das Buch Mormon, das ein Mann in seinem Acker verbarg; er sicherte es durch seinen Glauben, damit es in den Letzten Tagen – oder zur rechten Zeit – hervorkomme. Betrachten wir, wie es aus der Erde hervorkommt, und es wird wirklich als das kleinste unter allen Samenkörnern angesehen; aber siehe, es treibt aus, wächst hoch empor mit erhabenen Zweigen und göttlicher Würde, bis es größer ist als die anderen Gewächse. Es ist die Wahrheit, und es hat gesproßt und ist aus der Erde hervorgekommen, und Rechtschaffenheit fängt an vom Himmel herabzublicken, und Gott sendet seine Mächte, Gaben und Engel hernieder, daß sie in seinen Zweigen nisten.

Das Himmelreich ist gleich einem Senfkorn. Siehe, ist es also nicht das Himmelreich, das sein Haupt in den Letzten Tagen erhebt mit der Würde seines Gottes, ja, die Kirche der Heiligen der Letzten Tage, wie ein unverwandelbarer, unverrückbarer Fels inmitten der mächtigen Tiefe, ausgesetzt den wütenden Stürmen des Satans, hat aber bisher standgehalten und trotzt noch immer den sich türmenden Wellen der Feindseligkeit, die getrieben werden von den stürmischen Winden, die Schiffe versenken, und die, heute wie früher, mit schrecklicher Gischt gegen seine triumphierenden Planken prallen, mit verdoppelter Wut aufgepeitscht vom Feind aller Rechtschaffenheit mit seiner Mistgabel von Lügen, wie man es so schön in einer Abbildung in Mr. Howes ‚Mormonism Unveiled' (Mormonen ohne Maske, 1834) dargestellt sieht? Und wir hoffen, daß dieser Widersacher der Wahrheit auch weiterhin die Pfütze des Bösen aufrühren wird, damit die Leute um so besser zwischen den Rechtschaffenen und den Schlechten unterscheiden können.

Heutige Söhne des Skeuas

Wir können auch einen der heutigen Söhne des Skeuas bemerken, der die Leute nur allzu gern glauben machen will, er könne böse Geister austreiben; da gibt es ein gewisses Traktätchen, den „Millennial Harbinger", der in unserem Land die Runde macht; er hielt sich für völlig befugt, "Joe Smith" mit dem Beinamen Elymas – der Zauberer – zu brandmarken und mit Paulus zu sagen: „Du elender und gerissener Betrüger, du Sohn des Teufels, du Feind aller Gerechtigkeit, willst du nicht endlich aufhören, die geraden Wege des Herrn zu durchkreuzen?" Diesem Ehrenmann möchten wir antworten: Paulus kennen wir, und Christus ist uns bekannt, doch wer seid ihr? Und mit guten Gefühlen möchten wir ihm sagen – mit den Worten des Paulus, die er zu denen sagte, die sich als Jünger des Johannes bezeichneten, aber nicht davon gehört hatten, daß es einen Heiligen Geist gebe –: Er soll umkehren und sich zur Vergebung der Sünden von einem taufen lassen, der die rechtmäßige Vollmacht dazu hat, und soll unter den Händen eines solchen den Heiligen Geist empfangen, gemäß der Schrift:

„Dann legten sie ihnen die Hände auf, und sie empfingen den Heiligen Geist." (Apostelgeschichte 8:17.) „Paulus legte ihnen die Hände auf, und der Heilige Geist kam auf sie herab; sie redeten in Zungen und weissagten" (Apostelgeschichte 19:6) „über die Taufen, die Handauflegung, die Auferstehung der Toten und das ewige Gericht" (Hebräer 6:2). „Wie sollen sie nun den anrufen, an den sie nicht glauben? Wie sollen sie an den glauben, von dem sie nichts gehört haben? Wie sollen sie hören, wenn niemand verkündigt? Wie soll aber jemand verkündigen, wenn er nicht gesandt ist? Darum heißt es in der Schrift: Wie sind die Freudenboten willkommen, die Gutes verkündigen!" (Römer 10:14, 15.) Wenn aber der Mann unsere Belehrung nicht annehmen will, sondern auf seiner schlechten Bahn verbleibt, dann hoffen wir, daß er auch weiterhin böse Geister austreiben wird, damit wir einen um so klareren Beweis haben, daß das Reich des Satans mit sich selbst uneins ist und folglich nicht bestehen kann; denn wenn ein Reich mit sich selbst uneins ist, dann ist es bald aus mit ihm.

* * *

Das Gleichnis vom Sauerteig

„Und er erzählte ihnen noch ein Gleichnis: Mit dem Himmelreich ist es wie mit dem Sauerteig, den eine Frau unter einen großen Trog Mehl mischte, bis das Ganze durchsäuert war." Man möge zur Kenntnis nehmen, daß die Kirche der Heiligen der Letzten Tage ihren Anfang genommen hat mit ein wenig Sauerteig, der in drei Zeugen getan wurde. Siehe, wie sehr gleicht dies doch dem Gleichnis! Schnell durchsäuert es die Masse, so daß sie bald ganz durchsäuert sein wird. Aber laßt uns weitergehen.

„Dies alles sagte Jesus der Menschenmenge durch Gleichnisse; er redete nur in Gleichnissen zu ihnen. Damit sollte sich erfüllen, was durch den Propheten gesagt worden ist: Ich öffne meinen Mund und rede in Gleichnissen, ich verkünde, was seit der Schöpfung verborgen war. Dann verließ er die Menge und ging nach Hause. Und seine Jünger kamen zu ihm und sagten: Erkläre uns das Gleichnis vom Unkraut auf dem Acker. Er antwortete: Der Mann, der den guten Samen sät, ist der Menschensohn; der Acker ist die Welt; der gute Samen, das sind die Söhne des Reiches; das Unkraut sind die Söhne des Bösen." (Der Leser möge den Ausdruck anmerken!) „Der Acker ist die Welt. Das Unkraut sind die Söhne des Bösen; der Feind, der es gesät hat, ist der Teufel; die Ernte ist das Ende der Welt." (Merken Sie sich diesen Ausdruck sorgfältig: das Ende der Welt!) „Die Arbeiter bei dieser Ernte sind die Engel."

Die Vernichtung der Bösen ist das Ende der Welt

Es gibt einfach keinen rechten Grund dafür, daß jemand sagt, dies sei nur symbolisch, oder es sei nicht so gemeint, wie es dort steht. Denn der Herr erklärt ja jetzt, was er zuvor als Gleichnis erzählt hat, und gemäß seinen Worten besteht das Ende der Welt in der Vernichtung der Bösen. Ernte und Ende der Welt weisen direkt auf das Menschengeschlecht in den Letzten Tagen hin und nicht auf die Erde, wie manche meinen; vielmehr auf das, was dem Kommen des Menschensohnes vorangeht, auf die Wiederherstellung von allem, die Gott von jeher durch den Mund seiner heiligen Propheten verkündet hat. Und die Engel werden etwas in diesem großen Werk zu tun haben, denn sie sind die Arbeiter bei der Ernte. Darum, wie das Unkraut eingesammelt und verbrannt wird, so wird es beim Ende der Welt sein, das heißt, die Knechte Gottes gehen aus und warnen die Nationen, Priester und Volk, und sie werden ihr Herz verhärten und das Licht der Wahrheit verwerfen, und die ersteren werden den Schlägen Satans überantwortet, und das Gesetz und das Zeugnis werden verschlossen, wie es bei den Juden der Fall war, und so bleiben sie im Finstern und werden dem Tag des Brennens übergeben. So sind sie durch ihr Glaubensbekenntnis gebunden, und ihre Fesseln sind durch ihre Priester stark gemacht worden; und sie sind bereit, die Worte des Erretters zu erfüllen: „Der Menschensohn wird seine Engel aussenden, und sie werden aus seinem Reich alle zusammenholen, die andere verführt und Gottes Gesetz übertreten haben, und werden sie in den Ofen werfen, in dem das Feuer brennt. Dort werden sie heulen und mit den Zähnen knirschen." Demnach wird das Werk des Einsammelns des Weizens in Scheunen oder Speicher vor sich gehen, während das Unkraut zu Bündeln gebunden und für den Tag des Brennens hergerichtet wird; nach dem Tag des Brennens aber "werden die Gerechten im Reich ihres Vaters wie die Sonne leuchten. Wer Ohren hat, der höre!"

Der Schatz im Acker

Um aber dieses Einsammeln noch anschaulicher zu schildern: Wir haben noch ein weiteres Gleichnis: „Mit dem Himmelreich ist es wie mit einem Schatz, der in einem Acker vergraben war. Ein Mann entdeckte ihn, grub ihn aber wieder ein. Und in seiner Freude verkaufte er alles, was er besaß, und kaufte den Acker." Um zu sehen, wer sich an dieses Muster hält, betrachte man die Kirche der Heiligen der Letzten Tage, die alles verkaufen, was sie haben, und sich an einem Ort sammeln, damit sie ihn als ein Erbteil kaufen können, damit sie beieinander sein und

103

einer des anderen Bedrängnisse tragen können in den Tagen des Unheils.

„Auch ist es mit dem Himmelreich wie mit einem Kaufmann, der schöne Perlen suchte. Als er eine besonders wertvolle Perle fand, verkaufte er alles, was er besaß, und kaufte sie." Abermals halten die Heiligen sich an dieses Beispiel. Man betrachte die Männer, die reisen und Plätze für Zion suchen, für seine Pfähle oder Überreste, und die, wenn sie den Platz für Zion oder die besonders wertvolle Perle gefunden haben, auf der Stelle alles verkaufen, was sie besitzen, und ihn kaufen.

Vom Fischnetz

„Weiter ist es mit dem Himmelreich wie mit einem Netz, das man ins Meer warf, um Fische aller Art zu fangen. Als es voll war, zogen es die Fischer ans Ufer; sie setzten sich, lasen die guten Fische aus und legten sie in Körbe, die schlechten aber warfen sie weg." Um Arbeit nach diesem Muster zu sehen, betrachte man die Nachkommen Josefs, die das Evangelium wie ein Netz über die Erde werfen und alle Arten fangen, damit die Guten in die Körbe errettet werden können, die zu diesem Zweck bereitet worden sind, und die Engel werden sich um die Schlechten kümmern. „So wird es auch am Ende der Welt sein: Die Engel werden kommen und die Bösen von den Gerechten trennen und in den Ofen werfen, in dem das Feuer brennt. Dort werden sie heulen und mit den Zähnen knirschen."

Jesus sagte zu ihnen: „Habt ihr das alles verstanden? Sie antworteten: Ja." Wir sagen auch: Ja, Herr, und tun gut daran, zu sagen: Ja, Herr; denn das ist so klar und herrlich, daß jeder Heilige in den Letzten Tagen darauf mit einem kräftigem Amen antworten muß.

„Da sagte er zu ihnen: Jeder Schriftgelehrte also, der ein Jünger des Himmelreichs geworden ist, gleicht einem Hausherrn, der aus seinem reichen Vorrat Neues und Altes hervorholt."

Um ein Werk nach diesem Beispiel zu sehen, betrachte man das Buch Mormon, das aus dem reichen Vorrat des Herzens gekommen ist. Ebenso die Bündnisse, die den Heiligen der Letzten Tage gegeben sind, auch die Übersetzung der Bibel – auf diese Weise aus dem Herzen Neues und Altes hervorholend, auf diese Weise dem großen Trog Mehl entsprechend, der durch eine Offenbarung von Jesus Christus und durch den Dienst von Engeln geläutert wird, die dieses Werk in den Letzten Tagen schon begonnen haben, das dem Sauerteig entspricht, der dann das Ganze durchsäuert. Amen.

Hiermit schließe ich, werde das Thema aber in einer weiteren Ausgabe fortführen.

In den Banden des neuen und immerwährenden Bundes.

M&A, Dez. 1835; auch DHC 2:264–272.   Joseph Smith jun.

Falsche Lehren Joshuas, eines jüdischen Geistlichen

Als ich heute morgen zwischen zehn und elf Uhr zu Hause saß, kam ein Mann herein und stellte sich mir als „Joshua, der jüdische Geistliche" vor. Seine Erscheinung war ziemlich ungewöhnlich; er hatte einen Bart von etwa drei Zoll Länge, der ganz grau war; das Haar war lang und vom Alter silbrig geworden; ich dachte, er sei ungefähr fünfzig bis fünfundfünfzig Jahre alt; groß und aufrecht, schlank gebaut, mageres Gesicht, blaue Augen, helle Hautfarbe; er trug einen meergrünen Gehrock und gleiche Hosen, einen schwarzen Pelzhut mit schmaler Krempe; wenn er sprach, schloß er häufig die Augen, wobei ein finsterer Zug über sein Gesicht ging. Ich stellte ihm einige Fragen wegen seines Namens, erhielt aber keine klare Auskunft. Wir begannen bald, über Religion zu sprechen, und nachdem ich einige Bemerkungen über die Bibel gemacht hatte, begann ich von den Umständen im Zusammenhang mit dem Hervorkommen des Buches Mormon zu erzählen.

Während ich ihm die kurze Geschichte von der Aufrichtung der Kirche Christi in den Letzten Tagen berichtete, schien Joshua sich höchlich zu unterhalten. Als ich zu Ende war, bemerkte ich, daß es Zeit für das Gebet und zum Speisen war, und ich lud ihn zum Bleiben ein, was er annahm. Nach dem Mahl wurde die Unterhaltung wieder aufgenommen, und Joshua machte einige Bemerkungen über die Prophezeiung, wie folgt – er sagte, ich könne wohl kräftigere Kost vertragen als viele andere, und daher werde er sich freier äußern:

Daniel hat uns gesagt, er werde am Ende der Tage zu seinem Erbteil auferstehen; gemäß seiner Vision hatte er das Recht, sie zu verbergen und sie nach vielen Tagen, also zur letzten Zeit, wieder aufzutun. Daniels visionäres Standbild, dessen Haupt aus Gold war und dessen Leib, Arme, Beine und Füße aus verschiedenem Material bestanden, wie es in seiner Vision beschrieben ist, stellt verschiedene Reiche dar. Das goldene Haupt sollte Nebukadnezzar, den König von Babylon, darstellen, die anderen Körperteile andere Könige und Regierungsformen, die ich jetzt im einzelnen nicht erwähnen will, sondern ich will mich im besonderen auf die Füße des Standbilds beschränken. Die Taktik des bösen Geistes ist, zu trennen, was Gott zusammengefügt hat, und zu vereinigen, was Gott getrennt hat, und der Teufel hat damit im gegenwärtigen

Zustand der Gesellschaft bewunderswert viel Erfolg, denn sie ist wirklich wie Eisen und Ton.

In allem herrscht Verwirrung, politisch ebenso wie religiös; und trotz aller Bestrebungen, Einigkeit zustande zu bringen, bleibt die Gesellschaft uneins, und alle Versuche, sie zu einigen, sind ebenso fruchtlos, wie wenn man Eisen und Ton einigen wollte. Die Füße des Standbilds, das ist die Regierung der Vereinigten Staaten. Andere Nationen und Reiche sehen zu ihr auf als einem Beispiel von Einigkeit, Freiheit und gleichen Rechten, und sie verehren sie daher, wie Daniel es in seiner Vision gesehen hat, wenngleich sie auch schon anfängt, das in sie gesetzte Vertrauen zu verlieren, wenn man die Streitigkeiten und die Zwietracht betrachtet, die ihren politischen und religiösen Gesichtskreis zerfasern. Diese Vorstellung ist charakteristisch für alle Regierungen.

Wir müssen aus Babylon ausziehen. Vierundzwanzig Stunden Fortschritt bringen heute das gleiche zuwege wie ein ganzes Jahr davon vor hundert Jahren. Die Geister der Väter, die niedergehauen worden waren – nämlich diejenigen, die unter dem Altar sind –, sind dabei, sich zu erheben; das ist die erste Auferstehung. Der Älteste, der zuerst fällt, wird sich als letzter erheben. Wir sollten uns nur für die Gegenwart eine Meinung bilden und das, was die Zukunft bringen wird, Gott überlassen. Ich selbst habe mich aus Unbedeutendheit erhoben, aber man hat mich schon in meinen jungen Jahren in zeitlichen Dingen geachtet. Es ist nicht notwendig, daß Gott uns alles schon in seinem ersten Auftrag an uns gibt, sondern in seinem zweiten. Johannes sah, wie der Engel in den Letzten Tagen das Evangelium brachte. Das wenige Licht, das Gott uns gegeben hat, reicht aus, um uns aus Babylon zu führen; wenn wir von dort fortgezogen sind, werden wir mehr Licht haben.

Seelenwanderung – eine Lehre des Teufels

Ich sagte zu Joshua, ich verstünde seine Ansicht zur Auferstehung nicht und wünschte, er würde sich dazu etwas ausführlicher äußern. Er antwortete, er fühle sich gegenwärtig nicht vom Geist bewegt, sich darüber weiter auszulassen, aber vielleicht könnte das zu einer anderen Zeit geschehen.

Ich zog mich kurz zurück, um mit einem anderen Herrn, der mich besuchen gekommen war, etwas Geschäftliches zu erledigen. Joshua teilte meinem Schreiber mit, daß er in Cambridge, Kreis Washington im Staat New York geboren sei. Er sagte, alle Eisenbahnen, Kanäle und jeder sonstige Fortschritt würden durch den Geist der Auferstehung zustande gebracht. Die Stille, von der Johannes der Offenbarer spricht und die eine halbe Stunde lang im Himmel andauern sollte, sei zwischen 1830 und 1851, und während dieser Zeit werde das Strafgericht Gottes ausgegossen, und danach werde es Frieden geben.

* * *

Es bestand der Verdacht, daß dieser Joshua der bekannte Matthias von New York sei, von dem in den öffentlichen Zeitungen soviel Aufhebens gemacht wurde, und zwar wegen der vielen Prozesse, die er dort vor Gerichtshöfen durchmachen mußte: Mord, Totschlag, Mißachtung der Gerichte, Mißhandlung seiner Tochter usw.; für die beiden letztgenannten Verbrechen wurde er eingesperrt und kam erst vor etwa vier Monaten frei. Nach einigen Ausflüchten gestand er, daß er wirklich Matthias sei.

Nach dem Abendessen machte ich den Vorschlag, er möge uns einen Vortrag halten; das tat er, blieb aber dabei sitzen.

Er begann mit den Worten: Gott sprach: Es werde Licht. Und es wurde Licht. Während seines ganzen Vortrages verweilte er dabei. Er machte einige ausgezeichnete Bemerkungen, aber sein Geist war offensichtlich von Finsternis erfüllt.

* * *

Ich nahm das Gespräch mit Matthias wieder auf und wollte, daß er mich noch mehr über seine Ansichten zur Auferstehung aufklärte.

Er sagte, er besitze den Geist seiner Väter, er sei ein buchstäblicher Abkömmling von Matthias, dem Apostel, der an Stelle des gefallenen Judas gewählt wurde, daß sein Geist in ihm auferstanden sei und daß dies die Weise oder der Plan des Lebens sei – dieses Übergeben der Seele oder des Geistes vom Vater auf den Sohn.

Ich sagte ihm, daß diese Lehre vom Teufel sei, daß er in Wirklichkeit von einem schlechten und verderbten Geist besessen sei, der sich aber als Geist der Wahrheit selbst ausgebe; und er sagte auch, er besitze die Seele Christi.

Er blieb bis Mittwoch, den 11., nach dem Frühstück. Ich sagte ihm, mein Gott habe mir gesagt, sein Gott sei der Teufel, und ich könne ihn nicht länger bei mir behalten, er müsse fort. Und so habe auch ich einmal den Teufel in leiblicher Gestalt ausgetrieben und, wie ich glaube, einen Mörder. (9.–11. Nov. 1835.) DHC 2:304–307.

Die Vollmacht der Zwölf

Aus dem Protokoll einer Sonderversammlung mit den Zwölf Aposteln.

Präsident Smith fuhr dann fort, indem er die Obliegenheiten der Zwölf erläuterte, ihre Vollmacht, die der der gegenwärtigen Präsidentschaft am nächsten steht, und daß die Versammlung an dieser Stelle, am 15. ds., wo die Hohenräte von Kirtland der Präsidentschaft am nächsten zu sitzen kamen, deshalb so angeordnet worden war, weil die Tagesordnung sich besonders mit den Angelegenheiten dieser Körperschaft zu befassen hatte, nämlich die verschiedenen Kollegien in Kirtland aufzufüllen, und nicht, weil sie im Amt an erster Stelle stehen. Die getroffene Anordnung war die beste, die unter den Umständen gemacht werden konnte. Die Zwölf sind niemand anders unterstellt als der Ersten Präsidentschaft, d. h. „mir selbst", sagte der Prophet, „Sidney Rigdon und Frederick G. Williams, die jetzt meine Ratgeber sind; und wo ich nicht bin, da ist auch keine Erste Präsidentschaft über die Zwölf vorhanden".

Der Prophet setzte den Zwölf auch auseinander. daß er den rauhen Ton Präsident Cowderys ihnen gegenüber nicht dulde, ebensowenig bei sich selber oder bei irgend jemand anders, „obwohl", sagte er, „ich manchmal aus einer augenblicklichen Regung selbst zu rauh gesprochen habe, und wenn ich Eure Gefühle verletzt haben sollte, Brüder, so bitte ich Euch um Verzeihung, denn ich liebe Euch und halte Euch mit meinem ganzen Herzen in aller Rechtschaffenheit hoch – vor dem Herrn und vor allen Menschen. Denn seid versichert, Brüder, daß ich gewillt bin, dem reißenden Strom aller Feindseligkeit Einhalt zu gebieten, in Sturm und Orkan, in Donner und Blitz, zu Wasser und zu Land, in der Wildnis wie unter falschen Brüdern oder unter dem Pöbel oder wohin auch immer Gott in seiner Vorsehung uns rufen mag. Und ich bin entschlossen, daß weder Höhe noch Tiefe, weder Gewalten noch Mächte, weder Gegenwärtiges noch Zukünftiges, noch irgendein Geschöpf mich von Euch trennen soll. Und ich will nun mit Euch vor Gott geloben, daß ich irgendwelchen abfälligen Berichten über einen von Euch weder Gehör noch Glauben schenken werde und daß ich Euch auf kein Zeugnis unter dem Himmel hin verurteilen will, es sei denn ein unfehlbares Urteil, ehe ich Euch persönlich sehe und es mit Bestimmtheit weiß. Und ich setze uneingeschränktes Vertrauen in Euer Wort, denn ich glaube, daß Ihr Männer der Wahrheit seid. Und ich erbitte das gleiche von Euch – wenn ich Euch etwas sage, daß Ihr ein ebensolches Vertrauen in mein Wort setzt, denn ich werde Euch nicht sagen, daß ich etwas weiß, wenn ich es nicht weiß. Ich habe aber jetzt schon mehr Zeit in Anspruch genommen, als ich vorhatte, und ich werde jetzt meinen Kollegen Platz machen." (16. Januar 1836.) DHC 2:373–374.

Vision vom celestialen Reich

Am 21. Januar 1836 versammelten sich die Erste Präsidentschaft und eine Anzahl der präsidierenden Brüder der Kirche im Tempel zu Kirtland, wo sie sich mit den Verordnungen des Endowments befaßten, soweit es bis dahin offenbart worden war. Nachdem dies geschehen war, so sagt der Prophet, „legte die gesamte Präsidentschaft die Hände auf mich und sprach auf mein Haupt viele Prophezeiungen und Segnungen aus; von denen ich viele zu dieser Zeit nicht notieren will." „Die gesamte Präsidentschaft" umfaßte Oliver Cowdery, Joseph Smith den Vater, ebenso die beiden Ratgeber Sidney Rigdon und Frederick G. Williams. Nach dieser heiligen Handlung wurde dem Propheten die folgende Vision und Offenbarung gegeben, die ihm – und durch ihn der Kirche – einen der wichtigsten Grundsätze in bezug auf die Errettung der Menschen kundgab.

Die Himmel taten sich uns auf, und ich schaute das celestiale Reich Gottes und dessen Herrlichkeit – ob im Leibe oder außer dem Leibe, das kann ich nicht sagen. Ich sah die überirdische Schönheit des Tores, durch das die Erben dieses Reiches eintreten werden und das wie kreisende Feuerflammen war, und auch den strahlenden Thron Gottes, auf dem der Vater und der Sohn saßen. Ich sah die schönen Straßen dieses Reiches, die aussahen, als seien sie mit Gold gepflastert. Ich sah unseren Vater Adam und Abraham und meinen Vater und meine Mutter, meinen Bruder Alvin, der schon seit langem entschlafen ist, und ich verwunderte mich, wieso er ein Erbteil in dem Reich erlangt hatte, da er doch aus diesem Leben geschieden war, noch ehe der Herr darangegangen war, Israel zum zweitenmal zu sammeln, und da er nicht zur Vergebung der Sünden getauft worden war.

So erging die Stimme des Herrn an mich, nämlich:

Offenbarung

Alle, die gestorben sind, ohne vom Evangelium zu wissen, es aber angenommen hätten, wenn sie hätten verweilen dürfen, werden Erben des celestialen Reiches Gottes sein; auch alle, die von nun an sterben, ohne davon zu wissen, und die es von ganzem Herzen angenommen hätten, werden Erben dieses Reiches sein; denn ich, der Herr, werde alle Menschen gemäß ihren Werken richten, gemäß den Wünschen ihres Herzens. Und ich sah auch, daß alle Kinder, die sterben, ehe sie das Alter der Verantwortlichkeit erreicht haben, im celestialen Reich des Himmels errettet sind. – DHC 2:380 f.; siehe auch LuB 137.

Vision von den Aposteln

Ich sah die zwölf Apostel des Lammes, die jetzt auf der Erde sind, die die Schlüssel dieses letzten Evangeliumsdienstes in fremden Ländern innehaben, in einem Kreis beisammen stehen, sehr ermüdet, ihre Kleider verschlissen und ihre Füße geschwollen, und mitten unter ihnen stand Jesus, und sie sahen ihn nicht. Der Erretter schaute sie an und weinte. (21. Januar 1836.) DHC 2:381.

Des Propheten Vision von den Zwölf

Ich sah auch Elder McLellin im Süden auf einem Hügel stehen, umgeben von einer riesigen Menschenmenge, der er predigte, und ein lahmer Mann stand vor ihm, gestützt auf seine Krücken; auf sein Wort hin warf er sie weg und sprang wie ein Hirsch – durch die mächtige Kraft Gottes. Auch sah ich Elder Brigham Young in einem fremden Land stehen, weit im Süden und Westen, in einem Wüstengebiet, auf einem Felsen in der Mitte von einem Dutzend farbiger Männer, die feindselig schienen. Er predigte ihnen in ihrer eigenen Mundart, und der Engel Gottes stand mit einem gezogenen Schwert in der Hand über seinem Haupt, um ihn zu beschützen, aber er sah das nicht. Und schließlich sah ich die Zwölf im celestialen Reich Gottes. Ich schaute auch die Erlösung Zions und vieles, was die menschliche Zunge nicht voll zu beschreiben vermag. (21. Januar 1836.) DHC 2:381.

Notizen des Propheten über Beschlüsse

Erstens: Beschlossen, daß niemand zu einem Amt in der Kirche in diesem Pfahl Zions zu Kirtland berufen werden kann ohne die einhellige Zustimmung der verschiedenen Körperschaften, die dieses Kollegium bilden, das bestimmt ist, im Namen der Kirche die kirchlichen Angelegenheiten zu erledigen, nämlich die Präsidentschaft der Kirche, der Rat der Zwölf Apostel des Lammes, die zwölf Hohen Räte von Kirtland, die zwölf Hohen Räte von Zion, der Bischof von Kirtland und seine Ratgeber, der Bischof von Zion und seine Ratgeber und die sieben Präsidenten der Siebziger – und dies, bis es von den besagten Kollegien anders angeordnet wird.

Zweitens: Ferner beschlossen, daß niemand in den auswärtigen Zweigen der besagten Kirche ordiniert werden kann, wenn nicht eine Empfehlung durch die Stimme des betreffenden Zweiges der Kirche, dem sie angehören, an eine allgemeine, von den Führern der Kirche bestimmte

Konferenz gerichtet worden ist; die Ordinierung muß von dieser Konferenz vorgenommen werden. Den vorstehenden Beschlüssen stimmten die Präsidenten der Siebziger zu. (12. Februar 1836.) DHC 2:394.

Das Übel der Trunksucht

Heute wurde mir mitgeteilt, daß ein Mann namens Clark, der unter dem Einfluß von Alkohol stand, letzte Nacht nicht weit von hier erfroren ist. O mein Gott, wie lange noch wird dieses Ungeheuer Trunksucht seine Opfer auf Erden finden! Mir scheint, bis der Zorn und Unwille Gottes über die Erde fegt und das Reich Christi allumfassend sein wird. O komm, Herr Jesus, und kürze dein Werk in Rechtschaffenheit ab! (12. März 1836.) DHC 2:406.

Die Zwölf als Offenbarer

Ich rief dann die Kollegien und die Versammlung der Heiligen auf, die Zwölf Apostel, die anwesend waren, als Propheten und Seher, Offenbarer und besondere Zeugen für alle Nationen auf Erden anzuerkennen, daß sie die Schlüssel des Reiches innehaben, es aufzuschließen oder dies tun zu lassen, und sie durch ihre Gebete zu unterstützen. Die Zustimmung wurde gegeben, indem alle aufstanden. (27. März 1836.) DHC 2:417.

Priestertum und Organisation der Kirche

Während wir warteten (daß das Abendmahl vorbereitet würde), machte ich die folgenden Bemerkungen: Die Zeit, die wir in Kirtland bleiben mußten, um das Endowment zu empfangen, wird sich in wenigen Tagen erfüllen, und dann werden die Ältesten hinausgehen, und jeder muß auf eigenen Füßen stehen; es ist nicht nötig, daß sie wie in früheren Zeiten zu zweit ausgesandt werden, sondern daß sie demütig und ernsthaft hingehen und Jesus Christus, den Gekreuzigten, predigen; sie sollen nicht mit anderen wegen ihres Glaubens oder ihres Religionssystems streiten, sondern einen beständigen Kurs verfolgen. Das sagte ich als Gebot, und alle, die es nicht beachten, werden Verfolgung über sich bringen, während die anderen, die es beachten, voll des Heiligen Geistes sein werden. Dies sprach ich als Prophezeiung aus, gesiegelt durch Hosanna und Amen. Ferner: Die Siebziger sind nicht berufen, am Tisch des Herrn zu dienen oder über Gemeinden zu präsidieren und Schwierigkeiten zu bereinigen, sondern das Evangelium zu predigen und Gemeinden zu bilden und andere, die nicht zu diesen Kollegien gehören und die Hohe Priester sind, einzusetzen, damit sie über sie präsidieren. Die Zwölf sollen nicht am Tisch des Herrn dienen, sondern die Schlüssel des Reiches zu allen Nationen tragen und ihnen die Tür zum Evangelium aufschließen; sie sollen die Siebziger aufrufen, ihnen nachzufolgen und behilflich zu sein. Den Zwölf steht es frei zu gehen, wohin sie wollen, und wenn einer sagt, ich möchte an den und den Ort gehen, dann sollen die übrigen amen sagen.

Die Offenbarung notwendiger heiliger Handlungen

Den Siebzigern steht es frei, nach Zion zu gehen, wenn es ihnen gefällt, oder wohin auch immer sie wollen, und das Evangelium zu predigen; die Erlösung Zions soll unser Ziel sein, und wir wollen es zu erreichen trachten, indem wir alle Kräfte des Hauses des Herrn hinsenden, wo auch immer wir sie finden können. Ich möchte den folgenden Bund eingehen: Wenn noch weitere unserer Brüder vom Pöbel umgebracht oder aus ihren Besitzungen in Missouri verjagt werden sollten, dann werden wir uns keine Ruhe gönnen, bis wir bis zum äußersten an unseren Feinden gerächt sind. Dieser Bund wurde einstimmig durch Hosanna und Amen besiegelt.

Dann sagte ich den Kollegien, daß ich nun den Aufbau der Kirche vollendet hätte und wir durch alle notwendigen heiligen Handlungen [1] gegangen seien und ich ihnen alle Unterweisungen, die sie brauchten,

---

1 Wenn der Prophet hier von der Vollendung des Aufbaus der Kirche spricht, so bezieht er sich dabei auf die Gründung der Priestertumskollegien, und die Ausdrücke „durch alle notwendigen heiligen Handlungen gegangen" und „alle Unterweisungen, die sie brauchten" beziehen sich darauf, daß die Brüder eingesetzt worden waren und die nötigen Segnungen empfangen hatten, wodurch sie befähigt wurden, hinauszugehen und in aller Welt das Evangelium zu predigen. Sie waren nun durch Unterweisung und Endowment so weit vorbereitet, daß sie die Botschaft auf annehmbare Weise in die Welt tragen konnten. Diese Äußerung des Propheten hatte nichts mit anderen heiligen Handlungen zu tun, die erst später offenbart wurden, wie es im Buch ‚Lehre und Bündnisse', Abschnitt 124, 127, 128 und 132 zu ersehen ist.

Im Jahre 1834 wurden die Ältesten, die das Evangelium gepredigt hatten, angewiesen, nach Kirtland zu gehen, wo sie ihr Endowment empfangen sollten (siehe LuB 105:33). Das Gebot lautet folgendermaßen: „Wahrlich, ich sage euch: Es ist mir ratsam, daß die ersten Ältesten meiner Kirche ihr Endowment aus der Höhe empfangen, und zwar in meinem Haus, das im Land Kirtland gebaut werden soll, wie ich es geboten habe." Im März 1836 wurden diese heiligen Handlungen des Endowments erteilt. Diese waren nicht so vollständig wie die Endowmenthandlung, die heute in der Kirche erteilt wird, aber sie genügten dem Bündnis der damaligen Zeit und standen mit dem Gebot des Herrn in Einklang, das hier angeführt ist.

gegeben hätte. Sobald sie ihre Erlaubnis bekämen, stünde es ihnen frei, hinauszugehen und das Reich Gottes aufzubauen; nun aber sei es ratsam, daß ich und die Präsidentschaft uns zurückzögen, da wir die vergangene Nacht damit verbracht hatten, dem Herrn in seinem Tempel zu dienen, und da wir morgen früh an einer weiteren Weihe teilnehmen oder die am Samstag begonnene zu Ende führen mußten – zum Nutzen derjenigen meiner Brüder und Schwestern, die bei der vorigen Gelegenheit nicht in das Haus gelangen konnten; es sei aber ratsam, daß die Brüder die ganze Nacht verweilten und vor dem Herrn in seinem Haus anbeteten. – (30. März 1836.) DHC 2:431–432.

Hohe Priester sollen nicht Siebziger sein

Am Donnerstag, dem 6. April, versammelten sich die offiziellen Mitglieder zu früher Stunde im Haus des Herrn, und die ersten zwei oder drei Stunden vergingen damit, daß die verschiedenen Kollegien die Fußwaschung empfingen, daß gesungen und gebetet und Vorbereitung getroffen wurde, Unterweisung von der Präsidentschaft zu empfangen. Die Präsidenten sowie die Siebziger und deren Präsidenten begaben sich in den westlichen Saal im Dachgeschoß, wo es infolge des Zeitmangels am vergangenen Abend notwendig war, die Salbung derjenigen zu siegeln, an denen die Salbung, nicht aber die Siegelung vorgenommen worden war.

Ein weiteres Thema von wesentlicher Bedeutung für die Kirche war die Festsetzung der Rangordnung in den einzelnen Kollegien. Es wurde festgestellt, daß alle außer ein oder zwei von den Präsidenten der Siebziger Hohe Priester waren, und wenn welche aus den Ältestenkollegien in das Siebzigerkollegium ordiniert und eingesetzt wurden, hatte man ihnen auch das Hohe Priestertum übertragen. Das wurde als falsch erklärt und als nicht der Ordnung des Himmels entsprechend. Demgemäß wurden neue Präsidenten der Siebziger ordiniert, um den Platz derer einzunehmen, die Hohe Priester waren; und die aus dem Amt entlassenen Präsidenten sowie alle Siebziger, die zu Recht zu Hohen Priestern ordiniert worden waren, wurden angewiesen, sich dem Hohepriesterkollegium anzuschließen. (6. April 1837.) DHC 2:275–276.

Belehrung über das Priestertum

Von Montag, 3. April, bis einschließlich Donnerstag, 6. April 1837, wurde im Tempel zu Kirtland eine feierliche Versammlung der Beamten abgehalten. An diesem letzten Tag und nachdem die Beamten ihr Endowment empfangen hatten, soweit es im Tempel zu Kirtland offenbart worden war, sprach der Prophet über mehrere Themen zu ihnen; was davon sich auf das Priestertum bezog, faßte er in seinem Tagebuch folgendermaßen zusammen:

Wie und durch wen Offenbarung erteilt wird

Präsident Joseph Smith jun. sprach zur Versammlung und sagte, das Melchisedekische Hohe Priestertum sei nichts anderes als das Priestertum des Sohnes Gottes; es gebe bestimmte Verordnungen, die zum Priestertum gehören und die zu gewissen Ergebnissen führen; die Präsidenten oder die Präsidentschaft seien über die Kirche gesetzt, und Offenbarungen in bezug auf die Absicht und den Willen Gottes ergingen durch die Präsidentschaft. Das ist die Ordnung des Himmels und die Macht und das Vorrecht dieses Priestertums. Es ist auch das Vorrecht eines jeden Beamten in dieser Kirche, Offenbarung zu erhalten, soweit sie sich auf seine besondere Berufung und Obliegenheit in der Kirche bezieht. Alle sind an die Grundsätze der Tugend und Glückseligkeit gebunden, aber ein großes Vorrecht des Priestertums besteht darin, daß man Offenbarungen über die Absicht und den Willen Gottes erlangt. Es ist auch das Recht des Melchisedekischen Priestertums, zu tadeln, zurechtzuweisen, zu ermahnen sowie Offenbarung zu empfangen. Wenn die Mitglieder der Kirche alle Gebote kennen würden, so würden sie die Hälfte davon aus Vorurteil oder Unkenntnis ablehnen.

Ämter im Priestertum

Ein Hoher Priester ist Mitglied des gleichen Priestertums wie die Präsidentschaft, hat aber nicht dieselbe Kraft oder Vollmacht in der Kirche. Die Siebziger gehören ebenfalls dem gleichen Priestertum an (nämlich dem Hohen Priestertum), sind eine Art reisender Rat und können über eine oder mehrere Gemeinden präsidieren, bis ein Hoher Priester verfügbar ist. Die Siebziger sind aus dem Ältestenkollegium zu nehmen und sollen nicht Hohe Priester sein. Sie unterstehen der Weisung und den Befehlen der Zwölf, die die Schlüssel des Dienstes innehaben. Alle sollen das Evangelium predigen – durch die Macht und den Einfluß des Heiligen Geistes, und niemand kann ohne den Heiligen Geist das Evangelium predigen.

Der Bischof ist ein Hoher Priester – und das notwendigerweise –, weil er über den betreffenden Zweig der Kirchenangelegenheiten präsidieren muß, der als das Geringere Priestertum bezeichnet wird, und weil wir keinen direkten Nachkommen Aarons haben, dem dieses Amt rechtens zustünde. Dies ist dasselbe Priestertum, oder ein Zweig desselben Priestertums, und man kann das anhand des menschlichen Körpers veranschaulichen. Dieser hat verschiedene Glieder, die verschiedene Aufgaben zu erfüllen haben; alle sind an ihrem Platz notwendig, und der Körper ist ohne alle seine Glieder nicht vollständig.

Wenn wir auf die Erfordernisse zurückblicken, die ein Knecht Gottes braucht, um das Evangelium zu predigen, finden wir nur wenige, die als Priester qualifiziert sind, und wenn ein Priester seine Obliegenheit, seine Berufung und seinen Dienst versteht und mittels des Heiligen Geistes predigt, so ist seine Freude daran ebenso groß, wie wenn er der Präsidentschaft angehörte, und sein Dienst ist für das Ganze notwendig, ebenso wie der des Lehrers und des Diakons. Wenn wir also die Kirche als Ganzes betrachten, können wir es, streng genommen, als ein einziges Priestertum bezeichnen. Präsident Smith sagte ferner:

Der Wert berechtigten Tadels

„Häufig tadle und ermahne ich meine Brüder, und zwar weil ich sie liebe, und nicht, weil ich mir ihren Unwillen zuziehen oder ihnen ihr Glück beeinträchtigen möchte. Eine solche Verhaltensweise ist nicht darauf berechnet, sich das Wohlwollen aller zu erwerben, sondern eher die Feindschaft vieler, deshalb ist es eine bedeutsame Lage, in der ich mich befinde. Ihr seht also, Brüder, je höher die Vollmacht, um so schwieriger der Standpunkt; aber diese Tadel und Ermahnungen werden wegen des Eigensinns der Brüder notwendig, zu ihrem zeitlichen ebenso wie zu ihrem geistigen Wohl. Das bildet tatsächlich einen Teil der Obliegenheiten in meiner Position und Berufung. Andere haben andere Pflichten zu erfüllen, die wichtig sind und bei weitem beneïdenswerter; sie sind genauso gut in ihrem Verhältnis zum menschlichen Körper – wie Hände und Füße –, keines kann einen Vorrang beanspruchen oder zum anderen sagen, ich brauche dich nicht. Nach allem, was gesagt worden ist, bleibt als größte und wichtigste Aufgabe, das Evangelium zu predigen.

Es gibt viele Gründe für die Verlegenheit in Geldangelegenheiten, die nun auf den Führern der Kirche lastet. Sie haben arm angefangen, waren bedürftig, mittelos und von ihren Feinden wirklich bedrängt; und doch hat der Herr ihnen geboten, hinzugehen und das Evangelium zu predigen, ihre Zeit, ihre Talente, ihren guten Namen zu opfern und ihr Leben aufs Spiel zu setzen, und darüber hinaus mußten sie ein Haus für den Herrn bauen und die Sammlung der Heiligen in die Wege leiten. So kann man leicht sehen, daß sie davon hineingezogen wurden (in finanzielle Schwierigkeiten). Sie hatten zu Anfang keine zeitlichen Mittel, die einem solchen Unterfangen angemessen gewesen wären; aber das Werk mußte getan werden, und diese Stätte hier (Kirtland) mußte aufgebaut werden. Weitreichende Verträge für den Landkauf wurden auf allen Seiten eingegangen, worin unsere Feinde ihre Rechte abgetreten haben. Wir sind ihnen zu Dank verpflichtet, aber unsere Brüder von auswärts müssen jetzt nur mit ihrem Geld kommen, diese Verträge übernehmen, ihre Brüder aus der geldlichen Verlegenheit befreien, in der sie sich befinden, und sich unter uns einen friedlichen Ort der Ruhe sichern. Diese Stätte muß und wird aufgebaut werden, und ein jeder Bruder, der sich dieser Sache annimmt und diese Verträge sichern und erfüllen hilft, wird reich sein." (6. April 1837.) DHC 2:477–479.

DRITTER ABSCHNITT
1838–1839

Der politische Grundsatz der Kirche der Heiligen der Letzten Tage[1]

Die Verfassung unseres Landes von den Vätern der Freiheit gestaltet. Frieden und rechte Ordnung in der Gesellschaft. Liebe zu Gott und den Menschen guter Wille. Nur gute und zweckmäßige Gesetze, Tugend und Wahrheit über alles, und ewig lebe die Herrschaft des Besten! Aber weh den Tyrannen, dem Pöbel, der Adelsherrschaft, der Anarchie und den Gegnern der amerikanischen Unabhängigkeit und all denen, die ungerechtfertigte und schikanöse Prozesse ersinnen oder anhängig machen, und zwar unter dem Schein und Deckmantel des Gesetzes oder Amtes, sei es religiös oder politisch! Hebt die Fahne der Demokratie hoch! Nieder mit der Fahne der Priestermacht, und alle sollen sagen: Amen!, damit das Blut unserer Väter nicht von der Erde her gegen uns schreit. Geheiligt ist das Andenken an das Blut, das uns unsere Freiheit erkauft hat.

> Joseph Smith jun.
> Thomas B. Marsh
> David W. Patten
> Brigham Young
> Samuel H. Smith
> George N. Hinkle
> John Corrill
> George W. Robinson

(März 1838.) DHC 3:9.

Das Wort der Weisheit

Präsident Joseph Smith jun. machte hierauf einige Bemerkungen zum Wort der Weisheit, nannte die Gründe, warum es gegeben worden war, und sagte, es müsse befolgt werden[2]. (8. April 1838.) FWR S. 117.

---

1 Damals litt die Kirche unter schwerer Verfolgung, die teilweise davon herrührte, daß die Gegner den Propheten und die Mitglieder der Kirche des Hochverrats am Staat Missouri und an den Vereinigten Staaten bezichtigten. Aus diesem Grund nahm die Kirche diese Erklärung an. Sie bringt die Gefühle der Heiligen als Bürger Amerikas zum Ausdruck – Loyalität gegenüber den Vereinigten Staaten und ihren Einrichtungen.

2 Dieser Ausspruch des Propheten steht in Einklang mit einem Beschluß, den der Hoherat der Kirche kurz nach seiner Gründung im Februar 1834 gefaßt hatte. Auf einer der ersten Versammlungen dieses Rates, in der die Präsidentschaft der Kirche den Vorsitz führte, wurde der nachstehende Beschluß gefaßt, nachdem die folgende Frage gestellt worden war:

Offenbarung an Brigham Young in Far West

Wahrlich, so spricht der Herrr: Mein Knecht Brigham Young soll an den Ort gehen, wo er sich angekauft hat, in Mill Creek, und dort für seine Familie sorgen, bis sich für den Unterhalt seiner Familie eine ausreichende Quelle auftut, bis ich ihm gebieten werde wegzugehen; er soll seine Familie nicht verlassen, bis sie vollauf versorgt ist. Amen. – (17. April 1838.) DHC 3:23.

Das Übel vorschnellen Urteils

Sonntag, 6. Mai 1838. – Ich predigte den Heiligen und legte die Mißstände dar, die sich aufgrund von vorschnellem Urteil oder übereilter Entscheidung in irgendeiner Sache durch irgendwelche Leute ergeben haben oder ergeben können, oder weil sie geurteilt haben, ehe sie beide Seiten in einer Frage gehört hatten. Ich warnte die Heiligen auch vor Menschen, die jammernd und murrend wegen ihres Geldes zu ihnen gerannt kommen, weil sie die Heiligen unterstützt und einige ihrer Lasten mit anderen getragen hatten und nun meinen, andere, die noch ärmer sind und noch größere Lasten getragen hatten als sie selbst, sollten ihnen jetzt ihren Verlust ersetzen. Ich empfahl den Heiligen, sich vor diesen Leuten zu hüten, denn sie werfen da und dort Andeutungen hin, um spitze Pfeile gegen die besten Interessen der Kirche zu richten und, wenn möglich, den Leumund ihrer Präsidentschaft zu zerstören. Ich gab auch einige Unterweisungen über die Geheimnisse des Gottesreiches, wie die Geschichte der Planeten, Abrahams Schriften über die Planetensysteme usw.[3]

„Wenn ein offizielles Mitglied, nachdem es hinreichend darüber belehrt worden ist, das Wort der Weisheit nicht befolgt – ist diese Übertretung Grund genug, daß das Mitglied kein Amt in der Kirche innehaben kann?" Nach einer uneingeschränkten und erschöpfenden Besprechung traf der Prophet Joseph Smith die folgende Entscheidung, die von dem Rat einstimmig angenommen wurde: „Kein offizielles Mitglied der Kirche ist würdig, ein Amt innezuhaben, nachdem es über das Wort der Weisheit ordnungsgemäß belehrt worden ist und es dann doch unterläßt, sich daran zu halten und es zu befolgen."

3 In der Welt von heute herrscht die Ansicht vor, alle alten Völker vor der Zeit des Kolumbus, Galilei und Kopernikus hätten die Erde für eine flache Scheibe und für den Mittelpunkt des Universums gehalten. Aus der heiligen Schrift, besonders dem Teil, der uns in dieser Evangeliumszeit zugekommen ist, wissen wir, daß die alten Völker, wenn sie vom Geist des Herrn geleitet wurden, den richtigen Begriff vom Universum hatten. Der Herr offenbarte Abraham bedeutende Erkenntnisse über die Himmelskörper, ihre Umdrehungen, Umlauf- und Jahreszeiten, und diese wurden vom Propheten Joseph Smith bekanntgegeben, noch ehe die modernen Astronomen mit diesen Tatsa-

Am Nachmittag sprach ich abermals über verschiedene Themen: das Prinzip der Weisheit und das Wort der Weisheit. (6. Mai 1838.) DHC 3:27.

Antwort des Propheten auf einige Fragen

Ich beantwortete die Fragen, die mir auf meiner vorletzten Reise von Kirtland nach Missouri mehrmals gestellt worden waren, folgendermaßen (abgedruckt in *Elders' Journal*, 1. Jg., Nr. 2, S. 28 u 29):

1. „Glauben Sie der Bibel?"

Wenn wir es tun, so sind wir das einzige Volk unter dem Himmel, das es tut; denn keine der heutigen Religionsgemeinschaften tut es.

2. „Worin unterscheiden Sie sich von anderen Religionsgemeinschaften?"

Indem wir der Bibel glauben, während alle anderen Religionsgemeinschaften sich zu ihrer eigenen Ausdeutung der Bibel und ihrer Konfession bekennen.

3. „Werden alle außer den Mormonen verdammt werden?"

Ja, und auch ein großer Teil von ihnen, wenn sie nicht umkehren und Rechtschaffenheit bewirken.

4. „Wie und wo haben Sie das Buch Mormon bekommen?"

Moroni, der die Platten, von denen das Buch Mormon übersetzt wurde, in einem Hügel in Manchester, Kreis Ontario im Staat New York hinterlegt hatte und der tot war und daraus wieder erweckt wurde, ist mir erschienen und hat mir gesagt, wo sie sind, und mir Anweisung gegeben, wie sie zu erlangen seien. Ich bekam sie und mit ihnen den Urim und Tummim, mittels dessen ich die Platten übersetzte; auf diese Weise kam das Buch Mormon hervor.

---

chen vertraut waren. Aus den Schriften Abrahams erfahren wir, daß die alten Ägypter das Wesen der Planeten kannten. Mose berichtete ebenfalls vieles über diese und andere Welten, aber wegen des Unglaubens und der Abkehr von der Wahrheit wurden die Beschreibungen aus seinen Schriften weggenommen. Im Buch Abraham finden wir das folgende:

„Aber der Herr Gott hatte die Aufzeichnungen der Väter, ja, der Patriarchen über das Anrecht auf das Priestertum in meinen eigenen Händen bewahrt; darum habe ich die Kenntnis vom Anfang der Schöpfung und auch von den Planeten und Sternen, wie sie den Vätern kundgetan wurde, bis zu diesem Tag bewahrt, und ich werde darangehen, einiges davon zum Nutzen meiner Nachkommenschaft, die nach mir kommen wird, in diesen Bericht aufzunehmen."

Aus dem Buch Mormon (Helaman 12:13–15) erfahren wir, daß die Nephiten das Wesen der Planeten gekannt haben. Erst mit dem Abfall vom Glauben und der Auflehnung gegen das, was von Gott ist, ist die wahre Kenntnis vom Universum unter den Menschen ebenso verlorengegangen wie die Kenntnis von anderen Wahrheiten.

5. „Glauben Sie, daß Sie, Joseph Smith jun., ein Prophet sind?"
Ja, und jeder andere Mann, der das Zeugnis Jesu hat, denn das Zeugnis Jesu ist der Geist prophetischer Rede. (Siehe Offenbarung 19:10.)

6. „Glauben die Mormonen, daß sie alles gemeinsam haben sollen?"
Nein.

7. „Glauben die Mormonen, daß sie mehr als eine Frau haben sollen?"
Nein, nicht zur gleichen Zeit. Aber sie glauben das Recht zu haben, wiederum zu heiraten, wenn ihre Gefährtin stirbt. Wir mißbilligen aber die Sitte, die sich in der Welt breitmacht und wodurch wir uns verletzt fühlen, daß jemand schon fünf oder sechs Wochen oder auch zwei oder drei Monate nach dem Tod seiner Gefährtin wieder heiratet. Wir meinen, daß man dem Andenken der Toten und den Gefühlen der Freunde wie auch der Kinder gebührende Achtung erweisen sollte.[4]

8. „Können sie (die Mormonen) Tote erwecken?"
Nein, und das können auch keine anderen Leute, die jetzt leben oder je gelebt haben. Aber Gott kann die Toten erwecken, und sich dabei des Menschen als Werkzeug bedienen.

9. „Was für Zeichen gibt Joseph Smith von seiner göttlichen Sendung?"
Die Zeichen, von denen es Gott gefällt, sie ihm zu geben, wie seine Weisheit es für am besten hält, damit er die Welt entsprechend seinem Plan richten kann.

10. „War Joseph Smith ein Schatzgräber?"
Ja, aber es war nie ein sehr einträgliches Geschäft für ihn, denn er bekam nur 14 Dollar im Monat dafür.

11. „Hat Joseph Smith seine Frau entführt?"
Fragen Sie sie, sie war volljährig, sie kann selber antworten.

12. „Müssen die Mormonen ihr Geld hergeben, wenn sie sich seiner Kirche anschließen?"
Es wird nichts anderes gefordert, als daß sie ihren Anteil an den Ausgaben der Kirche tragen und die Armen unterstützen.

13. „Sind die Mormonen für die Abschaffung (der Sklaverei)?"
Nein, außer man denkt beim Wort Abschaffung an die Befreiung der

---

4 Trotz dieser Äußerung über die gebührende Achtung vor den Toten wie auch für die Lebenden wich der Prophet von diesem Standpunkt ab, als er seinen Bruder Hyrum beriet. Hyrum Smiths Frau Jerusha war im Oktober 1837 gestorben und hatte einen Säugling und mehrere kleine Kinder zurückgelassen. Der Prophet sagte seinem Bruder Hyrum, es sei der Wille des Herrn, daß er unverzüglich wieder heiraten und eine junge Engländerin zur Frau nehmen sollte, Mary Fielding, die sich aufgrund der Predigten Elder Parley Pratts in Toronto, Kanada, der Kirche angeschlossen hatte. Hyrum nahm diesen Rat des Propheten an, und Mary Fielding wurde seine Frau und die Mutter des späteren Präsidenten Joseph F. Smith, der am 13. November 1838 geboren wurde.

Menschen aus der Gewalt der Priester und der Priester aus der Gewalt des Satans. Aber wir sind nicht dafür, die Neger freizusetzen.[5]

14. „Stacheln sie nicht die Indianer an, Krieg zu führen und Raubüberfälle zu begehen?"

Nein, wenn jemand so eine Geschichte erzählt, so weiß er, wenn er sie in Umlauf setzt, daß sie unwahr ist. Solche und ähnliche Meldungen werden den Leuten von den Priestern angedreht, und das ist auch der Grund, warum wir überhaupt darauf antworten.

15. „Vollziehen die Mormonen die Taufe im Namen von Joseph Smith?"

Nein, aber wenn sie es täten, dann wäre diese Taufe ebenso gültig wie die der Sektenpriester.

16. „Wenn die Lehre der Mormonen wahr ist – was ist dann aus all denen geworden, die seit den Tagen der Apostel gestorben sind?"

Alle, die nicht die Gelegenheit gehabt haben, während ihres irdischen Daseins das Evangelium zu vernehmen und dessen Verordnungen durch einen inspirierten Mann an sich vollziehen zu lassen, müssen diese Gelegenheit im Jenseits haben, ehe sie endgültig gerichtet werden können.

17. „Behauptet Joseph Smith, er sei Jesus Christus?"

Nein, sondern er behauptet, dessen Bruder zu sein, wie es alle anderen Heiligen getan haben und noch tun (Matthäus 12:49, 50): „Und er streckte die Hand über seine Jünger aus und sagte: Das hier sind meine Mutter und meine Brüder. Denn wer den Willen meines himmlischen Vaters erfüllt, der ist für mich Bruder und Schwester und Mutter."

18. „Gibt es irgend etwas in der Bibel, was Sie zu dem Glauben berechtigt, es gebe heutzutage Offenbarung?"

Gibt es denn etwas, was nicht rechtfertigt, daß wir es glauben? Wenn

---

5 Zu der Zeit, als diese Antwort gegeben wurde, war es allgemein Brauch, vor allem im Süden der Vereinigten Staaten, Sklaven zu besitzen, und damals gab es kein Gesetz, das diesen Brauch verboten hätte. Die Stellung der Kirche Jesu Christi der Heiligen der Letzten Tage in dieser Frage ist ganz klar in der „Grundsatzerklärung hinsichtlich Regierung und Gesetze im allgemeinen" enthalten, die in einer Generalversammlung der Kirche in Kirtland, Ohio, am 17. August 1835 einstimmig angenommen wurde. Dort heißt es: „Wir glauben, daß es recht ist, den Nationen der Erde das Evangelium zu predigen und die Rechtschaffenen zu warnen, damit sie sich aus der Verdorbenheit der Welt erretten können; aber wir glauben nicht, daß es recht ist, sich mit Leibeigenen abzugeben, ihnen das Evangelium zu predigen oder sie zu taufen, wenn dies dem Willen und Wunsch ihrer Herren widerspricht; wir halten es auch nicht für recht, uns mit ihnen einzulassen oder sie auch nur im geringsten dahingehend zu beeinflussen, daß sie mit ihrem Los im Leben unzufrieden sind; denn dadurch würde das Leben von Menschen gefährdet. Eine solche Einmischung halten wir für ungesetzlich und ungerecht und betrachten sie als Gefahr für den Frieden einer jeden Regierung, die zuläßt, daß menschliche Wesen in Knechtschaft gehalten werden." (Lehre und Bündnisse 134:12.)

ja, dann sind wir bisher noch nicht imstande gewesen, es zu finden.

19. „Ist nicht die Anzahl der Bücher in der heiligen Schrift schon vollständig?"

Wenn das so ist, dann gibt es in dem Buch einen großen Mangel, denn sonst wäre dort etwas darüber gesagt.

20. „Was sind die wesentlichen Grundsätze Ihrer Religion?"

Die wesentlichen Grundsätze unserer Religion sind das Zeugnis der Apostel und Propheten über Jesus Christus, daß er gestorben ist, begraben wurde und am dritten Tage wieder auferstanden und dann in den Himmel aufgefahren ist; und alles andere, was mit unserer Religion zu tun hat, ist nur eine Zugabe dazu. Aber in Verbindung damit glauben wir an die Gabe des Heiligen Geistes, die Kraft des Glaubens und daß man sich geistiger Gaben gemäß dem Willen Gottes erfreuen kann, ferner an die Wiederherstellung des Hauses Israel und den schließlichen Sieg der Wahrheit.

Ich habe die vorstehenden Antworten veröffentlicht, um mir die Mühe zu ersparen, das gleiche immer und immer wieder tausendmal wiederholen zu müssen. (8. Mai 1838.) DHC 3:28–30.

Der Prophet besucht Tower Hill oder Adam-ondi-Ahman

Samstag, den 19. – Heute morgen brachen wir unsere Zelte ab und formten eine Marschroute; wir überquerten den Grand River an der Einmündung des Honey Creek und bei Nelsons Fähre. Der Grand River ist ein großer, schöner, tiefer und schneller Fluß, wenn es im Frühjahr viel Wasser gibt, und läßt sich ohne Zweifel mit Dampfbooten und anderen Wasserfahrzeugen befahren. An der Einmündung des Honey Creek gibt es einen guten Anlegeplatz. Wir setzten unseren Marsch flußaufwärts fort, meistens durch bewaldetes Land, und nach etwa 18 Meilen kamen wir zum Haus des Obersten Lyman Wight. Er wohnt am Fuß des Tower Hill (ich gab ihm den Namen, weil dort Überreste eines alten nephitischen Altars oder Turms vorhanden sind), und wir schlugen da das Lager für den Sabbat auf.

Am Nachmittag ging ich etwa eine halbe Meile flußaufwärts bis zu Wights Fähre, begleitet von Präsident Rigdon und meinem Schreiber, George W. Robinson, um den Platz für eine Ortschaft in der Nähe der besagten Fähre im Kreis Daviess auszuwählen und abzustecken; die Brüder bezeichneten den Ort als Spring Hill, aber der Mund des Herrn nannte ihn Adam-ondi-Ahman, weil, wie er sagte, das der Ort ist, wohin Adam kommen wird, um sein Volk aufzusuchen, oder wo der Hochbetagte sitzen wird, wie davon beim Propheten Daniel die Rede ist. (19. Mai 1838.) DHC 3:34–35.

Brief des Propheten an die Kirche, geschrieben im Gefängnis von Liberty

16. Dezember 1838

An die Kirche Jesu Christi der Heiligen der Letzten Tage im Kreis Caldwell und die Heiligen, die anderswo verstreut leben, die verfolgt werden und ohne Trost bleiben, die auf mancherlei Weise um Christi und des Evangeliums willen von einem grausamen Pöbel und auch durch die Tyrannei der Behörden dieses Staates bedrängt werden und deren Gefährdung durch die Schlechtigkeit und Verderbtheit falscher Brüder so sehr vergrößert wird:

Möge Gnade, Barmherzigkeit und der Friede Gottes mit Euch sein und verbleiben; ungeachtet all Eurer Leiden versichern wir Euch, daß wir Tag und Nacht für Euer Wohlergehen beten und Euch innig das Beste wünschen. Wir glauben daran, daß Gott, der uns hier im Verborgenen sieht, unsere Gebete vernehmen und Euch offen vergelten wird.

Um des Zeugnisses Jesu willen gefangen

Seid versichert, liebe Brüder, daß wir um des Zeugnisses Jesu willen in Fesseln liegen und im Gefängnis sind. Aber wir sagen Euch, wir halten unsere Lage (trotz unserer Leiden) für besser als die derjenigen, die uns verfolgt und geschlagen und falsch gegen uns ausgesagt haben; und wir sind davon überzeugt, daß diejenigen, die falsch gegen uns aussagen, im Augenblick großartig über uns zu triumphieren scheinen. Aber wir möchten, daß Ihr an Haman und Mordechai denkt: Ihr wißt, daß Haman keine Ruhe hatte, solange er Mordechai am Tor des Königspalastes sitzen sah, und deshalb ihm und dem Volk der Juden nach dem Leben trachtete. Aber der Herr ordnete es so, daß Haman an seinem eigenen Galgen gehenkt wurde.

So wird es auch mit dem armen Haman in den Letzten Tagen sein, nämlich mit denen, die durch ihren Unglauben und ihre Schlechtigkeit und nach den Grundsätzen der Pöbelherrschaft danach getrachtet haben, uns und das Volk Gottes zu vernichten, indem sie uns ermorden und zerstreuen und uns vorsätzlich und heimtückisch Mördern in die Hände liefern, die uns umgebracht sehen wollen, in Ketten umhergeschleppt und ins Gefängnis geworfen. Und aus welchem Grund? Weil wir ehrliche Menschen sind, entschlossen, das Leben der Heiligen selbst unter Einsatz unseres eigenen Lebens zu verteidigen. Ich sage Euch, daß diejenigen, die uns so schändlich behandelt haben, wie Haman an ihren eigenen Galgen gehängt werden oder, mit anderen Worten, in ihre eigenen Schlingen und Fallen und Gräben und Gruben fallen werden, die sie für uns bereitet haben, und sie werden rückwärts gehen und stolpern und fallen, und ihr Name wird ausgelöscht werden, und Gott wird ihnen gemäß allen ihren Greueltaten vergelten.

Trotz Gefängnis nicht kleinmütig

Liebe Brüder, denkt nicht, daß wir etwa kleinmütig seien, wie wenn uns etwas Seltsames zugestoßen wäre; denn wir haben das alles vorhergesehen, und es ist uns zu einer Gewißheit geworden. Wir sind uns einer besseren Hoffnung gewiß, als unsere Verfolger sie haben. Deshalb hat Gott uns breite Schultern gegeben, damit wir es tragen können. Wir frohlocken in unserer Drangsal, weil wir wissen, daß Gott mit uns ist, daß er unser Freund ist und unsere Seelen erretten wird. Wir scheren uns nicht um die, die den Leib töten können; sie können unserer Seele keinen Schaden tun. Wir verlangen keine Bevorzugung von seiten des Pöbels, der Welt, des Teufels noch seiner Sendboten, der Dissidenten, noch derer, die Meineide lieben und schwören, um uns das Leben zu nehmen. Wir haben nie etwas verhehlt und werden das auch nicht tun, und wenn es uns das Leben kostet.

Insofern als wir ja wissen, daß wir uns mit aller Macht, ganzem Sinn und ganzer Kraft bemüht haben, den Willen Gottes und alles, was er uns geboten hat, zu tun, haben unsere zeitweiligen sorglosen Reden nichts mit den festen Grundsätzen unseres Herzens zu tun. Es genügt uns, zu sagen, daß unsere Seele von Tag zu Tag bedrückt war. Wir verweisen Euch auf Jesaja, der von denen spricht, die andere als Verbrecher verleumden und dem Richter, der am Tor sitzt, Fallen stellen. Wir glauben, daß der alte Prophet fürwahr die Wahrheit gesprochen hat, und brauchen nichts zurückzunehmen; wir haben als Richter am Tor gesessen, und man hat uns Fallen gestellt. Man hat uns als Verbrecher verleumdet. Und trotz alledem hat sich unser Sinn nicht verdüstert, sondern fühlt sich stark im Herrn. Aber siehe, der Erretter hat gesagt: „Wenn nun das Licht in dir Finsternis ist, wie groß muß dann die Finsternis sein!" Seht Euch die Dissidenten an! Und weiter: „Wenn ihr von der Welt stammen würdet, würde die Welt euch als ihr Eigentum lieben."

* * *

Selig, die verfolgt werden

Vielleicht werden unsere Brüder sagen, wir fühlten uns durch diese Kerle beleidigt, weil wir solchermaßen schreiben. Wenn es so ist, dann nicht um der Verleumdung willen und auch nicht, weil sie Richter gewesen wären – sondern weil sie das Werkzeug sind, um unschuldiges Blut zu vergießen. Sind sie dann nicht im Herzen Mörder? Ist nicht ihr Gewissen wie mit einem heißen Stahl ausgebrannt? Wir bekennen, daß wir beleidigt sind und uns ärgern; aber der Erretter hat gesagt, daß ja Ärgernis kommen muß, „doch wehe dem, der es verschuldet". Und weiter: „Selig seid ihr, wenn ihr um meinetwillen beschimpft und verfolgt und auf alle mögliche Weise verleumdet werdet. Freut euch und jubelt: Euer Lohn im Himmel wird groß sein. Denn so wurden schon vor euch die Propheten verfolgt."

Nun, liebe Brüder, wenn jemals jemand Grund gehabt hat, diese Verheißung für sich in Anspruch zu nehmen, so sind wir es. Denn wir wissen, daß die Welt uns nicht nur haßt, sondern sie verleumdet uns auf alle mögliche Weise, und das aus keinem anderen Grund, als daß wir uns bemühen, die Fülle des Evangeliums Jesu Christi zu verkündigen.

Nachdem (Oberstleutnant) Hinkle uns verschachert hatte und wir in das Lager der Miliz gebracht worden waren, hatten wir jeden Beweis, den man sich nur wünschen kann, daß die Welt uns haßt. Wenn unter ihnen Priester von allen verschiedenen Glaubensgemeinschaften waren, so haßten sie uns, und das von ganzem Herzen. Wenn Generale da waren, so haßten sie uns; wenn Oberste da waren, so haßten sie uns; und die Soldaten und Offiziere jeder Gattung haßten uns, und die gemeinsten Gotteslästerer und Trunkenbolde und Hurenjäger haßten uns – sie alle haßten uns von ganzem Herzen. Und warum haßten sie uns? Einfach wegen des Zeugnisses Jesu Christi. Hassen sie uns, weil wir Lügner sind? Wir wissen, daß es so dargestellt worden ist, aber das war eine unwahre Darstellung. War es, weil wir Verrat gegen die Regierung im Kreis Daviess begangen hätten, Einbruch oder Diebstahl oder Brandstiftung oder sonst irgendeine Straftat im Kreis Daviess? Wir wissen, daß gewisse Priester und gewisse Juristen und gewisse Richter uns das nachgesagt haben, und dabei sind sie selbst die Anstifter, Helfer und Helfershelfer einer gewissen Bande von Mördern und Räubern, die ein System der Pöbelherrschaft aufrechterhalten haben, um ihre Priestermacht gegen die Heiligen in den Letzten Tagen zu unterstützen. Einige Jahre lang haben sie mittels wohlerwogener und durchdachter Pläne versucht, mit brutaler Gewalt eine Religion zu unterdrücken, der die ganze Welt mit allen ihren gemeinsamen Fähigkeiten und mit ehrlichen Mitteln nicht imstande war zu widerstehen.

Von falschen Zeugen beschuldigt

Somit wurde das Gesindel von Priestern und Leviten, von Pharisäern und Sadduzäern, von Essenern und Herodianern und von der nichtswürdigsten, verworfensten, liederlichsten, zügellosesten, unmenschlichsten und vertiertesten Menschenbande, deren die Welt sich rühmen kann, aufgestachelt – und man kann fürwahr dazu kein Gegenstück finden –, sich zusammenzurotten, um die „Mormonen" zu bestehlen, zu plündern, auszuhungern und zu vertilgen und ihre Häuser niederzubrennen.

Das sind die Kerle, die durch ihre hochverräterischen und offenkundigen Taten den Kreis Daviess verheert und verwüstet haben. Das sind die Kerle, die die Welt gern glauben machen möchten, daß wir es sind, die der obengenannten Taten schuldig seien. Aber wenn sie uns so hinstellen, ist das eine Lüge. Wir waren auf Selbstverteidigung angewiesen, und wir glauben, daß keiner von uns etwas anderes getan hat, als auf gerechte, gesetzliche und rechtschaffene Weise an diesen Marodeuren Vergeltung zu üben.

Wir sagen Euch, daß wir keinen Verrat begangen haben, auch keine andere ungesetzliche Handlung im Kreis Daviess. War es wegen Mordes im Kreis Ray, bei der Auseinandersetzung mit der Pöbel-Miliz? Zuerst war sie wie ein Wolf, Haut und Haar, Zähne, Pfoten und Schwanz, der sich nachher den Schafspelz der Miliz anzog, mit Wolle darauf; ein Wolf, der unter Tags in die Herde einbrechen kann, knurren und die Zähne fletschen und die Schafe zerstreuen und fressen, sich an seiner Beute sättigen und dann ins Dickicht zurückschleichen, um sich im wohlerprobten Fell mit der Wolle darauf zu verbergen.

Uns ist allen bekannt, daß es eine gewisse Gruppe von Priestern und ihren Gefolgsleuten sowie Gesindel gibt, die die Welt gern glauben machen würden, daß wir der Taten dieses heulenden Wolfs schuldig seien, der unter den Schafen eine solche Verheerung angerichtet hat und der bei seinem Rückzug so verzweifelt geheult und geblökt hat, daß man, wenn man hätte dort sein können, hätte denken können, sämtliche Wölfe, sei es im Schafspelz oder im Bocksfell oder in irgendeiner anderen Haut, kurzum alle Tiere des Waldes seien aufgeschreckt worden und würden, weil sie unschuldiges Blut riechen, mit einstimmigem schrecklichen Geheul und Geschrei aller Art hervorstürzen. Eine solche Unmenschlichkeit, schonungslose Grausamkeit und Barbarei, wie sie gegen die Heiligen in Missouri zur Anwendung kam, ist in den Geschichtsbüchern nicht zu finden.

Diese Kerle möchten nun die Welt glauben machen, daß wir Mord begangen haben, indem wir diesen heulenden Wolf angegriffen hätten;

Tatsache ist aber, daß wir daheim und im Bett waren und geschlafen haben und von den ganzen Vorgängen nicht mehr gewußt haben, als wir wissen, was in China vorgeht, während wir uns hier hinter diesen Mauern befinden. Darum wiederholen wir, daß wir daran keine Schuld haben und daß man uns das fälschlich in die Schuhe schiebt.

War es vielleicht, weil wir Ehebruch begangen hätten? Uns ist bewußt, daß viel üble Nachrede herumgeht, denn das ist uns wiederholt zu Ohren gekommen. Auch das sind Lügen. Verräterische Mormonendissidenten laufen in der Welt umher und verbreiten schmutzige und verleumderische Geschichten über uns, denn sie meinen, sie könnten damit die Freundschaft der Welt gewinnen, weil sie wissen, daß wir nicht von der Welt sind und daß die Welt uns haßt. Darum benutzt man diese Kerle als Werkzeug, mit dessen Hilfe man versucht, uns möglichst viel Schaden zuzufügen; danach aber haßt man sie mehr als uns, weil man sie als gemeine Verräter und Kriecher kennengelernt hat.

Wir haben unser Leben geweiht

Gott haßt solche Kerle, und wir können sie nicht lieben. Die Welt haßt sie auch, und manchmal denken wir, der Teufel sollte sich ihrer schämen.

Wir haben gehört, daß man berichtet, einige von uns hätten gesagt, sie hätten dem Herrn nicht nur ihr Eigentum, sondern auch ihre Familien geweiht, und der Satan, der seinen Vorteil sucht, hat das in Ausschweifung umgedeutet – etwa gemeinschaftlichen Besitz der Frauen, was in den Augen Gottes ein Greuel ist.

Wenn wir dem Herrn unser Eigentum weihen, so deshalb, weil für die Bedürfnisse der Armen und Notleidenden gesorgt werden muß; denn das ist das Gesetz Gottes. Dies dient nicht dem Vorteil von Reichen, denen, die nicht in Not sind; und wenn ein Mann seine Frau und seine Kinder weiht, so heißt das nicht, daß er sie seinem Bruder oder Nachbarn gibt, denn ein solches Gesetz existiert nicht. Das Gesetz Gottes lautet vielmehr: Du sollst nicht die Ehe brechen. Du sollst nicht nach der Frau deines Nächsten verlangen. Wer eine Frau ansieht, daß es ihn nach ihr gelüstet, der hat in seinem Herzen schon mit ihr die Ehe gebrochen. Wenn jemand sein Eigentum, seine Frau und seine Kinder dem Herrn weiht, so ist das nicht mehr und nicht weniger, als die Hungrigen zu speisen, die Nackten zu kleiden, die Witwen und Vaterlosen sowie die Kranken und Bedrängten zu besuchen und alles zu tun, was einer tun kann, um ihnen in ihrer Bedrängnis beizustehen: er und sein Haus dienen dem Herrn. Um das aber tun zu können, müssen er und sein Haus tugendhaft sein und das Böse in jeder Gestalt meiden.

Wenn nun jemand irgend etwas anders dargestellt hat, als wir es jetzt geschrieben haben, so ist er ein Lügner und hat uns verleumdet -- und das ist ein weiteres Böses, das fälschlich gegen uns gesprochen wird.

Seit wir im Gefängnis sind, haben wir auch erfahren, daß viel Unwahres und Nachteiliges, das darauf berechnet war, die Heiligen irrezuführen und großen Schaden anzurichten, von Dr. Avard so verkündet wurde, als käme es von der Präsidentschaft, und wir haben Grund zu der Besorgnis, daß viele andere hinterhältige und gewissenlose Kerle wie er vieles verkündet haben, wovon die Präsidentschaft nicht gewußt hat, daß es in der Kirche gelehrt wurde, bis man uns ins Gefängnis gebracht hat. Wenn wir dies gewußt hätten, so hätten wir diese Lehren und Urheber von uns gestoßen wie die Pforten der Hölle. Wir sehen also, daß Täuschungen und geheime Greuel und böse Werke geschehen sind, wodurch die Schwachen und Unbedachten in Verwirrung und Unruhe gestürzt worden sind, und es wurde der Präsidentschaft angehängt, obwohl diese ebenso unschuldig an den Geschehnissen wie in Unkenntnis darüber war, was in der Kirche in ihrem Namen praktiziert wurde. Die Präsidentschaft hatte sich währenddessen um ihre eigenen Familienangelegenheiten gekümmert, sie war von Sorgen niedergedrückt, sie war verschuldet, verarmt, hatte Hunger, versuchte, jemanden zu finden, der ihr zu essen geben würde, und blieb doch auf sich selbst angewiesen. Gelegentlich empfing sie Werke der Nächstenliebe, das stimmt, aber doch ungenügend für ihren Unterhalt; und weil sie solche Werke empfing, wurde sie beneidet und gehaßt von denen, die vorgaben, ihre Freunde zu sein.

Aber trotz dieser unserer Worte ehren wir die Kirche, wenn wir von ihr als Kirche sprechen, wegen ihrer Freigebigkeit, Güte, Geduld und Langmut und ihrer fortgesetzten Wohltaten uns gegenüber.

Vorsätzliche Sünde ist unverzeihlich

Wenn wir vorsätzlich sündigen, nachdem wir die Erkenntnis von der Wahrheit empfangen haben, gibt es für diese Sünden kein Opfer mehr, sondern nur eine bestimmte furchtsame Erwartung des kommenden Gerichts und feurigen Unwillens, wodurch solche Widersacher verzehrt werden. Denn wer das mosaische Gesetz verwarf, mußte ohne Erbarmen auf die Aussage von zwei oder drei Zeugen hin sterben. Meint ihr nicht, daß eine noch viel härtere Strafe der verdient, der seinen Bruder verkauft und den neuen und immerwährenden Bund verleugnet hat, durch den er geheiligt wurde, und ihn unheilig nennt und dem Geist der Gnade zum Trotz handelt?

Und abermals sagen wir Euch, wenn es eine Kraft in uns gibt und uns das heilige Priestertum übertragen worden ist – und die Schlüssel des Reiches sind uns nicht weggenommen worden, denn wahrlich, so spricht der Herr: „Seid guten Mutes, denn die Schlüssel, die ich euch gegeben habe, sind noch bei euch" –, darum sagen wir Euch, liebe Brüder, im Namen Jesu Christi: Wir überlassen diese Kerle bis zum Tag der Erlösung den Schlägen des Satans, damit ihnen gemäß ihren Werken geschehe; und von nun an sollen ihre Werke offenkundig werden.

Ein Wort der Ermahnung

Und nun, teure und sehr geliebte Brüder – und wenn wir Brüder sagen, so meinen wir diejenigen, die in Christus treu geblieben sind, Männer, Frauen und Kinder –, wir glauben, Euch im Namen des Herrn Jesus ermahnen zu sollen, daß Ihr stark seid im Glauben in dem neuen und immerwährenden Bund und Euch in keinem Fall von Euren Gegnern einschüchtern laßt. Denn was uns geschehen ist, das wird für sie ein offensichtliches Zeichen dafür sein, daß sie verloren sind und wir errettet werden, ein Zeichen, das von Gott kommt. Darum haltet aus, selbst bis an den Tod; „denn wer sein Leben retten will, wird es verlieren; wer aber sein Leben um meinetwillen und um des Evangeliums willen verliert, wird es retten", sagt Jesus Christus.

Brüder, von nun an laßt Wahrheit und Rechtschaffenheit in Euch vorherrschen und reichlich vorhanden sein; seid in allem mäßig; haltet Euch fern vom Bösen in jeder Gestalt, von Trunkenheit und lästerlichen Reden und von allem, was unredlich und unheilig ist, auch von Feindseligkeit und Haß und Begehrlichkeit und jedem unheiligen Verlangen. Seid ehrlich zueinander, denn es scheint, als hätten einige dem nicht ganz entsprochen, und einige sind lieblos gewesen und haben sich infolge ihrer Verpflichtung denen gegenüber, die verfolgt und grundlos in Ketten umhergeschleppt und eingesperrt worden sind, als habgierig erwiesen. So jemanden haßt Gott – und sie werden ihr Teil von Sorge bekommen, wenn das große Rad sich dreht, denn es dreht sich und niemand kann es hindern. Zion wird doch leben, auch wenn es tot zu sein scheint.

Denkt daran: nach dem Maß, mit dem Ihr meßt und zuteilt, wird Euch zugeteilt werden. Wir sagen Euch, Brüder, ängstigt Euch nicht vor Euren Widersachern, streitet ernsthaft gegen das Gesindel und die ungesetzlichen Handlungen der Dissidenten und der Finsternis.

Und der Gott des Friedens wird mit Euch sein und Euch einen Weg bereiten, daß Ihr dem Widersacher Eurer Seele entrinnen mögt. Wir anempfehlen Euch Gott und dem Wort seiner Gnade, das uns unterweisen kann zur Errettung. Amen.

Joseph Smith jun.

DHC 3:226–233.

Brief des Propheten an die Kirche, geschrieben im Gefängnis zu Liberty, Kreis Clay in Missouri, den 25. März 1839

An die Kirche der Heiligen der Letzten Tage zu Quincy, Illinois, und auswärts verstreut, und an Bischof Partridge im besonderen:[6]

Euer demütiger Knecht Joseph Smith jun., Gefangener um des Herrn Jesus Christus und der Heiligen willen, ergriffen und festgehalten von der Macht der Pöbelherrschaft unter der ausrottenden Regierung Seiner Exzellenz, des Gouverneurs Lilburn W. Boggs, in Gesellschaft seiner Mitgefangenen und geliebten Brüder Caleb Baldwin, Lyman Wight, Hyrum Smith und Alexander McRae, sendet Euch allen Grüße. Möge die Gnade Gottes des Vaters und unseres Herrn und Erretters Jesus Christus auf Euch allen ruhen und für immer bei Euch verbleiben. Möge Euch durch die Gnade Gottes vermehrte Erkenntnis zukommen. Und mögen Glaube, Tugend und Erkenntnis, Selbstbeherrschung und Ausdauer, Frömmigkeit und brüderliches Wohlwollen und Nächstenliebe in Euch sein, im Überfluß, und mögt Ihr in nichts dürftig oder unfruchtbar sein.

---

6 Die folgende wichtige Mitteilung, vom Propheten geschrieben und von allen seinen Mitgefangenen unterzeichnet, gerichtet an die Kirche im allgemeinen und an Bischof Partridge im besonderen, wurde zwischen dem 20. und 25. März abgefaßt. In der Lebensgeschichte des Propheten, wie sie vor vielen Jahren laufend in Deseret News und Millenial Star veröffentlicht wurde, ist die Mitteilung etwa in der Hälfte geteilt, indem die paar Geschehnisse zwischen dem 20. und dem 25. März geschildert werden. Das erstere ist das Datum, an dem der Brief angefangen wurde, das letztere das Datum, an dem er beendet wurde. In der vorliegenden Version wurde es für wünschenswert gehalten, den Brief ohne diese Teilung wiederzugeben, und darum erscheint er unter dem Datum vom 25. März 1839, also dem Datum seiner Fertigstellung. Diejenigen Teile, die hier in eckige Klammern gesetzt sind, wurden als von solchem Wert erachtet, daß sie der Mitteilung entnommen und in das Buch ‚Lehre und Bündnis‘ aufgenommen worden sind, wo sie die Abschnitte 121, 122 und 123 bilden.

Die stärkende Liebe Gottes

Es ist uns bewußt, daß die meisten von Euch mit dem Unrecht und der willkürlichen Ungerechtigkeit und Grausamkeit, die an uns verübt wurden, wohl bekannt sind; denn man hat uns unter der falschen Anschuldigung von jeglicher Art Übeltat festgenommen, ins Gefängnis geworfen, mit starken Mauern umgeben, mit einer starken Wache umstellt, die Tag und Nacht ständig wacht, mit der gleichen Unermüdlichkeit, wie sie der Teufel zeigt, wenn er das Volk Gottes versucht und ihm Schlingen legt.

Darum, sehr geliebte Brüder, sind wir um so mehr bereit und willens, Eure Kameradschaft und Liebe in Anspruch zu nehmen. Denn unsere Lage bringt es mit sich, daß unser Geist sich in heiliger Weise an alles zu erinnern beginnt, und wir denken, daß es mit Euch auch so ist und daß uns deshalb nichts von der Liebe Gottes und von der Kameradschaft untereinander trennen kann und daß all die Schlechtigkeit und Grausamkeit, die man an uns verübt hat, unsere Herzen nur um so fester aneinander binden und sie in Liebe zusammensiegeln wird. Wir brauchen Euch nicht erst zu sagen, daß wir grundlos gefangengehalten werden, und es ist auch nicht not, daß Ihr uns sagt: Wir sind ohne Grund aus unseren Heimen vertrieben und geschlagen worden. Wir verstehen beiderseits, daß es bis zu diesem Tage in diesem Staat nur Frieden und Ruhe gegeben hätte, wenn die Bewohner des Staates Missouri die Heiligen in Ruhe gelassen und den Frieden ebensosehr gewünscht hätten wie diese. Wir würden uns nicht in dieser Hölle befinden, umgeben von bösen Geistern (wenn schon nicht von Verdammten, so von denen, die einmal verdammt sein werden) und wo wir gezwungen sind, nichts als lästerliche Flüche zu hören und Szenen von Gotteslästerung, Trunkenheit und Heuchelei und Verkommenheit jeder Art mitzuerleben.

Die Verfolgung der Heiligen

Und die Schreie der Waisen und Witwen würden nicht zu Gott aufgestiegen sein wider sie. Kein unschuldiges Blut hätte den Boden Missouris gefärbt. Aber oh, die unerbittliche Hand! Die Unmenschlichkeit und mörderische Einstellung dieser Leute! Das erfüllt alle Natur mit Entsetzen, es spottet jeder Beschreibung; es ist eine Geschichte des Leides, eine erbärmliche Geschichte, eine traurige Geschichte; man kann gar nicht alles erzählen, alles beschauen – es ist zuviel für ein menschliches Wesen, nicht einmal unter Heiden wird man so etwas finden, auch nicht bei den Nationen, wo Könige und Tyrannen thronen, auch nicht bei den Wilden; ja ich denke, nicht einmal bei den wilden, blutdürstigen Tieren des Waldes wird man es finden können – daß ein Mann zum Zeitvertreib verstümmelt wird, Frauen all dessen beraubt werden, was sie haben, des letzten Bissens ihres Lebensunterhalts, und dann geschändet, um die höllischen Gelüste des Gesindels zu befriedigen, und schließlich liegengelassen, um zu sterben, ihre hilflosen Kinder an ihren Hals geklammert.

Aber das ist nicht alles. Wenn der Mann schon tot ist, muß er noch aus seinem Grab geholt und in Stücke gerissen werden, und das zu keinem anderen Zweck, als um ihrer Verärgerung über die Kirche Gottes Luft zu machen.

Sie verüben das an den Heiligen, die ihnen kein Unrecht zugefügt haben, die unschuldig und tugendhaft sind, die den Herrn, ihren Gott, lieben und willens sind, um Christi willen alles aufzugeben. Es ist furchtbar, dies zu berichten, aber es ist wirklich wahr. Es muß ja Ärgernis kommen; doch weh dem Menschen, durch welchen Ärgernis kommt!

Ein rechtschaffener Schrei zum Himmel

[O Gott, wo bist du? Und wo ist das Gezelt, das deine Verborgenheit bedeckt? Wie lange noch wird deine Hand sich zurückhalten und dein Auge, ja, dein reines Auge vom ewigen Himmel her das Unrecht erblicken, das deinem Volk und deinen Knechten widerfährt, und dein Ohr von ihrem Schreien durchdrungen werden? Ja, o Herr, wie lange noch sollen sie dieses Unrecht und diese gesetzwidrige Unterdrückung leiden, ehe dein Herz sich erweichen und dein Inneres von Mitleid mit ihnen bewegt sein wird?

O Herr, allmächtiger Gott, der du den Himmel, die Erde und die Meere und alles, was darinnen ist, gemacht hast, der du den Teufel im Zaum hältst und unterwirfst, ihn und die finstere, in Nacht gehüllte Herrschaft von Scheol! Strecke deine Hand aus, laß dein Auge durchdringen, laß dein Gezelt sich erheben, laß deine Verborgenheit nicht länger bedeckt sein, laß dein Ohr sich neigen, laß dein Herz sich erweichen und dein Inneres von Mitleid mit uns bewegt sein! Laß deinen Zorn sich gegen unsere Feinde entzünden, und im Ungestüm deines Herzens räche das uns angetane Unrecht mit deinem Schwert! Gedenke deiner Heiligen, die leiden, o unser Gott; dann werden deine Knechte immerdar an deinem Namen Freude haben!]

Greuliche Zeiten

Teure und geliebte Brüder, wir sehen, daß greuliche Zeiten gekommen sind, wie es bezeugt worden ist. Wir können also mit vollkommener Zuversicht nach der Erfüllung all dessen ausschauen, was geschrieben steht, und mit mehr Vertrauen als je zuvor unsere Augen zum Tagesgestirn erheben und in unserem Herzen sagen: Bald wirst du in Schamesröte dein Gesicht verhüllen. Er, der gesagt hat: Es werde Licht!, und es wurde Licht, hat dieses Wort geredet. Und dann: Du Mond, du schwächeres Licht, du Nachtgestirn, sollst dich in Blut verwandeln.

Wir sehen, daß alles in Erfüllung geht und die Zeit bald kommt, da des Menschen Sohn in den Wolken des Himmels herniederfahren wird. Unser Herz entsetzt sich nicht, und auch unser Geist ist nicht gänzlich gebrochen durch das schwere Joch, das uns aufgelegt ist. Wir wissen, Gott wird unserer Unterdrücker spotten, lachen wird er ihres Elends und höhnen, wenn die Furcht sich ihnen naht.

O daß wir bei Euch sein könnten, Brüder, und Euch unsere Gefühle anvertrauen! Wir würden Euch berichten, daß wir zur gleichen Zeit wie Elder Ridgon hätten freikommen können, und zwar auf Grund eines Haftprüfungsbefehls, wenn nicht unsere eigenen Anwälte das Gesetz im Widerspruch zu seinen Bestimmungen gegen uns ausgelegt hätten; dadurch waren wir verhindert, unser Beweismaterial diesem Pseudogericht vorzulegen.

Sie haben uns von Anfang an viel geschadet. Sie haben in letzter Zeit zugegeben, daß das Gesetz falsch ausgelegt worden ist, und haben uns damit auf die Folter gespannt. Sie haben uns ganz im Stich gelassen und ihren Eid und ihre Pflicht verwirkt; wir haben einen Grund zur Beschwerde gegen sie, denn sie sind Handlanger des Gesindels.

Ein Wandel in der öffentlichen Meinung

Soweit wir das erfahren können, hat sich die öffentliche Stimmung seit längerer Zeit zu unseren Gunsten gewandelt, und die Mehrheit ist jetzt freundlich gesinnt; die Juristen können uns nicht mehr damit einschüchtern, daß sie sagen, dies oder jenes sei eine Sache der öffentlichen Meinung, denn ebendiese öffentliche Meinung ist nicht willens, das zu dulden, sie beginnt vielmehr, mit Unwillen auf unsere Unterdrücker zu blicken und zu sagen, die „Mormonen" seien nicht im mindesten schuldig. Wir meinen, Wahrheit, Ehre, Tugend und Unschuld werden schließlich siegreich hervorgehen. Wir hätten dem hohen Richter einen Haftprüfungsantrag vorlegen und uns dem Gesindel auf kurzem Weg entziehen sollen. Aber leider war das Holz der Wände sehr hart, die Griffe unserer Bohrer gaben nach, und wir kamen nicht so schnell voran, wie wir erwartet hatten. Wir wandten uns an einen Freund, und eine nur geringfügige unvorsichtige Handlung ließ einigen Verdacht aufkommen, und noch bevor wir Erfolg hatten, wurde unser Plan entdeckt. Alles war schon bereit, ausgenommen der letzte Stein, und wir hätten in

Minutenschnelle ausbrechen können; wir hätten herrlichen Erfolg gehabt, wenn nicht unser Freund ein wenig unbedacht oder überängstlich gewesen wäre.

Der Sheriff und Gefängnisaufseher lastete uns den Versuch nicht an; es war ein schönes Loch in der Mauer und wird der Kreisverwaltung ein hübsches Sümmchen gekostet haben, aber die öffentliche Meinung besagt, daß man uns hätte gestatten sollen auszubrechen, dann käme der Tadel uns zu, so aber müsse er den Staat treffen; man könne auch nicht eine Anschuldigung gegen uns aufrechterhalten; das Verhalten des Pöbels, die in Hauns Mill begangenen Morde, der Ausrottungsbefehl des Gouverneurs und das einseitige, schurkische Verfahren der Gesetzgebung sprechen den Staat Missouri in alle Ewigkeit schuldig. Ich möchte auch erwähnen, daß General Atchison sich als genauso verachtenswert erwiesen hat wie alle anderen.

Wir haben lange versucht, unsere Anwälte dahin zu bringen, daß sie uns eine Petition an den Obersten Richter dieses Staates aufsetzen, aber sie haben sich strikt geweigert. Wir haben im Gesetz nachgesehen und selbst die Gesuche aufgesetzt; wir haben überreichliche Beweise zusammengetragen, um alle Aussagen gegen uns zu widerlegen, so daß der Oberste Richter, wenn er uns die Freiheit nicht gewährt, ohne Klagegrund vorgehen wird müssen – gegen Ehre, Beweise, Gesetz und Gerechtigkeit –, bloß um dem Teufel einen Gefallen zu tun. Aber wir erhoffen etwas Besseres und vertrauen darauf, daß Gott in wenigen Tagen unseren Fall so ordnen wird, daß wir freikommen und wieder unseren Aufenthalt bei den Heiligen nehmen können.

Das Mitgefühl der Freunde

Gestern abend erhielten wir einige Briefe – einen von Emma, einen von Don C. Smith und einen von Bischof Partridge –, und alle strömen Freundlichkeit und Trost aus. Wir haben uns über den Inhalt sehr gefreut. Wir waren lange Zeit ohne Nachricht geblieben, und als wir diese Briefe lasen, waren sie für unsere Seele so erfrischend wie eine sanfte Brise, aber unsere Freude war mit Kummer gemischt, weil die armen, so sehr geschädigten Heiligen leiden müssen. Und wir brauchen Euch nicht zu sagen, daß die Schleusen unseres Herzens sich öffneten und unsere Augen Quellen der Tränen waren, aber jemand, der nicht ohne Grund und Anlaß in den Mauern eines Gefängnisses eingeschlossen gewesen ist, kann gar nicht recht ermessen, wie lieblich die Stimme eines Freundes ist; ein Zeichen der Freundschaft, woher auch immer es kommen möge, erweckt jedes Gefühl der Teilnahme, in einem Augenblick bringt es alles Vergangene wieder hervor, erfaßt das Gegenwärtige mit Blitzesschnelle und packt die Zukunft mit der Wildheit des Tigers, es bewegt den Sinn rückwärts und vorwärts, vom einen zum anderen, bis schließlich alle Feindseligkeit, alle Bosheit und aller Haß und die vergangenen Meinungsverschiedenheiten, Mißverständnisse und Fehlmaßnahmen tot und besiegt zu Füßen der Hoffnung liegen. Und wenn das Herz genügend zerknirscht ist, dann kommt verstohlen die Stimme der Inspiration und flüstert:

Der Wert der Drangsal

[Mein Sohn, Frieden deiner Seele! Dein Ungemach und deine Bedrängnisse sollen nur einen kleinen Augenblick dauern, und dann, wenn du sie gut bestehst, wird Gott dich hoch erhöhen; du wirst über alle deine Feinde triumphieren. Deine Freunde stehen doch zu dir, und sie werden dich wieder willkommen heißen, mit warmem Herzen und freundlicher Hand. Noch bist du nicht wie Ijob, deine Freunde streiten nicht gegen dich und beschuldigen dich nicht der Übertretung, wie sie es mit Ijob getan haben. Und die dich der Übertretung beschuldigen, deren Hoffnung wird zunichte werden, und ihre Erwartungen werden dahinschwinden, wie der Rauhreif vor den sengenden Strahlen der aufgehenden Sonne schmilzt; und auch, daß Gott Brief und Siegel gesetzt hat, die Zeiten und den Jahrlauf zu ändern und ihnen den Verstand zu blenden, so daß sie seine wunderbaren Werke nicht verstehen, so daß er sie auch prüfen und in ihrer Schlauheit fassen kann; und weil ihr Herz verderbt ist, mag das, was sie über andere bringen und andere gern erleiden lassen wollen, bis zum letzten über sie selbst kommen; daß auch sie enttäuscht werden mögen und ihre Hoffnungen abgeschnitten und daß sie und ihre Nachkommen in wenigen Jahren von unter dem Himmel hinweggefegt werden, spricht Gott, so daß auch nicht einer übrigbleibt, an der Mauer zu stehen. Verflucht sind alle, die die Ferse gegen meine Gesalbten heben, spricht der Herr, und schreien, sie hätten gesündigt, wenn sie vor mir doch nicht gesündigt haben, spricht der Herr, sondern das getan haben, was in meinen Augen recht war und was ich ihnen geboten hatte. Aber diejenigen, die Übertretung schreien, tun es, weil sie selbst Knechte der Sünde und Kinder des Ungehorsams sind. Und diejenigen, die gegen meine Knechte einen Meineid schwören, um sie in Gefangenschaft und zum Tode zu bringen – weh ihnen! Weil sie meine Kleinen geärgert haben, werden sie von den Verordnungen meines Hauses abgeschnitten werden. Ihr Korb wird nicht voll sein, und ihre Häuser und Scheunen werden verfallen, und sie selbst werden von denen verachtet werden, die ihnen geschmeichelt haben. Sie sollen kein Anrecht auf das Priestertum haben, auch nicht ihre Nachkommenschaft nach ihnen, von Generation zu Generation. Es wäre besser für sie gewesen, man hätte ihnen einen Mühlstein um den Hals gehängt, und sie wären in der Tiefe des Meeres ertrunken.

Weh all denen, die mein Volk quälen und es verjagen und ermorden und gegen es aussagen, spricht der Herr der Heerscharen; die Schlangenbrut wird der Verdammnis der Hölle nicht entgehen. Siehe, meine Augen sehen und kennen alle ihre Werke, und ich habe für sie alle ein rasches Strafgericht bereit, wenn es an der Zeit ist; denn für einen jeden Menschen ist eine Zeit bestimmt, je nachdem, wie seine Werke sein werden.]

Ein geprüftes Volk

Und nun, geliebte Brüder, sagen wir Euch: Gott hat ja gesagt, er wolle ein geprüftes Volk haben, er wolle es läutern wie Gold, und wir denken, daß er zu dieser Zeit selber den Schmelztiegel ausgewählt hat, worin wir geprüft worden sind; wir denken auch, wenn wir mit einiger Sicherheit durchkommen und den Glauben gehalten haben, wird es für diese Generation ein Zeichen sein, ganz und gar ausreichend, so daß sie keine Entschuldigung haben; wir denken auch, es wird dies eine Prüfung unseres Glaubens sein wie bei Abraham, und die Alten werden nichts haben, um am Tag des Gerichts vor uns großzutun, daß sie etwa durch schwerere Bedrängnisse hätten gehen müssen; wir halten ihnen darin wohl das Gleichgewicht; aber jetzt, nachdem wir ein solch großes Opfer erlitten haben und durch eine so große Zeit der Trauer gegangen sind, vertrauen wir darauf, daß sich alsbald ein Widder im Gestrüpp verfängt, um die Söhne und Töchter Abrahams aus ihrer Not zu befreien und ihnen die Lampe der Errettung anzuzünden, damit sie jetzt aushalten, nachdem sie schon ein so großes Stück Weg zum immerwährenden Leben hinter sich gebracht haben.

Eine Niederlassung für die Heiligen

Nun, Brüder, was die Orte für die Niederlassung der Heiligen betrifft, können wir Euch nicht so beraten, wie es möglich wäre, wenn wir bei Euch sein könnten, und was das betrifft, was zuvor geschrieben worden ist, so halten wir es nicht für besonders bindend. Darum sagen wir jetzt ein für allemal, daß wir es für durchaus richtig halten, wenn die allgemeinen Angelegenheiten der Kirche, die behandelt werden müssen, solange Euer demütiger Knecht noch im Gefängnis ist, von einer allgemeinen Konferenz der treuesten und geachtetsten Autoritäten der Kirche erledigt werden; man soll ein Protokoll darüber führen und von Zeit zu Zeit an Euren demütigen Knecht weiterleiten, und wenn es irgendwelche Richtigstellungen durch das Wort des Herrn geben sollte, so werden diese ohne weiteres übermittelt werden, und Euer demütiger Knecht wird alles genehmigen, was Gott angenehm ist. Wenn irgend etwas von uns vorgeschlagen oder irgendwelche Namen genannt worden sind, außer als Gebot oder „so spricht der Herr", halten wir es nicht für bindend. Darum wird unser Herz nicht bekümmert sein, wenn andere Maßnahmen getroffen werden sollten. Dennoch möchten wir zu bedenken geben, wie wichtig es ist, sich des Ehrgeizes bewußt zu sein, denn dieser Ehrgeiz hat oftmals Männer dazu bewogen, böse Reden zu halten und die Kirche dahingehend zu beeinflussen, daß sie mildere Ratschläge verwerfen soll, und dies hat schließlich dazu geführt, daß viel Tod und Leid über die Kirche gekommen ist.

Hütet Euch vor Stolz!

Wir möchten sagen, hütet Euch auch vor dem Stolz, denn der weise Mann hat voll Wahrheit und ganz zutreffend gesagt: Hoffart kommt vor dem Sturz, und Hochmut kommt vor dem Fall. Andererseits ist der äußere Anschein nicht immer ein Maßstab, um unsere Mitmenschen zu beurteilen; aber die Lippen verraten die hochmütigen und anmaßenden Einbildungen des Herzens; nach seinen Worten und Taten sei er gerichtet. Schmeichelei ist auch ein tödliches Gift. Eine freie und offene Zurechtweisung spornt einen guten Menschen zum Eifer an, und in der Stunde der Not wird er der beste Freund sein; aber andererseits bringt sie aus einem verderbten Herzen die ganze Verderbtheit hervor, und Lügen und das Gift der Natter sind unter ihren Zungen; sie sind der Anlaß, daß die, die im Herzen rein sind, ins Gefängnis geworfen werden, denn sie wollen sie aus dem Weg haben.

Vor einer phantasievollen, blumigen und erhitzten Einbildungskraft hütet Euch; denn das, was von Gott ist, hat tiefe Bedeutung, und nur Zeit, Erfahrung und sorgfältiges, gewichtiges und ernstes Nachdenken vermögen es zu ergründen. O Mensch, wenn du eine Seele zur Errettung führen willst, so muß dein Geist sich hoch hinauf bis an den Rand des Himmels strecken und den finsteren Abgrund erforschen und betrachten, ebenso die ganze Weite der Ewigkeit – du mußt mit Gott in Verbindung sein. Wieviel würdevoller und edler sind doch die Gottesgedanken als die eitlen Einbildungen des menschlichen Herzens! Nur ein Narr kann mit Menschenseelen leichtfertig umgehen.

Wie eitel und oberflächlich ist doch unser Geist gewesen, sind doch unsere Konferenzen, Ratssitzungen und Versammlungen, unsere privaten und auch öffentlichen Gespräche gewesen – viel zu minderwertig, viel zu schäbig, viel zu gewöhnlich, viel zu erniedrigend für die würdevollen Männer, die von Gott berufen und erwählt sind, wie es der Absicht seines Willens von vor der Grundlegung der Welt an entspricht! Wir sind berufen, die Schlüssel zu den Geheimnissen dessen innezuhaben, was von vor der Grundlegung der Welt an bis heute verborgengehalten worden ist. Einige haben ein wenig davon gekostet, und vieles davon soll vom Himmel herab ausgegossen werden auf die kleinen Kinder, ja, auf die Schwachen, Unbedeutenden und Verachteten der Erde. Darum flehen wir Euch an, Brüder, vertragt Euch mit denen, die sich selbst auch nicht für würdiger halten als Ihr Euch, und wir ermahnen einander alle insgesamt zur Besserung, alt und jung, Lehrer und Belehrte, hoch und niedrig, reich und arm, geknechtet und frei, männlich und weiblich; laßt Ehrlichkeit und Ernsthaftigkeit, Offenheit und Feierlichkeit, Tugend und Reinheit, Sanftmut und Einfachheit allerorts Euer Haupt krönen, und schließlich: werdet wie die Kinder, ohne Bosheit, Arglist und Heuchelei.

Offenbarung ewiger Wahrheit

Und nun, Brüder, nach all Eurer Drangsal – wenn ihr das tut und vor den Augen Gottes allezeit inbrünstig betet und Glauben übt, [dann wird er Euch durch seinen Heiligen Geist, ja, durch die unaussprechliche Gabe des Heiligen Geistes, Erkenntnis geben, die von Anfang der Welt bis heute nicht offenbart worden ist, wovon unsere Vorväter begierig und voll Erwartung gehofft haben, sie würde in den letzten Zeiten offenbart werden, und auf die ihnen die Engel den Sinn gelenkt haben, da sie für die Fülle ihrer Herrlichkeit zurückbehalten worden war – für eine kommende Zeit, da nichts vorenthalten werden würde, sei es, daß es einen Gott gebe oder viele Götter –, sie werden kundgetan werden. Alle Throne und Herrschaften, Mächte und Gewalten werden offenbart und denen anheimgegeben werden, die um des Evangeliums Jesu Christi willen tapfer ausgeharrt haben. Und auch, welcherlei Bereich den Himmeln oder den Meeren oder dem trockenen Land oder der Sonne, dem Mond oder den Sternen gesetzt ist, alle ihre Umlaufzeiten, alle bestimmten Tage, Monate und Jahre und alle Tage ihrer Tage, Monate und Jahre sowie alle ihre Herrlichkeiten, Gesetze und festgesetzten Zeiten – das wird in den Tagen der Ausschüttung in der Zeiten Fülle offenbart werden gemäß dem, was im Rat des ewigen Gottes – des Gottes aller anderen Götter – verordnet wurde, ehe diese Welt war, daß es bis zu ihrer Vollendung und zu ihrem Ende zurückkehren werde, wenn dann jeder Mensch in seine ewige Gegenwart und in seine unsterbliche Ruhe eingehen wird.]

Unwissenheit behindert die Kirche

Aber ich bitte Euch sagen zu dürfen, Brüder, daß Unwissenheit, Aberglaube und Frömmelei, die sich dort einstellt, wo sie es nicht soll, dem Gedeihen dieser Kirche oftmals im Wege stehen – wie ein schwerer Regenguß vom Berg herab, der den reinsten und kristallklarsten Wasserlauf mit Schlamm und Schmutz und Unrat überflutet und alles trübt, was vorher klar war, und wo alles in einer allgemeinen Überschwemmung dahinbraust; aber die Zeit widersteht den Gezeiten, und wenn wir auch in der jetzigen Zeit im Schlamm der Flut herumgewälzt werden, die nächste Welle schon, wenn die Zeit weitereilt, trägt uns vielleicht zu der Quelle, klar wie Kristall und rein wie der Schnee, während Unrat, Treibholz und wertloses Zeug unterwegs zurückbleiben und ausgestoßen werden.

Die Hand des Herrn läßt sich nicht zurückhalten

[Wie lange kann denn ein fließendes Wasser unrein bleiben? Was für eine Macht soll den Himmeln Halt gebieten? Ebensogut könnte ein Mensch seinen schwachen Arm ausstrecken, um den Missouri in seinem vorgezeichneten Lauf anzuhalten oder ihn stromauf zu wenden, wie den Allmächtigen daran hindern, vom Himmel herab über die Heiligen der Letzten Tage Erkenntnis auszugießen.]

Was sind denn Boggs und seine Mördergesellschaft anderes als weiche Weiden am Ufer, an denen sich das Treibholz verfängt? Wir könnten ebenso behaupten, Wasser sei nicht Wasser, weil die Gebirgsbäche Schlamm mitreißen und den kristallenen Fluß trüben, wenngleich sie ihn nachher reiner machen als zuvor, oder Feuer sei nicht Feuer, weil es sich löschen läßt, indem man Wasser darauf schüttet, wie sagen, unsere Sache sei am Boden, weil Abtrünnige, Lügner, Priester, Diebe und Mörder, die alle gleichermaßen zäh an ihrem krummen Weg und Kredo festhalten, von ihrer geistigen Schlechtigkeit an hohen Stellen und ihren Teufelsfestungen herab eine Flut von Schmutz und Schlamm und Unrat und Gespienem über uns ausgegossen haben.

Nein! Da sei Gott davor! Die Hölle mag ihre Wut ausspeien wie der Vesuv oder der Ätna oder der schrecklichste aller Feuerberge seine flammende Lava, und doch wird der „Mormonismus" fest stehen. Wasser, Feuer, Wahrheit und Gott, das alles ist Wirklichkeit. Wahrheit ist „Mormonismus". Gott ist der Urheber davon. Er ist unser Schild. Durch ihn ist es zu unserer Geburt gekommen. Durch seine Stimme sind wir zur Ausschüttung seines Evangeliums am Beginn der Fülle der Zeiten gerufen worden. Durch ihn haben wir das Buch Mormon erhalten, und durch ihn sind wir bis heute bewahrt geblieben, und durch ihn werden wir bewahrt bleiben, wenn es um unserer Herrlichkeit willen sein wird; und in seinem allmächtigen Namen sind wir entschlossen, die Drangsal wie gute Soldaten bis ans Ende zu ertragen.

Aber, Brüder, wir werden mit unseren Überlegungen im nächsten Brief fortfahren. Ihr werdet, nachdem Ihr dies gelesen habt, herausfinden – und wenn Ihr es nicht herausfindet, so habt Ihr doch die Gelegenheit dazu –, daß Mauern und Eisen, Türen und ihre kreischenden Angeln und halb zu Tode erschreckte Wachen und Gefangenenaufseher, die wie verdammte Geister grinsen, damit nicht ein unschuldiger Mann entweiche und die verdammungswürdigen Taten eines blutdürstigen Gesindels ans Licht bringe, durch ihr eigentliches Wesen bewirken, daß ein ehrlicher Mensch sich stärker fühlt als die Mächte der Hölle.

Aber wir müssen unseren Brief zum Abschluß bringen. Wir senden unsere ergebensten Grüße an die Väter, Mütter, Frauen und Kinder, an Brüder und Schwestern; wir halten sie in heiligster Erinnerung.

Wir möchten uns nach Elder Rigdon erkundigen; falls er uns nicht vergessen hat, so ist dies jedenfalls für uns aus seinem Schreiben nicht ersichtlich. Bruder George W. Robinson ebenfalls; und was Elder Cahoon betrifft, so erinnern wir uns an ihn, möchten aber doch seinem Gedächtnis ein wenig nachhelfen mit der Fabel von dem Bären und den beiden Freunden, die vereinbart hatten, einander beizustehen. Und vielleicht wäre es auch nicht verkehrt, Onkel John und etliche andere zu erwähnen. Ein Wort des Trostes und der Segnung käme von niemandem ungelegen, solange uns der Bär so nahe ist und uns zuflüstert. Aber wir möchten jeden und alles entschuldigen, ja, um so mehr, wenn wir bedenken, daß wir in den Händen von Leuten sind, die schlimmer sind als ein Bär, denn ein Bär macht sich nicht über einen Kadaver her.

Allen tugendhaften Heiligen unsere Achtung und Liebe und Gemeinschaft! Wir sind Eure Brüder und Mitdulder, Gefangene Jesu Christi um des Evangeliums willen und um der Hoffnung auf Herrlichkeit willen, die in uns ist. Amen.

Weitere Überlegungen

Wir fahren damit fort, dem Bischof Partridge und der Kirche Jesu Christi der Heiligen der Letzten Tage weitere Überlegungen mitzuteilen; denn wir lieben sie inbrünstig und vergessen sie in all unseren Gebeten, die wir zum Thron Gottes emporschicken, zu keiner Zeit.

Etwas scheint uns noch immer schwer zu bedrücken, nämlich: Die Kirche täte gut daran, sich den Vertrag für den Landkauf zu sichern, den ihr Mr. Isaac Galland vorgeschlagen hat, und die freundschaftlichen Gefühle dieses Herrn zu pflegen, denn er wird sich als Ehrenmann und Menschenfreund erweisen, ebenso der wohlgeborene Isaac Van Allen, der oberste Justizbeamte des Territoriums Iowa, und Gouverneur Lucas, damit vielleicht die Vorsehung Gottes auf solche guten Männer einwirkt, daß sie seinem Volk Gutes tun. Wir sind wirklich der Meinung, daß Mr. Gallands Brief einen solchen Geist ausströmt, wenn wir das richtig beurteilen. Wir schlagen vor, inständig für alle Männer zu beten, die irgendwie Sympathie für die leidenden Kinder Gottes erkennen lassen.

Wir glauben, daß der Bevollmächtigte der Vereinigten Staaten für das Territorium Iowa ein großer Segen für die Kirche sein kann, wenn das der Wille und die Absicht Gottes ist; und Rechtschaffenheit soll der Gürtel um unsere Lenden sein.

Vorkehrung gegen den Grimm Gottes

Etwas, was uns sehr am Herzen liegt, ist, daß die Heiligen sich eine jede Tür zunutze machen sollen, die sich ihnen öffnet, daß sie auf der Erde festen Fuß fassen und jegliche in ihrer Macht stehende Vorkehrung für die schweren Stürme treffen sollen, die sich jetzt im Himmel zusammenziehen, „ein Tag der Wolken, ein Tag des Dunkels und der Finsternis und der schwarzen Nacht", wie es die Propheten genannt haben, und er kann jetzt nicht mehr lange ausbleiben, denn es scheint da ein Gewisper zu sein, daß die Engel, denen die Pläne für diese Angelegenheiten in den Letzten Tagen anvertraut worden sind, sich gemeinsam beraten, und unter den übrigen allgemeinen Punkten, die in ihrem ehrenwerten Rat verhandelt werden müssen, haben sie das Zeugnis derer zur Kenntnis genommen, die bei Hauns Mill ermordet worden sind, ebenso derer, die zusammen mit David W. Patten und anderswo den Märtyrertod erlitten haben, und haben möglicherweise einige Entscheidungen getroffen zugunsten der Heiligen und derer, die unverschuldet leiden müssen.

Diese Entscheidungen werden zur gegebenen Zeit bekanntgemacht werden; der Rat wird allem, was Ärgernis gibt, Rechnung tragen.

Wir haben den brennenden Wunsch, alles möge auf Euren allgemeinen Konferenzen mit viel Sorgfalt und Angemessenheit besprochen werden, damit Ihr nicht den Heiligen Geist betrübt, der zu allen Zeiten über Euch ausgegossen werden wird, wenn Ihr Euch mit den Prinzipien der Rechtschaffenheit beschäftigt, die dem Sinn Gottes entsprechen, und aneinander rechten Gefallen habt und auf alle Fälle derer gedenkt, die in Knechtschaft und Bedrückung leben und um Euretwillen in tiefer Bedrängnis sind. Und wenn es unter Euch welche gibt, die ihre eigene Verherrlichung im Auge haben und nach der eigenen Wohlhabenheit streben, während ihre Brüder in Armut seufzen und unter schweren Prüfungen und Versuchungen leiden, so können sie nicht aus dem Eintreten des Heiligen Geistes Nutzen ziehen, der Tag und Nacht für uns eintritt mit Seufzen, das wir nicht in Worte fassen können.

Wir müssen allezeit darauf bedacht sein, daß solcher Hochmut in unserem Herzen keinen Platz finden darf, sondern daß wir uns zu den Geringen herablassen und die Unzulänglichkeiten der Schwachen mit Langmut tragen.

Viele berufen, aber wenige erwählt

[Siehe, viele gibt es, die berufen sind, aber wenige werden erwählt. Und warum werden sie nicht erwählt? Weil sie ihr Herz so sehr auf die Dinge dieser Welt gesetzt haben und nach den Ehren der Menschen streben, daß sie diese eine Lehre nicht lernen wollen, nämlich: Die Rechte des Priestertums sind mit den Himmelskräften untrennbar verbunden, und die Himmelskräfte können nur nach den Grundsätzen der Rechtschaffenheit beherrscht und gebraucht werden. Sie können uns zwar übertragen werden, doch wenn wir versuchen, unsere Sünden zu verdecken oder unseren Stolz und eitlen Ehrgeiz zu befriedigen oder wenn wir auch nur mit dem geringsten Maß von Unrecht irgendwelche Gewalt, Herrschaft oder Nötigung auf die Seele der Menschenkinder ausüben wollen – siehe, dann ziehen sich die Himmel zurück, der Geist des Herrn ist betrübt, und wenn er weggenommen wird, dann ist es mit dem Priestertum oder der Vollmacht des Betreffenden zu Ende. Siehe, ehe er es gewahr wird, ist er sich selbst überlassen, gegen den Stachel auszuschlagen, die Heiligen zu verfolgen und gegen Gott zu streiten.

Traurige Erfahrung hat uns gelehrt: Fast jedermann neigt von Natur aus dazu, sogleich mit dem Ausüben ungerechter Herrschaft anzufangen, sobald er meint, ein wenig Vollmacht erhalten zu haben. Daher sind zwar viele berufen, werden aber wenige erwählt.

Priestertum ist freundlich und langmütig

Kraft des Priestertums kann und soll keine Macht und kein Einfluß anders geltend gemacht werden als nur mit überzeugender Rede, mit Langmut, mit Milde und Sanftmut und mit ungeheuchelter Liebe, mit Wohlwollen und mit reiner Erkenntnis, wodurch sich die Seele sehr erweitert – ohne Heuchelei und ohne Falschheit. Alsbald mit aller Deutlichkeit zurechtweisend, wenn dich der Heilige Geist dazu bewegt, wirst du danach aber demjenigen, den du zurechtgewiesen hast, vermehrte Liebe erweisen, damit er nicht meint, du seiest sein Feind, damit er weiß, daß deine Treue stärker ist als die Fesseln des Todes. Laß dein Inneres auch erfüllt sein von Nächstenliebe zu allen Menschen und zum Haushalt des Glaubens, und laß Tugend immerfort deine Gedanken zieren; dann wird dein Vertrauen stark werden in der Gegenwart Gottes, und die Lehre des Priestertums wird dir auf die Seele träufeln wie Tau vom Himmel. Der Heilige Geist wird dir ein ständiger Begleiter sein und dein Zepter ein unwandelbares Zepter der Rechtschaffenheit und Wahrheit, und deine Herrschaft wird eine immerwährende Herrschaft sein, und ohne Nötigung wird sie dir zufließen für immer und immer.]

[Die Enden der Erde werden sich nach deinem Namen erkundigen, und Narren werden dich verspotten, und die Hölle wird gegen dich wüten, während die Herzensreinen, die Weisen und die Edlen und die Tugendhaften beständig nach Rat und Vollmacht und Segnungen von dir trachten werden. Und dein Volk wird sich niemals auf das Zeugnis von Verrätern hin gegen dich wenden. Und wenn auch ihr Einfluß dich in Ungelegenheiten und hinter Gitter und Gefängnismauern bringen wird, wirst du doch in Ehren gehalten werden, und über eine kleine Weile wird deine Stimme inmitten deiner Feinde schrecklicher sein als ein wilder Löwe, wegen deiner Rechtschaffenheit; und dein Gott wird zu dir stehen für immer und immer.

Erfahrung und Leiden

Wenn von dir gefordert wird, Drangsal durchzumachen, wenn du unter falschen Brüdern in Gefahr bist, wenn du unter Räubern in Gefahr bist, wenn du auf dem Land oder Meer in Gefahr bist, wenn du mit falschen Beschuldigungen aller Art beschuldigt wirst, wenn deine Feinde über dich herfallen, wenn sie dich aus der Gesellschaft deines Vaters und deiner Mutter und deiner Brüder und Schwestern wegreißen und wenn deine Feinde dich mit blankem Schwert vom Herzen deiner Frau und deiner Kinder wegreißen und dein ältester Sohn, erst sechs Jahre alt, sich an deine Kleider klammert und sagt: Mein Vater, mein Vater, warum kannst du nicht bei uns bleiben? O mein Vater, was werden die Männer mit dir tun?, und wenn er dann mit dem Schwert von dir weggestoßen wird und du ins Gefängnis geschleppt wirst und deine Feinde dich umschleichen wie Wölfe, die auf das Blut des Lammes aus sind, und wenn du in die Grube geworfen werden oder Mördern in die Hände fallen solltest und wenn das Todesurteil über dich gesprochen werden sollte, wenn du in die Tiefe gestürzt wirst, wenn die brausende See sich gegen dich verschwört, wenn wütende Winde deine Feinde werden, wenn sich am Himmel Finsternis zusammenzieht und alle Elemente sich verbünden, dir den Weg zu verlegen, ja, mehr noch, wenn selbst die Hölle ihren Rachen weit aufreißt nach dir – dann wisse, mein Sohn, daß dies alles dir Erfahrung bringen und dir zum Guten dienen wird. Des Menschen Sohn ist hinabgestiegen unter das alles: bist du denn größer als er?

Die Sammlung der Heiligen

Darum halte auf deinem Weg aus, und das Priestertum wird bei dir verbleiben; denn ihre Grenzen sind festgesetzt, sie können nicht darüber hinaus. Deine Tage sind bekannt, und deinen Jahren wird nichts abgerechnet werden; darum fürchte nicht, was Menschen tun können, denn Gott wird mit dir sein für immer und immer.]

Nun aber, Brüder, möchte ich der Konferenz etwas zu bedenken geben, was von dem Rat oder den Konferenzen sorgfältig und weise erwogen werden soll: Unsere Brüder, die auswärts verstreut sind und den Geist der Sammlung verstehen, sollen an die Orte und Zufluchtsstätten kommen, die Gott ihnen zwischen Kirtland und Far West auftun wird. Die vom Osten und vom Westen und von fernen Ländern, sie sollen sich irgendwo zwischen diesen beiden Grenzen niederlassen, an den sichersten und ruhigsten Orten, die sie finden können; und dies soll gegenwärtig die Abmachung sein, bis Gott uns einen erfolgreicheren Weg weist, den wir dann erwägen werden.

Und weiter möchten wir dem Rat zu bedenken geben, daß es keine Organisation von großen Körperschaften nach dem Grundsatz von gemeinsamem Kapitaleigentum geben soll, auch keine Firmenzusammenschlüsse, bis der Herr dies auf rechte Weise zu verstehen geben wird; denn es öffnet so ein schreckliches Feld für die Habgierigen, die Arbeitsscheuen und Korrupten, die dann die Unschuldigen und Tugendhaften und Ehrlichen ausbeuten.

Wir haben Grund zu der Annahme, daß unter den Heiligen manches eingeführt worden ist, bevor Gott die Zeit dazu angegeben hat; und wenn auch die Grundsätze und Pläne gut gewesen sein mögen, haben doch ehrgeizige Männer oder mit anderen Worten Männer, die nicht das Wesen des Göttlichen in sich tragen, sich vielleicht unterfangen, scharfschneidige Werkzeuge zu handhaben. Wie Ihr wißt, gehen Kinder gern mit Werkzeug um, sind aber noch nicht fähig, es zu gebrauchen.

Zeit und Erfahrung sind aber die einzigen sicheren Mittel gegen solche Übel. Es gibt viele Lehrer, aber vielleicht nicht viele Väter. Es kommt die Zeit, wo Gott vieles, was für das Wohlergehen der Heiligen ratsam ist, zu verstehen geben wird; noch ist die Zeit nicht gekommen, aber sie wird kommen, so schnell der Platz und die Aufnahme für sie gefunden werden kann.

Über falsche Berichte

[Und weiter möchten wir Euch zu bedenken geben, daß es gut wäre, wenn die Heiligen die Berichte über alle Tatsachen sowie die Leiden und Mißhandlungen sammelten, die vom Volk dieses Staates über sie gebracht worden sind, ebenso von der Art und Höhe des Schadens, den sie erlitten haben, sowohl in ihrem Leumund als auch an persönlicher Unbill und auch am greifbaren Eigentum; auch die Namen aller Personen, die bei der Unterdrückung ihre Hand im Spiel hatten, soweit sie sie feststellen und herausfinden können. Vielleicht kann ein Komitee bestimmt werden, um das alles herauszufinden, das Aussagen und eidesstattliche Erklärungen aufnimmt und auch die verleumderischen Veröffentlichungen sammelt, die im Umlauf sind, dazu alles, was davon in Zeitschriften und Nachschlagewerken zu finden ist, sowie alle verleumderischen Geschichten, die veröffentlicht sind oder eben geschrieben werden, und von wem, und das die ganze Verkettung von teuflischer Schurkerei und von verbrecherischen und mörderischen Betrügereien, die an diesem Volk verübt worden sind, so darlegt, daß wir sie nicht nur aller Welt zur Kenntnis bringen, sondern sie in all ihrer finsteren und höllischen Schattierung den Spitzen der Regierung vorlegen können – als die letzte Anstrengung, die uns von unserem Vater im Himmel auferlegt wird, ehe wir die Verheißung voll und ganz in Anspruch nehmen können, die ihn aus seiner Verborgenheit herausruft, und damit die ganze Nation ohne Entschuldigung sei, ehe er die Gewalt seines mächtigen Armes aussenden kann.

Eine Pflicht gegenüber Frauen und Kindern

Es ist dies eine zwingende Obliegenheit, die wir Gott, den Engeln, bei denen wir einst stehen sollen, und uns selbst sowie unseren Frauen und Kindern gegenüber haben, denn diese mußten sich voll Kummer, Sorge und Unruhe unter die tödliche Hand von Mord, Tyrannei und Unterdrückung beugen, die ihrerseits vom Einfluß des gleichen Geistes gehalten, angetrieben und gestützt wird, der die Glaubensansichten der Väter, die Lügen ererbt haben, so stark im Herzen der Kinder hat einwurzeln lassen und der die Welt mit Verwirrung erfüllt hat und stärker und stärker geworden ist und jetzt die Haupttriebfeder aller Verderbnis ist, und die ganze Erde stöhnt unter der Last seines Übeltuns.

Es ist das ein eisernes Joch, ein starkes Band, ja, das sind die Handschellen und Ketten und Fußeisen und Fesseln der Hölle.

Darum ist dies eine zwingende Obliegenheit, die wir haben, nicht nur gegenüber unseren Frauen und Kindern, sondern auch gegenüber den Witwen und Vaterlosen, deren Männer und Väter unter seiner eisernen Hand ermordet worden sind, und diese finsteren und üblen Taten reichen hin, selbst die Hölle schaudern zu lassen, so daß sie entsetzt und bleich dasteht und die Hände selbst des Teufels zittern und erlahmen. Ebenso ist dies eine zwingende Obliegenheit, die wir der kommenden Generation und allen Herzensreinen gegenüber haben – denn es gibt unter allen Glaubensgemeinschaften, Parteien und Konfessionen noch immer viele auf Erden, die von der durchtriebenen Heimtücke der Menschen, die auf der Lauer liegen, um zu täuschen, verblendet sind und denen die Wahrheit nur deshalb vorenthalten ist, weil sie nicht wissen, wo sie zu finden ist –, darum müssen wir unser Leben damit aufbrauchen und abnutzen, daß wir alles im Finstern Verborgene erleuchten, wo wir es erkennen, und es ist uns wahrhaftig vom Himmel her kundgetan.

Dem also müssen wir uns mit großer Ernsthaftigkeit widmen. Niemand soll das für eine Kleinigkeit halten; denn es gibt vieles, was in der Zukunft liegt, was die Heiligen betrifft und was von dem allem abhängt. Ihr wißt, Brüder, daß ein ganz kleines Steuer einem sehr großen Schiff in Falle eines Sturmes viel zu nutzen vermag, wenn es dem Wind und den Wellen zum Trotz auf Kurs gehalten wird.

Darum, vielgeliebte Brüder, laßt uns frohgemut alles tun, was in unserer Macht liegt, und dann mögen wir mit größter Zuversicht ruhig stehen, um die Errettung zu sehen, die von Gott kommt, und daß sein Arm offenbar wird.]

Warnung vor Heimlichkeiten

Und weiter möchte ich noch sagen, wie unrecht die Gründung von Banden oder Gesellschaften wäre, die durch Eid oder Bund, durch Strafen oder Heimlichkeiten geschaffen werden; laßt es vielmehr mit unseren vergangenen Erfahrungen und Leiden infolge der Schlechtigkeit des Doktor Avard genug sein, und möge unser Bund der immerwährende Bund sein, wie er in der heiligen Schrift und der Offenbarung Gottes an uns festgelegt ist. Reine Freundschaft wird genau in dem Augenblick schwächer, wo man versucht, sie durch der Strafe dienende Eide und durch Heimlichkeiten zu festigen.

Euer demütiger Knecht oder Eure demütigen Knechte beabsichtigen von nun an, allem ihre Zustimmung zu verweigern, was nicht mit der

Fülle des Evangeliums Jesu Christi im Einklang steht und was seinem Wesen nach nicht unerschrocken, freimütig und aufrecht ist. Sie werden – ebenso wie in der Vergangenheit, wenn sie gesehen haben, daß das Übeltun sich zu regen beginnt – nicht Ruhe geben, weder aus Angst vor Verrätern, noch weil sie die Folgen fürchten, wenn sie diejenigen tadeln, die sich unbemerkt einschleichen, damit sie etwas erlangen, um damit die Herde zu vernichten. Wir nehmen an, daß die Heiligen in der Vergangenheit genug erlebt haben, um von nun an immer bereit zu sein, der Wahrheit zu gehorchen, ohne daß sie um des Nutzens willen jemandem besonderes Ansehen zumessen. Es ist für uns ratsam, daß wir dessen gewahr sind, und wir sollten immer dieser Vorurteile gewahr sein, die sich manchmal so seltsam aufdrängen und so sehr der menschlichen Natur entsprechen und die sich gegen Freunde, Nachbarn und Brüder in der Welt richten, wenn es ihnen beliebt, eine andere Meinung und andere Glaubensansichten zu haben als wir. Unsere Religion ist eine Sache zwischen uns und unserem Gott. Ihre Religion ist eine Sache zwischen ihnen und ihrem Gott.

Es gibt eine Liebe, die von Gott ist, die den Angehörigen unseres Glaubens, die untadelig wandeln, erwiesen werden soll und die an sich eigentümlich ist, aber sie ist ohne Vorurteil. Sie läßt der Gesinnung Spielraum, und dadurch sind wir befähigt, denen, die nicht unserem Glauben angehören, mit mehr Aufgeschlossenheit zu begegnen, als sie selbst füreinander hegen. Dieser Wesenszug kommt der Gesinnung Gottes nahe, weil er wie Gott oder gottgleich ist.

Der Grundsatz der Religionsfreiheit

Und nun stehen wir vor einem Grundsatz, mit dem wir uns ebenfalls befassen müssen, das heißt zusammen mit allen Menschen, mit den Regierungen und Gesetzen und Anordnungen im Zivilbereich des Lebens. Dieser Grundsatz garantiert allen Parteien, Glaubensgemeinschaften, Konfessionen und Religionsklassen gleiche, verständliche und unverletzliche Rechte; das ist etwas, was zum Leben gehört, darum sind alle gleichermaßen daran interessiert; er läßt die Verantwortung entstehen, die wir, was vergängliche Dinge betrifft, füreinander haben, und der erstgenannte Grundsatz macht den letzten nicht zunichte, sondern verbindet uns nur noch stärker, und er läßt nicht nur die Verantwortung füreinander entstehen, sondern auch die gegenüber Gott. Darum sagen wir, die Verfassung der Vereinigten Staaten ist ein herrlicher Maßstab, sie ist auf die Weisheit Gottes gegründet. Sie ist ein himmlisches Banner, und allen denen, die sich der Annehmlichkeiten der Freiheit erfreuen dürfen, ist sie wie kühlender Schatten und erfrischender Quell aus mächtigem Felsen inmitten eines dürstenden, erschöpften Landes. Sie ist wie ein großer Baum, unter dessen Zweigen Menschen aller Landstriche vor den sengenden Strahlen der Sonne Schutz finden können.

Wir, Brüder, sind des Schutzes ihrer glorreichen Grundsätze beraubt – durch die Grausamkeit der Grausamen, durch diejenigen, die jetzt wie die Tiere des Feldes nur nach ihrem eigenen Futter suchen, sich zu sättigen, und die ganz vergessen, daß die „Mormonen" ebenso wie die Presbyterianer und die Angehörigen jeder anderen Schicht und Klasse das gleiche Recht haben, von der Frucht unseres großen Baumes der Freiheit zu genießen. Aber ungeachtet dessen, daß wir sehen, was wir sehen, und fühlen, was wir fühlen, und wissen, was wir wissen, ist doch diese Frucht für uns nicht weniger köstlich, nicht weniger wohlschmeckend; man kann uns nicht einfach von der Milch absetzen, nicht von der Brust vertreiben. Wir werden unsere Religion nicht wegen Unterdrückung leugnen, sondern an ihr festhalten bis in den Tod.

Wir sagen, Gott ist wahr, die Verfassung der Vereinigten Staaten ist wahr, die Bibel ist wahr, das Buch Mormon ist wahr, das Buch der Bündnisse ist wahr, Christus ist wahr, die von Gott gesandten dienenden Engel sind wahr, und wir wissen, daß wir eine Wohnung haben, ein nicht von Menschenhand errichtetes ewiges Haus im Himmel, von Gott erbaut und geschaffen. Wir haben also einen Trost, den unsere Bedrücker nicht spüren können, wenn einmal der Zufall oder das Schicksal seine eiserne Hand auf sie legen wird wie auf uns. Nun, fragen wir, was ist der Mensch? Denkt daran, Brüder, jeden treffen Zufall und Zeit.

Wir werden unsere Überlegungen nächstes Mal fortsetzen.

Wir unterzeichnen als Eure aufrichtigen Freunde und Brüder in den Banden des immerwährenden Evangeliums, Gefangene Jesu Christi um des Evangeliums und der Heiligen willen.

Wir erteilen den Segen des Himmels all den Heiligen, die sich bestreben, Gott mit ungeteiltem Herzen zu dienen, im Namen Jesu Christi. Amen.

Joseph Smith jun.
Hyrum Smith
Lyman Wight
Caleb Baldwin
Alexander McRae

DHC 3:289–305.

Unterweisung über einige Punkte der Lehre

Der Glaube kommt, indem man das Wort Gottes hört, durch das Zeugnis der Knechte Gottes, und dieses Zeugnis geht immer mit dem Geist der Prophezeiung und Offenbarung einher.

Umkehr ist nicht etwas, womit man jeden Tag leichtfertig umgehen kann. Tag für Tag Übertretung und Tag für Tag Umkehr – das ist in den Augen Gottes nicht angenehm.

Die Taufe ist eine heilige Verordnung in Vorbereitung auf den Empfang des Heiligen Geistes; sie ist der Weg und Schlüssel für die Spendung des Heiligen Geistes.

Die Gabe des Heiligen Geistes, durch Händeauflegen übertragen, kann mittels keines anderen Grundsatzes empfangen werden als nur durch den der Rechtschaffenheit; denn wenn die Voraussetzungen nicht erfüllt werden, ist er nicht von Nutzen, sondern zieht sich zurück.

Die Zungenrede wurde gegeben, um das Predigen unter denen zu ermöglichen, deren Sprache man nicht versteht – wie damals zu Pfingsten usw. –, und es ist nicht notwendig, daß die Kirche besonders in der Zungenrede unterrichtet wird; denn jeder, der den Heiligen Geist hat, kann das, was von Gott ist, in seiner eigenen Sprache ebenso reden wie in einer anderen; denn der Glaube kommt nicht durch Zeichen, sondern indem man das Wort Gottes hört.

Auferstehung und Auserwählung

Die Lehre von der Auferstehung der Toten und vom ewigen Gericht muß notwendigerweise mit den ersten Prinzipien des Evangeliums Jesu Christi gepredigt werden.

Die Lehre von der Auserwählung: Petrus fordert uns auf, uns zu bemühen, daß unsere Berufung und Auserwählung Bestand hat. Das ist die Macht der Siegelung, von der Paulus an anderen Stellen spricht.

„Durch ihn habt auch ihr das Wort der Wahrheit gehört, das Evangelium von eurer Errettung; durch ihn habt ihr das Siegel des verheißenen Heiligen Geistes empfangen, als ihr den Glauben annahmt.

Der Geist ist der erste Anteil des Erbes, das wir erhalten sollen, der Erlösung, durch die wir Gottes Eigentum werden, zum Lob seiner Herrlichkeit." (Epheser 1:13, 14.)

Dieser Grundsatz soll gelehrt werden (und zwar an der rechten Stelle), denn Gott hat Joseph nichts offenbart, was er nicht auch den Zwölf kundtun wird, und selbst der letzte Heilige kann alles wissen, sobald er imstande ist, es zu ertragen; denn der Tag muß kommen, wo keiner zu seinem Mitbürger zu sagen braucht: Erkenne den Herrn!, denn sie alle, klein und groß, werden ihn erkennen. Wie soll das geschehen? Es wird durch diese Macht der Siegelung geschehen und durch den besagten anderen Tröster, der durch Offenbarung kundgetan werden wird.

>ۮ Zwei Tröster

Es ist von zwei Tröstern die Rede. Einer ist der Heilige Geist, derselbe, der zu Pfingsten gegeben wurde und den alle Heiligen nach Glauben, Umkehr und Taufe empfangen. Dieser erste Tröster oder Heilige Geist hat keine andere Wirkung als reine Intelligenz. Sie ist imstande, einem Menschen, der ein buchstäblicher Nachkomme Abrahams ist, in stärkerem Maß den Sinn zu erweitern, das Denkvermögen zu erleuchten und den Verstand mit gegenwärtigem Wissen zu bereichern als einem von den Andern, auch wenn sie nicht halbsoviel sichtbare Wirkung auf den Körper zeigen mag. Denn wenn der Heilige Geist auf einen von den buchstäblichen Nachkommen Abrahams fällt, so ist dieser ruhig und gelassen, und seine ganze Seele, sein ganzer Leib wird nur vom reinen Geist der Intelligenz bewegt, wohingegen der Heilige Geist auf einen Andern so wirkt, daß das alte Blut entfernt wird und er buchstäblich zu einem Nachkommen Abrahams gemacht wird. Jemand, der – von Natur aus – kein Blut Abrahams in sich hat, muß eine neue Erschaffung durch den Heiligen Geist durchmachen. In diesem Fall mag es eine stärkere Wirkung auf den Körper geben, für das Auge besser sichtbar als bei einem Israeliten, während der Israelit zunächst dem Andern an reiner Intelligenz weit voraus sein mag.

Der zweite Tröster

Der andere Tröster, von dem die Rede ist, bildet ein sehr interessantes Thema und wird wohl von wenigen in unserer Generation verstanden. Nachdem jemand Glauben an Christus hat, von seinen Sünden umkehrt und zur Vergebung seiner Sünden getauft wird und – durch Händeauflegen – den Heiligen Geist empfängt, der der erste Tröster ist, dann möge er sich beständig vor Gott demütigen, nach Rechtschaffenheit hungern und dürsten und nach jedem Wort Gottes leben, so wird der Herr bald zu ihm sagen: Sohn, du sollst erhöht werden. Wenn der Herr ihn dann gründlich geprüft hat und findet, daß der Mensch entschlossen ist, ihm unter allen Umständen zu dienen, dann wird der Mensch erfahren, daß seine Berufung und Auserwählung Bestand hat, dann wird er das Recht haben, den anderen Tröster zu empfangen, den der Herr den Heiligen verheißen hat, wie es im Zeugnis des hl. Johannes, im 14. Kapitel, Vers 12 bis 27, berichtet ist.

Man beachte den 16., 17., 18., 21. und 23. Vers:

„Und ich werde den Vater bitten, und er wird euch einen anderen Beistand (Tröster) geben, der für immer bei euch bleiben soll.

Es ist der Geist der Wahrheit, den die Welt nicht empfangen kann, weil sie ihn nicht sieht und nicht kennt. Ihr aber kennt ihn, weil er bei euch bleibt und in euch sein wird.

Ich werde euch nicht als Waisen zurücklassen; sondern ich komme wieder zu euch.

Wer meine Gebote hat und sie hält, der ist es, der mich liebt; wer mich aber liebt, wird von meinem Vater geliebt werden, und auch ich werde ihn lieben und mich ihm offenbaren.

Wenn jemand mich liebt, wird er an meinem Wort festhalten; mein Vater wird ihn lieben, und wir werden zu ihm kommen und bei ihm wohnen."

Wer ist nun dieser andere Tröster? Er ist nicht mehr und nicht weniger als der Herr Jesus Christus selbst; und das ist das Wesentliche und der Kern der ganzen Sache: wenn jemand diesen letzten Tröster empfängt, so wird er erleben, daß sich Jesus Christus persönlich von Zeit zu Zeit bei ihm einfindet, oder daß er ihm erscheint, und er wird ihm auch den Vater kundtun, und sie werden bei ihm wohnen, und die Visionen des Himmels werden ihm eröffnet werden, und der Herr wird ihn von Angesicht zu Angesicht belehren, und er kann eine vollkommene Erkenntnis von den Geheimnissen des Gottesreiches haben; und das ist der Stand und die Stelle, wo die alten Heiligen angelangt sind, wenn sie solche herrlichen Visionen hatten – Jesaja, Ezechiel, Johannes auf der Insel Patmos, der hl. Paulus in den drei Himmeln sowie alle Heiligen, die mit der Allgemeinen Versammlung und Kirche des Erstgeborenen in Verbindung gestanden haben.

Der Geist der Offenbarung

Der Geist der Offenbarung steht mit diesen Segnungen in Verbindung. Man kann daraus Nutzen ziehen, daß man auf die ersten Anzeichen des Geistes der Offenbarung achtet; zum Beispiel: Wenn jemand spürt, daß reine Intelligenz in ihn einströmt, taucht vielleicht plötzlich ein Gedanke in ihm auf, und wenn er diesen beachtet, wird er ihn noch am gleichen Tag oder bald darauf verwirklicht sehen; das nämlich, was der Geist Gottes ihm vorgelegt hat, wird eintreffen. Und wenn man auf diese Weise den Geist Gottes kennen und verstehen lernt, kann man in das Prinzip Offenbarung hineinwachsen, bis man vollkommen wird in Christus Jesus.

Evangelisten

Der Evangelist ist ein Patriarch, nämlich der älteste Mann vom Blut Josefs oder aus der Nachkommenschaft Abrahams. Wo auch immer die Kirche Christi auf Erden aufgerichtet wird, muß es zum Nutzen der Nachkommenschaft der Heiligen einen Patriarchen geben. So war es auch mit Jakob, als er seinen Söhnen den patriarchalischen Segen gab usw. (27. Juni 1839.) DHC 3:379–381.

VIERTER ABSCHNITT
1839–1842

Ansprache des Propheten an die Zwölf

Am Montag, dem 2. Juli 1839, nachmittag traf sich der Prophet mit den Aposteln und einigen Siebzigern, die in Erfüllung der Offenbarung des Herrn im Begriff waren, ins Missionsfeld nach Großbritannien zu reisen, und unterwies sie. Er trug eine Zusammenfassung seiner Bemerkungen in sein Tagebuch ein; dies hier ist eine vollständige Wiedergabe, wie sie in der Dokumentarischen Geschichte der Kirche zu finden ist.

Warnung vor Stolz

Übt allezeit den Grundsatz der Barmherzigkeit, und seid bereit, eurem Bruder auf das erste Anzeichen von Umkehr hin und wenn er um Vergebung bittet, zu vergeben; und wenn wir unserem Bruder oder unserem Feind vergeben, noch ehe sie um Vergebung bitten, dann wird unser Vater im Himmel gleicherweise barmherzig zu uns sein.

Ferner sollen die Zwölf und die Heiligen insgesamt willens sein, alle ihre Sünden zu bekennen und nichts davon zurückhalten; und die Zwölf sollen demütig sein und nicht hochfahrend, sie sollen sich vor Stolz hüten und nicht danach trachten, einander zu übertreffen, sondern jeder soll zum Besten des anderen handeln und füreinander beten; wir sollen unseren Bruder ehren und seinen Namen ehrenvoll erwähnen, nicht aber unseren Bruder verleumden und zunichte machen. Warum wollen denn die Menschen in diesen späten Tagen der Welt nicht Weisheit lernen aufgrund von Weisung – wo wir doch eine solche Fülle von Zeugen und Beispielen vor Augen haben –, damit sie nicht alles, was wir schon wissen, durch traurige Erfahrung lernen müssen! Müssen denn die Neuen, die ausgewählt worden sind, um im Kollegium der Zwölf den Platz derer einzunehmen, die gefallen sind, sich zu solcher Höhe erheben, daß sie fallen und einen großen Sturz tun werden, daß sie durch Schmutz und Schlamm und Finsternis hintaumeln wie Judas, den Schlägen Satans entgegen, wie es mehrere von den Zwölf getan haben – oder werden sie Weisheit lernen und weise sein? O Gott, gib ihnen Weisheit und halte sie demütig, darum bete ich.

Wenn die Zwölf oder sonst welche Zeugen vor den weltlichen Vereinigungen stehen und mit der Macht und Kundgebung des Heiligen Geistes predigen, und die Leute sind erstaunt und verwirrt über die Lehre und sagen, der Mann habe einen mächtigen Vortrag, eine großartige Predigt gehalten, dann soll der Betreffende sich in acht nehmen, daß er nicht den Ruhm sich selbst zuschreibt, sondern darauf achten, daß er demütig bleibt und Lob und Ehre auf Gott und das Lamm zurückführt; denn durch die Macht des heiligen Priestertums und durch den Heiligen

Geist haben sie die Macht, so zu reden. Was anders bist du denn, o Mensch, als Staub? Und von wem empfängst du denn deine Macht und deine Segnungen als von Gott?

Nicht ausgesandt, belehrt zu werden

Denn, o Zwölf, beachtet diesen Schlüssel, und seid weise um Christi willen und um eurer eigenen Seele willen! Ihr seid nicht ausgesandt, um belehrt zu werden, sondern um zu belehren. Laßt jedes Wort mit Wohlwollen gewürzt sein; jeder sei wachsam und ernsthaft. Denkt daran: es ist ein Tag des Warnens und nicht ein Tag vieler Worte. Handelt ehrlich vor Gott und den Menschen. Hütet euch vor den Spitzfindigkeiten der Andern, wie etwa daß ihr vor denen eine Verbeugung und einen Kratzfuß macht, zu denen ihr kein Vertrauen habt. Seid in all Eurem Verkehr mit den Menschen ehrlich, offen und frei.

Brecht den Brüdern nicht die Treue!

O ihr Zwölf und alle Heiligen, macht euch diesen wichtigen Schlüssel zunutze: In allen Euren Prüfungen, Schwierigkeiten, Versuchungen, Bedrängnissen, in Knechtschaft, Gefangenschaft und Tod – seht zu, daß ihr nicht dem Himmel die Treue brecht, daß ihr nicht Jesus Christus die Treue brecht, daß ihr nicht den Brüdern die Treue brecht, daß ihr nicht den Offenbarungen Gottes die Treue brecht, sei es in der Bibel, im Buch Mormon, im Buch ‚Lehre und Bündnisse‘ oder sonst einer Offenbarung, die den Menschen je gegeben worden ist oder gegeben werden wird – in dieser oder der zukünftigen Welt. Ja, in all eurem Strampeln und Stolpern seht zu, daß ihr dies nicht tut, damit nicht das Blut von Unschuldigen an euren Kleidern gefunden wird und ihr in die Hölle hinabgeht. Keine andere Sünde läßt sich damit vergleichen, daß man gegen den Heiligen Geist sündigt, und daß man sich den Brüdern gegenüber als treulos erweist.

Ein Schlüssel zu den Geheimnissen

Ich will euch einen Schlüssel zu den Geheimnissen des Reiches geben. Es ist ein ewiger Grundsatz, der mit Gott von Ewigkeit her existiert hat: Wenn jemand aufsteht, um andere zu verurteilen, an der Kirche etwas auszusetzen und zu behaupten, sie sei abgewichen, er selber aber sei rechtschaffen, dann könnt ihr mit Bestimmtheit wissen, daß der Betreffende sich auf dem Weg zum Abfall vom Glauben befindet; und wenn er nicht umkehrt, wird er abfallen, so wahr Gott lebt. Der Grundsatz ist ebenso richtig wie der, den Jesus darlegte, als er sagte, wenn jemand ein Zeichen suche, sei er ein ehebrecherischer Mensch. Dieser Grundsatz ist ewig, beständig und so fest wie die Säulen des Himmels; denn wann auch immer ihr seht, daß jemand ein Zeichen sucht, könnt ihr es schriftlich geben, daß er ein ehebrecherischer Mensch ist.

Über das Priestertum

Das Priestertum wurde zuerst an Adam gegeben; er empfing die erste Präsidentschaft und hatte deren Schlüssel von Generation zu Generation inne. Er erhielt sie in der Schöpfung, ehe die Welt geschaffen wurde, wie in Genesis 1:26–28 zu lesen ist. Ihm wurde die Herrschaft gegeben über jedes lebendige Geschöpf. Er ist Michael, der Erzengel, von dem in der Schrift die Rede ist. Danach an Noach, der Gabriel ist; er ist im Priestertum der nächste nach Adam; er wurde von Gott zu diesem Amt berufen und war der Vater aller Lebenden zu seiner Zeit, und ihm wurde die Herrschaft gegeben. Diese Männer hatten die Schlüssel zuerst auf Erden inne und dann im Himmel.

Das Priestertum ist immerwährend

Das Priestertum ist ein immerwährendes Prinzip und hat mit Gott von Ewigkeit her existiert, wie es auch in alle Ewigkeit existieren wird, ohne Anfang der Tage und Ende der Jahre. Wann auch immer das Evangelium gesandt wird, müssen die Schlüssel vom Himmel gebracht werden. Wenn sie vom Himmel offenbart werden, geschieht es durch die Vollmacht Adams.

Adam, der älteste Mensch

In seinem siebenten Kapitel spricht Daniel vom Hochbetagten. Er meint damit den ältesten Menschen, unseren Vater Adam, Michael. Er wird seine Kinder zusammenrufen und mit ihnen Rat halten, um sie auf das Kommen des Menschensohnes vorzubereiten. Er (Adam) ist der Vater des Menschengeschlechts und präsidiert über die Geister aller Menschen; und alle, die die Schlüssel innegehabt haben, müssen in diesem gewaltigen Rat vor ihn hintreten. Das geschieht vielleicht noch bevor einige von uns dieses Tätigkeitsfeld verlassen. Des Menschen Sohn tritt vor ihn hin, und es wird ihm Ehre und Herrschaft gegeben. Adam übergibt seine Treuhandschaft an Christus, nämlich das, was ihm anvertraut worden war, damit er die Schlüssel des Universums innehabe, doch er behält seine Stellung als Oberhaupt des Menschengeschlechts.

Der menschliche Geist

Der menschliche Geist ist nicht etwas Erschaffenes[1]; er hat von Ewigkeit her existiert und wird in alle Ewigkeit existieren. Etwas, was erschaffen worden ist, kann nicht ewig sein, und Erde, Wasser usw. hatten ihr Dasein im Elementarzustand von Ewigkeit her. Unser Erretter spricht von den Kindern und sagt: Ihre Engel sehen stets das Angesicht meines Vaters. Bei der Erschaffung des Menschen berief der Vater alle Geister zu sich und organisierte sie. Er (Adam) ist das Oberhaupt, und es wurde ihm geboten, sich zu mehren. Die Schlüssel wurden zuerst an ihn gegeben, dann von ihm an andere. Er wird über seine Treuhandschaft Rechenschaft ablegen müssen, und sie ihm.

Petrus, Jakobus und Johannes erhielten die Schlüssel

Das Priestertum ist immerwährend. Der Erretter und Mose und Élija gaben Petrus, Jakobus und Johannes die Schlüssel – auf dem Berg, als sie vor ihm verwandelt wurden. Das Priestertum ist immerwährend – ohne Anfang der Tage und Ende der Jahre, ohne Vater, ohne Mutter usw. Wenn es keine Änderung der Verordnungen gibt, dann gibt es keine Änderung des Priestertums. Wo auch immer die Verordnungen des Evangeliums angewandt werden, dort ist das Priestertum.

Wie das Priestertum zu uns gelangt ist

Wie sind wir in den Letzten Tagen zum Priestertum gekommen? Es gelangte in ordnungsgemäßer Aufeinanderfolge an uns. Petrus, Jako-

---

1 Wenn der Prophet sagt, der menschliche Geist sei nicht erschaffen worden, so denkt er dabei zweifellos an die Intelligenz in dem Sinn, wie sie im Buch ‚Lehre und Bündnisse‘ 93:29 definiert ist. „Der Mensch war auch am Anfang bei Gott. Intelligenz oder das Licht der Wahrheit wurde nicht erschaffen oder gemacht und kann tatsächlich auch gar nicht erschaffen oder gemacht werden." Daraus können wir folgern, daß die Intelligenz im Menschen nicht erschaffen wurde. Aber der Prophet lehrt ganz deutlich, daß der Mensch tatsächlich von Gott abstammt und daß die menschlichen Geister in der Geisterwelt als Kinder Gottes geboren worden sind. (Siehe LuB 76:24.)

bus und Johannes erhielten es, und sie gaben es an andere weiter. Christus ist der große Hohe Priester, Adam der nächste. Paulus spricht davon, daß die Kirche zu Tausenden von Engeln gekommen sei – zu Gott, dem Richter aller –, zu den Geistern der schon vollendeten Gerechten, zum Mittler eines neuen Bundes, Jesus. (Hebräer 12:22–24.)

Ich sah Adam im Tal von Adam-ondi-Ahman. Er rief seine Kinder zusammen und segnete sie mit einem patriarchalischen Segen. Der Herr erschien in ihrer Mitte, und Adam segnete sie alle und sagte voraus, was ihnen bis in die letzte Generation widerfahren würde.

Adam segnete seine Nachkommenschaft deshalb, weil er sie in die Gegenwart Gottes bringen wollte. Sie warteten auf eine Stadt, „die Gott selbst geplant und gebaut hat" (Hebräer 11:10). Mose trachtete danach, die Kinder Israel in die Gegenwart Gottes zu bringen, nämlich durch die Macht des Priestertums, und doch konnte er es nicht. In den ersten Zeitaltern der Welt versuchte man, das gleiche zu erreichen, und es wurden Eliasse erweckt, die eben diese Herrlichkeiten wiederherzustellen versuchten, sie aber nicht erlangten; aber sie prophezeiten von einem Tag, da diese Herrlichkeit offenbart werden würde. Paulus sprach davon, daß Gott die Fülle der Zeiten heraufführen und alles vereinen würde usw., und die Männer, denen diese Schlüssel gegeben würden, werden dort sein müssen, und ohne uns können sie nicht vollkommen gemacht werden.

Diese Männer sind im Himmel, aber ihre Kinder sind auf der Erde. Ihr Herz ist für uns entbrannt. Aus diesem Grund sendet Gott Männer herab. „Der Menschensohn wird seine Engel aussenden, und sie werden aus seinem Reich alle zusammenholen, die andere verführt und Gottes Gesetze übertreten haben." (Matthäus 13:41.) Alle diese bevollmächtigten Persönlichkeiten werden herabkommen und sich Hand in Hand zusammenschließen, um dieses Werk zustande zu bringen.

Ohne unsere Toten können wir nicht vollkommen sein

Das Himmelreich ist wie ein Senfkorn. Das Senfkorn ist klein, aber es wird zu einem Baum, und die Vögel nisten in seinen Zweigen. Die Vögel sind die Engel. So kommen also die Engel herab, vereinigen sich, um ihre Kinder zu sammeln, und holen sie zusammen. Wir können ohne sie nicht vollkommen werden und sie nicht ohne uns. Und wenn das geschehen ist, wird des Menschen Sohn herabkommen, der Hochbetagte dasitzen. Wir können zu Tausenden Engeln kommen, mit ihnen Gemeinschaft haben und von ihnen unterwiesen werden. Paulus sprach davon, was Mose getan hatte; er sprach davon, daß die Kinder Israel getauft worden seien (1. Korinther 10:1–4). Er wußte das, und er wußte, daß alle Verordnungen und Segnungen in der Kirche vorhanden waren. Paulus war das zugänglich, und uns ist es zugänglich, daß die Vögel des Himmels in den Zweigen nisten usw.

Das Horn kämpfte gegen die Heiligen und überwältigte sie, bis der Hochbetagte kam und den Heiligen des Höchsten Recht verschafft wurde, und es kam die Zeit, in der die Heiligen das Königtum erhielten. Das macht uns nicht nur hier zu geistlichen Dienern, sondern auch in der Ewigkeit.

Ohne Offenbarung keine Errettung

Ohne Offenbarung kann es keine Errettung geben; es wäre vergeblich, wollte jemand ohne sie im Evangelium wirken. Niemand ist ein geistlicher Diener Jesu Christi, ohne auch ein Prophet zu sein. Niemand kann ein geistlicher Diener Jesu Christi sein, außer er hat das Zeugnis von Jesus, und das ist der Geist der Prophezeiung. Wann auch immer Errettung gepredigt worden ist, so ist das durch Zeugnis geschehen. Die Menschen der heutigen Zeit geben Zeugnis von Himmel und Hölle und haben keins von beiden je gesehen; und ich möchte sagen, ohne den Geist der Prophezeiung kann auch niemand davon wissen.

Die Zeichen des Zweiten Kommens haben schon begonnen

Die Menschen behaupten, prophezeien zu können. Ich will prophezeien, daß die Zeichen des Zweiten Kommens des Menschensohnes schon begonnen haben. Eine Seuche nach der anderen wird ihre verheerenden Folgen haben. Bald werden wir Krieg und Blutvergießen erleben. Der Mond wird sich in Blut verwandeln. Ich bezeuge dies und daß das Kommen des Menschensohnes nahe ist, ja, vor der Tür steht. Wenn unsere Seele und unser Leib sich nicht nach dem Kommen des Menschensohnes sehnen und wenn wir, falls wir gestorben sein werden, uns nicht danach sehnen, werden wir zu denen gehören, die zu den Felsen sprechen werden: Fallt auf uns!

Das Herz der Söhne wendet sich den Vätern zu

Das Herz der Söhne der Menschen wird sich den Vätern zuwenden müssen und das der Väter den Söhnen, tot oder lebendig, um sie für das Kommen des Menschensohnes bereit zu machen. Wenn Elija nicht käme, würde die ganze Erde geschlagen.

Hier und dort wird es einen Pfahl Zions geben, um die Heiligen zu sammeln. Einige Leute rufen zwar Frieden, aber die Heiligen und die Welt werden von nun an wenig Frieden haben. Das soll uns nicht daran hindern, daß wir uns zu den Pfählen begeben, denn Gott hat uns geboten, zu fliehen, ohne Zeit zu vergeuden, sonst werden wir zerstreut werden, einer hierhin, der andere dorthin. Dort werden Eure Kinder gesegnet sein, und Ihr werdet Euch inmitten von Freunden finden, wo Ihr gesegnet sein könnt. Das Evangeliumsnetz fängt welche von jeder Art.

Ich prophezeie, daß jemand, der sich verweilt, nachdem er eine Gelegenheit gehabt hat zu gehen, vom Teufel bedrängt werden wird. Kriege stehen bevor; wir dürfen nicht zaudern, aber es wird nicht gefordert, daß wir Opfer bringen. Wir müssen die Errichtung Zions als unser hauptsächliches Ziel ansehen. Wenn Kriege kommen, werden wir nach Zion fliehen müssen. Eile ist das Losungswort. Die jüngste Offenbarung sagt, ihr werdet nicht Zeit gehabt haben, über die Erde zu gehen, wenn dies alles sich ereignen wird. Es wird kommen, wie Cholera, Krieg, Feuer und Erdbeben gekommen ist, eine Seuche nach der anderen, bis der Hochbetagte kommt und den Heiligen Recht verschaffen wird.

Kein Friede als nur in Zion

Was auch immer ihr über mich oder Kirtland hören mögt, nehmt keine Notiz davon; denn wenn es ein Zufluchtsort sein soll, dann wird der Teufel alles daransetzen, um die Heiligen zu fangen. Ihr müßt euch mit den Männern bekannt machen, die, wie Daniel, dreimal am Tag beten, das Gesicht zum Haus des Herrn gerichtet. Blickt hin zur Präsidentschaft, und laßt euch unterweisen. Jeder, der Angst hat oder habsüchtig ist, wird sich in einer Schlinge fangen. Die Zeit wird bald kommen, da niemand Frieden haben wird als nur in Zion und seinen Pfählen.

Ich habe Männer ihren eigenen Söhnen nach dem Leben trachten sehen, einen Bruder seinen Bruder ermorden, Frauen ihre eigenen Töchter umbringen und Töchter ihre Mütter ums Leben bringen wollen. Ich habe Armeen gesehen, die gegen Armeen aufgestellt waren. Ich habe Blut, Verwüstung, Feuer gesehen. Des Menschen Sohn hat gesagt, die Mutter werde gegen die Tochter sein und die Tochter gegen die Mutter. Das steht vor der Tür. Das wird den Heiligen Gottes von einer Stadt zur anderen nachfolgen. Der Satan wird wüten, und der Geist des Teufels ist jetzt schon rasend. Ich weiß nicht, wie bald das stattfinden wird, aber soll ich angesichts dessen Frieden ausrufen? Nein, ich werde vielmehr meine Stimme erheben und davon Zeugnis geben. Wie lange ihr gute

Ernten haben werdet und der Hunger ferngehalten wird, das weiß ich nicht. Wenn der Feigenbaum Blätter bekommt, wißt ihr, daß der Sommer nahe ist.

Prüft die Geister

Wir können nach Engeln ausschauen und ihren Dienst in Anspruch nehmen, aber wir sollen die Geister prüfen und auf die Probe stellen, denn es kommt so oft vor, daß Menschen in dieser Beziehung einen Fehler machen. Gott hat es so verordnet, daß dann, wenn er Verbindung aufgenommen hat, keine Vision angenommen werden soll, sondern nur das, was man mit dem Auge sieht und mit dem Ohr hört. Wenn ihr eine Vision habt, dann betet um Deutung; wenn ihr sie nicht bekommt, dann haltet die Sache geheim; in dieser Sache muß es Gewißheit geben. Eine offene Vision gibt das kund, was von größerer Bedeutung ist. Auf Erden gehen Lügengeister um. Es wird große Kundgebungen von Geistern geben, falschen ebenso wie wahren.

Engel haben keine Flügel

Daß man von neuem geboren wird, geschieht durch Verordnungen mittels des Geistes Gottes. Ein Engel Gottes hat niemals Flügel. Einige sagen vielleicht, daß sie einen Geist gesehen haben, daß er ihnen die Hand dargeboten hat, sie sie aber nicht berührt haben. Das ist eine Lüge. Erstens ist es im Widerspruch zum Plan Gottes: ein Geist kann nur in Herrlichkeit erscheinen; ein Engel aber hat Fleisch und Gebein, und deren Herrlichkeit sehen wir nicht. Der Teufel kann als Engel des Lichts erscheinen. Bittet Gott um Offenbarung über die Erscheinung: wenn sie vom Teufel ist, dann wird sie von euch fliehen; wenn sie von Gott ist, dann wird er sich kundtun oder es offenbar werden lassen. Wir können zu Jesus kommen und ihn fragen, er wird alles darüber wissen. Wenn er zu einem kleinen Kind kommt, paßt er sich der Sprache und Aufnahmefähigkeit des kleinen Kindes an.

Nicht jeder Geist, nicht jede Vision, nicht jeder Gesang ist von Gott. Der Teufel kann gut reden, er ist mächtig; er stellte unseren Erretter oben auf den Tempel, er hielt ihn vierzig Tage lang in der Wüste. Die Gabe, Geister zu erkennen, wird dem präsidierenden Ältesten gegeben. Betet für ihn, daß er diese Gabe habe. Gebraucht nicht die Zungenrede, wenn ihr sie nicht versteht oder ohne Übersetzung. Der Teufel kann in Zungen reden; der Widersacher kommt mit seinem Werk; er kann Menschen aller Klassen versuchen, er kann Englisch oder Kauderwelsch reden. Niemand sollt ihr Zungenrede gebrauchen lassen, wenn er nicht übersetzt, ausgenommen mit Zustimmung dessen, der eingesetzt ist zu präsidieren; dann kann er alles erkennen oder übersetzen, oder ein anderer kann es tun. Laßt uns nach der Herrlichkeit Abrahams, Noachs, Adams, der Apostel trachten, die mit diesen Dingen Umgang haben, dann werden wir, wenn Christus kommt, in ihren Reihen sein. – (2. Juli 1839.) DHC 3:383–392.

Die Heiligen werden dem Gericht nicht entgehen

Ich sprach und erklärte, wie nutzlos es ist, der Welt von großem Strafgericht zu predigen, anstatt lieber das einfache Evangelium zu verkündigen. Ich erläuterte das Kommen des Menschensohnes, auch daß es eine falsche Vorstellung sei, anzunehmen, die Heiligen würden dem Gericht völlig entgehen, während die Schlechten leiden müssen. Denn alles Fleisch ist dem Leiden unterworfen, und selbst die Rechtschaffenen werden kaum entrinnen; und doch werden viele von den Heiligen entrinnen, weil die Gerechten durch Glauben leben werden; aber viele Rechtschaffene werden Krankheiten, Seuchen usw. zum Opfer fallen, und zwar infolge der Schwachheit des Fleisches, sie werden aber dennoch im Reich Gottes errettet werden. So ist es also ein unheiliges Prinzip, wenn jemand sagt, der und jener habe übertreten, denn er sei ja ein Opfer von Krankheit oder Tod geworden: Alles Fleisch ist dem Tod unterworfen, und der Erretter hat gesagt: „Richtet nicht, damit ihr nicht gerichtet werdet." (29. September 1839.) DHC 4:11.

Brief des Propheten an Elder Hyde und Elder Page: Der Auftrag in Palästina

Nauvoo, Kreis Hancock, Illinois, den 14. Mai 1840

An Orson Hyde und John E. Page

Liebe Brüder!
Ich freue mich über die Mitteilung in Eurem Brief, daß Eure Sendung immer mehr an Bedeutung zunimmt. Es ist dies eine große und wichtige Sendung, würdig der Intelligenzen, die den Thron Jehovas umgeben. Wenn sie auch gegenwärtig groß erscheint, so habt Ihr doch eben erst angefangen, ihre Größe, Ausdehnung und Herrlichkeit zu erkennen. Wenn es etwas gibt, das imstande ist, die Heiligen zu interessieren, in ihnen die feinsten Gefühle zu wecken und sie zu Unternehmung und An-

strengung anzuspornen, so sind es gewiß die herrlichen Verheißungen, die unser Vater im Himmel den Kindern Abrahams gemacht hat; und wer sich damit befaßt, die Verjagten Israels und die Zerstreuten Judas zu suchen, der kann gar nicht anders als den Geist des Herrn genießen und die erlesensten Segnungen des Himmels erlangen, die reichlich über ihn ausgegossen werden.

Eine Segnung für das Bundesvolk

Brüder, Ihr seid auf dem Weg zu ewigem Ruhm und unsterblicher Ehre; und wenn Ihr Euch des Bundesvolks des Herrn annehmt, wird der Gott ihrer Väter Euch segnen. Laßt Euch durch die Größe des Werks nicht abschrecken, seid nur demütig und getreu, und dann könnt Ihr sagen: „Wer bist du, großer Berg? Vor Serubbabel wirst du zur Ebene." Der Israel zerstreut hat, hat auch verheißen, es zu sammeln; und darum, wenn Ihr ein Werkzeug in dieser großen Arbeit sein wollt, wird er Euch mit Macht, Weisheit, Kraft und Intelligenz und jeder notwendigen Fähigkeit ausrüsten, und wenn Euer Geist sich weiter und weiter ausdehnt, bis Ihr die ganze Erde und die Himmel erfassen könnt, dann streckt Euch hin bis in die Ewigkeit und betrachtet die mächtige Werke Jehovas in all ihrer Vielfalt und Herrlichkeit.

Die Veröffentlichung von Büchern

In Beantwortung Eurer Anfrage bezüglich der Übersetzung und Veröffentlichung des Buches Mormon, des Gesangbuchs, der Geschichte der Kirche usw. möchte ich sagen, daß ich das voll genehmige und meine Zustimmung erteile, ausgenommen das Gesangbuch, denn davon wird in Kürze eine neue Ausgabe herausgebracht, die eine größere Vielzahl von Liedern enthält, und sie wird hier gedruckt werden, und ich denke, daß es eine Standardausgabe sein wird. Sobald es gedruckt ist, wird man Euch einige Exemplare schicken, und Ihr könnt sie in jede Sprache, die Euch zusagt, übersetzen und drucken lassen.

Wenn es nicht möglich sein sollte, Euch die Exemplare zu schicken und es dort, wo Ihr gerade seid, eine große Nachfrage nach Gesangbüchern geben sollte, dann habe ich nichts dagegen, daß Ihr das jetzige herausgebt. Falls Ihr das Buch Mormon, das Buch ‚Lehre und Bündnisse' oder das Gesangbuch veröffentlicht, so möchte ich, daß das Urheberrecht dafür auf meinen Namen sichergestellt wird.

Was die Veröffentlichung anderer Werke betrifft, sei es als Erstdruck oder als Nachdruck früherer Veröffentlichungen, so werdet Ihr Euch von den Umständen leiten lassen müssen; wenn Ihr es für nötig findet, so habe ich nicht das geringste dagegen. Es wird gut sein, wenn Ihr Euch in allem, was Ihr veröffentlicht, auf Klarheit und Einfachheit verlegt, „denn meine Seele erfreut sich an Klarheit".

Die Obliegenheiten der Siebziger

Mir hat der Geist Eures Briefes sehr gefallen; seid versichert, liebe Brüder, daß ich herzlich an Euch Anteil nehme und um Wohlergehen und Erfolg für Euch bete. In Beantwortung Eurer Frage in einem früheren Brief – nämlich über die Obliegenheiten der Siebziger bei der Leitung der Gemeinden usw. – sage ich dies: Den Siebzigern obliegt es in erster Linie, das Evangelium zu predigen und Gemeinden aufzubauen – nicht so sehr, sie zu leiten –, so daß ein Hoher Priester sie betreuen kann. Wenn ein Hoher Priester in seiner Aufgabe säumig sein und eine Gemeinde auf Abwege führen oder zulassen sollte, daß sie auf Abwege geführt wird, wenn er von den Verordnungen des Herrn abweicht, dann obliegt es einem von den Siebzigern, der unter der besonderen Weisung der Zwölf arbeitet und von ihnen mit ordnungsgemäß übertragener Vollmacht ausgestattet worden ist, in die Gemeinde zu gehen und, wenn die Mehrzahl der Mitglieder der betreffenden Gemeinde damit einverstanden ist, dieselbe zu leiten und in Ordnung zu bringen; sonst aber hat er keine Handlungsvollmacht.

Joseph Smith jun.

DHC 4:128–129.

Verhandlungen vor dem Hohenrat

Samstag, 11. Juli 1840. – Der Hoherat traf sich in meinem Geschäftszimmer, und ich unterwies die Brüder dort in den Grundsätzen, die auf ihre Aufgabe als Rat Bezug haben, und daß sie sich in Zukunft von diesen leiten lassen sollten. Ich gab Anweisung, daß dies wie folgt aufgezeichnet werden sollte: „Der Rat soll keinen Fall verhandeln, wenn nicht beide Seiten anwesend sind oder wenigstens die Gelegenheit bekommen haben, anwesend zu sein. Er soll auch nicht die Klage der einen Seite anhören, bevor der Fall zur Verhandlung gebracht wird. Er soll auch nicht zulassen, daß der Charakter eines Menschen vor dem Hohenrat offengelegt werde, ohne daß der Betreffende anwesend und bereit ist, sich zu verteidigen. Die Räte dürfen weder für noch gegen jemanden eingenommen sein, dessen Fall sie möglicherweise verhandeln müssen." (11. Juli 1840.) DHC 4:154.

Brief des Propheten an William W. Phelps
Ein Willkommen zu dessen Rückkehr in die Kirche

Nauvoo, Kreis Hancock, Illinois, den 22. Juli 1840

Lieber Bruder Phelps!

Ich muß gestehen, ich schreibe Dir diese paar Zeilen als Antwort auf Dein Schreiben vom 29. verg. Mts. mit nicht gewöhnlichen Gefühlen; gleichzeitig bin ich hocherfreut, daß ich das tun darf.

Du kannst Dir wohl einigermaßen vorstellen, was meine und auch Elder Rigdons und Bruder Hyrums Gefühle waren, als wir Deinen Brief lasen – unser Herz zerfloß vor Mitgefühl und Erbarmen, als wir Deine Vorsätze in Erfahrung brachten. Ich kann Dir versichern, daß ich entschlossen bin, Deinen Fall so zu verhandeln, daß es die Zustimmung Jehovas (dessen Knecht ich bin) finden wird und den Grundsätzen der Wahrheit und Rechtschaffenheit entspricht, die offenbart worden sind; und da der Umgang unseres Vaters im Himmel mit den Demütigen und Bußfertigen seit jeher von Langmut, Geduld und Barmherzigkeit gekennzeichnet ist, habe ich mir vorgenommen, diesem Beispiel zu folgen, die gleichen Grundsätze hochzuhalten und somit ein Erretter meiner Mitmenschen zu sein.

Es ist richtig, wir haben infolge Deines Verhaltens viel zu leiden gehabt – der bittere Kelch, schon voll genug für den Sterblichen, der ihn trinken muß, wurde wirklich zum Überfließen gebracht, als Du Dich gegen uns wandtest. Einer, mit dem wir in Freundschaft verbunden waren, mit dem wir viel Erfrischendes vom Herrn zusammen erlebt haben – „denn nicht mein Feind beschimpft mich, das würde ich ertragen." „Als die Fremden sein Heer gefangennahmen, als die Feinde seine Tore besetzten und das Los warfen über Far West, da standest du dabei, du wurdest wie einer von ihnen. Sei nicht schadenfroh am Tag deines Bruders, am Tag seines Unheils! Reiß deinen Mund nicht so auf am Tag der Not!"

Immerhin, der Kelch ist geleert, der Wille unseres Vaters ist geschehen, und wir sind noch immer am Leben, wofür wir dem Herrn danken. Und nachdem wir durch die Barmherzigkeit unseres Gottes aus den Händen schlechter Menschen befreit worden sind, sagen wir, daß Du nun das Recht hast, aus der Macht des Widersachers befreit und in die Freiheit der lieben Kinder Gottes gebracht zu werden und wiederum Deinen Stand unter den Heiligen des Höchsten einzunehmen und Dich durch Eifer, Demut und ungeheuchelte Liebe unserem Gott und Deinem Gott und der Kirche Jesu Christi anzuempfehlen.

Ich glaube, daß Dein Bekenntnis echt und Deine Umkehr aufrichtig ist, und so wird es mich freuen, Dir wiederum die rechte Hand der Gemeinschaft zu reichen, und ich werde über die Rückkehr des verlorenen Sohnes glücklich sein.

Dein Brief wurde letzten Sonntag den Heiligen vorgelesen, und es wurde ihre Meinung festgestellt; folgender einstimmiger Beschluß wurde gefaßt: W. W. Phelps soll wieder in die Gemeinschaft aufgenommen werden.

„Komm, lieber Bruder, her zu mir, der Krieg ist nun zu Ende; Wir reichen uns, der Freund dem Freund, wie ehedem die Hände."

Immer der Deinige
Joseph Smith jun.

DHC 4:162–164.

Bemerkungen über das Priestertum

anläßlich der Konferenz am 5. Oktober 1840

Das Melchisedekische Priestertum hat alle Vollmacht inne

Um über das Thema Priestertum nachzuforschen, das für diese Generation ebenso wichtig ist wie für jede folgende, werde ich es unternehmen, dem Thema nachzugehen, so weit es mir aus dem Alten und Neuen Testament möglich ist.

In der heiligen Schrift ist von zwei Priestertümern die Rede, nämlich dem Melchisedekischen und dem Aaronischen oder Levitischen. Obwohl es zwei Priestertümer gibt, schließt doch das Melchisedekische Priestertum das Aaronische oder Levitische Priestertum mit ein und ist das überragende Haupt und hat die höchste Vollmacht inne, die zum Priestertum gehört – die Schlüssel des Reiches Gottes in allen Zeitaltern der Welt bis zur letzten Nachkommenschaft auf Erden; es ist der Weg, auf dem alle Erkenntnis, alle Lehre, der Plan der Errettung und jede wichtige Sache vom Himmel offenbart wird.

Es wurde schon vor Gründung der Erde eingerichtet, als „alle Morgensterne jauchzten, als jubelten alle Gottessöhne", und ist das höchste und heiligste Priestertum; es ist nach der Ordnung des Sohnes Gottes, und alle anderen Priestertümer sind nur Teile, Verzweigungen, Kräfte und Segnungen, die zu ihm gehören und von ihm innegehabt, beherrscht und gelenkt werden. Es ist der Weg, auf dem der Allmächtige begonnen hat, am Anfang der Erschaffung dieser Erde seine Herrlichkeit zu offenbaren, und auf dem er fortfährt, sich den Menschenkindern zur gegenwärtigen Zeit zu offenbaren, und auf dem er seine Absichten bis ans Ende der Zeit kundtun wird.

169

Adam – der erste Mensch

Der Beginn ist bei Adam, der der erste Mensch[2] war, von dem bei Daniel als dem „Hochbetagten" die Rede ist, oder mit anderen Worten, der erste und älteste von allen, der große Ahnherr, von dem es an anderer Stelle heißt, er sei Michael, weil er der erste und Vater aller ist, nicht nur wegen der Nachkommenschaft, sondern der erste, der geistige Segnungen innehatte, dem der Plan der Verordnungen zur Errettung seiner Nachkommen bis zum Ende kundgetan wurde, dem Christus als erstem offenbart wurde und durch den Christus vom Himmel offenbart worden ist und von nun an weiterhin offenbart werden wird. Adam hat die Schlüssel der Evangeliumsausschüttung in der Zeiten Fülle inne, das heißt, durch ihn wurden und werden sämtliche Evangeliumszeiten vom Anfang bis zu Christus und von Christus bis ans Ende der Evangeliumszeiten, die offenbart werden sollen, kundgetan. Denn Gott „hat uns das Geheimnis seines Willens kundgetan, wie er es gnädig im voraus bestimmt hat: Er hat beschlossen, die Fülle der Zeiten heraufzuführen, in Christus alles zu vereinen, alles, was im Himmel und auf Erden ist." (Epheser 1:9, 10.)

Die Verordnungen sind immer dieselben

Die Absicht nun, die Gott für die Schlußphase der letzten Evangeliumsausschüttung in sich trägt, ist, daß alles, was zur jetzigen Ausschüttung gehört, in genauer Übereinstimmung mit den vorangegangenen Ausschüttungen ausgeführt werden soll.

---

2 Die Lehre, die der Prophet hier vorträgt, daß Adam der erste Mensch war und deshalb der „Hochbetagte", „der älteste von allen" genannt wurde, weil er der große Ahnherr der Erde ist, findet in verschiedenen Schriftstellen ihre Bestätigung. In LuB 84:16 spricht der Herr über die Vollmacht des Priestertums und sagt: „Und von Henoch bis Abel, der durch den Anschlag seines Bruders getötet wurde und der das Priestertum auf das Gebot Gottes hin von seinem Vater Adam empfing, der der erste Mensch war." Ferner im Buch Mose 1:34: „Und den ersten aller Menschen habe ich Adam genannt, was viele bedeutet." (D. h., der Name bedeutet „viele", weil er der Vater aller ist.) Im selben Bericht (Mose 3:7) lesen wir auch: „Und ich, der Herr Gott, gestaltete den Menschen aus dem Staub des Erdbodens, und in die Nasenlöcher hauchte ich ihm den Lebenshauch; und der Mensch wurde eine lebende Seele, das erste Fleisch auf Erden, auch der erste Mensch." In der Überarbeitung, die der Prophet Joseph Smith an der Schriftstelle vornahm, wo von der Abstammung des Herrn die Rede ist (Lukas 3:38), finden wir folgendes: „... der von Enosch war, der von Set war, der von Adam war, der von Gott gestaltet worden war, der erste Mensch auf Erden."

Ferner hat Gott in seinem Ratschluß festgelegt, daß es eine ewige Fülle erst dann geben soll, wenn eine jede Ausschüttung erfüllt sei und alle vereint worden seien, und daß alles, was auch immer es sei und was in diesen Ausschüttungen zur gleichen Fülle und Herrlichkeit vereint werden sollte, in Christus Jesus sein müßte. Darum hat er angeordnet, daß die Verordnungen für immer und immer dieselben sein sollen, und hat Adam bestimmt, darüber zu wachen, sie vom Himmel dem Menschen zu offenbaren oder Engel zu senden, damit diese sie offenbaren würden. „Sind sie nicht alle nur dienende Geister, ausgesandt, um denen zu helfen, die das Heil erben sollen?" (Hebräer 1:14.)

Diese Engel unterstehen Michael oder Adam, der seinerseits dem Herrn untersteht. Aus dem obigen Zitat sehen wir, daß Paulus die Absichten Gottes in bezug auf seinen Umgang mit dem Menschen vollkommen verstand, ebenso die herrliche und vollkommene Ordnung, die er in sich festgelegt hatte und aufgrund deren er Macht, Offenbarung und Herrlichkeit ausgesandt hatte.

Adam erhielt von Gott Gebote

Was nicht von Gott berufen, verordnet und ausgewählt worden ist, erkennt er nicht an. Am Anfang berief Gott Adam mit seiner eigenen Stimme. „Gott, der Herr, rief Adam zu und sprach: Wo bist du? Er antwortete: Ich habe dich im Garten kommen hören; da geriet ich in Furcht, weil ich nackt bin, und versteckte mich." (Genesis 3:9, 10.) Adam erhielt von Gott Gebote und Belehrungen; das war von Anfang an die Ordnung.

Daß er am Anfang Offenbarungen, Gebote und Verordnungen erhielt, steht außer Frage; wie sonst hätten die Menschen anfangen können, Gott auf annehmbare Weise Opfer darzubringen? Und wenn sie Opfer darbrachten, mußten sie durch Ordinierung dazu ermächtigt worden sein. Wir lesen in Genesis 4:4, daß Abel von den Erstlingen seiner Herde und von ihrem Fett darbrachte und daß der Herr auf Abel und sein Opfer schaute. Ferner heißt es: „Aufgrund des Glaubens brachte Abel Gott ein besseres Opfer dar als Kain; durch diesen Glauben erhielt er das Zeugnis, daß er gerecht war, da Gott es bei seinen Opfergaben bezeugte, und durch den Glauben redet Abel noch, obwohl er tot ist." (Hebräer 11:4.) Wie redet er denn? Nun, er brachte das Priestertum zu Ehren, das ihm übertragen worden war, und starb als rechtschaffener Mensch; und deshalb ist er ein Engel Gottes geworden, indem er seinen Körper von den Toten zurückerhielt, und hat noch immer die Schlüssel seiner Evangeliumsausschüttung inne. Er wurde vom Himmel zu Paulus herabgesandt, um ihm Worte des Trostes zu geben und ihm Erkenntnis von den Geheimnissen des Göttlichen anzuvertrauen.

Denn wenn dies nicht so war, wie dann, so möchte ich fragen, konnte Paulus so viel über Abel wissen und davon sprechen, daß dieser noch rede, nachdem er gestorben war? Daß er geredet hat, nachdem er schon gestorben war, muß demnach so zustande gekommen sein, daß er aus dem Himmel herabgesandt wurde, um hier zu dienen.

Adam hat die Schlüssel der Präsidentschaft inne

Das ist also das Wesen des Priestertums: Jeder hat die Präsidentschaft seiner Evangeliumsausschüttung inne, und einer hat die Präsidentschaft von ihnen allen inne, nämlich Adam; und Adam erhielt seine Präsidentschaft und Vollmacht vom Herrn, kann aber erst dann eine Fülle erhalten, wenn Christus das Reich dem Vater überreicht, und das wird am Ende der letzten Ausschüttung sein.

Kain wurde für seine Schlechtigkeit verflucht

Macht, Herrlichkeit und Segnungen des Priestertums konnten nur dann bei denen verbleiben, die ordiniert worden waren, wenn ihre Rechtschaffenheit anhielt; denn Kain, der ebenfalls ermächtigt war, Opfer darzubringen, es aber nicht in Rechtschaffenheit tat, wurde verflucht. Es zeigt sich also, daß die Verordnungen genau so eingehalten werden müssen, wie Gott es bestimmt hat, andernfalls wird sich das Priestertum nicht als Segen, sondern als Fluch herausstellen.

Die Mission Henochs

Wenn Kain das Gesetz der Rechtschaffenheit in gleicher Weise befolgt hätte wie Henoch, hätte er alle Tage seines Lebens mit Gott wandeln können, er hätte nie einer Segnung ermangelt. „Nach der Geburt Metuschelachs ging Henoch seinen Weg mit Gott noch dreihundert Jahre lang und zeugte Söhne und Töchter. Die gesamte Lebenszeit Henochs betrug dreihundertfünfundsechzig Jahre. Henoch war seinen Weg mit Gott gegangen, dann war er nicht mehr da, denn Gott hatte ihn aufgenommen." (Genesis 5:22–24.) Diesen Henoch nun bewahrte Gott für sich selbst, so daß er nicht zu jener Zeit starb, und bestimmte ihn für einen Dienst an terrestrialen Körpern, über die nur wenig offenbart worden ist. Er ist auch für die Präsidentschaft einer Evangeliumsausschüttung aufbewahrt, und mehr über ihn und terrestriale Körper wird in einer anderen Abhandlung gesagt werden. Er ist ein dienender Engel und dient denen, die Erben der Errettung sein werden; er erschien dem Judas wie Abel dem Paulus, darum sagt Judas über ihn: „Auch ihnen gilt, was schon Henoch, der siebte nach Adam, geweissagt hat: Seht, der Herr kommt mit seinen heiligen Zehntausenden." (Judas 1:14, 15.)

Paulus war ebenfalls mit dieser Persönlichkeit bekannt und erhielt von ihm Unterweisung. „Aufgrund des Glaubens wurde Henoch entrückt und mußte nicht sterben; er wurde nicht mehr gefunden, weil Gott ihn entrückt hatte; vor der Entrückung erhielt er das Zeugnis, daß er Gott gefiel. Ohne Glauben aber ist es unmöglich, Gott zu gefallen; denn wer zu Gott kommen will, muß glauben, daß er ist und daß er denen, die ihn suchen, ihren Lohn geben wird." (Hebräer 11:5, 6.)

Das Prinzip der Entrückung

Das Prinzip der Entrückung ist eine Macht, die zu diesem Priestertum gehört. Es gibt vieles, was zu den Mächten des Priestertums und dessen Schlüsseln gehört, was von vor der Grundlegung der Welt an verborgengehalten wurde; es ist vor den Weisen und Klugen verborgen worden, damit es in der letzten Zeit offenbart werde.

Manche haben gemeint, das Prinzip der Entrückung sei etwas, wodurch Menschen unmittelbar in die Gegenwart Gottes und zu einer ewigen Fülle gebracht würden, aber das ist eine irrige Ansicht. Ihr Aufenthaltsort gehört zur terrestrialen Ordnung, ein Ort, der für diejenigen bereitet ist, die Gott zurückbehält, damit sie dienende Engel für viele Planeten seien, und die noch nicht in eine so große Fülle eingetreten sind wie diejenigen, die von den Toten auferstanden sind. „Einige nahmen die Freilassung nicht an und ließen sich foltern, um eine bessere Auferstehung zu erlangen." (Hebräer 11:35.)

Es ist augenscheinlich, daß es eine bessere Auferstehung gibt, sonst hätte Gott es dem Paulus nicht offenbart. Woran liegt es denn, daß die Auferstehung besser ist? Der Unterschied liegt zwischen dem Prinzip der tätsächlichen Auferstehung und dem der Entrückung: Entrückung bedeutet Freilassung von den Qualen und Leiden des Leibes, aber das Dasein der Betreffenden geht, was die Arbeit und Aufgaben des Dienstes betrifft, weiter, bis sie in eine derartig große Ruhe und Herrlichkeit eingehen können.

Andererseits haben diejenigen, die sich haben foltern lassen und die die Freilassung nicht angenommen haben, die unmittelbare Ruhe von ihrer Arbeit erhalten. „Und ich hörte eine Stimme vom Himmel her rufen: Schreibe! Selig sind die Toten, die im Herrn sterben, von jetzt an; ja, spricht der Geist, sie sollen ausruhen von ihren Mühen; denn ihre Werke begleiten sie." (Offenbarung 14:13.)

Sie ruhen von ihrer Arbeit für eine lange Zeit, und doch wird ihnen ihre Arbeit zurückbehalten, so daß sie die gleiche Arbeit tun können, nachdem sie für ihren Leib die Auferstehung empfangen haben. Aber wir werden dieses Thema und das von den terrestrialen Körpern für ein andermal aufheben, wo wir gründlicher darauf eingehen können.

Die Schlüssel des Priestertums

Der nächste große, überragende Patriarch (nach Henoch), der die Schlüssel des Priestertums innehatte, war Lamech. „Lamech war hundertzweiundachtzig Jahre alt, da zeugte er einen Sohn und nannte ihn Noach. Dabei sagte er: Er wird uns aufatmen lassen von unserer Arbeit und von der Mühe unserer Hände um den Ackerboden, den der Herr verflucht hat." (Genesis 5:28, 29.) Das Priestertum ging weiter von Lamech an Noach: „Da sprach Gott zu Noach: Ich sehe, das Ende aller Wesen aus Fleisch ist da; denn durch sie ist die Erde voller Gewalttat. Nun will ich sie zugleich mit der Erde verderben." (Genesis 6:13.)

So sehen wir, daß die Schlüssel dieses Priestertums darin bestanden, daß die Stimme Jehovas empfangen wurde, daß er mit ihm (Noach) in einer vertrauten und freundlichen Weise sprach, daß er ihm die Schlüssel und Bündnisse, die Macht und Herrlichkeit weiter anvertraute, die er am Anfang Adam gegeben hatte; dazu das Darbringen von Opfern, was in der Endzeit fortgesetzt wird, denn alle Verordnungen und Pflichten, die jemals in einer der Evangeliumsausschüttungen vom Priestertum unter der Weisung und den Geboten des Allmächtigen gefordert worden sind, werden alle wieder in der letzten Ausschüttung vorhanden sein. Darum wird alles, was es in irgendeiner früheren Epoche unter der Vollmacht des Priestertums gegeben hat, wieder vorhanden sein; dadurch wird die Wiederherstellung zustande gebracht, von der alle heiligen Propheten geredet haben; und dann werden die Söhne Levis dem Herrn ein annehmbares Opfer darbringen. „Er setzt sich, um das Silber zu schmelzen und zu reinigen: Er reinigt die Söhne Levis, er läutert sie wie Gold und Silber. Dann werden sie dem Herrn die richtigen Opfer darbringen." (Maleachi 3:3.)

Opfer – ein Teil der Wiederherstellung

Es wird hier notwendig sein, ein paar Bemerkungen zu der Lehre zu machen, die in dem obigen Zitat dargelegt ist; es wird ja allgemein angenommen, daß das Opfern abgeschafft wurde, als das große Opfer [nämlich das Opfer des Herrn Jesus] dargebracht wurde, und daß es in Zukunft keine Notwendigkeit für die Verordnung des Opferns mehr gebe. Wer aber das behauptet, kennt gewiß nicht die Obliegenheiten, die Rechte und die Vollmacht des Priestertums und auch nicht die Propheten.

Das Darbringen von Opfern steht von jeher mit dem Priestertum in Zusammenhang und bildet einen Teil von dessen Obliegenheiten. Es hat mit dem Priestertum begonnen und wird von Generation zu Generation fortdauern bis nach dem Kommen Christi. Wir lassen häufig erwähnen, daß die Knechte des Allerhöchsten in alten Zeiten, schon vor dem Gesetz des Mose, Opfer dargebracht haben, und diese Verordnungen werden sich fortsetzen, wenn das Priestertum mit all seiner Vollmacht und Kraft und seinen Segnungen wiederhergestellt wird.

Die Mission Elijas

Elija war der letzte Prophet, der die Schlüssel dieses Priestertums innehatte, und er ist es, der die Vollmacht dieses Priestertums wiederbringen und dessen Schlüssel übertragen wird, und zwar zu Beginn der letzten Evangeliumsausschüttung, damit alle Verordnungen in richtiger Weise besorgt werden können. Zwar hatte der Erretter die Vollmacht und die Kraft, diese Segnung zu verleihen, aber die Söhne Levi waren allzu voreingenommen. „Bevor aber der Tag des Herrn kommt, der große und furchtbare Tag, seht, da sende ich zu euch den Propheten Elija" usw. usw. Warum gerade Elija? Weil er die Schlüsselgewalt zum Vollzug aller heiligen Handlungen des Priestertums innehat; und wenn diese Vollmacht nicht erteilt wird, können die heiligen Handlungen nicht auf die richtige Weise vollzogen werden.

Allgemein herrscht die Meinung, daß die dargebrachten Opfergaben gänzlich vom Feuer verzehrt wurden. Das war aber nicht so; wenn man Levitikus 2:2, 3 liest, wird man bemerken, daß die Priester einen Teil davon als Gedächtnisanteil dem Herrn darbrachten, der Rest aber wurde für den Unterhalt der Priester zurückbehalten. Somit werden die Opfer und Opfergaben nicht alle auf dem Altar vernichtet – das Blut wird versprengt, und das Fett und bestimmte andere Teile werden vom Feuer verzehrt.

Alle Verordnungen wiederhergestellt

Diese Opferhandlungen und ebenso jede andere zum Priestertum gehörende Verordnung werden, vollständig wiederhergestellt und in all
ihrer Macht, in all ihren Verzweigungen und Segnungen durchgeführt
werden, nämlich dann, wenn der Tempel des Herrn gebaut werden wird
und die Söhne Levi rein gemacht sein werden. Das war immer so und
wird immer so sein, wenn die Kräfte des Melchisedekischen Priestertums in genügendem Maße vorhanden sind; wie könnte es denn sonst
eine Wiederherstellung von allem geben, von der die heiligen Propheten
gesprochen haben? Man darf nicht meinen, das Gesetz des Mose mit all
seinen feierlichen Handlungen und seiner Vielzahl von Zeremonien
werde wieder eingeführt werden; davon haben die Propheten nie gesprochen; sondern das, was schon vor den Tagen des Mose existiert hat,
nämlich das Opfern, wird eine Fortsetzung finden.

Manch einer mag fragen, wieso denn Opfer nötig seien, wo doch das
Große Opfer dargebracht worden ist? Darauf läßt sich nur antworten:
Wenn die Umkehr, die Taufe und der Glaube schon vor den Tagen Christi existiert haben, wieso waren sie denn dann seither nötig? Das Priestertum ist auf ordnungsgemäße Weise vom Vater auf den Sohn überge-
gangen – durch die Aufeinanderfolge der Generationen. (5. Oktober
1840.) DHC 4:207–212.

Ein Schreiben des Propheten an die Zwölf

An den Reisenden Hohenrat und die Ältesten der Kirche Jesu Christi
der Heiligen der Letzten Tage in Großbritannien:

Geliebte Brüder! Mögen Gnade, Barmherzigkeit und Friede von
Gott dem Vater und dem Herrn Jesus Christus auf Euch ruhen! Ich habe
vor mir mehrere Briefe von meinen Brüdern, den Zwölf, und einige hätten schon seit längerem einer Antwort bedurft. Da aber eine solche
Vielzahl von Geschäften meine Aufmerksamkeit in Anspruch nimmt,
habe ich die Antwort bis heute hinausgeschoben.

Seid versichert, geliebte Brüder, daß ich das, was auf der ganzen Erde
vorgeht, mit Interesse beobachte, und von allen Ereignissen allgemei-
ner Art ist wohl nichts wichtiger als das herrliche Werk, in welchem Ihr
jetzt tätig seid. Mir ist es daher sehr darum zu tun, daß Ihr Euch aufgrund Eurer Tugend, Glaubenstreue, Eifrigkeit und Nächstenliebe einander und der Kirche Christi und Eurem Vater im Himmel anempfehlt –
denn durch seine Gnade seid Ihr zu einer so heiligen Berufung berufen
worden –, und dadurch befähigt werdet, die großen und verantwor-
tungsvollen Aufgaben zu erfüllen, die Euch auferlegt sind. Und ich kann

176

Euch versichern: nach der Kunde, die mir zugegangen ist, bin ich überzeugt davon, daß Ihr Eure Pflicht nicht vernachlässigt, sondern daß Euer Eifer und Eure Treue dazu angetan waren, Euch die Gunst Gottes, dessen Knechte Ihr seid, sowie das Wohlwollen der Heiligen auf der ganzen Welt einzutragen.

Das Evangelium in England

Daß sich das Evangelium in England ausbreitet, ist gewiß sehr erfreulich; diese Überlegung weckt außergewöhnliche Gefühle im Herzen derer, die den ganzen Tag lang die Last der Arbeit und die Hitze ertragen haben und die in der ersten Zeit die starken Stützen und eifrigen Verfechter desselben waren, während sich die Kirche noch in den unvorteilhaftesten Umständen befand und von allen Seiten Vernichtung drohte. Die heranwachsende Kirche gleicht einem mutigen Schiff, das dem Sturm getrotzt hat und unversehrt geblieben ist, dann die Leinwand vor dem Wind entfaltet und durch die gefügigen Wogen gleitet, mehr als je zuvor der Kraft seiner Planken bewußt, bewußt der Erfahrung und Fähigkeit seines Kapitäns, Steuermanns und seiner Mannschaft.

Meiner Meinung nach ist es auch sehr befriedigend, daß zwischen Euch ein so gutes Einvernehmen besteht und daß die Heiligen so freudig auf Euren Rat hören und in dieser Arbeit der Liebe und im Bemühen um mehr Wahrheit und Rechtschaffenheit miteinander wetteifern. So soll es in der Kirche Christi auch sein: Einigkeit macht stark! „Seht doch, wie gut und schön ist es, wenn Brüder miteinander in Einigkeit wohnen." Die Heiligen des Allerhöchsten mögen immer diesen Grundsatz pflegen, dann werden sich für sie die herrlichsten Segnungen ergeben, nicht nur für jeden persönlich, sondern für die ganze Kirche – die Ordnung des Reiches bleibt bewahrt, seine Beamten werden geachtet und seine Forderungen werden bereitwillig und freudig befolgt.

Liebe – ein Kennzeichen Gottes

Liebe ist eins der wesentlichen Kennzeichen Gottes und muß sich auch bei denjenigen zeigen, die danach streben, Söhne Gottes zu sein. Wenn ein Mann von der Liebe Gottes erfüllt ist, gibt er sich nicht damit zufrieden, nur seine Familie zu segnen, sondern er streift durch die ganze Welt und möchte die ganze Menschheit segnen. Genau das habt Ihr gefühlt, und es hat Euch veranlaßt, auf die Annehmlichkeiten des eigenen Heims zu verzichten, um anderen Menschen ein Segen sein zu können, Menschen, die zwar Anwärter auf die Unsterblichkeit sind, aber der Wahrheit fremd gegenüberstehen; und weil Ihr das tut, bete ich darum, daß die erlesensten Segnungen des Himmels auf Euch ruhen mögen.

Da ich um Rat gebeten worden bin, ob es wohl angebracht sei, daß Ihr im Frühling wieder zurückkommt, will ich dem gern entsprechen. Ich habe eine Weile darüber nachgedacht und bin der Meinung, daß es weise wäre, wenn Ihr Euch dafür bereitmacht, die Stätte Eures Wirkens im Frühjahr zu verlassen. Da Ihr das Zeugnis in jenes Land gebracht habt und viele Leute es angenommen haben, kann der Sauerteig sich nun ausbreiten, ohne daß Ihr dort verweilen müßt.

Noch etwas – der Geist hat mir eingegeben, daß es in dem Land, wo Ihr gerade arbeitet, Unruhe und Spannungen und Schwierigkeiten geben wird. Ich möchte darum sagen, seid inzwischen eifrig: organisiert Gemeinden, und jeder soll an seinem Platz stehen, so daß diejenigen, die im Frühjahr nicht mit Euch kommen können, nicht wie Schafe sind, die keinen Hirten haben.

Ein Ort der Sammlung

Ich möchte aber auch folgendes erwähnen: Da dieser Ort für die Zusammenführung der Heiligen bestimmt ist, wird es notwendig sein, daß es auf die Weise geschieht, wie der Herr es will. Infolgedessen meine ich, weil es so zahlreiche Heilige in England gibt, die außergewöhnlich arm sind und in landwirtschaftlicher Arbeit keine Übung haben und für die, bevor sie sich in unserem Land selbst erhalten können, etliche Vorbereitungen getroffen werden müssen – um also Verwirrung und Enttäuschung bei ihrer Ankunft zu vermeiden, sollen die Männer, die in der Herstellung von Maschinen Bescheid wissen, und solche, die über Kapital verfügen, wie wenig es auch sein mag, so bald wie möglich hierher kommen, wo sie Betriebe aufrichten und sonstige notwendige Vorbereitungen treffen können, so daß die Armen bei ihrer Ankunft Arbeitsmöglichkeit vorfinden. Dieser Ort hier bietet für Manufaktur und Handel viele Vorteile, die anderswo kaum zu finden sind, und die Gründung von Baumwollfabriken, Gießereien, Töpfereien u. a. würde wohl dazu führen, daß Wohlstand entsteht und der Ort sich zu sehr wichtiger Bedeutung erhebt.

Ich brauche mich über dieses Thema nicht weiter zu verbreiten, da wohl jeder einsieht, daß es vernünftig und annehmbar ist.

Buchdruck

In meinem früheren Schreiben habe ich Euch meine Meinung über den Druck des Buches Mormon, eines Gesangbuchs usw. mitgeteilt. Mir ist von Euch ein Gesangbuch verehrt worden, und es hat meine höchste Billigung gefunden; ich halte es für eine sehr wertvolle Sammlung von Kirchenliedern. Wie ich erfahre, wird das Buch Mormon gleichfalls gedruckt, und das freut mich zu hören. Ich würde mich freuen zu hören, daß es in allen Sprachen der Erde gedruckt wird. Das Buch ‚Lehre und Bündnisse‘ könnt Ihr drucken lassen, sobald es Euch angebracht erscheint. Wenn es eine starke Nachfrage danach gibt, habe ich nichts dagegen, sondern bestärke Euch darin.

Soweit mir Eure Maßnahmen bekanntgeworden sind, möchte ich sagen, daß ich völlig davon überzeugt bin, daß Ihr bei allem weise gehandelt habt. Für mich besteht kein Zweifel, daß der Geist des Herrn Euch geleitet hat, und das ist für mich der Beweis, daß Ihr demütig seid und daß Eure Wünsche auf die Errettung Eurer Mitmenschen gerichtet sind und nicht auf Selbstverherrlichung und eigene Interessen. Solange die Heiligen eine solche Einstellung an den Tag legen, werden ihre Ratschläge Zustimmung finden und ihre Anstrengungen von Erfolg gekrönt sein.

Es gibt vieles sehr Wichtiges, worüber Ihr um Rat fragt, aber ich denke, Ihr seid durchaus imstande, diese Sache selbst zu entscheiden; denn Ihr seid ja mit den besonderen Umständen besser vertraut als ich. Ich setze großes Vertrauen in Eure vereinte Weisheit, darum werdet Ihr mir vergeben, wenn ich mich nicht auf Einzelheiten einlasse. Falls ich etwas sehe, was falsch ist, werde ich mir erlauben, Euch meine Ansicht bekanntzugeben und das Übel aufzuzeigen.

Wenn Elder Parley P. Pratt den Wunsch hat, länger als die übrigen Zwölf in England zu bleiben, mag er das gerne tun; denn er hat ja seine Familie mit, und seine Umstände sind infolgedessen anders als die der anderen. Auch ist es notwendig, daß jemand dort vorhanden ist, der mit den Regeln und Satzungen der Kirche vertraut ist und außerdem die Zeitschrift weiterführt, die dort herausgegeben wird. Unter Berücksichtigung all dieser Umstände möchte ich daher Bruder Pratt nicht dazu überreden, schon im Frühjahr zurückzukehren.

Den Heiligen geht es gut

Es freut mich, Euch mitteilen zu können, daß es uns hier gut geht und daß es den Heiligen gesundheitlich besser geht als früher, und aus der Tatsache, daß die Krankheiten im Abnehmen begriffen sind – wenn man das jetzige mit dem Vorjahr vergleicht –, komme ich zu dem Schluß, daß dies schließlich doch ein gesunder Ort werden wird. Gegenwärtig hat die Stadt Nauvoo etwa 3000 Einwohner, und jeden Tag kommen weitere an. In verschiedenen Teilen des Landes sind Pfähle errichtet worden, die sich in gedeihlichen Umständen befinden.

Lebensmittel kosten jetzt viel weniger als bei Eurer Abreise: Mehl etwa 4 Dollar pro Faß, Mais und Kartoffeln an die 25 Cent je Scheffel, und das sonstige im selben Verhältnis. Überall in der Union hat es eine sehr ertragreiche Ernte gegeben.

Der Tempel

Aus Times and Seasons werdet Ihr entnommen haben, daß wir im Begriff sind, an diesem Ort einen Tempel zu bauen, so daß wir unseren Gott verehren können. Wir treffen soeben die Vorbereitungen, jeden zehnten Tag opfern die Brüder für die Arbeit im Steinbruch usw. Wir konnten eines der schönsten Grundstücke in der ganzen Gegend sicherstellen. Der Tempel wird beträchtlich größer sein als der in Kirtland, in seinen Abmessungen viel prächtiger, und das wird ohne Zweifel die Aufmerksamkeit der Großen dieser Erde auf sich ziehen.

Wir haben der gesetzgebenden Körperschaft einen Antrag auf amtliche Eintragung der Stadt Nauvoo sowie Errichtung eines Lehrinstituts und zu anderen Zwecken vorgelegt, und ich hoffe auf baldige Erledigung.

Ableben des Patriarchen Joseph Smith

Ihr werdet auch die Nachricht bekommen haben, daß mein Vater gestorben ist; das ist für die Familie und die Kirche im allgemeinen zwar schmerzhaft, aber es ist ein zufriedenstellendes, besiegelndes Zeugnis, daß dieses Werk des Herrn wahr ist. Bruder Hyrum ist sein Nachfolger als Patriarch der Kirche – das waren seine letzten Weisungen und Gebetswünsche.

Mehrere hervorragende und vornehme Persönlichkeiten haben sich der Kirche angeschlossen und sind nun dem Glauben gehorsam; ich freue mich, Euch mitteilen zu können, daß sich das Werk auf unserem Kontinent sehr rasch ausbreitet. Einige der Brüder sind jetzt in New Orleans, und wir erwarten einen großen Zustrom vom Süden. Es war mir vergönnt, etwa hundert Brüder willkommen zu heißen, die mit Bruder Turley gekommen sind; ich höre, daß die übrigen in Kirtland geblieben sind, weil sie kein Geld für die Weiterreise haben. Ich glaube, daß diejenigen, die diesen Herbst hergekommen sind, weder den bestmöglichen noch den billigsten Weg eingeschlagen haben. Die meisten Brüder haben die eine oder andere Arbeit gefunden und scheinen leidlich zufrieden, und es hat den Anschein, daß sie bereit sind, auf Ratschläge zu hören.

Verbreitet das Evangelium!

Die Brüder Robinson und Smith bekamen kürzlich einen Brief von Elder Kimball, Elder Smith und Elder Woodruff, woraus uns die Mitteilung zugekommen ist, daß das Werk des Herrn in London seinen Anfang genommen hat; das hat mich sehr gefreut. Auch höre ich, daß Älteste nach Australien und Indien gereist sind. In mir regt sich der Wunsch, man möge jede solche von der Vorsehung gebotene Möglichkeit nutzen, und Ihr solltet noch vor Eurer Abreise aus England das Evangelium in so viele Teile der Welt senden, wie Ihr nur könnt.

Geliebte Brüder, Ihr müßt Euch einigermaßen vorstellen können, was ich fühle, wenn ich mir das große Werk vor Augen halte, das jetzt vor sich geht, und mein Verhältnis dazu, während es sich in entfernte Länder erstreckt und Tausende sich ihm anschließen. Ich erkenne einigermaßen meine Verantwortung und wie sehr ich es nötig habe, von oben gestützt zu werden und Weisheit aus dem Himmel zu empfangen, damit ich imstande bin, dieses Volk, das jetzt ein bedeutendes Volk geworden ist, die Grundsätze der Rechtschaffenheit zu lehren und es so zu führen, daß es dem Willen des Himmels entspricht: so daß sie vollkommen gemacht werden und bereit sind, dem Herrn Jesus Christus zu begegnen, wenn er in großer Herrlichkeit erscheinen wird. Darf ich mich darauf verlassen, daß Ihr um meinetwillen zum himmlischen Vater betet, und auch auf die Gebete aller meiner Brüder und Schwestern in England – die ich noch nicht gesehen habe, aber doch liebe –, damit ich imstande sei, allen Ränken des Satans zu entgehen, jede Schwierigkeit zu meistern und dieses Volk dahin zu bringen, daß es sich der Segnungen erfreuen kann, die den Rechtschaffenen vorbehalten sind? Das nämlich erbitte ich von Euch im Namen des Herrn Jesus Christus.

Die Heiligen mögen sich dessen bewußt sein, daß von der Bemühung eines jeden einzelnen viel abhängt und daß sie berufen sind, unsere und des Heiligen Geistes Mitarbeiter zu sein, um das große Werk der Letzten Tage zu vollbringen, und in Anbetracht von dessen Ausmaßen, Segnungen und Herrlichkeiten soll jedes eigensüchtige Gefühl nicht nur begraben, sondern ganz ausgelöscht werden; Liebe zu Gott und Menschen muß vorherrschen und im Herzen aller mit Triumph regieren, damit ihr Gemüt dem des Henoch in alter Zeit gleich werde, damit sie alles verstehen können, Gegenwärtiges, Vergangenes und Zukünftiges, damit ihnen keine Gnadengabe fehlt, während sie auf das Kommen Jesu Christi, unseres Herrn, warten.

Die Heiligen sollen für Gott leben

Das Werk, worin wir vereint tätig sind, ist kein gewöhnliches Werk. Die Feinde, mit denen wir es zu tun haben, sind durchtrieben und im Manövrieren sehr geschickt; an uns liegt es, auf der Hut zu sein und unsere Kraft zusammenzuhalten und daß zwischen uns nur die besten Gefühle herrschen. Dann werden wir mit der Hilfe des Allmächtigen von Sieg zu Sieg eilen, von Überwindung zu Überwindung: unser böser Trieb wird bezwungen sein, unsere Vorurteile werden weichen. Wir werden im Herzen keinen Platz für Haß finden, das Laster wird sein ungestaltes Haupt verbergen, und in der Sicht des Himmels werden wir als Bewährte dastehen, anerkannt als Söhne Gottes.
Mögen wir doch begreifen, daß wir nicht für uns selber leben sollen, sondern für Gott; dadurch wird auf uns der größte Segen ruhen – in der Zeit ebenso wie in der Ewigkeit.

Die Taufe für die Toten

Ich nehme an, daß Euch die Lehre von der „Taufe für die Toten" schon zu Ohren gekommen ist, und vielleicht habt Ihr diesbezüglich einige Fragen. Ich kann Euch in diesem Brief nicht alles mitteilen, was Ihr darüber werdet wissen wollen, aber abgesehen von dem, was darüber aus anderen Quellen als der Bibel bekannt ist, möchte ich sagen, daß sie sicherlich von den Gemeinden in alter Zeit praktiziert wurde, und der hl. Paulus unternimmt es, die Lehre von der Auferstehung aus der Taufe für die Toten zu beweisen. Er sagt: „Wie kämen sonst einige dazu, sich für die Toten taufen zu lassen? Wenn Tote gar nicht auferweckt werden, warum läßt man sich dann taufen für sie?"
Ich habe diese Lehre zum erstenmal öffentlich erwähnt, als ich die Grabrede für Bruder Seymour Brunson hielt, und seither habe ich in der Kirche allgemeine Anweisungen über dieses Thema erteilt. Die Heiligen dürfen sich für ihre verstorbenen Anverwandten taufen lassen, von denen sie annehmen, daß sie das Evangelium angenommen hätten, wenn sie es hätten vernehmen dürfen, und die es im Geist empfangen haben, nämlich vermittels derjenigen, die den Auftrag haben, es ihnen zu predigen, während sie im Gefängnis weilen.

Ohne daß ich mich in Einzelheiten zu ergehen brauche, werdet Ihr doch zweifellos sehen, daß es folgerichtig ist und der Vernunft entspricht, und das Evangelium Christi wird dadurch in einem größeren Maßstab dargestellt, als einige es sich vorgestellt haben. Da aber der Vollzug dieser Handlung an diesen Ort gebunden ist, ist es unnötig, auf einzelne Punkte einzugehen. Zugleich möchte ich aber sagen, daß es mich immer freut, alles mitzuteilen, was in meiner Macht steht, aber diesmal läßt es der mir zur Verfügung stehende Platz nicht zu.

Wir bekamen vor ein paar Tagen einen Brief von Elder Hyde, der jetzt in New Jersey ist und sich nach England einschiffen will, sobald Elder Page bei ihm eintrifft. Er wollte wissen, ob bekehrte Juden sich nach Jerusalem begeben oder nach Zion kommen sollen. Darum möchte ich daß Ihr ihm mitteilt, daß bekehrte Juden hierher kommen müssen.

Übermittelt allen Brüdern und Schwestern meine freundlichsten Grüße und sagt ihnen, daß ich sehr gerne nach England gekommen wäre, um sie zu besuchen, aber ich fürchte, ich muß einige Zeit hierbleiben, deshalb lade ich sie dringend ein, mich besuchen zu kommen.

Liebe Brüder, ich verbleibe mit inniger Zuneigung

Euer
Joseph Smith

(19. Okt. 1840.) DHC 4:226–232.

Beschreibung des Apostels Paulus

Am 5. Januar 1841 gab der Prophet Joseph bei der Gründung einer Lehranstalt die folgende Beschreibung: „Er ist ungefähr fünf Fuß groß; sehr dunkles Haar; sehr dunkle Hauttönung; große römische Nase; scharfgeschnittenes Gesicht; kleine schwarze Augen, durchdringend wie die Ewigkeit; runde Schultern; eine greinende Stimme, außer wenn er sie erhob, und dann glich sie beinah dem Brüllen eines Löwen. Er war ein guter Redner, energisch und intelligent, immer damit beschäftigt, seinen Mitmenschen Gutes zu tun."

Verschiedene Grade des Melchisedekischen Priestertums

„Antwort auf die Frage ‚Wurde das Melchisedekische Priestertum weggenommen, als Mose starb?': Das gesamte Priestertum ist Melchisedekisch, aber es gibt davon unterschiedliche Teile oder Grade. Der Teil, der bewirkte, daß Mose mit Gott von Angesicht zu Angesicht sprach, wurde weggenommen, aber der Teil, der den Dienst von Engeln bewirkte, verblieb. Alle Propheten hatten das Melchisedekische Priestertum und wurden von Gott selbst ordiniert."

Die Urstoffe sind ewig

Die Urstoffe sind ewig. Wenn etwas einen Anfang hat, so hat es gewiß auch ein Ende: man nehme einen Ring – ohne Anfang, ohne Ende –, schneide ihn durch, so daß man einen Anfang hat, und schon hat man auch ein Ende.

Zum Aufschluß: jeder von Gott ausgehende Grundsatz ist ewig, und jeder Grundsatz, der nicht ewig ist, stammt vom Teufel. Die Sonne hat keinen Anfang und kein Ende; den von ihr ausgehenden Strahlen sind keine Grenzen gesetzt, daher sind sie ewig.

So ist es auch mit Gott. Hätte die menschliche Seele einen Anfang, so hätte sie sicherlich auch ein Ende. Die Worte der Übersetzung, nämlich „wüst und wirr", sollten als leer und öde verstanden werden, und das Wort „schuf" sollte „formte" oder „gestaltete" lauten.

Über die Gottesvorstellung der Irrgläubigen

„Wenn etwas ‚ohne Körper, ohne Glieder, ohne Regungen' ist, so ist es nichts. Es gibt keinen anderen Gott im Himmel als den Gott, der Fleisch und Gebein hat. Johannes 5:26: ‚Denn wie der Vater das Leben in sich hat, so hat er auch dem Sohn gegeben, das Leben in sich zu haben.' Gott Vater hat das Leben genauso an sich genommen, wie Jesus es getan hat.

Die erste Stufe zur Errettung des Menschen sind die Gesetze ewiger und selbständiger Prinzipien. Der Geist ist ewig. Bei der ersten Organisierung im Himmel waren wir alle anwesend und haben gesehen, wie der Erretter erwählt und bestimmt wurde und wie der Plan der Errettung aufgestellt wurde; und wir haben ihn gebilligt.

Wir sind auf diese Erde gekommen, damit wir einen Körper erlangen und ihn rein darbringen können, nämlich vor Gott im celestialen Reich. Das wichtige Prinzip des Glücklichseins besteht darin, daß man einen Körper hat. Der Teufel hat keinen Körper, und darin liegt seine Strafe. Es freut ihn, wenn er sich einen menschlichen Körper aneignen kann, und als er vom Erretter aus einem solchen ausgetrieben wurde, bat er, in eine Herde Schweine hineinfahren zu dürfen; dies zeigt, daß er sogar lieber den Körper eines Schweines hat als gar keinen.

Alle Wesen, die einen Körper haben, besitzen Macht über diejenigen, die keinen haben. Der Teufel hat nur so viel Macht über uns, wie wir ihm einräumen. In dem Augenblick, wo wir uns gegen etwas, was von Gott kommt, auflehnen, ergreift der Teufel die Macht. Diese Erde wird ihre Bahn zurück in die Gegenwart Gottes nehmen, und sie wird mit celestialer Herrlichkeit gekrönt werden."

Auszüge aus einer Proklamation der Ersten Präsidentschaft an die Heiligen in der Ferne

Nauvoo

Der Name unserer Stadt (Nauvoo) ist hebräischen Ursprungs und bezeichnet eine schöne Lage, einen schönen Ort, läßt dabei aber auch an Ruhe denken, und das ist tatsächlich eine wahrheitsgemäße Beschreibung dieser höchst anziehenden Gegend. Die Stadt liegt am Ostufer des Mississippi, am oberen Ende der Des-Moines-Stromschnellen im Kreis Hancock; im Osten wird sie von einer weiten Prärie von außerordentlicher Schönheit begrenzt, im Norden, Westen und Süden vom Mississippi. Einige Leute haben diesen Ort abgelehnt, weil es hier im Sommer viel Krankheit gibt ... aber alle östlichen und südlichen Teile der Stadt Nauvoo sind für akklimatisierte Bewohner so gesund wie jedes andere Gebiet im Westen.

Die Bevölkerung der Stadt nimmt mit unvergleichlicher Schnelligkeit zu: es sind jetzt schon über 3000 Einwohner. In der Stadt und ihrer Umgebung im Kreis Hancock ist alles Notwendige vorhanden, um dem mechanischen Gewerbe sowie der angenehmen landwirtschaftlichen Arbeit nachgehen zu können. Die Wasserkraft des Mississippi läßt sich in fast unbegrenztem Maße für Fertigungsbetriebe ausnutzen. – DHC 4:268.

* * *

Der Tempel

Der Tempel des Herrn wird gegenwärtig hier errichtet, wo die Heiligen zusammenkommen, um den Gott ihrer Väter so zu verehren, wie es der Ordnung seines Hauses und den Kräften des heiligen Priestertums entspricht, und er wird so konstruiert sein, daß alle Obliegenheiten des Priestertums auf die rechte Weise ausgeführt werden können; hier wird Weisung vom Allerhöchsten empfangen und in die fernen Länder hinausgesandt werden. So wollen wir also all unsere Kräfte gemäß den Bestimmungen der „Magna Charta", die uns von der gesetzgebenden Körperschaft von Illinois verliehen worden ist, in der „Stadt Nauvoo" und in der Umgebung zusammenziehen und uns bemühen, es in allem, was für unsere und alle künftigen Generationen so ungeheuer wichtig ist, den alten Vätern des Bundes und Patriarchen gleichzutun. – DHC 4:269.

* * *

Die Sammlung der Heiligen

Die größten zeitlichen und geistigen Segnungen, die sich immer aus Glaubenstreue und gemeinschaftlicher Anstrengung ergeben, gehen niemals mit dem Streben oder Unternehmen eines einzelnen einher. Die Geschichte der vergangenen Zeitalter bestätigt diese Tatsache in reichem Maße. Zu all den zeitlichen Segnungen gibt es für die Heiligen keinen anderen Weg, in diesen Letzten Tagen errettet zu werden, als vermittels der Sammlung; das wird durch das übereinstimmende Zeugnis aller heiligen Propheten deutlich bewiesen; denn es steht geschrieben: „Vom Osten bringe ich deine Kinder herbei, vom Westen her sammle ich euch. Ich sage zum Norden: Gib her!, und zum Süden: Halt nicht zurück! Führe meine Söhne heim aus der Ferne, meine Töchter vom Ende der Erde!"

Es ist auch das übereinstimmende Zeugnis aller Propheten, daß diese Sammlung der Heiligen stattfinden muß, noch ehe der Herr kommt, „um Vergeltung zu üben an den Gottlosen" und „um gefeiert und im Kreis derer bewundert zu werden, die das Evangelium befolgen". Der fünfzigste Psalm, erster bis einschließlich fünfter Vers, beschreibt die Herrlichkeit und Erhabenheit dieses Ereignisses.
(8. Januar 1841.) DHC 4:272.

Die Ordnung des Priestertums bei der Errichtung eines Tempels

Die nachstehende Weisung wurde zur Zeit der Ecksteinlegung für den Nauvoo-Tempel gegeben, die am 6. April 1841 stattfand.

Wenn die genaue Ordnung des Priestertums bei der Errichtung eines Tempels eingehalten würde, so würde der erste Stein an der südöstlichen Ecke gelegt, und zwar von der Ersten Präsidentschaft. Als nächstes würde die Ecksteinlegung an der südwestlichen Ecke erfolgen, dann als drittes an der nordwestlichen Ecke, und schließlich an der vierten, der nordöstlichen Ecke. Die Erste Präsidentschaft soll den südöstlichen

Eckstein legen und bestimmen, von wem die anderen Ecksteine zu legen sind.

Wenn in der Ferne ein Tempel gebaut wird und die Erste Präsidentschaft nicht anwesend ist, dann ist es das Kollegium der Zwölf Apostel, das die Ordnung für den betreffenden Tempel festlegt; in Abwesenheit der Zwölf Apostel legt die Präsidentschaft des Pfahles den südöstlichen Eckstein. Das Melchisedekische Priestertum legt die Ecksteine an der Ostseite des Tempels, das Geringere Priestertum die an der Westseite. – DHC 4:331.

Der Bericht der Ersten Präsidentschaft zur Aprilkonferenz 1841

Die Präsidentschaft der Kirche Jesu Christi der Heiligen der Letzten Tage freut sich außerordentlich, wiederum mit den Heiligen anläßlich einer Generalkonferenz zusammenzukommen, und zwar unter so günstigen und ermunternden Umständen, und wir sind Gott dem Allmächtigen für seine gnädige Obsorge von Herzen dankbar. Wir vereinen uns aus diesem Anlaß mit den Heiligen, um seinem heiligen Namen Ehre, Herrlichkeit und Lob zukommen zu lassen.

Mit aufrichtiger Freude geben wir das stetige und schnelle Anwachsen der Kirche in diesem Staat, in den Vereinigten Staaten und in Europa bekannt. Auf allen Seiten ist das heftige Verlangen spürbar, die Grundsätze des Evangeliums kennenzulernen, und jeder Lufthauch bringt den Ältesten den Ruf: „Kommt her und helft uns!" Tausende, die das Evangelium vernommen haben, befolgen es nun und freuen sich an seinen Gaben und Segnungen. Das Vorurteil mit all dem Bösen im Gefolge weicht vor der Kraft der Wahrheit, deren wohltuende Strahlen weithin zu den Völkern dringen.

Befriedigende Berichte der Missionare

Die Berichte von den Zwölf Aposteln in Europa sind sehr befriedigend und besagen, daß das Werk mit unvergleichlicher Schnelligkeit vorangeht und daß die Ernte wahrhaftig reich ist. In den Oststaaten sind die getreuen Arbeiter erfolgreich, und viele Menschen scharen sich um das Banner der Wahrheit. Der Süden steht da nicht zurück: in den Staaten im Süden und im Westen sind Gemeinden gegründet worden, und uns ist eine sehr dringende Aufforderung aus New Orleans zugegangen, einige Älteste mögen doch in die Stadt kommen. Der Bitte wurde entsprochen. In unserem Staat hier und in der näheren Umgebung bekennen viele ihre feste Bindung an die Grundsätze unserer heiligen Religion ganz offen und sind nun dem Glauben gehorsam.

Unser Leben verläuft friedlich und gedeihlich, und Gott und die tugendhaften Menschen sind uns gewogen. Es hat eine Zeit gegeben, wo wir als Betrüger angesehen wurden und man dachte, der „Mormonismus" würde bald vergehen, sich verflüchtigen und vergessen sein. Aber die Zeit, wo er als etwas Vorübergehendes angesehen wurde, als Blase auf dem Wasser, ist vorbei, und er gewinnt jetzt einen festen Halt im Herzen und in der Zuneigung all derjenigen, die großherzig die Vorurteile ihrer Erziehung ablegen und die Sache unvoreingenommen und ehrlich untersuchen. Die Wahrheit steht wie eine starke Eiche unversehrt im Wüten der Elemente, die mit ungeheurer Kraft daran gerüttelt haben. Drangsale haben sich wie eine Flut, Welle auf Welle, in rascher Folge darüber ergossen und konnten sie dennoch nicht verschlingen. „Fluten erheben sich, Herr, Fluten erheben ihr Brausen, Fluten erheben ihr Tosen. Gewaltiger als die Brandung des Meeres ist der Herr der Heerscharen." Auch die Flammen der Verfolgung mit allem Einfluß des Pöbels waren nicht imstande, sie zu zerstören, sondern wie der Dornbusch des Mose brannte sie und verbrannte doch nicht. Gegenwärtig bietet sie den Menschen und auch den Engeln ein bedeutsames Schauspiel. Wohin könnten wir unsere Augen wenden, um etwas Ähnliches zu sehen? Vor uns steht ein Volk, das sich einer unpopulären Religion angeschlossen hat, und diese Zugehörigkeit hat ihm wiederholt Verfolgung eingetragen; ein Volk, das wegen seiner Gottesliebe und Bindung an die Sache Gottes Hunger und Entblößung gelitten hat, Gefahren und beinah jede Art von Beraubung; ein Volk, das um seiner Religion willen den vorzeitigen Tod von Eltern, Ehemännern und -frauen und Kindern zu beklagen hatte; ein Volk, das den Tod der Versklavung und Heuchelei vorzog und das seinen Charakter ehrenvoll bewahrt hat und in Zeiten, wo die menschliche Seele sich bewähren muß, fest und unverrückbar seinen Stand gehalten hat. Steht fest, Ihr Heiligen Gottes, haltet noch eine kleine Weile aus, denn der Sturm des Lebens wird vorübergehen, und Ihr werdet Euren Lohn von dem Gott bekommen, dessen Knechte Ihr seid und der all Euer Mühen und Eure Bedrängnisse um Christi und des Evangeliums willen dereinst recht würdigen wird. Euer Name wird den Nachkommen als der von Heiligen Gottes und tugendhaften Männern überliefert werden.

Ein Gebet um Fortdauer des Friedens

Wir hoffen aber, daß derartige blutige Ereignisse nie wieder vorkommen werden, sondern daß die Heiligen noch viele, sehr viele solche Ereignisse wie das heutige miterleben können, daß die Heiligen des Allerhöchsten sich in dem Tempel, dessen Grundstein unter so freudigen Umständen gelegt worden ist, Jahr für Jahr in Frieden und Sicherheit auch weiterhin zusammenfinden werden.

Aufgrund der freundlichen und großzügigen Gefühle, die uns von den Bürgern dieses Staates während unseres Aufenthalts bei ihnen entgegengebracht worden sind, dürfen wir auch weiterhin erwarten, daß wir uns aller Segnungen der bürgerlichen und Religionsfreiheit, wie von der Verfassung garantiert, erfreuen können. Die Bürger von Illinois haben es sich zur Ehre gereichen lassen, daß sie einem verfolgten und bedrängten Volk den schützenden Mantel der Verfassung übergeworfen und dadurch unter Beweis gestellt haben, daß sie nicht nur selbst die Vorteile der Freiheit für sich in Anspruch nehmen, sondern diese unschätzbare Segnung bereitwillig und freudig auf andere ausdehnen und daß sie der Glaubenstreue und Tugend gern zu ihrem Recht verhelfen.

Die Verfahrensweise auf seiten der gesetzgebenden Körperschaft in bezug auf die hiesigen Bürger war durch Menschenfreundlichkeit und Wohlwollen gekennzeichnet, und dadurch, daß sie uns diese freisinnigen Satzungen gewährt hat, sind wir ihr auf die Dauer zu großem Dank verpflichtet; wir hoffen, daß wir infolge dieser Satzungen gedeihen werden, bis unsere Stadt die großartigste, unsere Universität die gelehrteste und unsere Legion die tüchtigste in der ganzen Union sein werden.

Die Heiligen sind verarmt

Die Heiligen sind verarmt, und infolgedessen machen die Gebäude, die sich gerade im Bau befinden, nicht den gewünschten schnellen Fortschritt; aber die Heiligen bekunden ganz allgemein so viel Anteilnahme, daß wir hoffen dürfen, durch gemeinsame Anstrengung und konzentrierte Tätigkeit viel zuwege zu bringen, nämlich den Tempel und andere Gebäude für die Allgemeinheit zu errichten, die wir zum Zwecke gegenseitiger Unterweisung und für die Belehrung unserer Kinder so sehr nötig haben.

Aus den uns zugegangenen Berichten können wir dieses Jahr mit einer großen Zahl Einwanderer rechnen. Die Proklamation, die vor einiger Zeit an die ferngelegenen Gemeinden gesandt wurde, hat Wirkung gezeitigt, und eine große Anzahl trifft Vorbereitungen, hierherzukommen und sich in dieser Stadt und deren Umgebung niederzulassen.

Das, was wir jetzt sehen, veranlaßt uns, der Zukunft mit freudiger Erwartung entgegenzublicken: bald werden wir sehen, wie Tausende Kinder Israel in Befolgung des göttlichen Gebots in dieses Gebiet strömen werden; zahllose Einwohner, nämlich Heilige, werden die blumenreichen, ausgedehnten Prärien von Illinois kolonisieren; verschiedentlich werden sie für die Verehrung unseres Gottes Tempel errichten, und großer Friede wird auf Israel ruhen.

Wir möchten die Aufmerksamkeit der Heiligen besonders auf die Errichtung des Tempels lenken, denn von dessen rascher Fertigstellung hängen große Segnungen ab. Der Eifer, den die Heiligen in dieser Stadt bekunden, ist fürwahr lobenswert, und er wird hoffentlich auch von den Heiligen in den übrigen Pfählen und Zweigen der Kirche nachgeahmt werden; wir hoffen, daß diejenigen, die keinen Beitrag an Arbeit leisten können, doch ihr Gold und Silber, ihr Messing und Eisen bringen werden, dazu auch Kiefer und Buchsbaum für die Verschönerung des Tempels.

Es freut uns, von der Gründung der verschiedenen Kollegien in dieser Stadt zu hören, und wir hoffen, daß es auch in jedem Pfahl und Zweig zu solchen Gründungen kommt, denn der Allmächtige liebt Ordnung und gute Regierung.

Der Glaube und Unternehmungsgeist der Heiligen im allgemeinen gibt uns großen Mut, und wir nehmen unsere wichtigen Obliegenheiten mit Freude wahr, denn wir wissen, daß wir nicht nur die Billigung des Himmels genießen, sondern daß unsere Bemühungen um die Errichtung Zions und die Verbreitung der Wahrheit auch von den Tausenden Kindern Israel freudig unterstützt werden.

Abschließend möchten wir Euch, Brüder, noch sagen: Seid treu, laßt alle Menschen wissen, daß Ihr Liebe habt und Mäßigkeit; seid geduldig und darauf bedacht, alle Gebote des himmlischen Vaters zu befolgen, dann wird der Gott aller Gnade Euch segnen. Ja. Amen. – DHC 4:336–339.

Joseph Smith jun.
Robert B. Thompson, Schreiber

Vortrag des Propheten über Evangeliumsprinzipien

Um 10 Uhr morgens (am 16. Mai 1841) kam eine große Menge Heilige auf dem Versammlungsplatz zusammen; Präsident Joseph Smith richtete seine Worte an sie und sprach ziemlich lange.

Entscheidungsfreiheit

Er begann seine Ausführungen mit dem Hinweis, daß das Wohlwollen unseres himmlischen Vaters unsere innigste Dankbarkeit verdiene. Dann sagte er, im allgemeinen werde dem Satan zur Last gelegt, was wir Böses tun, aber wenn er wirklich die Ursache all unserer Schlechtigkeit sei, dann könne der Mensch nicht verurteilt werden. Der Teufel könne den Menschen nicht zwingen, Böses zu tun; alles geschehe aus freiem Willen. Wer sich dem Geist Gottes entgegenstelle, der sei der Gefahr ausgesetzt, in Versuchung geführt zu werden, und dann ziehe sich die Gemeinschaft des Himmels von denen zurück, die sich weigern, solch großer Herrlichkeit teilhaftig zu werden. Gott übe keine Nötigung aus, und der Teufel könne das nicht. Wenn jemand solchen Gedankengängen nachhänge, so sei das widersinnig. Die Schöpfung ist der Vergänglichkeit unterworfen, nicht aus eigenem Willen, sondern Christus hat sie unterworfen, ihr aber Hoffnung gegeben; alle sind der Vergänglichkeit unterworfen, solange sie die krummen Wege und Schwierigkeiten, die sie umgeben, entlangeilen. Wo ist der Mensch, der nicht der Vergänglichkeit ausgesetzt ist? Keiner war je vollkommen als nur Jesus – und warum war er vollkommen? Weil er der Sohn Gottes war und die Fülle des Geistes hatte und größere Macht als sonst ein Mensch. Ungeachtet aber ihrer Vergänglichkeit, schauen die Menschen voll Hoffnung nach dem Tag ihrer Befreiung aus.

Die ersten Grundsätze

Er machte dann einige Bemerkungen über die ersten Grundsätze des Evangeliums und sagte, viele von den Heiligen, die aus den verschiedenen Staaten und Nationen gekommen seien, hätten nur eine sehr oberflächliche Kenntnis von diesen Grundsätzen, da sie sie noch nicht voll erklärt bekommen hätten.

Er stellte hierauf kurz fest, daß die Grundsätze Glaube, Umkehr und Taufe zur Sündenvergebung von einigen rechtschaffenen Gesellschaften dieser Zeit wohl geglaubt würden, daß sie aber die Lehre vom Händeauflegen für die Gabe des Heiligen Geistes beiseite lassen.

Dann nahm der Sprecher auf den Hebräerbrief Bezug, 6. Kapitel, Vers 1 und 2, wo es heißt: „... wir wollen nicht noch einmal den Grund legen mit der Belehrung über die Abkehr von toten Werken" usw., sondern über die Lehre von der Taufe, dem Händeauflegen, der Auferstehung und dem ewigen Gericht usw. Daß die Apostel die Lehre vom ewigen Gericht vollkommen verstanden haben, geht aus mehreren Schriftstellen klar hervor. Petrus predigte den Juden, die sich von ihren Führern zu Gewalt und Bluttaten hatten verleiten lassen, Umkehr und Taufe zur Sündenvergebung; aber zu ihren Oberen sagte er: „Ich weiß, ihr habt aus Unwissenheit gehandelt, ebenso wie eure Führer." „Also kehrt um, und tut Buße, damit eure Sünden getilgt werden und der Herr Zeiten des Aufatmens (der Erlösung) kommen läßt und Jesus sendet als den für euch bestimmten Messias" usw. Der Ausdruck „Zeiten des Aufatmens" bezieht sich auf das Kommen Christi; dann – und nicht früher – werden ihre Sünden getilgt werden. Warum? Weil sie Mörder waren, und ein Mörder kann nicht ewiges Leben haben. Selbst David muß die Zeiten des Aufatmens abwarten, ehe er hervorkommen kann und seine Sünden getilgt werden können. Petrus sagte über ihn: „David ist nicht zum Himmel aufgestiegen, und sein Grabmal ist bei uns erhalten bis auf den heutigen Tag." Seine Überreste lagen damals also im Grab. Wir lesen aber, daß bei der Auferstehung Christi die Leiber vieler Heiliger, wahrscheinlich sogar aller, auferweckt wurden; David aber anscheinend nicht. Warum? Weil er ein Mörder war. Wenn die Geistlichen das rechte Verständnis von der Lehre des ewigen Gerichts hätten, so würden sie ihre Dienste nicht jemandem angedeihen lassen, dessen Leben verwirkt ist, weil er durch das Vergießen unschuldigen Blutes die Gesetze seines Landes verletzt hat; denn so jemandem kann keine Vergebung zuteil werden, bis er nicht den letzten Pfennig bezahlt hat. Die Gebete sämtlicher Geistlicher auf der ganzen Welt können nicht bewirken, daß das Tor der Hölle vor einem Mörder verschlossen bleibt.

Die Lehre von der Auserwählung

Dann sprach er über das Thema Auserwählung und las das 9. Kapitel aus dem Römerbrief vor, woraus klar hervorgeht, daß sich die dort erwähnte Auserwählung auf das Fleisch bezieht, und zwar im Hinblick auf die Nachkommen Abrahams; die Verheißung Gottes an Abraham lautet nämlich: „In dir und deinen Nachkommen werden alle Familien der Erde gesegnet sein." Ihnen gehört demnach die Sohnschaft und die Bundesordnung usw. Als Paulus ihren Unglauben sah, sagte er: „Ja, ich möchte selber verflucht sein", und zwar gemäß dem Fleische, nicht gemäß dem Geiste. Wieso hat Gott zum Pharao gesagt: „Ich habe dich aber am Leben gelassen."? Weil der Pharao ein brauchbares Werkzeug war – ein schlechter Mensch, der Grausamkeiten der gemeinsten Art beging. Die Auserwählung der verheißenen Nachkommen geht weiter, und in den Letzten Tagen wird ihnen das Priestertum wiedergebracht werden, und somit werden sie die „Befreier auf dem Berg Zion" sein, die Diener unseres Gottes. Gäbe es den Einfluß nicht, den der noch vorhandene Überrest davon jetzt ausübt, so wäre die Menschheit wohl so schlecht wie Sodom und Gomorra. Das gesamte Kapitel bezieht sich auf das Priestertum und das Haus Israel; die Apostel haben freilich nicht gelehrt, daß jemand bedingungslos zu ewigem Leben auserwählt sei. Gott hat insofern auserwählt oder prädestiniert, als allen denjenigen, die errettet werden wollten, die Errettung in Jesus Christus zuteil werden mußte und dadurch, daß sie das Evangelium befolgten. Er übergeht aber in keinem Fall die Sünden eines Menschen, sondern verpflichtet ihn zur Besserung. Wenn seine Kinder von ihren Sünden nicht umkehren, läßt er sie fallen. (16. Mai 1841.) DHC 4:358–360.

Drei unabhängige Prinzipien

16. Mai 1841. Es gibt drei unabhängige Prinzipien, nämlich den Geist Gottes, den Geist des Menschen und den Geist des Teufels. Alle Menschen haben die Macht, dem Teufel zu widerstehen.

Wer in einem irdischen Körper wohnt, hat Macht über diejenigen, die keinen haben. Die Lehre vom ewigen Gericht: Apostelgeschichte 2:38. Petrus predigte: Kehrt um, und jeder von euch lasse sich auf den Namen Jesu Christi taufen zur Vergebung seiner Sünden usw., aber in Apg. 3:19 sagt er: Kehrt um, und tut Buße, damit eure Sünden getilgt werden und der Herr Zeiten des Aufatmens kommen läßt und Jesus sendet usw.

Die drei Personen

Ein immerwährender Bund wurde vor der Gründung dieser Erde zwischen drei Personen geschlossen; er bezieht sich darauf, daß diese drei den Menschen auf Erden Ausschüttungen zuteil werden lassen. Laut Abrahams Bericht werden sie erster Gott, der Schöpfer, zweiter Gott, der Erlöser, und dritter Gott, der Zeuge oder Testator, genannt. – MSS.

Die Zwölf – der Ersten Präsidentschaft am nächsten

Als Präsident Joseph Smith ankam, ging er gleich daran, der Konferenz den Zweck der gegenwärtigen Zusammenkunft sehr ausführlich vorzutragen, und fügte den Worten Präsident Youngs von heute morgen hinzu, daß die Zeit gekommen sei, wo die Zwölf aufgerufen seien, ihren Platz neben der Ersten Präsidentschaft einzunehmen; sie sollten sich um die Seßhaftmachung der Einwanderer und die Geschäfte der Kirche in den Pfählen kümmern und mithelfen, das Reich auf siegreiche Weise zu den Nationen zu tragen; sie seien getreu gewesen, sie hätten den ganzen

Tag über die Last der Arbeit und die Hitze ertragen, und deshalb sei es recht, daß sie nun die Gelegenheit bekämen, für sich und ihre Familien zu sorgen, und gleichzeitig ihm von seiner Arbeit abnähmen, so daß er sich der Übersetzungsarbeit widmen könne.

Es wurde der Antrag gestellt, unterstützt und angenommen, daß die Konferenz die Weisungen Präsident Smiths in bezug auf die Zwölf genehmige und daß letztere demgemäß darangehen sollen, die Obliegenheiten ihres Amtes wahrzunehmen. (16. August 1841.) DHC 4:403.

In Krankheit auf Gott vertrauen

Sonntag, 5. Sept. 1841. – Vor einer zahlreichen Gemeinde hielt ich eine Kanzelrede über die Medizin als Wissenschaft und in ihrer Anwendung; ich wollte die Heiligen davon überzeugen, daß sie in Krankheit auf Gott vertrauen sollen und nicht auf den Arm des Fleisches, daß sie vom Glauben leben sollen und nicht von der Medizin oder gar von Gift; wenn jemand krank sei und die Ältesten gerufen habe, daß sie für ihn beteten, und er werde nicht geheilt, so solle er Kräuter und leichte Kost gebrauchen. – DHC 4:414.

Belehrungen

Die Taufe für die Toten

Auf Ersuchen der Zwölf Apostel erteilte Präsident Joseph Smith Belehrungen über die Lehre von der Taufe für die Toten; eine große Zuhörerschaft nahm sie mit gespanntem Interesse auf. Er legte dar, daß die Totentaufe die einzige Möglichkeit sei, wie der Mensch zu einem Befreier auf dem Berg Zion werden könne.

Die Verkündigung der ersten Grundsätze des Evangeliums sei das Mittel zur Errettung jedes einzelnen Menschen, und dieser werde durch die Wahrheit errettet, nicht durch Menschen. Wenn sich ein Mensch aber aktiv an den Errettungsriten als Stellvertreter beteilige, so sei er das Werkzeug, womit viele seines Geschlechtes in das Reich Gottes geführt werden.

Engel und dienende Geister

Er erklärte den Unterschied zwischen einem Engel und einem dienenden Geist: ersterer ist ein auferstandener oder entrückter Körper, und sein Geist dient verkörperten Geistern, letzterer aber ein entkörperter

Geist, der andere entkörperte Geister besucht und ihnen dient. Jesus Christus wurde – während sein Leichnam im Grab lag – ein dienender Geist für die Geister im Gefängnis; damit erfüllte er einen wichtigen Teil seiner Mission, ohne den er sein Werk nicht hätte vollenden können, nicht hätte in seine Ruhe eingehen dürfen. Nach seiner Auferstehung jedoch erschien er seinen Jüngern als Engel.

Entrückte Körper können aber erst dann in ihre Ruhe eingehen, wenn sie eine Veränderung durchgemacht haben, die dem Tod gleichkommt. Wenn jemand entrückt wird, so deshalb, weil er später noch eine Mission zu erfüllen hat.

Der Engel, der Johannes auf der Insel Patmos erschien, war ein entrücktes oder auferstandenes Wesen. Jesus Christus machte sich nach seiner Auferstehung als leibliches Wesen auf, um anderen Auferstandenen zu dienen. Von Adam herab bis in die Gegenwart ist eine ununterbrochene Linie von Vollmacht und Kraft vorhanden.

Die beste Möglichkeit, Wahrheit und Weisheit zu erlangen, besteht nicht darin, sie aus Büchern zu erfragen, sondern sich im Gebet an Gott zu wenden und göttliche Belehrung zu erhalten. Es ist genauso glaubhaft, daß Gott die Toten errettet, wie daß er sie auferweckt.

Verzeihende Barmherzigkeit – ein ewiges Prinzip

Zu keiner Zeit ist ein Geist zu alt, als daß er sich Gott zuwenden könnte. Alle befinden sich im Wirkungsbereich der verzeihenden Barmherzigkeit, sofern sie nicht die unverzeihliche Sünde begangen haben, für die es keine Vergebung gibt, weder in dieser Welt noch in der zukünftigen. Es gibt ein Mittel, um die Geister der Toten freizusetzen: durch die Kraft und Vollmacht des Priestertums – nämlich auf Erden zu binden und zu lösen. Diese Lehre ist herrlich, denn sie läßt erkennen, eine wie große Rolle die göttliche Anteilnahme und das göttliche Wohlwollen im ganzen Plan der Errettung der Menschen spielen.

Diese herrliche Wahrheit ist sehr wohl geeignet, das Verständnis zu erweitern und die menschliche Seele in Mühsal, Schwierigkeit und Beschwernis zu stützen. Zur Veranschaulichung nehmen wir einmal zwei Männer, leibliche Brüder, gleichermaßen intelligent, gebildet, tugendhaft und liebenswert, von untadeligem Wandel und in allem mit gutem Gewissen, insofern sie unterscheiden konnten zwischen Pflicht und dem trüben Wasser der Überlieferung oder einer fleckigen Seite aus dem Buch der Natur.

Der eine stirbt und wird begraben, hat aber nie vom Evangelium der Versöhnung gehört; der andere hingegen erhält die Botschaft von der Errettung, vernimmt sie und nimmt sie an und wird ein Erbe des ewigen

Lebens. Soll denn nun der eine an der Herrlichkeit teilhaben und der andere dem hoffnungslosen Verderben überantwortet werden? Gibt es für ihn denn keine Möglichkeit, zu entkommen? Die Irrgläubigen sagen: „Nein!" So eine Vorstellung ist schlimmer als Gottesleugnung. Die Wahrheit wird herniederfahren und all dieses bigotte Pharisäertum in Stücke schlagen, die Sekten werden gesiebt werden, die im Herzen Ehrlichen werden herausgenommen, und die Sektenpriester verbleiben inmitten ihrer Entartung.

Die Taufe der Irrgläubigen

Es werden viele Einwände gegen die Heiligen der Letzten Tage vorgebracht, weil wir die Taufe der Irrgläubigen nicht als gültig anerkennen und keine sektiererischen Kirchen in unsere Gemeinschaft aufnehmen. Dies wäre aber dasselbe, wie wenn man neuen Wein in alte Schläuche und alten Wein in neue Schläuche füllen wollte. Was?! Neue Offenbarungen in den alten Kirchen? Neue Offenbarungen würden doch ihrem „bodenlosen Abgrund" den Boden ausschlagen. Neuer Wein in alte Schläuche! Die Schläuche würden platzen und der Wein herauffließen. Was?! Sadduzäer in der neuen Kirche! Alter Wein in neuen Schläuchen dringt durch die Poren und rinnt aus. So wäre es auch mit heutigen Sadduzäern: sie machen sich über Vollmacht lustig, springen aus der Spur und rennen schnurstracks zum Berg des Verderbens, und noch lange hallt ihr schrilles Schreien nach.

Er sprach dann über die Unduldsamkeit der Glaubensgemeinschaften, die jeden verdammen, der anderer Meinung ist als sie, und die sich an der Verfolgung der Heiligen beteiligen, obgleich diese glauben, daß sogar solche Leute in dieser und der künftigen Welt errettet werden können (ausgenommen Mörder und Abtrünnige).

Errettung für die Toten

Diese Lehre rückt die Weisheit und Barmherzigkeit Gottes ins helle Licht, denn er hat eine Verordnung für die Errettung der Toten bereitet, so daß diese durch Stellvertreter getauft werden können, ihr Name im Himmel verzeichnet wird und sie nach ihren Taten im irdischen Dasein gerichtet werden können. Diese Lehre ist der Kernpunkt der heiligen Schriften. Wenn einige Heilige sie zuungunsten ihrer verstorbenen Verwandten außer acht lassen, so tun sie das auf die Gefahr hin, selbst nicht errettet zu werden. Die Ausschüttung in der Zeiten Fülle bringt all das ans Licht, was in allen früheren Evangeliumszeiten offenbart worden ist, dazu noch weiteres, was vorher noch nicht offenbart wurde. Er wird den Propheten Elija senden usw., und er wird alles wiederherstellen in Christus.

Präsident Smith gab dann bekannt: „Es wird keine Taufe für die Toten mehr geben, bis die Verordnung im Haus des Herrn vollzogen werden kann; und die Kirche wird keine Generalkonferenz mehr abhalten, bis eine solche im besagten Haus stattfinden kann; denn so spricht der Herr!"[3] (3. Okt. 1841.) DHC 4:421–42.

Klagt nicht die Brüder an!

Ich ermahnte die Heiligen, nicht dem Beispiel des Widersachers zu folgen und die Brüder anzuklagen. Ich sagte: „Wenn ihr einander nicht anklagt, wird auch Gott euch nicht anklagen. Wenn ihr keinen Ankläger habt, werdet ihr in den Himmel kommen, und wenn ihr den Offenbarungen und Weisungen folgt, die Gott euch durch mich gibt, werde ich euch auf meinem Rücken in den Himmel tragen. Wenn ihr mich nicht anklagt, werde ich euch nicht anklagen. Wenn ihr meine Sünden mit dem Mantel der Nächstenliebe bedeckt, werde ich das gleiche mit den euren tun – denn die Liebe deckt viele Sünden zu. Was viele Leute Sünde nennen, ist gar keine Sünde; ich tue vieles, um den Aberglauben niederzureißen, und ich werde ihn niederreißen." Ich wies auf den Fluch hin, der über Ham kam, weil er Noach verspottete, der zwar vom Wein trunken war, aber doch niemandem etwas zuleide tat. Noach war rechtschaffen, und doch trank er Wein und wurde berauscht; der Herr aber verließ ihn dennoch nicht, denn Noach behielt die volle Kraft seines Priestertums, und als er von Kanaan angeklagt wurde, verfluchte er ihn mit dem Priestertum, das er innehatte, und der Herr respektierte sein Wort und sein Priestertum, obschon er betrunken war, und der Fluch liegt bis zum heutigen Tag auf der Nachkommenschaft Kanaans. (7. Nov. 1841.) DHC 4:445–446.

---

3 Das Gebot des Herrn, mit der Taufe für die Toten im Mississippi nicht fortzufahren, hatte seinen Grund in der Tatsache, daß im Nauvoo-Tempel ein Taufbecken für diese Verordnung errichtet worden war. Nur in Zeiten der Armut und solange es keine Taufbekken in einem Tempel gab, gestattete der Herr die Totentaufen außerhalb seines heiligen Hauses. Am 8. Nov. 1841 wurde das Taufbecken im Nauvoo-Tempel geweiht, und von dem Tag an bis zum Auszug aus der Stadt wurde die Taufe für die Toten im Tempel in Nauvoo vollzogen.

Die Vollkommenheit des Buches Mormon

Sonntag, den 28. – Ich verbrachte den Tag in Beratung mit den Zwölf Aposteln im Haus Präsident Youngs und sprach mit ihnen über mehrere verschiedene Themen. Bruder Joseph Fielding war auch anwesend; er war viele Jahre lang auf Mission in England gewesen. Ich habe den Brüdern gesagt, das Buch Mormon sei das richtigste aller Bücher auf Erden und der Schlußstein unserer Religion, und wenn man sich an dessen Weisungen hielte, würde man dadurch näher zu Gott kommen als durch jedes andere Buch. (28. Nov. 1841.) DHC 4:461.

Wichtige Belehrungen

Der Wert der Zurechtweisung

Präsident Joseph erhob sich und sagte: „Bruder Kimball hat euch die richtige Auslegung dieses Gleichnisses gegeben." Dann las er das Gleichnis vom Weinstock und seinen Reben vor und erklärte es; er sagte: „Wenn wir die Gebote Gottes halten, müssen wir Frucht bringen und Gottes Freunde sein und wissen, was unser Herr getan hat.

Einige Leute sagen, ich sei ein gefallener Prophet, weil ich nicht noch mehr vom Wort des Herrn hervorbringe. Und warum tue ich das nicht? Sind wir denn imstande, es zu empfangen? Nein! Auch nicht einer in diesem Zimmer." Dann wies er die Versammelten wegen ihrer Schlechtigkeit und ihres Unglaubens zurecht, „,denn wen der Herr liebt, den züchtigt er; er schlägt mit der Rute jeden Sohn, den er gern hat,' und wenn wir eine Zurechtweisung nicht annehmen, dann sind wir nicht wirklich seine Kinder, sondern Bastarde".

Über das Thema Offenbarung sagte er, ein Mann sagt vielleicht seinem Sohn, er solle Kartoffeln ausgraben und ihm das Pferd satteln, aber noch bevor er das eine oder andere getan habe, würde er ihm noch einen anderen Auftrag geben. Das wird durchaus für recht angesehen, aber sobald der Herr ein Gebot gibt und dann den Beschluß widerruft und etwas anderes gebietet, wird der Prophet als gefallen angesehen. Weil wir uns nicht von den Propheten und Aposteln züchtigen lassen, züchtigt uns der Herr durch Krankheit und Tod. Es soll ja niemand von sich sagen, er sei rechtschaffen, denn die anderen können es ihm ohnehin ansehen; möge er lieber seine Sünden bekennen, und dann wird er Vergebung finden und mehr Frucht hervorbringen. Wenn man einen verderbten Menschen zurechtweist, wird er zornig und will sich das nicht gefallen lassen. Der Grund dafür, daß uns die Geheimnisse des Herrn nicht offenbart werden, liegt darin, daß wir sie nicht für uns behalten, sondern preisgeben; wir behalten unsere eigenen Geheimnisse nicht für uns, sondern offenbaren unsere Schwierigkeiten vor der Welt, sogar vor unseren Feinden: wie wollen wir also die Geheimnisse des Herrn für uns behalten? Ich selber kann ein Geheimnis bis zum Jüngsten Tag bewahren. Es gibt keine größere Liebe, als wenn einer sein Leben für seinen Freund hingibt; warum sollen wir dann nicht für unseren Freund bis zum Tod kämpfen? (19. Dezember 1841.) DHC 4:478–479.

Die Gabe der Zungenrede

Sonntag, 26. Dezember 1841. – Die öffentliche Versammlung der Heiligen fand diesen Abend in meinem Haus statt, und nachdem Patriarch Hyrum Smith und Elder Brigham Young über das Prinzip des Glaubens und die Gaben des Geistes gesprochen hatten, las ich aus dem Ersten Korintherbrief das 13. und einen Teil des 14. Kapitels vor und sagte, die Gabe der Zungenrede sei in der Kirche notwendig, warnte zugleich aber auch, daß der Satan ebenfalls in Zungen reden könne, denn sonst könne er ja keinen Holländer oder irgendeinen Anderssprachigen in Versuchung bringen. Englisch kann er sicher, denn er kann die Englischsprechenden versuchen; er hat ja mich versucht, und meine Muttersprache ist Englisch. Doch die Gabe der Zungenrede aufgrund der Macht des Heiligen Geistes dient in der Kirche dem Nutzen der Knechte Gottes, so daß sie den Ungläubigen predigen können, wie es damals zu Pfingsten geschehen ist. Wenn gottesfürchtige Männer aus allen Nationen sich versammeln, um von Gott zu hören, dann sollen die Ältesten ihnen predigen, und zwar jeder in seiner Muttersprache, sei es nun deutsch oder französisch, spanisch oder irisch oder sonst etwas, und wer die gesprochene Sprache versteht, soll sie dann in seiner eigenen auslegen. Das hat der Apostel im Ersten Korintherbrief 14:27 gemeint. (26. Dezember 1841.) DHC 4:485–486.

Bekanntmachung bezüglich der Arbeit am Tempel

An die Brüder in der Stadt Nauvoo: Meinen Gruß zuvor! Für den Fortgang der Arbeit am Tempel ist es höchst wichtig, daß die Arbeit hinsichtlich der verfügbaren Zeit gleichmäßig aufgeteilt wird. Wenn in der einen Woche eine Überzahl von Arbeitern vorhanden ist, in der Woche darauf aber niemand kommt, so wird dadurch der Fortgang der Arbeit verzögert. Darum wird jeder Bruder ersucht, an dem Tag, der für seine Gemeinde festgesetzt ist, auch wirklich zur Arbeit zu erscheinen; denkt daran: Wer kärglich sät, wird kärglich ernten! Wenn die Brüder also eine reiche Ernte haben wollen, wird es gut sein, wenn sie schon früh am Morgen zur Arbeitsstelle kommen, alles für ihre Tätigkeit notwendige Werkzeug mitbringen, und wer über ein Gespann verfügt, soll es bringen, sofern ihm nicht vom Tempelkomitee etwas anderes angewiesen wurde. Wird jemand durch unvermeidliche Umstände daran gehindert, an dem bestimmten Tag zur Arbeit zu kommen, so soll er am nächsten Tag arbeiten oder am erstmöglichen.

NB. Die Gruppenleiter aus den einzelnen Gemeinden sollen es sich besonders angelegen sein lassen, an ihrem Tag an der Arbeitsstelle zu sein und über die Arbeit jedes einzelnen genau Bericht zu führen; sie sollen bereit sein, im Bedarfsfall diese Liste vorzuweisen.

Tagtäglich freue ich mich von Herzen über die guten Gefühle der Brüder, die sie in ihrem Bemühen um die Fortführung des Werks des Herrn und die Errichtung des Tempels zum Ausdruck bringen, und es steht zu hoffen, daß von nun an weder Aussaat noch Ernte der obengenannten Regelung im Wege stehen werden.

Joseph Smith
Bevollmächtigter Kurator

(21. Februar 1842.) DHC 4:517.

Predigt des Propheten über das Leben und den Tod sowie die Auferstehung und die Errettung von Kindern

Präsident Smith las das 14. Kapitel Offenbarung vor und sagte: Wiederum ertönt in unserer Mitte die warnende Stimme, und wir erkennen daran die Ungewißheit des menschlichen Lebens; und in meinen Mußestunden habe ich darüber nachgedacht und mich gefragt, wieso uns kleine, unschuldige Kinder genommen werden, besonders wenn sie anscheinend so intelligent sind und unsere Anteilnahme herausfordern. Der plausibelste Grund dafür, soweit ich das erkennen kann, ist folgendes: Die heutige Welt ist eine sehr schlechte Welt, und man hört oft sagen: „Die Welt wird schwächer, aber klüger." Wenn dem so ist, so wird die Welt immer schlechter und verderbter. In den früheren Zeitaltern hatte ein rechtschaffener Mensch – ein Mann Gottes und von Intelligenz – mehr Möglichkeiten, das Gute zu tun, Glauben zu finden und angenommen zu werden, als es heute der Fall ist; gegenwärtig wird aber so jemand bei den meisten Bewohnern der Erde Widerstand finden und von ihnen verfolgt, und er muß hier viel Kummer durchmachen. Der Herr nimmt viele schon in ihrer Kindheit weg, um sie der Mißgunst der Menschen und dem Kummer und den Übeln der heutigen Welt zu entziehen: sie waren zu rein, zu liebenswert, um auf der Erde zu leben.

Darum, wenn man es richtig betrachtet, haben wir keinen Grund zur Trauer, sondern vielmehr, uns zu freuen, daß sie von dem Übel erlöst sind, und wir werden sie bald wiederhaben.

Die Umkehr nicht aufschieben!

Was für Gründe kann denn der Unglaube für sich ins Feld führen, wenn wir beinah jeden Tag von einem Freunde Abschied nehmen müssen? Gar keine! Ein Ungläubiger klammert sich hilfesuchend an jeden Strohhalm, bis ihm der Tod ins Gesicht starrt. Dann nimmt der Unglaube Reißaus; denn die Wirklichkeit der ewigen Welt lastet mächtig auf ihm, und wenn ihn das Irdische nicht mehr stützt und hält, dann verspürt er ganz stark die ewige Wahrheit, daß die Seele unsterblich ist. Laßt uns das eine Warnung sein, und laßt uns nicht bis zum Sterbebett mit der Umkehr warten. Wir erleben ja, wie kleine Kinder vom Tod hinweggerafft werden, und genauso können junge und ältere Leute ganz plötzlich in die Ewigkeit abberufen werden. Dies möge also allen als Warnung dienen, daß sie die Umkehr nicht aufschieben dürfen oder bis zum Tod damit warten, denn es ist der Wille Gottes, daß der Mensch in der Zeit der Gesundheit und im Vollbesitz seiner geistigen Kräfte Umkehr üben und ihm dienen soll, um sich seines Segens zu vergewissern, und nicht damit zuwarten darf, bis der Tod ihn abberuft.

Die Erlösung der kleinen Kinder

Die Lehre, daß Kinder getauft oder besprengt werden müßten, weil sie sonst in der Hölle schmoren würden, ist eine falsche Lehre und läßt sich aus der Heiligen Schrift nicht erhärten; sie entspricht ganz und gar nicht dem Charakter Gottes. Alle Kinder sind durch das Blut Jesu Christi erlöst, und sobald ein Kind aus dieser Welt scheidet, wird es in Abrahams Schoß getragen. Der einzige Unterschied, wenn ein alter Mensch stirbt oder ein junger, besteht darin, daß der eine länger als der andere im Himmel und im ewigen Licht und in der Herrlichkeit wohnt und ein wenig früher aus dieser elenden und schlechten Welt befreit wird. Trotz dieser herrlichen Aussicht verlieren wir sie zeitweilig aus den Augen und betrauern einen Verlust, aber wir trauern nicht so wie diejenigen, die keine Hoffnung haben.

Feste, unabänderliche Beschlüsse

Ich hatte eigentlich vorgehabt, über die Taufe zu sprechen, aber weil wir mit einem Todesfall konfrontiert waren, hielt ich es für angebracht, darüber zu sprechen. Nun will ich aber doch noch, wie ursprünglich geplant, ein paar Worte über die Taufe sagen.

Gott hat einige Beschlüsse gefaßt, die fest und unabänderlich sind: zum Beispiel hat Gott die Sonne, den Mond und die Sterne an den Himmel gesetzt und ihnen ihre Gesetze, Bedingungen und Grenzen zugeteilt, die sie nicht überschreiten dürfen, außer er gebiete es ihnen; sie bewegen sich alle in vollkommener Harmonie in ihrer Sphäre und Ordnung, so daß sie uns Lichter sind, Zeichen und Wunder. Auch das Meer hat seine Grenzen, über die es nicht hinaus darf. Gott hat auf der Erde ebenso wie am Himmel viele Zeichen gesetzt; so ist zum Beispiel die Eiche im Wald, die Frucht eines Baumes, das Kraut des Feldes allemal ein Zeichen dafür, daß dort ein Same vorhanden war; denn es ist ein Beschluß des Herrn, daß alle Bäume und Pflanzen und Kräuter, die Samen tragen, wiederum ihre eigene Art hervorbringen müssen, und sie können nach keinem anderen Gesetz oder Prinzip entstehen.[4] Ich berufe mich nun auf das gleiche Prinzip, wenn ich behaupte, die Taufe sei ein von Gott verordnetes Zeichen, das der gläubige Christ auf sich nehmen muß, wenn er in das Reich Gottes gelangen will. „Wenn jemand nicht aus Wasser und Geist geboren wird, kann er nicht in das Reich Gottes kommen", hat der Erretter gesagt. Es ist dies also ein Zeichen und ein Gebot, das Gott dem Menschen auferlegt hat, wenn dieser in sein Reich kommen will. Wenn jemand auf irgendeine andere Weise hineingelangen möchte, so wird er das vergeblich versuchen; denn Gott wird ihn nicht empfangen, und auch die Engel werden die Werke des Betreffenden nicht als annehmbar anerkennen, und zwar deshalb, weil er weder die Verordnung befolgt noch die Zeichen beachtet hat, die Gott für die Errettung der Menschen verordnet hat, um sie für die celestiale Herrlichkeit vorzubereiten und ihnen einen rechtmäßigen Anspruch darauf zuzuerkennen. Gott hat beschlossen, daß alle, die seiner Stimme nicht gehorchen, der Verdammnis der Hölle nicht entrinnen werden. Worin besteht die Verdammnis der Hölle? Daß man mit der Gesellschaft mitgeht, die Gottes Gebote nicht befolgt hat.

---

4 Diese sehr bestimmte Feststellung des Propheten, daß jeder Baum, jede Pflanze und jedes Kraut und offensichtlich jedes sonstige Geschöpf nur seine eigene Art hervorbringen kann, stimmt nicht nur mit den heiligen Schriften überein, sondern auch mit allen bekannten Tatsachen auf der Welt.

Die Taufe und die Gabe des Heiligen Geistes

Die Taufe ist für Gott, die Engel und den Himmel das Zeichen, daß wir den Willen Gottes tun, und es gibt unter dem Himmel keine andere Möglichkeit, die Gott verordnet hätte, wodurch der Mensch zu ihm kommen und errettet werden, also ins Reich Gottes gelangen könnte, als nur den Glauben an Jesus Christus, Umkehr und die Taufe zur Sündenvergebung – alles andere ist vergeblich –; und danach ist euch die Gabe des Heiligen Geistes verheißen.

Was ist nun das Zeichen der Krankenheilung? Das Händeauflegen ist das von Jakobus erwähnte Zeichen und der vom Herrn befohlene Brauch der Heiligen in alter Zeit, und wir können die Segnungen auf keine andere Weise erlangen, als daß wir dem Weg folgen, den der Herr uns vorgezeichnet hat. Wenn wir aber die Gabe des Heiligen Geistes durch irgendein anderes Mittel zu erlangen suchten als auf die von Gott bestimmte Weise – könnten wir sie erlangen? Sicherlich nicht: alles andere würde fehlschlagen. Der Herr sagt, das und das müßt ihr tun, dann werde ich euch segnen.

Schlüsselwörter des Priestertums

Es gibt gewisse Schlüsselwörter und Zeichen, die zum Priestertum gehören und die man beachten muß, wenn man die Segnung erlangen will. Das Zeichen des Petrus war, daß man umkehren und sich zur Sündenvergebung taufen lassen mußte, wobei die Gabe des Heiligen Geistes verheißen wurde; und die Gabe des Heiligen Geistes läßt sich auf keine andere Weise erlangen.

Der Unterschied zwischen dem Heiligen Geist und der Gabe des Heiligen Geistes

Zwischen dem Heiligen Geist und der Gabe des Heiligen Geistes besteht ein Unterschied. Kornelius empfing den Heiligen Geist noch vor seiner Taufe, und das war die Macht Gottes, die ihn davon überzeugte, daß das Evangelium wahr sei; aber die Gabe des Heiligen Geistes konnte er erst empfangen, als er getauft war. Hätte er dieses Zeichen, diese Verordnung nicht auf sich genommen, so hätte der Heilige Geist, der ihn von Gottes Wahrheit überzeugt hatte, ihn wieder verlassen. Ehe er nicht die Verordnung befolgt und die Gabe des Heiligen Geistes durch Händeauflegen empfangen hatte, wie Gott es angeordnet hat, hätte er Kranke nicht heilen und einen bösen Geist nicht aus einem Menschen vertreiben können, so daß dieser ihm gehorcht hätte. Der böse Geist hätte vielmehr zu ihm gesagt wie zu den Söhnen des Skeuas: „Jesus kenne ich, und auch Paulus ist mir bekannt. Doch wer bist du?" Es kommt nicht darauf an, ob wir noch lange oder nur kurz auf der Erde leben, nachdem wir diese Grundsätze kennengelernt haben und sie bis ans Ende befolgen. Ich weiß, daß alle Menschen verdammt sein werden, wenn sie nicht den Weg beschreiten, den der Herr eröffnet hat, und dieser Weg ist durch sein Wort vorgezeichnet.

Alle werden auferstehen

Was nun die Auferstehung betrifft, will ich nur sagen, daß alle Menschen so aus dem Grab hervorkommen werden, wie sie niedergelegt werden, seien sie alt oder jung: es wird ihnen nicht eine Elle hinzugefügt noch weggenommen werden. Alle werden durch die Macht Gottes auferweckt werden, haben dann aber Geist in ihrem Körper und nicht mehr Blut. Kinder werden mit ihrem Körper im gleichen Zustand[5], wie er auf Erden war, in der Gegenwart Gottes und des Lammes erhöht werden, denn sie sind ja durch das Blut des Lammes erlöst; und dort werden sie sich der Fülle jenes Lichtes, jener Herrlichkeit und Intelligenz erfreuen, die für das celestiale Reich bereitet ist. „Selig die Toten, die im Herrn sterben; sie sollen ausruhen von ihren Mühen; denn ihre Werke begleiten sie."

Zum Abschluß forderte der Sprecher die Versammelten auf, sich im Glauben vor Gott zu demütigen und in mächtigem Beten und Fasten den Namen des Herrn anzurufen, bis die Urstoffe über uns gereinigt und die Erde unter uns geheiligt seien, damit die Bewohner dieser Stadt der Macht der Krankheit und Seuche und auch dem Zerstörer, der auf der Erde einherfährt, entrinnen mögen und damit der Heilige Geist Gottes auf dieser riesigen Menge ruhe.

---

5 In der *Improvement Era* vom Juni 1904 sagte Präsident Joseph F. Smith in einem Leitartikel über die Auferstehung:

„Der Körper wird so hervorkommen, wie er zur Ruhe gelegt wird, denn im Grab gibt es kein Wachstum, keine Entwicklung. Wie er niedergelegt wird, so kommt er hervor, und die Veränderung zum Zustand der Vollkommenheit geschieht gemäß dem Gesetz der Wiederherstellung. War der Geist aber ein Kind, so wird er sich weiter ausdehnen und entwickeln, und der Körper wird sich nach der Auferstehung zur vollen menschlichen Gestalt entwickeln."

Dies kann als die Lehre der Kirche in bezug auf die Auferstehung der Kinder und deren zukünftige Entwicklung bis zur vollen Gestalt eines Mannes oder einer Frau angenommen werden. Diese Lehre entspricht nicht nur der Vernunft, sondern auch den Wünschen des Herzens.

Taufen vollzogen

Am Schluß der Versammlung sagte Präsident Smith, er wolle um zwei Uhr in der Nähe seines Hauses die Verordnung der Taufe im Fluß vollziehen. Zur bestimmten Stunde war das Ufer des Mississippi von einer großen Menschenmenge besetzt, und Präsident Joseph Smith stieg in den Fluß und taufte achtzig Menschen zur Vergebung ihrer Sünden. Was aber dem Vorgang besondere Freudigkeit verlieh: der erste Täufling war M. L. D. Wasson, ein Neffe von Frau Emma Smith, der erste aus ihrer Verwandtschaft, der die Fülle des Evangeliums annahm.

Am Schluß dieses eindrucksvollen Vorgangs hob der Täufer seine Hände zum Himmel und flehte den Segen Gottes auf die Umstehenden herab: und wahrhaftig, der Geist Gottes ruhte auf der Menge – zur Freude und zum Trost unseres Herzens.

Nach der Taufhandlung begaben sich die Versammelten wieder in das Wäldchen neben dem Tempel, um der Konfirmation beizuwohnen, und ungeachtet dessen, daß Präsident Smith schon im Freien zu den Leuten gesprochen und danach im Wasser gestanden und an die achtzig Menschen getauft hatte, empfingen doch noch etwa fünfzig Personen unter seiner Hand am Nachmittag die Konfirmation. Währenddessen wurde im Taufbecken eine große Anzahl für die Toten getauft. (20. März 1842.) DHC 4:553–557.

Zusammenfassung der Predigt des Propheten über die Taufe für die Toten

Das war ein interessanter Tag. Eine große Zuhörerschaft versammelte sich im Wäldchen neben dem Tempel. Bruder Amasa Lyman sprach auf sehr eindrucksvolle Weise zu den Versammelten. Ihm folgte Joseph, der Seher, der in seinen höchst erbaulichen und lehrreichen Ausführungen über die Taufe für die Toten sprach. Er sagte, die Bibel stütze diese Lehre, und zitierte den 1. Korintherbrief 15:29: „Wie kämen sonst einige dazu, sich für die Toten taufen zu lassen? Wenn Tote gar nicht auferweckt werden, warum läßt man sich dann taufen für sie?" Wenn es nur ein einziges Wort des Herrn gibt, das die Lehre von der Taufe für die Toten stützt, so reicht es aus, dies als wahre Lehre zu begründen. Weiter: Wenn wir mit der Vollmacht des Priestertums des Sohnes Gottes jemand im Namen des Vaters, des Sohnes und des Heiligen Geistes zur Sündenvergebung taufen können, so steht es uns ebenso zu, als Stellvertreter zu handeln und uns anstelle unserer verstorbenen Anverwandten zur Sündenvergebung taufen zu lassen, die das Evangelium und seine Fülle nicht vernommen haben. (27. März 1842.) DHC 4:568 f.

Zusammenfassung der Rede des Propheten an die Frauenhilfsvereinigung

Präsident Joseph Smith erhob sich; er sprach von der Organisation der Frauenhilfsvereinigung und sagte, er sei sehr daran interessiert, daß sie für den Allerhöchsten auf eine annehmbare Weise aufgebaut werde; die aufgestellten Regeln seien einzuhalten; niemand solle aufgenommen werden, der nicht würdig sei. Er schlug vor, jede Bewerberin gründlich zu prüfen. Er sagte, die Vereinigung wachse allzu schnell. Sie solle vielmehr allmählich heranwachsen, solle mit einigen wenigen Mitgliedern beginnen und somit eine Gruppe auserwählter, tugendhafter Frauen bilden, die sich eines umsichtigen Wandels befleißigen; er lobte ihren Eifer, sagte aber auch, der Eifer gehe nicht immer mit der Erkenntnis konform. Ein Hauptzweck der Vereinigung sei es, das Übeltun auszumerzen, und die Schwestern müßten bei den vorzunehmenden Prüfungen sehr sorgfältig vorgehen, sonst werde es ernste Konsequenzen geben.

Alle Schwierigkeiten, die uns in den Weg treten könnten und sicherlich auch werden, müssen überwunden werden. Auch wenn die Seele geprüft werde, das Herz verzage und die Hände erschlaffen, dürfen wir keinen Schritt zurückweichen. Abgesehen vom Mitgefühl, muß Charakterfestigkeit vorhanden sein. Wenn wir unterwiesen werden, müssen wir der betreffenden Stimme gehorchen und die Gesetze des Gottesreiches befolgen, damit die Segnungen des Himmels auf uns ruhen können. Alle müssen einträchtig zusammenarbeiten, sonst läßt sich nichts erreichen; auch soll gemäß dem Priestertum in alter Zeit vorgegangen werden. Demnach sollen die Heiligen ein ausgesuchtes Volk sein, abgesondert von allem Bösen der Welt – auserkoren, tugendhaft und heilig. Der Herr möchte aus der Kirche Jesu Christi ein Reich von Priestern machen, ein heiliges Volk, ein erwähltes Geschlecht, wie es zu Zeiten Henochs gewesen ist: ausgestattet mit allen Gaben, die Paulus der Kirche in seinen Briefen und Belehrungen an die Gemeinden seiner Tage dargestellt hat, nämlich damit jedes Mitglied den Vorzug genieße, lange zu leben und sich der Gesundheit zu erfreuen. Dann segnete er die Heiligen. (30. März 1842.) DHC 4:570.

„Prüft die Geister!"

Leitartikel des Propheten in ‚Times and Seasons'

Vorkommnisse, die sich vor kurzem in unseren Reihen zugetragen haben, machen es mir zur unabwendbaren Pflicht, etwas in bezug auf die Geister zu sagen, von denen die Menschen zum Handeln bewegt werden.

Aus den Schriften der Apostel geht klar hervor, daß es zu ihrer Zeit viele falsche Geister gegeben hat, die „in die Welt hinausgezogen" sind. Es bedarf einer Intelligenz, die Gott allein gewähren kann, um falsche Geister zu entlarven und festzustellen, welche Geister von Gott sind. Die Welt im allgemeinen ist bezüglich dieser einen Sache höchst unwissend – und warum sollte es auch anders sein? Denn es „erkennt auch keiner Gott – nur der Geist Gottes".

Die Ägypter waren nicht imstande, den Unterschied zwischen den Wundern des Mose und denen der Wahrsager zu entdecken, bis sie nebeneinander auf die Probe gestellt wurden; und wäre Mose nicht mitten unter ihnen erschienen, so hätten sie wohl geglaubt, die Wundertaten der Wahrsager seien mittels der großen Macht Gottes verrichtet worden, denn es waren ja große Wundertaten, die sie verrichteten – übernatürliche Kraft wurde wirksam, und man konnte große Macht erkennen.

*   *   *

Für uns wäre es ebenso schwer gewesen festzustellen, kraft welchen Geistes die Apostel prophezeiten oder aufgrund welcher Kraft sie redeten und Wunder wirkten. Wer hätte denn sagen können, ob die Macht des Zauberers Simon von Gott war oder vom Teufel?

Es scheint, daß es zu allen Zeiten in dieser Angelegenheit an der nötigen Intelligenz gefehlt hat. Zu allen Zeiten haben sich Geister aller Art kundgetan, fast unter allen Völkern. Wenn wir zu den Heiden gehen: sie haben ihre Geister; die Mohammedaner, die Juden, die Christen, die Inder – alle haben ihre Geister, alle haben eine übernatürliche Macht, und alle behaupten, ihre Geister seien von Gott. Wer soll das Geheimnis lösen? „Prüft die Geister", sagt Johannes; aber wer soll es tun? Die Gelehrten, die Beredten, die Philosophen, die Weisen, die Theologen? Sie alle sind unwissend. Die Heiden prahlen mit ihren Gottheiten und den großen Dingen, die durch ihre Orakel enthüllt worden seien. Der Muselman brüstet sich mit seinem Koran und den göttlichen Mitteilungen, die seine Vorfahren empfangen haben. Die Juden haben in ihren Reihen zahlreiche Beispiele von Menschen aufzuweisen – in alter und in neuer Zeit –, die behauptet haben, inspiriert gewesen zu sein und ausgesandt, um große Ereignisse zu bewirken. Die Christenheit ihrerseits hat nicht lange gebraucht, um die Zahl voll zu machen.

Unwissenheit über das Wesen der Geister

„Prüft die Geister!" Aber womit? Sollen wir sie denn an den Glaubensansichten der Menschen messen? Was für überhebliche Narretei, was für bare Unwissenheit, was für Unsinn! Die Regungen und Handlungen eines ewigen Wesens (denn ich behaupte, daß jeder Geist ein solches ist) an etwas zu messen, was aus Unwissenheit entstanden und in Torheit bewerkstelligt wird – Hirngespinste von gestern! Die Engel würden ihr Antlitz verbergen, und die Teufel würden es als Schande und Schimpf betrachten und sagen: „Paulus kennen wir, und auch Jesus ist uns bekannt. Doch wer seid ihr?" Soll doch jedermann sich sein Glaubensbekenntnis aufstellen und damit die Geister prüfen! Der Teufel würde sich die Seiten halten vor Lachen, und mehr will er ja gar nicht, das ist sein ganzer Wunsch. Und doch tun es viele, und deshalb gibt es viele Geister, die in der Welt umgehen.

Ein großes Übel ist, daß die Menschen das Wesen der Geister nicht kennen, ihre Macht, ihre Gesetze, ihren Einflußbereich, ihre Intelligenz usw., und daher meinen, wenn sich irgendwo Macht, Offenbarung und Vision kundtut, so müsse es von Gott sein. Darum haben die Methodisten, die Presbyterianer und andere häufig einen Geist, der sie veranlaßt, sich niederzulegen, und solange der Geist auf sie wirkt, ist oft das Eigenleben des betreffenden Menschen völlig ausgeschaltet; dabei meinen sie, das sei die Macht Gottes und eine herrliche Kundgebung von Gott – eine Kundgebung wovon? Wird denn etwas Vernünftiges mitgeteilt? Wird denn der Schleier des Himmels gelüftet, werden die Absichten Gottes enthüllt? Haben sie denn einen Engel gesehen und mit ihm gesprochen, oder hat sich vor ihnen die Herrlichkeit des Künftigen aufgetan? Nein! Sondern ihr Körper war leblos, die Tätigkeit ihres Geistes war ausgeschaltet, und die einzige Mitteilung, die sich von ihnen erhalten läßt, wenn sie sich wieder erheben, ist der Ausruf „Herrlich!" oder „Halleluja!" oder sonst ein unzusammenhängender Ausdruck. Aber sie haben „die Kraft" besessen.

Der *Shaker* dreht sich unter dem Zwang einer übernatürlichen Macht oder eines Geistes auf dem Absatz herum und denkt dabei, er werde vom Geist Gottes beherrscht. Der *Jumper* wiederum springt umher und verfällt in alle möglichen Absonderlichkeiten. Der *Primitive Methodist* beginnt unter dem Einfluß jenes Geistes laut zu rufen, bis sein Geschrei den Himmel zerreißt, während die *Quäker* (oder Freunde), ihrer Meinung nach vom Geist Gottes bewegt, ganz still dasitzen und nichts sagen. Ist Gott der Urheber von all diesem? Und wenn nicht von allem – was davon erkennt er an? Sicherlich kann eine solche Masse von vielfältiger Verwirrung nicht in das Himmelreich eingehen.

Geister erkennen – mit der Macht des Priestertums

Jeder einzelne von denen behauptet, er sei befugt, den Geist seines Mitmenschen zu prüfen, aber keiner vermag seinen eigenen zu prüfen. Was ist der Grund? Weil sie keinen Schlüssel haben, um aufzusperren, keinen Maßstab, den sie anlegen könnten, kein Merkmal, an dem sie etwas zu erproben vermögen. Kann man denn die Länge, Breite und Höhe eines Gebäudes ohne Maßband feststellen? Oder die Güte eines Metalls ohne Prüfmerkmale? Könnte jemand die Bewegung der Planetensysteme darlegen, ohne daß er Kenntnis von der Astronomie hat? Sicherlich nicht; und wenn sich eine gleichartige Unwissenheit schon in bezug auf die Geister zeigt, wer vermag dann einen Engel des Lichts zu beschreiben? Wenn der Satan als ein solcher in Herrlichkeit erscheint – wer kennt dann seine Farbe, seine Zeichen, sein Aussehen, seine Herrlichkeit? Auf welche Weise gibt er sich kund? Wer kann den Geist der *Französischen Propheten* mit ihren Offenbarungen und Visionen und ihrer Macht der Kundgebung entschlüsseln? Oder wer kann den Geist der *Irvingianer* mit ihren Aposteln und Propheten, ihren Visionen und ihrer Zungenrede und deren Auslegung erkennen? Schließlich, wer kann die verborgenen Geheimnisse der falschen Geister ans Tageslicht ziehen und aufdecken, die sich so häufig unter den Heiligen der Letzten Tage bemerkbar machen? Wir antworten: Niemand kann das ohne das Priestertum tun und ohne daß er die Gesetze kennt, denen die Geister unterworfen sind; denn so wie keiner Gott erkennt, nur der Geist Gottes, erkennt auch niemand den Geist des Teufels mit seiner Macht und seinem Einfluß, außer er besitze eine über das Maß des Menschen hinausgehende Intelligenz und habe mittels des Priestertums die geheimnisvollen Machenschaften des Teufels durchschaut. Er kann es nicht tun, ohne die Engelsgestalt und das heilige Aussehen und Gebaren sowie seinen Eifer zu kennen, den er so häufig um der Herrlichkeit Gottes willen an den Tag legt, samt dem prophetischen Geist und dem huldvollen Verhalten, dem frommen Aussehen und dem heiligen Gewand, was alles für sein Auftreten und sein mysteriöses Sichwinden kennzeichnend ist.
Man muß die Fähigkeit haben, Geister zu erkennen, ehe man diesen höllischen Einfluß ans Tageslicht ziehen und ihn vor der Welt in all seiner seelenvernichtenden, teuflischen und gräßlichen Schattierung bloßstellen kann. Nichts kann nämlich den Menschenkindern mehr schaden,

als daß sie unter dem Einfluß eines falschen Geistes stehen, dabei aber meinen, sie hätten den Geist Gottes. Tausende haben solche schreckliche Macht und tödliche Wirkung verspürt. Weite Pilgerfahrten wurden unternommen, schwere Kasteiungen gelitten, und Schmerz, Elend und Ruin waren die Folgen: Nationen wurden erschüttert, manches Reich wurde gestürzt, ganze Landstriche hat man verwüstet, und Blut, Gemetzel und Verwüstung waren die Verkleidung, worin der böse Geist aufgetreten ist.

* * *

Der Geist Gottes ist der Geist der Erkenntnis

Wie schon bemerkt, liegt die Schwierigkeit hauptsächlich darin, daß das Wesen der Geister unbekannt ist: man kennt nicht die Gesetze, denen sie unterworfen sind, nicht die Zeichen, an denen man sie erkennen kann. Wenn man den Geist Gottes braucht, um das, was von Gott ist, erkennen zu können, und wenn der Geist des Teufels nur mit dem gleichen Mittel entlarvt werden kann, dann läßt sich daraus nur ein einziger logischer Schluß ziehen: Ohne eine Mitteilung oder Offenbarung von Gott, wodurch das Wirken eines solchen Geistes enthüllt wird, muß der Mensch auf ewig über diese Prinzipien in Unkenntnis bleiben. Ich behaupte nämlich, wenn ein einziger Mensch das nicht verstehen kann außer durch den Geist Gottes, so können es zehntausend Menschen erst recht nicht; gleichermaßen entzieht es sich der Klugheit der Gelehrten, der Sprache der Beredten, der Macht der Mächtigen. Und wir sind endlich zu dem Schluß gekommen: Was auch immer wir von Offenbarung halten, ohne sie können wir von Gott und dem Teufel weder etwas wissen noch verstehen, und wie sehr sich die Welt auch gegen die Gültigkeit dieses Prinzips sträuben mag – aus den vielschichtigen Glaubenssätzen und Meinungen in dieser Sache geht klar hervor, daß die Menschen von diesem Prinzip nichts wissen und daß sie ohne göttliche Offenbarung in Unwissenheit bleiben müssen. Die Welt hat schon immer falsche Propheten für wahre Propheten gehalten und diejenigen, die von Gott gesandt sind, als falsche Propheten hingestellt und sie daher getötet, gesteinigt, gestraft und eingekerkert, und sie mußten sich verstecken „in Wüsten und Gebirgen, in den Höhlen und Schluchten des Landes". Sie waren die ehrenwertesten Menschen auf Erden, und doch hat man sie als Vagabunden aus der Gesellschaft ausgestoßen, während die Schurken und Vagabunden, die Heuchler und Hochstapler, der Abschaum der Menschheit, Wertschätzung und Ehre und Unterstützung genossen.

Die Gabe der Geistererkennung

Man muß, wie schon vorher festgestellt, die Gabe der Geistererkennung besitzen, um das alles verstehen zu können; wie kann aber jemand diese Gabe erhalten, wenn es keine Gaben des Geistes gäbe? Und wie können diese Gaben erlangt werden, wenn nicht durch Offenbarung? „Christus stieg hinauf zum Himmel und gab den Menschen Geschenke. Er gab den einen das Apostelamt, andere setzte er als Propheten ein, andere als Evangelisten, andere als Hirten und Lehrer." Wie aber wurden die Apostel, Propheten, Hirten und Lehrer und Evangelisten erwählt? Durch die Prophezeiung (also Offenbarung) und Händeauflegen – durch göttliche Mitteilung und eine von Gott bestimmte Verordnung –, mittels des Priestertums, das aufgrund göttlicher Bestimmung gemäß der Ordnung Gottes organisiert ist. Die Apostel in der alten Zeit hatten die Schlüssel dieses Priestertums inne, die Schlüssel der Geheimnisse Gottes, und waren deshalb imstande, alles zu erschließen und zu entwirren, was die Führung der Kirche, die Wohlfahrt der menschlichen Gesellschaft, das künftige Schicksal der Menschen sowie die Tätigkeit, Macht und den Einfluß der Geister betrifft; denn sie konnten diese nach Gutdünken beherrschen und ihnen im Namen Jesu befehlen, sich zu entfernen, ja, sie konnten deren boshaftes und geheimnisvolles Wirken entdecken, selbst wenn diese Geister sich mit einem Mäntelchen religiöser Anteilnahme umgaben und gleichzeitig gegen die Interessen der Kirche und die Verbreitung der Wahrheit ankämpften. Wir lesen, daß sie „im Namen Jesu Dämonen ausgetrieben" haben, und als eine Frau, die einen Wahrsagegeist hatte, Paulus und Silas nachlief und schrie: „Diese Menschen sind Diener des höchsten Gottes; sie verkünden euch den Weg der Errettung", entlarvten sie diesen Geist. Zwar sprach die Frau zu ihren Gunsten, aber Paulus befahl dem Geist, aus ihr auszufahren. So entzog er sie der Schande, die auf sie gehäuft worden wäre, wenn sie sich in der Ausführung ihrer schlechten Grundsätze mit ihr verbündet hätten; dieser Schimpf wäre ihnen bestimmt nicht erspart geblieben, wenn sie dem bösen Geist nicht Einhalt geboten hätten.

Die Propheten hatten diese Gabe

Eine vergleichbare Macht war mittels des Priestertums zu verschiedenen Zeitaltern vorhanden. Mose konnte die Macht der ägyptischen Wahrsager durchschauen und zeigen, daß er selber der Knecht Gottes war; als er auf dem Berg war, wußte er (durch Offenbarung), daß Israel sich auf den Götzendienst eingelassen hatte; er konnte die Sünde Korachs, Datans und Abirams aufdecken, die Machenschaften von Hexen und Zauberern erkennen und die wahren Propheten des Herrn als solche aufzeigen. Josua wußte, wie er den Mann entdecken konnte, der den Goldbarren und den schönen Mantel aus Schinar auf die Seite gebracht hatte. Micha konnte den Lügengeist bloßstellen, der die vierhundert Propheten in seinem Bann hielt, und wenn man seinem Rat gefolgt wäre, hätten viele ihr Leben behalten (s. 2. Chronik 18). Elija, Elischa, Jesaja, Jeremia, Ezechiel und viele andere Propheten besaßen diese Gabe. Unser Erretter, die Apostel und selbst Mitglieder der Kirche waren mit dieser Gabe ausgestattet; denn – sagt Paulus – „dem einen wird vom Geist die Gabe geschenkt, Weisheit mitzuteilen, einem anderen Wunderkräfte, einem anderen prophetisches Reden, wieder einem anderen verschiedene Arten von Zungenrede, einem anderen, sie zu deuten, einem anderen die Fähigkeit, Geister zu unterscheiden" (1. Korinther 12). Diese alle gehen vom selben Geist Gottes aus und sind Gaben Gottes. Die Gemeinde in Ephesus war durch dieses Prinzip in der Lage, diejenigen „auf die Probe zu stellen, die sich Apostel nennen und es nicht sind, und sie als Lügner zu erkennen". (Siehe Offenbarung 2:2.)

Der Unterschied zwischen Körper und Geist

Geht man der Sache auf den Grund, und betrachtet man sie naturwissenschaftlich, so findet man einen sehr wesentlichen Unterschied zwischen dem Körper und dem Geist: vom Körper wird angenommen, er sei gestaltete Materie, während vom Geist viele glauben, er sei unstofflich, habe keine Substanz. Von dieser letzteren Ansicht erlauben wir uns abzuweichen und stellen fest, daß auch der Geist Substanz ist; er ist stofflich, aber reiner, geschmeidiger und feiner als der Körper; er hat vor dem Körper existiert und kann im Körper existieren; er wird auch ohne den Körper existieren, wenn dieser dereinst im Grab verwest, wird aber nach der Auferstehung wieder mit ihm vereinigt sein.

Geist ist ewig

Ohne mir zuzumuten, diesen geheimnisvollen Zusammenhang und die den menschlichen Körper und Geist regierenden Gesetze, ihre wechselseitige Beziehung und die Absicht Gottes im Hinblick auf den menschlichen Körper und Geist zu beschreiben, möchte ich nur sagen, daß der Geist des Menschen ewig ist und daß er vom selben Priestertum beherrscht wird, wie das bei Abraham, Melchisedek und den Aposteln der Fall war: organisiert gemäß ebendiesem Priestertum, das „keinen Anfang der Tage und kein Ende der Jahre" hat. Ein jeder bewegt sich in seiner Sphäre und wird vom Gesetz Gottes regiert; wenn der Geist auf die Erde kommt, so tritt er in eine Bewährungszeit ein und macht sich, sofern er rechtschaffen ist, für eine künftige größere Herrlichkeit bereit. Der Geist eines guten Menschen kann sich über die gesetzten Grenzen hinaus nicht mit einem schlechten einlassen; denn der Erzengel Michael wagte nicht, den Teufel zu lästern und zu verurteilen, sondern sagte: „Der Herr weise dich in die Schranken!"

Böse Geister haben nur beschränkte Macht

Anscheinend haben auch die bösen Geister ihre Grenzen, Beschränkungen und Gesetze, denen sie unterworfen sind, und sie sind sich ihres künftigen Schicksals bewußt; darum sagten die, die in dem Besessenen waren, zum Erretter: „Bist du hergekommen, um uns schon vor der Zeit zu quälen?" Und als der Satan mitten unter den Söhnen Gottes vor den Herrn hintrat, sagte er, er „habe die Erde durchstreift, hin und her"; dabei wird er ausdrücklich als derjenige bezeichnet, der im Bereich der Lüfte regiert. Es zeigt sich ganz deutlich, daß böse Geister eine Macht besitzen, die nur jemand, der das Priestertum besitzt, beherrschen kann; darauf haben wir schon im Fall der Söhne des Skeuas hingewiesen.

Nachdem nun so viel über das Grundsätzliche gesagt ist, ohne auf die besondere Situation, Macht und Einflußnahme der ägyptischen Wahrsager, der Zauberer und Hexen der Juden, der Orakel der Heiden und ihrer Totenbeschwörer, der Wahrsager und Astrologen sowie derjenigen einzugehen, die in den Tagen der Apostel von Dämonen besessen waren, gehen wir nun daran – soweit uns die heilige Schrift darin zu stützen vermag –, einige wenige Beispiele von falschen Geistern aufzuzeigen, die in unserer Zeit, heutigentags, am Werk sind.

Falsche Propheten

Die *Französischen Propheten* waren von einem Geist besessen, der auf Täuschung aus war; es gab sie in großer Zahl im Jahr 1688 in der Region Vivarais und in der Dauphine, viele Jungen und Mädchen im Alter von sieben bis 25 Jahren. Sie hatten seltsame Anfälle mit Zittern und Ohnmacht, so daß sie Arme und Beine von sich streckten; sie verharrten eine Weile in Trance, und wenn sie daraus erwachten, redeten sie alles, was ihnen gerade in den Mund kam (s. Bucks Theological Dictionary).

Gott aber hatte nie irgendwelche Propheten, die sich so verhielten. Zu keiner Zeit gab es in den Handlungen der Propheten des Herrn irgend etwas Ungehöriges; auch zur apostolischen Zeit war bei den Propheten und Aposteln nichts Derartiges festzustellen. Paulus sagt: „Ihr könnt alle prophetisch reden, einer nach dem anderen; wenn aber noch einem anderen Anwesenden eine Offenbarung zuteil wird, soll der erste schweigen. Die Äußerung prophetischer Eingebungen ist nämlich dem Willen der Propheten unterworfen." Im vorliegenden Fall jedoch sehen wir, daß die Propheten einem Geist unterworfen sind, hinfallen und Zuckungen haben, hin und her geschleudert werden und ohnmächtig werden – alles unter dem Einfluß des Geistes, der sie ganz beherrscht. Paulus aber sagt: „Alles soll in Anstand und Ordnung geschehen." Und hier haben wir die größte Unordnung und Unschicklichkeit im Verhalten von Männern und Frauen. Die gleiche Regel gilt gewiß auch für das Hinfallen, Zucken, Ohnmächtigwerden, Schütteln und die Traumzustände von vielen unserer neuzeitlichen Erweckungsprediger.

Johanna Southcott gab sich als Prophetin aus und schrieb im Jahre 1804 ein Prophezeiungsbuch; sie wurde die Begründerin einer Gruppe, die noch immer besteht. Sie sollte an einem bestimmten Ort einen Sohn zur Welt bringen, und dieser sollte der Messias sein; das ist aber nicht eingetroffen. Abgesehen davon, wo steht im Wort Gottes etwas darüber zu lesen, daß eine Frau die Gründerin einer Kirche sei? Paulus sagte zu den Frauen seiner Zeit, sie sollten „in der Versammlung schweigen ... Wenn sie etwas wissen wollen, dann sollen sie zu Hause ihre Männer fragen." Er wollte nicht zulassen, daß eine Frau in der Kirche regiert. Hier aber haben wir eine Frau, die eine Kirche gründet, die als Offenbarerin und Lenkerin tätig ist, gleichsam Alpha und Omega; das widerspricht aller anerkannten Regel, Richtschnur und Ordnung.

Jemimah Wilkinson war eine weitere Prophetin, die im vergangenen Jahrhundert hauptsächlich in Amerika eine Rolle spielte. Sie behauptete, sie sei krank gewesen und gestorben, daraufhin sei ihre Seele in den Himmel aufgestiegen, wo sie sich noch immer befinde. Bald danach sei ihr Körper von dem Geist und der Macht Christi beseelt worden, und so wurde sie Lehrerin und verkündete, sie habe unmittelbare Offenbarung empfangen. In der Schrift aber steht ganz deutlich geschrieben: „Erster ist Christus; dann folgen, wenn Christus kommt, alle, die zu ihm gehören. Danach kommt das Ende." Wenn es aber nach dem Zeugnis der Jemimah geht, so ist sie gestorben und noch vor der in der Schrift erwähnten Zeit auferstanden. Schon der Gedanke, ihre Seele sei im Himmel gewesen, während ihr Körper auf der Erde lebte, ist absurd. Als Gott dem Menschen in die Nase blies, wurde dieser zu einem lebendigen Wesen; vorher hat er nicht gelebt, und als der Lebensatem weggenommen wurde, starb er. Auch bei unserem Erretter war es so, als sein Geist den Körper verließ, und sein Körper wurde erst wieder lebendig, als sein Geist durch die Macht der Auferstehung wieder in den Körper zurückkehrte. Aber die Seele (das Leben) der Frau Wilkinson war im Himmel, und ihr Körper ohne die Seele (das Leben) war auf der Erde und hat demnach (ohne Seele oder) ohne Leben gelebt!

Die Irvingianer

Die Irvingianer sind Leute, die von allen heutigen Sekten die Wahrheit wohl am täuschendsten nachgeahmt haben. Sie haben vor etwa zehn Jahren in der englischen Hauptstadt London begonnen, haben in verschiedenen Teilen Englands und Schottlands Gemeinden gegründet, einige sogar im kanadischen Ontario. Mr. Irving, ihr Begründer, war ein gelehrter und begabter Pastor der Church of Scotland. Ein großer Denker und kraftvoller Redner, war er doch auch übertrieben und schwärmerisch in seinen Ansichten. Er bewegte sich in der höheren Gesellschaft und besaß viel Eifer und Talent, und so wurde er bald zu einer herausragenden Persönlichkeit und konnte eine Gemeinschaft gründen, die der der heutigen Irvingianer sehr ähnlich war.

Die Irvingianer haben Apostel, Propheten, Hirten, Lehrer, Evangelisten und Engel. Sie behaupten, die Gabe der Zungenrede zu besitzen, ebenso die Übersetzungsgabe und in einigen wenigen Fällen auch die Gabe der Heilung.

Der erste prophetische Geist, der sich bemerkbar machte, zeigte sich in den unverheirateten Schwestern Campbell, mit denen Mr. Irving auf einer Reise in Schottland zusammentraf; sie hatten, wie man es in ihrer Sekte nennt, „Äußerungen", die offensichtlich auf eine übernatürliche Kraft zurückzuführen waren. Mr. Irving verfiel in den allgemeinen Irrtum, alle übernatürlichen Kundgebungen Gott zuzuschreiben; er nahm sie nach London mit und führte sie in seine Kirche ein.

Dort wurden sie als Prophetinnen Gottes geehrt, und wenn sie sprachen, mußten Mr. Irving und seine Geistlichen still sein. Vor den Versammelten zeigten sich an ihnen seltsame Wirkungen, sie gaben eigenartige Äußerungen von sich, und zwar mit schriller, unnatürlicher Stimme, und in einem packenden Tonfall stießen sie häufig ein paar abgebrochene, unzusammenhängende Sätze hervor, die doppeldeutig und zusammenhanglos und unverständlich waren. Manchmal waren solche Sätze leichter zu verstehen. Häufig schrien sie: „Hier ist Übeltat! Hier ist Übeltun!" Unter dem Eindruck dieser Beschuldigung sah sich Mr. Irving veranlaßt, vor den Versammelten auf die Knie zu fallen und seine Sünde zu bekennen, und dabei wußte er nicht einmal, ob er gesündigt hatte oder wodurch und ob sich das Ganze auf ihn oder jemand anders bezog. Während solcher Vorgänge wurden die Körper der Sprechenden stark in Mitleidenschaft gezogen, die Gesichter waren verzerrt, häufig zuckten ihre Hände, und die ganze Gestalt wurde von Zeit zu Zeit krampfhaft erschüttert. Es ist jedoch anzunehmen, daß sie manchmal mit der richtigen Zungenrede sprachen und auch korrekte Übersetzung gaben.

Unter dem Einfluß dieses Geistes wurde die Kirche von den Frauen gegründet; bald wurden Apostel, Propheten usw. berufen, eine systematische Ordnung wurde eingeführt, wie schon erwähnt. Ein Mr. Baxter (der nachher einer ihrer Hauptpropheten wurde) sagte, nachdem er eine ihrer Versammlungen besucht hatte: „Ich sah die Manifestation einer Macht und dachte, es sei die Macht Gottes; ich betete, sie möge auch mir zuteil werden, und das geschah, und so fing ich an zu prophezeien." Vor acht, neun Jahren hatten sie etwa sechzig Prediger, die durch die Straßen Londons gingen und Zeugnis gaben, daß London der Ort sei, wo die von Johannes erwähnten „zwei Zeugen" prophetisch reden sollten; daß sie (die Kirche) und der Geist die Zeugen seien und daß nach Ablauf von dreieinhalb Jahren ein Erdbeben und große Zerstörung eintreten und unser Erretter kommen werde. Sie zogen zu der bestimmten Zeit ihre Apostel zusammen, um das Ereignis zu beobachten, aber Jesus erschien nicht, und die Prophezeiung wurde dann mit doppeldeutigen Erklärungen aus der Welt geschafft. Oftmals empfingen sie von dem Geist Zeichen als Beweis dafür, daß das, was ihnen kundgetan worden war, auch eintreten werde. Mr. Baxter erzählte von einem Erlebnis, das er einmal mit einem Kind hatte. Es wurde ihm kundgetan, er solle das Kind besuchen und ihm die Hände auflegen, dann würde es gesund werden. Als Beweis dafür, daß dies von Gott sei, würde er an einem bestimmten Ort seinem Bruder begegnen, und dieser würde zu ihm bestimmte Worte sagen. Der Bruder sprach ihn genau in der angegebenen Weise an. Das Zeichen hatte also stattgefunden. Als er aber dem Kind die Hände auflegte, erholte es sich nicht. Ich kann mich für die Richtigkeit der letzten Angaben nicht verbürgen, da Mr. Baxter zu der Zeit die Irvingianer bereits verlassen hatte, aber der Vorfall steht im Einklang mit ihrem sonstigen Verhalten, und es wurde nie der Versuch unternommen, die Sache zu bestreiten.

Da ist alles falsch

Man kann nun fragen, was denn daran falsch sei.

Erstens: Die Kirche wurde von Frauen gegründet, aber Gott setzte in die Kirche zuerst Apostel, dann Propheten, und nicht zuerst Frauen. Mr. Irving jedoch setzte in seine Kirche zuerst Frauen, dann Apostel, und die Kirche wurde von Frauen gegründet und organisiert. Eine Frau hat nicht das Recht, eine Kirche zu gründen oder zu organisieren. Gott hat nie Frauen gesandt, dies zu tun.

Zweitens: Diese Frauen pflegten mitten in einer Versammlung zu sprechen und Mr. Irving oder sonst jemand in der Kirche zurechtzuweisen. In der Schrift aber heißt es ausdrücklich: „Einen älteren Mann sollst du nicht grob behandeln, sondern ihm zureden wie einem Vater." Nicht nur das: häufig klagten sie auch die Brüder an und setzten sich somit an die Stelle des Satans, der ganz deutlich als „der Ankläger unserer Brüder" bezeichnet wird.

Drittens: Mr. Baxter empfing den Geist auf sein Bitten hin, ohne daß er sich der Verordnung unterzog, und fing an zu prophezeien. Die Schrift hingegen verweist darauf, daß die Gabe des Heiligen Geistes nur nach der Taufe und dann mittels Händeauflegen erlangt werden kann.

Viertens: Wie wir schon in bezug auf andere Fälle gesagt haben, ist die Äußerung prophetischer Eingebungen dem Willen der Propheten unterworfen; diese Propheten aber waren Geistern unterworfen, wobei die Geister deren Körper nach Belieben beherrschten.

Bleibt die Frage, wie Mr. Baxter von jemand anders ein Zeichen erhalten konnte. Darauf antworten wir, daß Mr. Baxters Bruder unter dem Einfluß desselben Geistes stand wie er selbst und daher leicht veranlaßt werden konnte, Mr. Baxter das zu sagen, was dieser Geist ihm gebot. Aber das Kind zu heilen, dazu hatte der Geist nicht die Macht.

Der Satan kann sich der Zungenrede bedienen

Weiter mag man sich fragen, wie sie denn in Zungen reden konnten, wenn sie vom Teufel waren. Wir möchten antworten, sie standen unter der Macht dieses Geistes und konnten also dahin gebracht werden, in einer fremden Sprache ebenso zu reden wie in ihrer eigenen; der Teufel kann einen Hottentotten, einen Türken, einen Juden und jemand aus jeder anderen Nation in Versuchung führen, und wenn diese Leute unter dem Einfluß seines Geistes standen, so konnten sie selbstverständlich Hebräisch, Lateinisch, Griechisch, Italienisch, Holländisch oder sonst eine Sprache sprechen, die der Teufel kann.

Nun mag einer sagen: „Prüft die Geister!" – aber gemäß dem Wort. „Jeder Geist, der bekennt, Jesus Christus sei im Fleisch gekommen, ist aus Gott. Und jeder Geist, der Jesus nicht bekennt, ist nicht aus Gott." (1. Johannes 4:2, 3.) Unter dem Einfluß eines Geistes zitierte einmal ein Irvingianer diese Schriftstelle und sagte dann: „Ich bekenne, daß Jesus Christus im Fleisch gekommen ist." Und doch sind die Prophezeiungen nicht in Erfüllung gegangen, ihr Messias ist nicht gekommen, und all das Großartige, das sie gesprochen haben, ist ins Wasser gefallen. Was ist denn da los? Hat der Apostel nicht die Wahrheit gesagt? Gewiß hat er das; er hat aber zu Leuten gesprochen, die in dem Augenblick, da sie sich zum Christentum bekannten, der Todesstrafe gewärtig sein mußten. Niemand, der dies nicht als Tatsache wußte, hätte sie bekannt und sich damit dem Tod ausgeliefert, und deshalb wurde dies der Gemeinde oder den Gemeinden, an die Johannes schrieb, als Prüfstein angegeben. Doch der Teufel rief bei einem bestimmten Anlaß aus: „Ich weiß, wer du bist: der Heilige Gottes!" Hier haben wir, aber unter anderen Verhältnissen, das offene Eingeständnis, daß „Jesus im Fleisch gekommen sei". Wieder ein andermal sagte der Teufel: „Paulus ist mir bekannt, und Jesus kenne ich" – was heißen soll: „weil er ja im Fleisch gekommen ist". Kein Mensch und auch keine Gemeinschaft von Menschen ist ohne rechtmäßig eingesetzte Autoritäten, ohne Priestertum und die Gabe der Geistererkennung imstande, die wahren von den falschen Geistern zu unterscheiden. Diese Macht war in den Tagen der Apostel vorhanden, ist aber vor langer Zeit aus der Welt verschwunden.

Falsche Geister in der Kirche

Auch die Kirche Jesu Christi der Heiligen der Letzten Tage hat ihre falschen Geister gehabt; sie setzt sich ja aus ehemaligen Angehörigen der verschiedensten Glaubensgemeinschaften mit unterschiedlichsten Ansichten zusammen, und weil sie unter dem Einfluß so vieler Arten von Geistern waren, nimmt es nicht wunder, daß auch unter uns falsche Geister zu finden sind.

Bald nachdem das Evangelium in Kirtland Fuß gefaßt hatte, traten während der Abwesenheit der Autoritäten der Kirche viele falsche Geister auf, wurden viele seltsame Visionen geschaut und wilde, schwärmerische Vorstellungen vorgebracht: Menschen stürzten unter dem Einfluß dieses Geistes ins Freie, und einige stellten sich auf Baumstümpfe und fingen an zu schreien, und sie ließen sich auf allerlei Überspanntheiten ein. So sagte einer, er sehe eine Kugel in der Luft fliegen, und rannte ihr hinterher, bis er an einen Abgrund kam, wo er dann in das Geäst eines Baumes sprang, was ihm das Leben rettete; man ließ sich auf viele lächerliche Sachen ein, die darauf berechnet waren, die Kirche Gottes in Verruf zu bringen, so daß sich der Geist Gottes zurückzöge, und diese herrlichen Prinzipien auszurotten und zu vernichten, die für die Errettung der Menschheit kundgetan worden waren. Als aber die Autoritäten zurückkehrten, wurde dieser Geist offenbar. Die Mitglieder, die sich mit ihm eingelassen hatten, wurden zur Rechenschaft gezogen und, soweit sie nicht umkehren und davon lassen wollten, ausgeschlossen.

Zu einer späteren Zeit war auch ein Shakergeist im Begriff, sich einzuschleichen, ein andermal die Macht der Methodisten und Presbyterianer, sich hinfallen zu lassen, aber dieser Geist wurde zurechtgewiesen und unterdrückt, und wer sich den Regeln und der rechten Ordnung nicht fügen wollte, dem wurde die Gemeinschaft entzogen. Es gab unter uns auch Brüder und Schwestern, die eine falsche Gabe der Zungenrede hatten; sie sprachen mit einer unnatürlichen Stimme, murmelten vor sich hin, und ihr Körper war verrenkt wie bei den bereits erwähnten Irvingianern, wohingegen es im Geist Gottes nichts Unnatürliches gibt. Ein Ereignis solcher Art begab sich im kanadischen Ontario, wurde aber vom präsidierenden Ältesten zurückgewiesen. In einem anderen Fall unweit des genannten Ortes behauptete eine Frau, sie könne Geister erkennen, und fing an, eine andere Schwester mehrerer Dinge zu beschuldigen, deren diese nicht schuldig war; sie sagte, sie wüßte das durch den Geist, es stellte sich aber nachher als falsch heraus. Auch hier war es so, daß sich jemand in die Rolle eines „Anklägers der Brüder" versetzte. Niemand darf mittels der Gabe des Geistererkennens eine Anklage gegen einen anderen vorbringen, sondern dieser muß vielmehr durch schlüssige Beweise überführt werden, sonst haftet ihm keine Schuld an.

Es hat in der Kirche auch dienende Engel gegeben, die aber vom Satan waren und als Engel des Lichts erschienen sind. Eine Schwester im Staat New York hatte eine Vision, sagte sie, und darin sei ihr gesagt worden, wenn sie an eine bestimmte Stelle im Wald ginge, würde ihr ein Engel erscheinen. Sie ging zur bestimmten Zeit dorthin und sah eine herrliche Gestalt herabkommen, ganz in Weiß gekleidet, mit sandfarbenem Haar. Der Betreffende hob an und sagte ihr, sie solle Gott fürchten, und ihr Mann sei berufen, Großes zu vollbringen, er dürfe sich aber nicht weiter als hundert Meilen von seinem Haus entfernen, sonst werde er nicht mehr wiederkommen. Gott hingegen hatte ihn berufen, bis an die Enden der Erde zu gehen, und er ist seither mehr als tausend Meilen von zu Hause entfernt und lebt immer noch. Diese Gestalt sagte vieles, was wahr war, und vieles, was falsch war. Nun mag man fragen: Woran hätte man erkennen können, daß dies ein böser Engel war? An der Farbe der Haare: das ist nämlich eines der Zeichen, an denen er erkannt werden kann; und dann auch daran, daß er einer früheren Offenbarung widersprochen hat.

Es hat auch Brüder und Schwestern gegeben, die Offenbarungen geschrieben und sich angemaßt haben, diese Kirche zu führen. So etwa ein junger Mann in Kirtland, Isaac Russell aus Missouri, sowie Gladden Bishop und Oliver Olney aus Nauvoo. Der junge Mann wohnt jetzt bei seinen Eltern, die sich den Gesetzen der Kirche unterstellt haben. Dieser Mr. Russell wohnte in Far West, von wo aus er sich, von den drei Nephiten geführt, nach den Rocky Mountains aufmachen wollte; aber die

Nephiten kamen nicht, seine Freunde zogen sich von ihm zurück, bis auf ein paar Blutsverwandte, die aber seither vom Pöbel fast ganz aufgerieben worden sind. Mr. Bishop wurde vor den Hohenrat gestellt, seine Schriften wurden überprüft, verworfen und verbrannt, er selbst aus der Kirche ausgeschlossen. Er erkannte die Entscheidung als gerecht an und sagte, er sehe nun seinen Fehler ein, denn wenn er sich hätte von den zuvor gegebenen Offenbarungen leiten lassen, so hätte er wissen können, daß niemand als nur Joseph Smith Offenbarungen für die Kirche schreiben sollte. Er bat, die Brüder mögen für ihn beten und ihm verzeihen. Auch Mr. Olney wurde vor den Hohenrat gestellt; es wurde ihm die Gemeinschaft entzogen, weil er seine Schriften nicht am Wort Gottes prüfen lassen wollte. Damit bewies er ganz klar, daß er die Finsternis mehr liebte als das Licht, denn seine Taten waren böse.

Äußerungen des Propheten beim Begräbnis von Ephraim Marks

Die Heiligen von Nauvoo versammelten sich beim Haus von Präsident Marks, früh am Morgen, um Ephraim Marks, dem Sohn von Präsident William Marks, die letzte Ehre zu erweisen; er war am Abend des 7. ds. gestorben. Es formierte sich ein langer Leichenzug, und man begab sich zum Wäldchen, wo sich schon eine große Menschenmenge eingefunden hatte. Präsident Joseph Smith sprach aus diesem Anlaß gefühlvoll und mit viel Anteilnahme. Unter anderem sagte er: „Das ist ein sehr feierlicher und ehrfurchtgebietender Anlaß. Nie war mir ernster zumute; es ruft mir den Tod meines ältesten Bruders, Alvin, der in New York starb, und meines jüngsten Bruders, Don Carlos, der in Nauvoo starb, in Erinnerung. Es war schwer für mich mitzuerleben, wie diese jungen Männer, deren Unterstützung und Ermunterung uns so viel bedeutete, mitten in ihren jungen Jahren abberufen wurden. Ja, es war nicht leicht, sich damit abzufinden. Manchmal denke ich, ich könnte mich eher damit abfinden, daß ich selber abberufen werde, wenn es der Wille Gottes sein sollte; aber doch weiß ich, daß wir still sein sollen; wir müssen wissen, daß es von Gott kommt, und uns in seinen Willen finden: alles ist recht. Nur eine kurze Zeit, und wir alle werden auf gleiche Weise abberufen werden, das wird mich treffen und ebenso euch. Einige meinen, Bruder Joseph könne nicht sterben, aber das ist ein Irrtum. Es stimmt zwar, daß mir gelegentlich das Leben verheißen wurde, damit ich das und jenes vollbringen könne; aber nachdem ich es nun vollbracht habe, ist mir keine Lebensfrist zugesichert, und ich bin dem Tod ebenso ausgesetzt wie jeder andere auch.

Ich kann von Herzen sagen, daß ich Ephraim Marks nichts angetan habe, was mir leid tun müßte. Mögen doch auch seine Freunde ihm nichts zugefügt haben, was ihnen leid tun müßte oder wofür sie vor dem Richterstuhl Gottes nicht würden geradestehen wollen; sollte es doch der Fall sein, so möge es allen als Warnung dienen: möge jeder vor Gott und gegenüber seinen Mitmenschen gerecht handeln, dann werden wir am Tag des Gerichts schuldlos dastehen.

Wenn wir einen lieben Freund verlieren, den wir ins Herz geschlossen haben, soll uns das eine Warnung sein, daß wir unsere Zuneigung nicht allzusehr auf andere Menschen setzen sollen; denn sie können uns ja auf die gleiche Weise genommen werden. Unsere Zuneigung soll sich auf Gott und sein Werk richten, und zwar mit stärkerem Gefühl als auf unsere Mitmenschen." (9. April 1842.) DHC 4:587.

Zusammenfassung von Äußerungen des Propheten
Mißbilligung aller Schlechtigkeit

Joseph, der Seher, stand in der Macht Gottes auf; er tadelte und verurteilte im Namen Gottes, des Herrn, vor den Leuten die Schlechtigkeit. Er wünschte einige Worte über die jetzige Lage des Volkes im allgemeinen zu sagen; dann führte er aus: „Ich spreche in der Vollmacht des Priestertums, im Namen Gottes, des Herrn, und es wird sich als Lebensduft erweisen, der Leben verheißt, oder aber als Todesgeruch, der Tod bringt. Zwar bezeichnen sich die hier Versammelten als Heilige, aber ich stehe doch inmitten aller möglichen Arten und Klassen von Menschen. Wenn ihr dorthin gelangen wollt, wo Gott ist, müßt ihr so sein wie Gott oder die Prinzipien innehaben, die Gott innehat; denn wenn wir uns nicht prinzipiell Gott nähern, dann entfernen wir uns von ihm und nähern uns dem Teufel. Ja, ich stehe inmitten aller Arten von Leuten.

Erforscht euer Herz und überlegt euch, ob ihr so seid wie Gott. Ich habe meines erforscht, und ich spüre, daß ich von allen meinen Sünden umkehren soll.

Die Menschen werden errettet, indem sie ihrer Erkenntnis folgen

Wir haben Diebe unter uns, Ehebrecher, Lügner, Heuchler. Wenn Gott vom Himmel spräche, so würde er euch gebieten, nicht mehr zu stehlen, keinen Ehebruch zu begehen, nicht habgierig zu sein, nicht zu betrügen, sondern im Kleinen treu zu sein. In dem Maß, wie wir uns von

Gott abwenden, steigen wir zum Teufel hinunter und verlieren an Erkenntnis, und ohne Erkenntnis können wir nicht errettet werden, und solange wir im Herzen von Bösem erfüllt sind und dem Bösen nachhängen, haben wir im Herzen keinen Platz für das Gute oder daß wir dem Guten nachhängen. Ist nicht Gott gut? Dann seid auch ihr gut! Wenn er getreu ist, dann seid auch ihr getreu! Verbindet mit eurem Glauben Tugend, mit der Tugend die Erkenntnis, und trachtet nach allem, was gut ist!

Die Kirche muß gesäubert werden, und ich erhebe meine Stimme gegen alles Übeltun. Man wird nur so schnell errettet, wie man Erkenntnis erlangt; denn wenn jemand keine Erkenntnis erlangt, wird er im Jenseits von einer bösen Macht gefangengenommen werden. Böse Geister haben nämlich mehr Wissen und darum auch mehr Macht als viele Menschen auf der Erde. Daher haben wir Offenbarung nötig, die uns hilft und uns das erkennen läßt, was von Gott ist.

Woran liegt es wohl, daß die heutigen Priester keine Offenbarung erhalten? Sie bitten um etwas nur, um es auf ihre Leidenschaft zu verwenden. Ihre Herzen sind verderbt, und sie bemänteln ihr Übeltun, indem sie sagen, es gebe keine Offenbarungen mehr. Wenn aber Offenbarungen von Gott ergehen, so treffen sie immer und überall auf die Ablehnung von seiten der Priester und der Christenheit im ganzen: es werden ja darin deren Schlechtigkeit und Greuel bloßgestellt." (10. April 1842.) DHC 4:588.

Die Taufe für die Toten

Die großen Pläne Gottes in bezug auf die Errettung der Menschheit werden von der angeblich so klugen und intelligenten Generation, in der wir leben, nur sehr wenig verstanden. Mannigfaltig und widersprüchlich sind die Meinungen der Menschen über den Plan der Errettung, die Forderungen des Allmächtigen, die notwendige Vorbereitung auf den Himmel, den Zustand der abgeschiedenen Geister und inwieweit diese als Folge ihrer Rechtschaffenheit oder ihres Übeltuns – je nach ihrer Vorstellung von Tugend und Laster – glücklich oder unglücklich sind.

Der Muselman verdammt die Heiden, Juden und Christen und alle übrigen Menschen, die seinen Koran ablehnen, als Ungläubige und überantwortet sie in ihrer Gesamtheit dem Verderben. Der Jude glaubt, daß alle, die seinen Glauben verwerfen und unbeschnitten sind, gojische Hunde sind und der Verdammung anheimfallen werden. Der Heide ist gleichermaßen verbohrt in seinen Grundsätzen, und der Christ schließlich überliefert alle dem Verderben, die sich nicht seinem Glauben beugen und seinen Dogmen unterwerfen.

Die Gerechtigkeit des großen Gesetzgebers

Während aber ein Teil der Menschheit den anderen ohne Gnade be- und verurteilt, blickt der erhabene Vater des Universums liebevoll und mit väterlicher Fürsorge auf alle Menschen hernieder. Er betrachtet sie ja als seine Abkömmlinge und ohne die engherzigen Gefühle, von denen die Menschen beherrscht werden. Er läßt seine Sonne aufgehen über Bösen und Guten, und er läßt regnen über Gerechte und Ungerechte. Die richterliche Gewalt ist in seiner Hand: er ist ein weiser Gesetzgeber und wird alle Menschen richten – nicht nach den engstirnigen Vorstellungen der Menschen, sondern gemäß „dem Guten oder Bösen, das er im irdischen Leben getan hat", sei es, daß es in England oder Amerika, in Spanien oder in der Türkei oder in Indien getan wurde. Er wird sie nicht nach dem beurteilen, was sie nicht haben, sondern nach dem, was sie haben. Wer ohne Gesetz gelebt hat, wird ohne Gesetz gerichtet werden, und wer ein Gesetz gehabt hat, wird nach diesem Gesetz gerichtet werden. Wir brauchen an der Weisheit und Intelligenz des großen Jehova nicht zu zweifeln; er wird einer jeden Nation nach ihrem Verdienst Verurteilung oder Barmherzigkeit zuerkennen, je nachdem, wie sie Intelligenz erlangt hat, nach welchen Gesetzen sie regiert worden ist, was für Möglichkeiten sie hatte, richtige Kenntnis zu erlangen – alles in seiner unergründlichen Absicht in bezug auf das Menschengeschlecht. Wenn die Absichten Gottes einmal offenkundig werden und die Zukunft sich enthüllen wird, dann werden wir schließlich alle bekennen müssen, daß der Richter über alle Erde recht getan hat.

Christus predigte den Geistern im Gefängnis

Die Lage der christlichen Nationen nach dem Tod ist ein Thema, das alle Klugheit und Fähigkeit der Philosophen und Theologen auf den Plan gerufen hat, und es herrscht die Meinung vor, das Geschick des Menschen werde bei seinem Tod unabänderlich festgelegt: entweder werde er auf ewig Glückseligkeit genießen oder ein ewiges Elend erleiden müssen, und wenn jemand ohne Kenntnis von Gott stirbt, so müsse er auf ewig verdammt sein, ohne daß seine Strafe gemildert, sein Schmerz gelindert und ihm auch nur die geringste Hoffnung auf eine Erlösung gemacht werde. Wie konventionell ein solcher Leitsatz auch sein mag – so steht er doch im Widerspruch zum Zeugnis der Heiligen Schrift, denn unser Erretter sagt, den Menschen werde jede Lästerung und Sünde vergeben werden, wer aber etwas gegen den Heiligen Geist sage, dem werde nicht vergeben, weder in dieser noch in der zukünftigen Welt. Daraus wird offensichtlich, daß es Sünden gibt, die in der zukünftigen Welt vergeben werden können, wenngleich die Sünde der Lästerung gegen den Heiligen Geist nicht dazugehört. Auch Petrus sagte – und er sprach dabei vom Erretter –: „So ist er auch zu den Geistern gegangen, die im Gefängnis waren, und hat ihnen gepredigt. Diese waren einst ungehorsam, als Gott in den Tagen Noachs geduldig wartete." (1. Petrus 3:19, 20.)

Da haben wir also einen Bericht, daß der Erretter den Geistern im Gefängnis gepredigt habe, Geistern, die seit den Tagen Noachs in Gefangenschaft gehalten worden waren, und was hat er ihnen gepredigt? Daß sie weiterhin dort bleiben müßten? Bestimmt nicht! Seine eigenen Worte sollen aussagen: „Er hat mich gesandt, damit ich den Armen eine gute Nachricht bringe; damit ich den Gefangenen die Entlassung verkünde und den Blinden das Augenlicht; damit ich die Zerschlagenen in Freiheit setze." (Lukas 4:18.) Bei Jesaja steht es so: „Gefangene aus dem Kerker zu holen und alle, die im Dunkel sitzen, aus ihrer Haft zu befreien." (Jesaja 42:7.) Aus dem geht sehr deutlich hervor, daß er nicht nur hinging, um ihnen zu predigen, sondern daß er sie entlassen, aus der Haft befreien wollte. Jesaja spricht von dem Unheil, das über die Bewohner der Erde kommen wird, und sagt: „Wie ein Betrunkener taumelt die Erde, sie schwankt wie eine wacklige Hütte. Ihre Sünden lasten auf ihr; sie fällt und kann sich nicht mehr erheben. An jenem Tag wird der Herr hoch droben das Heer in der Höhe zur Rechenschaft ziehen und auf der Erde die Könige der Erde. Sie werden zusammengetrieben und in eine Grube gesperrt; sie werden ins Gefängnis geworfen, und nach einer langen Zeit wird er sie strafen." (Jesaja 24:20–22.) Wir sehen also, daß Gott mit allen Menschen auf die gleiche Weise verfahren wird, und so wie die Menschen vor der Sintflut ihren Tag der Heimsuchung hatten, wird es auch denen geschehen, die Jesaja erwähnt: sie werden heimgesucht und befreit werden, nachdem sie eine lange Zeit im Gefängnis waren.

Der Plan der Errettung – schon vor Grundlegung der Welt

Der große Jehova hat alles erwogen: was die Erde betrifft und mit dem Plan der Errettung zu tun hat – lange ehe die Erde ins Dasein trat oder, wie es heißt, „die Morgensterne jauchzten". Vergangenheit, Gegenwart und Zukunft sind für ihn ein einziges, ewiges Jetzt. Er wußte vom Fall Adams, von den Übeltaten der Menschen vor der großen Flut und wie weit sich die Menschen ins Übeltun einlassen würden; er kannte ihre Schwächen und Stärken, ihre Kraft und Herrlichkeit, ihren Abfall vom Glauben, ihre Verbrechen, ihre Rechtschaffenheit und ihr Übeltun. Er erfaßte den Fall und die Erlösung des Menschen; er kannte den

Plan der Errettung und legte ihn dar; er war sich der Lage einer jeden Nation und ihres Schicksals bewußt; er ordnete alles nach dem Ratschluß seines eigenen Willens; er weiß, in welcher Lage sich die Lebenden und die Toten befinden und hat reichlich Vorsorge für deren Erlösung getroffen, je nachdem, wie sie sich im einzelnen befinden und wie sie den Gesetzen des Gottesreiches entsprochen haben, sei es in dieser oder in der zukünftigen Welt.

Falsche Lehren in der Welt

Die Vorstellung, die sich manche Menschen von der Gerechtigkeit, dem Richterspruch und der Barmherzigkeit Gottes bilden, ist so töricht, daß kein intelligenter Mensch daran einen Gedanken verschwendet: beispielsweise nehmen viele unserer orthodoxen Prediger üblicherweise an, wenn ein Mensch, der nach ihrer Ansicht nicht „bekehrt" ist, in diesem Zustand stirbt, müsse er auf ewig und ohne Hoffnung in der Hölle schmachten. Unendliche Jahre müsse er in Qualen verbringen, ohne je ans Ende zu kommen; dabei beruht solch ewiges Leiden oftmals nur auf der reinsten Zufälligkeit. Daß ein Schnürsenkel reißt, ein Amtierender einen Riß in seinen Rock bekommt oder der Betreffende an einem bestimmten Ort wohnt, das alles kann der Grund dafür sein, daß er verdammt oder zumindest nicht errettet wird. Ich will ein Beispiel anführen, das durchaus nicht ungewöhnlich sein muß: Zwei Männer, die gleichermaßen sündig waren, die Religion vernachlässigt haben, werden zur selben Zeit krank. Einer davon hat das Glück, daß er von einem Geistlichen besucht wird, und wird wenige Minuten vor seinem Tod bekehrt. Der andere schickt nach drei „betenden Männern", einem Schneider, einem Schuster und einem Klempner. Der Klempner muß gerade einen Henkel an eine Kanne löten, der Schneider muß an einem Rock, der dringend gebraucht wird, noch ein Knopfloch fertigmachen, und der Schuster muß jemandem die Stiefel besohlen. Keiner von den dreien kann noch rechtzeitig kommen; der Mann stirbt und kommt in die Hölle. Der andere hingegen gelangt hinauf in Abrahams Schoß, er setzt sich in der Gegenwart Gottes hin und genießt ewige, ununterbrochene Glückseligkeit, während der eine, der um nichts schlechter war, in die ewige Verdammnis hinabsinkt, in unabänderliches Elend und hoffnungslose Verzweiflung, weil jemand Stiefel flicken, ein Knopfloch anfertigen oder einen Henkel an eine Kanne löten mußte.

Die Pläne Jehovas sind gerecht

Die Pläne Jehovas sind nicht so ungerecht, die Aussagen der Heiligen Schrift nicht so unwirklich, und auch der Plan der Errettung für das Menschengeschlecht ist nicht derart unvereinbar mit gesundem Menschenverstand; ja, einen solchen Vorgang würde Gott mit Unwillen betrachten, Engel würden ihr Haupt in Scham verhüllen, und jeder tugendhafte, intelligente Mensch würde zurückschaudern.

Wenn schon das menschliche Gesetz jeden so behandelt, wie er es verdient und alle Missetäter gemäß ihren Verbrechen bestraft, so wird der Herr gewiß nicht grausamer sein als der Mensch; denn er ist ein weiser Gesetzgeber, und seine Gesetze sind gerechter, seine Verfügungen unparteiischer, seine Entscheidungen vollkommener als die der Menschen; und wie der Mensch seine Mitmenschen aufgrund des Gesetzes richtet und sie gemäß der im Gesetz vorgesehenen Strafe aburteilt, so richtet auch der Gott des Himmels „gemäß den Taten, die im sterblichen Leib getan worden sind". Die Behauptung, die Heiden wären verdammt, weil sie nicht ans Evangelium glauben, wäre widersinnig, und zu sagen, die Juden seien alle verdammt, weil sie nicht an Jesus glauben, wäre gleichermaßen unsinnig; denn „wie sollen sie an den glauben, von dem sie nichts gehört haben? Wie sollen sie hören, wenn niemand verkündigt? Wie soll aber jemand verkündigen, wenn er nicht gesandt ist?" Infolgedessen kann es weder dem Juden noch dem Heiden angelastet werden, daß sie die einander widersprechenden Meinungen der religiösen Fanatiker verwerfen, auch nicht, daß sie jegliches Zeugnis verwerfen außer einem, das von Gott gesandt ist. Der Verkünder kann ja nicht verkündigen, wenn er nicht gesandt ist, und so kann der Hörer nicht glauben, wenn er nicht einen Verkünder hört, der gesandt ist, und darum kann er nicht verurteilt werden für das, was er nicht gehört hat. Er muß, weil er ohne Gesetz gewesen ist, auch ohne Gesetz gerichtet werden.

Was ist mit unseren Vätern?

Wenn wir von den Segnungen sprechen, die zum Evangelium gehören, und von den Folgen, die aus der Nichtbeachtung der Forderungen entstehen, so wird uns häufig die Frage gestellt, was aus unseren Vätern geworden sei? Werden sie alle verdammt, weil sie das Evangelium nicht befolgt haben, das sie doch nie gehört haben? Gewiß nicht. Sondern sie genießen denselben Vorzug wie wir, nämlich mittels des immerwährenden Priestertums, das nicht nur auf der Erde wirksam ist, sondern auch im Himmel. Sie sind ebenfalls Nutznießer der weisen Vorsorge des großen Jehova. Darum werden die, von denen Jesaja spricht, vom Priestertum Hilfe bekommen und nach demselben Grundsatz aus dem Gefängnis entlassen werden wie diejenigen, die in den Tagen Noachs ungehorsam waren und denen der Erretter (der ja das immerwährende Melchisedekische Priestertum innehatte) zu Hilfe kam und denen er im Gefängnis das Evangelium verkündigte. Um nun alle Forderungen Gottes zu erfüllen, würden lebende Freunde für ihre verstorbenen Freunde getauft und erfüllten somit die Forderung Gottes, die besagt: „Wenn jemand nicht aus Wasser und Geist geboren wird, kann er nicht in das Reich Gottes kommen." Sie wurden natürlich nicht für sich selbst getauft, sondern für ihre Toten.

Johannes Chrysostomus sagt, die Marcioniten hätten die Taufe für ihre Toten praktiziert. „Wenn ein Neuling gestorben war, ließen sie einen Lebenden sich unter das Bett des Verstorbenen legen; dann wandten sie sich an den Toten und fragten ihn, ob er getauft werden wolle; da dieser keine Antwort gab, antwortete der andere für ihn und sagte, er wolle sich an seiner Stelle taufen lassen; und so tauften sie die Lebenden für die Toten." Natürlich war die Kirche zu der damaligen Zeit entartet, und das betreffende Ritual war wohl nicht das richtige, aber die Sache ist in der Schrift deutlich genug dargelegt; denn Paulus sagt über diesen Lehrsatz: „Wie kämen sonst einige dazu, sich für die Toten taufen zu lassen? Wenn Tote gar nicht auferweckt werden, warum läßt man sich dann taufen für sie?" (1. Korinther 15:29.)

Die Verantwortung der Juden

Daher ruhte auf der Generation, in der unser Erretter lebte, eine so große Verantwortung; denn er sagte: „So wird all das unschuldige Blut über euch kommen, das auf Erden vergossen worden ist, vom Blut Abels, des Gerechten, bis zum Blut des Zacharias, Barachias Sohn, den ihr im Vorhof zwischen dem Tempelgebäude und dem Altar ermordet habt. Amen, das sage ich euch: Das alles wird über diese Generation kommen." (Matthäus 23:35, 36.) Da sie ja mehr bevorzugt waren als jede andere Generation – nicht nur, was sie selber betraf, sondern auch in bezug auf ihre Toten –, war ihre Sünde um so größer; denn sie vernachlässigten nicht nur ihre eigene Errettung, sondern auch die ihrer Vorfahren, und deshalb wurde deren Blut von ihnen gefordert.

Befreier auf dem Berg Zion

Da nun die großen Absichten Gottes schnell ihrer Erfüllung entgegengehen und das, was die Propheten ausgesprochen haben, eintrifft, da nun die Kirche Gottes auf der Erde aufgerichtet und die alte Ordnung der Dinge wiederhergestellt ist, hat der Herr uns jetzt die Aufgabe gestellt und den Vorzug eingeräumt, ja, er hat uns geboten, daß wir uns für unsere Toten taufen lassen und somit die Worte Obadjas erfüllen, der von der Herrlichkeit der Letzten Tage gesagt hat: „Befreier ziehen auf den Berg Zion, um Gericht zu halten über das Bergland von Esau. Und der Herr wird herrschen als König." Wenn man all dies betrachtet, fügen sich die Schriftstellen, die ja wahr sind, zusammen, und man sieht, wie Gott in rechter Weise mit den Menschen umgeht, und daß die Menschen alle auf der gleichen Grundlage stehen, ja, daß dies alles mit allen Grundsätzen der Rechtschaffenheit, Gerechtigkeit und Wahrheit übereinstimmt. Wir wollen mit den folgenden Worten des Apostels Petrus schließen: „Denn lange genug haben wir in der Vergangenheit das heidnische Treiben mitgemacht." „Denn auch Toten ist das Evangelium dazu verkündet worden, daß sie wie Menschen gerichtet werden im Fleisch, aber wie Gott das Leben haben im Geist." (15. April 1842.) DHC 4:595–599.

Ansprache des Propheten
vor der Frauenhilfsvereinigung

Alle Ämter in der Kirche sind achtbar

Präsident Smith erhob sich und lenkte die Aufmerksamkeit der Versammelten auf das 12. Kapitel des Korintherbriefes: „Auch über die Gaben des Geistes möchte ich euch nicht in Unkenntnis lassen." Er sagte, die Stelle im dritten Vers, wo es heißt: „Keiner kann sagen: Jesus ist der Herr!, wenn er nicht aus dem Heiligen Geist redet," sollte richtig übersetzt lauten: „Keiner kann wissen, daß Jesus der Herr ist, außer durch den Heiligen Geist." Er las dann das Kapitel noch weiter vor und gab in bezug auf die einzelnen Ämter Unterweisungen; es sei notwendig, daß jeder einzelne in seinem zugewiesenen Bereich handele und das Amt, das ihm verliehen wurde, ausfülle. Er sprach davon, daß manche Leute meinten, die niedrigeren Ämter in der Kirche seien nicht so besonders achtbar, und daher voll Eifersucht auf die Stellung derjenigen blickten, die berufen waren, über sie zu präsidieren. Er sagte, es sei die Torheit und Unsinnigkeit menschlichen Gemüts, wenn jemand nach einer anderen Stellung trachte als der ihm von Gott bestimmten; es sei viel besser, wenn der Betreffende sein Amt groß mache und geduldig warte, bis Gott ihm sage: „Rück weiter herauf!"

Er sagte, der Grund für seine Ausführungen sei der, daß in der Vereinigung dummes, kleinliches Zeug herumginge, das sich gegen einige Schwestern richte, weil sie unrechtmäßigerweise den Kranken die Hände auflegten. Wenn die Leute untereinander Mitgefühl hätten, so würden sie sich darüber freuen, daß die Kranken überhaupt geheilt werden können; man sei noch nicht so weit, daß alles in der rechten Ordnung geschehen könne; die Kirche sei noch nicht voll organisiert und werde es auch erst sein, wenn der Tempel fertig sei, so daß der richtige Platz vorhanden sei, wo die Priestertumsverordnungen vollzogen werden können.

Die Gaben des Evangeliums

Präsident Smith führte das Thema weiter aus und zitierte den Auftrag, den die alten Apostel erhalten hatten (Markus 16:15–18): „Geht hinaus in die ganze Welt, und verkündet das Evangelium allen Geschöpfen! Wer glaubt und sich taufen läßt, wird gerettet; wer aber nicht glaubt, wird verdammt werden. Und durch die, die zum Glauben gekommen sind, werden folgende Zeichen geschehen: In meinem Namen werden sie Dämonen austreiben; sie werden in neuen Sprachen reden; wenn sie Schlangen anfassen oder tödliches Gift trinken, wird es ihnen nicht schaden; und die Kranken, denen sie die Hände auflegen, werden gesund werden."

Ganz gleich, wer glaubt – diese Zeichen, wie die Krankenheilung, das Austreiben der Dämonen usw. werden durch diejenigen geschehen, die glauben, seien es Männer oder Frauen. Er stellte der Vereinigung die Frage, ob sie denn aus dieser weitreichenden Verheißung nicht ersehen könnten, daß jeder innerhalb seines ihm verordneten Bereichs befugt ist, mit der Vollmacht zu amtieren, die ihm übertragen ist. Wenn Schwestern so viel Glauben haben, daß sie Kranke heilen können, so sollen alle anderen den Mund halten und die Sache geschehen lassen.

Er sagte, wenn Gott ihn bestimmt habe und ihn als das Werkzeug erwählt habe, die Kirche zu führen, warum solle er das dann nicht tun dürfen? Warum ihm in den Weg treten, wenn er doch bestimmt sei, etwas zustande zu bringen? Wer kenne denn die Absicht Gottes? Offenbare er denn nicht manches ganz anders, als wir es erwarten? Er selbst gelange immer weiter nach oben, obwohl ihn alles niederdrücken und hinunterziehen wolle, sich ihm in den Weg stelle und ihn bekämpfe; aber ungeachtet dieses ganzen Widerstandes ginge mit ihm doch alles am Ende gut aus.

Was nun die Frauen betreffe, die Krankenheilungen vornehmen, so könne er, wie er sagte, nichts Böses darin erblicken, wenn Gott seine Billigung gebe, indem die Heilung eintrete. Wenn eine Frau die Hände auflege und für den Kranken bete, so sei das ebensowenig Sünde, wie wenn sie dem Kranken das Gesicht wasche; denn es sei keine Sünde, wenn jemand, der Glauben habe, einen Segen gebe oder wenn der Kranke so viel Glauben habe, daß er durch so einen Segen geheilt werde.

Er tadelte diejenigen, die geneigt seien, an der Kirchenführung etwas auszusetzen; Gott habe ihn berufen, die Kirche zu führen, und er führe sie richtig; diejenigen aber, die es darauf anlegen, sich einzumischen, werden zuschanden werden, wenn ihre eigene Torheit ans Tageslicht kommt; er jedenfalls habe sich vorgenommen, die Kirche in ihrer rechten Ordnung zu organisieren, sobald der Tempel fertig sei.

Ehrgeizige Menschen

Präsident Smith fuhr fort und sprach von den Schwierigkeiten, die er seit dem Tag zu meistern hatte, da das Werk begonnen habe, und zwar wegen menschlichen Ehrgeizes. „Hervorragende und bedeutende Älteste" nannte er sie, und sie hätten ihm viel Ungelegenheiten bereitet; er habe sie in privatem Gespräch in bezug auf das Reich belehrt, und dann seien sie hingegangen und hätten der Welt das, was er sie gelehrt hatte, als ihre eigenen Offenbarungen verkündet; eine gleiche Art von Ehrgeiz sei in der Vereinigung festzustellen, und davor müsse er warnen; jeder solle an dem Platz verbleiben, an den er gestellt sei, und dort wirken; auf diese Weise würde die Vereinigung geheiligt und rein gemacht werden. Er sagte, er sei von ehrgeizigen Ältesten mit Füßen getreten worden; denn alle seien von diesem Geist angesteckt worden; John E. Page beispielsweise und andere seien von solchem Ehrgeiz durchdrungen gewesen, sie konnten gar nicht hoch genug kommen, sondern mußten umherlaufen und so tun, als sei ihnen die Obsorge für die Kirche und deren Vollmacht auferlegt. Sie hätten es mit einem sehr schlauen Teufel zu tun, und nur durch Demut könnten sie ihn bändigen.

Todesahnungen des Propheten

Da er nun die Gelegenheit dazu habe, wolle er die Frauen in der Vereinigung belehren und ihnen darlegen, wie sie sich verhalten sollten, um gemäß dem Willen Gottes zu handeln; er wisse nicht, ob er noch viel Ge-

legenheit haben werde, sie zu belehren, denn sie würden bald allein gelassen werden; lange werde er nicht mehr da sein, um sie zu belehren;
auch die Kirche werde er nicht mehr sehr viel länger belehren, und die
Welt werde von ihm nicht mehr lange beunruhigt werden und seine Belehrungen nicht mehr von ihm persönlich bekommen.

Er sprach davon, daß er der Kirche die Schlüssel des Priestertums
übertragen werde, und sagte, die getreuen Mitglieder der Hilfsvereinigung würden diese zusammen mit ihrem Mann empfangen, damit die
Heiligen, deren Redlichkeit geprüft und für gut befunden worden sei,
wissen würden, wie sie den Herrn bitten sollten, um eine Antwort zu erhalten. Er sagte, er habe gebetet, und Gott habe ihn für woanders bestimmt.

Er ermahnte die Schwestern, ihren Glauben und ihre Gebete allezeit
auf ihren Mann zu konzentrieren und ihm Vertrauen zu schenken; denn
Gott habe es so bestimmt, daß sie ihren Mann ehren sollten. Glaube,
Gebet und Vertrauen komme auch den Männern zu, die Gott an die
Spitze der Kirche gestellt habe, daß sie sein Volk führten; wir sollten sie
mit unseren Gebeten wappnen und unterstützen; denn bald würden ihnen die Schlüssel des Reiches übergeben, damit sie imstande seien, alles
Falsche zu entdecken – ihnen und allen Ältesten, die ihre Lauterkeit zur
gegebenen Zeit unter Beweis stellen würden.

Keine Nachsicht für Verderbtheit

Er sagte, wenn ein Glied des Körpers verderbt wird, so weiß man, daß
es sofort beseitigt werden muß, sonst wird der ganze Körper daran leiden oder sogar zugrunde gehen. Die führenden Männer der Kirche hätten sich von ihrem Mitgefühl dazu bewegen lassen, diejenigen, die un-
lauter geworden waren, lange Zeit zu erdulden, aber schließlich mußten
sie sie doch ausschließen, damit nicht alle übrigen angesteckt werden.
„Ihr müßt das Übeltun beseitigen und die Ältesten durch euer gutes Beispiel dazu bringen, daß sie gute Werke tun." Wenn jemand das Rechte
tue, so bestehe keine Gefahr, daß es mit zu großer Schnelligkeit geschehe.

Er sagte, er mache sich darüber keine Sorgen, ob einer auf dem Pfad
der Tugend zu schnell dahineile: widerstehe dem Bösen, und es gibt keine Gefahr. Weder Gott noch Engel, noch Menschen werden jemand
verurteilen, der allem, was böse ist, Widerstand leistet, und der Teufel
kann so jemand nicht verurteilen; ebensogut könnte der Teufel versuchen, Jehova vom Thron zu stoßen, wie eine unschuldige Seele, die allem Bösen widersteht, ins Verderben zu stürzen.

Die Vereinigung sei von Nächstenliebe geprägt und entspreche der Wesensart der Frauen; für sie sei es etwas Natürliches, Nächstenliebe und Mildtätigkeit zu empfinden. „Ihr seid nun in die Lage versetzt, so handeln zu können, wie es den Gefühlen entspricht, die Gott euch ins Herz gegeben hat."

Um bei Gott wohnen zu können, muß die Seele rein sein

„Wenn ihr diesen Grundsätzen gemäß lebt, so wird euer Lohn im celestialen Reich fürwahr groß und herrlich sein! Wenn ihr so lebt, wie es euer verbürgtes Recht ist, wird nichts die Engel daran hindern können, sich zu euch zu gesellen. Eine Frau, die rein und unschuldig ist, kann in die Gegenwart Gottes kommen; denn nichts ist Gott so wohlgefällig wie Unschuld. Ihr müßt unschuldig sein, sonst könnt ihr nicht vor Gott treten; denn wenn wir dazu imstande sein wollen, müssen wir so rein sein, wie er es ist."

Der Teufel täuscht die Menschen

„Der Teufel hat große Macht, die Menschen zu täuschen; er gestaltet alles so um, daß man diejenigen anstaunt, die den Willen Gottes tun. Ihr müßt nicht euren Männern die Fehler vorhalten, die sie machen, sondern laßt vielmehr euer Vorbild an Unschuld, Freundlichkeit und Zuneigung wirksam werden; denn das hat ein Gewicht, das viel schwerer wiegt als ein Mühlstein um den Hals: nicht Streit und Auseinandersetzung, auch nicht Widerspruch und Zank, sondern Sanftmut, Liebe und Reinheit – das ist es, was euch in den Augen aller guten Männer groß machen wird. Achan (s. Josua 7) muß ausfindig gemacht und das Übeltun inmitten der Heiligen abgeschafft werden: dann wird sich der Schleier teilen, und die Segnungen des Himmels werden herabfließen – strömen werden sie wie der Mississippi.

Wenn diese Vereinigung auf den Rat des Allmächtigen hört, der durch die Führer der Kirche ergeht, so wird sie imstande sein, sogar Königinnen in ihrer Mitte zu haben.

Ich spreche jetzt als Prophezeiung aus: Wenn die Einwohner dieses Staates samt allen Menschen in der Umgebung sich mit ganzem Herzen dem Herrn zuwenden, so werden keine zehn Jahre vergehen, und die Könige und Königinnen der Erde werden nach Zion kommen und den Führern dieses Volkes ihre Achtung bezeigen; sie werden mit ihren Millionen kommen und mit ihrem Reichtum den Armen zu Hilfe kommen; mithelfen werden sie, Zion aufzubauen und schön zu machen.

Nach dieser Unterweisung werdet ihr selbst für eure Sünden verantwortlich sein; es ist ehrenvoll und wünschenswert, daß ihr vor eurem himmlischen Vater so wandelt, wie es eurer Errettung zuträglich ist. Wir alle sind Gott gegenüber dafür verantwortlich, auf welche Weise wir das Licht und die Weisheit, die der Herr uns gegeben hat, nutzvoll anwenden, um unsere eigene Errettung herbeizuführen."

Warnung vor Selbstgerechtigkeit

Präsident Smith setzte die Verlesung des obenerwähnten Kapitels fort und gab weitere Anweisungen in bezug auf die Ordnung Gottes, wie sie in der Kirche zum Ausdruck kommt. Er sagte, jeder solle nur darauf bedacht sein, sein eigenes Amt und seine eigene Berufung groß zu machen.

Dann begann er mit dem 13. Kapitel: „Wenn ich in den Sprachen der Menschen und Engel redete, hätte aber die Liebe nicht, wäre ich dröhnendes Erz oder eine lärmende Pauke." Er sagte: „Legt kein strenges Maß an, wenn ihr die Tugend eurer Mitmenschen in Betracht zieht, aber hütet euch vor Selbstgerechtigkeit! Legt vielmehr ein strenges Maß an, wenn ihr eure eigenen Tugenden einschätzt, und haltet euch nicht für rechtschaffener als andere Menschen. Eure Seele muß sich füreinander erweitern, wenn ihr es Jesus gleichtun wollt, wenn ihr eure Mitmenschen in Abrahams Schoß bringen wollt. Er hat von seiner Langmut, Nachsicht und Geduld gegenüber der Kirche und auch gegenüber seinen Feinden gesprochen; wir müssen mit den Mängeln der anderen Menschen Geduld haben, wie nachsichtige Eltern mit den Schwächen ihrer Kinder Geduld haben."

Präsident Smith las dann den zweiten Vers vor: „Und wenn ich prophetisch reden könnte und alle Geheimnisse wüßte und alle Erkenntnis hätte; wenn ich alle Glaubenskraft besäße und Berge damit versetzen könnte, hätte aber die Liebe nicht, wäre ich nichts." Dann sagte er: „Selbst wenn jemand mächtig werden sollte, Großes verrichten, Berge umstürzen und mächtige Taten vollbringen sollte, sich aber dann von seiner hohen Stellung abwendet und Böses tut, mit den Trunkenen ißt und trinkt, so werden alle seine früheren guten Taten ihn nicht erretten, sondern er wird dem Verderben anheimfallen. Ihr aber, die ihr an Unschuld und Tugend zunehmt, die ihr an Güte zunehmt, macht eure Herzen weit, laßt sie sich den Mitmenschen gegenüber erweitern; ihr müßt langmütig sein und mit den Fehlern und Irrtümern der Menschen Geduld haben!

Wie kostbar sind doch die Menschenseelen! Frauen neigen dazu, engherzige Ansichten zu haben. Ihr dürft aber nicht engherzig sein, sondern müßt in euren Gefühlen vorurteilslos sein. Diese Vereinigung soll die Frauen lehren, wie sie sich ihrem Mann gegenüber verhalten sollen und daß sie ihn sanft und liebevoll behandeln sollen. Wenn der Mann von Sorgen niedergedrückt ist, wenn er vor Schwierigkeiten nicht aus noch ein weiß – wenn ihm dann ein Lächeln entgegengebracht wird statt einer Auseinandersetzung oder eines Murrens, so wird es seine Seele beruhigen und seine Gefühle besänftigen; wenn jemand in seinem Gemüt der Verzweiflung nahe ist, so braucht er liebevollen, freundlichen Trost."

Unterweisung durch das Priestertum

„Ihr werdet durch die Ordnung des Priestertums, die Gott festgelegt hat, Unterweisung erhalten, durch diejenigen, die bestimmt sind, die Angelegenheiten der Kirche in dieser letzten Evangeliumszeit wahrzunehmen und zu lenken. Und jetzt schließe ich für euch im Namen des Herrn mit dem Schlüssel auf, und diese Vereinigung soll sich freuen, und Erkenntnis und Intelligenz werden von nun an herabströmen. Das ist der Anfang besserer Zeiten für die Armen und Bedürftigen, die sich freuen sollen und euch Segnungen auf das Haupt ausschütten werden.

Wenn ihr nach Hause kommt, so sagt eurem Mann nie ein böses oder unfreundliches Wort, sondern laßt von nun an Freundlichkeit, Nächstenliebe und Liebe eure Arbeit krönen! Beneidet nicht die Sündigen um ihren Glanz und ihre flüchtige Prahlerei, denn sie sind in einer elenden Lage, sondern seid möglichst barmherzig zu ihnen; denn in kurzem wird Gott sie vernichten, wenn sie nicht umkehren und sich ihm zuwenden.

Eure Bemühungen sollen sich hauptsächlich auf eure unmittelbare Umgebung beschränken, auf euren Bekanntenkreis; soweit es sich freilich um Erkenntnis handelt, kann sie sich auf die ganze Welt erstrecken. Euer Dienen jedoch soll sich auf den Kreis eurer nahen Bekannten beschränken, insbesondere auf die Mitglieder der Hilfsvereinigung. Diejenigen, die ordiniert sind, über euch zu präsidieren und euch zu führen, haben auch die Vollmacht, die einzelnen Beamtinnen zu bestellen, wie es die Umstände erfordern."

Die Gabe der Zungenrede

„Wenn ihr etwas kundzutun habt, so soll das in eurer Muttersprache geschehen. Gebt euch nicht zu sehr damit ab, die Gabe der Zungenrede zu gebrauchen, sonst wird der Teufel die Unschuldigen und Arglosen übervorteilen. Ihr mögt zu eurem eigenen Trost in Zungen reden, aber ich möchte es zu einer Regel machen: Wenn etwas mit der Gabe der Zungenrede gelehrt wird, so soll es nicht als Lehrsatz angenommen werden."

Präsident Smith gab dann Anweisungen in bezug darauf, ob es angebracht sei, daß Frauen Krankensegnungen durch das Gebet des Glaubens und Händeauflegen sowie die Salbung mit Öl vornehmen; er sagte, es entspreche der Offenbarung, daß die Kranken mit Kräutern und leichter Kost gepflegt werden sollten, aber nicht von einem Feind. „Wer wäre denn besser geeignet, die Kranken zu betreuen, als unsere treuen und eifrigen Schwestern, deren Herz voll ist von Glauben, Zartgefühl, Wohlwollen und Mitleid? Wohl niemand!" Er sagte, er habe sich noch nie zuvor in vergleichbaren Umständen befunden und noch nie die gleichen Anweisungen gegeben. Er schloß seine Ausführungen, indem er seiner tiefen Zufriedenheit Ausdruck gab, daß er diese Gelegenheit nutzen konnte.

Der Geist des Herrn war in einer sehr machtvollen Weise ausgegossen worden, und die Anwesenden werden es wohl nie vergessen. (28. April 1842.) DHC 4:602–607.

Der Tempel

Der Eifer der Heiligen beim Bau des Tempels

Dieser erhabene Bau schreitet sehr rasch vorwärts; allerseits werden emsige Anstrengungen unternommen, um den Bau voranzubringen; große Mengen von Material für den kommenden Bedarf sind schon vorhanden; und wir dürfen erwarten, den Rohbau bis nächsten Herbst fertig zu haben, wenn nicht sogar den Schlußstein setzen zu können, so daß man rufen wird: „Wie schön ist er, wie schön!" Während des Winters waren nicht selten an die hundert Mann an der Arbeit im Steinbruch, und zur gleichen Zeit haben eine Menge andere den Transport besorgt und andere Arbeiten verrichtet.

Letzten Herbst wurde eine Gruppe zusammengestellt und in das Nadelwaldgebiet gesandt, wo sie Sägemühlen kaufen und das Holz für den Tempel und ebenso das Nauvoo-Haus fällen und sägen sollten. Die Berichte von ihnen lauten sehr günstig; und so hat sich in der letzten Woche eine weitere Gruppe aufgemacht, um die erste abzulösen, und diese wird bei ihrer Rückkehr ein sehr großes Floß Bauholz zur Verwendung in den genannten Häusern mitbringen.

Während die fleißigen Gruppen auf diese Weise in ihrem angestammten Beruf tätig sind und ihre tägliche Arbeit verrichten, dem Tempelbau aber ein Zehntel ihrer Zeit widmen, sind andere nicht weniger eifrig dabei, ihren Zehnten und ihre Opfergaben für denselben großen Zweck darzubringen. Seit der Gründung der Kirche haben wir noch nie eine größere Bereitschaft gesehen, den Forderungen Jehovas zu entsprechen, noch nie ein so brennendes Verlangen, den Willen Gottes zu tun, noch nie so heftige Anstrengungen; noch nie sind größere Opfer gebracht worden, als seit der Herr gesagt hat: „Der Tempel soll gebaut werden, und zwar vom Zehnten meines Volkes." Es war, als ruhe ein Geist des Unternehmens, der Menschenliebe und des Gehorsams gleichzeitig auf alt und jung, auf Brüdern und Schwestern, auf Jungen und Mädchen, ja sogar auf Fremdlingen, die nicht in der Kirche sind – alle vereint in einer noch nicht dagewesenen Großzügigkeit, um dieses große Werk zuwege zu bringen; auch Witwen konnten vielfach nicht davon abgehalten werden, von ihrer kümmerlichen Habe ihr Scherflein beizutragen.

Wir möchten nun allen, alt und jung, denen in der Kirche ebenso wie denen außerhalb, unseren aufrichtigen Dank für ihr beispielloses Verhalten aussprechen: für ihre Freigebigkeit, Freundlichkeit, ihren Eifer und Gehorsam, womit sie sich aus diesem Anlaß ausgezeichnet haben. Es ist nicht so, daß wir persönlich oder im einzelnen einen materiellen Vorteil davon haben, wenn aber die Brüder, wie in diesem Fall, mit Herz und Hand einig sind und die Schulter an das Rad stemmen, so wird dadurch unsere Sorge, unsere Mühe, unsere Arbeit und Unruhe wesentlich verringert, unser Joch drückt nicht so sehr, und unsere Last ist leicht.

Die Sache Gottes ist die Sache aller

Die Sache Gottes ist die Sache aller, denn sie liegt den Heiligen gleichermaßen am Herzen. Wir alle sind Glieder ein und desselben gemeinsamen Leibes und haben teil am selben Geist und sind mit einer Taufe getauft; wir alle haben dieselbe herrliche Hoffnung. Die Förderung der Sache Gottes und die Errichtung Zions ist Angelegenheit des einen ebenso wie des anderen. Der einzige Unterschied besteht darin, daß dem einen die, dem anderen jene Aufgabe zugeteilt ist. „Wenn darum ein Glied leidet, leiden alle Glieder mit; wenn ein Glied geehrt wird, freuen sich alle anderen mit ihm. Das Auge kann nicht zur Hand sagen: Ich bin nicht auf dich angewiesen. Der Kopf kann nicht zu den Füßen sagen: Ich brauche euch nicht." Eigennutz, Sonderinteressen, persönliche Ziele müssen hinter der einen gemeinsamen Sache zurückstehen, damit dem Ganzen gedient sei.

Alles soll vereint werden

Die Errichtung Zions ist eine Sache, die dem Gottesvolk zu allen Zeiten am Herzen gelegen hat, ein Gegenstand, von dem Propheten, Priester und Könige mit besonderer Freude gesprochen haben. Sie haben mit freudiger Erwartung nach dem Tag Ausschau gehalten, nämlich der Zeit, in der wir leben; angefeuert von himmlischer Vorfreude, haben sie unseren Tag besungen und beschrieben und davon prophezeit. Sie sind aber gestorben, ohne ihn erlebt zu haben. Wir sind das begnadete Volk, das Gott sich erwählt hat, um die Herrlichkeit der Letzten Tage zuwege zu bringen: wir dürfen sie erblicken, daran teilhaben und sie herbeiführen helfen, die Ausschüttung in der Zeiten Fülle, wo Gott beschlossen hat, alles zu vereinen, was im Himmel und auf Erden ist, alles in eins zusammenzufassen, und das geschieht, indem die Heiligen Gottes sich aus jeder Nation, jedem Geschlecht, jedem Volk und jeder Sprache sammeln, indem auch die Juden sich sammeln und indem auch die Schlechten zusammengeführt werden, um vernichtet zu werden, wie es die Propheten gesagt haben. Der Geist Gottes wird ebenfalls bei seinem Volk verweilen und den übrigen Nationen entzogen werden. Alles im Himmel und auf Erden wird in Christus vereint werden. Das himmlische Priestertum wird sich mit dem irdischen vereinigen, um dieses große Ziel zu verwirklichen, und während wir solchermaßen in der gemeinsamen Sache vereint sind, um das Reich Gottes voranzubringen, wird das himmlische Priestertum nicht müßig zusehen, sondern der Geist Gottes wird von oben her ausgegossen werden und mitten unter uns wohnen. Die Segnungen des Allerhöchsten werden auf unseren Wohnstätten ruhen, und unser Name wird in der Zukunft weiterbestehen bleiben; unsere Kinder werden aufstehen und uns gesegnet nennen; noch ungeborene Generationen werden mit besonderer Freude bei den Ereignissen verweilen, die wir miterlebt haben, bei den Entbehrungen, die wir ertragen mußten, bei dem unermüdlichen Eifer, den wir an den Tag gelegt haben, bei den beinah unüberwindlichen Schwierigkeiten, die wir doch gemeistert haben, indem wir das Fundament eines Werkes gelegt haben, das die Herrlichkeit und die Segnungen herbeigeführt hat, deren sie teilhaftig sind. Das ist ein Werk, das selbst Gott und die Engel seit Generationen voll Freude betrachtet haben; das die Seele der Patriarchen und Propheten in alter Zeit entflammt hat; das dazu bestimmt ist, den Untergang der finsteren Mächte ebenso herbeizuführen wie die Erneuerung der Erde, die Herrlichkeit Gottes und die Errettung der Menschheit. (2. Mai 1842.) DHC 4:608–610.

Eine Grabkammer mit Mumien in Kentucky

Hätte Mr. Ash bei seinen Forschungen das Buch Mormon zu Rate gezogen, so wären seine Fragen gelöst worden, und es wäre für ihn nicht schwierig gewesen, sich das Auffinden von Mumien im Staat Kentucky zu erklären. Das Buch Mormon berichtet davon, daß eine Gruppe der Kinder Israel nach Amerika gekommen ist, und es ist eine bekannte Tatsache, daß bei den Hebräern die Kunst des Einbalsamierens ebenso bekannt war wie bei den Ägyptern, wenn auch vielleicht nicht so allgemein wie bei den letzteren. Auch in der Methode mögen Unterschiede gegenüber der bei den Ägyptern gebräuchlichen bestanden haben. Jakob und Josef wurden ohne Zweifel nach ägyptischer Art einbalsamiert, denn sie starben ja in dem Land (s. Genesis 50:2, 3, 26). Als unser Erretter gekreuzigt wurde, konnte sein Leichnam bei der überstürzten Grablegung nur noch in Leinen gewickelt werden, dazu noch hundert Pfund Myrrhe, Aloe und ähnliche Spezereien (alles Zutaten beim Einbalsamieren!), die Nikodemus zu dem Zweck gespendet hatte; aber Maria und die anderen heiligen Frauen hatten wohlriechende Öle und Salben gebracht, um den Leichnam einzubalsamieren. (Siehe Matthäus 27:59; Lukas 23:56; Johannes 19:39, 40.)

Diese Kunst war ohne Zweifel von Jerusalem nach Amerika mitgebracht worden, und zwar von den erwähnten Auswanderern. Daraus erklärt sich das Vorhandensein der Mumien, und es stellt einen weiteren stichhaltigen Beweis für die Echtheit des Buches Mormon dar. (2. Mai 1842.) T&S 3:781 f.

FÜNFTER ABSCHNITT
1842–1843

Die höchste Ordnung des Priestertums offenbart

Mittwoch, den 4. Mai – Ich verbrachte den Tag im Zimmer über dem Laden, in meinem Privatbüro, in Beratung mit General James Adams aus Springfield, Patriarch Hyrum Smith, den Bischöfen Newel K. Whitney und George Miller, Präsident Brigham Young und Elder Heber C. Kimball sowie Elder Willard Richards. Ich unterwies sie in den Prinzipien und der Ordnung des Priestertums und behandelte dabei die Waschung, die Salbung und das Endowment sowie die Übertragung der Schlüssel, die zum Aaronischen Priestertum gehören, und so fort bis zur höchsten Ordnung des Melchisedekischen Priestertums; ich legte die Ordnung dar, die zum „Hochbetagten" gehört, und erklärte alle die Pläne und Prinzipien, die es einem jeden möglich machen, sich die Fülle aller Segnungen zu sichern, die für die Kirche des Erstgeborenen bereitet sind, und in die Gegenwart Elohims hinaufzugelangen und dort in den ewigen Welten zu wohnen. In diesem Rat wurde die in der alten Zeit gültige Ordnung der Dinge zum erstenmal in diesen letzten Tagen wiedereingeführt. Die Mitteilungen, die ich diesem Rat machte, waren geistiger Natur und nur für geistig eingestellte Menschen bestimmt; und es wurde diesen Männern nichts bekanntgegeben, was nicht allen Heiligen der letzten Tage bekanntgegeben werden wird, sobald sie bereit sind, es zu empfangen, und ein geeigneter Ort vorhanden ist, es ihnen mitzuteilen – selbst dem Schwächsten der Heiligen. Darum sollen die Heiligen eifrig am Tempel und an den anderen Häusern bauen, die Gott ihnen zu bauen gebietet. Sie sollen geduldig ihre Zeit abwarten, mit Sanftmut, mit Glauben und indem sie bis ans Ende ausharren und mit dem sicheren Bewußtsein, daß alles, was in diesem Rat besprochen worden ist, immer dem Prinzip der Offenbarung untersteht. (4. Mai 1842.) DHC 5:1 f.

Ansprache des Propheten an die Hilfsvereinigung

Hütet euch vor Übereifer!

Präsident Joseph Smith las das 14. Kapitel Ezechiel vor und sagte, der Herr habe durch diesen Propheten verkündet, daß die Menschen jeder für sich selber einstehen müßten, und keiner dürfe sich in dem verderbten Zustand der damaligen jüdischen Kirche auf den anderen verlassen. Der Rechtschaffene könne nur seine eigene Seele erretten. Er bezog das auf den gegenwärtigen Zustand der Kirche Jesu Christi der Heiligen der Letzten Tage und sagte, wenn sich die Leute vom Herrn abwenden, müssen sie fallen; sie verließen sich alle auf den Propheten, darum seien sie in ihrem Verstand verdunkelt, und zwar deshalb, weil sie das, was ihnen selbst obliegt, vernachlässigen und diejenigen beneiden, die unschuldig sind, während sie die Tugendhaften mit ihren Pfeilen des Neides bedrängen.

Es gibt noch einen weiteren Fehler, der dem Widersacher die Tür öffnet. Frauen besitzen feinere Gefühle und Empfindungen, und deshalb neigen sie zu übergroßem Eifer, was immer Gefahr in sich birgt und zu religiöser Unduldsamkeit führt; sie sollten sich vielmehr mit Barmherzigkeit wappnen, auch wenn es Übeltun unter uns gibt.

Der Geist der Vergebung

Er sagte, er habe daran mitgewirkt, das Übeltun ans Licht zu bringen – der Gedanke mache ihn traurig, ja, erschrecke ihn, daß sich so viele der Verdammnis des Teufels auslieferten und dem Verderben entgegengingen. Voll tiefer Traurigkeit sagte er: „Es sind ja unsere Mitmenschen, wir haben sie früher geliebt; sollen wir sie dann nicht ermuntern, daß sie sich bessern? Wir haben ihnen noch nicht siebenundsiebzigmal vergeben, wie es der Herr uns geboten hat; vielleicht haben wir ihnen noch nicht einmal vergeben. Jetzt ist der Tag der Errettung für diejenigen, die umkehren und sich bessern – und wer umkehrt, soll aus dieser Vereinigung nicht ausgestoßen werden, sondern wir sollen ihnen gut zureden, daß sie wieder zu Gott zurückkehren, damit sie nicht der höllischen Verdammnis anheimfallen! Wo es einen Berg gibt, da gibt es auch ein Tal; wir müssen unser Handeln immer in rechter Weise auf jeden unsterblichen Geist abstimmen. Auch wenn es unter uns Unwürdige gibt, dürfen die Tugendhaften sich nicht überheben und diese Unglücklichen unnötig verletzen und unterdrücken. Letztere sollen doch ermutigt werden, von nun an so zu leben, daß sie von der Vereinigung, die mit den besten Teil der Gemeinschaft ausmacht, wieder geachtet werden können." Er sagte, er hätte den Mitgliedern der Vereinigung zweierlei zu empfehlen, nämlich, daß sie ihre Zunge doppelt in acht nehmen sollten; denn ohne solche Vorsichtsmaßnahme könne keine organisierte Körperschaft bestehen. „Alle solchen Körperschaften haben ihre besonderen Untugenden, Schwächen und Schwierigkeiten. Das Ziel aber muß sein, die weniger Guten zu bessern und auf den Pfad der Tugend zurückzuführen, so daß sie wieder zu den Guten gezählt werden und sogar Vollmachtsschlüssel innehaben können, was sich zu Tugend und Güte auswirken wird. Wir sollen zurechtweisen und tadeln, aber es ganz für uns behalten und nicht mehr davon sprechen. Dann werdet ihr in Macht und Tugend und Heiligkeit fest stehen, und der Grimm Gottes wird sich abwenden."

Hütet eure Zunge!

„Ich habe eine Bitte an die Präsidentin und die Mitglieder der Vereinigung: Prüft euer Verhalten: die Zunge ist ein ruheloses Glied, und darum hütet eure Zunge in den Sachen, die euch nichts angehen! Ein klein wenig Tratsch kann die Welt in Brand setzen! Wie es jetzt ist, soll die Wahrheit über Schuldige nicht öffentlich gesagt werden, und so seltsam das erscheinen mag, ist es doch zweckmäßig, und wir müssen uns daran halten. Wir müssen die Sünder mit Bedachtsamkeit vor den Richter bringen, damit wir durch die Aufdeckung ihrer verruchten Untaten uns nicht den Unwillen der Andern zuziehen, und zwar, wie sie meinen, zu Recht. Es ist notwendig, daß wir uns einen Einfluß in der Welt bewahren und uns damit der Ausrottung entziehen, daß wir aber auch unser Ziel erreichen, nämlich das Evangelium – also Heiligkeit – über die Erde zu verbreiten. Wenn wir vernichtet werden, so haben die Ungehorsamen keine Hilfe mehr zu erwarten. Es gibt freilich einige, die gehorsam sind, aber der Mensch darf die Lade Gottes nicht festhalten und stützen wollen – auch mein Arm kann es nicht –, Gott selber muß es tun. Zeigt euch barmherzig gegen die Übeltäter!

Einige führende Männer der Kirche haben mir geraten, ich solle die Hilfsvereinigung auffordern, tugendhaft zu sein, aber die Kirche vor Vernichtung und dem Schwert zu bewahren. So seid auf der Hut, haltet euch ruhig, seid klug, übt Umkehr und bessert euch, aber auf eine Weise, daß nicht alles ringsum zerstört wird. Es liegt mir fern, das Übeltun zuzudecken: alles, was dem Willen Gottes zuwiderläuft, müssen wir von uns wegschaffen; aber seht zu, daß ihr mit eurer Zunge nicht mehr Unheil anrichtet als Gutes tut – seid im Herzen rein! Jesus hat vor, die Menschen von ihren Sünden zu erretten. Er hat gesagt: ‚Vollbringt die Werke, die ihr mich vollbringen seht.' Das ist das Motto, nach dem die Vereinigung handeln soll. Wenn ich nicht bei euch wäre, um euch mit Rat und Tat beizustehen, würde euch der Teufel überwältigen. Ich möchte, daß die Unschuldigen unbehelligt bleiben – verschont lieber zehn Übeltäter unter euch, als daß ihr einen Unschuldigen verurteilt. ‚Errege dich nicht über die Bösen!' Überlaßt das Gott." (26. Mai 1842.) DHC 5:19–21.

Protokoll der Versammlung
der Frauenhilfsvereinigung am 9. Juni 1842
im Wäldchen in Nauvoo

(geführt von Miss E. R. Snow)

Das Prinzip der Barmherzigkeit

Präsident Joseph Smith eröffnete die Versammlung mit Gebet und sprach dann zu den Versammelten über den Zweck der Vereinigung. Er sagte, es komme nicht darauf an, wie schnell die Vereinigung wachse, wenn die Mitglieder nur tugendhaft seien. Wir müßten im Hinblick auf den Charakter der Mitglieder heute noch genau so wählerisch sein wie bei der Gründung der Vereinigung. Manchmal möchten sich Leute in eine Vereinigung dieser Art hineindrängen, obwohl sie gar nicht die Absicht haben, den Weg der Reinheit und Rechtschaffenheit zu wandeln – als sei die Vereinigung ein Zufluchtsort, wo sie weiterhin ihre Übeltaten begehen können.

Er sagte, in Zukunft solle niemand mehr aufgenommen werden, wenn nicht ein regelrechtes Aufnahmegesuch vorgelegt wird, das von zwei oder drei Mitgliedern der Vereinigung in gutem Stand unterzeichnet ist, und wer zugelassen wird, muß in gutem Ruf stehen.

* * *

Er sagte ferner, er wolle über die Barmherzigkeit sprechen. Angenommen, Jesus und die heiligen Engel hätten wegen geringfügiger Dinge etwas gegen uns einzuwenden – was würde aus uns werden? Wir müssen zueinander barmherzig sein und Kleinigkeiten übersehen.

* * *

Christus hat gesagt, er sei gekommen, um die Sünder zur Umkehr zu rufen, um sie zu erretten. Christus wurde von den selbstgerechten Juden verurteilt, weil er sich in der Gesellschaft von Sündern bewegte. Er verkehrte mit ihnen unter der Voraussetzung, daß sie von ihren Sünden umkehrten. Es ist das Ziel dieser Vereinigung, Menschen zu bessern, und nicht, Verdorbene aufzunehmen und sie in ihrer Schlechtigkeit noch zu bestärken. Wenn sie aber umkehren, so sind wir verpflichtet, sie aufzunehmen, sie mit Freundlichkeit zu heiligen und durch unseren Einfluß und indem wir über sie wachen, sie von aller Sündhaftigkeit zu reinigen. Nichts wird die Leute mehr beeinflussen als die Furcht, aus einer so guten Vereinigung ausgeschlossen zu werden.

Nichts ist mehr dazu angetan, die Menschen dahin zu bringen, daß sie der Sünde entsagen, als daß man sie bei der Hand nimmt und sich mit Zartgefühl um sie sorgt. „Wenn jemand mir nur ein klein wenig Freundlichkeit und Liebe erzeigt – oh, was für eine Macht hat das dann über mein Gemüt; wohingegen das Gegenteil nur dazu führt, daß alle unschönen Gefühle hervorgeholt werden und das Gemüt niedergedrückt wird."

Der Satan hemmt Sinn und Verstand des Menschen

„Eines der Anzeichen dafür, daß die Menschen von den Prinzipien der Frömmigkeit nichts wissen, besteht darin, daß es in der Welt immer weniger Zuneigung und fast gar keine Nächstenliebe mehr gibt. Macht und Herrlichkeit der Frömmigkeit beruhen darauf, daß im weitesten Sinn der Mantel der Nächstenliebe über alle geworfen wird. Gott blickt nicht mit der geringsten Billigung auf Sünde, aber wenn jemand gesündigt hat, so muß man ihm Nachsicht entgegenbringen.

Die ganze religiöse Welt brüstet sich mit ihrer Rechtschaffenheit; aber es ist ein Prinzip des Teufels, den menschlichen Sinn und Verstand zu hemmen und uns am Fortschritt zu hindern, indem er uns mit Selbstgerechtigkeit erfüllt. Je näher wir unserem himmlischen Vater kommen, um so mehr sind wir bereit, für Seelen, die zugrunde gehen, Mitgefühl zu empfinden; wir möchten sie auf unsere Schultern nehmen und ihre Sünden hinter uns werfen. Meine Worte richten sich an diese ganze Vereinigung: Wenn ihr wollt, daß Gott barmherzig zu euch ist, dann seid zueinander barmherzig!"

Der Mensch kann nicht ins Gottesreich gezwungen werden

Er sprach dann im Namen des Herrn eine Verheißung aus und sagte, daß derjenige Mensch, der so rechtschaffen ist, daß er in seiner Kammer alle Tage Gott anfleht, siebzig Jahre alt werden würde. „Wir müssen den ganzen Tag lang untadelig wandeln. Wie herrlich sind doch die Prinzipien der Rechtschaffenheit! Wir sind voller Selbstsucht, der Teufel schmeichelt uns, wir seien höchst rechtschaffen, aber dabei nähren wir uns von den Fehlern der anderen. Leben können wir nur, indem wir Gott anbeten; und das muß jeder selber tun, keiner kann es für den anderen tun. Wie milde ist doch der Erretter mit Petrus umgegangen, als er zu ihm sagte: ‚Wenn du dich wieder bekehrt hast, dann stärke deine Brüder!' Ein andermal sagte er zu ihm: ‚Liebst du mich?', und dann, als Petrus ihm geantwortet hatte, fügte er hinzu: ‚Weide meine Schafe!'

Wenn ihr Schwestern den Herrn liebt, dann weidet die Schafe, und verderbt sie nicht! Wie oft haben kluge Männer und Frauen dem Bruder Joseph etwas vorschreiben wollen und gesagt: ‚Oh, wenn ich Bruder Joseph wäre, würde ich das und das tun'; wenn sie aber tatsächlich in Bruder Josephs Schuhen ständen, würden sie bald merken, daß man keine Menschen ins Gottesreich zwingen kann, sondern man muß sie mit Langmut behandeln, dann wird man sie schließlich doch erretten. Um alle die Heiligen beisammen und das Werk in Gang zu halten, muß man langmütig warten, bis Gott die Betreffenden zur Rechenschaft zieht. Es darf keinen Freibrief für die Sünde geben, aber Barmherzigkeit muß mit dem Tadel Hand in Hand gehen.

Schwestern der Vereinigung, soll es denn unter euch Zwistigkeiten geben? Das will ich nicht haben! Ihr müßt Umkehr üben und die Liebe Gottes erlangen. Hinweg mit der Selbstgerechtigkeit! Das beste Mittel, das beste Prinzip, die Armen zur Umkehr zu bewegen, ist, daß man ihrer Not steuert. Die Frauenhilfsvereinigung soll ja nicht nur den Armen helfen, sondern auch Seelen erretten!"

Präsident Smith sagte dann, er werde der Vereinigung ein Stück Land schenken, und zwar durch urkundliche Übertragung an die Schatzmeisterin, damit die Vereinigung Häuser für die Armen bauen könne. Er sagte auch, er wolle ein im Rohbau noch nicht fertiggestelltes Haus zum Geschenk machen, und Bruder Cahoon solle es auf das Grundstück transportieren; die Vereinigung könne ihn entschädigen, indem sie in seinem Laden Bestellungen mache; es sei ein guter Plan, den Leuten, die den Witwen etwas schuldig seien, Arbeit zu geben, so daß sie den Witwen ihre Schuld begleichen könnten. DHC 5:23–25.

Die Gabe des Heiligen Geistes

Ein Leitartikel des Propheten in „Times and Seasons"

Unterschiedlich und widersprüchlich sind die Ansichten der Menschen über die Gabe des Heiligen Geistes. Einige sind gewohnt, jede übernatürliche Kundgebung als Wirkung des Gottesgeistes zu bezeichnen, während andere wiederum meinen, es gebe überhaupt keine Kundgebungen aus dieser Quelle; alles Derartige sei lediglich ein innerer Impuls, ein inneres Gefühl, ein Eindruck, ein geheimes Zeugnis, das der Mensch besitze, und so etwas wie eine äußere Kundgebung gebe es überhaupt nicht.

Es darf nicht wundernehmen, daß die Menschen in hohem Maße nichts von den Prinzipien der Errettung wissen, besonders was die Natur, das Amt, die Macht, den Einfluß, die Gaben und die Segnungen der

Gabe des Heiligen Geistes betrifft, wenn wir bedenken, daß die Menschheit jahrhundertelang in tiefe Finsternis und Unwissenheit gehüllt war – ohne Offenbarung und ohne einen zuverlässigen Maßstab, womit sie das, was von Gott ist, hätte erkennen können, denn das kann nur mittels des Geistes Gottes erkannt werden. So kommt es also nicht selten vor, daß die Menschen, wenn sie von unseren Ältesten belehrt werden, daß man bei Befolgung des Evangeliums die Gabe des Heiligen Geistes empfange, nun erwarten, irgendwelche wunderbaren Kundgebungen zu erleben, irgendeine große Machtentfaltung oder ein großartiges Wunder. Oft kommt es vor, daß Mitglieder, die der Kirche noch nicht lange angehören und noch nicht genügend Kenntnis erlangt haben, ihre alten Vorstellungen weiter pflegen und manchmal ungeheuerlichen Irrtümern verfallen. Uns ist in letzter Zeit bekanntgeworden, daß sich ein paar Mitglieder in so einer Schwierigkeit befinden, und darum möchte ich mich kurz zu diesem Thema äußern.

Gaben des Geistes

Wir glauben, daß man sich der Gabe des Heiligen Geistes heutzutage ebensogut erfreuen kann wie in den Tagen der Apostel; wir glauben, daß sie (die Gabe des Heiligen Geistes) notwendig ist, um das Priestertum ins Leben zu rufen und zu organisieren und daß ohne sie niemand zu einem Amt im geistlichen Dienst berufen werden kann. Wir glauben auch an Prophezeiung, an Zungenrede, an Visionen und an Offenbarungen, an Gaben und Heilungen und daß man das alles nicht ohne die Gabe des Heiligen Geistes gebrauchen kann. Wir glauben, daß heilige Männer in alter Zeit geredet haben, wie sie vom Heiligen Geist getrieben wurden, und daß heilige Männer in unseren Tagen nach demselben Prinzip reden. Wir glauben, daß der Heilige Geist ein Beistand, ein Tröster ist, einer, der Zeugnis gibt, der uns an Vergangenes erinnert, uns in alle Wahrheit führt und uns zeigt, was kommen wird. Wir glauben, daß niemand wissen kann, daß Jesus der Christus ist, außer durch den Heiligen Geist. Wir glauben daran (an diese Gabe des Heiligen Geistes) in ihrer ganzen Fülle, Macht, Größe und Herrlichkeit; dabei aber bleibt dieser unser Glaube im Rahmen der Vernunft, der Logik und der heiligen Schriften und hält sich nicht an wilde Phantastereien, törichte Vorstellungen und menschliche Überlieferungen.

Es gibt verschiedene Gaben

Wir glauben, daß der Heilige Geist durch Bevollmächtigte mittels Händeauflegen gespendet wird und daß die Gabe der Zungenrede und auch die Gabe der Prophezeiung Gaben des Geistes sind und auf diese Weise erlangt werden. Wollte man aber sagen, nach dem Händeauflegen sei immer prophezeit oder in Zungen geredet worden, so würde man etwas Falsches behaupten, etwas, was weder dem Brauch der Apostel noch der Heiligen Schrift entspricht; denn Paulus sagt: „Dem einen ist die Gabe der Zungenrede gegeben, dem anderen die Gabe der Prophezeiung, dem dritten die Gabe, Krankheiten zu heilen," und dann weiter: „Prophezeien alle? Reden alle in Zungen? Können alle solches Reden auslegen?" Damit zeigt er doch ganz deutlich, daß nicht jeder alle Gaben hatte, sondern daß der eine die eine, der andere eine andere Gabe empfing: nicht alle haben prophezeit, nicht alle haben in Zungen geredet, nicht alle haben Wunder getan – aber alle haben die Gabe des Heiligen Geistes empfangen, und manchmal haben sie zur Zeit der Apostel in Zungen geredet und prophezeit, manchmal wieder nicht. Das gleiche gilt für den geistlichen Dienst in unserer Zeit, obwohl es heute häufig so ist, daß es keine Kundgebung gibt, die von den Umstehenden bemerkt werden könnte; das ist sehr einleuchtend, wenn wir die Schriften der Apostel zu Rate ziehen und beachten, wie sie in dieser Sache vorgegangen sind. Paulus schreibt an die Korinther – 1. Korinther 12:1 –: „Über die Gaben des Geistes möchte ich euch nicht in Unkenntnis lassen, meine Brüder." Daraus wird klar, daß einige von ihnen über diese Sache nichts wußten, sonst hätten sie ja keiner Unterweisung bedurft.

Die Gabe der Prophezeiung

Im 14. Kapitel sagt er dann weiter: „Jagt der Liebe nach! Strebt aber auch nach den Geistesgaben, vor allem nach der prophetischen Rede!" Aus diesen Schriftstellen geht deutlich hervor, daß viele von ihnen keine Geistesgaben hatten, denn sonst wäre es ja nicht notwendig gewesen, daß Paulus sie aufforderte, ihnen nachzujagen. Ebenso augenscheinlich ist es, daß sie nicht alle diese Gaben durch das Händeauflegen erhalten haben: als Mitglieder der Kirche waren sie ja getauft und durch Händeauflegen konfirmiert worden, und doch mußte Paulus einer solchen Gemeinde, die der unmittelbaren Aufsicht und Leitung der Apostel unterstand, in seinem Brief sagen: „Jagt der Liebe nach! Strebt aber auch nach den Geistesgaben, vor allem nach der prophetischen Rede!" Damit zeigt er, daß die Gaben in der Kirche vorhanden waren, daß sich aber nicht alle Mitglieder solcher sichtbaren Kundgebungen erfreuten. Doch angenommen, die Gaben des Geistes wären sofort nach dem

Händeauflegen in all ihrer Fülle und Macht in den betreffenden Menschen wirksam – die Zweifler wären auch dann noch weit davon entfernt, ein Zeugnis davon zu empfangen, es sei denn durch einen bloßen Zufall; denn nicht alle Gaben des Geistes sind für das natürliche Auge und den menschlichen Verstand sichtbar, ja, es sind sogar nur sehr wenige. Wir lesen: „Christus stieg hinauf zur Höhe und gab den Menschen Geschenke ... er gab den einen das Apostelamt, andere setzte er als Propheten ein, andere als Evangelisten, andere als Hirten und Lehrer." (Epheser 4.)

Die Kirche – ein fester Körper

Die Kirche ist ein fester Körper, der sich aus verschiedenen Gliedern zusammensetzt und genau dem menschlichen System entspricht und wovon Paulus in seinen Worten über die verschiedenen Gaben sagt: „Ihr aber seid der Leib Christi, und jeder einzelne ist ein Glied an ihm. So hat Gott in der Kirche die einen als Apostel eingesetzt, die anderen als Propheten, die dritten als Lehrer; ferner verlieh er die Kraft, Wunder zu tun, sodann die Gaben, Krankheiten zu heilen, zu helfen, zu leiten, endlich die verschiedenen Arten von Zungenrede. Sind etwa alle Lehrer? Haben alle die Kraft, Wunder zu tun? Reden alle in Zungen? Können alle solches Reden auslegen?" Offenbar nicht; und doch sind sie alle Glieder ein und desselben Körpers. Nicht alle Glieder des natürlichen Leibes sind Auge, Ohr, Kopf oder Hand, und doch kann das Auge nicht zur Hand sagen: Ich bin nicht auf dich angewiesen, und der Kopf nicht zu den Füßen: Ich brauche euch nicht. Sie alle sind eben die einzelnen Bestandteile der vollkommenen Maschine, des einen Leibes: und wenn ein Glied leidet, leiden alle Glieder mit, und wenn ein Glied sich freut, so werden alle übrigen mit ihm geehrt.

Das sind demnach alles Gaben; sie kommen von Gott, sie stammen aus Gott; sie sind alle Gaben des Heiligen Geistes; sie sind das, was Christus nach seiner Himmelfahrt gespendet hat: und doch, wie wenige davon werden von den Menschen im allgemeinen gekannt! Petrus und Johannes waren Apostel, und doch hat das jüdische Gericht sie als Schwindler auspeitschen lassen. Paulus war Apostel und Prophet, und doch haben sie ihn gesteinigt und ins Gefängnis geworfen. Die Leute merkten nichts davon, obwohl er die Gabe des Heiligen Geistes innehatte. Unser Erretter wurde „gesalbt mit dem Öl der Freude wie keiner seiner Gefährten" und war doch weit davon entfernt, daß das Volk ihn erkannt hätte: sie nannten ihn Beelzebul und kreuzigten ihn als Betrüger. Wer konnte denn allein vom Aussehen her einen Hirten, einen Lehrer, einen Evangelisten erkennen? Und doch hatten sie alle die Gabe des Heiligen Geistes.

Die Welt kann die Gaben des Geistes nicht erkennen

Um aber zu den anderen Gliedern der Kirche zu kommen und die von Paulus erwähnten Gaben zu prüfen: wir sehen, daß die Welt im allgemeinen nichts darüber wissen kann und daß es nur eine oder zwei gibt, die man unmittelbar erkennen könnte, wenn sie sofort nach dem Händeauflegen ausgegossen würden. Im 1. Korintherbrief, Kapitel 12 sagt Paulus: „Es gibt verschiedene Gnadengaben, aber nur den einen Geist. Es gibt verschiedene Dienste, aber nur den einen Herrn. Es gibt verschiedene Kräfte, die wirken, aber nur den einen Gott: Er bewirkt alles in allen. Jedem aber wird die Offenbarung des Geistes geschenkt, damit sie anderen nützt. Dem einen wird vom Geist die Gabe geschenkt, Weisheit mitzuteilen, dem anderen durch den gleichen Geist die Gabe, Erkenntnis zu vermitteln, dem dritten im gleichen Geist Glaubenskraft, einem anderen – immer in dem einen Geist – die Gabe, Krankheiten zu heilen; einem anderen Wunderkräfte, einem anderen prophetisches Reden, einem anderen die Fähigkeit, die Geister zu unterscheiden, wieder einem anderen verschiedene Arten von Zungenrede, einem anderen schließlich die Gabe, sie zu deuten. Das alles bewirkt ein und derselbe Geist; einem jeden teilt er seine besondere Gabe zu, wie er will."

Das, was von Gott ist, läßt sich nur durch den Geist Gottes erkennen

Es sind hier mehrere Gaben erwähnt, aber welche davon könnte jemand, der beim Händeauflegen anwesend ist, denn erkennen? Weisheit mitzuteilen, Erkenntnis zu vermitteln, das sind ebenso Gaben wie alle anderen, und doch könnte niemand erkennen, ob jemand diese beiden hat oder durch das Händeauflegen bekommt. Ein anderer mag die Gabe der Glaubenskraft empfangen, und man weiß gleichermaßen nichts davon. Oder angenommen, jemand habe die Gabe, Krankheiten zu heilen oder Wunder zu wirken: auch das würde unbemerkt bleiben – bis Zeit und Umstände diese Gaben zur erkennbaren Wirkung bringen. Nehmen wir an, jemand habe die Fähigkeit, Geister zu unterscheiden – wer wüßte denn etwas davon? Oder er könne Zungenrede auslegen: die Gabe bliebe verborgen, bis eine unbekannte Sprache gesprochen wird. Es gibt nur zwei Gaben, die sich erkennbar äußern: die Gabe der Zungenrede und die Gabe der Prophezeiung. Davon wird am meisten gesprochen; aber doch wäre jemand, der in einer unbekannten Sprache redete – so sagt jedenfalls Paulus –, für die Anwesenden nur ein Fremder. Sie würden sagen, es sei unverständliches Geschwätz, und wenn er prophezeite, würden sie es Unsinn nennen. Die Gabe der Zungenrede ist vielleicht die geringste aller Gaben, und doch wird sie am meisten begehrt. Nach der Aussage der Schrift und den Kundgebungen des Geistes in alter Zeit wurde von den Umstehenden sehr wenig davon bemerkt, ausgenommen bei besonderen Anlässen, wie etwa beim Pfingstereignis. Ein Beobachter würde von den besten und wichtigsten und nützlichsten Gaben nichts bemerken. Es stimmt zwar, jemand mag prophezeien, und das ist eine hervorragende Gabe, eine, von der Paulus den Leuten, also der Kirche, sagt, man solle lieber danach trachten als nach der Gabe der Zungenrede – aber weiß schon die Welt über das Prophezeien? Paulus sagt, prophetisches Reden sei „ein Zeichen nicht für die Ungläubigen, sondern für die Glaubenden". Sagt aber nicht die Schrift, sie hätten in Zungen geredet und prophezeit? Gewiß, aber wer ist es denn, der dies schreibt? Nicht jemand aus der Welt und nicht ein zufälliger Beobachter, sondern die Apostel – Männer, die die einzelnen Gaben kannten und deshalb darüber schreiben konnten. Wenn wir die Aussage der Schriftgelehrten und Pharisäer über die Ausgießung des Geistes zu Pfingsten hören könnten, so würden sie uns sagen, daß dies keine Gabe war, sondern diese Leute seien „vom süßem Wein betrunken" gewesen. Schließlich und endlich werden wir zum gleichen Schluß kommen wie der Apostel Paulus: Niemand weiß von dem, was von Gott ist, außer durch den Geist Gottes. Von der großen Offenbarung an Paulus, wo er bis in den dritten Himmel entrückt wurde und manches sah, was nicht ausgesprochen werden darf, erfuhr kein Mensch, bis er selbst vierzehn Jahre später darüber sprach, und als Johannes dem Offenbarer der Himmel geöffnet wurde und er in Vision durch die Dunkelheit zukünftiger Zeiten hindurchblickte und die Ereignisse schaute, die sich bis zum allerletzten großen Akt begeben würden, als er die Herrlichkeit der ewigen Welt betrachtete, eine unzählbare Schar von Engeln sah und Gott sprechen hörte – da war er am Tag des Herrn vom Geist ergriffen gewesen, ohne daß die Welt etwas bemerkt oder beobachtet hätte.

Beten tut not

Man kann den Herrn nicht immer am Donner seiner Stimme, der Entfaltung seiner Herrlichkeit oder der Kundgebung seiner Macht erkennen, und wer besonders eifrig darauf aus ist, solches zu erleben, ist am wenigsten dafür bereit, und wenn der Herr seine Macht kundtäte, wie er es vor den Kindern Israel getan hat, dann wäre so jemand der erste, der sagen würde: „Gott soll nicht mit uns reden, sonst sterben wir!"

Wir möchten den Brüdern sagen: Trachtet Gott in eurer Kammer kennenzulernen, ruft ihn an auf euren Feldern! Befolgt die Weisungen des Buches Mormon, und betet für eure Familie, eure Herden, euer Groß- und Kleinvieh, euer Getreide und alles andere, was ihr besitzt; erbittet den Segen Gottes auf alle eure Arbeit und alles, womit ihr euch befaßt. Seid tugendhaft und rein, seid redliche und wahrheitsliebende Menschen, haltet die Gebote Gottes! Dann werdet ihr viel besser imstande sein, den Unterschied zwischen Recht und Unrecht zu verstehen, zwischen dem, was von Gott ist, und dem, was von Menschen ist, und euer Pfad wird wie der Pfad der Gerechten sein, der wie das Licht am Morgen ist: es wird immer heller bis zum vollen Tag.

Der richtige Gebrauch der Zungenrede

Seid nicht so erpicht auf die Zungenrede, und sprecht nicht in Zungen, wenn keiner da ist, der es auslegen kann! Der eigentliche Zweck der Zungenrede besteht ja darin, zu Fremden zu sprechen, und wenn jemand besonders darauf aus ist, seine Intelligenz zur Schau zu stellen, so soll er das in seiner eigenen Sprache tun. Die Gaben Gottes sind alle sehr nützlich an ihrem Platz, wenn sie aber für etwas angewandt werden, was nicht im Sinn Gottes ist, werden sie sich als schädlich, als ein Fallstrick und Fluch und nicht als ein Segen erweisen. Vielleicht werden wir uns später einmal etwas eingehender mit diesem Gegenstand befassen, aber für jetzt muß dies genügen." (15. Juni 1842.) DHC 5:26–32.

Wie Gott regiert

Ein Leitartikel des Propheten über das Versagen der von Menschen geschaffenen Regierungen und das Recht Gottes, zu herrschen

Die Regierungsform des Allmächtigen ist seit jeher von der der Menschen sehr verschieden, sei es seine religiöse Herrschaft oder die politische über die Nationen. Die Herrschaft Gottes ist immer darauf bedacht, Frieden, Einigkeit, Eintracht, Stärke und das Glück der Menschen herbeizuführen, wohingegen die menschliche Regierungsweise Verwirrung, Unordnung, Schwäche und Elend hervorbringt.

Die Regierung der Menschen
schafft Elend und Vernichtung

Die größten Taten mächtiger Männer haben darin bestanden, Länder zu entvölkern und Königreiche zu zerschlagen; und während sie sich überheben und mit Ruhm bedecken, geschieht das auf Kosten von Unschuldigen, die ihr Leben lassen müssen, von Unterdrückten, die ihr Blut geben müssen, Witwen zahlen dafür mit ihrem Herzeleid, Waisen mit ihren Tränen.

Ägypten, Babylon, Griechenland, Persien, Karthago, Rom – sie alle sind mit Waffengeklirr und Kriegslärm zu Größe und Erhabenheit gelangt, und während ihre triumphierenden Führer die Heere zu Sieg und Ruhm führten, mußten ihre Ohren als Gruß das Röcheln der Sterbenden vernehmen, das Elend und die Verzweiflungsschreie der Menschen. Vor ihrem Tun war die Erde ein Paradies, nach ihnen eine trostlose Wüste. Ihre Reiche waren auf Blutbad und Gemetzel gegründet und wurden nur durch Unterdrückung, Tyrannei und Willkür aufrechterhalten. Auf der anderen Seite aber zielen die Pläne Gottes darauf ab, das größtmögliche Wohl der ganzen Welt herbeizuführen; Frieden und menschliches Wohlwollen auf der Erde aufzurichten; Zustände zu schaffen, die die Einheit aller Menschen begünstigen; sie zu veranlassen, daß sie „Pflugscharen aus ihren Schwertern und Winzermesser aus ihren Lanzen" schmieden; die Nationen der Erde dahin zu bringen, daß sie miteinander in Frieden leben, und die Herrlichkeit des tausendjährigen Reiches zustande zu bringen, wenn „das Land seinen Ertrag" geben, die Erde „ihre paradiesische Herrlichkeit empfangen" und „wie der Garten des Herrn" werden wird.

Das Versagen menschlicher Regierung

Die großen und weisen Männer in alter Zeit haben es nicht zuwege gebracht, ewige Macht, ewigen Frieden und ewiges Glück herbeizuführen. Ihre Nationen sind zerfallen, ihre Throne zur gegebenen Zeit gestürzt, ihre Städte und ihre so großartigen Bauten ausgelöscht worden, und nur verfallene Türme und verwitterte Denkmäler lassen die frühere Pracht und Größe ahnen. Sie alle verkündigen wie mit Donnerstimme die unvergängliche Wahrheit: des Menschen Kraft ist Schwäche, seine Weisheit ist nur Torheit, sein Ruhm gereicht zur Schande.

Der Reihe nach sind Königs-, Adels- und Volksherrschaft jeglicher Art und Schattierung an die Macht gekommen und wieder in den Staub gesunken. Die Pläne der hervorragendsten Politiker, der klügsten Senatoren, der fähigsten Staatsmänner wurden über den Haufen geworfen, und die Maßnahmen der bedeutendsten Anführer, der tapfersten Generale und einsichtigsten Könige sind gescheitert. Nation ist auf Nation gefolgt, und wir haben von ihnen nichts übernommen als nur ihre Torheit. Die Geschichte berichtet von ihren unausgereiften Plänen, von ihrer kurzlebigen Herrlichkeit, ihrer schwachen Vernunft und ihren schmählichen Taten.

Hat der Mensch an Intelligenz zugenommen?

Haben wir an Wissen oder Intelligenz zugenommen? Wo gibt es denn einen, der vortreten und das Schicksal der Nationen ändern oder gar das Glück der Menschheit herbeiführen könnte? Oder wo gibt es ein Reich oder Land, das imstande wäre, das Glück auch nur der eigenen Bürger und deren allgemeines Wohlergehen zuwege zu bringen? Unser eigenes Volk, dem mehr Hilfsquellen zur Verfügung stehen als jeder anderen Nation, ist von innen bis außen zerrissen von Parteikämpfen, politischen Intrigen und Lokalinteressen; unsere Berater wissen nicht aus noch ein, unsere Gesetzgeber sind in Schrecken versetzt, die Senatoren verwirrt, die Handelsleute wie gelähmt, die Gewerbetreibenden entmutigt, die Handwerker ohne Arbeit, die Farmer besorgt; unsere Armen schreien nach Brot, die Banken sind bankrott, unsere Bonität liegt am Boden, unsere Staaten sind tief verschuldet; aber immerhin haben wir Frieden.

Die Menschen sind unfähig, sich selbst zu regieren

Was ist los? Sind wir allein davon betroffen? Sicherlich nicht! All unseren Mißständen zum Trotz stehen wir besser da als jede andere Nation. Laßt doch Ägypten, die Türkei, Spanien, Frankreich, Italien, Portugal, Deutschland, England, China oder sonst irgendeine Nation zu Wort kommen und von ihren Beschwerden und Schwierigkeiten und Nöten berichten, und wir werden finden, daß ihr Becher voll war, und nun sind sie dabei, ihn samt der Hefe ihrer Sorgen zu leeren. England, das sich seiner Literatur und Wissenschaft, seines Handels usw. rühmt, hat seine Hände in das Blut der Unschuldigen in fernen Ländern getaucht, ihm schlagen die Schreie der Unterdrückten im eigenen Land entgegen. Politische Wirren, verursacht durch die Lehren von „Reformatoren" wie O'Connell, und Radikalismus zehren an seinen Lebenskräften, und Irland, Schottland, Kanada und der Osten betreiben seinen Zerfall von außen. Frankreich ist bis ins Innerste zerrissen; Intrigen, Niedertracht und Hochverrat lauern im Dunkeln, Mord und Totschlag geschehen am hellen Tag. Die Türkei, vordem das Schreckgespenst der europäischen Völker, ist ihrer Stärke beraubt, zu ihrem gegenwärtigen Schwächezustand zusammengeschrumpft und mußte ihre Verbündeten ersuchen, Friedensbedingungen vorzuschlagen; Rußland und Ägypten reißen ja schon den Rachen auf, um die Türkei zu verschlingen. Spanien ist seit Jahren der Schauplatz von Blutvergießen, Elend und Leid. Eben jetzt wird Syrien durch Krieg und Gemetzel erschüttert. Das große und mächtige chinesische Reich, das sich jahrhundertelang gegen die Barbaren zur Wehr gesetzt hat, ist nun einem äußeren Feind tributpflichtig geworden – seine Wehranlagen zerstört, viele Städte zerschlagen und Dörfer verlassen. Wir könnten die indischen Radschas erwähnen oder die Unterdrückung und das Elend der Iren, die Mißstände in Mittelamerika, die Lage in Texas und Mexiko, die Zustände in Griechenland, der Schweiz und Polen: die ganze Welt bietet das Bild von Elend und Leid, und alle Völker sind bestürzt und ratlos. Alles, alles sagt mit Donnerstimme, daß die Menschen unfähig sind, sich selbst zu regieren, sich selbst Gesetze zu schaffen, sich selbst zu schützen, ihr eigenes Wohlergehen herbeizuführen, geschweige denn das Wohlergehen der ganzen Welt.

Der Plan Jehovas

Von Anbeginn der Welt an ist es der Plan Jehovas gewesen und auch heute noch seine Absicht, die Angelegenheiten der Welt zur rechten Zeit zu regeln, sich an die Spitze des Weltalls zu stellen und die Zügel der Regierung selbst in die Hand zu nehmen. Wenn das geschieht, dann werden Urteile in Gerechtigkeit gesprochen, Anarchie und Verwirrung werden aufhören, und die Völker werden nicht mehr für den Krieg üben. Weil es diesen Leitsatz aber nicht gegeben hat, ist all diese Verwirrung entstanden; denn „keiner kann beim Gehen seinen Schritt lenken"; das haben wir wohl zur Genüge gezeigt.

Wenn es je etwas Großes oder Gutes auf der Welt gegeben hat, so ist es von Gott gekommen. Der Bau des ersten Schiffs wurde Noach durch Offenbarung eingegeben; das Baumuster der Arche erhielt er von Gott als „Abbild der himmlischen Dinge". Die Gelehrsamkeit der Ägypter und ihre Kenntnis von der Astronomie stammte zweifellos von Abraham und Josef, von denen sie belehrt wurden, und diese empfingen es, wie ihr Bericht aussagt, vom Herrn. Die Fertigkeit, Messing, Silber, Gold und Edelsteine zu verarbeiten, wurde durch Offenbarung in der Wüste gelehrt. Der Bauplan des Tempels in Jerusalem in all seiner Ausschmückung und Schönheit erging von Gott. Salomo und die Richter Israels erhielten die Weisheit, das Haus Israel zu führen, und wenn das Volk den Herrn immer als seinen König gehabt, sich seinem Befehl unterstellt und seine Gesetze befolgt hätte, so wäre es noch heute ein großes und mächtiges Volk – Herrscher im Erdenrund und das Wunder der Welt.

Von Gott eingesetzte Regierung

Wenn Nebukadnezzar, Darius, Kyros oder sonst ein König Weisheit und Macht besaßen, so kam sie aus derselben Quelle; das bezeugt die Schrift in reichem Maß. Wenn nun also Gott nach seinem Wohlgefallen den einen erhebt und den anderen erniedrigt und Könige, ohne daß sie es wußten, zu seinem Werkzeug macht, um seine Prophezeiungen zu erfüllen, um wieviel mehr ist er dann imstande – sofern sich der Mensch seinem Befehl unterstellen wollte –, die Angelegenheiten dieser Welt zu regeln und Frieden und Glück unter allen Menschen herbeizuführen!

Zu verschiedenen Zeiten hat der Herr diese Art von Regierung ins Leben gerufen und der ganzen Menschheit seinen Dienst zuteil werden lassen. Er erwählte sich Henoch, unterwies ihn und gab ihm sein Gesetz, ebenso dem Volk um ihn; und als die übrige Welt die Gebote Gottes nicht befolgen wollte, entrückte er Henoch, nachdem dieser seinen Weg mit Gott gegangen war; er entrückte Henoch und seine Kirche, und das Priestertum – die Regierungsgewalt des Himmels – wurde hinweggenommen.

Abraham wurde in allen Angelegenheiten seines Hauses vom Herrn geführt; Engel verkehrten mit ihm, ebenso der Herr selbst; es wurde ihm gesagt, wo er hingehen und wo er haltmachen sollte, und in allem, was er in die Hand nahm, war er überaus erfolgreich, und zwar deshalb, weil er und sein ganzes Haus dem Rat des Herrn folgten.

Als Ägypten der Aufsicht Josefs unterstand, ging es dem Land gut, weil er von Gott belehrt wurde; als aber dort die Israeliten unterdrückt wurden, ging es seinem Untergang entgegen. Als die Kinder Israel mit Mose an der Spitze das erwählte Volk wurden, sollten sie das Volk sein, das Gott persönlich gehörte, dem Gott seinen Namen verlieh. Sein Wahlspruch lautete: „Der Herr gibt uns Gesetze, der Herr ist unser Richter, der Herr ist unser König, er wird uns regieren." Unter solchen Umständen konnten sie zu Recht sagen: „Glücklich das Volk, dessen Gott der Herr ist." Ihre Regierungsform war die Theokratie, das heißt, sie ließen ihre Gesetze von Gott machen und durch von ihm erwählte Männer diese Gesetze anwenden. Er war ihr Gott, und sie waren sein Volk. Mose empfing das Wort des Herrn von Gott selber, er war es, der dann das Wort des Herrn an Aaron weitergab, und Aaron belehrte das Volk, in den bürgerlichen Belangen ebenso wie in den kirchlichen. Sie waren beide eins, und es gab keine Unterscheidung. So wird es auch sein, wenn die Absicht Gottes erfüllt sein wird: wenn „der Herr König sein wird über die ganze Erde", wenn „Jerusalem der Thron des Herrn" sein wird; denn „von Zion kommt die Weisung, aus Jerusalem kommt das Wort des Herrn".

Weltweiter Friede muß von Gott kommen

Nur auf diese eine Weise kann die „Wiederherstellung von allem" erfolgen, jene Zeit, „die Gott von jeher durch den Mund seiner heiligen Propheten verkündet hat", nämlich „die Fülle der Zeiten", wenn Gott „alles vereinen wird". Alle anderen Versuche, weltweiten Frieden und das Glück aller Menschen herbeizuführen, haben sich als Fehlschlag erwiesen. Jede Bemühung war erfolglos, jeder Plan, jedes Vorhaben ist gescheitert. Es braucht die Weisheit Gottes, die Intelligenz Gottes, die Macht Gottes, um das zu erreichen. Der Welt wurden sechstausend Jahre zugestanden, sich in dieser Hinsicht zu bewähren; das siebte Jahrtausend wird der Herr selbst in die Hand nehmen. Er, dessen Recht es ist, wird das Reich innehaben und regieren, bis er sich alles zu Füßen gelegt hat. Das Übeltun wird sich davonmachen, der Satan wird gebunden und das Werk der Finsternis zerschlagen werden; Rechtschaffenheit wird das Senkblei sein, Gerechtigkeit die Wasserwaage, und nur der, der den Herrn fürchtet, wird erhöht sein an jenem Tag. Um diesen Zustand herbeizuführen, muß es notwendigerweise unter den Nationen der Erde große Verwirrung geben, „die Völker werden bestürzt und ratlos sein". Wenn man mich fragt, was die Ursache der gegenwärtigen Ratlosigkeit sei, so antworte ich: „Geschieht ein Unglück in einer Stadt, ohne daß der Herr es bewirkt hat?"

Die Erde stöhnt jetzt unter Verderbtheit

Die Erde stöhnt unter Verderbtheit, Unterdrückung, Tyrannei und Blutvergießen; Gott tritt aus seiner Verborgenheit hervor, wie er gesagt hat, daß er es tun werde, um die Nationen der Erde zu plagen. Daniel schaute in seiner Vision eine Erschütterung nach der anderen, Reiche wurden gestürzt, bis „ein Hochbetagter Platz nahm". Vor ihn wurde „einer wie ein Menschensohn" gebracht, und „alle Völker, Nationen und Sprachen müssen ihm dienen". Es kommt darauf an, daß wir rechtschaffen sind, daß wir weise sind und das verstehen, denn von den Sündern wird es keiner verstehen, aber die Verständigen verstehen es, und die Männer, die viele zum rechten Tun geführt haben, werden immer und ewig wie die Sterne leuchten.

Uns gebührt es, weise zu sein

Uns als Kirche und uns als Volk gebührt es, weise zu sein und danach zu trachten, daß wir den Willen Gottes erkennen und dann bereit sind, ihn zu tun; denn „selig ist, wer das Wort Gottes hört und es befolgt", heißt es in der Schrift. „Wacht und betet allezeit", sagt unser Erretter, „damit ihr allem, was geschehen wird, entrinnen und vor den Menschensohn hintreten könnt." Wenn Henoch, Abraham, Mose und die Kinder Israel, überhaupt das ganze Volk Gottes, errettet wurden, weil sie die Gebote Gottes befolgt haben, so werden wir, wenn überhaupt, nur nach demselben Prinzip errettet werden können. So wie Gott Abraham, Isaak und Jakob als Familie lenkte und die Kinder Israel als Volk, werden wir als Kirche uns unter seine Führung stellen müssen, wenn es uns wohl ergehen soll, wenn wir bewahrt und erhalten bleiben wollen. Nur auf Gott können wir vertrauen, nur von ihm Weisheit erlangen; er allein muß unser Schutz und Schirm sein, geistig und zeitlich, sonst werden wir fallen.

Wir sind von der Hand Gottes schon gezüchtigt worden, weil wir sein Gebot nicht befolgt haben, wenngleich wir nie ein menschliches Gesetz verletzt, nie eine menschliche Vorschrift übertreten haben. Doch sein Gebot haben wir leichtgenommen und sind von seinen Verordnungen abgewichen, und so hat der Herr uns hart gezüchtigt, und wir haben seinen Arm verspürt und die Rute noch geküßt. Laßt uns künftig weise sein und immer daran denken, daß „Gehorsam wahrhaftig besser ist als Opfer, Hinhören besser als das Fett von Widdern". Der Herr hat uns geboten, den Tempel und das Nauvoo-Haus zu bauen, und dieses Gebot ist für uns genauso bindend wie jedes andere; und wer sich an dieser Sache nicht beteiligt, ist ebenso ein Übertreter, wie wenn er irgendein anderes Gebot bräche; er tut nicht den Willen Gottes, erfüllt nicht seine Gesetze.

Die Heiligen sind auf den Rat Gottes angewiesen

Was nun die Errichtung Zions betrifft, so muß das entsprechend dem Rat Jehovas geschehen, gemäß den Offenbarungen des Himmels; und wir täten gut daran, zu sagen: „Wenn der Herr nicht mit uns geht, dann führ uns lieber nicht von hier hinauf!" Den Heiligen, die hierhergekommen sind, möchten wir sagen, daß wir die Grundlage für die Sammlung des Gottesvolkes an diesem Ort gelegt haben, und wenn die Heiligen kommen, so erwarten sie, daß ihnen der Rat zugänglich ist, den Gott bestimmt hat. Die Zwölf sind eingesetzt, um die Heiligen in dieser Sache zu beraten, und wir erwarten, daß diejenigen, die hierherkommen, weise Männer hersenden, wie es die Offenbarung besagt. Wenn das nicht geht, so sollen sie den Rat befolgen, den Gott schon gegeben hat, sonst können sie kein Erbteil unter den Heiligen empfangen, können nicht dem Gottesvolk zugerechnet werden und werden so behandelt werden müssen, wie es denen gebührt, die die Gesetze Gottes übertreten. Wir trachten hier danach, uns die Lenden zu gürten und das Übeltun hinwegzutun, das unter uns vorhanden ist, und wenn unsere Brüder von auswärts hierherkommen, so hoffen wir, daß sie uns behilflich sein werden, dieses gute Werk voranzubringen und diesen großen Plan zu verwirklichen, damit Zion in Rechtschaffenheit errichtet werden kann und alle Nationen zu seinem Banner strömen; damit wir, das Volk Gottes, dessen Leitung wir unterstehen und dessen Gesetz wir gehorsam sind, in Rechtschaffenheit und Wahrheit heranwachsen; damit wir, wenn seine Absicht verwirklicht ist, ein Erbteil unter denjenigen empfangen, die geheiligt sind. (15. Juli 1842.) DHC 5:61–66.

Brief des Propheten an Gouverneur Carlin
Befriedigung über dessen Haltung

Hochgeehrter Herr Gouverneur! Ihr Schreiben vom 27. ds., das mir vom designierten Generalmajor Wilson Law überbracht wurde, liegt vor mir. Ich kann diese Gelegenheit nicht vorübergehen lassen, ohne Ihnen meinen wärmsten Dank dafür auszusprechen, daß Sie meine Frau und ihre Begleitung beim letzten Besuch so freundlich empfangen haben, ebenso für die wohlwollenden Gefühle, die in Ihrem Brief zum Ausdruck kommen. Sie können versichert sein, Euer Exzellenz, daß ich sie gebührend zu schätzen weiß und voll erwidere.

Ihre Äußerungen zu dem Thema, das uns beschäftigt, befriedigen mich vollständig. Ich bin der Ansicht, daß ich selbst und unsere Mitbürger unter dem weitgespannten Baldachin des Gesetzes, wie es von Ihnen gehandhabt wird, uns sicher fühlen dürfen. Wir vertrauen darauf, daß Sie uns im Fall irgendwelcher Gewalttätigkeit gegen uns beschützen werden; denn wir wissen, daß sich unsere Unschuld hinsichtlich aller im Umlauf befindlichen Anschuldigungen vor einer aufgeklärten Öffentlichkeit leicht wird beweisen lassen.

Jeder Dienst, den wir dem Staat je leisten können, wird freudig vollbracht werden; denn es ist unser Bestreben, unserem Land zu dienen.

Mit dem Ausdruck meiner Hochachtung verbleibe ich Ihr ergebener Diener

Joseph Smith

DHC 5:83.

Die Prophezeiung, daß die Heiligen in die Rocky Mountains gejagt werden würden

Samstag, 6. August 1842. – In Gesellschaft von General Adams, Oberst Brewer und anderen setzte ich über den Fluß nach Montrose in Iowa und war bei der Einsetzung der Beamten der Loge der Aufgehenden Sonne der Altehrwürdigen Freimaurer von York durch General Adams zugegen; er ist der Stellvertretende Großmeister von Illinois. Während dieser dem designierten Meister die erforderlichen Anweisungen gab, sprach ich mit einer Anzahl Brüder im Schatten des Gebäudes über die Verfolgung, der wir in Missouri ausgesetzt sind, und über die ständige Belästigung, die uns verfolgt hat, seit wir aus dem Staat vertrieben worden sind. Ich prophezeite, daß die Heiligen auch weiterhin viel Bedrängnis erleiden müßten und in die Rocky Mountains gejagt werden würden; viele würden abfallen, andere würden von unseren Verfolgern umgebracht werden oder infolge von Entbehrung und Krankheit ihr Leben verlieren; einige aber werden am Leben bleiben und hingehen und mithelfen, Niederlassungen zu gründen und Städte zu bauen, und sie werden es erleben, daß die Heiligen mitten in den Rocky Mountains ein mächtiges Volk werden. (6. August 1842.) DHC 5:85.

Glücklich zu sein ist der Zweck unseres Daseins

Glücklich zu sein ist der Zweck und die Absicht unseres Daseins, und dieses Ziel wird auch erreicht werden, wenn wir dem Pfad folgen, der dahin führt. Dieser Pfad heißt Tugend, Untadeligkeit, Glaubenstreue, Heiligkeit und daß man sämtliche Gebote Gottes befolgt. Man kann aber die sämtlichen Gebote gar nicht befolgen, wenn man sie nicht kennt, und wir können nicht erwarten, sie zu kennen – oder mehr davon zu wissen als zu diesem Zeitpunkt –, wenn wir nicht zunächst diejenigen erfüllen oder befolgen, die wir schon empfangen haben. Was unter den einen Umständen falsch ist, kann unter anderen durchaus richtig sein und ist es auch oft.

Gott hat gesagt: „Du sollst nicht töten!", aber ein andermal hat er gesagt: „Du darfst nichts, was Atem hat, am Leben lassen!" Die Regierung des Himmels hält sich an dieses Prinzip: Offenbarung, die den Umständen angepaßt ist, worin sich die Kinder des Reiches befinden. Alles, was Gott fordert, ist recht, ganz gleich, was es ist, auch wenn wir den Grund dafür erst lang nachdem es geschehen ist erfahren. Wenn es uns zuerst um das Reich Gottes geht, wird uns alles, was gut ist, dazugegeben werden. So war es mit Salomo: zuerst bat er um Weisheit, und Gott schenkte sie ihm, und mit ihr gewährte er ihm jeden Herzenswunsch, selbst das, was jemand, der die Ordnung des Himmels nur teilweise versteht, als Greuel ansehen könnte, was aber in Wirklichkeit recht war, weil Gott es eingab und mittels besonderer Offenbarung guthieß.

Die Eltern züchtigen vielleicht ein Kind, und das mit Recht, weil es einen Apfel gestohlen hat; hätte es hingegen um den Apfel gebeten, und die Eltern hätten ihm den Apfel gegeben, so hätte es ihn sicherlich mit mehr Appetit verspeist; es hätte keine Schläge bekommen; der ganze Genuß am Apfel wäre ihm sicher gewesen, alles Elend des Stehlens wäre vermieden worden.

Alles, was Gott gibt, ist gerecht

Dieses Prinzip gilt mit vollem Recht im gesamten Umgang Gottes mit seinen Kindern. Alles, was Gott uns gibt, entspricht dem Gesetz und ist recht; und es ist durchaus in Ordnung, daß wir uns seiner Gaben und Segnungen erfreuen, wann immer und wo immer es ihm beliebt, sie uns zu gewähren. Würden wir aber diese selben Segnungen und Freuden einfach an uns reißen – ohne Recht, ohne Offenbarung, ohne Gebot –, dann würden sie sich schließlich als Fluch und Qual erweisen, und wir müßten uns in Schmerzen und Wehklagen und endloser Reue niederlegen. Im Gehorsam aber liegen makellose, unvermischte Freude und Frieden, und da Gott geplant hat, daß wir glücklich sein sollen – daß alle seine Geschöpfe glücklich sein sollen –, hat er nie eine Verordnung geschaffen oder seinem Volk ein Gebot gegeben – und wird es auch nie tun –, womit nicht dem Glücklichsein Rechnung getragen würde, das er geplant hat, und womit nicht die größte Menge Gutes und Herrliches für diejenigen zustande gebracht würde, die seine Gesetze und Verordnungen auf sich nehmen. Segnungen, die angeboten, aber zurückgewiesen werden, bleiben keine Segnungen, sondern werden wie das Talent, das der schlechte und faule Diener in der Erde versteckt hat. Das dargebotene Gute kehrt zum Gebenden zurück; die Segnung kommt nur denen zu, die sie empfangen und sie sich zu eigen machen. Denn wer hat, dem wird gegeben, und er wird im Überfluß haben; wer aber nicht hat – oder nicht empfangen will –, dem wird auch das noch weggenommen, was er hat oder hätte haben können.

Die Menschen werden nach ihren Taten gerichtet

Unser himmlischer Vater ist in seinen Ansichten weitherziger und in seiner Barmherzigkeit und seinen Segnungen großzügiger, als wir glauben oder anzunehmen bereit sind. Zugleich ist er aber den Übeltätern gegenüber schrecklicher, in der Durchsetzung seiner Strafe fürchterlicher und viel eher bereit, jeden falschen Schritt aufzudecken, als wir geneigt sind, bei ihm vorauszusetzen. Er will, daß seine Kinder ihn fragen. Er sagt: „Bittet, dann wird euch gegeben; sucht, dann werdet ihr finden!" Wenn ihr aber etwas nehmt, was nicht euch gehört oder was ich euch nicht gegeben habe, wird euch entsprechend euren Taten vergolten werden; denen, die untadelig vor mir wandeln und in allem meinen Willen tun, versage ich keine gute Gabe – denen, die auf meine Stimme oder die Stimme meines Knechtes hören, den ich gesandt habe! Denn ich freue mich über die, die eifrig danach trachten, meine Vorschriften zu kennen, und sich an das Gesetz meines Reiches halten; denn ihnen wird zu der von mir bestimmten Zeit alles kundgetan werden, und am Ende werden sie Freude haben. (27. August 1842.) DHC 5:134–136.

Protokoll der Versammlung der Frauenhilfsvereinigung
Bemerkungen des Propheten

Die Kirche wird über alle bösen Mächte obsiegen

Präsident Joseph Smith erhob sich und sagte: „Ich freue mich und bin dankbar, daß ich heute hier anwesend sein kann. Unsere Feinde haben große Anstrengungen unternommen, um mich nach Missouri zu verschleppen und meinem Leben ein Ende zu bereiten; der Herr aber hat ihnen den Weg versperrt, und bislang haben sie ihren Zweck noch nicht erreicht. Gott hat es mir möglich gemacht, mich ihren Händen zu entziehen. Ich habe einen guten Kampf gekämpft, denn ich habe die ganzen verderbten Scharen des Herrn Bennett ausmanövriert und geschlagen.

Da der Herr, der Allmächtige, mich bis zum heutigen Tag bewahrt hat, habe ich jetzt das Gefühl, er wird dies auch weiterhin tun, und zwar aufgrund des vereinten Glaubens und Betens der Heiligen, bis ich meine Mission in diesem Leben gänzlich erfüllt und die Ausschüttung der Fülle des Priestertums in diesen letzten Tagen so fest begründet habe, daß alle Mächte der Erde und der Hölle nicht über sie obsiegen können.

Diese ständige Verfolgung erinnert mich an die Worte des Erretters, als er zu den Pharisäern sagte: ‚Geht und sagt diesem Fuchs: Ich treibe Dämonen aus und heile Kranke, heute und morgen, und am dritten Tag werde ich mein Werk vollenden.' Ich nehme an, mein himmlischer Vater hat es so gefügt, daß ich den Leuten von Missouri nicht in die Hände falle; wenn es doch so sein sollte, so deshalb, weil ich ihnen nicht aus dem Weg gegangen bin.

Ich werde über meine Feinde triumphieren; ich habe angefangen, zu Hause über sie zu triumphieren, und ich werde es auch auswärts tun. Allen, die gegen mich aufstehen, wird sicherlich die Last ihres Übeltuns auf das eigene Haupt zurückfallen. Diejenigen, die mir und den Heiligen üble Dinge nachsagen, sind unwissende oder abscheuliche Figuren, voller Schändlichkeit. Das ganze Getue, die Aufregung, alle gegen mich erhobenen Beschuldigungen sind wie ein Irrlicht, das man nicht finden kann.

Kein Mensch ist ohne Fehler

Ich begehe zwar Fehler, aber doch nicht die Fehler, die man mir vorwirft; was ich falsch mache, liegt, wie bei anderen Menschen, in der Schwäche der menschlichen Natur begründet. Kein Mensch ist ohne Fehler. Glaubt ihr denn, selbst Jesus, wenn er hier wäre, hätte keine Fehler in euren Augen? Seine Feinde sagten ihm allerart Böses nach – alle warteten nur darauf, etwas Übles an ihm zu entdecken. Deshalb war es für ihn so leicht, im Herzen derer, die um ihn herum waren, alles Üble zu entdecken.

Der meiste Schaden entsteht aus kleinen Übeln

Von den Knechten des Herrn wird verlangt, daß sie vor dem, was den meisten Schaden anrichten kann, auf der Hut sind. Es sind die kleinen Füchse, die den Weingarten verwüsten – kleines Unrecht fügt der Kirche den meisten Schaden zu. Wenn ihr böse Gefühle habt und davon miteinander redet, so wird das wahrscheinlich Unheil anrichten. So etwas hat dann jene böse Einstellung zur Folge, die schließlich die Führer der Kirche ums Leben zu bringen vermag.

Wenn ich mein Bestes tue, wenn ich so viel Gutes vollbringe, wie nur möglich, dann erheben sich die bösesten Anklagen und schlechtesten Verdächtigungen gegen mich. Wollte Gott, ihr würdet weise sein! Ich gebe euch jetzt den folgenden Rat: Wenn ihr irgend etwas wißt, was darauf abzielt, den Frieden zu stören oder die Gefühle eures Bruders, eurer

Schwester zu verletzen, so haltet den Mund; denn dann wird daraus am wenigsten Schaden erwachsen!

Die Frauenhilfsvereinigung hat sich meinen Feinden gegenüber sehr tatkräftig für mein Wohlergehen eingesetzt, indem sie meinetwegen ein Gesuch an den Gouverneur gerichtet hat. Solche Schritte waren notwendig. Seht ihr nicht, daß ich das Kommende vorausgesehen habe, und zwar durch den Geist der Prophezeiung? Alle diese Maßnahmen haben sich auf meine Befreiung aus der Hand meiner Feinde ausgewirkt. Wären diese Schritte nicht unternommen worden, so hätten sich daraus viel schwerwiegendere Folgen ergeben. Ich bin hier, um euch zu segnen. Die Vereinigung hat recht gehandelt: euer Grundsatz ist es ja, Heiligkeit zu üben. Gott liebt euch, und eure Gebete für mich werden viel bewirken: hört nicht auf, sie auch weiterhin um meinetwillen zu Gott emporsteigen zu lassen!

Die Hartnäckigkeit schlechter Menschen

Die Feinde unseres Volkes werden niemals müde werden, die Kirche zu verfolgen, bis sie in die Knie gezwungen sein werden. Ich rechne damit, daß sie alles in ihrer Macht Stehende gegen mich unternehmen werden, und es wird einen langen und schrecklichen Kampf geben. Wer sich auf den wahrhaft christlichen Kampf gegen die Verderbtheit in diesen letzten Tagen einläßt, wird schlechte Menschen und die Engel des Teufels und alle höllischen Mächte der Finsternis gegen sich haben. Es ist geradezu ein Kennzeichen dafür, daß jemand den christlichen Kampf führt, wenn sich schlechte, verderbte Menschen gegen ihn stellen. Wenn alle Menschen fälschlich Böses von euch reden, so seid ihr gesegnet. Soll man jemand, von dem die Menschen böse sprechen, für schlecht halten? Nein! Wenn jemand aufsteht und sich gegen die Welt der Sünde stellt, muß er damit rechnen, daß er alle schlechten und verderbten Geister gegen sich hat. Aber das wird nur eine kurze Zeit lang dauern, dann werden alle diese Bedrängnisse von uns abgewendet, sofern wir treu sind und uns von diesen Übeln nicht überwinden lassen. Wir sehen ja, wie die Segnungen des Endowments sich ergießen und das Reich größer wird und sich von Meer zu Meer erstreckt, und so freuen wir uns, daß wir uns von diesen törichten Dingen nicht haben überwinden lassen.

Die Taufe für die Toten

In der Zeit, während ich nicht hier war, sind mir einige wichtige Punkte hinsichtlich des Dogmas von der Taufe für die Toten kundgetan worden. Ich werde sie den Heiligen am nächsten Sabbat bekanntgeben, wenn nichts dazwischenkommt.

* * *

Präsident Smith sagte: „Hinsichtlich der Taufe für die Toten habe ich nur noch eine Bemerkung zu machen, und damit soll es für diesmal genug sein, bis ich wieder Gelegenheit habe, dieses Thema ausführlicher zu besprechen: Alle, die sich für die Toten taufen lassen, müssen einen Berichtführer als Augenzeugen mitbringen, der die Aufzeichnungen vornimmt und bezeugen kann, daß sein Bericht wahr und gültig ist. Im Großen Rat wird es nötig sein, daß dies von zuverlässigen Zeugen bestätigt wird. Darum muß von nun an der Aufzeichnung der Taufen für die Toten und daß sie entsprechend bezeugt werden, sorgfältig Beachtung geschenkt werden. Sollte es daran fehlen, so kann das möglicherweise unseren Freunden insofern schaden, als sie nicht hervorkommen dürfen." (31. August 1842.) DHC 5:139–141.

Verfolgung – ein Erbteil der Rechtschaffenen

Ein Leitartikel des Propheten in „Times and Seasons"

Abel wurde wegen seiner Rechtschaffenheit getötet, und wie viele weitere es bis zur großen Flut waren, ist jetzt für uns nicht mehr von Belang. Wenn wir aber der neuzeitlichen Offenbarung Glauben schenken, die letztes Frühjahr in „Times and Seasons" veröffentlicht wurde, dann wurde Abraham, der Prophet des Herrn, auf eine eiserne Bettstatt gelegt, um geschlachtet zu werden, und im Buch Jascher, das bis heute nicht widerlegt oder als falsch hingestellt ist, heißt es, er sei von den Chaldäern ins Feuer geworfen worden. Mose, der Mann Gottes, der einen Ägypter umbrachte, weil er die Kinder Israel peinigte, wurde aus seinem Land gejagt und aus dem Kreis der Seinen vertrieben. Elija mußte aus seiner Heimat fliehen, weil man ihm nach dem Leben trachtete, und er wurde von Raben ernährt. Daniel wurde in die Löwengrube geworfen. Micha mußte bei Wasser und Brot im Kerker schmachten, und Jeremia wurde in das schmutzige Loch der Zisterne hinabgelassen. Wurden die Propheten des Herrn von diesen Bedrängnissen etwa heimgesucht, weil sie Übertreter waren? Nein! Sondern das war die eiserne Hand der Verfolgung – genauso wie die Ketten von Missouri! Aber wohlgemerkt: als diese alten Propheten litten, folgte zur gegebenen Zeit die Vergeltung Gottes, und den bösen Gegnern der Gesalbten des Herrn erging es wie Sodom und Gomorra, wie den Ägyptern, wie Isebel, die von den Hunden gefressen wurde, und wie ganz Israel, das gefangen hinweggeführt wurde, solange der Zorn des Herrn anhielt, ja, bis zum heutigen Tag.

Gehen wir in die Zeit des Neuen Testaments: so viele Menschen wissen nicht genug des Lobes über den Herrn und seine Apostel. Beginnen wir mit Johannes dem Täufer. Als Herodes befahl, alle kleinen Knaben zu töten, war Johannes etwa sechs Monate älter als Jesus und fiel auch unter diesen teuflischen Erlaß. Seine Mutter aber wurde von Zacharias veranlaßt, mit dem Knaben in die Berge zu flüchten, wo er mit Heuschrecken und wildem Honig ernährt wurde und aufwuchs. Als sein Vater, der in dem Jahr der amtierende Hohepriester im Tempel war, sich weigerte, das Versteck des Kindes zu offenbaren, wurde er auf Befehl des Herodes zwischen dem Tempelgebäude und dem Altar getötet, wie Jesus sagte. Das Haupt Johannes des Täufers wurde später auf einer Schale zu Herodes gebracht, dem Sohn des Kindesmörders – und dabei hat es unter allen Menschen nie einen größeren Propheten gegeben als eben Johannes!

Jesus, der Sohn Gottes, wurde gekreuzigt – mit den Händen und Füßen an das Holz genagelt!

Die Heiligen müssen Drangsal erleiden

Es ist eine Schmach, wenn die Heiligen von Züchtigung und Übertretung sprechen, wenn alle die Heiligen vor ihnen, Propheten und Apostel, so große Drangsal durchmachen mußten, und ob ein Herodes oder Nero oder Boggs die Bedrängnis und das Blutvergießen veranlaßt, darauf kommt es nicht an – diese Mörder werden ihren Lohn bekommen und die Heiligen den ihren. Wie viele mußten doch in Schafspelzen und Ziegenfellen umherziehen und sich in den Höhlen und Schluchten des Gebirges aufhalten, weil die Menschen ihrer Gesellschaft nicht wert waren! Und wurden sie vielleicht deshalb aus der Gesellschaft ausgeschlossen, weil sie übertreten hatten und gezüchtigt werden mußten? Ganz und gar nicht! Denkt daran, Brüder: Wenn einer auch nur dem Geringsten unter den Heiligen Schaden zufügt, so wäre es besser für ihn, er hätte einen Mühlstein um den Hals und beide, er und der Stein, würden im tiefen Meer versenkt! Denkt daran, daß jemand, der im Namen eines Jüngers einem Heiligen, der im Gefängnis ist oder aufgrund ärgerlicher, auf Verfolgung begründeter Prozesse von seinen Freunden getrennt ist, auch nur einen Becher frisches Wasser zu trinken gibt, gewiß nicht um seinen Lohn kommen wird.

Solange der Geist der Freiheit und die Tugend der Heiligen noch im Fleisch anzutreffen sind, mögen diejenigen, die vom Gesetz Gottes regiert werden und ihre Gewänder im Blut des Lammes rein gemacht haben, nie und nimmer davor zurückschrecken, in der Stunde der Gefahr denen beizustehen, die die Lade des Herrn tragen!

Die Taufe

Wenn man die Seiten der Bibel betrachtet und sich in die Propheten und die Worte der Apostel vertieft, findet man wohl kein Thema, das so eng mit der Errettung zusammenhängt wie die Taufe. Zunächst aber müssen wir uns darüber klar sein, daß das (englische) Wort „baptism" (= Taufe – welches sich vom ahd. djup herleitet und „tief machen", also untertauchen bedeutet; Anm. d. Übers.) vom griechischen „baptizo" abgeleitet ist, und das bedeutet untertauchen; besprengen kommt der Bedeutung nach vom griechischen „rantizo", was mit Flüssigkeit beträufeln heißt. Wenn wir uns über diese Begriffe klar sind, können wir diesen Gegenstand entsprechend behandeln, weil er ja mit unserem ewigen Wohlergehen untrennbar verbunden ist; wir müssen uns dabei stets vor Augen halten, daß dies der einzige Weg ist, wie wir in dieser Welt die Vergebung unserer Sünden erlangen und uns bereitmachen können, in der künftigen Welt in die Freude unseres Herrn einzugehen.

Es ist wohlbekannt, daß ein Großteil aller Glaubensgemeinschaften über diese wichtige Verordnung des Evangeliums unterschiedlicher Ansicht ist; so wird es gut sein, wenn wir zunächst die Aufträge und Gebote Jesu in bezug auf diese Sache betrachten. Er sagte zu den Zwölf oder vielmehr damals nur noch Elf: Geht zu allen Völkern, und macht alle Menschen zu meinen Jüngern; tauft sie auf den Namen des Vaters und des Sohnes und des Heiligen Geistes, und lehrt sie, alles zu befolgen, was ich euch geboten habe. So steht es bei Matthäus zu lesen. Bei Markus stehen die folgenden wichtigen Worte: Geht hinaus in die ganze Welt, und verkündet das Evangelium allen Geschöpfen! Wer glaubt und sich taufen läßt, wird gerettet; wer aber nicht glaubt, wird verdammt werden. Und um zu zeigen, wie man die Glaubenden von den Ungläubigen unterscheiden könne, fährt er fort und sagt: Und durch die, die zum Glauben gekommen sind, werden folgende Zeichen geschehen: In meinem Namen werden sie Dämonen austreiben; sie werden in neuen Sprachen reden; wenn sie Schlangen anfassen oder tödliches Gift trinken, wird es ihnen nicht schaden; und die Kranken, denen sie die Hände auflegen, werden gesund werden. Bei Lukas lautet die Schlußaussage folgendermaßen: So steht es in der Schrift: Der Messias wird leiden und am dritten Tag von den Toten auferstehen, und in seinem Namen wird man allen Völkern, angefangen in Jerusalem, verkünden, sie sollen umkehren, damit ihre Sünden vergeben werden. Ihr seid Zeugen dafür.

Die Zeugen

Nun wollen wir die Zeugen näher betrachten. Wie man sich erinnern wird, sollten sie in Jerusalem verbleiben, bis sie mit Kraft aus der Höhe erfüllt würden; dann sollten sie zu allen Völkern gehen und sie lehren, alles zu befolgen, was der Herr ihnen geboten hatte. Petrus hatte die Schlüssel des Reiches inne, und darum wollen wir uns zuerst mit ihm befassen.

Am Pfingstfest, als sich eine wunderbare Kundgebung der Gaben des Heiligen Geistes ereignete, wie es im Markusevangelium verheißen worden war, traf es viele mitten ins Herz, und sie sagten zu Petrus und den übrigen Aposteln: Was sollen wir tun, Brüder? Petrus antwortete ihnen: Kehrt um, und jeder von euch lasse sich auf den Namen Jesu Christi taufen zur Vergebung seiner Sünden; dann werdet ihr die Gabe des Heiligen Geistes empfangen, usw. Hier sagt also einer der Zeugen, kurz ausgedrückt: Kehrt um, und laßt euch taufen. Und wir sind der Meinung, daß Petrus, der vom Herrn belehrt, vom Herrn beauftragt und vom Herrn mit dem Endowment ausgerüstet worden war, der bestmögliche Ratgeber oder Sendbote war, den sie fragen konnten, wenn sie den richtigen Weg wissen wollten, um in das Reich Gottes zu gelangen.

Weiter sagt Lukas in seiner Apostelgeschichte: Während Apollos sich in Korinth aufhielt, durchwanderte Paulus das Hochland und kam nach Ephesus hinab. Er traf einige Jünger und fragte sie: Habt ihr den Heiligen Geist empfangen, als ihr gläubig wurdet? Sie antworteten ihm: Wir haben noch nicht einmal gehört, daß es einen Heiligen Geist gibt. Da fragte er: Mit welcher Taufe seid ihr denn getauft worden? Sie antworteten: Mit der Taufe des Johannes. Paulus sagte: Johannes hat mit der Taufe der Umkehr getauft und das Volk gelehrt, sie sollten an den glauben, der nach ihm komme: an Jesus. Als sie das hörten, ließen sie sich auf den Namen Jesu, des Herrn, taufen. Paulus legte ihnen die Hände auf, und der Heilige Geist kam auf sie herab; sie redeten in Zungen und weissagten.

Diese Aussagen lassen uns wissen, daß die Taufe der entscheidende Punkt war, der es ihnen ermöglichte, die Gabe des Heiligen Geistes zu empfangen. Nach den oben angeführten Gründen scheint ein sektiererischer Jude getauft zu haben wie Johannes; er hatte aber unterlassen, den Täuflingen zu sagen, daß nach ihm einer kommen werde, nämlich Jesus Christus, der mit Feuer und dem Heiligen Geist taufen werde. Daraus wurde diesen Bekehrten klar, daß ihre erste Taufe ungültig war, und als sie dies hörten, ließen sie sich mit Freuden noch einmal taufen, und nachdem ihnen die Hände aufgelegt worden waren, empfingen sie die verheißenen Gaben: sie redeten in Zungen und prophezeiten.

Der Apostel sagt, das Evangelium sei die Kraft Gottes, die jeden rettet, der glaubt, Leben und Unsterblichkeit seien durch das Evangelium ans Licht gebracht worden, und die Schrift habe vorhergesehen, daß Gott die Heiden aufgrund ihres Glaubens gerecht mache, und so habe sie dem Abraham im voraus verkündet: Durch dich sollen alle Völker Segen erlangen.

Das Evangelium bleibt immer gleich

Wenn wir es als erwiesen betrachten, daß die Schrift aussagt, was sie meint, und meint, was sie aussagt, dann haben wir in der Bibel genügend Beweise dafür, daß das Evangelium immer gleich ist: die gleichen Verordnungen, um den Forderungen zu entsprechen, die gleichen amtierenden Beamten, die gleichen Zeichen und aus den Verheißungen sich ergebenden Früchte. Wenn nun Noach ein Verkünder der Gerechtigkeit war, so mußte er getauft und durch Händeauflegen zum Priestertum ordiniert worden sein usw. Denn keiner nimmt sich eigenmächtig diese Würde, sondern er wird von Gott berufen, so wie Aaron; und Aaron wurde zusammen mit ganz Israel in der Wolke und im Meer getauft, wie es der Apostel den Korinthern geschildert hat. Dieser Umstand, diese Tatsache wird auf folgende Weise bezeugt: Der Bund der Beschneidung, der mit Abraham geschlossen worden war und bis zum Auszug Israels aus Ägypten beständig praktiziert wurde, blieb vierzig Jahre lang in der Wüste außer Kraft und wurde dann von Josua nach dem Übergang über den Jordan wieder erneuert: dort, im Lager zu Gilgal, machte er sich scharfe Steinmesser und beschnitt alle männlichen Angehörigen der Kirche.

Der Mensch muß von neuem geboren werden

Nikodemus kam bei Nacht zu Jesus und sagte zu ihm: Rabbi, wir wissen, du bist ein Lehrer, der von Gott gekommen ist; denn niemand kann die Zeichen tun, die du tust, wenn nicht Gott mit ihm ist. Jesus antwortete ihm: Amen, amen, ich sage dir: Wenn jemand nicht von neuem geboren wird, kann er das Reich Gottes nicht sehen. Nikodemus entgegnete ihm: Wie kann ein Mensch, der schon alt ist, geboren werden? Er kann doch nicht in den Schoß seiner Mutter zurückkehren und ein zweites Mal geboren werden. Jesus antwortete ihm: Amen, amen, ich sage dir: Wenn jemand nicht aus Wasser und Geist geboren wird, kann er nicht in das Reich Gottes kommen. Diese kräftige, entschiedene Antwort Jesu in bezug auf die Taufe mit Wasser erledigt die vorliegende Frage; Gott ist ja derselbe gestern, heute und in Ewigkeit, und so ist es kein Wunder, daß er so entschieden sagen kann: Wer glaubt und sich taufen läßt, wird gerettet; wer aber nicht glaubt, wird verdammt werden. Es ist ja kein anderer Name unter dem Himmel gegeben – auch keine andere Verordnung zugelassen –, wodurch wir errettet werden sollen. Kein Wunder, daß der Apostel sagt: Mit Christus wurdet ihr in der Taufe begraben, mit ihm werdet ihr auch auferweckt! Kein Wunder, daß Paulus aufstand und sich taufen und seine Sünden abwaschen ließ. Kein Wunder, daß der gute Kornelius vom Engel gesagt bekam, er müsse nach Petrus schicken: der würde ihm sagen, wie er errettet werden könne, denn Petrus konnte taufen, was ein Engel nicht kann, solange es auf Erden befugte Beamte gibt, die die Schlüssel des Reiches, mit anderen Worten die Vollmacht des Priestertums, innehaben. Dazu gibt es noch einen weiteren Beweis: Sogar Jesus selbst teilte Paulus, dem er auf dem Weg nach Damaskus erschien, nicht mit, auf welche Weise er errettet werden konnte. Er setzte in der Kirche die einen als Apostel ein, die anderen als Propheten, um die Heiligen für die Erfüllung ihres Dienstes zu rüsten und sie zu vollkommenen Menschen werden zu lassen. Da aber im Himmel eine bindende Regel besteht, wonach auf Erden nichts je geschehen soll, ohne daß der Herr seinen Ratschluß zuvor seinen Knechten, den Propheten, offenbart, wie es in Amos 3:7 heißt, konnte Paulus vom Herrn gar nicht so viel in bezug auf die allgemeine Errettung der Menschen erfahren wie von einem der Botschafter Christi, der mit ebenderselben himmlischen Berufung berufen und mit der gleichen Kraft aus der Höhe erfüllt worden war, so daß alles, was er auf Erden lösen werde, auch im Himmel gelöst sei und alles, was er auf Erden binden werde, auch im Himmel gebunden sei; nämlich er, der Herr, der ein Priester auf ewig nach der Ordnung Melchisedeks und schon von vor der Grundlegung der Welt an der gesalbte Sohn Gottes ist, und ebenso sie, die durch das Evangelium die gezeugten Söhne sind, die alle Völker zu Jüngern machen sollen – seid gewiß: Ich bin bei euch alle Tage bis zum Ende der Welt –, nämlich mittels des anderen Beistands, den die Welt nicht empfangen kann – denn ihr seid Zeugen dafür –, denn ihr habt das Zeugnis Jesu, und dieses ist der Geist prophetischer Rede.

Umkehr ist notwendig

Aus dem vorliegenden Beweismaterial, daß nämlich niemand ohne Taufe errettet werden kann, wird man aber auch ersehen und zugeben müssen, daß aufgrund des Vorhandenseins von Sünde unter den Menschen die Umkehr zu jeder Zeit, in jedem Weltzeitalter, notwendig ist, und einen anderen Grund kann niemand legen als den, der gelegt ist: Jesus Christus. Wenn nun Abel ein rechtschaffener Mensch war, dann ist er es nur geworden, indem er die Gebote gehalten hat; wenn Henoch so rechtschaffen war, daß er der Gegenwart Gottes teilhaftig werden konnte und seinen Weg mit Gott ging, mußte er es durch das Befolgen seiner Gebote geworden sein; und so ist es auch mit jedem anderen, der rechtschaffen ist – sei es Noach, der Verkünder der Gerechtigkeit; Abraham, der Vater der Glaubenden; Jakob, der mit Gott stritt und gewann; Mose, der von Christus schrieb und auf Gebot hin das Gesetz hervorbrachte, um die Menschen in Zucht zu halten und zu Christus zu bringen, oder schließlich Jesus Christus selbst, der nach dem feierlichen Zeugnis des Johannes ohne Sünde war und deshalb der Umkehr nicht bedurfte und doch sagte: Ich will getauft werden; denn niemand kann in das Gottesreich kommen, wenn er sich nicht dieser Verordnung unterzieht, und nur so können wir die Gerechtigkeit ganz erfüllen. Wenn also Johannes und sogar Jesus Christus, der Erretter, sich taufen lassen mußten, um die Gerechtigkeit ganz zu erfüllen, um wieviel mehr obliegt es dann jedem anderen Menschen, dem es ums Himmelreich geht, hinzugehen und genauso zu handeln; denn der Herr ist die Tür, und wenn jemand anderswo einsteigt, so ist er ein Dieb und ein Räuber.

Zu allen Zeiten war die Taufe erforderlich

In den früheren Zeitaltern der Welt, noch ehe der Erretter im Fleisch gekommen war, wurden die damaligen Heiligen im Namen des zukünftigen Jesus Christus getauft; denn es war nie ein anderer Name unter dem Himmel gegeben, durch den sie errettet werden konnten. Nachdem er aber im Fleisch gekommen war und den Kreuzestod erlitten hatte, wurden die Heiligen im Namen Jesu Christi getauft, der gekreuzigt wurde, von den Toten auferstand und in den Himmel auffuhr, damit sie mit ihm begraben wurden durch die Taufe und wie er in Herrlichkeit auferstehen können. So wie es nur einen Herrn, einen Glauben, eine Taufe und einen Gott und Vater aller gibt, kann es auch nur eine Türe zu den Wohnungen der Seligen geben. Amen. (1. September 1842.) T&S 3:902–905.

Gegen Tatsachen kommt man nicht auf

Die Bedeutung der Jarediten und Nephiten

Einem Auszug von Stephens' „Incidents of Travel in Central America" kann man entnehmen, daß die Beweise für die Aussage des Buches Mormon, die Nephiten und Lamaniten hätten auf diesem Kontinent gewohnt, in einem Maß zutage treten, wie es sich selbst der glühendste Anhänger dieser Offenbarung nicht erhoffen konnte. Es verschafft uns eine Befriedigung, deren sich die Welt nicht erfreuen kann, daß wir solche wichtigen Aufschlüsse aus den Überresten und Ruinen dieser mächtigen Völker an die Öffentlichkeit bringen können.

Im Buch Mormon lesen wir, daß Jared und sein Bruder nach der Sprachverwirrung und Zerstreuung am Turmbau zu Babel auf diesen Kontinent gekommen sind, hier mehr als tausend Jahre gelebt und den ganzen Kontinent von Küste zu Küste mit Städten und Dörfern bedeckt haben; daß Lehi am Roten Meer entlang an den Indischen Ozean gelangte, über das Meer hierherkam und südlich des Isthmus von Darien an Land ging; sie erschlossen das Land gemäß dem Wort des Herrn, und zwar als Zweig des Hauses Israel. Wenn wir dann einen so erfreulichen Bericht wie den obenerwähnten lesen, können wir gar nicht anders, als in diesen Vorgängen die Hand des Herrn zu erblicken, der hier seine seltsame Tat vollbringt und vor aller Welt beweist, daß das Buch Mormon wahr ist. Der nachstehende Auszug kommt den Tatsachen so nahe wie die vier Evangelien der Kreuzigung Jesu. „Gegen Tatsachen kommt man nicht auf", das ist sicher. Und so wird es sein wie eh und je: Es wird sich in der Welt herausstellen, und zwar aufgrund eines Indizienbeweises, daß Joseph Smith ein wahrer Prophet ist. Auch bei Mose und Elija haben das die Leute durch Erfahrung herausgefunden. Nun aber zum Bericht von Stephens:

„Dem Bericht des Fuentes zufolge, der das Königreich Guatemala beschreibt, stammen die Könige der Quiche und Cakchiquel von den Tolteken ab, die bei ihrer Einwanderung dieses Land bereits von mehreren Völkern bewohnt vorfanden. Im Manuskript von Juan Torres, dem Enkelsohn des letzten Königs der Quicheindianer, das sich im Besitz des von Pedro de Alvarado eingesetzten Statthalters befand und wovon Fuentes sagt, er habe es durch Pater Francisco Vasques, den Historiker des Franziskanerordens, in die Hand bekommen, heißt es, daß die Tolteken selbst vom Haus Israel abstammen, von Mose aus der Gewalt des Pharao befreit wurden und nach dem Durchzug durchs Rote Meer dem Götzendienst verfielen. Um den Vorwürfen Moses zu entgehen oder aus Furcht, er werde eine Strafe über sie verhängen, trennten sie sich von ihm und seinen Brüdern und begaben sich unter Führung ihres Oberhauptes Tanub von dem dortigen Kontinent nach dem hiesigen, an einen Ort, den sie ‚die sieben Höhlen' nannten, heute im Königreich Mexiko, wo sie die berühmte Stadt Tollan gründeten." (15. September 1842.) T&S 3:921 f.

Wenn man Ratschläge nicht befolgt

So um zehn Uhr vormittags begab ich mich zum Tempel hinauf, um ihn zu besichtigen. Ich sprach meine Zufriedenheit über die getroffenen Maßnahmen aus und war über den Fortschritt beim Bau des heiligen Gebäudes sehr erfreut. Ich sprach mit mehreren Brüdern und gab einer Anzahl von ihnen die Hand; sie waren sehr erfreut, ihren Propheten wiederzusehen; dann kehrte ich nach Hause zurück. Bald darauf ging ich hinüber in den Laden, wo sich eine Anzahl Brüder und Schwestern versammelt hatte, die heute morgen aus der Gegend von New York und Long Island angekommen waren. Nachdem die Ältesten Taylor, Woodruff und Samuel Bennett zu ihnen gesprochen hatten, hielt ich ihnen eine längere Ansprache und legte ihnen dar, wie sie sich verhalten und wie sie hinsichtlich des Ankaufs von Land usw. vorgehen sollten.

Ich gab ihnen zu verstehen, daß Unzufriedenheit und Mißstimmung meist dann entstehen, wenn die Brüder Ratschläge nicht anhören oder nicht befolgen. Viele kommen hier an und sind mit dem Verhalten der Heiligen nicht zufrieden, weil nicht alles auf vollkommene Weise geschieht, und dann werden sie zornig, und der Teufel erlangt die Oberhand über sie, um sie zu vernichten. Ich sagte ihnen, auch ich sei nur ein Mensch, und sie dürften nicht erwarten, daß ich vollkommen sei. Wenn sie von mir Vollkommenheit erwarteten, würde ich diese auch von ihnen erwarten, wenn sie aber meine Schwächen und die der Brüder ertragen wollten, würde auch ich ihre Mängel ertragen.

Ich sagte ihnen, daß ich mich wahrscheinlich wiederum in den Wäldern verbergen müsse, sie sollten aber den Mut nicht verlieren, sondern die Stadt und den Tempel usw. aufbauen. „Wenn meine Feinde mir meine Rechte verweigern, so will ich es ertragen und ihnen aus dem Weg gehen; wenn sie aber eure Rechte antasten, dann werde ich für euch kämpfen." Ich gab ihnen einen Segen und ging dann weg. (29. Oktober 1842.) DHC 5:181.

Die Herrschaft Christi im Millennium

Während des Gesprächs, das wir abends bei Richter Adams führten, sagte ich, Christus und die auferstandenen Heiligen würden während der tausend Jahre die Erde regieren. Wahrscheinlich werden sie nicht auf der Erde wohnen, sondern sie besuchen, sooft es ihnen gefällt oder wenn es notwendig ist, die Zügel in die Hand zu nehmen. Während der tausend Jahre wird es schlechte Menschen[1] auf der Erde geben. Die heidnischen Nationen, die sich der Gottesverehrung entziehen, werden vom Strafgericht Gottes heimgesucht und letzten Endes von der Erde ausgetilgt werden. (30. Dezember 1842.) DHC 5:212.

Wodurch ist man Prophet?

Wenn man mich fragen sollte, ob ich ein Prophet bin, so kann ich das nicht leugnen, andernfalls wäre ich ja ein Lügner. Gemäß der Aussage des Johannes ist nämlich das Zeugnis von Jesus der Geist der Prophezeiung. Wenn ich also behaupten würde, ich sei ein Zeuge oder ein Lehrer, habe aber nicht den Geist der Prophezeiung – und das ist ja das Zeugnis von Jesus –, dann muß ich ein falscher Zeuge sein; bin ich aber ein wahrer Lehrer und Zeuge, dann muß ich den Geist der Prophezeiung besitzen, und dadurch bin ich Prophet. Wenn jemand sagt, er sei ein Lehrer oder ein Verkünder der Gerechtigkeit, aber den Geist der Prophezeiung leugnet, so ist er ein Lügner und hat die Wahrheit nicht in sich; und nach diesem Prinzip kann man falsche Lehrer und Betrüger entlarven. (30. Dezember 1842.) DHC 5:215f.

Glaube ist notwendig

Weil es am Glauben fehlt, fehlt es auch an den Früchten. Vom Anfang der Welt an hat noch nie jemand Glauben allein gehabt und nicht auch etwas, was damit einhergeht. In alter Zeit hat man Feuerbrände ge-

---

1 Die Bemerkung des Propheten, es werde im Millennium auf der Erde schlechte Menschen geben, hat bei vielen, die an manchen Stellen in den heiligen Schriften lesen, beim Kommen Christi werde die Erde von ihrer Schlechtigkeit gesäubert und die Schlechten würden nicht bestehen, sondern vom Feuer verzehrt werden, beträchtliche Verwirrung angerichtet (s. LuB 5:18–19; 29:8–11; 101:23–25; Jesaja 24:1–3; Maleachi 3:19). Die übelgesinnten Erdenbewohner, diejenigen, die ‚Lüge liebhaben und tun‘ und allerart Verderbnis schuldig sind, werden hinweggerafft werden und vergehen, wenn Christus kommt. Bei diesem Gespräch im Haus von Richter Adams gebrauchte der Prophet den Ausdruck „schlechte Menschen" im gleichen Sinn, wie es der Herr in LuB 84:49–53 tut. In dieser Schriftstelle spricht der Herr von denen, die das Evangelium nicht angenommen haben, weil sie unter der Knechtschaft der Sünde und daher „schlecht" sind. Viele von diesen sind ehrenhafte und ein reines Leben führende Menschen, die jedoch das Evangelium nicht angenommen haben. Wer zur terrestrialen Ordnung gehört, wird während des Millenniums auf der Erde verbleiben, doch sind die Evangeliumsverordnungen für diese Klasse nicht bestimmt. (Siehe LuB 76:73–76.)

löscht, ist man der Schärfe des Schwertes entronnen, haben Frauen ihre Toten wiederbekommen usw. Aufgrund des Glaubens wurde die Welt erschaffen. Ein Mann, der keine von den Gaben besitzt, hat keinen Glauben, und er täuscht sich selber, wenn er meint, er habe welchen. Am Glauben fehlt es, nicht nur bei den Heiden, sondern auch bei den Bekennern des Christentums, und daher fehlt es dort an Zungenrede, Krankenheilungen, Prophezeiung, an Propheten und Aposteln und allen Gaben und Segnungen.

Einige Leute haben mir gesagt, ich sei kein sehr sanftmütiger Prophet, und so habe ich ihnen geantwortet: „Ich bin gütig und von Herzen demütig!", und wenn ich mich einen Augenblick lang an die Stelle Jesu stellen darf, um dieses Prinzip zu veranschaulichen, so werde ich mit lauter Stimme rufen: „Weh euch, ihr gelehrten Herren, weh euch, ihr Rechtsgelehrten! Weh euch, ihr Schriftgelehrten, ihr Pharisäer und Heuchler!" Aber ihr könnt wahrhaftig keinen Ort finden, wo ich je gewesen bin, daß ich etwas an ihrem Essen, ihrem Trinken, ihrem Haus, ihrer Wohnung auszusetzen gehabt hätte, nie und nimmer; und das haben wir uns unter der Güte und Herzensdemut Jesu vorzustellen.

Falsche Berichte

Mr. Sollars hat gesagt, er habe James Mullone aus Springfield folgendes sagen hören: „Ich bin in Nauvoo gewesen und habe Joe Smith, den Propheten gesehen: er hatte ein graues Pferd, und ich fragte ihn, wo er es her habe, und Joe sagte: ‚Siehst du die weiße Wolke dort oben?' ‚Ja.' ‚Also, die Wolke ist gekommen, und ich habe das Pferd von ihr gekriegt.'" Das ist ein typisches Beispiel für die zehntausend dummen Lügen, die von dieser Generation in Umlauf gesetzt werden, um die Wahrheit und ihre Verfechter in Verruf zu bringen.

Was erweckt denn in denen, die sich zum Christentum bekennen, im allgemeinen eine Hoffnung auf Errettung? Es ist das dieser gleisnerische, raffinierte Einfluß des Teufels, womit er die ganze Welt täuscht. „Wie ist das aber", hat Mr. Sollars gesagt, „kann ich denn nicht Buße tun und mich taufen lassen, ohne daß ich den Träumen, Visionen und anderen Gaben des Geistes Beachtung schenke?" Ich habe ihm geantwortet: „Angenommen, ich bin auf Reisen und bin hungrig; da kommt ein Mann, und ich sage ihm, daß ich Hunger habe, und er sagt mir, ich solle da und da hingehen, dort sei eine Gaststätte: geh hin und klopf an; du mußt dich genau an die Hausordnung halten, sonst wirst du deinen Hunger nicht stillen können – und ich gehe hin, klopfe an, bitte um Essen und setze mich an den Tisch, esse aber nicht: wird das meinen Hunger stillen? Gewiß nicht. Ich muß essen. Die Gaben aber sind das Essen; das, was der Geist uns gnädig zukommen läßt, sind die Gaben des Geistes.

Als ich dieses Werk begonnen habe und zwei, drei Leute dazu gebracht hatte, den Glauben anzunehmen, bin ich einmal mit Oliver Cowdery an die dreißig Meilen geritten, um sie aufzusuchen. Wir mußten uns in ein Pferd teilen. Als wir hinkamen, wurden wir von Gesindel überfallen, vielleicht hundert Mann stark, noch ehe wir etwas essen konnten; sie waren die ganze Nacht hinter uns her. Wir kamen erst frühmorgens wieder nach Hause, hatten wohl sechzig Meilen hinter uns gebracht, und das alles ohne Essen. Ich bin oft die ganze Nacht gereist, um die Brüder zu besuchen, und wenn ich unterwegs war, um das Evangelium bei fremden Leuten zu predigen, bin ich oftmals fortgewiesen worden, ohne daß ich etwas zu essen bekam." (2. Januar 1843.) DHC 5:217–219.

Das Reich Gottes

Einige Leute sagen, das Reich Gottes auf Erden sei erst am Pfingsttag aufgerichtet worden, und Johannes habe nicht die Taufe der Umkehr zur Vergebung der Sünden gepredigt. Ich aber sage im Namen des Herrn: Das Reich Gottes auf Erden hat schon seit den Tagen Adams bis zu dieser Zeit bestanden, immer dann, wenn ein rechtschaffener Mann auf Erden war, dem Gott sein Wort offenbarte und dem er Kraft und Vollmacht gab, in seinem Namen zu handeln. Und wo es einen Priester gibt – einen geistlichen Diener, der Kraft und Vollmacht von Gott hat, so daß er die Evangeliumsverordnungen vollziehen und im Priestertum Gottes amtieren kann –, da ist das Reich Gottes. Weil aber die Menschen das Evangelium Jesu Christi und die von Gott gesandten Propheten verwarfen, kam das Strafgericht Gottes über sie, über die Städte und Nationen, zu verschiedenen Zeitaltern der Welt; so war es bei Sodom und Gomorra, die vernichtet wurden, weil sie die Propheten verworfen hatten.

Wo das Reich Gottes nicht ist, da gibt es auch keine Errettung

Nun will ich mein Zeugnis ablegen. Vor Menschen bin ich nicht bang. Ich spreche frei heraus, voll Glauben und mit Vollmacht. Wie ist das mit dem Reich Gottes? Wo hat das Reich Gottes angefangen? Wo das

Reich Gottes nicht ist, da gibt es auch keine Errettung. Worin besteht das Reich Gottes? Wo ein Prophet ist, ein Priester, ein rechtschaffener Mann, dem Gott seine Wahrworte gibt, da ist auch das Reich Gottes; und wo es die Wahrworte Gottes nicht gibt, da gibt es auch kein Reich Gottes.

Mit diesen Ausführungen beziehe ich mich in keiner Weise auf die Reiche der Erde. Wir halten die Gesetze des Landes ein, wir sprechen nicht dagegen; das haben wir nie getan, aber kaum haben wir den Staat Missouri und die dort erlittenen Verfolgungen auch nur erwähnt, so schreit schon alles, wir seien des Diebstahls, des Einbruchs, der Brandstiftung, des Hochverrats, des Mordes usw. usw. schuldig, und das stimmt nicht. Wir sprechen vom Reich Gottes auf Erden, nicht von den Reichen der Menschen.

Offenbarung ist notwendig

Heutzutage wenden viele ein, wir hätten nicht das Recht, Offenbarungen zu empfangen; aber wenn wir keine Offenbarungen bekommen, dann haben wir die Wahrworte Gottes nicht, und wenn wir diese nicht haben, sind wir nicht das Volk Gottes. Sie aber sagen: „Was wird mit der Welt sein, mit den mannigfachen religiösen Bekennern, die nicht an Offenbarung glauben, auch nicht an die Wahrworte Gottes, die doch zu jeder Zeit in seiner Kirche vorhanden gewesen sind, wann immer es das Volk Gottes auf Erden gegeben hat?" Ich sage euch im Namen Jesu Christi: Sie werden verdammt sein, und wenn ihr in die ewige Welt kommt, werdet ihr sehen, daß es stimmt; sie können der Verdammnis der Hölle nicht entgehen.

Johannes hatte die Schlüssel des Aaronischen Priestertums inne

Was nun das Evangelium und die Taufe betrifft, die von Johannes gepredigt wurden, möchte ich sagen, daß Johannes das Evangelium der Sündenvergebung predigte; er hatte seine Vollmacht von Gott, und die Wahrworte Gottes waren mit ihm; so hat es den Anschein, daß das Reich Gottes eine Zeitlang allein auf Johannes ruhte. Der Herr gab Zacharias die Verheißung, er werde einen Sohn haben, einen Abkömmling Aarons, und der Herr hatte ja verheißen, das Priestertum werde in Aaron und seinen Nachkommen durch alle Generationen hindurch bestehenbleiben. Niemand soll sich diese Würde eigenmächtig nehmen, sondern man wird dazu berufen wie Aaron, und Aaron empfing seine Berufung durch Offenbarung. Als Zacharias im Tempel war, erschien ihm ein Engel Gottes und sagte ihm, er werde einen Sohn haben, und dessen Name solle Johannes sein; er werde vom Heiligen Geist erfüllt sein. Zacharias war ein Priester Gottes und amtierte im Tempel; Johannes folgte seinem Vater als Priester nach und hatte die Schlüssel des Aaronischen Priestertums inne. Er war von Gott berufen, das Evangelium vom Reich Gottes zu verkünden. Die Juden, die als Nation vom Gesetz Gottes und vom Evangelium des Herrn abgewichen waren, bereiteten den Weg, so daß es den Andern überbracht werden konnte.

Man mag dagegen einwenden, das Reich Gottes habe zur Zeit des Johannes nicht aufgerichtet werden können, denn Johannes habe ja gesagt, das Reich sei nahe. Dem halte ich die Frage entgegen: Konnte es ihnen denn irgendwo so nahe sein wie gerade in den Händen des Johannes? Die Leute brauchten nicht auf Pfingsten zu warten, um das Reich Gottes zu finden; denn Johannes hatte es mit sich, und er kam aus der Wüste und rief: „Kehrt um! Denn das Himmelreich ist nahe," als wollte er sagen: „Ich habe hier draußen das Reich Gottes, und ihr könnt es erlangen, ich gehe hinter euch her; und wenn ihr es nicht empfangt, so werdet ihr verdammt sein." In der Schrift lesen wir, daß ganz Jerusalem hinausging zur Taufe des Johannes. Hier war also ein rechtmäßiger Administrator, und wer sich taufen ließ, war damit der Untertan eines Königs geworden; die Gesetze und Wahrworte Gottes waren ebenfalls vorhanden, und darum war das Reich Gottes da. Denn niemand hätte eine bessere Vollmacht gehabt, amtieren zu können, als Johannes, und sogar unser Erretter selbst unterstellte sich dieser Vollmacht, indem er sich von Johannes taufen ließ. Aus diesen Gründen war das Reich Gottes aufgerichtet, und zwar in den Tagen des Johannes.

Das Reich und seine Früchte

Es gibt einen Unterschied zwischen dem Reich Gottes und den Früchten und Segnungen, die sich aus dem Reich ergeben. Daß es zur Zeit Jesu und seiner Apostel und am Pfingsttag mehr Wundertaten, Gaben, Visionen, Krankenheilungen und Zungenrede usw. gegeben hat als während des Wirkens des Johannes, ist durchaus kein Beweis dafür, daß Johannes das Reich Gottes nicht gehabt habe. Genausowenig könnte man behaupten, eine Frau habe keinen Milchtopf, weil sie keinen Topf voll Milch hat. Der Milchtopf ließe sich mit dem Gottesreich vergleichen, die Milch aber mit den Segnungen des Reiches.

Johannes war ein Priester nach der Ordnung Aarons und hatte die Schlüssel dieses Priestertums inne; er predigte Umkehr und die Taufe zur Sündenvergebung, ließ aber zugleich seinen Ruf erschallen: „Nach mir kommt einer, der ist stärker als ich; ich bin es nicht wert, mich zu bücken, um ihm die Schuhe aufzuschnüren." Christus kam, wie Johannes es gesagt hatte, und er war größer als Johannes; denn er hatte die Schlüssel des Melchisedekischen Priestertums und des Gottesreiches inne und hatte zuvor das Priestertum des Mose offenbart, und doch ließ er, Christus, sich von Johannes taufen, um die Gerechtigkeit ganz zu erfüllen. Jesus sagt in seinen Belehrungen: „Auf diesen Felsen werde ich meine Kirche bauen, und die Mächte der Unterwelt werden sie nicht überwältigen." Was für einen Felsen? Offenbarung!

Weiter sagt er: „Wenn jemand nicht aus Wasser und Geist geboren wird, kann er nicht in das Reich Gottes kommen," und „Himmel und Erde werden vergehen, aber meine Worte werden nicht vergehen" Wenn jemand aus Wasser und Geist geboren wird, kann er in das Reich Gottes kommen. Augenscheinlich war das Reich Gottes auf Erden, und Johannes machte Untertanen für das Reich bereit, indem er ihnen das Evangelium verkündete und sie taufte. Er bereitete dem Erretter den Weg, oder anders ausgedrückt, er war ein Vorläufer und machte Menschen bereit für die Verkündigung durch Christus; und Christus predigte in ganz Jerusalem, auf demselben Grund und Boden, wo Johannes gepredigt hatte. Als dann die Apostel berufen waren, wirkten sie in Jerusalem, und Jesus gebot ihnen, dort zu bleiben, bis sie mit der Kraft aus der Höhe erfüllt würden. Hatten sie etwa in Jerusalem keine Arbeit zu tun? Sie arbeiteten und bereiteten ein Volk für den Pfingsttag vor. Das Reich Gottes war schon vor dem Pfingsttag mit ihnen, ebenso danach, und es war auch mit Johannes, und er predigte dasselbe Evangelium und dieselbe Taufe wie Jesus und die Apostel nach ihm. Das Endowment sollte die Jünger für ihre Aussendung in die Welt bereitmachen.

Für die Gültigkeit von Verordnungen ist göttliche Vollmacht notwendig

Immer dann, wenn die Menschen den Willen Gottes ergründen und einen von Gott autorisierten Administrator finden können, ist das Reich Gottes vorhanden; treffen aber diese beiden Voraussetzungen nicht zu, so ist das Reich Gottes nicht vorhanden. Alle Verordnungen, Formen und Dienste auf Erden nützen den Menschenkindern nichts, wenn sie nicht von Gott verordnet und autorisiert sind; denn nichts kann einen Menschen erretten als nur ein rechtmäßiger Administrator: Gott und die Engel können ja jemand anders gar nicht anerkennen.

Ich weiß, was ich sage; Ich verstehe meine Mission und mein Geschäft. Der allmächtige Gott ist mein Schild, und was kann mir schon zustoßen, wenn Gott mein Freund ist? Ich werde nicht eher geopfert werden, als bis meine Zeit gekommen ist, und dann werde ich mich bereitwillig opfern. Alles Sterbliche ist wie Gras, und ein Gouverneur ist kein besserer Mensch als andere; wenn er stirbt, ist er nur noch ein Sack Staub. Ich bin Gott dankbar, daß er mich vor meinen Feinden bewahrt hat, und Feinde habe ich nur um der Wahrheit willen. Mein einziger Wunsch ist, allen Menschen Gutes zu tun. Ich möchte für alle Menschen beten. Wir wollen gar nicht, daß jemand irgend etwas Gutes, das er hat, wegwirft; wir möchten nur, daß er kommt und sich mehr davon holt. Was wäre, wenn alle Welt dieses Evangelium annähme? Dann würden die Menschen mit eigenen Augen sehen, und die Segnungen Gottes ergössen sich über alles Volk, und das wünsche ich mit ganzer Seele. Amen. (22. Januar 1843.) DHC 5:256–259.

Politik

An den Schriftleiter der „Wasp"

Sehr geehrter Herr! In letzter Zeit bin ich wiederholt ersucht worden, mich in dieses Possenspiel einer Teilung unseres Landkreises einzuschalten. Da sich aber meine Gefühle bei dem Gedanken sträuben, mich mit Politik zu befassen, habe ich in jedem einzelnen Fall abgelehnt, mit der Sache etwas zu tun zu haben. Meiner Meinung nach sollten die Politiker ihre Angelegenheiten selbst regeln. Ich wünsche, daß man mich in Ruhe läßt, damit ich mich ganz dem geistigen Wohl der Kirche widmen kann.

Ich bin Ihnen sehr verbunden, wenn Sie diesen Brief veröffentlichen.
Nauvoo, den 23. Januar 1843.   Joseph Smith
Veröffentlicht in *The Wasp* am 28. Jan. 1843, S. 3.

Die Bedeutung und Mission Johannes des Täufers

Aus den Worten Jesu: „Unter allen Menschen gibt es keinen größeren Propheten als Johannes den Täufer; doch der Kleinste im Reich Gottes ist größer als er", erhob sich die Frage: Wie kommt es, daß Johannes als einer der größten Propheten angesehen wurde? Seine Wundertaten konnten doch nicht seine große Bedeutung ausgemacht haben.

Erstens: Ihm wurde der göttliche Auftrag anvertraut, den Weg vor dem Angesicht des Herrn zu bereiten. Wem wurde denn je vorher oder nachher ein solches Vertrauen zuteil? Niemandem.

Zweitens: Ihm wurde die wichtige Mission anvertraut und von ihm gefordert, des Menschen Sohn zu taufen. Wer hatte je diese Ehre? Wer hatte je ein solches Vorrecht, einen solchen Ruhm? Wer führte je den Sohn Gottes in das Wasser der Taufe hinab und durfte den Heiligen Geist in Gestalt – oder vielmehr im Zeichen – der Taube herabkommen sehen, der diese heilige Handlung damit bezeugte? Das Zeichen der Taube wurde vor der Erschaffung der Erde eingeführt, ein Zeuge für den Heiligen Geist, und der Teufel kann nicht im Zeichen einer Taube kommen. Der Heilige Geist ist eine Person und hat die Gestalt einer solchen. Er zwängt sich nicht in die *Gestalt* der Taube, sondern erscheint im *Zeichen* der Taube. Der Heilige Geist kann sich nicht in eine Taube verwandeln, sondern Johannes erhielt das Zeichen der Taube, so daß ihm die Wahrheit des Vorgangs deutlich gemacht wurde; denn die Taube ist ein Sinnbild oder Kennzeichen von Wahrheit und Unschuld.

Drittens: Johannes war damals der einzige rechtmäßige Administrator der Angelegenheiten des Gottesreiches, das zu der Zeit auf Erden war, und hatte die Schlüsselgewalt inne. Die Juden mußten entweder seinen Weisungen folgen oder aufgrund ihres eigenen Gesetzes verdammt sein; und Christus selbst erfüllte die Gerechtigkeit, die Gott fordert, ganz, indem er das Gesetz befolgte, das er Mose auf dem Berg gegeben hatte, und es auf diese Weise groß machte und zu Ehren brachte, anstatt es zu zerstören. Der Sohn des Zacharias entwand den Juden die Schlüssel, das Reich, die Macht und die Herrlichkeit, und zwar durch die heilige Salbung und aufgrund des himmlischen Beschlusses. Diese drei Gründe nun machen ihn zum größten Propheten unter allen Menschen.

Die Juden erachten Christus als den Kleinsten im Gottesreich

Zweite Frage: Wie war der Kleinste im Himmelreich größer als er?

Darauf fragte ich: „Wen meinte denn Jesus mit dem ‚der Kleinste'? Jesus selbst wurde als derjenige betrachtet, der den geringsten Anspruch auf das Reich Gottes hatte und der (scheinbar) am geringsten berechtigt war, von ihnen für einen Propheten gehalten zu werden. Es war, als hätte er gesagt: ‚Doch wer unter euch als der Kleinste angesehen wird, ist größer als Johannes – nämlich ich selbst!'"

Die Gleichnisse Jesu und die Interpretation der heiligen Schrift

In bezug auf den verlorenen Sohn sagte ich, das sei ein Thema, auf das ich noch nie näher eingegangen sei; viele Leute seien der Ansicht, das wäre wohl eines der schwierigen Themen in der Schrift, und selbst die Ältesten der Kirche haben viel darüber gepredigt, ohne allerdings einen „Maßstab für die Interpretation" zu haben. Was ist nun der Maßstab der Interpretation?. Daß man überhaupt nicht interpretiert! Man muß es genau so verstehen, wie es geschrieben steht. Ich habe einen Schlüssel, wie ich alle Schriftstellen verstehen kann. Ich frage immer: Was für eine Frage hat die Antwort ausgelöst oder Jesus veranlaßt, das Gleichnis zu erzählen? Es hat nichts mit nationalen Belangen zu tun, bezieht sich nicht auf Abraham oder Israel oder die Andern in ihrer Volkszugehörigkeit, wie manche meinen. Um die Bedeutung zu verstehen, müssen wir an die Wurzel gehen und feststellen, welche Frage die Worte Jesu ausgelöst hat.

Als Jesus das Volk lehrte, kamen alle Zöllner und Sünder zu ihm, um ihn zu hören. Die Pharisäer und Schriftgelehrten empörten sich darüber und sagten: Er gibt sich mit Sündern ab und ißt sogar mit ihnen. Das ist das Schlüsselwort, das uns das Gleichnis vom verlorenen Sohn erschließt. Es war die Antwort auf das Murren und die Fragen der Sadduzäer und Pharisäer, die ihn immer nur ausfragten, an ihm Fehler finden wollten und sagten: „Wie kann denn jemand, der so groß und bedeutend ist, wie er zu sein glaubt, zusammen mit Zöllnern und Sündern essen?" Jesus war nicht so sehr bedrängt, daß er nicht etwas hätte finden können, um seine Ansicht zu veranschaulichen, wenn es sich um ein oder mehrere Völker gehandelt hätte. Er tat es aber nicht: er wandte sich an den einzelnen Menschen, und es führt zu nichts, wollte man diese Tatsache nicht hinnehmen. „Dieser Mann gibt sich mit Sündern ab und ißt sogar mit ihnen."

Und er erzählte ihnen ein Gleichnis und sagte: „Wenn einer von euch hundert Schafe hat und eines davon verliert, läßt er dann nicht die neunundneunzig in der Steppe zurück und geht dem verlorenen Schaf nach, bis er es findet? Und wenn er es gefunden hat, nimmt er es voll Freude auf die Schultern, und wenn er nach Hause kommt, ruft er seine Freunde und Nachbarn zusammen und sagt zu ihnen: Freut euch mit mir; ich habe mein Schaf wiedergefunden, das verloren war. Ich sage euch: Ebenso wird auch im Himmel mehr Freude herrschen über einen einzigen Sünder, der umkehrt, als über neunundneunzig Gerechte, die es nicht nötig haben umzukehren."

Die hundert Schafe verkörpern in dem Gleichnis ebenso viele Sadduzäer und Pharisäer; es ist, als ob Jesus gesagt hätte: „Auch wenn ihr Sadduzäer und Pharisäer in der Herde seid, so richtet sich meine Mission doch nicht an euch; ich bin vielmehr gesandt, die verlorenen Schafe aufzuspüren. Und wenn ich sie gefunden habe, werde ich sie zurückführen und im Himmel Freude bereiten." Damit ist das Suchen nach ein paar einzelnen Menschen, nach einem einzigen armseligen Zöllner gemeint, den die Pharisäer und Sadduzäer verachteten.

Er erzählte ihnen auch das Gleichnis von der Frau und ihren zehn Drachmen, und wie sie eine davon verliert und sie nach eifrigem Suchen wiederfindet, und darüber empfinden die Freunde und Nachbarn mehr Freude als über die neun Drachmen, die nicht verlorengegangen waren. Ich sage euch: Ebenso herrscht auch bei den Engeln Gottes mehr Freude über einen einzigen Sünder, der umkehrt, als über neunundneunzig Gerechte, die so selbstgerecht sind, daß sie sowieso verdammt sind – man kann sie nicht erretten. (29. Januar 1843.) DHC 5:260–262.

Eine Berichtigung der Heiligen Schrift

„Der Geist tritt jedoch für uns ein mit Seufzen, das wir nicht in Worte fassen können." Besser wäre es so: „Der Geist tritt jedoch für uns ein mit einem beharrlichen Bemühen, das sich nicht in Worten ausdrücken läßt." (2. Februar 1843.) DHC 5:264.

Der Prophet in seiner Berufung

Mittwoch, den 8. Februar. – Heute morgen las ich Deutsch und unterhielt mich dann mit einem Bruder und einer Schwester aus Michigan, die dachten, ein Prophet sei jederzeit ein Prophet. Ich sagte ihnen aber, ein Prophet sei nur dann ein Prophet, wenn er als solcher tätig sei. DHC 5:265.

Wenn jemand ein Zeichen fordert

Als ich in Philadelphia predigte, verlangte ein Quäker ein Zeichen. Ich sagte ihm, er solle still sein. Nach der Predigt forderte er abermals ein Zeichen; da sagte ich zu den Versammelten, der Mann sei ein Ehebrecher – nur eine böse und ehebrecherische Generation fordert ein Zeichen; der Herr habe mir in einer Offenbarung gesagt, jeder, der ein Zeichen haben wolle, sei treulos und ehebrecherisch. „Das stimmt", rief einer, „denn ich habe ihn auf frischer Tat ertappt," was der Mann später, bei seiner Taufe, auch zugab. (9. Februar 1843.) DHC 5:268.

Ansichten des Propheten über die Macht der Verfassung

In unserer gegenwärtigen Lage, wo beständig eine ganze Flut von Einwanderern zu uns hereinströmt, halte ich es nicht nur für klug, sondern für unbedingt notwendig, die Bewohner unserer Stadt davor zu schützen, daß sie mit Falschgeld übervorteilt werden. Viele unserer Freunde aus den Oststaaten und aus Übersee haben überhaupt keine Ahnung von den Gepflogenheiten der Banken in unserem Teil des Landes; und da sie gewöhnlich Hartgeld mitbringen, laufen sie ständig Gefahr, von Betrügern geprellt zu werden. Außerdem herrscht in bezug auf die Zahlungsfähigkeit selbst der renommiertesten Banken so viel Unsicherheit, daß ich es für viel sicherer halte, beim Hartgeldverkehr zu bleiben. Ich habe die Verfassung daraufhin geprüft und dadurch meine Zweifel ausgeräumt. Die Verfassung ist nicht ein Gesetz, sondern sie ermächtigt das Volk, Gesetze zu schaffen. Zum Beispiel: die Verfassung bestimmt die Art und Weise, wie das Land Iowa zu regieren ist, ist aber kein Gesetz für dessen Einwohner. Die Verfassung stellt fest, was nicht als gesetzliches Zahlungsmittel gilt. Artikel I, Abschn. 10 besagt, daß nichts als nur Gold und Silber gesetzliche Zahlungsmittel sein sollen. Das heißt nun nicht, daß Gold und Silber das gesetzliche Zahlungsmittel sind; es sieht nur vor, daß die Staaten ein Gesetz schaffen können, wodurch Gold und Silber zum gesetzlichen Zahlungsmittel gemacht werden. Mir ist kein Staat in der Union bekannt, der ein solches Gesetz verabschiedet hätte – und ich bin sicher, daß Illinois es nicht getan hat. Die Legislative räumt uns das Recht ein, jegliches Gesetz zu erlassen, sofern es nicht mit der Verfassung der Vereinigten Staaten und des Staates Illinois unvereinbar ist. Wir stehen in dieser Hinsicht zum Staat Illinois im selben Verhältnis wie der Staat Illinois zur Union. Der genannte Passus in der Verfassung ist für die gesetzgebende Körperschaft und nicht ein Gesetz für das Volk. Die einzelnen Staaten und sogar der Kongreß selbst haben viele Gesetze erlassen, die der Verfassung der Vereinigten Staaten diametral zuwiderlaufen.

Der Staat Illinois hat eine Aussetzung dieser Bestimmung verfügt und Grundbesitz als gesetzliches Zahlungsmittel für Schulden zugelassen; und solange wir in dieser Hinsicht kein Gesetz haben, müssen wir uns an diese Verfügung halten. Sollen wir so dumm sein und uns von Gesetzen des Staates regieren lassen, die verfassungswidrig sind? Nein! Wir werden vielmehr ein Gesetz für Gold und Silber erlassen, dann tritt das Gesetz des Staates für uns außer Kraft, und wir können die Schulden eintreiben. Befugnisse, die nicht dem Staat übertragen sind und die der Staat auch nicht für sich in Anspruch nimmt, entsprechen der Verfassung; denn die Verfassung billigt dem Volk alles Recht zu, das sie sich nicht selbst vorbehält. Ich bin rechtskundig, ich bin sogar sehr rechtskundig; denn ich erfasse Himmel, Erde und Hölle, um Erkenntnisse zustande zu bringen, die alle Rechtsgelehrten, Doktoren und sonstigen Großen in den Schatten stellen werden. Das ist die Lehre von der Verfassung, so wahr mir Gott helfe. Die Verfassung ist für uns nicht ein Gesetz, sondern sie schafft die Möglichkeit, daß wir Gesetze schaffen können. Wo sie verfügt, daß niemand daran gehindert werden darf, Gott so zu verehren, wie es ihm das eigene Gewissen gebietet, ist sie Gesetz, und keine gesetzgebende Körperschaft kann ein Gesetz erlassen, um das zu verhindern. Die Verfassung dient dazu, organisierte Gruppen der Gesellschaft zu lenken, nicht einzelne Menschen. (25. Februar 1843.) DHC 5:289f.

Das Zeichen des Menschensohnes

Sehr geehrter Herr! Unter den vielen Zeichen der Zeit und anderen Absonderlichkeiten, die fortwährend das Gemüt der Menschen bewegen, fällt mir eine kleine Betrachtung im Chicago Express auf, worin ein gewisser Hyrum Redding aus dem Landkreis Ogle in Illinois behauptet, er habe das Zeichen des Menschensohnes gesehen, das im 24. Kapitel des Matthäus vorhergesagt ist.

Die verleumderische Anspielung auf ein Serail wie beim Großtürken, die der Herausgeber auf mich macht, kann er auf sich selber beziehen; „denn wovon das Herz voll ist, davon spricht der Mund". Jeder ehrliche Mensch, der die Stadt Nauvoo seit ihrem Bestehen besucht hat, kann etwas Besseres bezeugen und mich in die erste Reihe derer stellen, die Gutes um des Guten willen tun, und allen Lügnern, Heuchlern und abscheulichen Kreaturen zeigen, daß sie zwar vom Laster in Finsternis und Elend hinabgezogen werden, daß aber die Tugend mich und die Heiligen zum Licht und zur Unsterblichkeit emporhebt.

Der Herausgeber und auch einige andere denken, „Joe Smith hat nun endlich einen ebenbürtigen Gegenspieler gefunden", weil Mr. Redding meint, er habe das Zeichen des Menschensohnes gesehen. Ich mache aber von meinen Recht Gebrauch und erkläre, daß Mr. Redding zwar eines Morgens beim Sonnenaufgang eine merkwürdige Erscheinung in den Wolken beobachtet haben mag (was ja im Winter nichts besonders Ungewöhnliches ist), aber das Zeichen des Menschensohnes, wie Jesus es vorhergesagt hat, das hat er nicht gesehen, und auch kein anderer Mensch hat es gesehen oder wird es sehen, bis nicht die Sonne sich verfinstert hat und der Mond in Blut gebadet sein wird; denn der Herr hat mir kein solches Zeichen gezeigt, und wie der Prophet es gesagt hat, so muß es sein: „Nichts tut Gott, der Herr, ohne daß er seinen Knechten, den Propheten, zuvor seinen Ratschluß offenbart hat" (s. Amos 3:7).

Darum höre, o Erde: Der Herr wird weder im Jahre 1843 noch sonstwann kommen, um über die Rechtschaffenen auf der Welt zu herrschen, bis nicht alles für den Bräutigam bereit ist.

Hochachtungsvoll
Joseph Smith

(28. Februar 1843.) DHC 5:290 f.

Der Kampf zwischen Gog und Magog

Der Kampf zwischen Gog und Magog wird nach dem Millennium stattfinden. Den Überresten aller Nationen, die gegen Jerusalem kämpfen, ist ja geboten worden, nach Jerusalem hinaufzugehen und während des Tausendjährigen Reiches anzubeten. (4. März 1843.) DHC 5:298.

Segen zu geben nimmt die körperliche Kraft stark in Anspruch

Elder Jedediah M. Grant hat mich gefragt, weshalb ich gestern abend beim Segnen von Kindern so bleich geworden sei und Kraft eingebüßt hätte. Ich sagte ihm, ich hätte gesehen, daß Luzifer seinen Einfluß geltend machen werde, um die von mir gesegneten Kinder zu vernichten, und so strengte ich mich mit allem Glauben und Geist an, auf sie einen Segen zu siegeln, der ihnen das Leben auf der Erde erhalten würde; und dabei ging so viel Kraft von mir auf die Kinder über, daß ich schwach wurde, und ich habe mich davon noch nicht ganz erholt. Ich verwies auf das Begebnis mit der Frau, die den Saum des Gewandes Jesu berührte (s. Lukas 8:46). Die hier erwähnte Kraft ist der Geist des Lebens, und wenn ein Mann beim Segnen von Kranken oder von Kindern und beim Konfirmieren großen Glauben ausübt, muß er damit rechnen, Kraft zu verlieren. (14. März 1843.) DHC 5:303.

SECHSTER ABSCHNITT
1843–1844

Eine Prophezeiung

Ich prophezeite im Namen des Herrn Jesus Christus, daß Orrin Porter Rockwell den Leuten von Missouri auf ehrenhafte Weise entrinnen werde. (15. März 1843.) DHC 5:305.

Bekanntmachung

An die Bürger von Nauvoo

In Anbetracht dessen, daß aus der Wiederveröffentlichung der vorstehenden Verfügung und Erklärung meine unveränderte Ansicht über Diebstahl deutlich wird; ferner

in Anbetracht dessen, daß den Berichten zufolge gegenwärtig eine Bande von skrupellosen Verbrechern existiert, die eidlich zur Verschwiegenheit verpflichtet sind und denen strenge Strafen angedroht sind, falls irgendein Mitglied der Verbindung ihre Pläne – Stehlen und Weitergeben von Besitztum von einer Station zur anderen, den Mississippi hinauf und hinunter und auch anderweitig – preisgeben sollte; ferner

in Anbetracht dessen, daß berichtet wird, die Furcht vor der Anwendung der durch ihre geheimen Eide auferlegten Strafen schrecke einige Mitglieder der besagten geheimen Bande (nämlich solche, die durch Lüge und Täuschung in diesen Schlingen gefangen worden sind) davon ab, dieselbe den legitimen Landesbehörden zu offenbaren,

wird hiermit kund und zu wissen getan, daß ich, Joseph Smith, Bürgermeister der Stadt Nauvoo, jedem Bürger dieser Stadt Schutz vor jeglichen Gewalttaten des Pöbels gegen seine Person gewähre und zusichere, wenn der Betreffende aus eigenen freien Stücken zu mir kommt und die Namen aller dieser verabscheuungswürdigen Kerle bekanntgibt, die sich zur besagten geheimen Verbindung zusammengetan haben, um zu stehlen, oder die in irgendeiner Weise der Mittäterschaft schuldig sind. Überdies ersuche ich alle Rechtsbehörden in diesem und in den benachbarten Staaten um ihre Mithilfe bei der Ausmerzung einer Bande von diebischen Banditen aus unserem Gemeinwesen. Gegeben und von mir eigenhändig unterzeichnet am 25. März 1843 in der Stadt Nauvoo.

Joseph Smith
Bürgermeister der Stadt

DHC 5:310.

Äußerungen des Propheten über das Zweite Kommen Christi anläßlich einer Konferenz der Kirche

Man hat die Frage gestellt: Kann jemand, der nicht der Kirche angehört, ein Mitglied zum Zweck eines Verfahrens vor den Hohenrat bringen? Ich antworte mit Nein. Wenn ich nicht tatsächlich von Gott in dieses Werk eingeteilt und dazu berufen worden wäre, würde ich zurücktreten. Ich kann aber nicht zurücktreten, denn ich habe keinen Zweifel an der Wahrheit. Wenn ich prophezeien wollte, würde ich sagen, daß das Ende (der Welt) nicht im Jahre 1844, 45, 46 oder den nächsten vierzig Jahren kommt. Es gibt welche in der kommenden Generation, die den Tod nicht erleiden werden, bis Christus kommt.

Ich betete einmal sehr ernstlich darüber, und eine Stimme sagte zu mir: „Mein Sohn, wenn du lebst, bis du fünfundachtzig Jahre alt bist, wirst du das Antlitz des Menschensohnes sehen." Es blieb mir überlassen, hierzu meine Schlüsse zu ziehen, und ich nahm mir die Freiheit, daraus zu folgern, daß er, sofern ich dann noch lebte, zur angegebenen Zeit erscheinen würde. Ich sage aber nicht, ob er hier erscheinen wird oder ob ich dorthin gehen werde, wo er ist. Ich prophezeie im Namen Gottes, des Herrn, und man soll es niederschreiben: Der Menschensohn wird in den Wolken des Himmels nicht eher kommen, als bis ich fünfundachtzig Jahre alt bin. Lest dann im 14. Kapitel der Offenbarung den Vers 6 und 7: „Dann sah ich: Ein anderer Engel flog hoch am Himmel. Er hatte den Bewohnern der Erde ein ewiges Evangelium zu verkünden, allen Nationen, Stämmen, Sprachen und Völkern. Er rief mit lauter Stimme: Fürchtet Gott, und erweist ihm die Ehre! Denn die Stunde seines Gerichts ist gekommen." Dazu noch Hosea, das 6. Kapitel: „Nach zwei Tagen usw.", das macht 2520 Jahre, und das bringt uns ins Jahr 1890. Das Kommen des Menschensohnes wird nicht, ja kann nicht geschehen, ehe das Strafgericht, das für diese Stunde angekündigt ist, ausgegossen wird, und es hat eben angefangen. Paulus sagt: „Ihr alle seid Söhne des Lichts und nicht der Finsternis, so daß euch der Tag nicht wie ein Dieb in der Nacht überraschen kann.". Es liegt nicht im Plan des Allmächtigen, auf die Erde zu kommen und sie zu zertrümmern und zu zermalmen, ohne es seinen Knechten, den Propheten, zu offenbaren.

Juda muß zurückkehren, Jerusalem muß wiederaufgebaut werden, ebenso der Tempel, unter der Tempelschwelle muß Wasser hervorströmen, und das Wasser des Toten Meeres muß gesund werden. Es wird schon einige Zeit brauchen, die Mauern der Stadt und den Tempel usw. aufzubauen, und das alles muß geschehen, ehe der Menschsohn erscheinen wird. Es wird Kriege und Nachrichten über Kriege geben, Zeichen droben am Himmel und unten auf der Erde, die Sonne wird sich in Finsternis verwandeln und der Mond in Blut, an vielen Orten werden Erdbeben sein, und das Meer wird sich über seine Grenzen erheben: dann erst wird das eine große Zeichen des Menschensohnes am Himmel erscheinen. Was aber wird die Welt tun? Sie wird sagen, es sei ein Planet, ein Komet oder etwas Ähnliches. Der Menschensohn aber wird so kommen wie das Zeichen seines Kommens, und es wird sein, wie wenn das Licht des Morgens aus dem Osten kommt. (6. April 1843.) DHC 5:336 f.

Versammlungen nicht verlassen, ehe sie zu Ende sind

Präsident Joseph Smith sagte, der geschäftliche Teil der Konferenz sei damit erledigt, und die übrige Zeit werde der Unterweisung gewidmet sein. Es sei eine Beleidigung, wenn jemand eine Versammlung kurz vor dem Ende verläßt. Wenn jemand weggehen muß, so soll er es eine halbe Stunde früher tun. Kein gesitteter Mann geht knapp vor Schluß aus einer Versammlung. (7. April 1843.) DHC 5:338 f.

Der Prophet legt die Schrift aus

Die Lebewesen in der Offenbarung des Johannes

Das Thema, über das ich heute zu sprechen beabsichtige, ist eines, das ich seit Beginn meines Dienstes in der Kirche nur selten berührt habe – eine Sache, über die viel hin und her geraten wird, unter den Ältesten der Kirche ebenso wie in den Reihen der heutigen Theologen. Es handelt sich um die Lebewesen, die Johannes der Offenbarer erwähnt. Ich habe selten über das Buch der Offenbarung gesprochen, da aber gerade dieses Buch eine ständige Quelle der Spekulation unter den Ältesten ist und sich daraus geteilte Meinungen und Gefühle ergeben, will ich es heute tun, um diese Teilung und die unterschiedlichen Meinungen zu beseitigen, und nicht weil ich denke, daß die richtige Kenntnis von diesem Gegenstand gegenwärtig besonders notwendig sei.

Es ist nicht besonders wichtig, daß die Ältesten über die Bedeutung dieser Lebewesen und Köpfe und Hörner und anderen Gestalten, die in der Offenbarung vorkommen, Bescheid wissen; anderseits ist es vielleicht doch notwendig, um Streit und Spaltung zu verhindern und die Ungewißheit zu beseitigen. Wenn wir uns im Bewußtsein, daß wir viel wissen, aufblasen, werden wir leicht streitsüchtig, und um einen derartigen Geist zu vertreiben, bedarf es der richtigen Kenntnis.

Die Strafe der Ungewißheit

Das Übel, vor lauter richtigem (aber nutzlosem) Wissen aufgeblasen zu sein, ist nicht so schlimm wie das Übel des Streitens. Wissen vertreibt Finsternis, Ungewißheit und Zweifel; denn diese können sich nicht halten, wo Wissen und Erkenntnis sind.

Nichts ist so schmerzlich wie Ungewißheit. Das ist die Strafe der Schlechten: Zweifel, Besorgnis und Ungewißheit rufen Weinen, Wehklagen und Zähneknirschen hervor.

Im Wissen liegt Macht. Gott hat mehr Macht als alle anderen Wesen, weil er größeres Wissen hat, und deshalb weiß er, wie er sich alle anderen Wesen untertan machen kann. Seine Macht erstreckt sich über alles.

Ich will mich unterfangen, euch in bezug auf die Bedeutung der erwähnten Lebewesen und Gestalten zu unterweisen. Ich hätte dieses Thema nicht aufgegriffen, wenn nicht ein besonderer Vorfall Anlaß dazu gegeben hätte. Elder Pelatiah Brown, einer der klügsten Köpfe unter uns und den ich hier vor mir sehe, hat von den Lebewesen gepredigt, die voller Augen waren, vorn und hinten; und deshalb ist er vor dem Hohenrat vor Gericht gestellt worden.

Der Hoherat hat es unternommen, Elder Brown wegen seiner Belehrungen bezüglich der Lebewesen auf den rechten Weg zu bringen. Ob sie das tatsächlich zustande gebracht haben – ich bezweifle es, und es ist mir auch gleichgültig. Bruder Brown kam zu mir und wollte wissen, was er denn jetzt tun solle. Das, worum es besonders ging, waren die vier Lebewesen und die vierundzwanzig Ältesten, die in Offenbarung 5:8 erwähnt sind: „Als es das Buch empfangen hatte, fielen die vier Lebewesen und die vierundzwanzig Ältesten vor dem Lamm nieder; alle trugen Harfen und goldene Schalen voll von Räucherwerk; das sind die Gebete der Heiligen."

Bruder Brown ging also ans Werk und stürzte mit seiner Aussage, die vier Lebewesen stellten die verschiedenen Reiche Gottes auf der Erde dar, die ganze Christenheit in Verwirrung. Die klugen Köpfe unserer Zeit konnten mit ihm nichts anfangen, und warum sollen wir da nörgeln? Wenn nur das Sektiererwesen zerschlagen, der bösen Priestermacht ein Ende bereitet und die ganze Menschheit zur Erkenntnis der Wahrheit gebracht wird! Ein Knüppel ist besser als gar keine Waffe, wenn ein armer Mann damit kämpfen muß.

Bruder Brown hat dem Sektiererwesen einen Schlag versetzt, und so weit ist das gut; ich konnte mir aber nicht helfen: ich mußte lachen bei dem Gedanken, Gott benutze so eine Gestalt, um sein Reich auf Erden zu versinnbildlichen, wo sein Reich doch aus Menschen besteht. Er könnte ja ebensogut ein weit edleres und passenderes Sinnbild verwenden. Was, der Herr verwendet die Gestalt eines Lebewesens aus der tierischen Schöpfung, um etwas zu versinnbildlichen, was viel edler, herrlicher und wichtiger ist, nämlich die Herrlichkeit und Hoheit seines Reiches? Da hast du aber danebengehauen, alter Herr, wenn du etwas Geringeres genommen hast, um etwas Erhabeneres darzustellen; aber die Sektierer haben ja ohnehin nicht genug gewußt, um dich bloßzustellen.

Wenn Gott in den Visionen, die er den Propheten erteilte, die Gestalt eines Tieres verwendete, so tat er es in der Absicht, diejenigen Reiche darzustellen, die entartet waren und in ihrer Veranlagung verderbt, ungesittet und vertiert sind, nämlich die entarteten Reiche der schlechten Welt. Nie aber hat er die Gestalt eines tierischen Lebewesens oder sonst eines animalischen Geschöpfs als Sinnbild verwendet, um sein Reich darzustellen.

Daniels Vision von den Tieren

Daniel sagt (7:16), indem er die Vision von den vier Tieren beschreibt: „Ich wandte mich an einen der Umstehenden und bat ihn, mir das alles zu erklären." Daraufhin deutete der Engel ihm die Vision. Aus dieser Deutung entnehmen wir, daß die Gestalten der Tiere keinen Bezug auf das Reich Gottes hatten. Man sieht nämlich, daß von den Tieren gesagt wird, sie stellten die Reiche der Welt dar, bei deren Bewohnern es sich um tierische, abscheuliche Kerle handelte: es waren mörderische, verderbte, fleischfressende und brutal veranlagte Wesen. Der Löwe, der Bär, der Panther und das Tier mit den zehn Hörnern bedeuteten die Reiche der Welt, sagt Daniel. Ich verweise auf die Propheten, um die Bemerkungen, die ich zu machen gedenke, zu untermauern, damit die jungen Ältesten, die ja so viel wissen, nicht wie ein Hornissenschwarm auf mich losfahren und mich stechen. Einem solchen Wespennest möchte ich nicht zu nahe kommen.

Johannes hatte eine Vision von der Zukunft

Es besteht ein großer Unterschied zwischen den Visionen und Gestalten, die von den alten Propheten erwähnt werden, und denen, die Johannes in der Offenbarung schildert. Das, was Johannes schaute, bezieht sich nur insoweit auf Geschehnisse in den Tagen Adams, Henochs oder Jesu, als Johannes dies ausdrücklich feststellt und klar darlegt. Johannes schaute nur das, was in der Zukunft lag und was bald geschehen mußte (s. Offenbarung 1:1–3). Darin liegt ja der Schlüssel zu der ganzen Überlegung: „Offenbarung Jesu Christi, die Gott ihm gegeben hat, damit er seinen Knechten zeigt, was bald geschehen muß, und er hat es durch seinen Engel, den er sandte, seinem Knecht Johannes gezeigt. Dieser hat das Wort Gottes und das Zeugnis Jesu Christi bezeugt: alles, was er geschaut hat. Selig, wer diese prophetischen Worte vorliest und wer sie hört und wer sich an das hält, was geschrieben ist; denn die Zeit ist nahe." Ferner Offenbarung 4:1 „Danach sah ich: Eine Tür war geöffnet am Himmel; und die Stimme, die vorher zu mir gesprochen hatte und die wie eine Posaune klang, sagte: Komm herauf, und ich werde dir zeigen, was dann geschehen muß."

Die vier Lebewesen und die vierundzwanzig Ältesten stammten aus allen Nationen; denn sie sangen ein neues Lied, nämlich: „Würdig bist du, das Buch zu nehmen und seine Siegel zu öffnen; denn du wurdest geschlachtet und hast mit deinem Blut Menschen für Gott erworben aus allen Stämmen und Sprachen, aus allen Nationen und Völkern" (Offenbarung 5:9). Das gäbe ein großes Gedränge, wollte man alle Nationen in vier Tiere und vierundzwanzig Ältesten hineinstopfen.

Ich gebe nun die Erklärung ab, daß das, was Johannes im Himmel schaute, nicht auf etwas hindeutete, was schon vor der damaligen Zeit geschehen war; denn es stellte ja das dar, „was bald geschehen muß", und nicht das, was sich schon vorher ereignet hatte. Johannes schaute Tiere, die mit Irdischem zu tun hatten, aber nicht in der Vergangenheit. Die von Johannes geschauten Tiere sollten die Bewohner der Erde in den kommenden Tagen hinwegraffen. „Dann sah ich: Das Lamm öffnete das erste der sieben Siegel; und ich hörte das erste der vier Lebewesen wie mit Donnerstimme rufen: Komm! Da sah ich ein weißes Pferd; und der, der auf ihm saß, hatte einen Bogen. Ein Kranz wurde ihm gegeben, und als Sieger zog er aus, um zu siegen. Als das Lamm das zweite Siegel öffnete, hörte ich das zweite Lebewesen rufen: Komm! Da erschien ein anderes Pferd; das war feuerrot. Und der, der auf ihm saß, wurde ermächtigt, der Erde den Frieden zu nehmen, damit die Menschen sich gegenseitig abschlachteten. Und es wurde ihm ein großes Schwert gegeben." (Offenbarung 6:1–4.) Das Buch der Offenbarung ist eines der klarsten, die Gott jemals hat schreiben lassen.

Die Offenbarung des Johannes teilt uns nichts mit, was sich in vergangener Zeit auf das Reich Gottes bezieht. Was Johannes schaute und wovon er schrieb, ist das, was er im Himmel schaute; was hingegen Daniel schaute, war auf der Erde und bezog sich auf sie.

Kritik an der Bibelübersetzung

Ich werde nun hinsichtlich dieser Sache einen Einwand gegen die vorliegende Bibelübersetzung erheben. Die genaue Bestimmung unseres Standorts läßt sich im Hebräisch des Originals viel leichter an als in der englischen Fassung. Das, was die Propheten in Wirklichkeit gemeint haben, hebt sich stark von der gegenwärtigen Übersetzung ab. Die Propheten sagen nicht, sie hätten Tiere oder Lebewesen gesehen, sondern daß sie die Gestalt von Tieren geschaut hätten. Daniel erblickte nicht einen wirklichen Bären oder Löwen, sondern nur die Gestalt dieser Tiere. Die Übersetzung sollte lauten: „Abbild" anstelle von „Tier", und zwar jedesmal, wenn die Lebewesen von den Propheten erwähnt werden. Johannes hingegen schaute das wirkliche Lebewesen im Himmel, was ihn wissen ließ, daß es dort tatsächlich Lebewesen gibt – nicht nur, um irdische Dinge sinnbildlich darzustellen. Wenn die Propheten davon sprechen, daß sie in ihren Visionen Tiere gesehen haben, meinen sie damit, daß sie die Abbilder gesehen haben, die etwas Bestimmtes bildhaft darstellen sollen. Zugleich aber ist ihnen die Auslegung eingegeben worden, nämlich was diese Abbilder oder Sinnbilder darstellen sollten.

Ich erkläre hier in aller Deutlichkeit: Immer wenn Gott die Vision einer Gestalt oder eines Tieres oder irgendeiner Form gibt, so läßt er es sich stets angelegen sein, eine Offenbarung oder Auslegung davon zu erteilen, was das alles bedeuten soll; andernfalls könnten wir ja nicht dafür verantwortlich gemacht werden, daß wir daran glauben. Man braucht nicht befürchten, verdammt zu werden, weil man die Bedeutung einer Vision oder Gestalt nicht weiß, wenn Gott dazu keine Offenbarung oder Auslegung erteilt hat.

Johannes sah merkwürdige Lebewesen im Himmel: er sah jedes Geschöpf, das sich im Himmel befand – alle Tiere, Vögel und Fische im Himmel –, und sie waren dort und gaben Gott die Ehre. Wie läßt sich das beweisen? Aus der Schrift, Offenbarung 5:13: „Und alle Geschöpfe im Himmel und auf der Erde, unter der Erde und auf dem Meer, alles, was in der Welt ist, hörte ich sprechen: Ihm, der auf dem Thron sitzt, und dem Lamm gebühren Lob und Ehre und Herrlichkeit und Kraft in alle Ewigkeit."

Verschiedenartige Geschöpfe im Himmel

Ich nehme an, Johannes schaute Wesen von tausenderlei Form, die auf zehntausendmal zehntausend Erden wie dieser errettet worden waren – seltsame Lebewesen, von denen wir keinen Begriff haben: sie alle mögen im Himmel zu sehen sein. Das große Geheimnis bestand darin, Johannes zu zeigen, was es im Himmel gab. Johannes bekam zu wissen, daß Gott sich selber verherrlicht, indem er alles errettet, was er mit seinen Händen erschaffen hat, seien es Tiere oder Vögel oder Fische oder Menschen – und er wird sich weiterhin mit ihnen verherrlichen.

Nun mag jemand sagen: „Ich kann nicht glauben, daß Tiere errettet werden!" Wenn so jemand behauptet, das könne nicht sein, so sagt er damit, daß die Offenbarungen nicht wahr seien. Johannes vernahm die Worte der Lebewesen, die Gott priesen, und konnte sie verstehen. Gott, der die Tiere erschaffen hatte, konnte jede von ihnen gesprochene Sprache verstehen. Die vier Lebewesen waren vier der edelsten Tiere, die den Zweck ihrer Erschaffung erfüllt hatten und auf anderen Welten errettet worden waren, weil sie vollkommen waren: sie waren in ihrem Bereich wie Engel geworden. Es ist nicht gesagt worden, woher sie kamen, und ich weiß das auch nicht; aber Johannes hat sie gesehen und gehört, wie sie Gott priesen und im die Ehre gaben.

Die volkstümlichen Prediger unserer Tage wollen uns doch tatsächlich einreden, die in der Offenbarung des Johannes erwähnten Lebewesen stellten Reiche dar! Nun schön, gleichermaßen können wir sagen, die vierundzwanzig Ältesten stellten Tiere dar; denn sie alle werden zugleich erwähnt und sind so dargestellt, daß sie sich in ein und derselben Handlung des Preisens und der Gottesverehrung zusammengefunden haben.

Diese ganze gelehrte Ausdeutung ist so dünn wie Pfannkuchen. „Was, Sie, ein Prophet, verwenden solche billigen Sprüche?!" Ja, weil die alten Frauen so etwas verstehen – sie machen ja Pfannkuchen. Peter Simpel hat gesagt, die Erde sei so dünn und flach wie ein Pfannkuchen, und macht sich über die Wissenschaft lustig, die das Gegenteil beweist. Die ganze Beweisführung ist dünn, und mir fällt nichts Besseres zum Vergleich ein. Die Welt ist voller Spitzfindigkeiten und Verdrehungen, und ich habe es mir zur Aufgabe gemacht, diese aus der Welt zu schaffen und über alles so zu sprechen, wie es wirklich ist.

Noch einmal: Es gibt keine Offenbarung, aus der sich beweisen ließe, daß die Dinge im Himmel nicht so sind, wie ich es beschrieben habe, oder daß die Tiere irgend etwas anderes bedeuteten als eben nur Tiere. Das, was mit Gott und dem Himmel zu tun hat, läßt sich nur durch Offenbarung erfassen. Wir mögen bis in alle Ewigkeit herumdeuten und Ansichten äußern, aber das ist weder Beweis noch Vollmacht.

Die Ältesten sollen Umkehr predigen und die Finger von Geheimnissen lassen

O ihr Ältesten von Israel, hört auf meine Stimme! Wenn ihr in die Welt hinausgesandt werdet, um zu predigen, so sagt das, was zu sagen ihr gesandt seid; predigt und ruft laut: „Kehrt um, denn das Himmelreich ist nahe; kehrt um und glaubt an das Evangelium!" Verkündet die ersten Grundsätze, und laßt die Finger von den Geheimnissen, damit ihr nicht zu Fall kommt. Laßt euch nicht in Visionen von Lebewesen und andere Sachen ein, die ihr nicht versteht! Bruder Brown, wenn Sie nach Palmyra gehen, sagen Sie nichts von den vier Lebewesen, sondern predigen Sie das, was Sie nach den Worten des Herrn predigen sollen: Umkehr und die Taufe zur Sündenvergebung.

Dann las er Offenbarung 13:1–8 vor, wo Johannes sagt: „Einer seiner Köpfe sah aus wie tödlich verwundet; aber die tödliche Wunde wurde geheilt. Und die ganze Erde sah dem Tier staunend nach." Ein paar Berufsdeuter sagen nun, das verwundete Tier sei Nebukadnezzar, andere meinen Konstantin, wieder andere Mohammed, und einige die Katholische Kirche; wir aber wollen sehen, was Johannes in bezug auf dieses Tier geschaut hat. Also, auf ins Wespennest! Die Übersetzer haben den Ausdruck „Drache" für den Teufel gebraucht. Es war ein Tier, was Johannes im Himmel sah, und zu der Zeit sprach er von dem, „was bald geschehen muß", und infolgedessen konnte das von Johannes geschaute Tier nicht Nebukadnezzar sein. Was Johannes schaute, war tatsächlich ein Tier, und ein wirkliches, intelligentes Wesen gibt ihm seine Gewalt, seinen Thron und seine große Macht. Es sollte nicht ein Tier im Himmel darstellen, sondern es war vielmehr ein Engel im Himmel, dem die Macht gegeben ist, in den Letzten Tagen ein Werk zu verrichten.

„Und die ganze Erde sah dem Tier staunend nach," auch Nebukadnezzar und Konstantin der Große nicht ausgenommen. Und falls das Tier die ganze Erde wäre, wie kann dann diese ganze Erde dem Tier staunend nachsehen? Es muß ein höchst wunderbares Tier sein, wenn es die ganze Menschheit veranlaßt, ihm staunend nachzusehen, und ich wage zu bemerken, daß alles staunen wird, wenn Gott dem alten Teufel gestattet, dem Tier die Macht zu verleihen, die ausreicht, um die Bewohner der Erde zu vernichten. Im Vers 4 heißt es: „Die Menschen warfen sich vor dem Drachen nieder, weil er seine Macht dem Tier gegeben hatte; und sie beteten das Tier an und sagten: Wer ist dem Tier gleich, und wer kann den Kampf mit ihm aufnehmen?"

Einige sagen, das bedeute das Reich der Welt. Eines ist aber sicher: es bedeutet nicht das Reich der Heiligen. Angenommen, wir bequemen uns dazu, darunter die Reiche der Welt zu verstehen – was für einen Sinn hätte es dann zu sagen: Wer kann den Kampf mit meinem großen, gewaltigen Ich aufnehmen? Wenn diese umgedeuteten Auslegungen stimmten, dann widerspräche sich das Buch beinah in jedem Vers; sie stimmen aber nicht.

Im zweiten Vers findet sich eine falsche Übersetzung in dem Wort Drache. Das Wort im Original bezeichnet den Teufel und nicht, wie übersetzt, einen Drachen. In Kapitel 12, Vers 9, heißt es: „... die alte Schlange, die Teufel oder Satan heißt", und im vorliegenden Fall sollte es mit Teufel übersetzt werden und nicht mit Drache. Manchmal liest man da auch den Ausdruck Apollyon. Alles, wofür wir kein Schlüsselwort haben, werden wir wortwörtlich nehmen. Die Lebewesen, die Johannes schaute und von denen er sagt, sie seien im Himmel gewesen, haben tatsächlich im Himmel gelebt, und ihnen sollte tatsächlich Macht über die Bewohner der Erde gegeben werden – genau so, wie es sich aus der Offenbarung herauslesen läßt. Das sage ich den Ältesten von Israel als Schlüssel. Das unabhängige Tier ist ein Lebewesen, das im Himmel wohnt, getrennt von der menschlichen Familie. Das Tier, das aus dem Meer heraufstieg, ist als Abbild eines Tieres zu verstehen, wie ich im Zusammenhang mit Daniels Vision schon erwähnt habe.

Ich habe jetzt mehr darüber gesagt als je zuvor, ausgenommen einmal in Ramus, und da ist so ein kleiner Mann (Charles Thompson) aufgestanden, hat mich wie einen Truthahn mit den Prophezeiungen Daniels gestopft und sie mir mit dem Finger die Gurgel hinabgestoßen. (8. April 1843.) DHC 5:339–345.

Bemerkungen des Propheten zum Tod von Lorenzo D. Barnes

Die Auferstehung

Fast alle, die in den letzten Tagen als Mitglieder der Kirche das Leben gelassen haben, sind in einem fremden Land gestorben. Für diejenigen, die von weither gekommen sind, ist das hier ein fremdes Land. Für diejenigen unter uns, die leiden, müssen wir Mitgefühl aufbringen. Wenn es irgendwo auf der Erde einen Ort gibt, wo man den Leidtragenden Öl und Wein auf die Wunden gießen soll, so ist es hier, und dieser Geist macht sich auch deutlich bemerkbar. Wenn jemand hierher kommt, fremd und vom Leid bedrängt, so findet er hier einen Bruder, einen Freund, der ihm bereitwillig in seinen Nöten beisteht.

Wenn ich auf dieser Welt schon Bedrängnis erleiden muß, würde ich es als eine der größten Segnungen betrachten, daß mich das Geschick dann dahin führt, wo ich rings um mich Brüder und Freunde vorfinde. Doch davon will ich nicht sprechen, sondern davon, daß es uns gewährt ist, unsere Verstorbenen in dem Land begraben zu können, wo sich auf Gottes Anordnung hin die Heiligen sammeln und wo es nur Heilige geben wird, wo sie ihren Leib dort zur Ruhe legen dürfen, wo der Menschensohn erscheinen wird, wo sie den Posaunenschall vernehmen können, der sie rufen wird, um ihn zu sehen, so daß sie am Morgen der Auferstehung sich mit einem Körper erheben und aus dem Grab hervorkommen und einander unverzüglich in Herrlichkeit und Glückseligkeit die Hand reichen können. Das ist besser, als Tausende Meilen weit verstreut zu sein. Für mich birgt dieser Gedanke etwas Gutes und Heiliges. Der Ort, wo jemand begraben wird, ist mir heilig. Dieser Gedanke findet sich im Buch Mormon und in anderen Schriften. Selbst für die Eingeborenen in diesem Land sind die Grabstätten ihrer Väter heiliger als alles andere.

Als ich vom Tod unseres lieben Bruders Barnes hörte, wäre ich nicht so betrübt gewesen, wenn ich ihn im Land Zion zur Ruhe hätte betten können.

Ich meine, diejenigen, die ihre Freunde hier begraben konnten, sind zu beneiden. Seht euch doch Jakob und Josef in Ägypten an, wie sehr sie ihre Freunde baten, sie doch in der Grabstätte ihrer Väter beizusetzen. Bedenkt doch, wieviel Kosten es verursacht hat, sie einzubalsamieren und mit einem großen Trauerzug an den Begräbnisort zu bringen!

Schon immer wurde es als großes Unglück angesehen, wenn jemandem kein ehrenvolles Begräbnis zuteil werden konnte, und einer der schwersten Flüche, die die früheren Propheten über jemand aussprechen konnten, war, daß ihm kein Begräbnis zuteil werden möge.

Ich habe gesagt: „Vater, ich habe den Wunsch, hier bei den Heiligen zu sterben, aber wenn es nicht dein Wille ist und ich woanders hingehen und dort sterben sollte, so gib mir bitte einen guten Freund, der meine Leiche zurückbringt; und laß auch meine Freunde, die in der Fremde gestorben sind, sammeln und hierher bringen, damit wir alle beieinander liegen!"

Ich will euch sagen, was ich mir wünsche: Wenn ich morgen abberufen werden und hier ins Grab gelegt werden sollte, so möchte ich am Auferstehungsmorgen meinem Vater die Hand reichen und rufen: „Mein Vater!" und er wird sagen: „Mein Sohn, mein Sohn!", sobald die Felsen sich spalten und noch ehe wir aus dem Grab hervorkommen.

Dürfen wir das alles so sehen? Ja, wenn wir lernen, wie wir leben und wie wir sterben sollen. Wenn wir uns abends niederlegen, so denken wir darüber nach, wie wir am Morgen aufstehen werden; und es ist etwas Schönes, wenn Freunde sich miteinander niederlegen, umschlossen von gegenseitiger Zuneigung, wenn sie dann gemeinsam schlafen und einer in des anderen Armen erwacht und sie ihr Gespräch wieder aufnehmen.

Die Rechtschaffenen freuen sich über die Auferstehung

Darf ich berichten, was ich in einer Vision über diese bemerkenswerte Sache erfahren habe? Wer in Christus gestorben ist, darf erwarten, bei der Auferstehung in den vollen Genuß der Freude zu kommen, die er hier gehabt oder ersehnt hatte.

Die Vision war so deutlich, daß ich tatsächlich Menschen sah, die noch gar nicht aus dem Grab hervorgekommen waren, sich aber gleichsam langsam aufrichteten. Sie nahmen einander bei der Hand und sagten zueinander: „Mein Vater, mein Sohn, meine Mutter, meine Tochter, mein Bruder, meine Schwester!" Angenommen, ich würde an der Seite meines Vaters bestattet – was wäre wohl die erste Freude, die ich erlebe, wenn die Stimme ruft, die Toten sollen sich erheben? Daß ich meinen Vater, meine Mutter sehe, meinen Bruder, meine Schwester! Und wenn sie mir nahe sind, umarme ich sie, und sie umarmen mich.

Den ganzen Tag denke ich darüber nach – viel mehr als über Essen und Trinken –, wie ich die Heiligen Gottes dazu bringen kann, daß sie die Visionen begreifen, die wie überschäumende Wogen vor meinem geistigen Auge dahinrollen.

* * *

All euer Verlust wird euch in der Auferstehung wettgemacht werden, wenn ihr treu bleibt. Das habe ich durch die Vision des Allmächtigen erkannt.

Schmerzlicher als der Tod ist für mich aber der Gedanke an die Vernichtung. Wenn ich nicht mehr hoffen und erwarten dürfte, meinen Vater, meine Mutter, meine Geschwister und Freunde wiederzusehen, würde mir augenblicks das Herz brechen, und ich müßte sterben.

Die Erwartung, am Auferstehungsmorgen meine Freunde zu sehen, freut mich im Herzen und läßt mich die Widerwärtigkeiten dieses Lebens ertragen. Es ist, wie wenn sie eine lange Reise unternommen hätten, und bei ihrer Rückkehr trifft man sie mit vermehrter Freude wieder.

Gott hat seinen Sohn vom Himmel her offenbart, ebenso die Lehre von der Auferstehung. Wir wissen, daß Gott diejenigen, die wir hier ins Grab legen, wiederauferwecken wird, „überkleidet" mit einem Körper und lebendig gemacht vom Geist des großen Gottes; was macht es also aus, ob wir sie ins Grab legen oder ob wir uns mit ihnen niederlegen, wenn wir sie nicht länger bei uns behalten dürfen? Möge euch diese Wahrheit ins Herz dringen, damit wir schon hier anfangen können, uns dessen zu erfreuen, was wir nachher in seiner Fülle genießen werden.

Hosanna, hosanna, hosanna Gott, dem Allmächtigen, daß eben jetzt die Strahlen des Lichts über uns hervorbrechen! Ich finde nicht die rechten Worte, um auszudrücken, was ich empfinde. Ich bin kein studierter Mann, habe aber ein ebenso gutes Gemüt wie sonst jemand.

Oh, hätte ich doch die Sprache eines Erzengels, um meinen Freunden ein einziges Mal sagen zu können, was ich empfinde! Doch in diesem Leben darf ich das nicht erwarten. Wenn andere sich freuen, freue ich mich mit ihnen; wenn andere trauern, bin ich auch traurig.

Ich möchte Marcellus Bates ein Wort des Trostes sagen: Bald werden Sie wieder die Gesellschaft Ihres Gefährten in einer Welt der Herrlichkeit genießen; das gilt auch für die Freunde von Bruder Barnes und alle die Heiligen, die trauern. All dies ist uns eine Warnung, damit wir ernsthaft und eifrig seien und Lustigkeit, Eitelkeit und alles Törichte von uns tun – bereit, schon morgen zu sterben.

* * *

Präsident Smith sagte: „Als Präsident dieses heiligen Hauses verbiete ich, daß jemand weggeht, wenn wir gerade die Versammlung schließen wollen. Wer so etwas tut, ist kein achtbarer Mensch. Es ist mir gleich, wer es tut, und wenn es der König von England ist. Ich verbiete es." (16. April 1843.) DHC 5:360–363.

Errettung durch Erkenntnis

Es wäre nicht weise, wenn uns alle Erkenntnis auf einmal vorgelegt würde; vielmehr sollte dies nach und nach geschehen; denn dann können wir sie erfassen. Präsident Smith las dann den 2. Petrusbrief, 1. Kapitel, Vers 16 bis zum Schluß vor und verweilte besonders auf dem 19. Vers mit einigen Bemerkungen.

Darum setzt allen Eifer daran, mit eurem Glauben die Tugend zu verbinden, mit der Tugend die Erkenntnis usw. Das Prinzip der Erkenntnis ist das Prinzip der Errettung. Die Glaubenstreuen und Eifrigen können dieses Prinzip begreifen, und wer nicht so viel Erkenntnis erlangt, daß er errettet werden kann, wird schuldig gesprochen werden. Das Prinzip der Errettung ist uns dadurch gegeben, daß wir Jesus Christus erkennen.

Errettung ist der Triumph über die Feinde

Die Errettung ist nicht mehr und nicht weniger, als daß man über alle seine Feinde triumphiert und sie sich unter die Füße legt. Und wenn wir die Macht haben, uns alle Feinde in dieser Welt unter die Füße zu legen, und die Erkenntnis besitzen, um über alle bösen Geister in der künftigen

Welt zu triumphieren, dann sind wir errettet; das ist bei Jesus der Fall, der herrschen soll, bis ihm alles unter die Füße gelegt ist, und der letzte Feind ist der Tod.

Ohne irdische Hülle keine Errettung

Wir haben es hier wohl mit Prinzipien zu tun, worüber nur wenige Menschen nachgedacht haben. Niemand kann dieser Errettung ohne seine Wohnstätte, seine irdische Hülle, teilhaftig werden.

In dieser unserer Welt ist der Mensch von Natur aus selbstsüchtig, ehrgeizig und darauf aus, den anderen zu übertreffen. Einige aber sind willens, andere ebenso aufzubauen wie sich selbst. Auch in der anderen Welt gibt es unterschiedliche Geister: einige wollen sich hervortun. Das war mit Luzifer so, als er fiel. Er trachtete nach etwas, was unrechtmäßig war. Deshalb wurde er gestürzt, und es steht geschrieben, daß er viele nach sich zog. Seine Strafe ist deshalb so groß, weil er keine irdische Hülle haben kann. Darin besteht ja seine Strafe. Und nun denkt der Teufel, er könne den Beschluß Gottes vereiteln; er durchstreift die Erde, hin und her, und sucht, wen er vernichten kann. Wenn er jemand findet, der sich ihm unterwirft, so bindet er ihn und nimmt seinen Körper in Besitz und herrscht darin mit großmächtigem Prahlen, und es kümmert ihn wenig, daß es ja nur ein gestohlener Körper ist. Dann aber wird jemand mit Vollmacht kommen und ihn austreiben und die Wohnstätte dem rechtmäßigen Eigentümer zurückgeben. Der Teufel stiehlt die Wohnstätte, weil er selbst keine besitzt; wenn er aber eine stiehlt, so läuft er immer Gefahr, daß ihm die Tür gewiesen wird.

Berufung und Auserwählung

Hier haben wir nun ein großes Geheimnis, aber auch die Schlüssel, um es zu erschließen. Zwar ermahnt der Apostel die Menschen, mit dem Glauben Tugend zu verbinden, dann Erkenntnis, dann Selbstbeherrschung usw., aber doch fordert er sie auf, sie sollten sich bemühen, daß ihre Berufung und Auserwählung Bestand habe. Und obwohl sie eine hörbare Stimme vom Himmel vernommen hatten, die Zeugnis gab, daß Jesus der Sohn Gottes sei, sagt Petrus doch, es sei ein noch sichereres Prophezeiungswort vorhanden, „und ihr tut gut daran, es zu beachten; denn es ist ein Licht, das an einem finsteren Ort scheint". Worin aber hätten sie ein sichereres Prophezeiungswort haben können, als daß sie die Stimme Gottes vernahmen, nämlich: „Das ist mein geliebter Sohn!"?

Nun aber zum Geheimnis und zu seinem Schlüssel: Obwohl sie die Stimme Gottes vernehmen und wissen konnten, daß Jesus der Sohn Gottes sei, war das noch kein Beweis dafür, daß ihre Berufung und Auserwählung Bestand haben werde, daß sie an Jesus Anteil haben und seine Miterben sein würden. Dazu bedurften sie des sichereren Prophezeiungswortes, nämlich daß sie im Himmel gesiegelt seien und die Verheißung ewigen Lebens im Reich Gottes hätten. Nachdem diese Verheißung auf sie gesiegelt worden war, wurde das für sie zum sicheren und festen Anker der Seele. Und wenn die Donner rollen und Blitze zucken, wenn die Erde schüttert und bebt und dunkle Kriegswolken sich zusammenballen, stützt und stärkt doch diese Hoffnung, dieses Wissen die Seele in der Stunde der Bewährung, der Beunruhigung und Bedrängnis. Erkenntnis durch unseren Herrn und Erretter Jesus Christus ist demnach der Schlüssel, womit sich die Herrlichkeiten und Geheimnisse des Himmelreiches erschließen lassen.

Vergleicht doch einmal dieses Prinzip mit dem heutigen Christentum! Was wollen sie denn mit all ihrer angemaßten Religion, Gottseligkeit und Heiligkeit, wenn sie gleichzeitig ihre Stimme gegen Propheten, Apostel, Engel, Offenbarungen, Prophezeiungen und Visionen usw. erheben! Wahrhaftig, sie werden reif für die Verdammnis der Hölle. Sie werden verdammt werden, denn sie verwerfen das allerherrlichste Prinzip des Evangeliums Jesu Christi; sie blicken mit Verachtung auf den Schlüssel, der die Himmel erschließt und uns in den Besitz der Herrlichkeiten des celestialen Reiches bringt, ja, sie treten ihn mit Füßen. Jawohl, ich sage, sie werden verdammt werden mit all ihrer Berufsfrömmigkeit. Darum will ich euch ermahnen: Fahrt fort und ruft Gott so lange an, bis ihr es für euch erreicht habt, daß eure Berufung und Auserwählung Bestand hat, indem ihr das sicherere Prophezeiungswort erlangt und geduldig auf die Verheißung wartet, bis ihr sie erlangt.

* * *

Der Rat älterer Menschen ist wertvoll

Um in irgendeiner wichtigen Sache voranzukommen, ist es am besten, man sucht sich einige weise Männer zusammen, erfahrene, ältere Menschen, die einem in unruhigen Zeiten mit ihrem Rat zur Seite stehen. Gutaussehende Männer sind nicht immer weise und energisch, sondern wenn einer willensstark ist, so hat er leicht derbe Gesichtszüge, verwittert wie die Rinde an einer alten Eiche. Wenn man einen Mann betrachtet, so sieht man schon auf den ersten Blick ein wenig von seiner Geisteshaltung.

* * *

Der Mensch kann eine schwere Last tragen, wenn er darin geübt ist und sie sich weiterhin sogar noch schwerer macht. Die Bewohner dieses Kontinents in alter Zeit waren so veranlagt – aber auch so entschlossen und beharrlich –, und zwar im Guten wie im Schlechten, daß Gott sie unverzüglich heimsuchte, entweder mit großem Unheil oder mit Segnungen. Wenn aber die heutige Generation in den Kampf ziehen müßte und dabei die Hilfe Gottes in Anspruch nehmen wollte, so müßte sie sie durch den Glauben erlangen. (14. Mai 1843.) DHC 5:387–390.

Die Bedeutung des Wortes Mormon

An den Schriftleiter der „Times & Seasons":

Sehr geehrter Herr! Mit Hilfe Ihrer Zeitung möchte ich einen Irrtum berichtigen, der unter einigen Menschen besteht, die behaupten, gelehrt, aufgeschlossen und klug zu sein. Ich tue das um so lieber, weil ernstdenkende und vernünftig urteilende Leute, wie ich hoffe, eher auf die Stimme der Wahrheit hören, als sich durch unsinnige Behauptungen eingebildeter Klugredner in die Irre führen zu lassen. Der Irrtum, von dem ich spreche, ist die Definition des Wortes Mormon. Es ist gesagt worden, das Wort stamme vom griechischen „mormo". Das stimmt nicht. Auf den Platten, von denen ich durch die Gnade Gottes das Buch Mormon übersetzt habe, hat es kein Griechisch und kein Latein gegeben. Lassen wir doch die Sprache des Buches für sich selbst sprechen! Auf Seite 523 (der vierten englischen Ausgabe – Mormon 9:32–34) heißt es: „Und nun siehe, wir haben diesen Bericht geschrieben gemäß unserer Kenntnis, in der Schrift, die wir unter uns reformiertes Ägyptisch nennen, überliefert und von uns gemäß unserer Sprechweise abgeändert. Und wenn unsere Platten groß genug gewesen wären, so hätten wir hebräisch geschrieben; aber auch das Hebräische ist von uns abgeändert worden; und wenn wir hebräisch hätten schreiben können, siehe, so hättet ihr in unserem Bericht keine Unvollkommenheit gehabt. Aber der Herr weiß das, was wir geschrieben haben, und auch, daß kein anderes Volk unsere Sprache kennt; und weil kein anderes Volk unsere Sprache kennt, darum hat er für deren Übersetzung Mittel vorbereitet."

Hiermit wird also die Behauptung zum Schweigen gebracht; denn „weil kein anderes Volk unsere Sprache kennt", mußte der Herr – und nicht ein Mensch – die Übertragung vornehmen, nachdem die Leute alle tot waren. Und wie Paulus sagt: „Die Welt erkennt auf dem Weg ihrer Weisheit Gott nicht", so ermangelt die Welt mit all ihrem Grübeln doch der Offenbarung; und da Gott in seiner überragenden Weisheit den Heiligen, die er irgendwo auf der Erde hatte, den gleichen Geist gegeben hat und dieser Geist nach den Worten des Johannes der wahre Geist prophetischer Rede ist, nämlich das Zeugnis Jesu, so kann ich mit Bestimmtheit sagen, daß das Wort Mormon nicht von der Gelehrsamkeit und Klugheit dieser Generation abhängig ist. Bevor ich aber die Definition des Wortes angebe, möchte ich feststellen, daß die Bibel im weitesten Sinn „gut" bedeutet; denn der Erretter sagt laut dem Evangelium des Johannes: „Ich bin der gute Hirte", und man darf wohl allgemein sagen, daß „gut" zu den wichtigsten Wörtern gehört, die im Gebrauch sind. Zwar gibt es dafür in den einzelnen Sprachen verschiedene Ausdrücke, aber die Bedeutung ist immer dieselbe, und zwar das Gegenteil von „schlecht". Im Englischen „good", auf dänisch „god", gothisch „goda", deutsch „gut", holländisch „goed", lateinisch „bonus", griechisch „kalos", hebräisch „tow" und ägyptisch „mon". Damit haben wir, wenn man „more" (= mehr) oder dessen Verkürzung „mor" hinzufügt, das Wort „mormon", was demnach wörtlich „mehr gut, besser" bedeutet.

Ergebenst
Joseph Smith

(15. Mai 1843.) T & S 4:194.

Äußerungen des Propheten in Ramus

Es ist wichtig, daß der Ehebund ewigen Bestand hat

Wenn Mann und Frau – solange sie sich im jetzigen Bewährungszustand befinden – nicht einen immerwährenden Bund eingehen und für die Ewigkeit die Ehe schließen, und zwar durch die Kraft und Vollmacht des heiligen Priestertums, werden sie, wenn sie sterben, keine Vermehrung mehr haben; das heißt, sie werden nach der Auferstehung keine Kinder haben. Diejenigen aber, die in diesem Leben durch die Kraft und Vollmacht des Priestertums die Ehe schließen und sie weiterführen, ohne die Sünde gegen den Heiligen Geist zu begehen, werden sich in der celestialen Herrlichkeit weiterhin mehren – sie werden Kinder haben. Die unverzeihliche Sünde besteht darin, daß man unschuldiges Blut vergießt oder sich daran mitschuldig macht. Alle sonstigen Sünden werden Strafgericht im Fleische nach sich ziehen, wobei der Geist bis zum Tag des Herrn Jesus den Schlägen des Satans ausgeliefert sein wird.

Wie ich weiß, wem ich vertrauen kann? Gott sagt mir, in wen ich Vertrauen setzen darf.

Die celestiale Herrlichkeit

In der celestialen Herrlichkeit gibt es drei Himmel oder Grade, und um den höchsten zu erlangen, muß man in diese Ordnung des Priestertums (nämlich den neuen und immerwährenden Bund der Ehe) eintreten. Tut jemand das nicht, so kann er ihn nicht erlangen. Er kann in einen anderen eingehen, aber das ist das Ende seines Reiches; er kann keine Vermehrung haben. (16. Mai 1843.) DHC 5:391f.

Errettung und das sicherere Prophezeiungswort

Errettung bedeutet, daß man der Macht aller seiner Feinde entzogen ist.

Das sicherere Prophezeiungswort bedeutet: Man weiß, daß man für das ewige Leben versiegelt ist – durch Offenbarung und den Geist der Prophezeiung, mittels der Macht des heiligen Priestertums. Es ist unmöglich, daß man als Unwissender errettet werden kann.

Paulus hat den dritten Himmel gesehen – und ich noch mehr. Petrus hat von allen Aposteln die erhabenste Sprache geschrieben. (17. Mai 1843.) DHC 5:392.

Adam bekam seinen Geist von Gott eingeblasen

Der 7. Vers im 2. Kapitel Genesis sollte richtig lauten: „Gott ... blies Adam seinen (d. h. Adams) Geist oder Lebensatem ein", wenn aber das Wort „ruach" auf Eva bezogen ist, ist es als „die Leben" zu übersetzen.

Der ewige Bestand der Materie

In bezug auf den ewigen Bestand der Materie sagte ich:
So etwas wie unstoffliche Materie gibt es nicht. Aller Geist ist Materie, aber er ist feiner und reiner und kann nur von reineren Augen erkannt werden; wir können ihn nicht sehen, aber wenn unser Körper einmal rein gemacht sein wird, werden wir sehen, daß Geist nichts anderes ist als Materie. (17. Mai 1843.) DHC 5:392f.

Die Prophezeiung über Stephen A. Douglas

Der folgende kurze Bericht vom Besuch des Propheten beim Richter Douglas in Carthage ist dem Tagebuch William Claytons entnommen, der bei dem Gespräch zugegen war.

Waren zum Essen bei Richter Stephen A. Douglas, dem Vorsitzenden des Gerichts. Nach dem Essen ersuchte Richter Douglas den Präsidenten Joseph, ihm die Geschichte der Verfolgung in Missouri zu berichten; er tat das sehr ausführlich, drei Stunden lang. Er schilderte auch seine Reise nach Washington City, wo er bei Mr. Van Buren, dem Präsidenten der Vereinigten Staaten, zugunsten der Heiligen einen Antrag auf Wiedergutmachung eingebracht habe, und Mr. Van Burens kleinmütige Antwort: „Meine Herren, Ihre Sache ist gerecht, aber ich kann für Sie nichts tun!"; er sprach auch von der kalten, gefühllosen Art und Weise, wie er von den meisten Senatoren und Abgeordneten behandelt wurde; Senator Clay habe gesagt: „Sie sollten lieber nach Oregon gehen"; Calhoun habe würdevoll den Kopf geschüttelt und gesagt: „Das ist eine gute Frage, eine ernste Frage, aber es geht nicht an, viel Aufhebens davon zu machen."

Der Richter hörte mit größter Aufmerksamkeit zu und ereiferte sich heftig gegen das Verhalten von Gouverneur Boggs und der Behörden des Staates Missouri, die sich an der Ausrottung beteiligt hatten; er sagte, Leute, die sich so verhielten wie der Pöbel in Missouri es getan habe, gehörten vor Gericht gestellt, sie müßten bestraft werden.

Präsident Smith sagte abschließend, wenn die Regierung, die einerseits ihrer Staatskasse das Geld der Bürger, die von der öffentlichen Hand Grundbesitz erworben haben, einverleibe, deren Beamte aber anderseits auf Kosten der Allgemeinheit in Luxus schwelgten, das Leben und Eigentum dieser selben Bürger nicht schützen könne, so sei sie ohnehin nur ein altes Weib; „und ich prophezeie im Namen des Herrn, des Gottes Israels: Wenn die Vereinigten Staaten das Unrecht, das an den Heiligen in Missouri verübt wurde, nicht gutmachen und die von ihren Beamten begangenen Verbrechen bestrafen, wird die Regierung in wenigen Jahren gestürzt und zerstört sein, und kein Scherben wird davon übrigbleiben. Das wird die Folge ihrer Schlechtigkeit sein, weil sie zugelassen hat, daß der Mord an Männern, Frauen und Kindern ungesühnt, die Ausplünderung und Ausrottung von Tausenden ihrer Bürger ungestraft geblieben sind. Damit hat sie dem guten Ruf dieser ruhmreichen Republik einen üblen und unauslöschlichen Schandfleck zugefügt; und allein schon der Gedanke daran hätte die vaterlandsliebenden Schöpfer der Verfassung der Vereinigten Staaten ihr Gesicht vor Scham verbergen lassen. Richter, Sie werden sich um das Amt des

Präsidenten der Vereinigten Staaten bewerben, und wenn Sie jemals Ihre Hand gegen mich oder die Heiligen der Letzten Tage erheben, werden Sie die gewichtige Hand des Allmächtigen auf sich lasten fühlen; Sie werden es erleben und wissen, daß ich Ihnen die Wahrheit bezeugt habe; denn das heutige Gespräch wird Ihnen bis an Ihr Lebensende im Gedächtnis bleiben."

Er (Richter Douglas) zeigte sich sehr freundlich und räumte ein, daß die Äußerungen Präsident Smiths der Wahrheit entsprachen und berechtigt waren. (18. Mai 1843.) DHC 5:393f.

Anmerkung: Zu der Zeit, als diese Prophezeiung ausgesprochen wurde, war Stephen A. Douglas erst dreißig Jahre alt und landesweit kaum bekannt. Siebzehn Jahre danach, am 23. Juni 1860, wurde er vom Parteikongreß der Demokratischen Partei in Charleston, Südkarolina, als Präsidentschaftskandidat nominiert. Drei Jahre zuvor, nämlich am 12. Juni 1857, war Mr. Douglas aufgefordert worden, in Springfield, der Hauptstadt von Illinois, eine Rede zu halten. Er ging wiederum auf die Gerüchte über die Heiligen und auf die Verbrechen, deren man sie bezichtigte, ein und forderte die Regierung nachdrücklich auf, Maßnahmen zu ergreifen. Diese Rede weckte damals bei den Mormonen in Utah große Anteilnahme. Mr. Douglas hatte es in der Hand, ihnen viel Gutes zu erweisen, wenn er die Wahrheit sagte, die falschen Anschuldigungen zurückwies und für das Recht der Unterdrückten eintrat. Aber der Demagoge behielt den Sieg über den Staatsmann, und der Politiker über den Menschenfreund. Zu der Zeit, als Mr. Douglas nominiert wurde, konnte sich kein anderer mehr Hoffnung auf Erfolg machen als er. Doch die Demokratische Partei war in sich sehr uneins, und der republikanische Kandidat, Abraham Lincoln, wurde gewählt. Kaum ein Jahr nach dem Kongreß in Charleston starb Mr. Douglas als gebrochener Mann in seiner Heimatstadt Chicago. Die Prophezeiung war in Erfüllung gegangen. (Siehe DHC 5:395–398.)

Vortrag des Propheten über das 2. Kapitel aus dem 2. Petrusbrief

Gegen die Selbstgerechtigkeit

Ich weiß nicht, ob ich jemals in einem Haus werde sprechen können, wo man alle diese Leute unterbringen kann. Meine Lunge beginnt mir Schwierigkeiten zu machen, weil ich so oft im Freien vor den vielen Menschen sprechen muß.

Ich glaube nicht, daß es seit den Tagen Adams sehr viele gute Menschen auf der Erde gegeben hat; einer aber war wirklich gut, und das war Jesus. Viele Leute meinen, ein Prophet müsse um vieles besser sein als sonst jemand. Angenommen, ich ließe mich herbei – ja, herbeilassen will ich es nennen –, ein gut Teil besser zu sein als jeder von euch, so würde ich in den höchsten Himmel erhoben: wer aber würde mich dann begleiten?

Jemand, der einen ellenlangen Fluch ausstößt, aber mit seinen Nachbarn gerecht umgeht und voll Barmherzigkeit seine Habe mit den Armen teilt, ist mir lieber als so ein langer, glattgesichtiger Heuchler.

Ich möchte nicht, daß man mich für besonders rechtschaffen hält; denn das bin ich nicht. Gott richtet die Menschen gemäß dem Gebrauch, den sie von dem Licht machen, das er ihnen gibt.

Wir haben ein sichereres Prophezeiungswort, und ihr tut gut daran, es zu beachten; denn es ist ein Licht, das an einem finsteren Ort scheint, bis der Tag anbricht. Wir waren Augenzeugen seiner Majestät und haben die Stimme seiner erhabenen Herrlichkeit gehört. Was könnte es denn noch Sichereres geben? Als er auf dem Berg verklärt wurde, hätte es da etwas Sichereres für sie geben können? Seit Jahrhunderten streiten die Theologen, was das wohl bedeuten soll.

Der Prophet über sich selbst

Ich bin wie ein riesiger, unbehauener Stein, der von einem hohen Berg herabrollt; und ich werde nur hier und da geglättet, wenn sich irgendeine Ecke abschleift, weil sie mit etwas anderem in Berührung kommt, wenn ich mit größerer Schnelligkeit und Wucht gegen die Bigotterie stoße, gegen die Verschlagenheit von Priestern, Advokaten, Doktoren, gegen verlogene Zeitungsschreiber, bestochene Richter und Geschworene und gegen die Macht meineidiger Staatsbeamter, die von Gesindel, Gotteslästerern, zügellosen und verderbten Menschen gestützt werden – ja, die ganze Hölle schlägt da eine Ecke und dort eine Ecke ab. So werde ich ein glatter, spitzer Pfeil im Köcher des Allmächtigen, und er wird mir Herrschaft geben über einen jeden von ihnen, wenn ihr Lügengewebe zerreißt und ihr Versteck zerstört sein wird. Inzwischen werden aber alle die glattpolierten Steine, mit denen ich zusammenstoße, angeschlagen und verunstaltet sein.

Das Geheimnis in den Schriften des Petrus

In diesem Kapitel (2. Petrus 1) liegen drei große Geheimnisse, die keiner ergründen kann, außer durch das Licht der Offenbarung, die aber das ganze Kapitel erschließen; denn das, was niedergeschrieben ist, deutet ja nur das an, was der Prophet in bezug auf die ewige Herrlichkeit im Sinn hatte, was aber nicht niedergeschrieben wurde.

Ich werde dieses Thema kraft der göttlichen Erkenntnis in mir aufgreifen, die ich vom Himmel empfangen habe. Was mich betrifft, so ist
die Meinung der Menschen wie das Prasseln der Dornen unter dem Kessel, wie das Sausen des Windes. Ich rode den Boden, ich bahne den Weg
wie Kolumbus. Der war einmal zu einem Bankett eingeladen, wo man
ihm den Ehrenplatz an der Tafel zuwies und ihn mit dem ganzen Zere-
moniell bediente, das sonst einem gekrönten Herrscher zustand. Ein eit-
ler Höfling, der auf Kolumbus neidisch war, fragte ihn unvermittelt, ob
er denn meine, daß es in Spanien keine anderen Männer gäbe, die West-
indien hätten entdecken können, falls er das Unternehmen nicht zustande gebracht hätte? Kolumbus gab keine Antwort, sondern nahm ein Ei
und forderte die Anwesenden auf, es auf die Spitze zu stellen. Alle versuchten es, aber vergeblich; da nahm er es, setzte es hart auf den Tisch,
so daß die Spitze brach und leicht eingedrückt war, und so brachte er es
zum Stehen. Er veranschaulichte auf die Weise, daß nichts leichter war,
als dem Weg nach der Neuen Welt zu folgen, sobald er ihn erst einmal
entdeckt hatte.

Dinge, die man nicht aussprechen darf

Paulus wurde in den dritten Himmel entrückt und konnte die drei
Hauptstufen an der Jakobstreppe verstehen: das telestiale, terrestriale
und celestiale Reich der Herrlichkeit; und dort sah und hörte Paulus
Dinge, die er nicht aussprechen durfte. Wäre es mir erlaubt, und wären
die Menschen dafür bereit, so könnte ich über die Reiche der Herrlichkeit, die mir in der Vision gezeigt worden sind, hundertmal mehr Aufschluß geben, als ich es bisher getan habe.

Der Herr behandelt dieses Volk so wie ein zärtlicher Vater sein Kind;
er läßt ihm Licht und Erkenntnis und das Wissen um seinen Weg so zukommen, wie die Menschen es ertragen können. Die Bewohner der Erde schlafen; sie wissen den Tag ihrer Heimsuchung nicht. Der Herr hat
seinen Bogen in die Wolken gesetzt als Zeichen, daß es immer Saat und
Ernte, Sommer und Winter geben wird, solange der Bogen zu sehen ist;
wenn er aber verschwunden ist: wehe derjenigen Generation, denn siehe, das Ende kommt schnell.

Berufung und Auserwählung müssen festen Bestand haben

Kämpft ernsthaft um den gleichen kostbaren Glauben wie der Apostel Petrus, und verbindet mit eurem Glauben Tugend, Erkenntnis,
Selbstbeherrschung, Ausdauer, Frömmigkeit, Brüderlichkeit und

Nächstenliebe, denn wenn dies alles bei euch vorhanden ist und wächst, dann nimmt es euch die Trägheit und Unfruchtbarkeit, so daß ihr Jesus Christus, unseren Herrn, immer tiefer erkennt. Noch etwas: nachdem alle diese notwendigen Eigenschaften vorhanden sind, gibt er dem Gottesvolk das ausdrückliche Gebot, sich darum zu bemühen, daß die Berufung und Auserwählung eines jeden Bestand habe. Er legt darauf besonderes Gewicht – nachdem er all das angeführt hat, Tugend, Erkenntnis usw. –: „Bemüht euch, daß eure Berufung und Erwählung Bestand hat." Was aber ist das Geheimnis dabei, der Ausgangspunkt? „Alles, was für unser Leben und unsere Frömmigkeit gut ist, hat seine göttliche Macht uns geschenkt." Und wie hat Petrus alles erlangt? Dadurch, daß er den, der ihn berief, erkannt hat. Ohne Erkenntnis kann nichts, was für Leben und Frömmigkeit gut ist, gegeben werden. Wenn das wahr ist, dann wehe, wehe, weh der Christenheit, besonders aber den Theologen und Priestern!

Errettung bedeutet, daß man vor allen seinen Feinden gerettet ist; denn man ist nicht errettet, wenn man nicht über den Tod triumphieren kann. Nur die Kenntnis des Priestertums wird das bewirken.

Die Strafe des Teufels

Die Geister in der ewigen Welt gleichen den Geistern in unserer Welt. Wenn die ersteren auf die Welt gekommen sind und eine irdische Hülle empfangen haben, dann sterben und wiederauferstehen und einen verherrlichten Körper empfangen, so sind sie den Geistern, die keinen Körper erlangt und sich ihren ersten Stand nicht bewahrt haben – das ist mit dem Teufel der Fall – überlegen. Die Strafe des Teufels bestand darin, daß er keine Behausung wie die Menschen erhielt. Dafür rächt er sich, indem er in diese Welt kommt, menschliche Körper in Bande schlägt und sie dann selbst besetzt. Wenn dann jemand mit Vollmacht kommt, so vertreibt er ihn aus einer gestohlenen Behausung.

Was Gott damit beabsichtigt hat, daß er uns auf die Welt sendet und uns so gestaltet, daß wir uns für die ewigen Welten bereitmachen können, will ich zu dieser Zeit für mich behalten.

Im Rahmen unseres ewigen Paktes haben wir keinen Anspruch auf Ewiges, wenn nicht alle unsere Handlungen und Bündnisse und überhaupt alles darauf abzielen. Aber auch danach ist es erforderlich, daß man seiner Berufung und Auserwählung festen Bestand verleiht. Wenn dieses Gebot schon für diejenigen, denen es damals auferlegt wurde, so wichtig war, um wieviel mehr dann erst für die heutige Generation!

Der erste Schlüssel: Erkenntnis ist die Macht, die Errettung bewirkt. Zweiter Schlüssel: Daß man seiner Berufung und Auserwählung Bestand verleiht. Dritter Schlüssel: Auf dem Berg zu sein und die Stimme der erhabenen Herrlichkeit zu hören usw., das ist eine Sache, aber zu hören, wie die Stimme einem verkündet: Du hast teil an diesem Reich und besitzt ein Erbteil darin, das ist etwas anderes. (21. Mai 1843.) DHC 5:401–403.

Der Prophet über die Bildung von Mäßigkeitsvereinen

Lieber Bruder! In Beantwortung Deines Schreibens vom 4. Mai betreffs der Bildung eines Mäßigkeitsvereins durch die Heiligen möchten wir mit Paulus sagen: Beugt euch nicht mit Ungläubigen unter das gleiche Joch! Sondern kämpft für den überlieferten Glauben, der den Heiligen ein für allemal anvertraut ist.

Und wir halten es mit Petrus, der zur Mäßigung riet, indem er sagte: „Verbindet mit eurer Erkenntnis Selbstbeherrschung!" Paulus hat ferner gesagt, er sei allen alles geworden, um auf jeden Fall einige zu retten. Das müssen auch die Ältesten der letzten Tage tun; sie sind ja ausgesandt, das Evangelium zu predigen und die Welt vor dem kommenden Strafgericht zu warnen, und so sind wir sicher: Wenn sie so lehren, wie der Geist sie leitet, nämlich gemäß den Offenbarungen Jesu Christi, werden sie die Wahrheit verkünden, und es wird ihnen gut gehen, und sie werden sich nicht beklagen können. Somit haben wir kein neues Gebot zu geben, sondern ermahnen die Ältesten und die Mitglieder, von jedem Wort zu leben, das aus dem Mund Gottes hervorkommt, damit sie nicht die Herrlichkeit verlieren, die den Getreuen vorbehalten ist. (22. Mai 1843.) DHC 5:404.

Rechtschaffenen Richterspruch

Bruder Joseph wandte sich darauf an die Zwölf und sagte, wir sollten in unseren Ratsversammlungen, besonders wenn wir über jemand Gericht halten, alles, was zur Sache gehört, im Auge behalten und beobachten sowie den Geist erkennen, von dem die beiden Seiten beherrscht sind. Wir sollten in der Lage sein, jeden Geist zu erfassen und einen rechtschaffenen Richterspruch zu fällen; wir dürften nicht schlafen. Wir sollten auf Ordnung bedacht sein und nicht zulassen, daß der Rat durch störrisches Verhalten über Gebühr in Anspruch genommen wird. „Die Heiligen dürfen nicht denken, weil ich sie gut kenne und weil ich munter und guter Laune bin, so wisse ich nicht, was vorgeht. In der Kirche darf keinerlei Übeltun Fuß fassen, und solange ich da bin, wird es auch nicht dazu kommen. Solange ich die Kirche leite, bin ich entschlossen, es auf die rechte Weise zu tun." (27. Mai 1843.) DHC 5:411.

Ein Zeugnis in bezug auf Brigham Young und Heber C. Kimball

Von den in Kirtland erwählten zwölf Aposteln, die unter der Hand von Oliver Cowdery, David Whitmer und mir selbst ordiniert worden sind, haben sich nur zwei nicht gegen mich aufgelehnt, nämlich Brigham Young und Heber C. Kimball. (28. Mai 1843.) DHC 5:412.

Der Zweck der Sammlung Israels

Eine große Anzahl Heilige versammelte sich am Standort des Tempels. Chorlied, Gebet von Elder Parley P. Pratt, allgemeines Lied.

Präsident Joseph Smith sagte: „Ich bin ein unbehauener Stein. Der Klang von Hammer und Meißel war an mir nie zu hören, ehe der Herr mich in die Hand nahm. Mein Wunsch richtet sich allein nur auf die Gelehrsamkeit und Weisheit des Himmels. Es steht für mich ganz außer Frage: Wenn Christus jetzt zur Erde käme und ebenso ungestüm predigen würde wie seinerzeit den Juden, so würde ihn die heutige Generation verwerfen, weil er so ungestüm sei."

Er nahm sich dann den 37. Vers im 23. Kapitel Matthäus zum Gegenstand: „Jerusalem, Jerusalem, du tötest die Propheten und steinigst die Boten, die zu dir gesandt sind. Wie oft wollte ich deine Kinder um mich sammeln, so wie eine Henne ihre Küken unter ihre Flügel nimmt; aber ihr habt nicht gewollt."

Dieses Thema ist mir erst in den Sinn gekommen, nachdem ich hier ans Pult gekommen bin. Was war der Zweck bei der Sammlung der Juden oder des Gottesvolkes zu irgendeiner Zeit? Wenn ich eine Passage auslegen soll, habe ich nie viel zu sagen. Es ist nicht halb so schwierig, eine Tür aufzuschließen, wenn man den Schlüssel hat, als wenn man ihn nicht hat und mit dem Taschenmesser ein Loch schneiden muß.

Der Hauptzweck war der, daß dem Herrn ein Haus gebaut werden sollte, worin er seinem Volk die Verordnungen seines Hauses und die Herrlichkeit seines Reiches offenbaren und den Menschen die Errettung darlegen konnte; denn es gibt bestimmte Verordnungen und Prinzipien, die, nachdem sie gelehrt und eingelernt worden sind, an einem dafür vorgesehenen Ort vollzogen werden müssen.

Die Prinzipien des Evangeliums ändern sich nie

Schon ehe die Welt war, hatten die Räte des Himmels den Plan gefaßt, daß alle Prinzipien und Gesetze des Priestertums darauf beruhen sollten, daß in jedem Zeitalter der Welt das Gottesvolk gesammelt werden würde. Jesus tat alles, um das Volk zu sammeln, und sie wollten sich nicht sammeln lassen, und darum überschüttete er sie mit Flüchen. Verordnungen, die im Rahmen des Priestertums zur Errettung der Menschen schon vor der Grundlegung der Welt eingerichtet worden sind, dürfen nicht abgewandelt und nicht verändert werden. Alle Menschen müssen nach denselben Prinzipien errettet werden.

Errettung für die Toten

Zu demselben Zweck sammelt Gott sein Volk in den letzten Tagen zusammen, damit sie dem Herrn ein Haus bauen, um sie für die Verordnungen und das Endowment, für die Waschungen und Salbungen usw. bereitzumachen. Eine der Verordnungen im Haus des Herrn ist die Taufe für die Toten. Gott hat vor der Grundlegung der Welt beschlossen, daß diese Verordnung in einem Becken zu vollziehen sei, das zu dem Zweck im Haus des Herrn aufgestellt ist. „Das ist aber nur Ihre persönliche Meinung", sagen die Sektierer.

Wenn ein Mann die Fülle des Priestertums Gottes erlangt, so muß das auf die gleiche Weise geschehen, wie Jesus Christus sie erlangt hat, nämlich indem er alle Gebote hält und sämtliche Verordnungen, die zum Haus des Herrn gehören, befolgt.

Wo es keine Abänderung des Priestertums gibt, da gibt es auch keine Abänderung der Verordnungen, sagt Paulus. Wenn Gott die Verordnungen und das Priestertum nicht geändert hat, so werdet ihr heulen müssen, ihr Sektierer! Wenn er es aber getan hat – wann und wo hat er das offenbart? Seid ihr selber zu Offenbarern geworden? Wieso leugnet ihr dann Offenbarung?

Viele sagen: „Ich werde dich nie verlassen, sondern dir allezeit beistehen!" In dem Augenblick aber, da man sie einige Geheimnisse des Gottesreiches lehrt, die im Himmel zurückgehalten werden und den Menschenkindern erst dann offenbart werden sollen, wenn diese dafür bereit sind, sind sie die ersten, die dich steinigen und umbringen. Nach ebendiesem Prinzip wurde der Herr Jesus Christus gekreuzigt und wird das Volk dazu gebracht, die Propheten in dieser Generation zu töten.

In den letzten Tagen gibt es vieles, was für die Menschenkinder unlösbar ist, zum Beispiel, daß Gott die Toten auferwecken wird; und sie vergessen, daß es Dinge gibt, die seit Grundlegung der Welt verborgen gewesen sind, in den letzten Tagen aber den Unmündigen offenbart werden sollen.

314

Einige sind zu klug, als daß sie sich belehren ließen

In unseren Reihen gibt es viele kluge Männer und Frauen – so klug, daß sie sich nicht belehren lassen. Darum müssen sie in ihrer Unwissenheit sterben, und bei der Auferstehung werden sie dann ihren Fehler sehen. Viele versiegeln sich selbst die Himmelstür, indem sie sagen: Bis hierher mag Gott Offenbarung geben, und bis hierher will ich daran glauben.

Alle Menschen, die Erben Gottes und Miterben Christi werden, müssen die Fülle der Verordnungen seines Reiches empfangen; und wer nicht alle Verordnungen empfängt, wird die Fülle dieser Herrlichkeit nicht erreichen, wenn er sie nicht sogar ganz verliert.

Das Paradies

Ich werde einige Worte über die Geister im Gefängnis sagen. Heutige Theologen haben schon viel über die Worte Jesu gesagt, die er (als er am Kreuz hing) zu dem Verbrecher sagte, nämlich: „Heute noch wirst du mit mir im Paradies sein." In unserer Bibelübersetzung steht das Wort Paradies. Was ist aber das Paradies? Das ist ein jetzt gebrauchtes Wort und entspricht nicht dem ursprünglich von Jesus gebrauchten Ausdruck. Sucht doch nach dem Ursprung des Wortes Paradies! Ebensoleicht kann man eine Nadel in einem Heuhaufen finden. Hier gibt es eine Gelegenheit für ein Scharmützel, meine Herren Gelehrten! Im ursprünglichen Wort findet sich nichts, was den heutigen Begriff Paradies kennzeichnen würde, sondern vielmehr: Heute noch wirst du mit mir in der Welt der Geister sein; dort werde ich dich ganz darüber belehren und dir deine Fragen beantworten. Und Petrus sagt, er sei hingegangen und habe der Geisterwelt (den Geistern im Gefängnis – 1. Petrus 3:19) gepredigt, so daß diejenigen, die es annehmen wollten, es auch bekommen würden, und zwar stellvertretend durch diejenigen, die auf der Erde leben, usw.

Die Taufe für die Toten wird im Neuen Testament gelehrt

Die Lehre von der Taufe für die Toten ist im Neuen Testament ganz klar dargelegt; und wenn die Lehre nichts taugt, so werft das Neue Testament weg. Ist die Lehre aber das Wort Gottes, so laßt ihr Anerkennung zuteil werden. Das war doch der Grund, warum Jesus zu den Juden sagte: „Wie oft wollte ich deine Kinder um mich sammeln, so wie eine Henne ihre Küken unter ihre Flügel nimmt; aber ihr habt nicht gewollt." Sie sollten ja die Verordnung der Taufe für die Toten ebenso vollziehen wie die übrigen Verordnungen des Priestertums, um sich in dem, was zum Reich Gottes gehört, zu vervollkommnen – aber sie haben nicht gewollt. Das war am Pfingsttag der Fall: diese Segnungen wurden damals über die Jünger ausgegossen. Gott hat verordnet, er werde die Toten erretten, und er würde es durch die Zusammenführung seines Volkes bewirken.

Die Welt der Geister

Es ist immer so gewesen: Wenn jemand von Gott mit dem Priestertum ausgesandt wurde und die Fülle des Evangeliums zu predigen anfing, wurde er von seinen Freunden hinausgeworfen, von denen, die durchaus bereit sind, ihn hinzuschlachten, wenn er etwas lehrt, was ihrer Meinung nach falsch ist; schon Jesus wurde nach diesem Prinzip gekreuzigt.

Ich will jetzt einmal Sprachkundiger sein. In der Bibel steht vieles, was in seiner jetzigen Form nicht mit dem übereinstimmt, was der Heilige Geist mir offenbart hat.

Noch ein wenig mehr Kritik: Über das Wort Hölle ist viel gesagt worden, und die Sektierer haben eine Menge darüber gepredigt, sie beschreiben sie als einen flammenden See von Feuer und Schwefel. Was aber ist die Hölle? Das ist wieder ein jetzt gebrauchter Ausdruck und leitet sich von „Hades" her.

Das griechische Hades und das hebräische Scheol – beide Bezeichnungen beziehen sich auf eine Welt der Geister. Hades, Scheol, Geister im Gefängnis: alles bedeutet dasselbe, nämlich die Welt der Geister.

Die Rechtschaffenen und ebenso die Schlechten gehen alle in dieselbe Welt der Geister, wo sie bis zur Auferstehung verbleiben. „Das glaube ich nicht", sagt da jemand. Nun, wenn Sie zu mir nach Hause kommen, werde ich mein Lexikon nehmen und es Ihnen beweisen!

Das große Elend der abgeschiedenen Geister in der Geisterwelt, wohin sie nach dem Tod gelangen, besteht darin, daß sie sich bewußt sind, die Herrlichkeit verloren zu haben, deren sich andere erfreuen und die sie selber hätten genießen können; sie sind ihre eigenen Ankläger. Da macht wieder jemand einen Einwand: „Ich glaube aber an einen einzigen Himmel und eine einzige Hölle, wohin ein jeder gelangt, und es wird für alle das gleiche sein: entweder im selben Maß glücklich oder im selben Maß elend."

Was! Alle auf einen Haufen gedrängt – die Ehrenhaften, Tugendsamen, und die Mörder und Hurer, wo es doch geschrieben steht, daß jeder gerichtet werden wird gemäß dem, was er im irdischen Leben getan hat?! Der hl. Paulus weist uns aber auf drei Herrlichkeiten und drei

316

Himmel hin. Er kannte jemand, der bis in den dritten Himmel entrückt wurde. Wenn nun die Lehre der Sektierer stimmt, daß es nur einen einzigen Himmel gibt: warum hast du dann die Unwahrheit gesprochen, Paulus, und gesagt, es gebe drei? Jesus sagte zu seinen Jüngern: „Im Haus meines Vaters gibt es viele Wohnungen. Wenn es nicht so wäre, hätte ich euch dann gesagt: Ich gehe, um einen Platz für euch vorzubereiten? Dann komme ich wieder und werde euch zu mir holen, damit auch ihr dort seid, wo ich bin."

Die Männer Gottes sind mit Weisheit ausgerüstet

Es mag einer glauben, daß Jesus Christus der Sohn Gottes ist, und mit dem Glauben glücklich sein, aber doch seine Gebote nicht befolgen; letzten Endes wird er umgehauen werden, weil er den rechtschaffenen Geboten des Herrn nicht gehorcht hat.

Ein Mann Gottes aber muß mit Weisheit, Erkenntnis und Verständnis ausgerüstet sein, damit er das Volk Gottes belehren und führen kann. Die Sektenpriester sind blind, und sie führen die Blinden, und sie werden alle miteinander in die Grube fallen. Sie bauen mit Heu, Holz und Stroh auf den alten Offenbarungen auf, ohne daß sie das wahre Priestertum oder den Geist der Offenbarung haben. Wenn ich die Zeit dazu hätte, würde ich tiefer in Hölle, Hades, Scheol eindringen und sagen, was es dort gibt.

Das Dogma von der Gottheit

Es wird so viel über Gott und die Gottheit gesagt. In der Schrift heißt es, der Götter und Herren gibt es viele, doch wir haben nur einen lebenden und wahren Gott, und selbst die Himmel der Himmel fassen ihn nicht; denn er hat es sich erlaubt, sich in andere Himmel zu begeben. Die heutigen Lehrer sagen, der Vater sei Gott, der Sohn sei Gott, und der Heilige Geist sei Gott, und sie alle seien in einem einzigen Körper und seien nur ein einziger Gott. Jesus betete darum, daß diejenigen, die der Vater ihm aus der Welt gegeben hatte, unter sich eins seien, so wie er und der Vater eins sind (eins im Geist, in der Absicht, in der Zielsetzung). Wenn ich nun bezeugen wollte, daß die Christenheit in diesem Punkt im Irrtum sei, so wäre mein Zeugnis wahr.

Petrus und Stephanus bezeugen, daß sie des Menschen Sohn zur rechten Hand Gottes haben stehen sehen. Jeder, der die Himmel offen gesehen hat, weiß, daß es dort drei Personen gibt, die die Schlüsselgewalt innehaben, und eine davon präsidiert über alle und alles.

Wenn sich irgend jemand unterfangen möchte, das, was ich jetzt sagen will, zu widerlegen, nachdem ich es klargelegt habe, so soll er sich in acht nehmen!

Der Sohn tut, was der Vater getan hat

So wie der Vater Macht in sich hat, so hat auch der Sohn Macht in sich, sein Leben hinzugeben und es wieder zu nehmen; und er hat auch einen eigenen Körper. Der Sohn tut, was er den Vater hat tun sehen: also hat der Vater einstmals sein Leben hingegeben und es wieder genommen; also hat er einen eigenen Körper; jeder von beiden befindet sich in seinem eigenen Körper, und doch glauben die Sektierer, der Körper des Sohnes sei mit dem des Vaters identisch.

Götter übertreffen die Engel, die ja dienende Knechte sind. Bei der Auferstehung werden einige erweckt, um Engel zu sein, andere, um Götter zu werden.

Solches wird im allerheiligsten Raum in dem zu diesem Zweck erbauten Tempel offenbart. Manche Sekten schreien: „Oh, ich habe das Zeugnis Jesu, ich habe den Geist Gottes – aber hinweg mit Joe Smith! Er sagt, er sei ein Prophet, aber in den letzten Tagen soll es ja gar keine Propheten und Offenbarer mehr geben!" Halt, meine Herren! Der Offenbarer Johannes sagt, das Zeugnis Jesu sei der Geist prophetischer Rede, und so habt ihr euch durch eure Worte selbst verdammt. Aber zu unserem Text: Warum soll sich das Volk an diesem Ort sammeln? Zu demselben Zweck, zu dem Jesus die Juden sammeln wollte – damit sie die Verordnungen, die Segnungen und Herrlichkeiten empfangen können, die Gott für seine Heiligen bereithält.

Ich frage nun diese Versammlung und alle anderen Heiligen, ob ihr jetzt dieses Haus bauen und die Verordnungen und Segnungen empfangen wollt, die Gott für euch bereithält; oder wollt ihr dem Herrn dieses Haus nicht bauen und ihn vorübergehen lassen, daß er diese Segnungen einem anderen Volk zuteil werden läßt? Ich warte auf eine Antwort. (11. Juni 1843.) DHC 5:423–427.

Warum der Prophet Erfolg hat: er liebt seine Mitmenschen

Joseph sagte, zwischen ihm und dem Himmel sei alles in Ordnung; er hege gegen niemand feindliche Gefühle, und wie Jesus gebetet habe, so bete auch er, Joseph: Vater, vergib mir meine Verfehlungen, wie auch ich denen vergebe, die sich gegen mich verfehlen; denn ich vergebe allen Menschen vorbehaltlos. Wenn wir Wert darauf legen, daß andere Men-

318

schen uns lieben, und wenn wir ihre Liebe gewinnen wollen, müssen wir die anderen Menschen lieben, sogar die Feinde, nicht nur die Freunde.

Die Sektenpriester schreien um meinetwillen und fragen: „Wieso hat denn dieser Schwätzer so viele Anhänger, und sie bleiben bei ihm?" Meine Antwort darauf ist: Deshalb, weil ich das Prinzip der Liebe besitze. Alles, was ich der Welt zu bieten habe, ist ein gutes Herz und eine gute Hand.

Die Heiligen können ja bezeugen, ob ich bereit bin, mein Leben für meine Freunde hinzugeben. Wenn es sich gezeigt hat, daß ich bereit war, für einen Mormonen zu sterben, so erkläre ich angesichts des Himmels ohne Scheu, daß ich gleichermaßen bereit bin, zur Wahrung der Rechte eines Presbyterianers, eines Baptisten oder sonst eines guten Mannes irgendeiner anderen Glaubensgemeinschaft zu sterben. Denn das gleiche Prinzip, das die Rechte eines Heiligen der Letzten Tage mit Füßen tritt, das tritt auch die Rechte eines Römisch-Katholischen oder jedes anderen Glaubensbekenners mit Füßen, der sich unbeliebt gemacht hat und zu schwach ist, sich selbst zu verteidigen.

Freiheitsliebe

Die Freiheitsliebe ist es, die meine Seele inspiriert – bürgerliche und religiöse Freiheit für das ganze Menschengeschlecht insgesamt. Freiheitsliebe wurde mir von meinen Großvätern eingegeben, als sie mich auf den Knien schaukelten – werden mir je Freunde mangeln? Nein!

Häufig wird mir die Frage gestellt: „Worin unterscheiden sich Ihre religiösen Ansichten von denen der anderen?" Grundsätzlich ist es eigentlich so: In den religiösen Ansichten sind wir nicht so sehr verschieden, daß wir nicht ein und dieselbe Liebe in uns aufsaugen könnten. Einer der großen, grundlegenden Leitsätze des Mormonismus ist der, daß wir die Wahrheit annehmen, mag sie kommen, woher sie will.

Wir glauben an den großen Elohim, der im Himmel oben auf dem Thron sitzt. Das tun auch die Presbyterianer. Wenn ein geschickter Mechaniker einen Schweißbrenner nimmt und mit Hilfe von Borax, Alaun usw. Eisen oder Stahl besser zusammenschweißen kann als ein anderer – verdient er dann nicht ein Lob? Und wenn es mir gelingt, mit den Prinzipien der Wahrheit Anhänger aller Glaubensrichtungen in den Banden der Liebe zu vereinen – habe ich dann nicht etwas Gutes zustande gebracht?

Wenn ich der Überzeugung bin, die Menschen seien im Irrtum – soll ich sie dann unterdrücken? Nein, ich werde sie vielmehr emporheben, und zwar auf ihre eigene Weise, wenn ich sie nicht davon überzeugen kann, daß meine Weise besser ist. Ich werde niemanden zwingen, das zu glauben, was ich glaube, außer durch die Kraft der Beweisführung; denn die Wahrheit bahnt sich ja ihren Weg selbst. Glauben Sie an Jesus Christus und das rettende Evangelium, das er offenbart hat? Ich auch. Die Christen sollen aufhören, miteinander zu zanken und zu streiten; sie sollen vielmehr untereinander Einigkeit und Freundschaft pflegen. Das müssen sie tun, ehe das Tausendjährige Reich eingeleitet werden kann und Christus sein Reich in Besitz nimmt.

„Glauben Sie, daß kleine Kinder getauft werden müssen?" fragen die Presbyterianer. Nein! „Und warum nicht?" Weil es nirgends in der Bibel geschrieben steht. Die Beschneidung ist keine Taufe, und die Taufe wurde auch nicht anstelle der Beschneidung eingeführt. Die Taufe dient zur Sündenvergebung. Kinder haben keine Sünden. Jesus segnete sie und sagte: „Tut, was ihr mich habt tun sehen!" Kinder sind alle in Christus lebendig gemacht, und wer an Jahren älter ist, durch Glauben und Umkehr.

Bis hierher stimmen wir mit anderen christlichen Glaubensgemeinschaften überein. Sie alle predigen Glauben und Umkehr. Das Evangelium verlangt die Taufe durch Untertauchen zur Vergebung der Sünden, und das ist auch die Bedeutung des Wortes in der Sprache, in der es ursprünglich verwendet wurde – zu begraben oder unterzutauchen.

Verordnungen sind notwendig

Wir fragen die Sekten: Glaubt ihr das? Sie sagen: Nein. Ich glaube, daß man sich bekehren muß. Daran glaube ich steif und fest. Denn auch der Apostel Petrus und die Jünger Jesu haben das getan. Ich glaube aber auch, daß man die Gabe des Heiligen Geistes durch Händeauflegen empfangen muß. Der Beweis findet sich in der Predigt, die Petrus am Pfingsttag gehalten hat (Apostelgeschichte 2:38). Man kann ebensogut einen Sandsack taufen wie einen Menschen, wenn es nicht im Hinblick auf die Sündenvergebung und zur Erlangung des Heiligen Geistes geschieht. Die Taufe mit Wasser ist nur die halbe Taufe; sie nützt nichts ohne die andere Hälfte, und das ist die Taufe vom Heiligen Geist.

Der Erretter sagt: „Wenn jemand nicht aus Wasser und Geist geboren wird, kann er nicht in das Reich Gottes kommen." „Wer euch aber ein anderes Evangelium verkündigt, als wir euch verkündigt haben, der sei verflucht, auch wenn wir selbst es wären oder ein Engel vom Himmel." So steht es im Brief an die Galater 1:8. (9. Juli 1843.) DHC 5:498–500.

320

Ansprache:
Die Bürde des Propheten in seinem Dienst; Freundschaft

Ich beginne meine Ausführungen mit der folgenden Schriftstelle (Lukas 16:16): „Bis zu Johannes hatte man nur das Gesetz und die Propheten. Seitdem wird das Evangelium vom Reich Gottes verkündet, und alle drängen sich danach, hineinzukommen."

Ich bin mir nicht sicher, ob ich imstande bin, viel darüber zu predigen; aber gestützt auf den Glauben der Heiligen, kann ich vielleicht etwas Lehrreiches sagen. Man hat verbreitet, ich betrachtete mich nicht länger als einen Propheten. Ich habe das letzten Sonntag gesagt und ironisch gemeint; ich habe angenommen, ihr würdet es alle so verstehen. Ich wollte doch nicht sagen, ich hätte den Gedanken, ein Prophet zu sein, von mir gewiesen, sondern daß ich nicht bereit sei, mich selbst zum Propheten zu erklären. Allerdings sage ich: Ich habe das Zeugnis Jesu, und das ist der Geist prophetischer Rede.

Es gibt keine größere Liebe, als wenn einer sein Leben für seine Freunde hingibt. Ich habe herausgefunden, daß Hunderte und Tausende meiner Brüder bereit sind, ihr Leben für mich zu opfern.

Die Bürde, die auf mir lastet, ist sehr groß. Meine Verfolger lassen mich nicht zur Ruhe kommen, und inmitten von Obliegenheiten und geschäftlichen Pflichten muß ich wohl sagen: der Geist ist willig, aber das Fleisch ist schwach. Obwohl ich von meinem himmlischen Vater berufen wurde, das Fundament dieses großen Werkes und Reiches in dieser Evangeliumszeit zu legen und dem verstreuten Israel seinen offenbaren Willen zu bezeugen, bin ich doch den gleichen Schwächen und Gemütsbewegungen unterworfen wie andere Menschen, wie die Propheten in alter Zeit.

Ungeachtet meiner eigenen Mängel, sehe ich mich doch vor die Notwendigkeit gestellt, die Schwächen anderer zu ertragen; wenn solche Menschen in Schwierigkeit geraten, klammern sie sich hartnäckig an mich, daß ich sie wieder herausbringe. Dazu möchten sie noch, daß ich ihre Fehler zudecke. Wenn andererseits diese selben Leute eine Schwäche an Bruder Joseph entdecken, machen sie sich daran, seinen Ruf zu schädigen, indem sie diese Schwäche vor die ganze Welt bringen; sie helfen auf diese Weise meinen Feinden, die Heiligen zu vernichten. Obwohl die Kirche das Gesetz durch mich empfängt, können solche Leute mich keinen Augenblick lang ausstehen. Sie sind bereit, mich um der geringsten Schwäche willen zu vernichten, und bringen meine in ihrer Einbildung vorhandenen Fehler ins Gerede – von Dan bis Beerscheba –, obschon sie von den Dingen Gottes, die mir offenbart worden sind, viel zu wenig wissen, als daß sie über meine Handlungen und meine Motive oder mein Verhalten auf rechte Weise urteilen dürften.

Der einzige Leitsatz, wonach sie mich beurteilen, ist der, daß sie das, was ich tue, mit den törichten Überlieferungen ihrer Väter und den unsinnigen Lehren gedungener Priester vergleichen, deren Ziel und Zweck einzig und allein darin besteht, das Volk aus Gewinnsucht in Unwissenheit zu halten oder, wie der Prophet sagt, sich selbst zu weiden, nicht aber die Herde. Oft kommen Leute zu mir mit ihren Schwierigkeiten, wollen wissen, was sie tun sollen, und weinen: Oh, Bruder Joseph, hilf mir, hilf mir! Wenn aber ich in Schwierigkeiten bin, dann nehmen nur wenige Anteil an mir und leisten mir Beistand. Ich glaube an das Prinzip der Gegenseitigkeit; denn wir leben ja in einer teuflisch schlechten Welt, wo sich die Menschen damit beschäftigen, nach Übeltun Ausschau zu halten und dem Richter, der am Tor sitzt, Fallen zu stellen.

Treue gegen die Freunde

Ich sehe nichts, was ich an der Kirche auszusetzen hätte, und darum will ich mit den Heiligen auferstehen, sei es, daß ich in den Himmel hinauf oder in die Hölle hinunter oder sonst irgendwohin gelange. Und wenn wir in die Hölle kommen, so werden wir die Teufel hinauswerfen und einen Himmel daraus machen. Wo auch immer unser Volk ist, da ist gute Gesellschaft. Was kümmert es uns, wo wir sind, wenn wir nur in guter Gesellschaft sind! Mich kümmert es nicht, wer oder was jemand ist: wenn er mein Freund ist – ein wahrer Freund –, so bin ich ihm ein Freund und predige ihm das Evangelium der Errettung, gebe ihm guten Rat und helfe ihm aus seinen Schwierigkeiten heraus.

Freundschaft ist einer der großen und grundlegenden Leitsätze des Mormonismus; dazu bestimmt, die Welt von Grund auf umzugestalten und zur Gesittung zu führen, Kriege und Streitigkeiten abzuschaffen und die Menschen zu Freunden und Brüdern zu machen. Sogar der Wolf wird beim Lamm wohnen, der Panther liegt beim Böcklein. Kalb und Löwe weiden zusammen, ein kleiner Knabe kann sie hüten. Kuh und Bärin freunden sich an, und der Säugling spielt vor dem Schlupfloch der Natter, das Kind streckt seine Hand in die Höhle der Schlange. Man tut nichts Böses mehr und begeht kein Verbrechen auf meinem ganzen heiligen Berg, spricht der Herr der Heerscharen. (Jesaja.)

Liebe bringt Liebe hervor

Es ist eine alte Binsenwahrheit, daß Liebe Liebe hervorbringt. Laßt uns darum Liebe verströmen, allen Menschen unsere Freundlichkeit zeigen, dann wird der Herr uns mit immerwährender Vermehrung belohnen. Laßt uns unser Brot auf die Wasserfläche legen, und noch nach vielen Tagen werden wir es wiederfinden, hundertfach vermehrt. Freundschaft, das ist so, wie wenn Bruder Turley in seiner Schmiede Eisenstücke zusammenschweißt: sie schließt mit ihrem Einfluß die Menschen zu einer glücklichen Familie zusammen.

Ich halte mich nicht mit euren Fehlern auf, und ihr sollt euch nicht mit den meinen aufhalten. Nächstenliebe – und sie meine ich mit Liebe – deckt viele Sünden zu, und ich habe oftmals alle Fehler zugedeckt, die es unter euch gegeben hat. Am besten ist es aber, wenn man gar keine Fehler hat. Wir sollen einen sanftmütigen, ruhigen, friedfertigen Geist pflegen.

Gibt es denn bei den Presbyterianern Wahrheit? Ja. Gibt es bei den Baptisten, Methodisten usw. Wahrheit? Ja. Sie alle haben ein wenig Wahrheit, mit Irrtum vermischt. Wir sollten alle die guten und wahren Prinzipien in der Welt zusammentragen und wie einen Schatz hüten, sonst sind wir keine richtigen Mormonen.

Letzten Montagmorgen sind ein paar Brüder zu mir gekommen und haben gesagt, sie seien schwerlich damit einverstanden, daß Hyrum Prophet sein solle und ich mich zurückziehe. Ich sagte ihnen aber: „Das habe ich nur gesagt, um euren Glauben auf die Probe zu stellen; und es ist seltsam, Brüder, daß ihr schon so lange in der Kirche seid und das Melchisedekische Priestertum noch immer nicht versteht."

* * *

Es widerspricht dem Amtseid des Gouverneurs Ford, wenn er einen Mann nach Missouri schickt, wo dieser dann wegen seiner religiösen Einstellung geächtet wird. Der Gouverneur ist eidlich verpflichtet worden, für die Verfassung der Vereinigten Staaten und die Verfassung dieses Staates einzutreten, und beide gewährleisten einer jeden Religionsgemeinschaft die volle bürgerliche sowie Religionsfreiheit. (23. Juli 1843.) DHC 5:516–518.

Aussprüche des Propheten Joseph Smith (1843)

1. Verlange nie von einem Freund in mißlichen Umständen etwas, was du in gedeihlichen Umständen fordern würdest.

2. Wenn sich einer in seinem Handel und Wandel als ehrlich erwiesen hat, und aufgrund von arglistiger Täuschung und überlegener Stärke kommt ein böser Feind über ihn, macht ihn zu seinem Gefangenen und beraubt ihn seiner Habe, so sage in den Tagen seines Unglücks nie zu ihm: Bezahl, was du mir schuldig bist! Denn sonst fügst du eine noch

tiefere Wunde hinzu, und Verdammnis wird über dich kommen, und deine Reichtümer werden in den Tagen deines Unglücks gerechtfertigt sein, wenn sie dich verhöhnen.

3. Wenn ein Feind es dir unmöglich gemacht hat, etwas zu tun, so laß deshalb deine Seele nicht von Kummer bedrängt sein, wenn nur dein Wunsch ganz gerecht ist.

4. Deine Hand soll nie versäumen, das zurückzugeben, was du schuldig bist, solange du noch dazu imstande bist. Wenn es dir aber am Vermögen fehlt, so sag zu deinem Herzen: Sei stark!, und zu deiner Sorge: Laß nach!; denn was ist der Mensch? Er ist doch nur Mist auf dem Feld, und wenn er auch von dir das Wild auf den Bergen zu Tausenden forderte – nicht einmal über sein eigenes Leben kann er verfügen. Gott hat ihn gemacht und dich, und alles hat gemeinsam er gegeben.

5. Eines gibt es unter der Sonne, was ich gelernt habe: die Rechtschaffenheit des Menschen ist Sünde, weil sie in vielem hohe Forderungen stellt; die Rechtschaffenheit Gottes aber ist gerecht; denn sie fordert gar nichts, sondern läßt regnen über Gerechte und Ungerechte. schickt Saatzeit und Ernte, und der Mensch ist undankbar für alles. (1843.) MSS im Büro des Kirchengeschichtsschreibers.

Auszüge aus einer Predigt des Präsidenten Joseph Smith

Vergangenen Montagmorgen kamen Leute zu mir und sagten: „Bruder Joseph, Hyrum ist kein Prophet, er kann die Kirche nicht führen; Sie müssen die Kirche führen. Wenn Sie zurücktreten, wird alles schiefgehen; Sie dürfen einfach nicht zurücktreten, denn sonst wird die Kirche auseinanderfallen." Mir war seltsam zumute, und ich sagte: „Haben wir denn nicht das Priestertum nach der Ordnung Melchisedeks gelehrt bekommen, zu dem sowohl Propheten als auch Priester und Könige gehören (Offenbarung 1:6)? Und ich will euren Propheten zum Priester machen, dann zum König – nicht für eines der Reiche auf dieser Erde, sondern für Gott, den Allerhöchsten. Offenbarung 5:10: ,Du hast sie für unseren Gott zu Königen und Priestern gemacht: und sie werden auf der Erde herrschen.'

Wenn ich erhöht werden würde, wären dann in Missouri nicht eine große Zahl meiner Feinde sehr enttäuscht, wenn sie erwachen und sehen, daß sie in der Hölle sind, wenn sie merken, was sie hätten haben können, und erkennen, was sie verloren haben, weil sie nicht auf meine Stimme gehört und meine Weisungen nicht befolgt haben?

Matthäus 5:17, 18: ,Denkt nicht, ich sei gekommen, um das Gesetz und die Propheten aufzuheben. Ich bin nicht gekommen, um aufzuheben, sondern um zu erfüllen. Amen, das sage ich euch: Bis Himmel und

Erde vergehen, wird auch nicht der kleinste Buchstabe des Gesetzes vergehen, bevor nicht alles geschehen ist.'

Und weiter, Matthäus 11:12, 13: ‚Seit den Tagen Johannes des Täufers bis heute wird dem Himmelreich Gewalt angetan; die Gewalttätigen reißen es an sich. Denn bis hin zu Johannes haben alle Propheten und das Gesetz geweissagt.' Johannes trug das Aaronische Priestertum und war ein rechtmäßiger Administrator und der Vorläufer Christi; er kam, um ihm den Weg zu bereiten.

Christus war das Haupt der Kirche, der Schlußstein, der geistige Fels, auf dem die Kirche gebaut wurde, und die Mächte der Unterwelt werden sie nicht überwältigen. Er errichtete das Reich, erwählte Apostel und ordinierte sie zum Melchisedekischen Priestertum; er ermächtigte sie dadurch, die Evangeliumsverordnungen zu vollziehen. Johannes war ein Priester nach der Ordnung Aarons vor der Zeit Christi.

Exodus 30:30, 31: ‚Auch Aaron und seine Söhne sollst du salben und sie weihen, damit sie mir als Priester dienen. Zu den Israeliten aber sag: Das soll euch als ein mir heiliges Salböl gelten von Generation zu Generation'. Und auch Exodus 40:15: ‚Salbe sie, wie du ihren Vater (Aaron) gesalbt hast, damit sie mir als Priester dienen. Ihre Salbung soll ihnen ein immerwährendes Priestertum sichern von Generation zu Generation.'

Hier ist ein Stückchen Gesetz, das erfüllt werden muß. Das levitische Priestertum ist für immer erblich, für immer auf das Haupt Aarons und seiner Söhne festgelegt, und ist bis herab zu Zacharias, dem Vater des Johannes, voll ausgeübt worden. Zacharias wäre kinderlos geblieben, wenn Gott ihm nicht einen Sohn geschenkt hätte. Er sandte seinen Engel aus, um Zacharias zu verkünden, daß seine Frau Elisabet ihm einen Sohn gebären werde, der Johannes heißen solle.

Die Schlüssel des Aaronischen Priestertums wurden ihm übertragen, und er war wie einer, der in der Wüste ruft: ‚Bereitet dem Herrn den Weg! Ebnet ihm die Straßen!'

Es wird dem Himmelreich Gewalt angetan usw.

Das Himmelreich besteht in Vollmacht weiter bis Johannes.

Vollmacht übernimmt es durch absolute Macht.

Johannes, der die Macht hatte, übernahm das Reich durch Vollmacht.

Wie hast du alle diese große Erkenntnis erlangt? Durch die Gabe des Heiligen Geistes.

Den Juden das Reich entwunden.

Von diesen steinernen Andern – diesen Hunden –, um dem Abraham Kinder zu erwecken.

Der Erretter sagte zu Johannes: Ich muß von dir getauft werden. Und warum? Um die Gerechtigkeit ganz zu erfüllen. Johannes weigerte sich anfangs, aber dann gehorchte er, indem er an ihm die Taufverordnung vollzog. Es gab ja keinen anderen rechtmäßigen Administrator, an den sich Jesus hätte wenden können.

Ohne einen rechtmäßigen Administrator gibt es in der ganzen Bibel keine Errettung. Jesus war somit rechtmäßiger Administrator geworden und ordinierte hierauf seine Apostel." (MSS im Büro des Kirchengeschichtsschreibers).

Ausführungen des Propheten beim Begräbnis von Richter Higbee

Brüder und Schwestern, im 2. Petrusbrief 3:10 und 11 findet sich folgendes: ‚Der Tag des Herrn wird aber kommen wie ein Dieb. Dann wird der Himmel prasselnd vergehen, die Elemente werden verbrannt und aufgelöst, die Erde und alles, was auf ihr ist, werden nicht mehr gefunden. Wenn sich das alles in dieser Weise auflöst: wie heilig und fromm müßt ihr dann leben!'

Ich bin nicht wie andere Menschen. Mein Sinn ist beständig von den Geschäften des Tages beansprucht, und wenn ich, wie bei dieser Gelegenheit, etwas sagen soll, bin ich ganz und gar auf den lebendigen Gott angewiesen.

Wir müssen etwas ganz Wichtiges wissen: wir müssen begreifen, was Gott vor der Grundlegung der Welt eingerichtet und festgesetzt hat. Wer weiß es? Von Natur aus neigt der Mensch dazu, die Werke und Wege des Allmächtigen abzustecken und ihnen Grenzen zu setzen.

* * *

Ich will euch aber einen noch schmerzlicheren Gedanken nahebringen. Angenommen, ihr hättet einen Begriff von der Auferstehung usw. und wüßtet doch überhaupt nichts vom Evangelium, habt auch nicht einen einzigen Grundsatz von der Ordnung des Himmels begriffen, sondern seht euch einer Enttäuschung gegenüber – ja, letzten Endes seht ihr euch in jeder Hoffnung und Erwartung getäuscht, wenn die Entscheidung von den Lippen des Allmächtigen ergeht. Wäre das nicht eine noch größere Enttäuschung, ein noch schmerzlicherer Gedanke als der an eine völlige Auslöschung?

Verfügte ich über die Inspiration und Offenbarung und über die nötige Lungenkraft, um zu verlautbaren, was mir in der letzten Zeit durch den Kopf gegangen ist – es wäre nicht einer von den hier Versammelten, der nicht heimgehen und seinen Mund in bezug auf Religion nicht mehr auftun würde, bis er etwas gelernt hat.

Wie kann man denn so sicher sein, daß man die Dinge Gottes begreift, wo doch alles rings um einen so unsicher ist? Ihr mögt euch gern all der Erkenntnis und Intelligenz bedienen, die ich euch geben kann. Ich gönne der Welt alle Religiosität, die sie hat: sie soll sich aller Erkenntnis, die sie besitzt, von Herzen erfreuen.

Ein Klang dringt grüßend an mein Ohr: ‚Ihr seid zum Berg Zion hingetreten, zur Stadt des lebendigen Gottes, dem himmlischen Jerusalem, zu Tausenden von Engeln, zu einer festlichen Versammlung und zur Gemeinschaft der Erstgeborenen, die im Himmel verzeichnet sind; zu Gott, dem Richter aller, zu den Geistern der schon vollendeten Gerechten, zum Mittler eines neuen Bundes, Jesus.' (Hebräer 12:22–24.) Was würde es uns denn nützen, zu den Geistern der Gerechten hinzutreten, wenn nicht, um zu lernen und zum selben Maß an Erkenntnis zu gelangen wie sie?

Wohin ist Richter Higbee gegangen?

Des Vaters Bündnisse sind offenbart

Ist jemand hier, der nicht alle seine Habe hingeben würde, um die Armen zu speisen, und der nicht sein Gold und Silber in alle Winde verstreuen wollte, nur um dorthin zu gelangen, wo Richter Higbee hingegangen ist?

Das, was von der Grundlegung der Welt an verborgen gehalten worden ist, wird in den letzten Tagen den Unmündigen und Säuglingen offenbart.

Der Welt ist es zugedacht, daß sie in den letzten Tagen brennen wird. Er wird den Propheten Elija senden, und dieser wird die Bündnisse der Väter in bezug auf die Kinder offenbaren, ebenso die Bündnisse der Kinder in bezug auf die Väter.

Vier zerstörenden Engeln ist Macht gegeben über die vier Himmelsrichtungen der Erde, bis daß die Knechte Gottes versiegelt sind an ihrer Stirn. Das bedeutet, daß die Segnung, nämlich der immerwährende Bund, auf sie gesiegelt wird; und auf diese Weise hat ihre Berufung und Auserwählung Bestand. Wenn auf Vater und Mutter ein Siegel gesetzt wird, so sichert ihnen das ihre Nachkommenschaft, so daß sie nicht verlorengehen kann, sondern kraft des Bundes ihres Vaters und ihrer Mutter errettet wird.

Den trauernden Hinterbliebenen möchte ich sagen: Tut, was euer Mann, euer Vater euch auftragen würde, dann werdet ihr wieder mit ihm vereint sein.

Der Sprecher fuhr dann fort und legte die Lehre von der Auserwählung und den Prinzipien und der Macht der Siegelung dar; er sprach von der Lehre der Auserwählung bei den Nachkommen Abrahams und davon, daß auf seine Nachkommenschaft Segnungen gesiegelt würden, und von der Siegelung der Väter und Kinder, wie es die Propheten verheißen hätten. Dann sprach er von Richter Higbee in der Welt der Geister und von den Segnungen, die er erlangen würde; er sprach auch von dem freundlichen Geist und der gütigen Veranlagung Richter Higbees, solange er noch am Leben war: darüber wurde aber nie berichtet. (13. August 1843.) DHC 5:529–531.

Das Priestertum

Präsident Smith las das 7. Kapitel im Hebräerbrief vor und sagte: Salem wird hier als hebräisches Wort dargestellt; es sollte aber Schalom heißen, und das bedeutet Rechtschaffenheit und Frieden. So wie es dasteht, ist es nichts, weder hebräisch noch griechisch, lateinisch, französisch oder sonst eine Sprache.

Allen denen, die dem Allmächtigen Grenzen setzen möchten, sage ich: Ihr werdet die Herrlichkeit Gottes verlieren.

Um ein Miterbe dessen zu sein, was der Sohn als Erbe hat, muß einer alle seine falschen Überlieferungen ablegen.

* * *

Wenn ich gesündigt habe, so habe ich äußerlich gesündigt; aber sicherlich habe ich das, was von Gott ist, erwogen.

Hinsichtlich des Melchisedekischen Priestertums – die Sektierer haben nie behauptet, es zu haben; infolgedessen können sie auch nie jemand erretten, und alle miteinander müßten verdammt werden. Es hat da einen Priester der Episkopalkirche gegeben, der hat gesagt, er habe das Priestertum Aarons, nicht aber das Melchisedeks; und ich bezeuge, daß ich noch keinen Mann gefunden habe, der über das Priestertum Melchisedeks verfügt hätte. Die Macht des Melchisedekischen Priestertums besteht darin, daß man die Macht „endloser Leben" hat; denn der immerwährende Bund kann nicht gebrochen werden.

Das Gesetz wurde unter Aaron gegeben, um Strafgericht und Zerstörung auszugießen.

* * *

Drei große Ordnungen

Hier werden drei große Ordnungen des Priestertums angesprochen. Erstens, der König von Schalom (Salem) hatte höhere Macht und Vollmacht als Abraham; denn er hatte den Schlüssel und die Macht endlosen Lebens inne. Engel möchten da gerne hineinschauen, aber sie haben allzu viele Hindernisse gesetzt. Gott verfluchte die Kinder Israel, weil sie das letzte Gesetz von Mose nicht empfangen wollten.

Das Opfer, das von Abraham gefordert wurde, nämlich daß er Isaak opfern sollte, macht deutlich, daß derjenige, der die Schlüssel des Reiches eines endlosen Lebens erlangen möchte, alles opfern muß. Wenn Gott einem Menschen eine Segnung oder Erkenntnis anbietet und dieser sich weigert, sie zu empfangen, wird er verdammt werden. Die Israeliten beteten, Gott möge zu Mose sprechen, aber nicht zu ihnen; infolgedessen belegte er sie mit dem Fluch eines fleischlichen Gesetzes.

Was war die Macht Melchisedeks? Gewiß nicht das Priestertum Aarons, das seinen Dienst in äußerlichen Verordnungen und dem Darbringen von Opfern verrichtete. Diejenigen, die die Fülle des Melchisedekischen Priestertums innehaben, sind Könige und Priester Gottes, des Allerhöchsten – versehen mit den Schlüsseln der Macht und der Segnungen. Ja, dieses Priestertum ist ein vollkommenes Gesetz der Theokratie und steht an der Stelle Gottes, um dem Volk Gesetze zu geben und den Söhnen und Töchtern Adams endloses Leben zuzumessen.

Abraham sagte zu Melchisedek: Ich glaube alles, was du mich in bezug auf das Priestertum und das Kommen des Menschensohnes gelehrt hast; also ordinierte Melchisedek Abraham und ließ ihn gehen. Abraham freute sich und sagte: Nun habe ich ein Priestertum.

Die Aufgabe Elijas

Der Welt konnte keine Errettung zuteil werden ohne die Vermittlung Jesu Christi.

Wie soll denn Gott dieser Generation zu Hilfe kommen? Er wird den Propheten Elija senden. Das dem Mose auf dem Horeb offenbarte Gesetz wurde den Kindern Israel als Volk nie offenbart. Elija wird die Bündisse offenbaren, wonach das Herz der Väter an die Kinder und die Kinder an die Väter gesiegelt werden.

Salbung und Siegelung bedeuten, daß man berufen und auserwählt wird und daß dies Bestand hat.

„Er, der ohne Vater, ohne Mutter und ohne Stammbaum ist, ohne Anfang seiner Tage und ohne Ende seines Lebens, ein Abbild des Sohnes Gottes: dieser Melchisedek bleibt Priester für immer." Das Melchisedekische Priestertum leitet sein Recht vom ewigen Gott ab und nicht von einer Abstammung von Vater und Mutter. Dieses Priestertum ist so ewig wie Gott selbst – ohne Anfang der Tage und ohne Ende des Lebens.

Das zweite Priestertum ist die patriarchalische Vollmacht. Geht und vollendet den Tempel, dann wird Gott ihn mit Macht erfüllen, und ihr werdet dann in bezug auf dieses Priestertum mehr Kenntnis empfangen.

Das dritte wird das Levitische Priestertum genannt, und es besteht aus Priestern, die in äußerlichen Verordnungen amtieren, die nicht an einen Eid gebunden sind; das Melchisedekische Priestertum hingegen geht mit einem Eid und Bund einher.

Der Heilige Geist ist Gottes Bote, der in allen diesen Priestertümern amtiert.

Jesus Christus ist der Erbe dieses Reiches – der Einziggezeugte des Vaters gemäß dem Fleisch, und er hat die Schlüssel über diese ganze Welt.

Um auf den Berg Zion kommen und über die Himmel hinaus erhöht werden zu können, muß der Mensch leiden.

Ich kenne jemand, der bis in den dritten Himmel entrückt wurde, und mit Paulus kann ich sagen: Wir haben Dinge gesehen und gehört, die ein Mensch nicht aussprechen darf. (27. August 1843.) DHC 5:554–556.

Anweisungen hinsichtlich der Ehe mit mehreren Frauen

Nachmittags ritt ich auf die Prärie hinaus, um etlichen Brüdern Land zu zeigen. Abends daheim; ging mit meinem Schreiber die Straßen auf und ab. Gab Anweisung, die Leute vor Gericht zu stellen, die die Lehre von der Ehe mit mehreren Frauen predigen, lehren oder praktizieren; denn gemäß dem Gesetz bin ich es, der in den letzten Tagen die Schlüssel dieser Macht innehat. Es gibt ja zu einer Zeit immer nur einen auf Erden, dem die Macht und deren Schlüssel übertragen sind, und *ich habe beständig gesagt, kein Mann solle zu gleicher Zeit mehr als nur eine einzige Frau haben, es sei denn, der Herr gebe eine anderslautende Weisung.* (5. Oktober 1843.) DHC 6:46.

Bemerkungen des Propheten
anläßlich des Todes von James Adams

Wie man sich Errettung erwirbt

Jeder Mensch weiß, daß er sterben muß; und es ist wichtig, daß wir die Gründe und Ursachen verstehen, warum wir den Wechselfällen des Lebens und dem Tod ausgesetzt sind, ebenso aber auch die Pläne und Absichten Gottes, wenn er uns in die Welt schickt, und warum wir hier leiden und schließlich von hier fortgehen müssen. Was für einen Zweck hat es denn, daß wir ins Dasein treten, dann aber sterben, dahinschwinden und nicht mehr da sind? Es ist nur vernünftig, wenn man annimmt, Gott werde diesbezüglich etwas offenbaren, und gerade mit diesem Thema sollten wir uns mehr befassen als mit jedem anderen. Wir sollten uns Tag und Nacht damit befassen; denn die Welt ist hinsichtlich ihrer wahren Lage und ihrer wahren Verhältnisse in Unwissenheit. Wenn wir von unserem himmlischen Vater überhaupt etwas beanspruchen dürfen, so das, daß wir in dieser wichtigen Sache Erkenntnis bekommen. Könnten wir alles, was seit den Tagen Adams über das Verhältnis des Menschen zu Gott und den Engeln im zukünftigen Stand geschrieben worden ist, lesen und begreifen, so würden wir dennoch nur wenig darüber wissen. Daß wir die Erfahrung anderer Menschen lesen, kann uns ebensowenig einen umfassenden Einblick in unsere eigene Lage und unsere wahre Beziehung zu Gott geben wie eine Offenbarung, die einem anderen zuteil wird. Diesbezügliches Wissen kann man nur dadurch gewinnen, daß man selbst die Erfahrung macht, und zwar durch die Verordnungen, die Gott zu diesem Zweck eingerichtet hat. Könntet ihr nur fünf Minuten lang in den Himmel blicken – ihr würdet mehr wissen, als wenn ihr alles, was je darüber geschrieben wurde, gelesen hättet.

Wir sind nur imstande zu begreifen, daß es einiges gibt, was wir aufgrund bestimmter, festgelegter Prinzipien erreichen können. Wenn der Mensch sich Errettung erwerben will, so muß er, noch ehe er aus dieser Welt scheidet, sich gewissen Regeln und Prinzipien unterordnen, die mit unabänderlichem Beschluß schon vor der Grundlegung der Welt festgesetzt wurden.

Es wird unbeschreiblich furchtbar sein, wenn bei der Auferstehung Hoffnungen und Erwartungen nicht in Erfüllung gehen werden.

Engel und Geister

Die Organisation in der geistigen und himmlischen Welt und der geistigen und himmlischen Wesen entspricht der vollkommensten Ordnung und Harmonie; ihre Grenzen und Schranken wurden unwiderruflich festgelegt und von ihnen selbst in ihrem himmlischen Stand freiwillig gutgeheißen, und unsere ersten Eltern haben sie hier auf der Erde gutgeheißen. Darum ist es so wichtig, daß alle Menschen, die ewiges Leben erwarten, die Prinzipien ewiger Wahrheit gutheißen und in sich aufnehmen.

Ich gebe den Heiligen die Versicherung, daß die diesbezügliche Wahrheit erkannt werden kann, nämlich durch die Offenbarungen Gottes auf dem Weg über seine Verordnungen und als Antwort auf Gebet. Die hebräische Kirche ist hingetreten zu den Geistern der schon vollendeten Gerechten, zu Tausenden von Engeln, zu Gott, dem Vater aller, und zum Mittler des neuen Bundes, Jesus Christus. Was haben sie denn dadurch, daß sie zu den Geistern der schon vollendeten Gerechten hingetreten sind, in Erfahrung gebracht? Ist etwas darüber geschrieben? Nein. Was sie erfahren haben, ist nicht niedergeschrieben worden und konnte nicht niedergeschrieben werden. Was für ein Zweck wurde denn dadurch erfüllt, daß mit den Geistern der Gerechten Verbindung hergestellt wurde? Nun, es war die festgelegte Ordnung des Gottesreiches: Die Schlüssel der Macht und Erkenntnis befanden sich in ihren Händen, und sie sollten sie an die Heiligen weitergeben. Daher ist es so wichtig, daß man den Unterschied zwischen den Geistern der Gerechten und den Engeln versteht.

Geister können sich nur in flammendem Feuer und in Herrlichkeit offenbaren. Die Engel sind weiter fortgeschritten, denn ihr Licht und ihre Herrlichkeit haben eine Behausung erhalten, und darum erscheinen sie in körperlicher Gestalt. Die Geister gerechter Menschen sind denen als dienende Knechte zugewiesen, die zum ewigen Leben versiegelt sind, und die siegelnde Macht gelangt durch sie auf die Erde herab.

Patriarch Adams ist jetzt einer der Geister der schon vollendeten Gerechten; würde er sich jetzt offenbaren, so müßte dies in Feuer geschehen, und seine Herrlichkeit könnte man nicht ertragen. Jesus zeigte sich seinen Jüngern, und sie dachten, es sei sein Geist, und sie hatten Angst, sich seinem Geist zu nähern. Die Engel sind an Erkenntnis und Macht an einen höheren Punkt gelangt als die Geister.

Was nun Bruder James Adams betrifft, so erscheint es seltsam, daß ein so guter und großer Mensch gehaßt werden konnte. Der Verstorbene hätte gar nie einen Feind haben dürfen. Und doch war es so. Wo auch immer ein Licht leuchtet, wird die Finsternis hervorgehoben. Wahrheit und Irrtum, Gut und Böse lassen sich nicht miteinander in Einklang bringen. Richter Adams hatte ein paar Feinde, aber ein Mann wie er hätte nicht einen einzigen haben dürfen. Ich habe ihn erstmals in Springfield gesehen, als ich von Missouri nach Washington unterwegs war. Er richtete sein Auge auf mich, als ich für ihn noch ein Fremder war, nahm mich zu sich nach Hause, sprach mir Mut zu, heiterte mich auf, gab mir Geld. Er ist mir ein ganz vertrauter Freund gewesen. Ich habe ihn gesalbt, daß er die patriarchalische Vollmacht habe – die Schlüssel der Erkenntnis und Macht empfange, und zwar durch Offenbarung an ihn selber. Es sind ihm Offenbarungen über seinen Weggang zuteil geworden, und er hat sich an eine wichtigere Arbeit begeben. Wenn der Mensch bereit ist, so kommt es ihn leichter an, fortzugehen. Bruder Adams ist gegangen, um den Toten ein zweckdienlicheres Tor zu öffnen. Die Geister der Gerechten werden zu einer größeren und herrlicheren Arbeit erhöht; daher ist es für sie ein Segen, wenn sie in die Welt der Geister hinübergehen. Eingehüllt in flammendes Feuer, sind sie nicht fern von uns; sie kennen und verstehen unsere Gedanken, Gefühle und Regungen, was ihnen oftmals Schmerzen bereitet.

Fleisch und Blut können nicht dorthin gelangen, wohl aber Fleisch und Gebein, wenn sie vom Geist Gottes lebendig gemacht sind.

Wären wir bloß ernsthaft und achtsam – in Fasten und Beten –, Gott würde Krankheit aus unserer Mitte wegnehmen.

Beschleunigt die Arbeit im Tempel, macht erneute Anstrengungen, um das ganze Werk der letzten Tage voranzubringen, und wandelt vor dem Herrn in Ernsthaftigkeit und Rechtschaffenheit. Die Ältesten und die Heiligen sollen die Leichtfertigkeit über Bord werfen und ernsthaft sein. (9. Oktober 1843.) DHC 6:50–52.

Der Prophet über die Verfassung der Vereinigten Staaten und die Bibel. Zeitliche Betrachtungen

Es ist eines der ersten Prinzipien in meinem Leben, eines, dessen ich mich von Kindheit an befleißigt habe, weil es mir von meinem Vater gelehrt worden ist, nämlich daß jedem Menschen Gewissensfreiheit zugestanden werden muß. Es gibt auf Erden keinen entschiedeneren Befürworter der Verfassung der Vereinigten Staaten als mich. Meinem Gefühl nach bin ich stets bereit, zur Wahrung der begründeten Rechte der Schwachen und Unterdrückten mein Leben einzusetzen. Das einzige, was ich an der Verfassung auszusetzen habe, ist, daß sie nicht weitreichend genug ist, um diesen Bereich ganz zu erfassen.

Obwohl darin vorgesehen ist, daß alle Menschen sich der Religionsfreiheit erfreuen dürfen, ist doch darin keine Bestimmung getroffen, auf welche Weise diese Freiheit aufrechterhalten werden soll oder daß die Regierungsbeamten zu bestrafen sind, die sich weigern, das Volk in seinen religiösen Rechten zu schützen, oder daß dem Pöbel, den Staaten und Gemeinden, die die Rechte des Volks in bezug auf seine Religion beeinträchtigen, eine Strafe aufzuerlegen ist. Die Grundeinstellung der Verfassung ist gut, aber sie sieht keine Mittel vor, diese auch durchzusetzen. Sie hat nur diesen einen Fehler. Unter diesen Bestimmungen kann ein Mensch oder ein Volk – mit der Fähigkeit versehen, sich selbst zu beschützen – ziemlich gut zurechtkommen; wer aber das Unglück hat, schwach oder unbeliebt zu sein, ist der unbarmherzigen Wut öffentlichen Ungestüms ausgeliefert.

Die Verfassung sollte eine Bestimmung enthalten, wonach jeder Regierungsbeamte, der es unterläßt oder sich sogar weigert, den in der Verfassung vorgesehenen Schutz zu gewähren, der Todesstrafe unterliegt. Dann würde der Präsident der Vereinigten Staaten nicht sagen: ‚Ihre Sache ist gerecht, aber ich kann für Sie nichts tun‘, dann würde kein Gouverneur einen Ausrottungsbefehl erlassen, kein Richter sagen: ‚Die Männer sollten eigentlich den Schutz durch das Gesetz genießen, aber das würde dem Pöbel mißfallen; die Männer müssen also trotzdem sterben, um das Geschrei des Mobs zu befriedigen; sie müssen hängen, sonst muß Missouri in alle Ewigkeit verdammt sein.‘ Dann könnten Regierungsverfügungen zu einer Zeit erlassen werden, wo es rechtens ist, und nicht als grausames Mittel Verwendung finden, um die Unschuldigen zu unterdrücken und Menschen zu verfolgen, deren Religion unbeliebt ist.

Die verschiedenen Glaubensbekenntnisse

Ich kann an keines der verschiedenen Glaubensbekenntnisse religiöser Gemeinschaften glauben; denn sie alle enthalten irgend etwas, was ich nicht gutheißen kann, obwohl sie alle etwas Wahres in sich haben. Ich möchte in die Gegenwart Gottes hinaufgelangen und alles lernen, aber die Glaubensbekenntnisse setzen Schranken und sagen: ‚Bis hierher darfst du gehen, weiter nicht.‘ Das kann ich nicht gutheißen.

Fehler in der Bibel

Ich glaube der Bibel, und zwar in dem Wortlaut, wie er den Verfassern ursprünglich aus der Feder geflossen ist. Unwissende Übersetzer, nachlässige Abschreiber sowie berechnende und verderbte Priester haben allerdings viele Fehler hineingebracht. Da heißt es in Genesis 6:6:

‚Da reute es den Herrn, auf der Erde den Menschen gemacht zu haben‘, aber in Numeri 23:19: ‚Gott ist kein Mensch, der lügt, kein Menschenkind, das etwas bereut.‘ Da stimmt etwas nicht. Vielmehr sollte es lauten: ‚Da reute es Noach, daß Gott auf der Erde den Menschen gemacht hatte.‘ Das glaube ich, und dann stimmt auch die zweite Schriftstelle damit überein. Wenn mir jemand anhand einer Passage aus der heiligen Schrift nachweisen kann, daß auch nur ein Punkt, den ich glaube, falsch ist, will ich ihn aufgeben und, sofern ich ihn verkündigt habe, öffentlich widerrufen.

Die ersten Grundsätze des Evangeliums, wie ich sie glaube, sind: der Glaube, die Umkehr, die Taufe zur Sündenvergebung mit der Verheißung des Heiligen Geistes.

Man betrachte nun den Widerspruch im Hebräerbrief 6:1: ‚Darum wollen wir beiseite lassen, was man zuerst von Christus verkünden muß, und uns dem Vollkommeneren zuwenden.‘ Wenn jemand das beiseite läßt, was man zuerst von Christus verkündigen muß – wie kann er dann mittels dieses Grundsätzlichen errettet werden? Das ist ein Widerspruch, und ich glaube es nicht. Ich will es so wiedergeben, wie es lauten sollte: ‚Darum wollen wir – ohne das beiseite zu lassen, was man zuerst von Christus verkünden muß – uns dem Vollkommeneren zuwenden; wir wollen nicht noch einmal den Grund legen mit der Belehrung über die Abkehr von toten Werken, über den Glauben an Gott, über die Taufen, die Handauflegung, die Auferstehung der Toten und das ewige Gericht.‘

Das Reich Gottes

Das Reich Gottes zu sehen und in das Reich Gottes zu kommen – das ist zweierlei. Wir müssen eine Wandlung im Herzen erleben, um das Reich Gottes zu sehen, und wir müssen die Bedingungen der Sohnschaft erfüllen, um hineinzukommen.

Niemand empfängt den Heiligen Geist, ohne Offenbarungen zu empfangen. Der Heilige Geist ist ein Offenbarer.

Strafen erwarten diese Generation

Ich prophezeie im Namen des Herrn, des Gottes Israels: Qualen und Grimm und Drangsal sowie die Wegnahme des Geistes Gottes von der Erde erwarten diese Generation, bis sie mit völliger Verwüstung heimgesucht sein wird. Diese Generation ist ebenso verderbt wie die Generation der Juden, die Christus gekreuzigt haben; und wenn er heute hier wäre und dieselbe Lehre verkündigte wie damals, so würde man ihn umbringen. Ich fordere die ganze Welt heraus, das Werk Gottes zu vernichten; und ich prophezeie, daß man nicht die Macht haben wird, mich zu ermorden, bis meine Arbeit vollendet ist und ich bereit bin zu sterben.

Volkswirtschaftliches; Betreuung der Armen

Unsere Volkswirtschaft sollte darauf ausgerichtet sein, Erzeugungsbetriebe zu schaffen und dafür Mut zu machen, auch sollen für Geld keine Wucherzinsen genommen werden. Ich möchte nicht, daß die Armen hier gezwungen werden zu verhungern. Geht hinaus aufs Land und in die benachbarten Städte und verschafft euch Nahrung. Gürtet euch die Lenden, und seid ernsthaft. Wenn ihr Nahrung bekommen habt, so kehrt zurück, wenn es euch danach zumute ist.

Einige sagen, es wäre besser, die Armen zu unterstützen, als den Tempel zu bauen. Der Bau des Tempels hat aber die Armen, die aus Missouri vertrieben worden sind, am Leben erhalten und sie vor dem Verhungern bewahrt; und er war das geeignetste Mittel zu diesem Zweck, das sich nur finden ließ.

O all ihr reichen Männer unter den Heiligen der Letzten Tage, die ihr aus der Ferne kommt: Ich möchte euch alle einladen, bringt doch etliches von eurem Geld her – euer Gold und Silber, eure Wertsachen, und spendet für den Tempel. Wir brauchen Eisen, Stahl, Spaten, Steinbruchwerkzeuge und sonstige mechanische Ausrüstung.

Es wäre ein guter Plan, eine Eisenschmiede einzurichten und allerart Rohmaterial heranzuschaffen, auch sollte man Erzeugungsbetriebe aller Art schaffen und dort, wo der Fluß reißend ist, eine Menge Mühlen und andere mechanische Werkstätten einrichten.

Ich habe niemals auch nur einen Heller gestohlen. Wenn einer hungrig ist, so soll er doch nicht stehlen. Kommt zu mir, ich werde euch zu essen geben.

Das Geheimnis der Freimaurerei besteht darin, daß sie ein Geheimnis bewahren kann. Es macht sich bezahlt, Fremde zu beherbergen, Sektierer aufzunehmen. Kommt her nach Nauvoo, ihr sektiererischen Priester des „ewigen Evangeliums", wie sie es alle nennen, und meine Kanzel steht euch den ganzen Tag zur Verfügung!

Weh euch, ihr Reichen, die ihr euch weigert, den Armen zu geben, und dann kommt und Brot von mir haben wollt! Weg mit eurer Knauserigkeit; seid freigebig! Wir brauchen eine Läuterung – daß wir rein gemacht und gesäubert werden. Ihr, die ihr nur wenig Glauben an die Ältesten habt, wenn ihr krank seid – verschafft euch gleich zu Anfang ein einfaches Heilmittel. Wenn ihr überhaupt einen Arzt zuziehen wollt, so tut es gleich zu Beginn der Krankheit.

All ihr Heilkünstler, die ihr Narren seid, wenig gelesen habt und die Funktionen des menschlichen Körpers nicht versteht – stellt eure Praxis ein! Und all ihr Anwälte, die ihr nichts zu tun habt, außer was ihr so ausbrütet – wollte Gott, ihr würdet arbeiten gehen oder verschwinden! (15. Oktober 1843.) DHC 6:56–69.

Vortrag: Die siegelnde Macht im Priestertum

Es sind heute viele Leute hier anwesend und auch sonstwo in der Stadt und aus verschiedenen Teilen der Welt, die sagen, sie hätten tatsächlich einen Teil der Erkenntnis durch Offenbarung von Gott empfangen, und zwar auf die Weise, wie er es verordnet und bestimmt hat.

Ich stelle mich daher auf den Standpunkt, daß wir generell einen Teil Erkenntnis durch direkte Offenbarung von Gott empfangen haben; und aus der gleichen Quelle können wir alle Erkenntnis empfangen.

Die Sendung Elijas

Worüber soll ich heute sprechen? Ich weiß, was Bruder Cahoon möchte, daß ich sagen soll. Er möchte, daß ich über das Kommen Elijas in den letzten Tagen spreche. Ich sehe es ihm an den Augen an. Gut, ich werde also über dieses Thema sprechen.

Die Bibel sagt: ‚Bevor aber der Tag des Herrn kommt, der große und furchtbare Tag, seht, da sende ich zu euch den Propheten Elija. Er wird das Herz der Väter wieder den Söhnen zuwenden und das Herz der Söhne ihren Vätern, damit ich nicht kommen und das Land dem Untergang weihen muß.‘

Das Wort *zuwenden* sollte eigentlich mit *binden* oder *siegeln* wiedergegeben werden. Was für einen Zweck hat aber dieser wichtige Auftrag? Wie soll er erfüllt werden? Die Schlüssel sollen übergeben werden, Elija soll kommen, das Evangelium soll fest gegründet sein, die Heiligen Gottes sollen sich sammeln, Zion soll erbaut werden, und die Heiligen sollen als Befreier auf den Berg Zion ziehen.

Wie aber können sie Befreier auf dem Berg Zion werden? Indem sie ihre Tempel bauen, Taufbecken errichten und darangehen, für sich selbst und für ihre verstorbenen Vorfahren sämtliche Verordnungen, Taufe, Konfirmation, Waschung, Salbung, Ordinierung und siegelnde Kraft zu empfangen, so daß sie erlöst werden und in der ersten Auferstehung hervorkommen und mit ihnen zu herrlichen Thronen erhöht werden können. Hierin liegt die Kette, die das Herz der Väter an die Söhne und die Söhne an die Väter bindet: damit ist der Auftrag Elijas erfüllt. Und ich wünschte bei Gott, daß dieser Tempel jetzt fertig wäre und wir hineingehen und uns an die Arbeit machen und unsere Zeit gut nützen könnten, daß wir von der siegelnden Kraft Gebrauch machen, solange sie auf der Erde ist.

Den Heiligen bleibt nicht viel Zeit

Den Heiligen bleibt nicht allzuviel Zeit, ihre Toten zu erretten und zu erlösen und ihre sämtlichen lebenden Verwandten um sich zu sammeln, damit auch sie errettet werden können, bevor die Erde zerschlagen wird und die beschlossene Zerstörung über sie hereinbricht.

Ich möchte allen Heiligen raten, mit aller Macht daranzugehen und ihre sämtlichen lebenden Verwandten an diesem Ort zusammenzuführen, so daß sie gesiegelt und errettet werden können, damit sie für den Tag bereit sind, an dem der zerstörende Engel ausgeht. Selbst wenn die ganze Kirche mit aller Macht daranginge, ihre Toten zu erretten, ihre Nachkommenschaft zu siegeln und die lebenden Freunde zu sammeln, ja, nichts von ihrer Zeit für die Dinge der Welt aufwendete – sie würde es dennoch kaum schaffen, ehe die Nacht kommt, in der niemand mehr etwas tun kann. Die einzige Sorge, die ich jetzt habe, betrifft uns selber: daß die Heiligen getrennt werden könnten, auseinander gehen und sich zerstreuen würden, ehe unsere Errettung gesichert ist; denn es gibt in der Welt so viele Narren, auf die der Teufel einwirken kann, daß er oftmals im Vorteil ist.

Alle Verordnungen sind notwendig

Häufig wird die Frage gestellt: ‚Können wir denn nicht errettet werden, ohne daß wir alle diese Verordnungen durchmachen?' Meine Antwort ist: Nein, jedenfalls nicht die Fülle der Errettung. Jesus sagte: ‚Im Haus meines Vaters gibt es viele Wohnungen. Ich gehe, um einen Platz für euch vorzubereiten.' Der hier gebrauchte Ausdruck Haus hätte mit Reich übersetzt werden sollen; und jeder, der in die höchste Wohnung erhöht wird, muß nach einem celestialen Gesetz leben, und zwar nach dem ganzen Gesetz.

Es ist aber sehr schwierig, dieser Generation etwas in den Kopf zu bringen. Es ist so, als wollte man einen knorrigen Kiefernstamm aufspalten und hätte dazu einen harten Maiskuchen als Keil und einen Kürbis als Schlegel. Selbst die Heiligen sind schwer von Begriff.

Die Heiligen wollen nicht lernen

Jahrelang habe ich mich bemüht, den Sinn der Heiligen so bereitzumachen, daß sie das, was von Gott ist, empfangen können; aber häufig sehen wir, wie einige von ihnen, nachdem sie um des Werkes Gottes willen so viel erlitten haben, doch sogleich wie Glas zerspringen, wenn irgend etwas eintritt, was ihren Überlieferungen widerspricht – sie sind nicht feuerfest. Ich vermag nicht zu sagen, wie viele imstande sein werden, nach einem celestialen Gesetz zu leben und durchzuhalten und ihre Erhöhung zu empfangen; denn viele sind berufen, aber wenige werden erwählt. (20. Januar 1844.) DHC 6:183–185.

Ansichten des Propheten über seine Kandidatur als Präsident der Vereinigten Staaten

Ich hätte nicht geduldet, daß mein Name von meinen Freunden in irgendeiner Weise mit dem Präsidentenamt der Vereinigten Staaten oder der Kandidatur zu diesem Amt in Verbindung gebracht würde, wenn ich und meine Freunde unsere Rechte im religiösen und bürgerlichen Bereich, wie die Verfassung sie jedem Staatsbürger zugesteht, hätten genießen dürfen. Aber von Anfang an wurde uns dies verwehrt. Immer wieder ist wegen unserer religiösen Ansichten Verfolgung über uns hinweggerollt wie grollender Donner, und das von verschiedenen Stellen der Vereinigten Staaten. Und keine einzige amtliche Stelle hat sich bislang für uns eingesetzt. Angesichts dessen sehe ich es als mein Recht an und nehme mir die Freiheit, auf rechtliche Weise so viel Einfluß und Macht in den Vereinigten Staaten zu erlangen, wie ich nur kann, um verletzte Unschuld zu beschützen. Wenn ich in einer guten Sache mein Leben verliere, so bin ich bereit, mich auf dem Altar der Tugend, Rechtschaffenheit und Wahrheit opfern zu lassen – damit die Gesetze und die Verfassung der Vereinigten Staaten aufrechterhalten bleiben, nötigenfalls für das allgemeine Wohl der Menschheit. (8. Februar 1844.) DHC 6:210 f.

Überlegungen zur Verlegung der Kirche nach dem Westen

Ich wies die Zwölf Apostel an, eine Abordnung zu entsenden und die Örtlichkeit in Kalifornien und Oregon zu erforschen und einen geeigneten Platz zu suchen, wohin wir uns nach der Fertigstellung des Tempels begeben und eines Tages eine Stadt errichten können, wo wir unsere eigene Regierung haben können – oben in den Bergen, wo uns nicht einmal der Teufel ausheben kann, wo wir in einem gesunden Klima leben und so alt werden können, wie wir möchten. (20. Februar 1844.) DHC 6:222.

Um Errettung zu erlangen, muß man die Gesetze Gottes befolgen

Ich sprach zu den Leuten und legte ihnen dar: Wenn wir Errettung erlangen wollen, müssen wir nicht nur einiges, sondern alles tun, was Gott geboten hat. Es mag einer predigen und praktizieren, was er will – wenn es nicht das ist, was Gott geboten hat, wird er schließlich doch verdammt sein. Wir mögen Minze und Gartenkresse und alle Arten Kräuter verzehnten und doch die Gebote Gottes nicht befolgen. Mir kommt es darauf an, Gott genau in den Dingen, die er uns gebietet, gehorsam zu sein und andere Menschen zum gleichen Gehorsam zu bewegen. Es kommt nicht darauf an, ob das Prinzip beliebt oder unbeliebt ist. Ein wahres Prinzip werde ich immer hochhalten, auch wenn ich dabei ganz allein sein sollte. (21. Februar 1844.) DHC 6:223.

Ausrüstung für die Erkundung des Westens

Ich traf mich mit den Zwölf im Versammlungssaal; wir besprachen den Erkundungszug nach Oregon und Kalifornien. Hyrum und Sidney waren zugegen. Ich sagte ihnen, ich wünschte eine Erkundung des gesamten Gebirgslandes. Es wäre wohl am besten, geradewegs nach Santa Fe zu gehen. „Sendet fünfundzwanzig Männer aus; wo sie auch hinkommen, sollen sie das Evangelium predigen. Laßt nur diejenigen mitgehen, die 500 Dollar aufbringen können, ein gutes Pferd und ein Maultier, eine Doppelflinte – ein Lauf gezogen, der andere glatt –, Sattel und Zaumzeug, zwei Revolver, ein Bowiemesser und einen guten Säbel. Bestimmt einen als Führer, und dann trommelt Freiwillige zusammen. Ich möchte, daß jeder, der geht, ein König und Priester ist. Wenn er auf die Berge hinaufkommt, wird er mit Gott sprechen wollen; wenn er bei den Wilden ist, wird er die Macht haben wollen zu bestimmen usw. Wenn wir keine Freiwilligen bekommen, warten wir bis nach der Wahl.“ (23. Februar 1844.) DHC 6:224.

Eine Prophezeiung, daß die Heiligen befreit sein werden

Ich erteilte einige wichtige Anweisungen und machte die Prophezeiung, daß wir innerhalb von fünf Jahren aus der Gewalt unserer alten Feinde befreit sein werden, ob es nun Abgefallene oder Menschen von der Welt seien. Ich sagte den Brüdern, sie sollten dies niederschreiben; dann können sie nachher, wenn es eingetreten ist, wenigsten nicht sagen, sie hätten den Ausspruch vergessen. (25. Februar 1844.) DHC 6:225.

Das Endowment soll empfangen, wer würdig ist

Hinsichtlich derjenigen, die von ihrem Besitz für den Tempel spenden: Wir wünschen, daß sie ihre Gabe an die richtige Stelle bringen und sorgfältig darauf achten, in wessen Hände sie gelangt, so daß sie in den Kirchenbüchern eingetragen werden kann. Diejenigen, deren Name dann in den Kirchenbüchern zu finden ist, werden als erste Anspruch darauf haben, ihr Endowment im Tempel zu empfangen. Ich selbst werde mich bei der Tempelweihe an die Tür stellen, und keiner wird hineinkommen, der nicht seinen Zuschuß entrichtet hat.

Bemerkungen zu politischen Angelegenheiten

Was nun die Politik betrifft, so mache ich mir nicht viel aus dem Präsidentenstuhl. Ich würde nicht halb so viel für das Amt des Präsidenten der Vereinigten Staaten geben wie für meine jetzige Stellung als Generalleutnant der Nauvoo-Legion.

Wir haben ein ebenso gutes Recht, eine politische Partei zu bilden, um die Macht zu erlangen, die wir zu unserer Verteidigung brauchen, wie die Volksverführer, die unsere Religion zum Vorwand nehmen, um so viel Macht zu erlangen, daß sie uns vernichten können. Mit anderen Worten, wenn die Welt die Regierungsgewalt benutzt, um uns zu unterdrücken und zu verfolgen, so ist es nur recht, wenn wir sie benutzen, um unsere Rechte zu wahren. Wir werden dem Pöbel eins auswischen, indem wir unseren eigenen Kandidaten für das Präsidentenamt aufstellen.

Wenn ich die Zeitungen aus dem Osten in die Hand bekomme und sehe, wie volkstümlich ich geworden bin, so habe ich selber Angst davor, gewählt zu werden; sollte ich es aber doch werden, so werde ich jedenfalls nicht sagen: „Ihre Sache ist gerecht, aber ich kann nichts für Sie tun." Was ich in bezug auf die Angliederung von Texas gesagt habe, hat bei einigen wenig Gefallen gefunden; die Leute sind dagegen. Einige

Mormonengegner sind anständige Leute. Das sage ich aber in der Erwartung, daß sie Umkehr üben werden. Sie wehren sich gegen Texas, weil es dort die Sklaverei gibt. Aber gerade das ist doch der Grund, warum es aufgenommen werden sollte: dann können wir die Sache besser im Auge behalten; denn von zwei Übeln müssen wir das größere zurückweisen.

Gouverneur Houston von Texas hat gesagt: „Wenn ihr euch weigert, uns in die Vereinigten Staaten aufzunehmen, müssen wir bei der Britischen Regierung Schutz suchen."

Das wäre sicherlich eine sehr schlechte Politik für unsere Nation. Die Briten gehen jetzt im ganzen Land umher und versuchen, alle Leute zu bestechen. Haben sie es erst einmal im Besitz, so wird es das erste sein, daß sie die Neger und die Indianer in den Kampf schicken, und sie werden uns fertigmachen. Britische Beamte laufen in ganz Texas umher, um das Land unter britischen Einfluß zu bringen.

Es wäre für uns viel ehrenvoller, wenn wir Texas aufnehmen und die Neger freilassen und die Indianer und Neger gegen unsere Feinde einsetzen. Laßt Texas nicht fahren, sonst werden unsere Mütter und die Töchter des Landes uns ins Gesicht lachen, und wenn das nicht so ist, so hat Gott seit Anfang an noch nie durch einen Propheten gesprochen.

Wieviel besser ist es, wenn die Nation ein paar Kosten auf sich nimmt, als daß die Indianer und die Briten über uns kommen und uns alle vernichten. Wir sollten soviel Landgebiet an uns bringen, wie wir nur können. Ich weiß vieles, was ich aber nicht sage. Man hat mir Bestechungsgeld angeboten, aber ich habe es zurückgewiesen.

Die Regierung will von mir keinen Rat annehmen: sie sei selbständig und nicht auf fremde Hilfe angewiesen. Aber die Leute müssen in die Hölle hinunter und sich mit Furcht und Zittern um ihre Errettung mühen.

Was die Staatsmacht betrifft, so bildet der Süden das Zünglein an der Waage. Wenn Texas angegliedert wird, kann ich diesem Übelstand abhelfen. Ich würde, sobald Texas annektiert ist, in zwei, drei Staaten die Sklaven freilassen, ihre Eigentümer entschädigen und die Neger nach Texas schicken und von dort nach Mexiko, wo die Hautfarbe keinerlei Rolle spielt. Und wenn das noch nicht genügte, würde ich Kanada anrufen und es annektieren. (7. März 1844.) DHC 6:243 f.

Ausführungen des Propheten zu Elias, Elija und Messias

Zwischen dem Geist und Amt des Elias und dem des Elija besteht ein Unterschied. Zunächst möchte ich über den Geist des Elias sprechen, und um das Thema einzuleiten, will ich ein paar Zeugnisse aus der Schrift vorbringen und auch mein eigenes hinzufügen.

Zuerst einmal genügt es, wenn ich sage, daß ich in den Wald ging, um den Herrn im Gebet zu fragen, was sein Wille in bezug auf mich sei. Ich erblickte einen Engel, und er legte mir seine Hände auf und ordinierte mich zum Priester nach der Ordnung Aarons und daß ich die Schlüssel dieses Priestertums innehaben solle, dessen Amt es sei, Umkehr und die Taufe zur Sündenvergebung zu predigen und auch zu taufen. Mir wurde aber mitgeteilt, daß sich dieses Amt nicht auf das Händeauflegen erstrecke, um den Heiligen Geist zu spenden: das sei vielmehr eine höhere Befugnis und würde später erteilt werden. Meine Ordinierung sei ein vorbereitender Schritt oder ein Vorausgehen, das dem Geist des Elias entspräche; denn der Geist des Elias sei ein Vorausgehen, um den Weg für das Größere zu bereiten – das war mit Johannes dem Täufer der Fall. Er kam und rief in der Wüste: „Bereitet dem Herrn den Weg! Ebnet ihm die Straßen!" Und es wurde ihnen gesagt – wenn sie es gelten lassen wollten –, dies sei der Geist des Elias. Johannes war sehr darauf bedacht, den Leuten zu sagen, daß nicht er das Licht sei, sondern daß er gesandt sei, für das Licht Zeugnis abzulegen.

Er sagte den Leuten, er habe den Auftrag, Umkehr zu predigen und mit Wasser zu taufen; derjenige aber, der nach ihm käme, werde mit Feuer und dem Heiligen Geist taufen.

Wäre er ein Schwindler gewesen, so hätte er wohl seine Grenzen überschritten; er hätte es unternommen, Verordnungen zu vollziehen, und zwar unter dem Geist des Elias, die nicht zu diesem Amt und dieser Berufung gehören.

Elias hat den Auftrag, den Weg zu bereiten

Der Geist des Elias soll den Weg für eine größere Offenbarung von Gott bereiten; das ist also das Priestertum des Elias oder das Priestertum, zu dem Aaron ordiniert wurde. Und wenn Gott einen Mann auf die Welt sendet, damit er alles für ein größeres Werk vorbereite, weil er die Schlüsselgewalt des Elias innehat, so wurde dies schon immer die Lehre des Elias genannt, ja, von der Frühzeit der Welt an.

Der Auftrag des Johannes war darauf beschränkt, zu predigen und zu taufen; aber was er tat, entsprach dem Gesetz. Wenn Jesus Christus zu irgendwelchen Jüngern des Johannes kam, taufte er sie mit Feuer und dem Heiligen Geist.

Wir bemerken, daß die Apostel mit größerer Macht ausgerüstet waren als Johannes; ihr Amt stand mehr unter dem Geist und der Kraft des Elija als der des Elias.

Philippus zum Beispiel wirkte unter dem Geist des Elias, als er nach Samarien reiste und dort Männer und Frauen taufte. Als Petrus und Johannes davon hörten, gingen sie dorthin, legten ihnen die Hände auf, und sie empfingen den Heiligen Geist. Das zeigt den Unterschied zwischen diesen beiden Machtbereichen.

Als Paulus einmal zu einigen Jüngern kam, fragte er sie, ob sie den Heiligen Geist empfangen hätten. Sie antworteten: Nein. Wer hat euch denn getauft? Wir sind mit der Taufe des Johannes getauft worden. Nein, ihr seid nicht mit der Taufe des Johannes getauft worden, denn sonst wärt ihr ja von Johannes selbst getauft worden. Und so ging Paulus hin und taufte sie; denn er kannte die wahre Lehre und wußte, daß Johannes sie nicht getauft hatte. Mich befremdet es nur, daß Leute, die die Heilige Schrift, das Neue Testament, gelesen haben, so weit davon entfernt sind.

Was ich euch besonders einprägen möchte, ist die unterschiedliche Macht, die in den verschiedenen Teilen des Priestertums vorhanden ist. Damit könnt ihr, wenn jemand zu euch kommt und sagt: Ich habe den Geist des Elias, sogleich erkennen, ob er die Wahrheit sagt oder nicht; denn wenn jemand kommt und den Geist und die Macht des Elias hat, wird er seine Grenzen nicht überschreiten.

Johannes hat seine Grenzen nicht überschritten, sondern den Teil, der zu seinem Amt gehörte, getreulich erfüllt. Jeder Teil des großen Bauwerks muß richtig ausgeführt sein und seinen ihm zugewiesenen Platz einnehmen. Es ist notwendig zu wissen, wer die Schlüsselgewalt innehat und wer nicht, sonst könnte es sein, daß wir getäuscht werden.

Wer die Schlüssel des Elias innehat, der hat eine vorbereitende Arbeit zu tun. Wenn ich jetzt noch länger über den Geist des Elias rede, komme ich nicht mehr dazu, dem Geist und der Macht Elijas gerecht zu werden.

Das ist also der Elias, von dem in den letzten Tagen die Rede ist – die Klippe, an der viele scheitern, weil sie meinen, die Zeit sei schon in den Tagen des Johannes und Christi gewesen und werde nicht erst kommen. Mir aber wurde der Geist des Elias offenbart, und ich weiß, daß dies wahr ist; darum spreche ich freimütig; denn ich weiß wahrhaftig, daß meine Lehre wahr ist.

Der Auftrag des Elija

Nun aber zu Elija! Der Geist, die Macht und die Berufung des Elija bestehen darin, daß man die Macht hat, den Schlüssel der Offenbarungen, Verordnungen, Wahrworte, Kräfte und Stärkungen, die zur Fülle des Melchisedekischen Priestertums und zum Reich Gottes auf Erden gehören, innezuhaben; ferner, daß man alle zum Gottesreich gehörenden Verordnungen in Empfang nimmt und vollzieht, ja, so weit, daß man das Herz der Väter den Söhnen und das Herz der Söhne den Vätern zuwendet, sogar derer, die im Himmel sind.

Maleachi sagt: „Bevor aber der Tag des Herrn kommt, der große und furchtbare Tag, seht, da sende ich zu euch den Propheten Elija. Er wird das Herz der Väter wieder den Söhnen zuwenden und das Herz der Söhne den Vätern, damit ich nicht kommen und das Land dem Untergang weihen muß."

Nun, worauf ich aus bin, das ist Gotteserkenntnis, und ich gehe dabei meinen eigenen Weg, um sie zu erlangen. Was sollen wir in den letzten Tagen unter dem allen verstehen?

In den Tagen Noachs zerstörte Gott die Welt durch eine große Flut, und er gelobte, er werde sie in den letzten Tagen durch Feuer zerstören. Bevor das aber geschehen würde, sollte zuerst Elija kommen und das Herz der Väter wieder den Söhnen zuwenden usw.

Und jetzt kommt der entscheidende Punkt: Worin besteht dieses Amt und diese Arbeit des Elija? Das ist eines der bedeutendsten und wichtigsten Themen, die Gott offenbart hat. Er würde Elija senden, um die Söhne an die Väter und die Väter an die Söhne zu siegeln.

Für die Lebenden und für die Toten

War das nun lediglich auf die Lebenden beschränkt, um Schwierigkeiten in den Familien auf der Erde zu beizulegen? Keineswegs. Es ist ein viel umfassenderes Werk. ,Elija, was würdest du tun, wenn du hier wärst? Würdest du deine Arbeit lediglich auf die Lebenden beschränken?' Nein! Ich möchte euch auf die Schrift verweisen, wo die Sache deutlich gemacht ist; nämlich daß sie nicht ohne uns vollkommen gemacht werden können und wir nicht ohne sie, die Väter nicht ohne die Söhne und die Söhne nicht ohne die Väter.

Ich wünschte, ihr würdet diese Sache verstehen, denn sie ist wichtig; und wenn ihr es gelten lassen wollt: das ist der Geist des Elija, daß wir nämlich unsere Toten erlösen und eine Verbindung schaffen zwischen uns und unseren Vätern, die im Himmel sind, und daß wir unsere Toten versiegeln, so daß sie in der ersten Auferstehung hervorkommen. Dazu brauchen wir eben die Macht des Elija, so daß wir diejenigen, die auf der Erde leben, an diejenigen siegeln können, die im Himmel sind. Das also ist die Macht des Elija und sind die Schlüssel des Reiches Jehovas.

Auf Erden und im Himmel gesiegelt

Nehmen wir einmal einen Fall an. Gesetzt den Fall, der große Gott, der im Himmel wohnt, würde sich unserem lieben Vater Cutler hier offenbaren, indem er ihm die Himmel öffnet, und zu ihm sagen: ‚Ich lege dir meinen Beschluß vor: Was auch immer du auf Erden siegeln wirst, das werde ich im Himmel siegeln.' Vater Cutler, Ihr habt also die Macht; kann sie Euch genommen werden? Nein. Was Ihr also auf Erden siegelt, und zwar mit den Schlüsseln des Elija, wird im Himmel gesiegelt sein: und das ist die Macht des Elija, und darin besteht der Unterschied zwischen Macht und Geist des Elias und des Elija. Während der Geist des Elias ein Wegbereiter ist, ist die Macht des Elija ausreichend, um unserer Berufung und Auserwählung Bestand zu verleihen. Das ist dieselbe Lehre, worin wir ermahnt werden, uns dem Vollkommeneren zuzuwenden, nicht noch einmal den Grund zu legen mit der Belehrung über die Abkehr von toten Werken und die Handauflegung, die Auferstehung der Toten usw.

Wir können nicht ohne die Väter vollkommen werden usw. Wir müssen Offenbarung von ihnen erlangen, und wir können sehen, daß die Lehre von der Offenbarung die Lehre, die keine Offenbarung zugibt, weit übertrifft. Denn eine einzige Wahrheit, die vom Himmel offenbart wird, wiegt alle sektiererischen Vorstellungen auf der ganzen Welt auf.

Der Geist des Elija war in den Tagen der Apostel deutlich vorhanden, indem einige Menschen den Schlägen des Satans ausgeliefert wurden, damit sie am Tag des Herrn Jesus errettet werden könnten. Durch den Geist des Elija wurden sie für die Verdammnis der Hölle versiegelt bis zum Tag des Herrn, dem Tag, da sich Jesus Christus offenbaren wird.

Nun zur Lehre von der Auserwählung, über die die Welt so viel gestritten hat; freilich weiß sie davon so gut wie nichts.

Die Gnade verwirken

Zu der Lehre, über die die Presbyterianer und die Methodisten so viel gestritten haben – nämlich „einmal in Gnade, immer in Gnade" und „die Gnade verwirken" –, will ich ein Wort sagen. Beide haben unrecht. Die Wahrheit liegt in der Mitte. Die Presbyterianer einerseits sagen: „Einmal in der Gnade, kannst du nicht fallen", aber die Methodisten anderseits behaupten: „Man kann heute Gnade haben, sie morgen verwirken und am nächsten Tag wiederum Gnade haben, und so fort in beständigem Wechsel." Die Lehre der Schrift und der Geist des Elija würden allerdings zeigen, daß beide sich irren, und zwischen beiden Meinungen den Mittelweg einschlagen. In der Schrift heißt es nämlich: Wenn jemand einmal das gute Wort Gottes und die Kräfte der zukünftigen Welt kennengelernt hat, dann aber abgefallen ist, so ist es unmöglich, ihn zu erneuen; denn er schlägt jetzt den Sohn Gottes noch einmal ans Kreuz und macht ihn zum Gespött. Es ist also durchaus möglich, daß man abfällt und nicht erneut werden kann; und die Macht des Elija kann einen nicht gegen diese Sünde versiegeln; denn dies ist ein Vorbehalt, der in den Siegeln und der Macht des Priestertums gemacht worden ist.

Ich werde jede Lehre, die ich vortrage, klarmachen; sie soll auf festem Grund stehen, und ich trotze der ganzen Welt; denn ich nehme meine Zuflucht unter den weiten Flügeln des großen Werkes, in dem ich tätig bin. Mir macht es nichts aus, ob die ganze Hölle überkocht; für mich ist das nichts anderes als das Prasseln der Dornen unter dem Kessel.

Keine Vergebung für Mörder

Ein Mörder beispielsweise, einer, der unschuldiges Blut vergießt, kann keine Vergebung erlangen. David trachtete mit viel Tränen ernstlich danach, daß Gott ihm nach dem Mord an Uria Umkehr gewähre, aber er konnte sie nur auf dem Weg durch die Hölle erlangen: es wurde ihm verheißen, daß seine Seele nicht in der Hölle werde bleiben müssen.

Nun war David zwar ein König, aber er erlangte dennoch weder den Geist und die Macht des Elija noch die Fülle des Priestertums. Das Priestertum, das er empfangen hatte, und der Thron und das Reich Davids werden ihm genommen und in den letzten Tagen einem anderen mit Namen David gegeben werden, der aus seinem Geschlecht erweckt werden wird.

Petrus wies am Pfingsttag auf die gleiche Sache hin, aber die Menge war nicht wie er mit Kraft aus der Höhe ausgerüstet worden, und so fragten sie einige Tage danach: „Was sollen wir tun?" Petrus sagte: „Ich wollte, ihr hättet aus Unwissenheit gehandelt", und meinte damit, daß sie den Herrn gekreuzigt hatten usw. Er sagte zu ihnen nicht: „Kehrt um und laßt euch taufen zur Vergebung eurer Sünden", sondern: „Also kehrt um, und tut Buße, damit eure Sünden getilgt werden, wenn der Herr Zeiten des Aufatmens kommen läßt." (Apg. 3:19.)

So ist es also mit den Mördern; sie konnten nicht zur Vergebung der Sünden getauft werden, denn sie hatten unschuldiges Blut vergossen.

Und weiter, die Lehre oder Siegelungsmacht des Elija bezieht folgendes mit ein: Wenn ihr die Macht habt, auf Erden und im Himmel zu siegeln, dann müßt ihr weise sein. Zuerst und vor allem sollt ihr darangehen, auf Erden eure Söhne und Töchter an euch und euch an eure Väter in ewiger Herrlichkeit siegeln zu lassen; dann geht vorwärts, niemals zurück, sondern gebraucht ein wenig Weisheit, und nehmt soviel Siegelungen vor, wie ihr nur könnt; und wenn ihr in den Himmel kommt, dann sagt dem Vater, was ihr auf Erden gesiegelt habt, soll auch im Himmel gesiegelt sein, so sei es verheißen. Ich werde durch die Himmelstür schreiten und auf alles Anspruch erheben, was ich habe siegeln lassen, ebenso diejenigen, die mir und meinem Rat gefolgt sind.

Der Herr hat mir einmal gesagt, ich würde bekommen, worum ich bäte. Ich habe mich nicht getraut, Gott zu bitten, er möge meine Feinde töten, vielleicht schenkt ihnen Gott doch noch die Umkehr.

Vor kurzem habe ich den Herrn gebeten, er möge mich aus den Händen des Gouverneurs von Missouri befreien und, wenn es anders nicht möglich sei, ihn sogar hinwegzunehmen. Die nächste Nachricht, die von dort zu uns herüberkam, war: Gouverneur Reynolds hat sich erschossen. Und nun möchte ich sagen: Nimm dich in acht, o Erde, wie du gegen die Heiligen Gottes kämpfst und unschuldiges Blut vergießt; denn in den Tagen des Elija, als seine Feinde über ihn kamen, rief er Feuer vom Himmel herab, und dieses verzehrte sie.

Der Auftrag des Messias

Zuerst der Geist des Elias, dann Elija und schließlich der Messias. Elias ist der Vorläufer, der den Weg bereiten soll, und der Geist und die Macht des Elija kommen danach, um die Schlüssel der Macht innezuhaben, den Tempel bis zum Schlußstein zu bauen, die Siegel des Melchisedekischen Priestertums auf das Haus Israel zu setzen und alles bereitzumachen; dann kommt der Messias zu seinem Tempel, das ist der Schluß.

Der Messias steht über dem Geist und der Macht des Elija; denn er hat die Welt geschaffen und war für Mose der lebensspendende Felsen in der Wüste. Elija sollte kommen und den Weg bereiten und das Reich aufrichten, noch ehe der große Tag des Herrn kam, obschon der Geist des Elias diesen einleiten konnte.

Ich habe den Herrn wegen seines Kommens befragt, und währenddessen gab er ein Zeichen und sagte: „In den Tagen Noachs habe ich einen Bogen an den Himmel gesetzt als Zeichen und Pfand dafür, daß in dem Jahr, in dem der Bogen zu sehen ist, der Herr noch nicht kommt; sondern in dem Jahr wird es Saatzeit und Ernte geben. Wenn du aber siehst, daß der Bogen weggenommen ist, soll dir das ein Zeichen sein dafür, daß es Hungersnot, Seuchen und großes Elend bei allen Nationen geben wird und daß das Kommen des Messias nicht mehr fern ist."

Ich will aber die Verantwortung auf mich nehmen und im Namen des Herrn prophezeien, daß Christus dieses Jahr nicht kommt, wie William Miller es prophezeit hat; denn wir haben den Bogen gesehen. Und ich prophezeie im Namen des Herrn auch, daß Christus nicht in den nächsten vierzig Jahren kommt, und wenn Gott je durch meinen Mund gesprochen hat, so wird er innerhalb dieser Zeitspanne nicht kommen. Brüder, wenn ihr nach Hause geht, so schreibt das nieder, damit es nicht vergessen wird.

Jesus Christus hat die genaue Zeit seines Kommens nie einem Menschen offenbart. Geht und lest die Schrift – ihr werdet nichts finden, was die genaue Stunde angibt, zu der er kommen wird; wenn jemand das sagt, so ist er ein Irrlehrer.

Es gibt im Hinblick auf das Amt des Messias bei der Gestaltung der Welt ein paar wichtige Punkte, über die ich später noch sprechen werde. Möge Gott der Allmächtige euch segnen und seinen Geist über euch ausgießen; das erbitte ich als euer unwürdiger Knecht. Amen. (10. März 1844.) DHC 6:249–254.

Die Macht der Wahrheit

Präsident Joseph Smith erhob sich abermals und sagte: Was nun die Macht betrifft, die ich über die Menschen habe, so möchte ich sagen, sie ergibt sich aus der Macht der Wahrheit, die in der Lehre liegt, die ich als Werkzeug in der Hand Gottes ihnen vorgetragen habe, und nicht aufgrund irgendeines Zwanges meinerseits. Ich frage: Habe ich diese Macht auf unrechte Weise erlangt? War ich euch nicht ein Richter, der am Tor sitzt? Ich frage: Habe ich je irgendeinen Zwang auf einen Menschen ausgeübt? Habe ich es nicht einem jeden freigestellt, nicht an eine von mir verkündete Lehre zu glauben, wenn er es für richtig hielt? Warum versetzen meine Feinde nicht der Lehre einen Schlag? Das aber können sie nicht, denn es ist die Wahrheit, und ich fordere alle Menschen heraus, sie umzustoßen. Ich bin wie die Stimme eines, der in der Wüste ruft: Kehrt um von euren Sünden, und bereitet den Weg für das Kommen des Menschensohnes; denn das Reich Gottes ist zu euch gekommen, und von nun an wird die Axt an die Wurzel der Bäume gelegt, und jeder Baum, der keine gute Frucht bringt – Gott der Allmächtige wird ihn umhauen und ins Feuer werfen. (24. März 1844.) DHC 6:273.

Der „King-Follett-Vortrag"

Wesen und Art Gottes;
der Mensch als Intelligenz ist unsterblich

Präsident Joseph Smith hielt auf der Generalkonferenz der Kirche im April 1844 vor ungefähr zwanzigtausend Heiligen den folgenden Vortrag, der zugleich die Trauerrede für Elder King Follett war. Aufgezeichnet von Willard Richards, Wilford Woodruff, Thomas Bullock und William Clayton. Dieser Vortrag wurde in „Times and Seasons" vom 15. August 1844 zum erstenmal veröffentlicht.

Es handelt sich dabei nicht um eine stenographische Aufzeichnung, sondern die Genannten haben die Niederschrift sorgfältig und nach bestem Können abgefaßt. Diese Männer waren darin geübt, Berichte anzufertigen und Notizen zu machen. Offensichtlich gibt es aber im Bericht einige Mängel, auch hat der Prophet einige Gedanken zum Ausdruck gebracht die noch nicht voll abgerundet und zu Ende geführt waren. Gleichwohl enthält der Vortrag viele großartige Aussagen in bezug auf das behandelte Thema und ist deshalb sehr wertvoll, weil er uns einen besseren Einblick vermittelt, als wir ihn ohne diese Ausführung hätten. (Anmerkung von B. H. Roberts.)

Geliebte Heilige! Ich bitte die Anwesenden um ihre Aufmerksamkeit, wenn ich jetzt über mein Thema, die Toten, spreche. Das Ableben unseres lieben Bruders, des Elders King Follett, der in einem Brunnenschacht durch eine herabstürzende Wanne mit Steinbrocken den Tod fand, hat mich unmittelbar auf diesen Gegenstand gebracht. Seine Freunde und Verwandten haben mich um die Trauerrede gebeten, da aber auch viele andere aus dieser Stadt und von auswärts anwesend sind, die Angehörige verloren haben, fühle ich mich veranlaßt, ganz allgemein über dieses Thema zu sprechen und meine Gedanken darzulegen, soweit ich dazu imstande bin und sofern mich der Heilige Geist dazu inspiriert, dieses Thema zu behandeln.

Ich bedarf eurer Gebete und eures Glaubens, damit ich vom allmächtigen Gott Weisung erhalten und die Gabe des Heiligen Geistes haben kann: Ich möchte das vorbringen, was wahr ist und was ihr leicht verstehen könnt, und möge euch das Zeugnis im Herzen und im Verstand davon überzeugen, daß das, was ich sage, wahr ist. Ich bete zum Herrn, er möge mir die Lungen stärken und keinen Wind aufkommen lassen; mögen die Gebete der Heiligen zum Himmel aufsteigen und dort dem Herrn der himmlischen Heere zu Ohren kommen; denn das inständige Gebet der Gerechten vermag viel. Hier ist viel Kraft zugegen, und ich glaube fest daran, daß euer Beten erhört werden wird.

Ehe ich näher auf das mir vorliegende Thema eingehe, möchte ich den Weg bahnen und die Sache von Anfang an behandeln, so daß ihr sie verstehen könnt. Ich werde ein paar einleitende Worte sagen, damit ihr die Sache selbst begreifen könnt, wenn ich auf sie zu sprechen komme. Ich habe nicht die Absicht, mit einem Wortschwall oder schöner Rede oder viel Gelehrsamkeit euren Ohren zu schmeicheln; sondern ich möchte euch mit der einfachen Wahrheit vom Himmel erbauen.

Wer ist Gott?

Als erstes möchte ich an den Anfang zurückgehen – zum Schöpfungsmorgen. Das ist der Ausgangspunkt, den wir im Auge behalten müssen, um die Absicht und die Ziele und Beschlüsse des großen Elohim zu verstehen und damit voll vertraut zu werden, jenes Elohim, der oben in den Himmeln sitzt, wie bei der Erschaffung dieser Welt. Es ist notwendig, daß wir von Anfang an eine rechte Vorstellung von Gott haben. Wenn wir richtig anfangen, fällt es uns auch leicht, stets den richtigen Weg zu gehen; fangen wir aber falsch an, dann kann es sein, daß wir in die Irre gehen, und dann wird es schwer sein, auf den richtigen Weg zu gelangen.

Es gibt auf der Welt nur sehr wenige, die richtig verstehen, wer Gott eigentlich ist. Die große Mehrheit der Menschen begreift gar nichts, weder das, was vergangen ist, noch das, was kommen wird, nämlich was ihre Beziehung zu Gott betrifft. Weder kennen sie, noch begreifen sie die Natur dieser Beziehung, und daher wissen sie nur wenig mehr als das unvernünftige Tier – oder mehr als nur Essen, Trinken und Schlafen. Das ist alles, was der Mensch von Gott und seinem Dasein weiß, wenn ihm nicht durch die Inspiration des Allmächtigen mehr gegeben wird.

Wenn ein Mensch nicht mehr lernt, als zu essen, zu trinken und zu schlafen, und keinen der Pläne Gottes begreift – also, das Tier begreift genausoviel. Es frißt, trinkt und schläft und weiß von Gott nicht mehr als das; und doch weiß es so viel wie wir, wenn wir nicht imstande sind, durch die Inspiration des allmächtigen Gottes Einblick zu erlangen. Wenn der Mensch das Wesen Gottes nicht begreift, dann begreift er auch sich selbst nicht. Darum möchte ich an den Anfang zurückgehen und euch auf diese Weise den Sinn auf ein höheres Niveau heben, ihn zu einem höheren Einblick hinführen, als der Mensch es im allgemeinen anstrebt.

Was für ein Wesen ist Gott?

Ich fordere euch Anwesende auf – jeden Mann, jede Frau, jedes Kind –: Beantwortet euch doch im Herzen die Frage: Was für ein Wesen ist Gott? Stellt euch die Frage; nehmt euch eure Gedanken zu Herzen, und sagt dann, ob ihr ihn gesehen oder gehört oder mit ihm gesprochen habt. Das ist eine Frage, die euch vielleicht lange beschäftigen wird. Ich wiederhole die Frage: Was für ein Wesen ist Gott? Weiß es jemand? Hat einer von euch ihn gesehen, ihn gehört, mit ihm gesprochen? Das ist also die Frage, die euch wahrscheinlich von nun an beschäftigen wird. Aus der Schrift erfahren wir: „Das ist das ewige Leben: dich, den einzigen wahren Gott, zu erkennen und Jesus Christus, den du gesandt hast."

Wenn jemand Gott nicht erkennt, sondern fragen muß, was für ein Wesen er sei, so wird er – sofern er sein eigenes Herz eifrig erforscht und sofern die Aussage Jesu und der Apostel wahr ist – einsehen müssen, daß er das ewige Leben nicht hat; ewiges Leben kann es nämlich auf keiner anderen Grundlage geben.

Zunächst einmal ist es meine Absicht, das Wesen des einzigen weisen und wahren Gottes zu ermitteln – was für ein Wesen er ist. Wenn ich nun das Glück habe, derjenige zu sein, der Gott begreift, und es euch erklären oder eurem Herzen das Grundsätzliche vermitteln kann, so daß der Heilige Geist es auf euch siegelt, dann soll von nun an jeder Mann und jede Frau still dasitzen, sich die Finger auf den Mund halten und weder Hand noch Stimme gegen den Mann Gottes und die Knechte Gottes erheben, niemals wieder etwas gegen diese Männer sagen! Gelingt es mir aber nicht, dann wird es meine Pflicht sein, in alle Zukunft auf die Behauptung zu verzichten, ich hätte Offenbarungen und Inspirationen oder sei ein Prophet. Ich wäre dann wie die übrige Welt – ein Irrlehrer, als Freund willkommen geheißen, und kein Mensch würde mir nach dem Leben trachten. Wenn alle Religionslehrer so ehrlich wären, daß sie auf die Behauptung verzichteten, sie seien von Gott berufen, sobald sich herausstellt, daß sie von Gott nichts wissen, dann wären sie genauso schlecht dran wie ich; und man könnte ebensogut anderen Irrlehrern das Leben nehmen wie mir, wenn ich ein Irrlehrer bin. Wenn jemand befugt ist, mir das Leben zu nehmen, weil er denkt und sagt, ich sei ein Irrlehrer, so wären wir auf der gleichen Grundlage durchaus berechtigt, jedem Irrlehrer das Leben zu nehmen. Aber wo würde dann das Blutvergießen aufhören? Und wer würde nicht leiden müssen?[1]

Das Recht auf Religionsfreiheit

Laßt euch aber mit keinem Menschen wegen seiner Religion ein! Jede Regierung sollte jedem Menschen zubilligen, daß er sich seiner Glau-

---

1 Diese Bemerkungen sind leichter verständlich, wenn man berücksichtigt, daß zu der betreffenden Zeit wieder neuerliche Verfolgungsstürme über den Propheten hereinbrachen und sein Leben von allen Seiten bedroht war.

bensfreiheit ungestört erfreuen darf. Niemand ist befugt, jemandem infolge unterschiedlicher Glaubensmeinung das Leben zu nehmen; und alle Gesetze und Behörden sollten diese dulden und schützen, sei sie richtig oder falsch. Jeder Mensch hat ein natürliches – und in unserem Land auch verfassungsmäßiges – Recht darauf, entweder ein falscher oder ein wahrer Prophet zu sein. Wenn ich nun bewiese, daß ich die Gotteswahrheit besitze, und darlegte, daß von hundert sogenannten Geistlichen neunundneunzig Irrlehrer sind, die keine Vollmacht haben, obwohl sie behaupten, die Schlüssel des Gottesreiches auf Erden innezuhaben – wenn ich die alle umbringen wollte, weil sie Irrlehrer sind, dann würde die ganze Welt mit Blut überschwemmt.

Indem ich zeige, was Gott ist, werde ich beweisen, daß die Welt unrecht hat. Ich werde Gott erforschen und erkunden; denn ich möchte, daß ihr ihn alle kennt und mit ihm vertraut seid; und wenn ich euch dazu bringe, daß ihr ihn erkennt, dann muß jede Verfolgung meiner Person aufhören. Ihr werdet dann ja wissen, daß ich sein Knecht bin; denn ich spreche als jemand, der Vollmacht hat.

Gott ist ein erhöhter Mensch

Ich werde an den Anfang zurückgehen, ehe die Welt bestand, und zeigen, was für ein Wesen Gott ist. Was für ein Wesen war Gott im Anfang? Öffnet die Ohren und hört, all ihr Enden der Erde! Ich werde es euch nämlich aus der Bibel beweisen, und ich werde euch sagen, was Gott bezüglich des Menschengeschlechts vorhat und warum er in die Angelegenheiten der Menschen eingreift.

Gott selbst war einst so, wie wir jetzt sind, und ist ein erhöhter Mensch; er thront oben in den Himmeln! Das ist das große Geheimnis. Wenn der Schleier heute zerrisse und der große Gott, der diese Welt in ihrer Bahn hält, der alle Welten und überhaupt alles durch seine Macht aufrechterhält, sich dem Auge sichtbar machen würde – jawohl, wenn ihr ihn heute sehen könntet, so würdet ihr ihn in menschlicher Gestalt erblicken: in Person und Erscheinung und auch in der Gestalt einem Menschen ähnlich, so wie ihr; denn Adam wurde genau nach der Gestalt Gottes und als sein Abbild erschaffen, ihm gleich, und empfing von ihm Belehrung, wandelte, redete und verkehrte mit ihm, wie ein Mensch mit dem anderen spricht und verkehrt.

Um zu verstehen, was es mit den Toten auf sich hat – denn wir wollen ja die trösten, die den Verlust ihrer Freunde betrauern –, müssen wir verstehen, wer und was für ein Wesen Gott ist und auf welche Weise er dazu geworden ist. Ich werde euch sagen, wie er dazu gekommen ist, Gott zu sein. Wir stellen uns immer vor und nehmen an, Gott sei von aller Ewigkeit her schon Gott gewesen. Diese Vorstellung werde ich widerlegen; ich werde den Schleier wegnehmen, so daß ihr selbst sehen könnt.

Für manche sind diese Gedanken unbegreiflich, sie sind aber ganz einfach. *Das erste Prinzip des Evangeliums besteht darin, daß wir mit Gewißheit erkennen, wer Gott ist, und wissen, daß wir mit ihm sprechen können, wie ein Mensch mit dem anderen spricht, und daß er einmal ein Mensch war wie wir. Ja, Gott selbst, der Vater von uns allen, hat auf einer Erde gelebt, wie auch Jesus Christus; und ich werde es aus der Bibel beweisen.*

Die Macht des Vaters und des Sohnes

Ich wünschte, ich wäre an einem geeigneten Ort und hätte die Posaune eines Erzengels, so daß ich es euch so erzählen könnte, daß die Verfolgung ein für allemal aufhören würde. Was hat Jesus denn gesagt? (Hören Sie gut zu, Elder Rigdon!) In der Schrift steht, Jesus habe gesagt, wie der Vater Macht in sich hat, so hat auch der Sohn die Macht – was zu tun? Nun, dasselbe, was der Vater getan hat. Die Antwort ist klar: sein Leben hinzugeben, um es wieder zu nehmen. Jesus, was wirst du tun? Ich werde mein Leben hingeben, so wie der Vater, und es wieder nehmen. Glauben wir das? Wenn ihr es nicht glaubt, so glaubt ihr auch der Bibel nicht.[2] In der Schrift steht es so, und ich fordere alle Gelehrsamkeit und Klugheit und alle vereinten Kräfte der Erde und der Hölle auf, es zu widerlegen.

Da ist also das ewige Leben: den einzigen weisen und wahren Gott zu erkennen; und ihr müßt nun lernen, selbst Gott zu werden – König und Priester vor Gott zu sein, wie alle Götter vor euch, und zwar indem ihr von einem niederen Grad zum nächsten, von einer geringeren Fähigkeit zur größeren schreitet – von Gnade zu Gnade, von Erhöhung zu Erhöhung, bis ihr die Auferstehung von den Toten erreicht habt und imstande seid, in immerwährender Lohe zu wohnen und euch in Herrlichkeit niederzulassen wie diejenigen, die in immerwährender Macht auf ihrem Thron sitzen. Und das sollt ihr wissen: In den Letzten Tagen, da gewisse Leute den Namen Gottes im Mund führen, treibt er weder mit euch noch mit mir seinen Scherz.

---

2 Die vom Propheten hier vorgebrachte Beweisführung wird durch die folgende Schriftstelle fest untermauert: „Der Sohn kann nichts von sich aus tun, sondern nur, wenn er den Vater etwas tun sieht. Was nämlich der Vater tut, das tut in gleicher Weise der Sohn."

Die Rechtschaffenen wohnen in immerwährender Lohe

Das sind die ersten Grundlagen des Trostes. Wie tröstlich ist es doch für die Leidtragenden, die von einem Gatten, einer Gattin, einem Vater, einer Mutter, einem Kind oder sonst einem lieben Angehörigen haben Abschied nehmen müssen, wenn sie wissen, daß zwar die irdische Hülle ins Grab gelegt wird und zerfällt, der Verstorbene aber wieder auferstehen und in immerwährender Lohe wohnen wird, in unsterblicher Herrlichkeit, ohne daß er je wieder betrübt sein, leiden oder sterben muß; er wird vielmehr Erbe Gottes und Miterbe Jesu Christi sein. Und was bedeutet das? Es bedeutet, daß man dieselbe Macht, dieselbe Herrlichkeit, dieselbe Erhöhung ererbt, bis man den Stand eines Gottes erreicht und den Thron ewiger Macht bestiegen hat, so wie die, die schon vorangegangen sind. Was hat Jesus getan? Nun: „Ich tue, was ich meinen Vater habe tun sehen, als Welten ins Dasein kamen. Mein Vater hat sich mit Furcht und Zittern um sein Reich gemüht, und ich muß das gleiche tun; und wenn ich mein Reich erlange, werde ich es meinem Vater darbringen, so daß er Reich auf Reich erhält, und das erhöht seine Herrlichkeit. Er nimmt dann eine höhere Stufe der Erhöhung ein, und ich werde seinen Platz einnehmen und auf diese Weise selbst erhöht werden." Somit wandelt Jesus in den Fußtapfen seines Vaters und ererbt, was Gott vor ihm ererbt hat; und auf diese Weise wird Gott durch die Errettung und Erhöhung aller seiner Kinder selbst verherrlicht und erhöht. Das ist so klar, daß es keiner Debatte bedarf, und so lernt ihr einige der grundlegenden Prinzipien des Evangeliums, worüber so viel gesprochen wird.

Wenn man eine Leiter hinaufsteigt, muß man unten anfangen und Sprosse um Sprosse emporklettern, bis man oben angelangt ist; genauso ist es mit den Grundsätzen des Evangeliums: man muß mit dem ersten anfangen, dann den nächsten vornehmen und so weiter, bis man alle Prinzipien der Erhöhung in sich aufgenommen hat. Es wird aber, nachdem ihr durch den Schleier gegangen seid, noch lange dauern, bis ihr sie aufgenommen haben werdet. In dieser Welt kann man nicht alles begreifen; es wird ein großes Stück Arbeit sein, alles in bezug auf unsere Errettung und Erhöhung auch noch nach dem Tod in Erfahrung zu bringen.

Ich nehme an, es ist mir nicht gestattet, auf irgend etwas näher einzugehen, was nicht in der Bibel enthalten ist. Täte ich es, so sind, wie ich meine, so viele übergescheite Leute hier, daß sie „Verrat" schreien und mich ums Leben bringen würden. So werde ich mich an die gute alte Bibel halten und mich mit der Rolle des Kommentators begnügen.

Bedeutung hebräischer Schriftstellen

Ich werde über das allererste hebräische Wort in der Bibel etwas sagen; ich habe zum allerersten Wort der Schöpfungsgeschichte in der Bibel etwas zu bemerken: ich werde das Wort „bereschit" zerlegen. Das Bet (der Buchstabe b) bedeutet in, an, durch und noch vieles andere; „rosch" heißt Haupt, Kopf; „it" ist eine grammatikalische Endung. Als der inspirierte Verfasser es niederschrieb, hat er das Bet nicht vorangestellt; ein alter Jude hat es unbefugt hinzugesetzt. Er hielt es für höchst unangebracht, als erstes das Haupt zu erwähnen. Zuerst hieß es so: „Das Haupt – der Götter – brachte die Götter hervor." „bara" bedeutet hervorbringen. Wenn ihr das nicht glaubt, dann glaubt ihr dem gelehrten Gottesmann nicht. Die Gelehrten können euch nicht mehr beibringen, als ich euch gesagt habe. „So brachte das Haupt der Götter im großen Rat die Götter hervor."

Ich werde es ins Englische übertragen und vereinfachen. O ihr Gelehrten und Doktoren, ihr Priester, die ihr mich verfolgt, ich möchte, daß ihr euch darüber klar seid: der Heilige Geist weiß auch etwas, nicht nur ihr! Der Hauptgott rief die Götter zusammen und setzte sich mit ihnen im großen Rat zusammen, um die Welt hervorzubringen. Die großen Berater saßen oben in den Himmeln am Kopfende – obenan – und dachten über die Erschaffung der Welten nach, die damals erschaffen wurden. Wenn ich sage, Gelehrte und Doktoren, so meine ich die Doktoren der Theologie und die Schriftgelehrten. Einige gelehrte Herren könnten auf den Gedanken kommen und sagen, in der Schrift steht es so und so, der Schrift dürfen wir glauben, und sie darf nicht geändert werden. Ich werde euch aber einen Fehler zeigen, der darin zu finden ist.

Ich besitze eine alte Ausgabe des Neuen Testaments in der lateinischen, hebräischen, deutschen und griechischen Sprache. Ich habe das Deutsche gelesen und festgestellt, daß es einer richtigen Übersetzung wohl sehr nahe kommt und weitestgehend dem entspricht, was ich in den letzten vierzehn Jahren von Gott an Offenbarungen bekommen habe. Dort steht von Jacobus, dem Sohn des Zebedäus, zu lesen. Damit ist (englisch) Jacob gemeint, im englischen Neuen Testament ist der Name aber mit James wiedergegeben. Wenn nun Jacob die Schlüssel innehat, so kann einer die ganze Ewigkeit lang von James reden – er wird die Schlüssel nie erlangen. Im 21. Vers des 4. Kapitels Matthäus steht in meiner alten deutschen Ausgabe Jacobus und nicht James.

Die Doktores (und ich meine die Doktoren der hl. Schrift, nicht die Mediziner!) sagen: „Wenn du etwas verkündigst, was nicht mit der Bibel übereinstimmt, schreien wir ‚Verrat'!" Wie sollen wir denn der Verdammnis der Hölle entrinnen, wenn nicht Gott mit uns ist und uns Offenbarung gibt? Die Menschen fesseln uns mit Ketten. Im Lateinischen steht Jacobus, was Jacob bedeutet; im Hebräischen heißt es Yaakob, im Griechischen steht Jakobos und im Deutschen Jacobus: da haben wir das Zeugnis von vier gegen eins. Ich danke Gott, daß ich dieses alte Buch habe; mehr aber danke ich ihm für die Gabe des Heiligen Geistes. Ich habe das älteste Buch der Welt in meinem Besitz, aber ich habe auch das älteste Buch in meinem Herzen, nämlich die Gabe des Heiligen Geistes. Ich habe alle vier Testamente. Kommt her, ihr Gelehrten, und lest, wenn ihr könnt. Ich hätte dieses Zeugnis gar nicht erwähnt, wenn es nicht darum gegangen wäre, das Wort „rosch" zu verteidigen – das Haupt, den Vater der Götter. Ich hätte es gar nicht zur Sprache gebracht, ich wollte nur zeigen, daß ich recht habe.

Ein Rat der Götter

Im Anfang berief das Haupt der Götter einen Rat der Götter ein; sie kamen zusammen und ersannen einen Plan, wie die Welt zu erschaffen und zu bevölkern wäre. Wenn wir anfangen, auf diese Weise zu lernen, dann beginnen wir, den einzigen wahren Gott kennenzulernen, und wir beginnen zu begreifen, was für ein Wesen wir zu verehren haben. Sobald wir Erkenntnis von Gott haben, fangen wir an zu wissen, wie wir uns ihm nähern sollen und auf welche Weise wir bitten müssen, um Erhörung zu finden. Sobald wir verstehen, wer Gott ist, und wissen, wie wir zu ihm kommen sollen, fängt er an, die Himmel vor uns zu entfalten und uns alles darüber zu sagen. Wenn wir bereit sind, zu ihm zu kommen, ist er auch bereit, zu uns zu kommen.

Ich frage nun alle, die mich hören: „Wieso sagen die gelehrten Leute, die die Errettung predigen, Gott habe die Himmel und die Erde aus nichts erschaffen?" Sie sagen es, weil sie in dem, was von Gott ist, unwissend sind und weil sie nicht die Gabe des Heiligen Geistes besitzen. Sie rechnen es einem als Gotteslästerung an, wenn man ihren Vorstellungen widerspricht. Wenn ihr ihnen sagt, Gott habe die Welt aus irgendwelcher Materie erschaffen, so nennen sie euch einen Narren. Ich aber bin unterrichtet und weiß mehr als die ganze Welt zusammengenommen. Der Heilige Geist wenigstens weiß es; ich habe ihn in mir; und er begreift mehr als die ganze Welt, und ich will mich ihm zugesellen.

Die Bedeutung des Wortes „erschaffen"

Fragt einmal die gelehrten Herren, wieso sie sagen, die Welt sei aus nichts erschaffen worden, und sie werden antworten: „Heißt es denn nicht in der Bibel, er habe die Welt *erschaffen*?" Und aus diesem Wort erschaffen leiten sie ab, sie müsse aus nichts gemacht worden sein. Der Begriff erschaffen stammt vom hebräischen „bara", das aber nicht bedeutet, daß etwas aus nichts erschaffen wird; es bedeutet vielmehr „gestalten, ordnen, formen", so wie jemand vorhandenes Material in eine bestimmte Ordnung bringt und daraus ein Schiff baut. Wir kommen daher zu dem Schluß, daß Gott Material hatte, um aus dem Chaos die Welt zu gestalten – aus ungeordneter Materie, dem elementaren Urstoff, dem alle Herrlichkeit innewohnt. Der Urstoff war von derselben Zeit an vorhanden wie Gott. Die reinen Grundbestandteile des Urstoffs können nicht vernichtet werden; sie lassen sich gestalten und neu gestalten, aber man kann sie nicht vernichten. Sie haben keinen Anfang und können kein Ende haben.[3]

Der unsterbliche Geist

Ich habe da noch etwas anderes, worüber ich sprechen möchte, etwas, was mit der Erhöhung des Menschen zu tun hat. Es ist mir nicht möglich, viel darüber zu sagen, weil die Zeit nicht ausreicht; ich werde es daher nur streifen. Es hängt mit der Auferstehung der Toten zusammen – nämlich die Seele, das menschliche Ich, der unsterbliche Geist.[4] Woher kommt er? Alle gelehrten Leute und Doktoren der Theologie sagen, Gott habe ihn im Anfang erschaffen; das ist aber nicht so: schon der bloße Gedanke setzt den Menschen in meiner Wertschätzung herab. Ich glaube nicht an eine solche Lehre, ich weiß es besser. Hört, all ihr Enden der Welt; Gott hat es mir nämlich gesagt, und selbst wenn ihr mir nicht glaubt, so wird dies doch die Wahrheit nicht unwirksam machen. Wenn jemand es nicht glaubt, so werde ich ihn als Toren hinstellen. Ich werde mich aber etwas Edlerem zuwenden.

---

3 „Die Urstoffe sind ewig, und wenn Geist und Urstoff untrennbar miteinander verbunden sind, so empfangen sie eine Fülle der Freude . . . Die Urstoffe sind die Wohnstätte Gottes; ja, der Mensch ist die Wohnstätte Gottes, nämlich ein Tempel." (LuB 93:33, 35.)
4 Es ist ganz klar, daß der Prophet den Begriff „Intelligenz" im Sinn hatte, als er sagte: „. . . die Seele, das menschliche Ich, der unsterbliche Geist" wurde nicht erschaffen oder gemacht; er bezog sich in diesem Zusammenhang bestimmt nicht auf den Geist als gezeugtes Kind Gottes. Es war die Lehre des Propheten – und ist heute die Lehre der Kirche –, daß die menschlichen Geister gezeugte Söhne und Töchter Gottes sind. Man beachte die offizielle Erklärung der Ersten Präsidentschaft und des Rates der Zwölf, die in der Improvement Era vom August 1916 unter dem Titel „The Father and the Son" veröffentlicht wurde. Die Schriftstelle, die das Fundament dieser Lehre bildet, findet sich im Buch ‚Lehre und Bündnisse', Abschnitt 93:29, wo es heißt: „Der Mensch war auch am Anfang bei Gott. Intelligenz oder das Licht der Wahrheit wurde nicht erschaffen oder gemacht und kann tatsächlich auch gar nicht erschaffen oder gemacht werden." Siehe auch die Aussagen in den folgenden Absätzen.

Wir sagen, Gott sei ein aus sich selbst bestehendes Wesen. Wer hat euch das gesagt? Es stimmt zwar, aber wie ist das in euren Kopf gelangt? Und wer hat euch gesagt, daß der Mensch nicht auch in gleicher Weise existiert hat, auf der Grundlage derselben Prinzipien? Der Mensch existiert tatsächlich aufgrund derselben Prinzipien! Gott hat eine irdische Wohnstätte geschaffen und einen Geist hineingetan, und so wurde daraus ein lebendiges Wesen. (Er weist auf die alte Bibel hin.) Wie heißt es denn im Hebräischen? Im Hebräischen heißt es nicht, Gott habe den Geist des Menschen erschaffen, sondern: „Gott machte den Menschen aus Erde vom Ackerboden und tat den Geist Adams darein, und so wurde ein lebendiger Körper."

Das menschliche Ich, die Intelligenz, die der Mensch besitzt, ist gleichrangig[5] mit Gott selbst. Ich weiß, daß mein Zeugnis wahr ist; wenn ich also zu diesen Leidtragenden hier spreche: Was haben sie denn verloren? Die Verwandten und Freunde sind nur für eine kurze Weile von ihrem Körper getrennt, ihr Geist aber, der zusammen mit Gott existiert hat, ist für einen kurzen Augenblick aus dieser irdenen Hülle fortgegangen und befindet sich jetzt an einem Ort, wo er mit anderen Geistern auf die gleiche Weise verkehren kann wie wir hier auf der Erde.

Ich spreche jetzt von der Unsterblichkeit des menschlichen Geistes. Ist es denn logisch zu behaupten, die Intelligenz der Geister sei unsterblich, habe aber doch einen Anfang gehabt? Die Intelligenz der Geister hat keinen Anfang gehabt und wird auch kein Ende haben. Das ist gute Logik. Was einen Anfang hat, kann auch ein Ende haben. Es hat nie eine Zeit gegeben, in der es keine Geister gegeben hat; denn sie sind gleichrangig (gleichewig) mit unserem Vater im Himmel.

Ich will noch mehr über den Geist des Menschen sagen; ich spreche nämlich jetzt vom Körper und Geist des Menschen – im Zusammenhang mit den Toten. Ich nehme mir diesen Ring vom Finger und vergleiche ihn mit dem Ich des Menschen, dem unsterblichen Teil, der ja keinen Anfang hat. Angenommen, man schnitte ihn entzwei: dann hat er einen Anfang und ein Ende. Man füge ihn wieder zusammen, und es ist abermals ein und dieselbe ewige Runde. So ist es auch mit dem Geist des Menschen. So wahr der Herr lebt: wenn der Geist einen Anfang gehabt

---

5 Das passende Wort an dieser Stelle wäre zweifellos „gleichewig" und nicht „gleichrangig". Dies veranschaulicht die Mängel, die in dieser Aufzeichnung des Vortrags vorhanden sind. Sicherlich ist das Ich des Menschen nicht gleichrangig mit Gott, ausgenommen im Sinn des Ewigseins. Im Buch Abraham – von der Kirche als heilige Schrift angenommen – steht ausdrücklich, daß es Unterschiede in den existierenden Intelligenzen gibt: „der eine ist intelligenter als der andere", ... und Gott ist „intelligenter als sie alle". (Abraham 3:19.) Ich denke, das heißt, daß er intelligenter ist als alle übrigen Intelligenzen zusammengenommen. – Anmerkung von B. H. Roberts.

hat, wird er auch ein Ende haben. Alle die Narren und die gelehrten und klugen Männer von Anbeginn der Schöpfung an, die behaupten, der Geist des Menschen habe einen Anfang gehabt, beweisen damit nur, daß er ein Ende haben muß. Wenn diese Lehre stimmt, dann stimmt auch die Lehre von der völligen Auslöschung. Habe ich aber recht, dann darf ich unerschrocken von den Hausdächern verkündigen, daß Gott nie die Macht gehabt hat, den menschlichen Geist zu erschaffen. Gott konnte sich auch nicht selbst erschaffen.

Intelligenz ist ewig und existiert durch sich selbst und aus sich heraus; das ist das Prinzip. Es handelt sich um Geist, der von Weltzeit zu Weltzeit besteht, und er hat nichts mit Erschaffung zu tun. Jedes Ich, jeder Geist, den Gott je auf die Welt gesandt hat, hat es in sich, größer werden zu können.

Die Macht, an Erkenntnis zuzunehmen

Das Ursprüngliche des Menschen existiert – ebenso wie Gott – durch und aus sich selbst. Gott, der ja intelligenter war als alle, sah sich inmitten von Geistern und Herrlichkeit und hielt es für richtig, Gesetze wirksam werden zu lassen, die den übrigen einen ebensolchen Fortschritt ermöglichen konnten. Unsere Beziehung zu Gott versetzt uns in die Lage, an Erkenntnis zuzunehmen. Er hat die Macht, Gesetze zu schaffen, um die schwächeren Intelligenzen zu unterweisen, damit auch sie erhöht werden können wie er; auf diese Weise können sie eine Herrlichkeit nach der anderen einnehmen – die gesamte Erkenntnis, Macht, Herrlichkeit und Intelligenz, deren es bedarf, damit man in der Welt der Geister errettet wird.[6]

---

6 „Siehe, es ist mein Werk und meine Herrlichkeit, die Unsterblichkeit und das ewige Leben des Menschen zustande zu bringen", sagte der Herr zu Mose (Mose 1:39). Diese Stelle bezieht sich zweifellos auf den Menschen in seiner Zusammensetzung aus Geist und Körper, woraus ja die eigentliche „Seele" besteht (s. LuB 88:15, 16): „Und der Geist und der Körper zusammen sind die Seele des Menschen. Und die Auferstehung von den Toten ist die Erlösung der Seele." Mit anderen Worten, das „Werk" und die „Herrlichkeit" Gottes kommen dadurch zustande, daß die „Unsterblichkeit und das ewige Leben des Menschen" als Mensch bewirkt werden – in der ewigen Verbindung von Geist und Körper durch die Auferstehung, indem die Seele erlöst wird. Das verbindet „Geist und Urstoff" auf ewig miteinander, wovon das Wort Gottes sagt, das sei die Vorbedingung für eine Fülle der Freude: „Die Urstoffe sind ewig, und wenn Geist und Urstoff untrennbar miteinander verbunden sind, so empfangen sie eine Fülle der Freude; sind sie aber getrennt, so kann der Mensch eine Fülle der Freude nicht empfangen" (LuB 93:33, 34). Ferner: „Adam fiel, damit Menschen sein können, und Menschen sind, damit sie Freude haben können" (2. Nephi 2:25). Ja, der ganze Zweck, den Gott mit dem Erdendasein des Menschen im Auge hatte, besteht darin, Wohlfahrt und

Das ist vernünftige Lehre, sie schmeckt gut. Ich schmecke darin die Grundbegriffe des ewigen Lebens, und ihr könnt es auch. Mir sind sie durch die Offenbarungen Jesu Christi eingegeben; und ich weiß: wenn ich euch diese Worte des ewigen Lebens sage, wie sie mir gegeben worden sind, so verspürt ihr sie, und ich weiß, daß ihr sie glaubt. Ihr sagt, Honig sei süß, und das verspüre ich ebenso. Ich kann auch den Geist des ewigen Lebens schmecken. Ich weiß, daß das etwas Gutes ist; und wenn ich euch das erzähle, was mir durch die Inspiration des Heiligen Geistes eingegeben worden ist, könnt ihr gar nicht anders, als etwas Süßes zu verspüren und euch mehr und mehr darüber zu freuen.

Die Beziehung des Menschen zu Gott

Ich möchte noch etwas über die Beziehung des Menschen zu Gott sagen. Ich werde euch in bezug auf eure Beziehung zu euren Toten die Augen öffnen. Alles, was Gott in seiner unendlichen Weisheit für richtig und angebracht hält, uns während unseres sterblichen Daseins hinsichtlich unseres sterblichen Körpers zu offenbaren, wird uns rein theoretisch offenbart, ohne dingliche Beziehung zur irdischen Hülle. Es wird vielmehr unserem Geist so offenbart, als hätten wir gar keinen Körper; und die Offenbarungen, die unseren Geist erretten, werden auch unseren Körper erretten. Gott offenbart es uns im Hinblick darauf, daß es keine ewige Auflösung der irdischen Wohnstätte, also des Körpers, geben wird. Daher die Verantwortung, die furchtbare Verantwortung, die im Hinblick auf unsere Toten auf uns ruht; denn alle die Geister, die das Evangelium nicht im Fleisch befolgt haben, müssen es entweder im Geist befolgen oder verdammt werden. Ein ernster Gedanke, ein furchtbarer Gedanke! Läßt sich da nichts tun? Keine Vorbereitung, keine Errettung für unsere Väter und Freunde, die gestorben sind, ohne die Gelegenheit gehabt zu haben, die Anordnungen des Menschensohnes zu befolgen? Wollte Gott, mir ständen vierzig Tage und Nächte zur Verfügung, um euch alles sagen zu können! Dann würde ich euch zeigen, daß ich kein „gefallener Prophet" bin![7]

Wachstum des Menschen herbeizuführen, wie dies in den obigen Absätzen der Lehren des Propheten hervorgehoben wird. Gott wirkt auf den Menschen nur zu dessen Nutzen ein. – Anmerkung von B. H. Roberts.

7 Zu dieser Zeit wurde der Prophet Joseph Smith wiederholt bezichtigt, ein gefallener Prophet zu sein.

Unsere größte Aufgabe

Was für Verheißungen sind denn in bezug auf die Errettung der Toten gegeben? Und wie muß denn jemand sein, um errettet werden zu können, obgleich sein Körper im Grab vermodert und zerfällt? Wenn wir durch seine Gebote belehrt werden, so geschieht dies im Hinblick auf die Ewigkeit; denn Gott betrachtet uns so, als befänden wir uns in der Ewigkeit. Gott weilt in der Ewigkeit, und er sieht die Dinge nicht so, wie wir sie sehen.

Die wichtigste Aufgabe, die Gott uns in dieser Welt auferlegt, besteht darin, daß wir nach unseren Toten forschen. Der Apostel sagt: „Denn sie sollten nicht ohne uns vollendet werden" (Hebräer 11:40); denn es ist notwendig, daß wir die Siegelungsmacht in Händen haben, so daß wir unsere Kinder und unsere Toten für die Evangeliumsausschüttung in der Zeiten Fülle siegeln können – und diese Ausschüttung dient dazu, die Verheißung zu erfüllen, die Jesus Christus schon vor der Grundlegung der Welt für die Errettung der Menschen gemacht hat.

Von ihnen will ich jetzt sprechen. Ich werde Paulus auf halbem Weg entgegenkommen und sagen: Paulus, du kannst nicht ohne uns vollendet werden. Es ist notwendig, daß diejenigen, die uns vorangegangen sind, und diejenigen, die nach uns kommen, gemeinsam mit uns der Errettung teilhaftig werden. Auf diese Weise hat Gott den Menschen die Verpflichtung auferlegt. Deshalb sagt Gott: „Bevor aber der Tag des Herrn kommt, der große und furchtbare Tag, seht, da sende ich zu euch den Propheten Elija. Er wird das Herz der Väter wieder den Söhnen zuwenden und das Herz der Söhne ihren Vätern, damit ich nicht kommen und das Land dem Untergang weihen muß." (Maleachi 3:23, 24.)

Errettung für den Menschen

Zu den Vorkehrungen, die Gott getroffen hat, um den Umständen des Menschen zu entsprechen, und die schon vor der Grundlegung der Welt getroffen worden sind, habe ich eine Erklärung abzugeben. Was hat Jesus gesagt? Jede Sünde, jede Lästerung und alle mögliche Übertretung, deren der Mensch sich schuldig machen kann, ausgenommen nur eine einzige, kann vergeben werden, und es gibt für alle Menschen, sofern sie nicht die unverzeihliche Sünde begangen haben, Errettung, sei es in dieser Welt oder in der künftigen; denn dafür sind Vorkehrungen getroffen, in dieser Welt ebenso wie in der Welt der Geister. Daher hat Gott dafür gesorgt, daß jeder Geist in der ewigen Welt aufgespürt und errettet werden kann, sofern er nicht diese unverzeihliche Sünde begangen hat, die ihm weder in dieser Welt noch in der Welt der Geister nachgelassen werden kann. Gott hat eine Errettung für alle Menschen bewirkt, die nicht diese bestimmte Sünde begangen haben, und jeder, der in der ewigen Welt einen Freund hat, kann ihn erretten, sofern er nicht die unverzeihliche Sünde begangen hat. Und so könnt ihr selbst sehen, inwieweit ihr Erretter sein könnt.

Die unverzeihliche Sünde

Nach der Auflösung des Körpers kann der Mensch die unverzeihliche Sünde nicht mehr begehen, und hierin liegt eine Möglichkeit, bewahrt zu bleiben. Der Mensch wird durch Erkenntnis errettet, und in der Welt der Geister kann man nur durch Erkenntnis erhöht werden. Solange einer den Geboten keine Beachtung schenkt, muß er ohne Errettung bleiben. Wenn ein Mensch Erkenntnis hat, kann er errettet werden; allerdings wird er, falls er sich große Sünden hat zuschulden kommen lassen, dafür bestraft werden. Wenn er aber einwilligt, das Evangelium zu befolgen, ob hier oder in der Welt der Geister, ist er errettet.

Der Mensch quält und verurteilt sich selbst. Daher der Satz: sie werden in den See von Feuer und brennendem Schwefel gehen. Für den Menschen ist die Qual der Enttäuschung genauso heftig, wie wenn er sich in einem See von Feuer und brennendem Schwefel befände. So ist die Qual, die der Mensch erleidet.

Ich kenne die heilige Schrift und verstehe sie. Ich habe eben gesagt, keiner könne die unverzeihliche Sünde begehen, nachdem sich sein Körper aufgelöst hat, und auch in diesem Leben kann er es nicht, ehe er den Heiligen Geist empfängt; sie muß aber in dieser Welt begangen werden. Deshalb wurde die Errettung, die von Jesus Christus kommt, für alle Menschen bewirkt – um über den Teufel zu triumphieren. Denn wenn es ihn schon nicht an der einen Stelle erwischt hat, so doch an einer anderen; er hat sich ja doch als Erretter hingestellt. Alle werden leiden, bis sie Christus selbst gehorchen.

Der Streit im Himmel ging um folgendes: Jesus sagte, es werde einige Seelen geben, die nicht errettet würden, und der Teufel sagte, er könne sie alle erretten, und legte dem großen Rat seine Pläne vor; dieser aber stimmte für Jesus Christus. Der Teufel nun erhob sich in Auflehnung gegen Gott und wurde zusammen mit allen, die sich für ihn stark gemacht hatten, hinabgeworfen. (Buch Mose 4:1–4; Buch Abraham 3:23–28.)

Sündenvergebung

Alle Sünden werden vergeben werden, ausgenommen die Sünde gegen den Heiligen Geist; denn Jesus errettet alle außer den Söhnen des Verderbens. Was muß man tun, um die unverzeihliche Sünde zu begehen? Man muß den Heiligen Geist empfangen, es müssen sich einem die Himmel öffnen, man muß Gott erkannt haben und dann gegen ihn sündigen. Sobald ein Mensch gegen den Heiligen Geist gesündigt hat, gibt es für ihn keine Umkehr mehr.[8] Er muß sagen, die Sonne scheint nicht, während er sie doch sieht; er muß Jesus Christus verleugnen, wo sich ihm doch die Himmel geöffnet haben, und den Plan der Errettung leugnen, obwohl er mit eigenen Augen sieht, daß er wahr ist – von der Zeit an beginnt er, ein Feind zu sein. Das ist bei vielen der Fall, die von der Kirche Jesu Christi der Heiligen der Letzten Tage abgefallen sind.

Wenn jemand anfängt, ein Feind dieses Werkes zu sein, dann jagt er mich, sucht mich zu töten und hört nicht mehr auf, nach meinem Blut zu lechzen. Er kriegt den Geist des Teufels – den gleichen Geist, den diejenigen hatten, die den Herrn des Lebens gekreuzigt haben –, den gleichen Geist, der gegen den Heiligen Geist sündigt. So jemand kann man nicht erretten; man kann ihn nicht zur Umkehr bringen; sie führen einen offenen Krieg wie der Teufel, und die Folgen sind schrecklich.

Ich rate euch allen; nehmt euch in acht, was immer ihr tut, sonst werdet ihr nach und nach feststellen, daß ihr getäuscht worden seid. Nehmt eine feste Haltung ein, gebt nicht nach; handelt nicht voreilig, ihr könnt errettet werden! Wenn ihr erbittert seid, so überstürzt nichts! Ihr sagt vielleicht: „Der Mensch ist ein Sünder!" Nun, wenn er umkehrt, wird ihm vergeben werden. Seht euch vor, wartet ab! Wenn ihr auf einen Geist stoßt, der nach Blutvergießen trachtet, nach Mord – der ist nicht von Gott, sondern vom Teufel. Wovon das Herz voll ist, davon spricht der Mund.

„Im Haus meines Vaters"

Die besten Menschen bringen die besten Werke hervor. Wer euch Lebensworte sagen kann, der kann euch erretten. Ich warne euch vor allen bösen Menschen, die gegen den Heiligen Geist sündigen; denn für sie

---

8 „Denn es ist unmöglich, Menschen, die einmal erleuchtet worden sind, die von der himmlischen Gabe genossen und Anteil am Heiligen Geist empfangen haben, die das gute Wort Gottes und die Kräfte der zukünftigen Welt kennengelernt haben, dann aber abgefallen sind, erneut zur Umkehr zu bringen; denn sie schlagen jetzt den Sohn Gottes noch einmal ans Kreuz und machen ihn zum Gespött." (Hebräer 6:4–6.)

gibt es keine Errettung, weder in dieser noch in der zukünftigen Welt. Ich könnte von vorn anfangen und alles aufzeigen, was im Zusammenhang mit der Beziehung des Menschen zu Gott von Interesse ist, wenn ich die Zeit dazu hätte. Ich kann auf die Geheimnisse eingehen; ich kann ausführlich auf die ewigen Welten eingehen; denn Jesus hat gesagt: „Im Haus meines Vaters gibt es viele Wohnungen. Wenn es nicht so wäre, hätte ich euch dann gesagt: Ich gehe, um einen Platz für euch vorzubereiten?" (Johannes 14:2.) Paulus sagt: „Der Glanz der Sonne ist anders als der Glanz des Mondes, anders als der Glanz der Sterne; denn auch die Gestirne unterscheiden sich durch ihren Glanz. So ist es auch mit der Auferstehung der Toten." (1. Korinther 15:41.) Womit können wir uns in bezug auf unsere Toten trösten? Wir haben von allen Völkern auf der Erde den meisten Grund zu großer Hoffnung und Tröstung in bezug auf unsere Toten. Denn wir haben ihren ehrenwerten Wandel miterlebt und sie in den Armen Jesu entschlafen sehen, und wer im Glauben gestorben ist, befindet sich jetzt im celestialen Reich Gottes. Und deshalb genießen sie den Glanz der Sonne.

Die rechtschaffenen Leidtragenden dürfen sich freuen

Ihr Leidtragenden habt alle Ursache, euch zu freuen – ich spreche vom Ableben von Elder King Follett; euer Gatte und Vater ist ja dahingegangen, um die Auferstehung der Toten zu erwarten, bis auch die übrigen vollendet sind; denn bei der Auferstehung wird euer Freund sich in vollkommener Glückseligkeit erheben und in die celestiale Herrlichkeit eingehen, während viele andere unendlich viele Jahre warten müssen, ehe sie die gleichen Segnungen empfangen können. Eure Erwartungen und Hoffnungen gehen weit über das hinaus, was der Mensch begreifen kann – wieso hätte Gott es uns sonst offenbart?

Ich bin ermächtigt zu sagen, und zwar in der Vollmacht des Heiligen Geistes, daß ihr keinen Grund habt, etwas zu fürchten: er ist in die Heimat der Gerechten eingegangen. Trauert nicht, weint nicht! Ich weiß dies durch das Zeugnis des Heiligen Geistes in mir, und ihr könnt darauf warten, daß eure Freunde am Morgen der celestialen Welt hervorkommen, um euch zu begrüßen.

Freu dich, Israel! Deine Freunde, die um der Wahrheit willen im Zuge der Verfolgung ermordet worden sind, werden in der celestialen Welt herrlich triumphieren, die Mörder aber werden sich unendlich lange in Qualen winden, ja, bis sie den letzten Pfennig bezahlt haben. Ich sage dies zum Nutzen derer, die hier fremd sind.

Ich habe einen Vater und Brüder und Kinder und Freunde, die in die Welt der Geister hinübergegangen sind. Sie sind nur einen Augenblick lang nicht bei uns. Sie befinden sich im Geistzustand, und wir werden bald wieder mit ihnen zusammen sein. Bald wird die Zeit kommen, da die Posaune erschallt. Wenn wir dahingehen, werden wir die in Jesus Entschlafenen, unsere Mütter, Väter, Freunde und alle, die wir lieben, begrüßen können. Da wird es keine Furcht vor dem Pöbel geben, vor Verfolgung, vor boshaften Prozessen und Verhaftungen, sondern es wird eine Ewigkeit in Glückseligkeit sein.[9]

Die Taufe

Ich will nun diesen Gegenstand verlassen und ein paar Worte über die Taufe sagen. Die Taufe mit Wasser hat ohne eine darauffolgende Taufe mit Feuer und dem Heiligen Geist keinen Zweck; das eine ist mit dem anderen notwendigerweise untrennbar verbunden. Man muß aus Wasser und Geist geboren werden, um in das Reich Gottes kommen zu können. Der deutsche Bibeltext gibt mir recht – ebenso wie die Offenbarungen, die ich in den letzten vierzehn Jahren hierüber verkündet und gelehrt habe. Ich kann der Welt mein Zeugnis entgegenhalten; denn dieses ist die ganze Zeit lang wahr. Ihr werdet es in der Aussage Johannes des Täufers bestätigt finden. (Liest aus dem Deutschen vor.) Johannes sagt hier: „Ich taufe euch nur mit Wasser; wenn aber Jesus kommt, der stärker ist als ich – der also die Schlüssel hat –, wird er euch mit Feuer und dem Heiligen Geist taufen." Wo bleibt da die ganze sektiererische Welt? Wenn dieses Zeugnis wahr ist, werden sie alle verdammt werden, so sicher, wie es ein Bannfluch nur bewirken kann. Ich weiß, daß der Text wahr ist. Ich rufe euch Deutsche, die ihr wißt, daß er wahr ist, auf, Jawohl zusagen. (Laute Rufe: Jawohl!)

Alexander Campbell, wie werden Sie die Leute mit Wasser allein erretten? Denn Johannes sagt, seine Taufe sei ohne die Taufe, die Jesus Christus vollzieht, nutzlos. „Darum wollen wir nicht beiseite lassen, was man zuerst von Christus verkünden muß, und uns dem Vollkommeneren zuwenden; wir wollen nicht noch einmal den Grund legen mit der Belehrung über die Abkehr von toten Werken, über den Glauben an

---

9 Der sich hieran anschließende Absatz ist ausgelassen; er handelt von der Erhöhung und Macht, die Kindern in der Auferstehung gewährt ist, ehe sie sich zum vollen Maß von Männern und Frauen entwickeln. Diese Entwicklung wird sicherlich bei denen stattfinden, die als Kinder auferstehen. An dieser Stelle haben sich ganz offensichtlich einige Mängel in der Niederschrift eingeschlichen, und daher ist der Absatz ausgelassen. Wer sich eingehender damit befassen möchte, sei auf die *Documentary History of the Church*, Band IV, S. 556 f. und die im vorliegenden Buch abgedruckte Rede vom 16. Juni 1844 verwiesen.

Gott, über die Taufen, die Handauflegungen, die Auferstehung der Toten und das ewige Gericht; das wollen wir dann tun, wenn Gott es will." (Hebräer 6:1–3.)

Es gibt einen Gott, einen Vater, einen Jesus, eine Hoffnung durch unsere Berufung, eine Taufe. Viele reden von der Taufe, als sei sie für die Errettung nicht wesentlich; so eine Lehre wäre aber die Grundlage für ihre Verdammung. Ich habe die Wahrheit, und ich fordere die ganze Welt heraus, mich zu widerlegen, wenn sie es können.

Ich habe nun ein wenig Latein, ein wenig Hebräisch, Griechisch und Deutsch gepredigt, und ich habe alle zufriedengestellt. Ich bin nicht ganz so dumm, wie manche Leute es von mir annehmen. Die Deutschen wissen, daß ich das Deutsche richtig gelesen habe.

Ein Ruf zur Umkehr

Vernehmt es, all ihr Enden der Erde, all ihr Priester, all ihr Sünder, alle Menschen! Kehrt um, kehrt um! Befolgt das Evangelium! Wendet euch Gott zu; denn eure Religion wird euch nicht erretten, und ihr werdet verdammt sein. Ich sage nicht, für wie lange. Es ist schon davon gesprochen worden, daß alle Menschen vor der Hölle errettet werden; ich aber sage, daß die, die gegen den Heiligen Geist sündigen, keine Vergebung finden werden, weder in dieser noch in der zukünftigen Welt – sie werden den zweiten Tod sterben. Wer die unverzeihliche Sünde begeht, ist zu „n-olam" verurteilt – in aller Ewigkeit in der Hölle zu wohnen. So wie sie in dieser Welt Szenen des Blutvergießens angestiftet haben, werden sie dann auch in jener Auferstehung hervorkommen, die wie ein See von Feuer und Schwefel sein wird. Einige Menschen werden sich zur immerwährenden Lohe Gottes erheben; denn Gott weilt in immerwährender Lohe; einige werden zur Verdammnis ihrer eigenen Schmutzigkeit auferstehen, und das wird eine genauso heftige Qual sein wie ein See von Feuer und Schwefel.

Ich wollte meine Worte an alle richten, an die Reichen und die Armen, an die Freien und die Unfreien, an groß und klein. Ich hege keine Feindschaft gegen irgendwen. Ich liebe euch alle, hasse aber einiges von dem, was ihr tut. Ich bin euer bester Freund, und wenn jemand sein Ziel verfehlt, so ist er selber daran schuld. Wenn ich jemand zurechtweise, und er haßt mich deshalb, so ist er ein Narr; denn ich liebe alle Menschen, besonders euch hier, meine Brüder und Schwestern.

Es freut mich, das Zeugnis meiner betagten Freunde zu hören. Ihr kennt mich nicht, habt nie mein Herz gekannt. Kein Mensch kennt meine Geschichte. Ich kann davon nicht berichten, werde es auch nie versuchen. Ich mache niemandem einen Vorwurf, wenn er meine Geschichte nicht glaubt. Hätte ich nicht selbst erlebt, was ich erlebt habe, ich könnte es selber nicht glauben. Ich habe noch nie einem Menschen etwas zuleide getan, seit ich auf dieser Welt bin. Ich erhebe meine Stimme immer für den Frieden.

Ich kann mich erst dann niederlegen, wenn mein Werk ganz getan ist. Ich denke nie etwas Böses, füge meinen Mitmenschen auch keinerlei Schaden zu. Wenn ich von der Posaune des Erzengels gerufen und auf der Waage gewogen werde, dann werdet ihr mich alle erkennen. Ich sage nichts weiter. Gott segne euch alle! Amen. (7. April 1844.) *Times and Seasons,* 15. August 1844.

Äußerungen von Präsident Joseph Smith
Ganz Amerika ist Zion – Die Aprilkonferenz 1844

Präsident Joseph Smith sagte: Es ist für mich genauso unmöglich, das gestrige Thema wieder aufzunehmen, wie Tote aufzuerwecken. Meine Lungen sind überanstrengt. Für alles gibt es eine bestimmte Zeit, und ich muß warten. Ich werde es aufgeben und meinen Platz denen überlassen, die sich euch verständlich machen können. Ich werde meinen Vortrag ein andermal fortsetzen. Den Ältesten möchte ich etwas bekanntgeben. Ich möchte, daß ihr hierbleibt, damit ich diese Bekanntmachung vornehmen kann. Ihr wißt alle sehr wohl, daß der Herr diese Kirche durch Offenbarung führt. Ich habe da eine weitere Offenbarung in bezug auf die Ordnung der Kirche – eine großartige, erhabene, herrliche Offenbarung. Ich bin nicht imstande, mich jetzt so ausführlich damit zu befassen wie zu einer anderen Zeit, aber ich will euch die Grundbegriffe vermitteln. Ihr wißt, es ist über Zion viel gesprochen worden: wo es ist, und wo der Sammelplatz in unserer Evangeliumszeit ist, und was ich euch jetzt wohl sagen werde. Die Propheten haben davon gesprochen und darüber geschrieben, ich aber will etwas bekanntgeben, was noch viel weiter geht. *Ganz Amerika, von Norden bis Süden, ist Zion; so beschreiben es die Propheten, die verkünden, dies sei das Zion, wo der Berg des Herrn stehen wird, und es solle in der Mitte des Landes liegen.* Wenn die Ältesten die alten Prophezeiungen in der Bibel aufgreifen und prüfen, werden sie sehen, daß es so ist.

Verordnungen im Tempel

Heute morgen lautet die Bekanntmachung: Sobald der Tempel und das Taufbecken soweit fertig sind, rechnen wir damit, den Ältesten Israels ihre Waschung und Salbung zukommen zu lassen und uns mit den letzten und höchst eindrucksvollen Verordnungen zu befassen, ohne die wir einen celestialen Thron nicht erlangen können. Zu diesem Zweck muß aber eine heilige Stätte bereitgemacht werden. Zur Zeit der Grundsteinlegung des Tempels hat es eine diesbezügliche Bekanntmachung gegeben, und bis zur Fertigstellung sind Vorkehrungen getroffen worden, so daß Menschen das Endowment empfangen und Könige und Priester vor Gott, dem Allerhöchsten, werden können; sie haben aber nichts mehr mit zeitlichen Angelegenheiten zu tun, sondern widmen ihre ganze Zeit dem, was zum Haus Gottes gehört. Es muß jedoch ein Haus geben, das ausdrücklich zu diesem Zweck gebaut worden ist und wo man für seine Toten getauft werden kann. Es muß hier, in diesem Zentrum, gebaut werden; jeder Mensch nämlich, der seinen Vater, seine Mutter, seine Geschwister und Freunde erretten möchte, muß für einen jeden davon gesondert alle Verordnungen durchmachen, genauso wie für sich selber – von der Taufe zur Ordinierung, zur Waschung und Salbung –, und er muß alle Schlüssel und Mächte des Priestertums empfangen, genauso wie für sich selber.

Zionspfähle

Ich habe vom Herrn die Weisung erhalten, daß es von nun an in allen Staaten einen Zionspfahl geben soll, wo die Ältesten Israels dem Herrn Gemeinden und Zweige errichten. In den großen Städten, Boston, New York usw., soll es Pfähle geben. Das ist eine glorreiche Verlautbarung, und ich habe sie bis zum Schluß aufgehoben; ich möchte das so verstanden wissen, daß mit diesem Werk begonnen wird, nachdem Waschung, Salbung und Endowment hier vollzogen worden sind.

Der Herr hat diesbezüglich ein Gesetz geschaffen: es muß für die Errettung unserer Toten eine ganz besondere Stätte geben. Ich glaube wahrhaftig, daß es eine solche Stätte geben wird, und daher können die, die ihre Toten erretten möchten, kommen und ihre Familie mitbringen und die Arbeit tun, indem die Betreffenden sich für ihre Toten taufen lassen und sich den übrigen Verordnungen unterziehen; dann mögen sie wieder nach Hause zurückkehren und ihr Leben weiterführen, bis die Zeit kommt, da sie ihren Lohn erhalten. Ich überlasse es meinen Brüdern, sich über dieses Thema zu verbreiten, mir obliegt es nur, die Lehre zu verkünden. Ich würde es ausführlicher tun, nur – der Geist ist willig, aber das Fleisch ist schwach. Gott will nicht, daß ich euch damit gefällig sein soll, sondern ich muß die Ältesten belehren, und diese sollen euch belehren. Gott machte Aaron zum Sprecher, der zu den Kindern Israel reden sollte, und er wird mich an seiner Stelle zum Gott für euch machen; die Ältesten werden mein Mund sein, und ihr werdet es wohl oder übel hinnehmen müssen. Ich habe Elder Adams in einigen Prinzipien unterwiesen, und er wird zu euch sprechen, und wenn er einen Fehler macht, werde ich aufstehen und ihn berichtigen. (8. April 1844.) DHC 6:318–320.

Ansprache von Präsident Joseph Smith

Rechtfertigung seiner Berufung als Prophet – Die Auferstehung der Toten – Sämtliche Verordnungen sind notwendig, für die Lebenden ebenso wie für die Toten

Der Erretter hat die Worte des ewigen Lebens. Nichts sonst kann uns nützen. Daß man einem bösen Gerücht über den Nächsten Glauben schenkt, bringt keine Errettung. Ich gebe allen den Rat, sich dem Vollkommeneren zuzuwenden und sich mehr und mehr in die Geheimnisse der Frömmigkeit zu vertiefen. Der Mensch kann nur dann etwas für sich selber tun, wenn Gott ihm den richtigen Weg dazu weist, und das Priestertum dient diesem Zweck.

Als ich das letztemal von dieser Stelle aus zu euch gesprochen habe, war mein Thema die Auferstehung der Toten, und ich habe damals versprochen, meine Ausführungen über diesen Gegenstand fortzusetzen. Ich spüre noch immer den Wunsch, etwas dazu zu sagen. Laßt uns mit dem heutigen Tag neu anfangen und von ganzem Herzen geloben, von unseren Sünden zu lassen und rechtschaffen zu sein. Ich werde aus dem 24. Kapitel Matthäus vorlesen, und zwar in einem buchstäblichen Wortlaut, und wenn man das richtig versteht, wird es erbaulich sein.

Ich dachte, allein schon das Seltsame dieser Übertragung würde erbaulich sein: „Und es wird gepredigt werden das Evangelium vom Reich in der ganzen Welt zu einem Zeugnis über alle Völker, und dann wird das Ende kommen." Nun will ich es auf deutsch vorlesen (was er tat, und viele anwesende Deutsche sagten, er habe es richtig übersetzt).

Schriftauslegung

Der Erretter sagte, wenn diese Drangsale stattfinden würden, solle es einem Mann übertragen werden, der der ganzen Welt Zeugnis geben werde: die Schlüssel der Erkenntnis, die Macht und die Offenbarungen würden einem Zeugen gegeben werden, der der Welt dieses Zeugnis vorhalten solle. Es ist mir schon immer zugefallen, meinen Zuhörern verborgene Geheimnisse – Neues, Unbekanntes – aufzudecken. Gerade

370

dann, wenn manche Leute glauben, ich hätte kein Recht auf die Schlüssel des Priestertums – gerade dann habe ich das größte Recht darauf. Die Deutschen sind ein erhabenes Volk. Die alten deutschen Übersetzer kommen einer fehlerfreien Übertragung sehr nahe, sie sind von den Übersetzern am ehrlichsten. Darum haben wir hier ein Zeugnis zu meinen Gunsten; es stützt die Offenbarungen, die ich in den letzten vierzehn Jahren verkündet habe. Die alten deutschen, lateinischen, griechischen und hebräischen Übertragungen besagen alle, daß es wahr ist; man kann sie nicht anfechten, und deshalb befinde ich mich in guter Gesellschaft.

Das ganze Zeugnis lautet dahingehend, daß der Herr die Schlüssel des Priestertums in den Letzten Tagen einem Zeugen über alle Welt anvertrauen werde. Hat das Evangelium vom Reich in den Letzten Tagen schon begonnen? Und wird Gott es dem Mann wieder nehmen, ehe er ihn selbst abberuft? Ich habe es genauso vorgelesen, wie es von den Lippen Jesu Christi geflossen ist. Johannes der Offenbarer sah einen Engel hoch am Himmel fliegen, der den Bewohnern der Erde das ewige Evangelium zu verkünden hatte.

Die Schrift wird sich dann erfüllen, wenn sich große Kriege, Hungersnot, Seuchen, großes Leid, Strafgerichte usw. über die Bewohner der Erde ergießen werden. Johannes sah den Engel, der das heilige Priestertum hatte und der allen Völkern das ewige Evangelium verkünden sollte. Gott hatte zu diesem Zweck in den Letzten Tagen einen Engel – einen besonderen Boten – ordiniert und dafür vorbereitet. Weh, wehe dem oder denen, die ihre Hand gegen Gott und seinen Zeugen in diesen letzten Tagen erheben: sie werden beinah sogar die Erwählten irreführen!

Das ewige Gericht

Meine Feinde sagen, ich sei *wirklich* ein wahrer Prophet *gewesen*. Immerhin, es ist mir lieber, ich wäre ein gefallener wahrer Prophet als ein falscher Prophet. Wenn jemand prophezeit und den Menschen gebietet, seine Lehren zu befolgen, dann muß er entweder ein wahrer oder ein falscher Prophet sein. Es erheben sich immer falsche Propheten, die den wahren Propheten entgegenarbeiten, und was sie prophezeien, ist so nahe an der Wahrheit, daß sie beinah auch die Erwählten irreführen.

Die Lehre vom ewigen Gericht gehört in den Letzten Tagen zu den ersten Prinzipien des Evangeliums. Was das Reich Gottes betrifft, so richtet der Teufel immer genau zur selben Zeit sein Reich auf, um Gott Widerstand zu leisten. Jeder, der die Berufung hat, den Bewohnern der Erde geistlich zu dienen, wurde schon vor Grundlegung der Welt im großen Rat im Himmel zu diesem Zweck ordiniert. Ich nehme an, daß ich im großen Rat zu eben diesem meinem Amt ordiniert wurde. Das Zeugnis, das ich mir wünsche, ist, daß ich ein Knecht Gottes bin und daß dieses Volk sein Volk ist. Die alten Propheten haben verkündet, der Gott des Himmels werde in den Letzten Tagen ein Reich aufrichten, das nicht untergehen und auch keinem anderen Volk überlassen werden wird; und genau zu der Zeit, für die das vorgesehen war, hat sich dieses Volk hier so sehr bemüht, es hervorzubringen. Wer sich – außer zur Verteidigung der Wahrheit – mit Gewehr, Säbel oder Pistole bewaffnet, dem wird das eines Tages leid tun. Ich habe niemals mehr an Waffen bei mir als mein Taschenmesser. Als man mich in Missouri vor die Kanonen und Musketen geschleppt hat, war ich unbewaffnet. Gott wird mich stets beschützen, bis ich meinen Auftrag erfüllt habe.

Ich denke, daß ich eines der Werkzeuge bei der Aufrichtung des Reiches bin, wovon Daniel durch das Wort des Herrn gesprochen hat, und ich beabsichtige, eine Grundlage zu schaffen, wodurch die ganze Welt umgestaltet werden wird. Ich habe dem Pöbel in Missouri schon einmal mein Leben als Opfer für mein Volk angeboten, und das gilt auch heute. Nicht mit dem Schwert oder Gewehr wird sich dieses Reich ausbreiten; die Wahrheit hat nämlich eine solche Macht, daß alle Völker genötigt sein werden, das Evangelium zu befolgen. Es ist vorhergesagt, daß sich Reihe gegen Reihe zum Kampf aufstellen wird; es kann sein, daß die Heiligen aus ihren Pflugscharen Schwerter werden schmieden müssen; denn es geht nicht an, daß man sich geduldig hinsetzt und zusieht, wie einem die Kinder umgebracht werden.

Die Auferstehung

Ich will über die Auferstehung der Toten sprechen, und der Text dazu steht im 14. Kapitel Johannes: „Im Haus meines Vaters gibt es viele Wohnungen." Eigentlich sollte es lauten: „Im Reich meines Vaters gibt es viele Reiche", damit ihr Erben Gottes und meine Miterben sein könnt. Ich halte nichts von der methodistischen Lehre, wonach ehrliche und edelgesinnte Menschen zusammen mit Mördern und Ehebrechern der Hölle anheimfallen. Diese Leute können ihre ganze Hölle und Feuerflut auf mich loslassen – das wird von mir so schnell abprallen, wie es gekommen ist. Doch habe ich Mittel und Wege, um die armen Kerle immerhin zu erretten, ihnen die Errettung zukommen zu lassen; denn ich werde Männer aussenden, die ihnen im Gefängnis predigen, und sie auf diese Weise retten, wenn ich kann.

Die Errettung der Toten

Es gibt Wohnungen für die, die einem celestialen Gesetz gehorchen, und es gibt andere Wohnungen für die, die dem Gesetz nicht entsprechen: jeder nach seiner Ordnung. Es gibt die Taufe, die für die zu vollziehen ist, die am Leben sind, und die Taufe für die Toten, die sterben, ohne das Evangelium zu kennen.

Ich setze meinen Fortschritt in Richtung auf das ewige Leben fort. Es ist nicht nur notwendig, daß man sich für seine Toten taufen läßt, sondern man muß sich für sie auch allen Verordnungen unterziehen, die für einen selbst vollzogen worden sind, damit man errettet werden kann. Es wird 144 000 Befreier auf dem Berg Zion geben, und mit ihnen eine unzählbare Schar, die kein Mensch zählen kann. Oh, ich flehe euch an, macht euch daran, eurer Berufung und Auserwählung festen Bestand zu geben! Und wenn euch jemand ein anderes Evangelium verkündigt, als ich euch verkündigt habe, der sei verflucht; und einige von euch, die ihr mich jetzt vernehmt, werden erleben und wissen, daß ich über sie die Wahrheit bezeugt habe.

Alle werden auferstehen

Was nun das Gesetz des Priestertums betrifft, so soll es einen Ort geben, wohin von Zeit zu Zeit alle Nationen kommen, um das Endowment zu empfangen. Der Herr hat gesagt, das soll der Ort sein, wo die Taufe für die Toten stattfindet. Jeder, der getauft ist und zum Gottesreich gehört, hat ein Anrecht darauf, sich für diejenigen taufen zu lassen, die schon vorangegangen sind. Sobald die Freunde, die hier als ihre Stellvertreter fungieren, das Gesetz des Evangeliums befolgen, läßt der Herr sie dort durch seine Helfer freisetzen. Man kann als Stellvertreter für seine eigenen Verwandten tätig sein: die Evangeliumsverordnungen, die schon vor Grundlegung der Welt eingerichtet worden sind, werden auf diese Weise von ihnen erfüllt, und wir können uns für diejenigen taufen lassen, denen wir besonders freundlich gesinnt waren. Das muß aber zuerst dem Mann Gottes offenbart werden, denn sonst gehen wir zu weit. „Denn wie in Adam alle sterben, so werden in Christus alle lebendig gemacht werden." Es werden also alle von den Toten auferstehen. Das Lamm Gottes hat die Auferstehung bewirkt, so daß sich alle von den Toten erheben werden.

Der allmächtige Gott selbst wohnt in ewigem Feuer; Fleisch und Blut können nicht dorthin gelangen; denn alles, was verweslich ist, wird von dem Feuer verzehrt. „Unser Gott ist ein verzehrendes Feuer." Wenn unser Fleisch durch den Geist belebt ist, wird es in dieser Hülle kein Blut mehr geben. Einige wohnen in höherer Herrlichkeit als die anderen. Wenn jemand unrecht getan hat, wird dieses Unrecht immer an ihm nagen. Unsterblichkeit wohnt in immerwährender Lohe. Ich werde euch von Zeit zu Zeit das offenbaren, was der Heilige Geist mir offenbart. Alle Lügen, die jetzt gegen mich ausgebrütet werden, sind vom Teufel, und der Einfluß des Teufels und seiner Knechte wird gegen das Gottesreich gerichtet sein. Die Knechte Gottes lehren nur die Prinzipien des ewigen Lebens: an ihren Früchten werdet ihr sie erkennen. Ein guter Mensch spricht Gutes und von heiligen Prinzipien, und ein böser Mensch redet Böses. Ich fühle mich gedrängt, im Namen des Herrn alle diese schlechten Prinzipien und Lügner usw. zurechtzuweisen, und ich rate euch dringend, seht euch vor, wem ihr nachgeht. Ich ermahne euch, all der Tugend und den Belehrungen, die ich euch gegeben habe, Beachtung zu schenken. Alle Menschen, die unsterblich sind, wohnen in immerwährender Lohe. Ihr könnt nirgendwo hingehen, wo Gott euch nicht findet. Alle Menschen werden geboren, um zu sterben, und alle Menschen müssen auferstehen – alle müssen in die Ewigkeit eingehen.

Damit ihr euch eure Kinder erhalten könnt, müßt ihr eine Verheißung haben – eine Verordnung, eine Segnung, um sich über die Mächte erheben zu können, es kann aber auch ein Engel sein. Sie müssen genauso auferstehen, wie sie gestorben sind; wir können dort unsere kleinen Kinder mit der gleichen Herrlichkeit begrüßen – mit der gleichen Schönheit in der celestialen Herrlichkeit, wo sich alle in gleicher Weise erfreuen. Sie sind an Statur und Größe verschieden, aber der gleiche herrliche Geist gewährt es ihnen, einander an Herrlichkeit und Frische gleich zu sein: der alte Mann im Silberhaar wird in seiner Frische und Schönheit herrlich sein. Kein Mensch kann euch das schildern, kein Mensch kann das niederschreiben.

Wann habe ich je von dieser Stelle aus etwas Falsches gelehrt? Wann bin ich je widerlegt worden? Ich möchte, ehe ich von hier Abschied nehme und nicht mehr gesehen werde, in Israel triumphieren. Ich habe euch nie gesagt, ich sei vollkommen; aber in den Offenbarungen, die ich verkündet habe, ist kein Fehler. Muß ich dann wie etwas Nutzloses weggeworfen werden?

Ich lege euch die folgende Überlegung ans Herz: Verbindet mit eurem Glauben die Tugend, die Liebe usw. Im Namen des Herrn sage ich: Wenn ihr das in euch habt, so werdet ihr fruchtbar sein. Ich bezeuge, daß niemand die Macht hat, es zu offenbaren, als nur ich selbst – das, was im Himmel ist, auf der Erde, in der Hölle; und darum soll jeder in Zukunft still sein. Ich vertraue euch alle Gott an, damit ihr alles ererben mögt; und wolle Gott seinen Segen dazugeben. Amen. (2. Mai 1844.) DHC 6:363–367.

Träume des Propheten in bezug auf den Zustand der Abtrünnigen in Nauvoo

Am Abend besuchte ich die Versammlung im Saal der Siebziger. George J. Adams predigte, und dann sagte ich ein paar Worte. Ich erzählte von einem Traum, den ich vor kurzem hatte. Mir war, als führe ich in meinem Wagen, und mein Schutzengel begleitete mich. Wir fuhren am Tempel vorbei und waren noch nicht viel weiter gekommen, als wir zwei große Schlangen gewahr wurden, die so fest ineinander verschlungen waren, daß keine von beiden noch Kraft hatte. Ich fragte meinen Begleiter, was ich darunter wohl zu verstehen hätte. Er antwortete: „Diese Schlangen stellen Dr. Foster und Chauncey L. Higbee dar. Sie sind dir feindlich gesinnt und wollen dich gerne vernichten; du siehst aber, daß sie so fest ineinander verschlungen sind, daß sie keine Kraft mehr haben, dir Schaden zu tun." Dann war es mir, als führe ich die Mulhollandstraße entlang, aber mein Schutzengel war nicht mehr bei mir. Als ich in die Prärie hinauskam, überholten mich William und Wilson Law und andere. Sie hielten mich an und riefen: „Aha, endlich haben wir dich! Wir werden dich unschädlich machen und in sicheren Gewahrsam nehmen!" Dann zogen sie mich ohne weitere Umstände aus dem Wagen, banden mir die Hände auf den Rücken und warfen mich in eine tiefe, trockene Grube, wo ich völlig hilflos liegenblieb; die Männer aber entfernten sich. Während ich mich bemühte herauszukommen, hörte ich Wilson Law ganz in der Nähe um Hilfe rufen. Es gelang mir, mich so weit loszumachen, daß ich in die Höhe springen konnte, und ich bekam ein paar Grasbüschel zu fassen, die am Rand der Grube wuchsen.

Ich schaute aus der Grube heraus und sah Wilson Law, der ganz in der Nähe von wilden Tieren angegriffen wurde; ich hörte ihn schreien: „Bruder Joseph, komm und rette mich!" Ich rief zurück: „Ich kann nicht; ihr habt mich ja in diese tiefe Grube geworfen!" Als ich in die andere Richtung schaute, sah ich William Law mit heraushängender Zunge, ganz blau im Gesicht, wie ihm grünes Gift aus dem Mund trat, das ihm eine große Schlange, die ihn fest umwunden hatte, aus dem Leib preßte. Sie hielt ihn auch an dem einen Arm gepackt, ein wenig oberhalb des Ellbogens, bereit, ihn zu verschlingen. In seiner übergroßen Pein schrie er auf: „Bruder Joseph, Bruder Joseph, komm und rette mich, sonst muß ich sterben!" Auch ihm entgegnete ich: „Ich kann nicht, William; ich würde es gerne tun, aber ihr habt mich gebunden und in diese Grube geworfen, und ich bin außerstande, dir zu helfen oder mich selber zu befreien." Kurz darauf kam mein Führer wieder und sagte laut zu mir: „Joseph, Joseph, was machst du da?" Ich antwortete: „Meine Feinde haben mich überfallen, gebunden und hier hineingeworfen." Da nahm er mich bei der Hand, zog mich aus der Grube und machte mich los. Wir gingen dann freudig unseres Weges. (13. Juni 1844.) DHC 6:461 f.

Ansprache des Propheten
Die Gottheit der Christen – Mehrere Götter

Versammlung im Gehölz östlich des Tempels, 16. Juni 1844

* * *

Präsident Joseph Smith las das 3. Kapitel Offenbarung und nahm sich dann den 6. Vers aus dem 1. Kapitel zum Text: „... und hat uns zu Königen und Priestern gemacht vor Gott und seinem Vater, demselbigen sei Ehre und Gewalt von Ewigkeit zu Ewigkeit! Amen." (Fassung von 1844 – Anm. d. Übers.)

Diese Übersetzung ist ganz richtig. Ihr wißt aber, daß in letzter Zeit einige bösartige und verdorbene Männer hervorgetreten und von der Kirche Jesu Christi der Heiligen der Letzten Tage abgefallen sind. Sie verkünden, der Prophet glaube an mehrere Götter, und siehe da! wir haben ein großes Geheimnis entdeckt, schreien sie, der Prophet sagt, es gebe viele Götter, und das beweist, daß er ein gefallener Prophet ist.

Ich habe schon seit langem die Absicht, dieses Thema zu behandeln und es den Leuten klar vor Augen zu legen; ich möchte ihnen zeigen, was ich hinsichtlich dieser wichtigen Sache glaube. Ich denke an die Worte Jesu (Lukas 17:26): „Und wie es zur Zeit des Noach war, so wird es auch in den Tagen des Menschensohnes sein." Es mag ruhig regnen, ich werde diese Lehre verkünden, denn die Wahrheit muß verkündet werden.

Mehrere Götter

Ich will davon sprechen, daß es mehrere Götter gibt. Ich habe diese Schriftstelle ausdrücklich mit dieser Absicht gewählt. Ich möchte klarlegen, daß ich immer und in jeder Zusammenkunft, wo ich über die Gottheit spreche, stets davon ausgehe, daß es mehrere Götter gibt. Seit fünfzehn Jahren verkünden dies auch die Ältesten.

Ich habe immer gesagt, Gott sei eine eigene Person, Jesus Christus sei eine von Gott Vater getrennte, eigene Person, und der Heilige Geist sei eine eigene Person aus Geist: und diese drei sind also drei eigene Personen, drei Götter. Wenn das mit dem Neuen Testament in Einklang steht

– nun, siehe da! schon haben wir drei Götter, und das sind mehrere; wer kann dem widersprechen?

In unserer Schriftstelle heißt es: „Und hat uns zu Königen und Priestern gemacht vor Gott und seinem Vater." Die Apostel haben festgestellt, daß es im Himmel oben Götter gibt; denn Johannes sagt, Gott sei der Vater unseres Herrn Jesus Christus. Ich hatte im Sinn, aus der Schrift zu predigen und die darin enthaltene Lehre zu verkünden, daß es nämlich oben einen Gott gibt, den Vater unseres Herrn Jesus Christus. Ich nehme mir die Freiheit, deutlich zu sagen, daß ich alle wichtigen Lehren immer öffentlich verkündet habe und daß ich in der Öffentlichkeit stets wichtigere Lehren verkünde als im engen Kreis.

Johannes war einer der Männer, und die Apostel sagen, sie seien zu Königen und Priestern vor Gott, dem Vater unseres Herrn Jesus Christus, gemacht worden. Genauso steht es im Buch der Offenbarung. Daher ist die Lehre, daß es mehrere Götter gibt, in der Bibel so fest verankert wie jede andere Lehre. Sie ist überall in der Bibel zu finden. Über sie gibt es keine Diskussion. Selbst ein Unerfahrener, und sei es ein Tor, kann da nicht in die Irre gehen.

Der Apostel Paulus sagt: „Götter und Herren gibt es viele –", und das möchte ich ganz klar und einfach darlegen, „so haben doch wir nur einen Gott": das heißt, *was uns betrifft*; und er ist in allem und durchdringt alles. Wenn aber Joseph Smith sagt, es gebe viele Götter und viele Herren, dann schreien sie: „Weg mit ihm! Kreuzigt ihn, kreuzigt ihn!"

Die Menschen sagen mit Recht, die Heilige Schrift sei mit ihnen. Erforscht die Schriften, denn sie legen Zeugnis ab von vielem, was diese Abgefallenen mit würdiger Miene als Gotteslästerung ausgeben würden. Paulus, wenn Joseph Smith ein Gotteslästerer ist, dann bist du auch einer! Ich sage, es gibt der Götter und Herren viele, wir aber haben nur einen Gott, und diesem müssen wir uns unterordnen, und kein Mensch kann die Grenzen oder das ewige Vorhandensein der Ewigkeit einschränken. Wer hat denn die ewige Welt geschaut und hätte darum das Recht zu sagen, es gibt nur einen Gott? Wer so etwas denkt oder sagt, macht sich zum Narren, und das ist das Ende seines Werdegangs, er macht keinen weiteren Fortschritt an Erkenntnis. Er kann die ganze Erkenntnis nicht mehr erlangen, weil er das Tor dazu versiegelt hat.

Auslegung der Schrift

Manche sagen, ich lege die Schrift nicht so aus wie sie. Sie sagen, damit seien heidnische Götter gemeint. Paulus sagt, Götter und Herren gebe es viele – also mehrere Götter, allen Einbildungen der Menschen zum Trotz. Ohne Offenbarung werde ich ihnen aber keine Erkenntnis vom Gott des Himmels vermitteln. Ihr wißt und ich bezeuge, daß Paulus nicht die heidnischen Götter gemeint hat. Das habe ich von Gott, und nun nehmt das gelassen hin, wenn ihr könnt! Ich habe ein Zeugnis vom Heiligen Geist, daß Paulus in der Schriftstelle nicht die heidnischen Götter gemeint hat. Ich werde aus der hebräischen Bibel beweisen, daß ich recht habe und daß schon in den ersten Worten zu ersehen ist, daß es mehrere Götter gibt. Die Abgefallenen und die Gelehrten fordere ich auf, herzukommen und das Gegenteil zu beweisen, wenn sie können. Ein nicht studierter junger Mann muß euch ein wenig Hebräisch beibringen! *Bereschit bara elohim et haschamajim we-et ha-arez*, was die Bibelübersetzer als „Im Anfang schuf Gott Himmel und Erde" wiedergeben. Ich möchte nun das Wort *bereschit* zergliedern: *rosch* – Kopf oder Haupt; -*it* – eine grammatikalische Endung; und das Bet (der Buchstabe b) mit der Bedeutung „in, an" war, als der inspirierte Verfasser das Wort niederschrieb, nicht vorhanden, sondern wurde später von einem alten Juden hinzugefügt; *bara* bedeutet hervorbringen; *elohim* leitet sich vom Wort *eloah* ab, das eine Einzahl ist und Gott bedeutet – durch Anfügen der Endsilbe -*im* wird daraus die Mehrzahl, also Götter. Zuerst lautete der Text also folgendermaßen: „Das Haupt brachte die Götter hervor" oder, wie andere es übersetzt haben, „das Haupt der Götter rief die Götter zusammen". Ich möchte doch auch ein wenig Gelehrsamkeit zeigen, wie andere Narren.

*　*　*

Der Hauptgott gestaltete die Himmel und die Erde. Ich fordere alle Welt heraus, mich zu widerlegen. Im Anfang gestalteten die Hauptgötter die Himmel und die Erde. Nun aber toben die gelehrten Priester und das Volk, und die Nationen machen vergebliche Pläne. Wenn wir nun im hebräischen Text weitergehen, so heißt es dort: „Der oberste der Götter sprach: Laßt uns Menschen machen als unser Abbild." Ich habe einmal einen gebildeten Juden gefragt: „Wenn die hebräische Sprache uns zwingt, alle auf -*im* endenden Wörter als in der Mehrzahl anzusehen – warum setzt man dann nicht schon das erste *elohim* in den Plural?" Seine Antwort war: „Das ist, von wenigen Ausnahmen abgesehen, die Regel; aber in diesem Fall würde es die Bibel kaputt machen." Er gab zu, daß ich recht hatte. Ich bin hergekommen, um das alles genauso darzustellen, wie ich es glaube. Hört und urteilt selbst, und wenn ihr befriedigt von dannen geht, um so besser!

Schon ganz zu Anfang spricht die Bibel unwiderlegbar von einer Mehrzahl von Göttern. Das, wovon ich spreche, ist ein großartiges Thema. Das Wort *elohim* sollte an allen Stellen in der Mehrzahl stehen – Götter. Die obersten Götter bestimmen für uns einen Gott; und wenn man es aus dieser Sicht betrachtet, ist man imstande, die ganze Schönheit, Heiligkeit und Vollkommenheit der Götter zu erfassen. Ich will nichts anderes als die einfache, nackte Wahrheit, und zwar die ganze Wahrheit.

Viele Leute sagen: Es gibt einen Gott; der Vater, der Sohn und der Heilige Geist sind nur ein einziger Gott. Das ist vielleicht ein sonderbarer Gott – drei in einem, einer in drei! Ein merkwürdiges Gebilde! „Vater, ich bitte nicht für die Welt, sondern für alle, die du mir gegeben hast." „Heiliger Vater, bewahre sie in deinem Namen, die du mir gegeben hast, damit sie eins seien wie wir." Ginge es nach den Sektierern, dann müßten alle in einen einzigen Gott hineingestopft werden. Das wäre dann der umfangreichste Gott auf der ganzen Welt – ein merkwürdig großer Gott – ein Riese oder ein Ungeheuer. Ich möchte euch die Schriftstelle selbst vorlesen: „Ich bin einig mit dem Vater, und der Vater ist einig mit mir, und wir sind einig als einer." Aus dem Griechischen geht hervor, daß es „einig" heißen müßte. „Vater, ich bitte für die, die du mir aus der Welt gegeben hast, und nicht nur für diese hier, sondern auch für alle, die durch ihr Wort an mich glauben, damit alle einig seien, wie du, Vater, es mit mir bist und ich es mit dir bin; damit auch sie mit uns einig seien" und sie alle kommen und in Eintracht beisammen wohnen, in aller Herrlichkeit und der immerwährenden Lohe der Götter; dann aber schauen wir von Angesicht zu Angesicht und werden so sein wie unser Gott, und er wird wie sein Vater sein. Ich möchte dieses Thema noch ein wenig mehr erörtern. Ich habe beim Übersetzen des Papyrus, den ich zu Hause habe, viel darüber erfahren.

Abrahams Gedankengang

Ich habe ein Zeugnis über Abraham erfahren; er hatte sich über den Gott des Himmels Gedanken gemacht. „Um das tun zu können", sagte er sich, „nehmen wir einmal zwei Tatsachen als gegeben an; das läßt auf eine dritte Tatsache schließen. Wenn es auf der Erde zwei Menschen gibt, von denen der eine mehr Weisheit besitzt als der andere, so ergibt sich daraus logischerweise, daß es einen weiteren geben kann, der weiser ist als jeder der beiden. Die Intelligenzen stehen immer eine über der anderen, so daß es für sie kein Ende gibt."

Abraham hat also auf diese Weise gefolgert: Wenn nun Jesus Christus der Sohn Gottes ist und Johannes entdeckt hat, daß Gott, der Vater Jesu Christi, selbst einen Vater hat, so kann man annehmen, daß auch dieser einen Vater hat. Wo hat es je einen Sohn ohne Vater gegeben? Und wo hat es je einen Vater gegeben, der nicht zuerst selbst Sohn war? Wann ist denn jemals ein Baum oder sonst etwas ohne einen Vorfahren ins Dasein gelangt? Alles und jedes kommt auf diese Weise zustande. Paulus sagt, das Irdische sei ein Bild des Himmlischen: wenn nun Jesus einen Vater hat, können wir uns dann nicht vorstellen, daß auch dieser einen Vater hat? Ich finde es verachtenswert, sich vor dieser Vorstellung zu Tode zu ängstigen; die Bibel ist doch voll davon.

Paßt gut auf, was ich jetzt sage: Jesus sagte, der Vater habe in genau derselben Weise gewirkt wie sein Vater vor ihm. Wie der Vater vor ihm? Er gab sein Leben hin und nahm es wieder, wie sein Vater es vorher getan hatte. Er tat das, wozu er gesandt worden war: sein Leben hinzugeben und es wieder zu nehmen; und erst dann wurden ihm die Schlüssel übertragen. Ich weiß, das ist eine vernünftige Folgerung.

Die Kirche wird gesäubert

Ich habe Grund zu der Annahme, daß die Kirche gesäubert wird. Ich habe den Satan vom Himmel fallen sehen, und es war erschreckend, wie sie alle gerannt sind. Dies alles sind Zeichen und Wunder in unseren Augen, jetzt, in den Letzten Tagen. Solange jemand unter Gottes Gesetz steht, hat er nichts zu fürchten, läßt er sich nicht bange machen.

Ich möchte bei meinem Text bleiben und zeigen, daß die Menschen, die gegen diese Wahrheit reden, nicht mir schaden, sondern nur sich selbst. Lehre und Warnung: diese Prinzipien sind nämlich über die ganze heilige Schrift ausgegossen. Wenn schwächliche Menschen über das, was von größter Wichtigkeit ist, einfach gedankenlos hinweggehen, so möchte doch ich die Wahrheit in ihrem ganzen Zusammenhang erkennen und in mein Herz schließen. Ich glaube alles, was Gott je offenbart hat, und ich habe noch nie gehört, daß einer verdammt worden wäre, weil er zu viel geglaubt hat; verdammt wird man für Unglauben.

An Jesus Christus hatten sie auszusetzen, daß er gesagt hatte, er sei Gottes Sohn, und daß er sich mit Gott auf die gleiche Stufe stellte. Über mich sagt man – ebenso wie über die alten Apostel –, ich müsse kaltgestellt werden. Was aber hat Jesus gesagt? „Heißt es nicht in eurem Gesetz: Ich habe gesagt: Ihr seid Götter? Wenn er jene Menschen Götter genannt hat, an die das Wort Gottes ergangen ist, und wenn die Schrift nicht aufgehoben werden kann, dürft ihr dann von dem, den der Vater geheiligt und in die Welt gesandt hat, sagen: Du lästerst Gott – weil ich gesagt habe: Ich bin Gottes Sohn?" Durch ihn konnten sie von dem lebensspendenden Felsen trinken. Selbstverständlich nahm er die Ehre in Anspruch. Jesus, wenn diejenigen, an die das Wort Gottes ergangen ist, Götter genannt wurden, warum soll es dann eine Gotteslästerung sein, wenn ich sage: Ich bin Gottes Sohn?

Ewige Herrlichkeiten

Lest doch die Vision im Buch der Bündnisse! Dort ist Herrlichkeit auf Herrlichkeit klar veranschaulicht: die Herrlichkeit der Sonne, dann die Herrlichkeit des Mondes, und die Herrlichkeit der Sterne; und so wie der eine Stern vom anderen an Herrlichkeit verschieden ist, so ist auch der eine vom anderen in der telestialen Welt an Herrlichkeit verschieden, und ein jeder, der in der celestialen Herrlichkeit regiert, ist für seinen Herrschaftsbereich ein Gott. Dadurch, daß die Abtrünnigen das Zeugnis im Buch ,Lehre und Bündnisse' gelten lassen, verdammen sie sich selbst. Paulus, was sagst du dazu? Man hat Paulus angeklagt, und alle haben sich von ihm abgewendet. Paulus hatte sieben Gemeinden gegründet, und sie trieben ihn von sich fort. Das können sie mit mir nicht tun, und das freut mich. Mein Zeugnis ist unanfechtbar.

Paulus sagt: „Der Glanz der Sonne ist anders als der Glanz des Mondes, anders als der Glanz der Sterne; denn auch die Gestirne unterscheiden sich durch ihren Glanz. So ist es auch mit der Auferstehung der Toten." Die, denen eine herrliche Auferstehung von den Toten zuteil wird, werden weit über Gewalten, Mächte, Throne, Herrschaften und Engel erhöht, und es heißt von ihnen ausdrücklich, daß sie Erben Gottes und Miterben Jesu Christi sind – alle mit ewiger Macht.

Diese Schriftstellen stellen für die christliche Welt ein Gemisch von höchst seltsamen Lehren dar; denn dort lassen sich Blinde von Blinden führen. Ich verweise nun auf eine weitere Schriftstelle. „Nun", sagte Gott, als er aus dem brennenden Dornbusch heraus mit Mose redete – Mose hat wohl genauso dahergestammelt wie ich –, Gott sagte also: „Du sollst für die Kinder Israel Gott sein!" Gott sagte: „Du sollst für Aaron Gott sein, und er wird für dich der Sprecher sein." Ich glaube, diese Götter, die Gott als Götter offenbart, sind Söhne Gottes und dürfen alle rufen: „Abba – Vater!" Söhne Gottes, die sich selbst zur Erhöhung als Gott hochgearbeitet haben, ja, schon von vor Grundlegung der Welt an, und das sind die einzigen Götter, die ich hoch in Ehren halte.

Johannes sagt, er sei ein König: „. . . und von Jesus Christus; er ist der treue Zeuge, der Erstgeborene der Toten, der Herrscher über die Könige der Erde. Er liebt uns und hat uns von unseren Sünden erlöst durch sein Blut; er hat uns zu Königen gemacht und zu Priestern vor Gott, seinem Vater. Ihm sei die Herrlichkeit und die Macht in alle Ewigkeit. Amen." O du Gott, der du der König der Könige und Herr der Herren bist, die sektiererische Welt verkündet durch ihre Handlungsweise: „Wir können nicht an dich glauben!"

Die alten Überlieferungen der katholischen Kirche sind mehr wert als alles, was ihr gesagt habt. Hier haben wir ein vernünftiges Prinzip, das anzunehmen aber die meisten Menschen nicht genug Verstand besitzen.

Ich will es an einem alten Apfelbaum veranschaulichen. Da springt ein Zweig ab und sagt: Ich bin der wahre Baum, ihr anderen seid verderbt! Wenn der ganze Baum verderbt ist, sind dann nicht auch die Zweige verderbt? Wenn die katholische Religion falsch ist – kann dann irgendeine wahre Religion von ihr entspringen? Wenn die katholische Kirche schlecht ist, wie kann dann von ihr irgend etwas Gutes kommen? Seit die Welt besteht, verlästern alle Abtrünnigen stets die Wesensmerkmale ihrer alten Kirche.

Der Herr erkennt Verräter nicht an

Ich bezeuge abermals: So wahr der Herr lebt, Gott wird Verräter oder Abtrünnige niemals anerkennen. Jemand, der die Katholiken verrät, wird auch euch verraten; und wenn er mich verrät, wird er euch auch verraten. Alle Menschen sind Lügner, wenn sie sagen, sie seien von der wahren Kirche, aber ohne Offenbarungen von Jesus Christus und ohne das Priestertum Melchisedeks, das nach der Ordnung des Gottessohnes ist.

Nach der Ordnung des Himmels schickt Gott immer dann eine neue Evangeliumszeit in die Welt, wenn die Menschen von der Wahrheit abgefallen sind und das Priestertum verloren haben; wenn aber jemand kommt und auf der Grundlage anderer weiterbaut, tut er das auf eigene Verantwortung und ohne Vollmacht von Gott: Wenn nun die Wassermassen heranfluten und die Stürme toben, wird es sich zeigen, daß die Grundlage nur Sand ist, und das ganze Gebäude wird zu Staub zerfallen.

Habe ich etwa auf der Grundlage eines anderen aufgebaut? Ich habe alle Wahrheit, die die Christenheit je hatte, und darüber hinaus noch Offenbarung, die davon unabhängig ist; und Gott wird mich triumphieren lassen. Ich will dieses Thema aber fallenlassen. Ich wünschte, ich könnte drei, vier Stunden lang sprechen, aber das wäre bei diesem Regen nicht ratsam. Ich würde sonst fortfahren und euch Beweis auf Beweis erbringen. Die ganze Bibel bestätigt diese Lehre übereinstimmend in allen ihren Teilen. (16. Juni 1844.) DHC 6:473–479.

Der Prophet sagt seinen Tod voraus

Die folgenden geschichtlichen Angaben in bezug darauf, daß der Prophet und sein Bruder, der Patriarch Hyrum Smith, sich freiwillig auslieferten und dann auf grausame Weise den Märtyrertod erlitten, sind so bedeutungsvoll, daß sie in diesen Bericht aufgenommen wurden. Die beiden Brüder trafen sich am 22. Juni 1844 in der Abenddämmerung im Haus des Propheten, im oberen Raum, mit einigen führenden Ältesten. Als sie alle versammelt waren, las ihnen der Prophet ein Schreiben von Gouverneur Ford vor; er wollte sich mit den Brüdern darüber beraten. An dieser Stelle beginnt die Aufzeichnung.

Joseph sagte: „Da gibt es keine Gnade – keine Gnade." Hyrum: „Nein! Sobald wir ihnen in die Hände fallen, sind wir schon so gut wie tot." Joseph antwortete: „So ist es. Was sollen wir tun, Bruder Hyrum?" Dieser antwortete: „Ich weiß nicht." Auf einmal hellte sich das Gesicht des Propheten auf, und er sagte: „Der Weg ist offensichtlich! Mir ist ganz klar, was wir tun müssen. Sie wollen nur Hyrum und mich. Sagt also allen, sie sollen ihrer üblichen Arbeit nachgehen und sich nicht in Gruppen ansammeln, sondern sich über die Stadt verteilen. Es ist keine Frage, daß sie herkommen und nach uns suchen werden. Laßt sie suchen! Sie werden euch und eurem Eigentum nichts tun, auch nicht einem Haar auf eurem Kopf. Wir werden heute nacht über den Fluß setzen und nach Westen gehen." Er schickt sich an, das Haus zu verlassen, um über den Fluß zu setzen. Draußen sagte er zu Butler und Hodge, sie sollten die „Maid of Iowa" (ein kleines Dampfboot, für das Daniel Repsher verantwortlich war) zur oberen Anlegestelle bringen und dort seine und Hyrums Familie und ihre Habseligkeiten an Bord bringen; dann sollten sie den Missisippi hinab und den Ohio aufwärts bis Portsmouth fahren; dort würden sie von ihm weiteres hören. Dann nahm er Hodge bei der Hand und sagte: „Nun, Bruder Hodge, komme, was da mag: aber verleugne den Glauben nicht, es wird alles gut werden!"

„Ich sagte zu Stephen Markham, wenn sie Hyrum und mich je erwischten, würden sie uns massakrieren, oder ich bin kein Prophet Gottes. Ich möchte, daß Hyrum am Leben bleibt, um mein Blut zu rächen, aber er ist entschlossen, mich nicht zu verlassen."

* * *

Samstag, 22. Juni 1844, gegen 21 Uhr. Hyrum kam aus dem Nauvoo-Haus, reichte Reynolds Cahoon beide Hände und sagte dabei: „Eine Gruppe Männer will meinen Bruder Joseph umbringen, und der Herr hat ihn gewarnt und ihm gesagt, er solle nach den Rocky Mountains fliehen, um sein Leben zu retten. Leben Sie wohl, Bruder Cahoon, wir werden uns wiedersehen." Einige Minuten später kam Joseph von seiner Familie heraus. Die Tränen liefen ihm über die Wangen. Er hielt sich ein Taschentuch vors Gesicht und folgte seinem Bruder Hyrum, ohne ein Wort zu sagen.

Spät an diesem Abend brachte Orrin P. Rockwell den Propheten und den Patriarchen über den Fluß, damit sie nach den Rocky Mountains aufbrechen könnten. Früh am nächsten Morgen schlossen sich ihnen weitere Brüder an. Am gleichen Morgen kam in Nauvoo ein Aufgebot an, das Joseph Smith verhaften wollte, aber sie konnten ihn nicht finden. Immerhin brachten sie es zustande, einigen Furchtsamen das Herz mit Angst zu erfüllen. Um ein Uhr mittags kam Orrin P. Rockwell, der nach Nauvoo zurückgefahren war, wieder herüber und brachte einen Brief von Emma Smith, die den Propheten bat, nach Nauvoo zurückzukehren. Der Prophet befand sich mit dem Patriarchen und Willard Richards in einem Zimmer, wo sie Vorräte für die Reise zusammengetragen hatten. Reynolds Cahoon teilte dem Propheten mit, was die Miliz beabsichtigte, und drang in ihn, er möge sich stellen; denn der Gouverneur habe sich persönlich und auch von Staats wegen auf Treu und Glauben verbürgt, ihn während der Gerichtsverhandlung zu schützen. Der Prophet war sich allerdings darüber im klaren, daß auf das Wort des Gouverneurs kein Verlaß war. An dieser Stelle geht die Schilderung weiter.

Falsche Anschuldigungen

Reynolds Cahoon, Lorenzo D. Wasson und Hiram Kimball warfen Joseph Smith vor, er sei ein Feigling, weil er sein Volk im Stich lassen wolle; sie sagten auch, ihr Eigentum werde zerstört werden und sie würden dann ohne Haus oder Unterkunft dastehen – so wie in der Geschichte, wo die Wölfe kamen und der Hirt von der Herde floh und die Schafe dem Gefressenwerden preisgab. Darauf entgegnete Joseph: „Wenn mein Leben für meine Freunde keinen Wert hat, dann hat es auch keinen für mich."

Joseph Smith sagte zu Rockwell: „Was soll ich tun?" Rockwell antwortete: „Sie sind der ältere und sollten es am besten wissen; aber was immer Sie entscheiden – ich bin dabei." Joseph wandte sich dann an Hyrum, der gerade mit Cahoon sprach, und sagte: „Bruder Hyrum, du bist der ältere; was sollen wir tun?" Hyrum sagte: „Laß uns zurückkehren und uns freiwillig stellen; wir wollen es durchstehen!" Nach kurzem Nachdenken sagte Joseph: „Wenn du zurückkehrst, gehe ich mit dir; aber sie werden uns abschlachten." Hyrum sagte: „Nicht doch; wir werden zurückkehren und unser Vertrauen auf Gott setzen; dann wird uns kein Leid geschehen. Der Herr ist daran beteiligt. Ob wir am Leben bleiben oder sterben müssen – wir wollen uns in unser Schicksal ergeben." Nach einer kurzen Pause gab Joseph Smith Bruder Cahoon den Auftrag, er solle Hauptmann Daniel C. Davis ersuchen, sein Boot für halb sechs Uhr bereitzuhalten und sie über den Fluß setzen. (23. Juni 1844.) DHC 6:545–551.

Brief von Joseph und Hyrum Smith an Gouverneur Ford
Sie erklären sich bereit, nach Carthage zu kommen

Am Ufer des Mississippi
Sonntag, den 23. Juni 1844, 14 Uhr

An Seine Exzellenz, Gouverneur Ford

Sehr geehrter Herr! Gestern um Mitternacht habe ich Ihnen einen langen Brief geschrieben, worin ich meine Meinung zum gestrigen Schreiben Eurer Exzellenz zum Ausdruck brachte. Ich fand Ihren Brief ziemlich hart, aber soeben kam einer meiner Freunde zu mir und brachte eine Erklärung vom Hauptmann Ihres Aufgebots mit, die den Inhalt Ihres Schreibens in etwas milderem Licht erscheinen läßt und uns größere Sicherheit gibt, was unseren Schutz betrifft. Wir entnehmen daraus auch, daß es Eurer Exzellenz gelungen ist, die Geister zum Schweigen zu bringen, von denen Eure Exzellenz in gewissem Maße umgeben sind. Ich stelle abermals fest, daß ich gegen eine Gerichtsverhandlung in diesem Land immer nur den einen Einwand habe, den ich schon in meinem letzten Brief angeführt habe – nämlich Meuchelmörder und daß ich Grund habe, von deren Seite für mein Leben fürchten zu müssen.

Nach dieser Erklärung jedoch erbiete ich mich, morgen zu Ihnen nach Carthage zu kommen, sobald es Ihrem Aufgebot möglich ist, uns bis zum Hauptquartier das Geleit zu geben. Ich setze voraus, daß uns ein gerechtes Verfahren zuteil wird, daß weder wir noch unsere Zeugen beschimpft oder mißhandelt werden und daß alles so geschieht, wie es dem formalen Gesetz entspricht – unbefangen und unparteiisch. Sie können sich auf mein Ehrenwort verlassen und brauchen keine große bewaffnete Macht aufzubieten, um ängstliche Gemüter in Aufregung zu versetzen.

Wir werden, wenn es Ihnen recht ist (und wenn nicht, teilen Sie es mir mit), uns Ihrem Aufgebot morgen nachmittag, gegen zwei Uhr, beim Alten Grabhügel anschließen; früher sind wir nicht imstande, unsere Zeugen beizubringen und die notwendigen Vorbereitungen für die Verhandlung zu treffen. Wir erwarten, daß wir unsere Zeugen mitbringen dürfen und nicht auf deren gerichtliche Vorladung warten müssen, wenigstens zum Teil, damit das Verfahren keine Verzögerung erleidet; es kann aber sein, daß wir für die Rechtsberatung etwas Zeit benötigen.

Mit vorzüglicher Hochachtung verbleiben wir Euer Exzellenz ergebene Diener

Joseph Smith
Hyrum Smith

(23. Juni 1844.) DHC 6:550.

Der Aufbruch nach Carthage

Als sie am Tempel vorbeikamen, hielt Joseph Smith an, blickte zuerst bewundernd auf ihn und dann auf die Stadt und sagte: „Das ist der schönste Ort und das beste Volk unter dem Himmel; aber sie haben keine Ahnung, was für eine Heimsuchung ihnen bevorsteht." Auf dem Weg aus der Stadt sprach er noch bei Daniel H. Wells vor, der sich nicht wohl fühlte, und beim Abschied sagte er: „Verehrter Herr Wells, halten Sie mein Andenken in Ehren, und denken Sie nicht, ich sei der schlechteste Mensch auf Erden!"

Zehn Minuten vor 10 Uhr kamen sie zur Farm von Albert G. Fellow, vier Meilen westlich von Carthage, wo sie Hauptmann Dunn mit etwa sechzig Mann berittener Miliz trafen. Als Joseph sie sah, sagte er: „Regt euch nicht auf, Brüder, sie können euch nicht mehr antun, als die Feinde der Wahrheit den Heiligen in alter Zeit angetan haben; sie können nur den Körper töten." Die Kompanie machte halt, und Joseph und Hyrum Smith und einige andere gingen mit Hauptmann Dunn in das Fellowsche Haus. Dort legte Dunn eine Order von Gouverneur Ford vor, die die Ablieferung aller im Besitz der Nauvoo-Legion befindlichen staatlichen Waffen forderte und die Joseph Smith sofort gegenzeichnete.

Wie ein Lamm zum Schlachten

Henry G. Sherwood ging zu Joseph Smith und sagte: „Bruder Joseph, soll ich nach Nauvoo zurückkehren und veranlassen, daß die Waffen abgeliefert und Empfangsbescheinigungen dafür ausgestellt werden?" Joseph Smith fragte ihn, ob er in Haft sei oder mit seiner Verhaftung rechne. Sherwood verneinte das, und dann gab Joseph Smith ihm den Auftrag, sich noch vor der Kompanie nach Nauvoo zu begeben, die Waffen einzusammeln und alles zu erledigen, so gut er könne. Dann sagte Joseph zu seinen Begleitern: „Ich gehe wie ein Lamm zum Schlachten, aber ich bin so ruhig wie ein Sommermorgen; mein Gewissen ist frei von Schuld gegenüber Gott und allen Menschen. Wenn man mir das Leben nimmt, so werde ich unschuldig sterben, und mein Blut wird vom Erdboden her nach Rache schreien, und man wird von mir noch sagen: Er wurde kaltblütig ermordet." Dann sagte er zu Vater Sherwood: „Gott segne Sie." Darauf ritt Sherwood, so schnell er konnte, nach Nauvoo zurück. (24. Juni 1844.) DHC 6:554f.

Joseph Smith an Gouverneur Ford
Begründung seiner Rückkehr nach Nauvoo

Vier Meilen westlich des Alten Grabhügels
von Carthage, Kreis Hancock, Illinois
Montag, 10 Uhr

Seiner Exzellenz Gouverneur Ford

Sehr geehrter Herr! Ich war heute morgen, um Ihrer Aufforderung zu entsprechen, nach Carthage unterwegs, als ich hier Hauptmann Dunn traf, der mir Ihre Order bekanntgab, wonach alle im Besitz der Nauvoo-Legion befindlichen staatlichen Waffen abzuliefern seien; diesem Befehl werde ich nachkommen. Damit das ordentlich geschieht und für den Staat keine Schwierigkeiten entstehen, werde ich mit Hauptmann Dunn nach Nauvoo zurückkehren, dafür sorgen, daß die Waffen in seine Hände gelangen, und dann in seiner Begleitung zum Hauptquartier zurückkehren, wo ich mich etwaigen weiteren Anordnungen des Gouverneurs oder des Staates gern fügen werde.

Mit aller gebührenden Hochachtung verbleibe ich Eurer Exzellenz gehorsamer Diener

Joseph Smith

(24. Juni 1844.) DHC 6:556.

Auf dem Weg nach Carthage

Die Gruppe, etwa fünfzehn Mann stark, machte sich wieder nach Carthage auf, und als sie am Freimaurergebäude vorbeikamen, sagte Joseph Smith: „Jungens, wenn ich nicht mehr zurückkomme, dann paßt gut auf euch auf. Ich gehe wie ein Lamm zum Schlachten." Als sie an seiner Farm vorbeikamen, schaute er sie lange an, und als sie schon daran vorüber waren, drehte er sich noch mehrmals danach um, was einige seiner Gefährten zu Bemerkungen veranlaßte. Er sagte: „Wenn jemand von euch so eine Farm hätte und wüßte, daß er sie nicht mehr wiedersieht, würde er sie auch ein letztesmal gut und lange ansehen." Als sie noch in der Nähe von Nauvoo an den Waldrand kamen, begegnete ihnen A. C. Hodge, der gerade aus Carthage zurückkam. Er berichtete Hyrum, was er in Carthage gehört hatte und wie er über die Lage dachte, und sagte dann: „Bruder Hyrum, jetzt sind Sie sicher, und wenn ich Ihnen einen Rat geben müßte, so würde ich sagen, gehen Sie keinen Schritt weiter; sie sagen nämlich, sie werden Sie umbringen, wenn Sie nach Carthage kommen." Als dann aber andere Leute herzukamen, wurde weiter nichts mehr gesagt. (24. Juni 1844.) DHC 6:558.

Gespräch des Propheten mit Offizieren der Miliz

Einige Offiziere der Truppe in Carthage und andere Herren waren sehr neugierig, den Propheten zu sehen, und besuchten ihn in seinem Zimmer. General Smith fragte sie, ob es in seinem Äußeren irgend etwas gebe, was ihn als den Bösewicht erkennen lasse, als den seine Feinde ihn hinstellten; er bat sie, ihm darüber ihre ehrliche Meinung zu sagen. Die Antwort lautete: „Nein, Sir, Ihre Erscheinung läßt gerade das Gegenteil vermuten. Wir können aber nicht erkennen, General Smith, was in Ihrem Herzen vorgeht und was für Absichten Sie haben." Worauf Joseph entgegnete: „Sehr richtig, meine Herren. Sie können nicht sehen, was in meinem Herzen vorgeht, und sind daher auch nicht imstande, über mich und meine Absichten ein Urteil abzugeben. Ich aber kann sehen, was in Ihrem Herzen vorgeht, und ich will Ihnen sagen, was ich da sehe. Ich sehe, daß Sie nach Blut lechzen, und nichts als nur mein Blut wird diesen Durst stillen. Ich und meine Brüder werden nicht wegen irgendwelcher Verbrechen ständig verfolgt und von unseren Feinden gequält, sondern aus ganz anderen Beweggründen, und einige davon habe ich schon genannt, soweit ich davon betroffen bin. Da nun Sie und das Volk nach Blut lechzen, prophezeie ich im Namen des Herrn: Sie sollen so viel Blutvergießen und Leid miterleben, daß Sie vollauf genug haben werden. Ihre Seele wird vollständig mit Blut getränkt sein, und viele von Ihnen, die Sie heute hier sind, werden die Gelegenheit haben, vor der Mündung von Kanonen zu stehen, von denen Sie nicht wissen, woher sie kommen. Und die Leute, die mir und meinen Brüdern dieses große Übel wünschen, werden wegen der Verwüstungen und Leiden, die sie erwarten, von Reue und Kummer erfüllt sein. Sie werden Frieden suchen, doch es wird keinen geben. Meine Herren, Sie werden sehen, daß das, was ich Ihnen gesagt habe, wahr ist." (25. Juni 1844.) DHC 6:566.

Ein Brief von Joseph Smith an Gouverneur Ford
Bitte um eine Unterredung

Im Gefängnis von Carthage
26. Juni 1844, 10 Min. nach 8 Uhr

Seiner Exzellenz Gouverneur Ford

Sehr geehrter Herr! Noch einmal möchte ich Sie dringend bitten, mir eine Unterredung zu gewähren, nachdem ich gestern abend so sehr enttäuscht worden bin. Ich hoffe, Sie werden mir dieses Vorrecht nicht länger vorenthalten, als es Ihre öffentlichen Obliegenheiten unbedingt erfordern.

Wir sind aufgrund eines widerrechtlichen Haftbefehls in Gewahrsam genommen worden; infolgedessen ist das ganze Vorgehen ungesetzlich, und wir wünschen, daß dies möglichst schnell in Ordnung gebracht werde und wir aus der Haft entlassen werden.

Ihr ergebener
Joseph Smith

PS. Bitte geben Sie Ihre Antwort dem Überbringer mit.
(26. Juni 1844.) DHC 5:575.

Vorahnungen des Propheten

Am 26. Juni 1844 zu Mittag fertigte Willard Richards, der als Schreiber tätig war, Abschriften von Anordnungen des Propheten an die Brüder in Nauvoo an; während er dies tat,

bemerkte Joseph: „Seit meinem Weggang aus Nauvoo habe ich mehr und mehr Befürchtungen für meine Sicherheit; und das war früher nie so, wenn ich verhaftet worden war. Ich konnte mich dieses Gefühls nicht erwehren, es hat mich niedergedrückt." Dan Jones und Oberst Stephen Markham verbrachten den größten Teil des Vormittags damit, die verzogene Tür mit dem Taschenmesser so weit zu richten, daß sie wieder eingeklinkt werden konnte; auf diese Weise trugen sie dazu bei, den Raum gegen Angriffe zu sichern.

Der Prophet, der Patriarch und ihre Freunde wechselten sich darin ab, den Gefängniswärtern zu predigen; mehrere von ihnen wurden noch vor Ablauf ihres Dienstes abgelöst, weil sie zugaben, sie hätten sich von der Unschuld der Gefangenen überzeugt. Mehrmals räumten sie ein, sehr beeindruckt worden zu sein, und mehr als einmal konnte man sagen hören: „Laßt uns heimgehen, Jungs, denn ich mag nicht länger gegen diese Männer kämpfen."

Am Tag machte Hyrum seinem Bruder Mut und flößte ihm den Gedanken ein, der Herr werde ihn um seiner Kirche willen aus dem Gefängnis befreien. Joseph entgegnete: „Wenn doch nur mein Bruder Hyrum seine Freiheit erlangen könnte, dann käme es auf mich nicht so sehr an. Armer Rigdon – ich bin froh, daß er nach Pittsburg gegangen ist, so ist er aus dem Weg. Würde er über die Kirche präsidieren müssen, er würde sie in weniger als fünf Jahren zugrunde richten." (26. Juni 1844.) DHC 6:592 f.

John Smith wird belästigt (17 Uhr 30)

Patriarch John Smith kam von Macedonia zum Gefängnis, um seine Neffen Joseph und Hyrum zu besuchen. Die Straßen waren voll von Gesindel. Drei davon knallten mit ihren Gewehren auf ihn los, und auch von vielen anderen, die ihn erkannten, wurde er bedroht. Die Wachen am Gefängnis verweigerten ihm den Zutritt.

Joseph Smith erblickte ihn durchs Fenster und sagte zu der Wache: „Laßt den alten Herrn doch herein, es ist mein Onkel!" Die Wache rief zurück, sie schere sich den Teufel darum, wessen Onkel es sei, er dürfe nicht hinein.

Joseph erwiderte: „Ihr werdet doch einen so alten und gebrechlichen Mann nicht daran hindern wollen hereinzukommen." Dann sagte er: „Komm herein, Onkel!" worauf die Wachen ihn gründlich untersuchten und dann ins Gefängnis ließen, wo er etwa eine Stunde blieb. Er fragte Joseph, ob er der Meinung sei, seinen Feinden abermals entrinnen zu können. Joseph antwortete: „Mein Bruder Hyrum meint, ja. Ich möchte, daß du den Brüdern in Macedonia sagst, daß sie daraus ersehen können, wie unsicher es für mich gewesen sei, sie zu besuchen. Sag auch Almon W. Babbitt, es sei mein Wunsch, daß er kommen und mir bei dem für morgen vorgesehenen Verhör vor Hauptmann R. F. Smith Rechtsbeistand gewähren möge." (26. Juni 1844.) DHC 6:597 f.

Die letzte Nacht im Gefängnis

26. Juni 1844, 9 Uhr 15 abends. Elder John Taylor betete. Willard Richards, John Taylor, John S. Fullmer, Stephen Markham und Dan Jones blieben bei Joseph und Hyrum im vorderen Raum.

Im Laufe des Abends las Patriarch Hyrum Smith aus dem Buch Mormon vor und erläuterte Schriftstellen, die von der Einkerkerung und Befreiung der Knechte Gottes um des Evangeliums willen handelten. Joseph gab den Wachen ein machtvolles Zeugnis von der göttlichen Herkunft und Echtheit des Buches Mormon, der Wiederherstellung des Evangeliums, dem Wirken der Engel und daß das Reich Gottes wiederum auf der Erde aufgerichtet worden sei, um dessentwillen er in dieses Gefängnis eingesperrt worden sei, nicht etwa, weil er irgendein Gesetz Gottes oder der Menschen verletzt habe.

Sie begaben sich erst spät zur Ruhe. Joseph und Hyrum benutzten das einzige im Raum vorhandene Bettgestell, während ihre Freunde sich nebeneinander auf die Matratzen auf dem Fußboden legten. Dr. Richards blieb noch auf und schrieb, bis die letzte Kerze niedergebrannt war. Ein ganz nah abgefeuerter Gewehrschuß veranlaßte Joseph, sich aus dem Bett zu erheben und sich auf den Fußboden zu legen, Dan Jones zu seiner Linken und John S. Fullmer zur Rechten. Joseph streckte den rechten Arm aus und sagte zu Fullmer: „Nimm meinen Arm als Kissen, Bruder John, leg deinen Kopf darauf!" Als dann alles wieder ruhig war, sprachen sie mit leiser Stimme über ihre Aussichten auf Befreiung. Joseph gab einigen Vorahnungen Ausdruck, sagte, daß er sterben müsse, und: „Ich möchte meine Familie noch einmal sehen", und: „Wollte Gott, ich könnte noch einmal vor den Heiligen in Nauvoo predigen!" Fullmer versuchte, ihn aufzumuntern und sagte, er sei der Meinung, Joseph werde diese Gelegenheit wohl noch oft haben; Joseph dankte ihm für diese Worte und die ihm gegenüber zum Ausdruck gebrachten guten Gefühle.

Bald nachdem Dr. Richards das Bett aufgesucht hatte, das Joseph verlassen hatte, und als anscheinend alle fest schliefen, flüsterte Joseph dem neben ihm liegenden Dan Jones zu: „Hast du Angst vor dem Sterben?" Dan sagte: „Meinst du denn, es ist soweit? Ich glaube, wenn man im Dienst einer solchen Sache steht, hat der Tod nicht viel Schrecken." Joseph erwiderte: „Ehe du stirbst, wirst du noch Wales wiedersehen und die Mission erfüllen, die dir bestimmt worden ist." (26. Juni 1844, Mitternacht.) DHC 6:600 f.

Elder John Taylors Niederschrift von der Unterredung zwischen Gouverneur Ford und Präsident Smith

Diese Aufzeichnung wurde von John Taylor nachträglich verfaßt.

Gouverneur: General Smith, ich denke, Sie haben mir einen allgemeinen Überblick über die im Land herrschenden Schwierigkeiten gegeben, und zwar in den Unterlagen, die mir Dr. Bernhisel und Herr Taylor übergeben haben. Leider gibt es da zwischen Ihren Aussagen und denen Ihrer Feinde einen Widerspruch. Es stimmt zwar, daß Ihre Darlegung durch Beweise und eidesstattliche Erklärungen gerechtfertigt erscheint, aber für die außerordentliche Unruhe, die jetzt im Land herrscht, muß es einen Grund geben, und ich schreibe den kürzlichen Aufruhr der Zerstörung der Zeitung „Expositor" sowie Ihrer Weigerung zu, der von Richter Morrison verfügten Ladung Folge zu leisten. In den Vereinigten Staaten wird die Presse als das starke Bollwerk der amerikanischen Freiheit angesehen, und dieses Zerstörungswerk in Nauvoo stellt sich als eine willkürliche Maßnahme dar – und wird auch als solche angesehen –, die dem Volk als Beweis dafür erscheint, daß Sie die Rede- und Pressefreiheit unterdrücken wollen. Zusammen mit Ihrer Weigerung, einer schriftlichen Ladung nachzukommen, ist dies in meinen Augen die Hauptursache für diese Schwierigkeiten, und Sie sind mir überdies als aufrührerischer Mensch geschildert worden, der den Gesetzen und Einrichtungen des Landes Trotz bietet.

Gen. Smith: Gouverneur Ford, als Gouverneur dieses Staates ist Ihnen bewußt, was für einer religiösen und auch gerichtlichen Verfolgung ich ausgesetzt gewesen bin. Sie wissen sehr wohl, daß wir einen friedlichen und auf die Einhaltung der Gesetze bedachten Weg gegangen sind; denn ich habe, seit wir uns hier niedergelassen haben, dem Staat genügend Beweise für die friedlichen Absichten geliefert, die ich und meine Gesinnungsgenossen hegen, haben wir doch seit unserer Ansiedlung hier jede nur denkbare Schmähung und alle gegen mich und meine Leute gerichteten ungesetzlichen Ausschreitungen geduldig hingenommen. Sie wissen selbst, daß ich Sie über alles, was mit den kürzlichen Schwierigkeiten zusammenhängt, voll auf dem laufenden gehalten habe. Wenn Sie die eine oder andere meiner Mitteilungen nicht erhalten haben, so ist das nicht meine Schuld.

Ihrer Anordnung gemäß habe ich die Nauvoo-Legion einberufen, um Nauvoo und seine Umgebung vor einer Bande von bewaffneten Marodeuren zu schützen; und seit dem Tag der Einberufung habe ich, was die wesentlichen Ereignisse betrifft, Ihnen fast täglich Bericht erstattet. Sowohl in meiner Eigenschaft als Bürgermeister der Stadt wie auch als Generalleutnant der Nauvoo-Legion habe ich mich bestrebt, den Frieden zu bewahren und gleiches Recht für alle anzuwenden; aber meine Beweggründe werden in Zweifel gezogen, meine Maßnahmen falsch ausgelegt, und von mir selbst wird ein gröblich und schändlich entstelltes Bild entworfen. Ich nehme an, ich verdanke meine jetzige Inhaftierung der eidlichen Aussage eines nichtswürdigen Menschen, der bei mir angezeigt wurde und den ich dann wegen Beschimpfung und Mißhandlung seines gelähmten, hilflosen Bruders verurteilt habe.

Daß ich von Ihnen, Herr Gouverneur, wider Ihr besseres Wissen der Zuwiderhandlung gegen das Gesetz beschuldigt werde, setzt mich in Erstaunen. Wer war es denn, die Mormonen oder unsere Feinde, der zuerst mit diesen Schwierigkeiten angefangen hat? Sie wissen sehr gut, daß nicht wir es waren, und als diese aufrührerischen und unverschämten Leute mit ihren rebellischen Umtrieben anfingen, habe ich Sie offiziell davon unterrichtet, Sie um Rat gebeten und Ihre Ratschläge in allen Einzelheiten strikt befolgt.

Wer hat denn befohlen, daß die Nauvoo-Legion zusammentreten soll? Ich habe es getan, aber auf Ihre Anweisung. Und wozu? Um diese rebellischen Umtriebe zu unterdrücken. Auf Ihre Veranlassung, Herr Gouverneur, habe ich den Aufruf an die Nauvoo-Legion erlassen, sie solle auf Abruf bereitstehen, die Übergriffe des Pöbels abzuwehren, und ich habe Jonathan Dunham, dem amtierenden Generalmajor, einen diesbezüglichen Befehl erteilt. Soll ich denn für die Handlungen anderer Menschen verantwortlich gemacht werden? Soll mir angesichts des Überhandnehmens von Anarchie und Pöbelherrschaft zur Last gelegt werden, ich hielte mich nicht ans Gesetz, wo ich doch Ihre Weisungen ausführe? Wenn es im Land Unruhe gibt, so haben weder ich noch meine Leute sie geschaffen; und alles, was wir tun, nachdem wir unsererseits so viel ertragen haben, ist, daß wir die Verfassung und die Einrichtungen unseres Landes aufrechterhalten und ein gekränktes, unschuldiges, verfolgtes Volk vor einer ungerechten Regierung und der Gewalttätigkeit des Pöbels schützen.

Was die Zerstörung der Einrichtung der Zeitung betrifft, die Sie erwähnen, mag man wohl verschiedener Meinung darüber sein; aber kann man denn annehmen, daß unser Volk nach all den Schmähungen, denen wir von außen ausgesetzt waren, es einfach hinnehmen werde, daß eine Gruppe nichtswürdiger Herumtreiber in unsere Stadt kommt und hier, vor unseren Augen und sogar noch unter unserem Schutz, nicht nur uns selbst, sondern auch die Ehre unserer Frauen und Töchter herabsetzt und in den Schmutz zerrt, wie es in diesem niederträchtigen und unflätigen Blatt so schimpflich und schamlos geschehen ist? In allen Staaten der Union gibt es auch nicht eine Stadt, die sich eine derartige Entwürdigung auch nur vierundzwanzig Stunden hätte gefallen lassen!

Unser ganzes Volk war empört und rief laut nach den Behörden der Stadt, sie sollten diese Mißstände beseitigen. Hätte die Behörde nicht eingegriffen, so hätten die Bürger die Sache selbst in die Hand genommen und diese unverfrorenen Lumpen kurz und bündig so bestraft, wie sie es verdienten.

Der Grundsatz „gleiches Recht für alle", der uns als amerikanischen Bürgern von der Wiege an eingeflößt worden ist, verbietet es uns, jede gemeine Demütigung einfach hinzunehmen und solch üblen Kerlen nachzugeben oder gar Vorschub zu leisten. Aber ganz unabhängig davon sehen wir in unserem Vorgehen nicht die geringste Ungesetzlichkeit; denn ungeachtet der persönlichen Beschimpfung waren wir sehr darauf bedacht, uns streng von Recht und Gesetz leiten zu lassen, und haben daher den Stadtrat einberufen; da es außerdem unser Wunsch war, schon bei der Beratung das Recht zu bewahren, haben wir einen Juristen zur Beratung hinzugezogen.

Unsere Untersuchung ergab, daß wir aufgrund und im Rahmen unserer Stadtverfassung von Nauvoo befugt waren, „öffentliche Ärgernisse zu beseitigen"; außerdem haben wir im Blackstone nachgeschlagen, was unter „öffentlichem Ärgernis" zu verstehen ist. Und dieser berühmte Rechtsgelehrte, der, soviel ich weiß, in allen unseren Gerichten als Autorität anerkannt wird, stellt unter anderem fest, daß eine Schmäh- und

Schmutzpresse sehr wohl als öffentliches Ärgernis anzusehen und als solches abzuschaffen sei.

Hier erklärt also einer der hervorragendsten englischen Juristen, dessen Bücher bei uns als Standardwerke gelten, eine verleumderische Presse sei als öffentliches Ärgernis zu betrachten. Unsere eigene Verfassung, die uns von der gesetzgebenden Körperschaft des Staates zuerkannt worden ist, räumt uns die Befugnis ein, ein öffentliches Ärgernis zu beseitigen. Indem wir nun angeordnet haben, diese Presse sei als öffentliches Ärgernis abzuschaffen, waren wir der Überzeugung, durchaus im Einklang mit dem Gesetz zu handeln. Wir haben die Anordnung als Behörde getroffen, und der Polizeidirektor führte sie aus. Möglicherweise hätte es einen besseren Weg geben können, aber ich muß zugeben, daß ich einen solchen nicht gesehen habe.

Was nun die schriftliche Ladung betrifft, die uns zugestellt wurde, so waren wir bereit, die Folgen unserer Handlungen auf uns zu nehmen, wir waren aber nicht bereit, uns durch Befolgung einer derartigen Ladung einer ungesetzlichen Nötigung zu unterwerfen, die uns unter dem Vorwand der Rechtmäßigkeit auferlegt werden sollte, wo wir doch ganz genau wußten, daß hier ein offener Rechtsbruch vorlag.

Als mir dieses Schriftstück von Konstabler Bettisworth vorgelegt wurde, erbot ich mich in Anwesenheit von mehr als 20 Personen, vor jedem anderen Richter zu erscheinen, sei es in unserer Stadt oder in Appanoose oder sonstwo, wo wir uns in Sicherheit befunden hätten; aber wir alle lehnten es ab, uns der Gewalt des Pöbels auszuliefern.

Welches Recht hatte der Konstabler, unser Ersuchen abzulehnen? Nach dem Gesetz hatte er kein Recht dazu; denn Sie, Herr Gouverneur, wissen, was das gesatzte Recht in Illinois besagt. Dort heißt es nämlich, derjenige, dem die Ladung zugestellt wird, soll vor demjenigen erscheinen, der die Ladung ausgestellt hat, oder aber vor irgendeinem anderen Friedensrichter. Warum sollen wir uns also nach Carthage schleifen lassen, wohin zu gehen uns das Gesetz nicht zwingt? Sieht das nicht den vielen anderen gegen uns gerichteten Maßnahmen ähnlich, die Ihnen auch bekannt sind? Mußten wir nicht auch hier wieder ein abgekartetes Spiel erwarten?

Schon diese Maßnahme war seinerseits eine Übertretung des Gesetzes – die Anmaßung einer Befugnis, die ihm nicht zustand, und zumindest der Versuch, uns unsere gesetzlichen und verfassungsmäßigen Rechte und Freiheiten vorzuenthalten. Was hätten wir unter den gegebenen Umständen anderes tun sollen, als wir getan haben? Wir stellten beim Stadtgericht einen Antrag auf Haftverschonung, die uns auch zugesprochen wurde und wodurch wir aus der Hand des Konstablers Bettisworth befreit wurden; hierauf stellte man uns vor das Stadtgericht, wo wir freigesprochen wurden.

Nach unserer Freilassung hatten wir ein Gespräch mit Richter Thomas, und obwohl er die Handlungsweise der anderen Partei für ungesetzlich hielt, gab er uns den Rat, vor noch einem weiteren Richter zu erscheinen, der nicht unserer Kirche angehörte, und auf diese Weise die Leute zufriedenzustellen.

Wir hielten uns an diesen Rat und gingen zu Richter Wells, den Sie ja auch gut kennen. Beide Parteien waren anwesend, beide Seiten stellten Zeugen, der Fall wurde eingehend untersucht, und wir wurden wiederum auf freien Fuß gesetzt.

Was ist denn dieser vorgebliche Wunsch, dem Gesetz Geltung zu verschaffen, und all dieses verlogene, gemeine Gerede anderes als der Versuch, uns unter dem Druck des Pöbels und indem man das Gesetz vorschützt, soweit zu bringen, daß wir uns jeder Forderung unterwerfen, auch wenn sie im Widerspruch zu Recht und Gesetz steht und jeden Grundsatz der Gerechtigkeit umstößt?

Und als Sie, Herr Gouverneur, uns aufforderten, hierher zu kommen, sind wir gekommen – nicht, weil es dem Gesetz entsprochen hätte, sondern weil Sie es von uns verlangt haben und wir Ihnen und aller Welt beweisen wollten, daß wir auch eine äußerst strenge Untersuchung unserer Maßnahmen nicht zu fürchten haben.

Sicherlich haben wir eine andere Behandlung erwartet, als auf Veranlassung dieser Männer in einem Gefängnis eingeschlossen zu werden; und ich denke, aufgrund des von Ihnen gegebenen Versprechens durften wir eine andere Behandlung auch erwarten, nachdem wir unsere militärischen Kräfte aufgelöst und uns ganz und gar in Ihre Hände gegeben haben. Da ich also mein Teil erfüllt habe, ersuche ich Sie als Mensch und als Bürger von Amerika – und ich denke, ich habe das Recht dazu, Herr Gouverneur –, uns von hier freizulassen und uns vor den Ausschreitungen zu bewahren, die von einem verbrecherischen Lumpenpack gegen uns angezettelt werden.

Gouverneur Ford: Sie haben aber Männer festnehmen lassen, andere als Gefangene festgehalten und wieder anderen Passierscheine ausgestellt, von denen ich einige gesehen habe.

John P. Greene, Polizeidirektor: Vielleicht darf ich das erklären. Seit Beginn dieser Schwierigkeiten befinden wir uns, wie Sie wohl wissen, in sehr eigenartigen Umständen; unsere Stadt ist einer sehr strengen Polizeiaufsicht unterstellt worden; darüber hinaus sind außerhalb des Stadtgebietes wiederholt Wachen aufgestellt worden, um plötzliche Überraschungen zu verhindern, und diese Wachen haben verdächtige Personen nach ihrem Woher und Wohin befragt.

In einigen Fällen sind für Fremde Passierscheine ausgestellt worden, um ihnen Schwierigkeiten an den Wachen zu ersparen. Das sind die Passierscheine, von denen Sie einige gesehen haben. Herr Gouverneur, in unserer Stadt ist niemand ohne gesetzlichen Grund ins Gefängnis gekommen.

Gouverneur Ford: Warum haben Sie dem Aufgebot, das ich ausgesandt habe, nicht schneller Antwort gegeben?

General Smith: Wir hatten wichtige Angelegenheiten zu besprechen. Ihr Schreiben war in einem alles andere als freundlichen Ton gehalten. Wir haben in Missouri durch den Pöbel unermeßlich gelitten – Verlust von Hab und Gut, Einkerkerung und anderes.

Wir haben einige Zeit gebraucht, um diese Sache gebührend zu erwägen. Wir konnten in einer Sache von solcher Wichtigkeit nicht sofort einen Beschluß fassen, und Ihr Aufgebot hatte es mit der Rückkehr allzu eilig. Wir berieten uns ja schließlich als Vertreter einer großen Volksgruppe, es standen weitreichende Interessen auf dem Spiel.

Wir waren schon mehrfach schändlich getäuscht worden und wußten nicht, inwieweit wir noch jemandem vertrauen konnten; außerdem erhob sich notwendigerweise die Frage: Wie sollen wir kommen? Ihre Forderung lautete dahin, daß wir unbewaffnet kommen sollten. Es war eine sehr schwerwiegende Überlegung, inwieweit wir den Versprechungen trauen konnten und ob wir vor den Gewalttaten des Pöbels sicher waren.

Geddes: Nach allem, was ich gehört habe, und angesichts des allgemeinen Zustands von Gewalt und Pöbelherrschaft, der sich da breitmacht, sah es tatsächlich so aus, als wäre es für Sie nicht sicher, unbewaffnet zu kommen.

Gouverneur Ford: Ich denke, das Aufgebot hat Ihnen tatsächlich nicht genügend Zeit gelassen, sich zu beraten und bereitzumachen. Die Männer hatten es zu eilig, aber ich nehme an, sie mußten sich an ihre Befehle halten. In dem, was Sie sagen, ist meiner Meinung nach viel Wahres, und Ihre Gedankengänge sind durchaus einleuchtend. Gestatten Sie mir aber, daß ich über die Handlungsweise des Stadtrates anderer Ansicht bin als Sie. Meiner Meinung nach hatte dieser Rat nicht das Recht, gleichzeitig als Gesetzgeber zu fungieren und die richterliche Gewalt auszuüben.

Er sollte vielmehr ein auf diese Sache gerichtetes Gesetz erlassen haben, und dann hätte das Stadtgericht, auf eine Beschwerde hin, das Ärgernis beseitigen können. Daß aber der Stadtrat sich zugleich zum Gesetzgeber und zum Ausführungsorgan gemacht hat, ist meines Erachtens falsch. Außerdem hätten diese Leute angehört werden sollen, ehe man ihnen ihr Eigentum zerstörte; eine Zerstörung ohne Anhörung war ein Eingriff in ihre Rechte. Überdies widerspricht es den Gefühlen des amerikanischen Volkes, wenn sich jemand Übergriffe gegen die Presse erlaubt.

Ferner kann ich nicht umhin, den Gedanken zu äußern, daß es viel vernünftiger gewesen wäre, wenn sie mit Konstabler Bettisworth nach Carthage gegangen wären, selbst wenn das Gesetz dies nicht erforderte. Was nun Ihren Aufenthalt im Gefängnis betrifft, so bedauere ich das und wünschte, es wäre anders gekommen. Ich hoffe, daß Sie bald entlassen werden, aber ich darf mich nicht einmischen.

Joseph Smith: Gouverneur Ford, erlauben Sie mir, Sie auf etwas hinzuweisen, was Sie wohl übersehen haben dürften. Sie sagen, Ihrer Meinung nach wäre es besser gewesen, wir wären der Aufforderung des Konstablers Bettisworth nachgekommen und hätten uns nach Carthage begeben.

Wissen Sie denn nicht, Herr Gouverneur, daß die Ladung auf Veranlassung eines mormonenfeindlichen Pöbels ergangen ist, der eine Resolution verabschiedet und auch veröffentlicht hat, worin es heißt, daß sie die Führer der Mormonen liquidieren werden? Hat man Ihnen denn nicht mitgeteilt, daß Kapitän Anderson bei seiner Ankunft in Nauvoo nicht nur bedroht wurde, sondern daß der besagte Pöbel in Warsaw tatsächlich auf sein Boot geschossen hat, als es nach Nauvoo fuhr, und daß das getan wurde, um uns in ihre Gewalt zu bekommen, und daß wir ohne Begleitung einer bewaffneten Eskorte gar nicht dorthin hätten gehen können, ohne dem Tod in den Rachen zu laufen? So hat es jedenfalls in ihren öffentlichen Erklärungen geheißen!

Eine Eskorte mitzunehmen hätte die Aufregung aber nur noch angeheizt; denn dann hätten sie gesagt, wir wollten uns auf Einschüchterung stützen; darum hielten wir es für das vernünftigste, uns dem Schutz anheimzugeben, den das Gesetz bietet.

Gouverneur Ford: Ja, ja, das sehe ich ein.

Joseph Smith: Außerdem, was die Presse betrifft: Sie sagen, Sie seien da anderer Meinung als ich; nun gut, die Sache ist sowieso ein Rechtsproblem, und ich halte die Gerichte für durchaus kompetent, da eine Entscheidung zu fällen.

Wenn unser Vorgehen gesetzwidrig war, werden wir gerne die Verantwortung dafür tragen, selbst wenn ich den Unterschied nicht sehen kann, den Sie für das Vorgehen des Stadtrates geltend machen, ob es im Hinblick auf die Tatsachen oder die Rechtslage etwas ausgemacht hat, daß der Stadtrat summarisch und nicht separat gehandelt hat, oder inwieweit es dem Gesetz besser entsprochen hätte, wenn das Stadtgericht, das ja einen Teil des Stadtrates darstellt, gesondert vorgegangen wäre anstatt zusammen mit allen Stadträten.

Immerhin, wenn es als ein Unrecht erachtet wird, daß wir diese Presse zerstört haben, so werden wir uns nicht weigern, dafür zu zahlen. Es ist unser Wunsch, das Gesetz in allen Einzelheiten zu erfüllen, und wir sind für unser Handeln verantwortlich.

Sie sagen, es hätte für die beiden Gegenparteien eine Anhörung geben sie sollen. Wenn es sich um einen Zivilprozeß gehandelt hätte, so wäre das natürlich der richtige Weg gewesen; hier aber hat es eine schreiende Verletzung jedes Rechtsgrundsatzes gegeben, ein öffentliches Ärgernis, und das ist auf dieselbe prinzipielle Weise beseitigt worden, wie jedes Ärgernis, jeder üble Gestank, jedes verfaulte Aas beseitigt worden wäre.

Der erste Schritt, den wir unternommen haben, war daher, diesem unsauberen, widerlichen, dreckigen Blatt ein Ende zu bereiten; der nächste Schritt wäre unseres Erachtens gewesen, diese Leute wegen Verletzung des öffentlichen Anstandes vor Gericht zu stellen.

Lassen Sie mich noch einmal sagen, Gouverneur Ford: ich zähle darauf, daß Sie uns Schutz gewähren. Ich glaube, ich habe Sie sagen hören, daß Sie sich nach Nauvoo begeben wollen. Wenn das stimmt, so möchte ich Sie dorthin begleiten. Ich weigere mich keineswegs, jedem Gesetz Folge zu leisten, aber ich fühle mich hier nicht sicher.

Gouverneur Ford: Ich gebe mich der Hoffnung hin, daß man Sie freisprechen wird; aber wenn ich gehe, so werde ich Sie sicherlich mitnehmen. Ich sehe jedoch keine Gefahr voraus. Ich denke, Sie sind völlig sicher, sei es hier oder anderswo. Ich kann mich aber in ein Verfahren nicht einmischen. Ich befinde mich in einer heiklen Lage, und es hat den Anschein, daß alle Seiten mir die Schuld geben.

Joseph Smith: Gouverneur Ford, ich verlange nichts, was ungesetzlich wäre. Ich habe das Recht, wenigstens von Ihnen Schutz erwarten zu können; denn Sie haben, ungeachtet der gesetzlichen Bestimmungen, Ihr Wort und auch für den Staat das Versprechen gegeben, daß Sie mich schützen werden; und ich möchte mich nach Nauvoo begeben.

Gouverneur Ford: Und diesen Schutz sollen Sie haben, General Smith! Ich habe dieses Versprechen nicht gegeben, ohne meine Beamten und Offiziere zu Rate gezogen zu haben, und sie alle haben sich bei ihrer Ehre dazu verpflichtet, es zu erfüllen. Ich weiß nicht, ob ich morgen nach Nauvoo reisen werde, aber wenn ja, dann werde ich Sie mitnehmen. (26. Juni 1844.) DHC 6:579–585.

Joseph Smiths Brief an seine Frau Emma Smith
Der Prophet gibt Anweisung für den Empfang des Gouverneurs

Im Gefängnis zu Carthage, 27. Juni 1844
20 Minuten nach 8 Uhr morgens

Liebe Emma! Der Gouverneur erweist uns auch weiterhin Gefälligkeiten und gestattet uns, unsere Freunde zu sehen. Heute morgen hören wir, daß der Gouverneur mit seinen Truppen heute noch nicht nach

Nauvoo hinüberkommen wird, wie wir gestern abend erwartet hatten. Wenn er aber mit seinen Truppen zu euch kommt, wirst Du beschützt sein. Ich möchte, daß Du Bruder Dunham sagst, er solle die Leute anweisen, zu Hause zu bleiben und ihrer gewohnten Beschäftigung nachzugehen; es sollen sich keine Gruppen bilden, Ansammlungen sollen vermieden werden, außer der Gouverneur ruft die Leute zusammen, um von ihm Mitteilungen zu empfangen, und das würde unsere Leute freuen – aber das soll der Gouverneur entscheiden.

Natürlich wird Bruder Dunham die Befehle der Regierungsbeamten befolgen und ihnen jeden geforderten Beistand leisten. Es besteht keine Gefahr, daß es einen Ausrottungsbefehl geben wird. Sollte es unter den Truppen zu einer Meuterei kommen (was wir nicht annehmen, weil sich die Aufregung legt), so wird doch ein Teil treu bleiben und sich für die Verteidigung des Staates und unserer Rechte einsetzen.

Es gibt da ein Prinzip, und das ist ewig: Alle Menschen haben die Pflicht, ihr eigenes Leben und das ihrer Angehörigen zu schützen, wenn die Umstände es erfordern, und keine Macht hat das Recht, dies zu verbieten, falls es zum Äußersten kommt. Ich erwarte zwar nicht, daß es dahin kommt – aber Vorsicht ist die Mutter der Sicherheit.

Joseph Smith

PS. Liebe Emma, ich habe mich mit meinem Los so ziemlich abgefunden, denn ich weiß mich im Recht und habe das Beste getan, das getan werden konnte. Grüße die Kinder und alle meine Freunde herzlich von mir, auch Herrn Brewer und alle, die sich nach mir erkundigen. Was den Hochverrat betrifft, so habe ich keinen begangen, und man kann mir etwas Derartiges nicht nachweisen; Du brauchst also keine Angst zu haben, es könnte uns deswegen etwas zustoßen. Gott segne Euch alle! Amen. (27. Juni 1844.) DHC 6:605.

Es ist nicht immer klug, das Böse bloßzustellen

Donnerstag, 27. Juni 1844, morgens

Joseph sagte: „Unser Leben ist bereits in Gefahr, weil wir die schlechten und blutdürstigen Absichten unserer Feinde enthüllt haben, und in Zukunft müssen wir damit aufhören. Zwar ist alles, was wir über sie gesagt haben, die reine Wahrheit, aber es ist nicht immer klug, die ganze Wahrheit zu sagen. Selbst Jesus, der Sohn Gottes, mußte davon Abstand nehmen und oftmals mit seinen Gefühlen zurückhalten, um sich und seine Anhänger nicht zu gefährden. Er mußte die rechtschaffenen Absichten verbergen, die er hinsichtlich vieler Belange, die seines Vaters Reich betrafen, im Herzen trug. Schon als er noch ein Knabe war, besaß er alle Intelligenz, die ihn befähigt hätte, das Reich der Juden als Herrscher zu regieren, und er konnte schon damals mit den weisesten und scharfsinnigsten Gesetzeslehrern und Theologen vernünftig diskutieren und ihre Theorien und Gebräuche im Vergleich zu seiner eigenen Weisheit als etwas Törichtes hinstellen. Er war aber eben noch ein Knabe, und es fehlte ihm die Körperkraft, sich gegen Angriffe zu wehren, und er war der Kälte, dem Hunger und dem Tod unterworfen. Genauso ist es mit der Kirche Jesu Christi der Heiligen der Letzten Tage: wir haben die Offenbarung Jesu, und das Wissen, das wir besitzen, reicht aus, um auf der Erde eine rechtschaffene Regierung aufzurichten und der ganzen Menschheit einen weltweiten Frieden zu bringen, wenn man ihn haben will. Uns fehlt aber die Körperkraft – wie es beim Erretter in seinem Knabenalter der Fall war –, um unsere Grundsätze zu verteidigen, und wir müssen uns notwendigerweise bedrängen, verfolgen und schlagen lassen und geduldig aushalten, bis Jakob volljährig ist und dann für sich selbst sorgen kann."

Wheelock fertigte eine Liste der Zeugen an, die für die vorgesehene Verhandlung am Samstag benötigt wurden. Als er die Liste dann vorlas, wurden etliche Namen wieder gestrichen, darunter Alpheus Cutler und Reynolds Cahoon, weil Bruder Hyrum ihre Anwesenheit nicht für notwendig hielt. Bruder Joseph fragte: „Warum nicht?", und Hyrum antwortete: „Sie sind sicherlich sehr gute Menschen, aber sie wissen nicht genug, um auf die Fragen eine richtige Antwort geben zu können." „Das ist Grund genug", bemerkte Bruder Joseph.

Die Gefangenen sandten auch zahlreiche mündliche Botschaften an ihre Angehörigen. Es waren so viele, daß Dr. Richards den Vorschlag machte, sie alle aufzuschreiben, weil Wheelock die eine oder andere vergessen könnte, aber Bruder Hyrum blickte ihn fest und durchdringend an und sagte: „Bruder Wheelock wird alles behalten, was wir ihm sagen, und er wird die Geschehnisse des heutigen Tages nie vergessen!"

Was der Prophet geträumt hatte

Joseph berichtet den folgenden Traum, den er vergangene Nacht gehabt hatte:

„Ich war wieder in Kirtland, Ohio, und dachte mir, ich würde allein einen Spaziergang machen und mir meine alte Farm ansehen. Dort angekommen sah ich, daß alles von Unkraut und Dornengestrüpp überwuchert war und überhaupt alle Anzeichen von Vernachlässigung und

Mangel an Pflege erkennen ließ. Ich ging in die Scheune, die weder Fußbodenbretter noch Türen hatte – die Verschalung war fort, und sie befand sich im selben Zustand wie die ganze Farm.

Während ich dieses trostlose Bild ansah und mir überlegte, wie der darauf ruhende Fluch wohl behoben werden könnte, stürzte eine Schar wütender Männer in die Scheune, die mit mir Streit anfingen.

Der Anführer befahl mir, die Scheune und die Farm zu verlassen, und sagte, sie gehöre mir nicht und ich müsse die Hoffnung aufgeben, sie jemals wieder zu besitzen.

Ich sagte ihm, die Farm sei mir von der Kirche geschenkt worden, und obwohl ich seit einiger Zeit keinen Nutzen davon gehabt hätte, sei sie doch nicht von mir verkauft worden, und nach allen Grundsätzen der Rechtschaffenheit gehöre sie mir oder der Kirche.

Da wurde er wütend und fing an, mich zu beschimpfen und mir zu drohen; er sagte, sie habe niemals mir oder der Kirche gehört.

Darauf sagte ich ihm, ich hielte es nicht für wert, deswegen zu streiten, und ich hätte ohnehin nicht den Wunsch, dort zu wohnen, solange sie in dem Zustand sei; wenn er dächte, er habe mehr Anrecht darauf, so wolle ich mich nicht mit ihm zanken, sondern mich entfernen. Ich versicherte ihm, daß ich ihm jetzt keine Unannehmlichkeiten bereiten wolle, aber das beruhigte ihn offenbar auch nicht; er war sichtlich fest entschlossen, mit mir zu streiten, und drohte mir, er werde mich den Weg allen Fleisches schicken.

Während er solchermaßen dabei war, mich mit bitteren Worten zu überschütten, stürzte ein Haufen Gesindel herein und füllte beinah die ganze Scheune. Sie zogen ihre Messer heraus und fingen untereinander einen Streit um das Besitztum an. Einen Augenblick lang vergaßen sie mich, und ich benutzte die Gelegenheit, mich aus der Scheune zu entfernen, wobei ich bis an die Knöcheln im Schmutz watete.

Als ich mich ein kleines Stück von der Scheune entfernt hatte, hörte ich sie wie in größter Not schreien und kreischen, so als wären sie in ein allgemeines Handgemenge verwickelt, das sie mit ihren Messern ausfochten. Hier endete der Traum oder die Vision."

Sowohl Joseph als auch Hyrum legten mit großer Glaubensstärke Zeugnis von dem Werk der Letzten Tage und dem Hervorkommen des Buches Mormon ab. Sie prophezeiten den Triumph des Evangeliums auf der ganzen Erde und ermahnten die anwesenden Brüder zur Treue und daß sie auch weiterhin das Evangelium eifrig verkündigen, den Tempel fertigbauen und alles ausführen sollten, was unsere heilige Religion ihnen auferlegt.

Joseph diktierte die folgende Nachschrift an Emma:

Postskript zum Brief: „20 Minuten vor 10. – Ich erfahre gerade, daß der Gouverneur im Begriff ist, seine Truppen aufzulösen, alle bis auf eine Wache zu unserem Schutz und um den Frieden aufrechtzuerhalten. Er wird selber nach Nauvoo kommen und eine Rede an das Volk halten. Das ist schon recht, denke ich."

Er schrieb danach noch einige Zeilen mit eigener Hand dazu, die aber in dieser Abschrift nicht übernommen sind. (27. Juni 1844.) DHC 6:608–611.

Schreiben von Joseph Smith an O. H. Browning
Inanspruchnahme des Genannten als Rechtsbeistand

Carthage, Gefängnis, 27. Juni 1844

An Rechtsanwalt Browning

Sehr geehrter Herr! Ich und mein Bruder Hyrum befinden uns unter der Anklage des Hochverrats hier im Gefängnis. Die Verhandlung soll am Samstag, den 29. ds. morgens stattfinden. Wir ersuchen Sie, uns in Ihrer beruflichen Eigenschaft Beistand zu leisten und auf jeden Fall unsere Verteidigung zu übernehmen.

Hochachtungsvoll
Ihr ergebener
Joseph Smith

PS. Es gibt keinen Klagegrund, denn wir haben uns keines Verbrechens schuldig gemacht; es sind auch keine begründeten Verdachtsmomente gegen uns vorhanden. Gewisse Umstände machen jedoch Ihre Anwesenheit dringend notwendig.
(27. Juni 1844.) DHC 6:613.   J. S.

Damit sind wir am Nachmittag des Tages, angelangt, der den Märtyrertod brachte. Um 13 Uhr 30 wurden etliche Besucher gezwungen, das Gefängnis zu verlassen, und Joseph und Hyrum Smith, John Taylor und Willard blieben sich selbst überlassen. Um 15 Uhr 15 erfolgte eine Wachablösung; die neue Wache zeigte sich unnachsichtiger und stieß Drohungen aus. Etwa um diese Zeit sang Elder Taylor das Lied „Ein armer Wandrer". Als er zu Ende gesungen hatte, bat ihn der Prophet, es noch einmal zu singen, was er auch tat, allerdings mit einigem Zögern, da ihm nicht nach Singen zumute war. Um 16 Uhr las Hyrum den Mitgefangenen einiges vor. Abermals wurde die Wache gewechselt, und nur acht Mann wurden beim Gefängnis stationiert. Der Haupttrupp der „Carthage Greys"-Miliz kampierte etwa eine Viertelmeile entfernt auf dem Stadtplatz. Um 17 Uhr schlug Mr. Stigall, der Gefängniswärter, den Brüdern vor, sie sollten in die Zelle zurückkehren, weil sie dort sicherer seien. Der Prophet wandte sich zu Dr. Richards und sagte: „Werden Sie mit uns kommen, wenn wir in die Zelle gehen?" Der Doktor antwortete: „Bruder Joseph, Sie haben mich nicht gefragt, ob ich mit Ihnen über den Fluß fahren will; Sie haben mich nicht gefragt, ob ich mit Ihnen ins Gefängnis gehe – denken Sie denn, ich werde Sie jetzt im Stich lassen? Ich will Ihnen aber sagen, was ich tun werde: wenn man Sie wegen Hochverrats zum Tode durch den Strang verurteilt, werde ich mich an Ihrer Stelle hängen lassen, und Sie werden frei ausgehen." Joseph sagte: „Das können Sie nicht." Der Doktor erwiderte: „Ich werde es aber doch tun."

Nur kurze Zeit danach raschelte es an der Tür des Gefängnisses: der Pöbel war angekommen, fest entschlossen, den Gefangenen das Leben zu nehmen. Und ebendas, wie wir wissen, geschah. Den Bericht von dieser tragischen Begebenheit führen wir hier nicht an. Der Leser sei auf die ausführliche Darstellung dieser schrecklichen Bluttat in der Urkundlichen Geschichte der Kirche (DHC) verwiesen.

STICHWORTVERZEICHNIS

Aaron, das Bischofsamt steht den
Nachkommen A.s zu 114; belehrte
das Volk in bürgerlichen und religiösen Belangen 256; wurde getauft 269;
zum Zwecke des Gerichts und der
Zerstörung wurde unter A. das Gesetz gegeben 328.

das **Aaronische Priestertum** steht
rechtens den direkten Nachkommen
Aarons zu 114, 277; das Bischofsamt
gehört zum A.n 114; Johannes der
Täufer hatte die Schlüssel des A.n
inne 278; Zacharias hatte das A. inne
278; ist erblich 325; ist von Aaron bis
Zacharias, dem Vater Johannes des
Täufers, voll ausgeübt worden 325;
Joseph Smith wurde zum Priester im
A.n ordiniert 343; hat nicht die
Macht, den Heiligen Geist zu über-
tragen 343.

Abel brachte durch Glauben Opfer
dar 60; erlangte das Zeugnis, daß er
rechtschaffen war 61; glaubte an den
Sohn Gottes 61; erhielt Belehrung
über das Sühnopfer 61; empfing den
gesamten Evangeliumsplan 61; Gott
sprach zu A. 61; vollzog Evangeliumsverordnungen 61; hatte die
Schlüsselgewalt einer Evangeliumszeit 171; diente Paulus 171, 173; ehr-
te das Priestertum 171; war rechtschaffen 171; wurde durch Befolgung
der Gebote rechtschaffen 271.

Abfall vom Glauben ist heute in der
Christenheit deutlich sichtbar 18;
wird durch Übelreden verursacht
158.

Abraham sah den Tag Christi 62; bekam das Evangelium gepredigt 62;
schrieb über das Planetensystem 120,
255; schrieb über die Personen der
Gottheit 193; lehrte die Ägypter
Astronomie 255; empfing seine
Astronomiekenntnisse von Gott 255;
wurde von Engeln besucht 256; ging
es aufgrund seines Gehorsams gut
256; wurde in Familienangelegenheiten vom Herrn geleitet 256, 258;
erlitt Verfolgungen 265; wurde ins
Feuer geworfen 265; der Bund der
Beschneidung mit A. 269; Bedeutung der Opferung Isaaks durch A.
329; A.s Gedankengang in bezug auf
Intelligenzen 379; A.s Gedankengang in bezug auf eine Mehrzahl von
Göttern 379.

Abrahams Nachkommen, die Wirkung des Heiligen Geistes auf A.
152; die patriarchalische Vollmacht
steht rechtmäßig A. zu 154.

Absichten Gottes, Paulus verstand
die A. 171; werden von der Welt
nicht verstanden 222, 224; gehen
schnell der Erfüllung entgegen 228.

Abtrünnige, wie A. wieder in die Kirche aufgenommen werden 23 f.; warum so viele dem Reich des Messias
abtrünnig werden 69; besitzen nicht
den Geist Gottes 69; trachten fast immer danach, Anhänger mit sich fort-
zuziehen 69; sind die schlimmsten
Verfolger 69; Verstand der A.n wird
sich verdunkeln 69; Judas Iskariot,
Beispiel eines A.n 69; A., die das
Licht kennengelernt haben, können
nicht erneuert werden 85, 196, 347;
viele A. sind Söhne des Verderbens
364; in einem Traum des Propheten
375; Gott erkennt A. nicht an 382.

Adam öffnete der Welt den Weg 14; der Herr erschien A. 41, 161; versammelte seine Kinder in Adam-ondi-Ahman und segnete sie 41, 161; ist Michael 41, 159, 170; ein Fürst für immer 41; ist der Hochbetagte 41, 159, 170; erhielt das Priestertum 159; hatte die erste Präsidentschaft inne 159; hat von Generation zu Generation die Schlüsselgewalt inne 159; herrscht über jedes lebende Geschöpf 159; ist der Erzengel 159, 170; hat Schlüsselgewalt im Himmel inne 159; die Schlüssel werden durch A. offenbart 159; ist der älteste Mensch 159; ist der Vater der Menschheit 159; präsidiert über die Geister aller Menschen 159; wird vor dem Kommen des Menschensohnes seine Kinder zu einem Rat zusammenrufen 159; alle, die Schlüsselvollmacht innegehabt haben, müssen vor A. stehen 159; wird seine Treuhandschaft Christus übergeben 160; wird weiterhin das Oberhaupt der Menschheit bleiben 160; Joseph Smith sah A. 161; warum A. seine Nachkommenschaft segnete 161; ist der erste Mensch 170; war der erste, der geistige Segnungen hatte 170; war der erste, der die Evangeliumsverordnungen kannte 170; war der erste, der von Christus wußte 170; Christus wird durch die Vollmacht A.s offenbart 170; hat die Schlüsselgewalt der Evangeliumsausschüttung in der Zeiten Fülle inne 170; hat die Schlüsselgewalt aller Evangeliumszeiten inne 170; Engel unterstehen A., der seinerseits Christus untersteht 171; überwacht die Evangeliumsverordnungen 171; offenbart Verordnungen vom Himmel 171; empfing von Gott Belehrung und Vollmacht 171; A.s Körper wurde aus Erde gemacht und nahm seinen Geist auf 359.

Adam-ondi-Ahman ist der Ort, wo Adam seine Nachkommen segnete 41, 161; der Ort, wohin Adam kommen wird 124, 159; Joseph Smith sah Adam im Tal A. 161.

Adams, James, Begräbnis A.s 331 f.; führte ein rechtschaffenes Leben 332; zu patriarchalischer Macht gesalbt 333; zu einer wichtigeren Arbeit hinübergegangen 333; ist durch den Hinübergang in die Welt der Geister gesegnet 333; empfing Offenbarung über seinen eigenen Tod 333.

Administrator, rechtmäßiger , s. **rechtmäßiger Administrator.**

Ägypten 253, 255.

Ägypter, kannten die Einbalsamierung 238; Abraham unterwies die Ä. in Astronomie 255; den Ä.n ging es unter Josef gut 256.

allgemeine Zustimmung, Kirchenangelegenheiten sollen durch a. geregelt werden 77, 110.

ältere Menschen, Ratschläge ä.r sind wertvoll 303.

der **Älteste** kann und darf von den Dingen Gottes sprechen 11; Amt des Ä.n eine Beigabe zum Hohen Priestertum 24; muß die Berufung erfüllen, sonst verliert er das Amt 45; es ist Aufgabe des Ä., das Evangelium zu predigen 45.

Älteste sollen Streitgespräche vermeiden 45, 111; sollen sich eifrig dem Lernen hingeben 46; sollen Sünder zur Umkehr ermahnen und daß sie sich Christus zuwenden 46, 90, 312; Unterschied zwischen dem Hohenrat und den Ä.n 78 f.; Obliegenheiten der Ä.n 78 f., 88 f.; sollen ihr Gewand vom Blut dieser Generation reinigen 79; sollen Kinder nicht ohne Zustimmung der Eltern belehren 89; sollen die Frauen nicht ohne Zustimmung des Mannes belehren 89; sollen Diener und Sklaven nicht ohne Einwilligung ihres Herrn belehren 89; sollen furchtlos für die Sache Christi eintreten 90; sollen ihnen im Namen des Herrn gebieten 90; sollen demütig und ernsthaft predigen 111; ehrgeizige Ä. bereiten Schwierigkeiten 230; „hervorragende und bedeutende Ä." bereiten Ungelegenheiten 230; sollen die Finger von Geheimnissen lassen 296 f.; sollen lehren, wie der Geist sie leitet 312; sollen Leichtfertigkeit über Bord werfen 333.

der **älteste Mensch**, Adam ist der ä. 159.

Amerika ist der Ort für die Stadt Zion 19; ist Zion 368.

Amt, ehrgeizige Menschen trachten nach einem höheren A. in der Kirche 228 f.

die **Andern** empfingen den Bund des Evangeliums in der Mitte der Zeit 17 f.; brachen den Evangeliumsbund 17; die umkehrbereiten A. erhalten Erbteil in Amerika 19; die Heiligen werden aus den A. gesammelt 73; die Nationen der A. werden vor der Zerstörung noch nicht völlig gewarnt sein 89; die Wirkung des Heiligen Geistes auf die A. 152; machen durch den Heiligen Geist eine neue Er schaffung durch 152; hütet euch vor den Spitzfindigkeiten der A. 158; die „steinernen" A. als Hunde bezeichnet 325.

Anfang, Verordnungen des Evangeliums bestehen von A. an 62.

Angelegenheiten von geringer Bedeutung sollen nicht vor den Herrn gebracht werden 24.

Anklagen, erhebt keine A. gegen die

Brüder! 197; durch falsche Brüder 384.

Ankläger, der A. ist auf dem Weg zur Abkehr vom Glauben 159; der Satan ist der A. 217; im Jenseits ist der Mensch sein eigener A. 316.

Antworten auf Fragen 121 f.

Anweisung, niemand kann für jemand, der eine höhere Vollmacht innehat, A. erhalten 23.

Apostel s. **Zwölf Apostel.**

Aprilkonferenz 1841 187.

Armeen werden gegen Armeen stehen 163.

Die **Armen** werden die Erde ererben 24; es obliegt dem Bischof, sich der A. anzunehmen 26; wie man die A. zur Umkehr veranlaßt 246; die Hilfsvereinigung soll den A. helfen 246; Betreuung der A. 336.

Art, alle Bäume, Kräuter usw. müssen ihre eigene A. hervorbringen 202; s. auch **eigene Art.**

auferstandene Wesen haben kein Blut 204, 373; sterben nicht noch einmal 355; sind an Statur und Größe verschieden 374; sind herrlich und schön 374.

auferstehen, alle werden a. 373.

Auferstehung Jesu Christi gibt uns Hoffnung 64; die Lehre von der A. ist wichtiger Teil unseres Glaubens 64; eine leibliche A. für alle Menschen 86; soll zusammen mit den ersten Grundsätzen und der Lehre vom ewigen Gericht gelehrt werden 151; ist mehr als Entrückung 173; Unterschied zwischen Entrückung und A. 173; die Rechtschaffenen setzen nach der A. ihre Arbeit fort 174; zur Zeit Christi 192; von Kindern 204, 374; die A. aller Menschen 204, 373 f.; ist eine Wiedervereinigung des Geistes mit dem Körper 212; Vision des Propheten von der A. 300; die Rechtschaffenen freuen sich über die A. 300; aller Verlust wird in der A. wettgemacht werden 300; ist für die Menschenkinder in den letzten Tagen unlösbar 314; einige werden in der A. Engel werden, einige Götter 318; Erhöhung kommt nach der A. 355; der Söhne des Verderbens 367; in der A. wird es unterschiedliche Herrlichkeiten geben 372; für alle 373 f.; die Herrlichkeit der A. ist unbeschreiblich 374.

Aufgabe, die wichtigste A. ist, das Evangelium zu predigen 115; unsere größte A. ist, daß wir nach unseren Toten forschen 362.

aufschieben, es ist gefährlich, die Umkehr aufzuschieben 201.

Augen haben und doch nicht sehen 97 f.

Auserwählte, Gott rächt seine A.n 38; sollen sich im Neuen Jerusalem sammeln 87.

Auserwählung, Paulus lehrte die A. 151; soll auch heute gelehrt werden 151; Erklärung der A. 192, 327 f.; wird in Römer 9 gelehrt 192; hat Bezug auf das Fleisch 192; im Hinblick auf die Nachkommen Abrahams 192, 327 f.; fußt auf Gehorsam 193; bedingungslose A. ist falsche Lehre 193; steht mit der Macht Elijas in Zusammenhang 346.

ausharren, bis ans Ende a., um errettet zu werden 65, 204.

Ausschüttung in der Zeiten Fülle 171, 237, 257; ist die Sammlung aller Ausschüttungen 171; enthält Lehren aus allen vorangegangenen Ausschüttungen 196 f.; enthält manches,

was vorher noch nicht offenbart wurde 197.

Aussprüche Joseph Smiths 323 f.

Australien, Beginn der Missionsarbeit in A. 181.

Avard, Dr., Irrlehrer innerhalb der Kirche 130, 148.

bara, hebräisch, bedeutung von b. 356, 378.

Barmherzigkeit soll geübt werden 157; kennzeichnet den Umgang des himmlischen Vaters mit den Menschen 168; erstreckt sich auf alle, die nicht die unverzeihliche Sünde begangen haben 195; ist ein ewiges Prinzip 195; die Schwestern sollen sich mit B. wappnen 242; wir müssen einander B. erweisen 244; den Übeltätern soll B. erwiesen werden 244; erweisen, um B. zu erlangen 245; muß mit Tadel Hand in Hand gehen 246.

Barnes, Lorenzo D., Beerdigung von B. 298 f.

befolgen, Belohnung verheißen, wenn wir Gottes Gesetz b. 64; die die Lehren Jesu b., werden in das herrliche Reich Gottes eingelassen 65; man muß die Verordnungen des Evangeliums b. 202; man muß die Verordnungen, die zum Tempel gehören, b. 314; s. auch **Gehorsam**.

Befreier, wie man B. auf dem Berg Zion wird 228, 337; hundertvierundvierzigtausend B. auf dem Berg Zion 373.

Begräbnis, Ansprache beim B. von Ephraim Marks 220; Lorenzo D. Barnes 298; Richter Higbee 326; James Adams 331; King Follet 350.

Begräbnis im Land Zion ist wünschenswert 298; Jakobs und Josefs 299; ein unehrenhaftes B. ist ein großes Unglück 299; Buch Mormon erwähnt, daß B. heilig ist 299.

belehren, Älteste sind nicht ausgesandt, belehrt zu werden 158; einige sind zu klug, als daß sie sich b. ließen 315.

Beleidigung, es ist eine B. Gottes, seine Lehren zu mißachten 56; es ist eine B. unserer Urteilskraft, wenn wir das Zweite Kommen des Messias leugnen 67.

beliebt, ob ein Prinzip b. oder unb. ist, ist für seine Wahrheit nicht entscheidend 340.

bereschit, hebräisch, Bedeutung von b. 356, 378.

Berg, wenn Christus kommt, wird jeder B. erniedrigt 15.

Berichte, unsere Taten bilden die B. 71; schriftliche B. sind wichtig 74; über Versammlungen sind B. zu führen 75; keine B. zu führen ist ein Zeichen von Faulheit 75; sind ein Schutz vor Bösem 75; über die Totentaufen müssen B. geführt werden 265.

Berichte, falsche s. **falsche Berichte**.

Berichtigungen an den Schriften s. **Bibel-Berichtigungen**.

berufen, viele b., aber wenige erwählt 144, 339.

Berufung der Apostel 76; s. auch **Zwölf Apostel**.

Berufung und Auserwählung, fester Bestand der B. 151f., 302, 310f., 327f., 329, 373; geschieht durch die Macht der Siegelung 152.

Beschlüsse Gottes, sind unabänderlich 202; der Teufel trachtet danach, die B. zu vereiteln 302.

Beschneidung, Bund der B. mit Abraham 269; in Ägypten vollzog Israel die B. 269; in der Wildnis vollzog Israel die B. nicht 269; durch Josua erneuert 269; ist keine Taufe 320; wurde nicht durch die Taufe ersetzt 320.

Beschränktheit, die Lehre von den Graden der Herrlichkeit geht weit über die B. des Menschen hinaus 13.

beten, wer im Namen Jesu Christi betet, bekommt Wahrheit kundgetan 14; um Antwort zu erhalten, muß man wissen, wie man b. soll 231; B. tut not 251; das Buch Mormon lehrt b. 252; das, was von Gott ist, lernt man durch B. erkennen 252; Fasten und B. können Krankheit abwenden 333; s. auch **Gebet**.

Betriebe, zum Nutzen derer, die keine landwirtschaftliche Erfahrungen haben, sollen B. aufgerichtet werden 178; Erzeugungsb. sollen gefördert werden 336.

Bewohner Amerikas in alter Zeit waren entschlossen und beharrlich 304.

Bibel, vieles Wichtige wurde vor der Zusammenstellung der B. herausgenommen oder ging verloren 12; wertvolle Aussagen aus der B. sollen wiedergebracht werden 14, 28; wer die B. am häufigsten liest, wird sie am meisten schätzen 50; informiert über das Werk der Hände Gottes 58; es ist ein Irrglaube, daß in der B. alle Offenbarungen Gottes enthalten sind 63; Religionsgemeinschaften von heute glauben nicht an die B. 121; die Heiligen der Letzten Tage sind das einzige Volk auf der Erden, das an die B. glaubt 121; schließt nicht aus, daß es in den letzten Tagen Offenbarungen gibt 123f.; lehrt die Notwendigkeit der Taufe 267; Fehler in der B. 294f., 334f.; Offenbarungen des Heiligen Geistes zeigen Widersprüche und Fehler in der heutigen Übersetzung der B. auf 316; in der ganzen B. gibt es keine Errettung ohne rechtmäßigen Administrator 326; war ursprünglich fehlerlos 334; Übersetzer der B. haben viele Fehler gemacht 334; unterrichtet uns über Wesen und Charakter Gottes 353f.; unterrichtet uns über Zion 368; enthält Lehre über eine Mehrzahl von Göttern 376, 378f., 382.

Bibel-Berichtigungen 1 Kor 12:3 – 228; Röm 8:26 – 283; Offb 12:9 – 297; Offb 13:1 – 298; Gen 2:7 – 306; Gen 6:6 – 334f.; Num 23:10 – 335; Hebr 6:1 – 335; Gen 1:11 – 356, 378; Mt 4:21 – 356; Mt 24:14 – 370; Joh 14:2 – 372; die englische Übersetzung ist nicht so genau wie das hebräische Original 294f.

Bischof, bei der Weihung von Eigentum darf der B. nur mit gemeinsamer Zustimmung der Mitglieder handeln 25f.; soll sich um Bedürfnisse der Armen kümmern 25f.; kümmert sich um zeitliche Belange 79; ist ein Hoher Priester 114; das Amt des B.s steht den Nachkommen Aarons zu 115.

Blut ist wichtig beim Opfern 60; unschuldiges B. haftet an dem Rock derer, die die Brüder verraten haben 158; in einem auferstandenen Körper fließt kein B. 204; gelangt nicht dorthin, wo Rechtschaffenheit herrscht 333; kann nicht in ewigem Feuer verweilen 373f.

Blutvergießen in den Vereinigten Staaten vorhergesagt 20; Geist des Teufels trachtet nach B. 364.

Boggs, Gouverneur, ausrottende Regierungszeit B.s 132; B.s Mördergesellschaft 141; Richter Douglas äußert sich über B. 307.

bösartige Einstellung, der b.n muß ein Ende gemacht werden 73.

böse, gesegnet seid ihr, wenn man b. von euch redet 127; die Entscheidungsfreiheit läßt B.s aus freiem Willen zu 191; es ist nicht klug, alles B. bloßzustellen 243, 399f.

brennen, Welt wird b. müssen 103.

Brief der präsidierenden Brüder 20f.; Auszüge aus einem B. 49; an die auswärtigen Heiligen 78; an die Ältesten 81f., 85, 96; aus dem Gefängnis von Liberty 125; des Propheten an die Zwölf 176f.; Proklamation der Präsidentschaft 185.

Brown, Vater B.s Lehre bezüglich der Lebewesen aus der Offenbarung 292.

Browning, O.H., (Anwalt), Brief des Propheten an B. 402.

Bruder gegen B. in den letzten Tagen 163.

Buch der Gebote, Fußnote 2 auf S. 9f.; Wert der im B. enthaltenen Offenbarungen 9; s. auch **Lehre und Bündnisse**.

Buch des Lebens s. **Lebensbuch**.

Bücher werden in England gedruckt 179.

das **Buch Jascher** bis heute nicht widerlegt 265; berichtet, daß Abraham verfolgt wurde 265.

Buch Mormon, Copyright des B.es sichergestellt 9; Drucklegung des B.es 9, 166, 179; Kosten für die erste Drucklegung des B.es 9; Titelseite des B.es 9; ist für die Welt von Nutzen 10; lehrt die ersten Grundsätze 18; ist ein Bericht von den Vorvätern der Indianer 19; wurde durch die Macht Gottes übersetzt 19, 304; lag 1400 Jahre in der Erde verborgen 19;

enthält das Wort Gottes 19; ist wie das Gleichnis vom verborgenen Schatz 100f.; mit dem Gleichnis vom Senfkorn verglichen 101; Ursprung des B.es 121; von Gott empfangen 141; gut, wenn das B. in allen Sprachen gedruckt wird 179; ist das richtigste Buch auf Erden 198; ist der Schlußstein unserer Religion 198; durch das B. kann man näher zu Gott kommen als durch jedes andere Buch 198; die Echtheit des B.es durch den Fund von Mumien in Kentucky bestätigt 238; lehrt das Beten 252; mehr und mehr Beweis für das B. 272; auf den Platten des B.es stand weder etwas in Griechisch noch in Latein 304; war in reformiertem Ägyptisch geschrieben 304.

Buch Mose siehe Fußnote 6 auf S. 11, 12 und 13.

Bund, neuer 15; Juden haben B. Christi verworfen 17; mit den Andern 17; von den Andern gebrochen 17; des Zehnten 72; mit den Vätern 87; zwischen den drei Personen der Gottheit 193; das Melchisedekische Priestertum geht mit B. einher 330.

Campbell, Alexander, vollzog Wassertaufe, aber ohne Heiligen Geist 366.

Carlin, Gouverneur, Brief des Propheten an C. 259.

Carthage, Ereignisse auf dem Weg nach C. 387.

das **celestiale Gesetz**, viele werden nicht nach dem c.n leben 339.

das **celestiale Reich**, Taufe mit Wasser und Geist notwendig, um in das c. eingehen zu können 15, 19, 203; Vision vom c.n 109; Alvin Smith im c.n 109; flammendes Tor des c.n 109; Thron Gottes im c.n 109; Straßen des

c.n wie mit Gold gepflastert 109; Erben des c.n 109; alle Kinder, die sterben, bevor sie das Alter der Verantwortlichkeit erreicht haben, sind im c.n errettet 109; Vision von Adam, Abraham und den Eltern des Propheten im c.n 109; alle, die die Fülle des c.n erlangen, werden Götter sein 305; Eltern können im c.n Kinder haben 306; drei Grade im c.n 306; für den höchsten Grad des c.n ist ewige Ehe notwendig 306; ewige Vermehrung ist auf das c. beschränkt 306; jeder, der im c.n regiert, ist für seinen Herrschaftsbereich ein Gott 381.

Chaos ist das Ergebnis fehlender Gesetze 57.

Charakterisierung des Propheten durch ihn selbst 309.

Christenheit schläft 16; Glaubensabkehr der C. offensichtlich 17; glaubt nicht an die Bibel, sondern an ihre eigene Auslegung davon 121.

Christentum, heutiges C. entspricht nicht der Ordnung des Himmels 50; Bekenner des C.s vom Satan beeinflußt 275; dem C. fehlt es an Glauben 275; s. auch **sektiererisch, Sektierer**.

Christus, das Zweite Kommen 31, 92, 348f.; ermöglichte die Auferstehung 64; ist der große Hohe Priester 161; präsidiert über Adam 171; wird am Ende der letzten Evangeliumszeit das Reich seinem Vater übergeben 172, 355; das Haupt der Kirche 325; s. auch **Jesus Christus, Menschensohn, Sohn Gottes, Messias, Erretter, falsche Christusse**.

Clark, ein Mann namens C. in betrunkenem Zustand erfroren 111; Äußerungen des Propheten über C. 111.

Copyright für das Buch Mormon 9; für Buch Mormon, ,Lehre und

Bündnisse' und Gesangbuch in Namen des Propheten 166.

Cowdery, Oliver, wegen seiner Standhaftigkeit gesegnet 40; wenn C. treu bleibt, wird ihm aus Mühsal geholfen 40; muß Übel ablegen 40; machte den Bund des Zehnten 72; redet zu den Zwölf in rauhem Ton 108; beschuldigt Joseph Smith, ein gefallener Prophet zu sein 274; Gesindel wendet sich gegen C. 276; ordinierte mit David Whitmer und Joseph Smith die Zwölf 313.

Daniel in der Löwengrube 265.

Daniels Vision von Adam 257; vom Unheil der Nationen 257; von den Tieren 293; von den Tieren bezieht sich auf die Reiche der Welt 293; unterscheidet sich von der des Johannes 294.

Dasein, der Zweck des D.s liegt darin, glücklich zu sein 58, 261; ist nicht einem Zufall zu verdanken 58 f.; Gott läßt die Menschen über Sinn und Zweck des D.s nicht in Unkenntnis 331.

David ein Mörder 192, 347; ist nicht zur Zeit Christi auferstanden 192; empfing keine Vergebung für den Mord an Uria 347; erhielt die Verheißung, daß er nicht in der Hölle bleiben müsse 347; empfing nie die Fülle des Priestertums 347; Priestertum und Thron D.s werden in den letzten Tagen einem anderen übertragen, dessen Name David ist und der aus seinem Geschlecht stammt 347.

Demut von allen Priestertumsträgern gefordert 157.

dienende Geister, wenn d. uns besuchen, sollen sie unsere Erkenntnis

vermehren 327; haben die siegelnde Macht inne 327.

Douglas, Stephen A., Prophezeiung Joseph Smiths über D. 307; Äußerungen D.s zu den Verfolgungen in Missouri 307.

Drangsal, nach viel D. kommt der Segen 36; die Tage der D. nähern sich schnell 44; geht den Segnungen voraus 80; in den Letzten Tagen 163 f.

Dunn, Kommandant der Miliz, 386 f.

Ehe, schnelle E.schließung nach dem Tod eines Ehepartners mißbilligt 122; ewiger Fortbestand der E. ist auf das celestiale Reich beschränkt 305; die ewige E. ist Voraussetzung für ewige Vermehrung 305; um in den höchsten Grad der celestialen Herrlichkeit eingehen zu können, muß man die ewige E. eingehen 305 f.; Anweisungen hinsichtlich der E. mit mehreren Frauen 330.

ehebrecherische Menschen trachten nach Zeichen 159, 283.

ehrgeizige Menschen behindern die Arbeit 230.

Eifer, Gott belohnt die Menschen gemäß ihrem E. 50; der Mensch wird gemäß seinem E. erleuchtet 52 f.

Eifer geht nicht immer mit der Erkenntnis konform 206; der Teufel kann E. Gott gegenüber zeigen, um die Menschen zu täuschen 209; übergroßer E. ist gefährlich 242.

eigene Art, der Herr hat beschlossen, daß alles seine e. hervorbringen soll 202.

Eigentum in Zion, Anweisung für die Weihung von E. 24; Weihung des E.s muß im beiderseitigen Einverständnis geschehen 25; wie E. aufzuteilen ist 26.

einbalsamiert, Jakob und Josef wurden nach ägyptischer Art e. 238; Jesus wurde zum Teil e. 238.

Einbalsamierung, Kunst der E. war den Ägyptern bekannt 238; bei den Hebräern bekannt 238; Zutaten für die E. 238; die eilige Bestattung verhinderte die E. 238; die Kunst der E. wurde nach Amerika mitgebracht 238.

Einbildungskraft, hütet euch vor einer erhitzten E. 139.

Einigkeit bringt Segen 177; macht die Last leicht 236; entsteht, wenn man die Wahrheit erfährt 319; erwächst aus Freundschaft 322.

Elias, Geist und Macht des E. bereiten den Weg für ein größeres Werk 343; Unterschied zwischen der Macht Elijas und der Macht des E. 343, 346, 348; Johannes der Täufer trug die Berufung eines E. 343.

Eliasse, seit Anfang der Welt haben E. versucht, die Priestertumsprinzipien unter den Menschen einzuführen 161; prophezeiten einen Tag der Herrlichkeit Gottes 161.

Elija (Prophet), ein Mensch wie wir 91; übergab zusammen mit dem Erretter und Mose Schlüsselvollmacht an Petrus, Jakobus und Johannes 160; wenn E. nicht käme, würde die ganze Erde geschlagen 162, 362; war der letzte Prophet, der die Schlüssel des Priestertums innehatte 175; hat die Schlüsselgewalt für alle Verordnungen 175, 345; offenbarte die Bündnisse der Väter 327, 329 f.; das Kommen E.s 337; hatte die Schlüsselvollmacht für die Siegelung 344 f.

Elija (Geist und Macht), Unter-

schied zwischen Macht des Elias und E.s 343, 346, 348; hat mit der Arbeit für die Lebenden und die Toten zu tun 345; hat die Macht, auf Erden und im Himmel zu siegeln 346, 348; war in den Tagen der Apostel deutlich vorhanden 346; kann jemand den Schlägen des Satans ausliefern 346; wird von der Welt nicht verstanden 346; kann nicht gegen die unverzeihliche Sünde versiegeln 347; war David nicht zugänglich 347; setzt die Siegel des Melchisedekischen Priestertums auf das Haus Israel 348; bereitet den Weg für den Messias 348.

Elohim ist eine Pluralform 378.

Ende, wer bis ans E. ausharrt, wird errettet 65, 204.

Ende der Welt, Bedeutung des E.s 100, 103; wird im Gleichnis vom Weizen und vom Unkraut erklärt 100, 103; bezieht sich auf die Menschen und nicht auf die Erde als solche 103.

Endowment (in Kirtland) 94.

Endowment notwendig für die volle geistige Macht 94; notwendig, um alles überwinden zu können 94; offenbart 241; wird nur von geistig eingestellten Menschen verstanden 241; geeignete Stätte für das E. notwendig 241, 369; gehört zur Kirche des Erstgeborenen 241; erstmals im Jahre 1842 erteilt 241; sollte die Jünger für ihre Mission bereitmachen 279; macht den Menschen bereit, König und Priester Gottes zu werden 369; für die Toten gleich wie für die Lebenden 369, 373.

Engel, zerstörende E. werden ihr Werk beginnen, bevor die Andern vollständig gewarnt sind 89; helfen, die Welt auf das Brennen vorzubereiten 103; haben ihr Werk der letzten Tage begonnen 103; werden die Verführer und Übertreter aus dem Reich zusammenholen 103, 161; haben keine Flügel 164; sind aus Fleisch und Gebein 164, 195, 332; Unterschied zwischen Geistern und E. 195, 332; dienen denen, die einen Körper haben 195; können nicht taufen 270; sind dienende Knechte 318; einige werden bei der Auferstehung Götter, andere E. werden 318; vier zerstörende E. werden Gewalt über die Erde haben 327; haben mehr Wissen und Macht als Geister 332; können in körperlicher Gestalt erscheinen 332; s. auch **zerstörender Engel**.

Engel des Lichts, Teufel kann als E. erscheinen 164, 209, 219.

England, Evangelium macht in E. Fortschritt 177.

entgehen, wie man dem Strafgericht entgeht 18.

entrückte Wesen gehören der terrestrialen Ordnung an 172f.; setzen ihre Arbeit im geistlichen Dienst fort 173; dienen den Bewohnern anderer Planeten 173; werden nicht sofort in die Gegenwart Gottes gebracht 173; müssen noch eine Veränderung durchmachen, die dem Tod gleichkommt 195; haben noch eine Mission zu erfüllen 195.

Entrückung ist eine Lehre des Priestertums 173; ist nicht, wie die Auferstehung, etwas Endgültiges 173; Unterschied zwischen Auferstehung und E. 173f.; bringt Freilassung von den Leiden des Leibes 173.

Entscheidungsfreiheit, jedem ist E. gegeben 14; Lehre von der E. 51, 191; der Mensch hat E., deshalb ist er für seine Sünden selbst verantwortlich 191.

Enttäuschung, unbeschreiblich furchtbare E. bei der Auferstehung 331; Qual der E. als Folge von Übertretung 363; die Qual der E. ist wie ein See von Feuer und Schwefel 363.

Erben im Reich Gottes 56; des celestialen Reiches sind alle Verstorbenen, die das Evangelium von ganzem Herzen angenommen hätten 109; s. auch **Miterbe Christi**.

Erbteil, es ist in den Augen Gottes recht, daß man sein E. verteidigt 35; der Rechtschaffenen ist Verfolgung 265.

die **Erde**, Offenbarungen sind so viel wert wie die Reichtümer der E. 9f.; Verklärung der E. 15; ist entweiht 18; wird taumeln 73; Rechtschaffenheit wird über die E. strömen 86; Finsternis herrscht auf der E. 92; der Elementarzustand der E. 160; wird ihre Bahn zurück in die Gegenwart Gottes nehmen 185; wird celestial werden 185; wird geheiligt werden 204; wird erneuert werden 237; wird ihre paradiesische Herrlichkeit empfangen 253; stöhnt unter Verderbtheit 257; Gott tut auf E.n nichts, ohne es zuvor seinen Knechten zu offenbaren 270; Herrschaft Christi auf der E. während des Millenniums 273f.; Adams Körper wurde aus E. gemacht 359.

Erdenleben gibt dem Menschen einen Körper aus Fleisch 184.

Erfahrung erlangt man durch Leiden 145; Wissen über Gott erlangt man nur durch E. 331.

Erhöhung beruht auf Gehorsam celestialen Gesetzen gegenüber 338; Gottes 353; erlangt man schrittweise 354f.; zu erlangen mit dem Ersteigen einer Leiter verglichen 355; nicht alle

Prinzipien der E. können in diesem Leben erlernt werden 355; die Arbeit in Richtung auf die E. geht nach der Auferstehung weiter 355.

erkennen, die Welt kann Geister nicht e. 211; für das ewige Leben ist es notwendig, Gott zu e. 352, 354.

Erkennen von Geistern 209, 211; s. auch **Geister erkennen**.

Erkenntnis, Gottes-E. beseitigt Mutmaßungen 14; die Ältesten sollen nach E. streben 45; bei der Annäherung an Gott gewinnt man E. 52; wird durch den Heiligen Geist gegeben 140, 325; dessen, was von Gott ist, erlangt man nur durch den Geist Gottes 207, 210, 250; den Geist des Teufels kann man nur durch E. von Gott entlarven 210; ohne E. kann man nicht errettet werden 222; man wird nur so schnell errettet, wie man E. erlangt 222, 363; Gottes-E. wird nur durch Offenbarung erlangt 222; wem es an E. fehlt, der wird vom Teufel gefangengenommen 222; ist Macht 222, 292; wird nicht alle auf einmal offenbart 301, 310f.; das Prinzip der E. ist das Prinzip der Errettung 301, 310f., 363; durch Jesus Christus erschließt die Herrlichkeiten und Geheimnisse des Himmels 303; erschließt die Geheimnisse des Reiches 303; wird so gegeben, wie der Mensch es ertragen kann 310; ist notwendig für Leben und Frömmigkeit 311; ist die Macht, die die Errettung bewirkt 311, 360; ein Mann Gottes braucht E. 317; Zweck der Offenbarung ist es, E. zu vermitteln 327; wer angebotene E. zurückweist, wird verdammt 329; alle E. wird durch Offenbarung erlangt 337; wir sind in der Lage, an E. zuzunehmen 360; einige haben sich das Tor zur E. versiegelt 377.

Erlöser, zweiter Gott ist E. 193; Christus ist der E. der Menschen und der Tiere 295f.

Erlösung, Plan der E. 50, 60; s. auch **Plan der Errettung**.

der **Erretter** 160; s. auch **Jesus Christus**.

Errettung, die Gabe der E. 70; ist ohne Offenbarung nicht möglich 162, 277; wird immer durch Zeugnis gepredigt 162; muß auf ewigen Prinzipien beruhen 184, 313, 332; Plan der E. im Himmel festgelegt 184; der Plan der E. zeigt, wie groß die göttliche Anteilnahme ist 195; für die Toten 196, 314, 361, 369, 373; die meisten Menschen verstehen den Plan der E. nicht 222; erlangt man durch Erkenntnis 222, 301; setzt voraus, daß man böse Geister überwindet 222, 301f.; für die, die umkehren, ist jetzt der Tag der E. 242; erlangt man nur durch Befolgung der Gebote 258, 363; ist außerhalb des Reiches Gottes nicht zu finden 277; ohne rechtmäßigen Administrator keine E. 279, 326; von Tieren 295f.; bedeutet, daß man über alle Feinde triumphiert 301, 306, 311; ohne irdische Hülle keine E. 302; wird in jedem Zeitalter durch dieselben Prinzipien erlangt 314; ohne rechtmäßigen Administrator gibt es auch in der Bibel keine E. 326; war ohne die Vermittlung Jesu Christi nicht möglich 329; wer E. haben will, muß sich Regeln und Prinzipien unterordnen, die schon vor Grundlegung der Welt festgesetzt wurden 331; ohne Verordnung keine Fülle der E. 338; erfordert Gehorsam, der sich auf alle Gebote erstreckt 340; erfordert das, was Gott gebietet – nicht mehr und nicht weniger 340; ist für alle erreichbar, ausgenommen, wer die unverzeihliche Sünde begeht 362; s. auch **Plan der Errettung**.

Erstgeborene, Kirche des E.n s. **Kirche des Erstgeborenen**.

Erste Präsidentschaft ist mit dem Tod des Präsidenten aufgelöst 108; Adam hatte die Schlüssel der e.n inne 159; Bericht der E. bei der Aprilkonferenz 1841 187.

erwählt, wenige werden 144, 339.

Erzengel, Adam ist der E. 159, 170, 213.

Ether schaute die Tage Christi 88.

Eva bekam den Lebensatem eingehaucht 306.

Evangelist, Hyrum Smith besitzt das Recht des E.n 43; ist ein Patriarch 154; der älteste Mann aus der Familie Josefs 154; ein E. soll überall dort ernannt werden, wo es die Kirche gibt 154.

das **Evangelium**, wurde Abel offenbart 61; Abraham bekam das E. 62; wurde immer im Namen Jesu Christi gepredigt 62; ist immer von Verordnungen begleitet 62; wurde Israel in den Tagen Moses gepredigt 62 f.; die Aufgabe der Ältesten, wenn sie das E. verkünden 89; die wichtigste Aufgabe ist, das E. zu predigen 115; ist immer dasselbe 171, 269; auf die Verwerfung des E.s folgt Strafgericht 276; die Verordnungen des E.s wurden vor Erschaffung der Welt festgelegt 314, 373; die ersten Grundsätze des E.s 335; das erste Prinzip des E.s ist, daß man Gott erkennt 354; soll es dem Menschen ermöglichen, rechtschaffenen Fortschritt zu machen 360; wer das E. nicht befolgt, wird verdammt werden 361; Befolgung des E.s bringt Errettung 363; wird in den letzten Tagen als Zeugnis

gepredigt 370; Triumph des E.s auf der ganzen Erde 401.

Evangeliumszeit, jedesmal, wenn die Menschen das Priestertum verloren haben, ist eine neue E. notwendig 382.

Evangeliumsausschüttung,. Abel besaß Schlüssel seiner E. 171 f.

ewig, alle Prinzipien Gottes sind e. 184; alle Prinzipien, die nicht e. sind, sind vom Teufel 184.

ewige Herrlichkeiten 381.

ewiges Feuer, der Herr wohnt in e.m 373 f.

ewiges Gericht soll zusammen mit den ersten Grundsätzen des Evangeliums gelehrt werden 151, 371 f.; wird von den Geistlichen nicht verstanden 192.

Ewigkeit, ein Ring als Symbol für die E. 184, 359; alle Menschen müssen in die E. eingehen 374.

Expedition in die Rocky Mountains in Betracht gezogen 260, 339 f.

falsche Berichte 129, 147, 275.

falsche Christusse 11.

falsche Geister in der Kirche 218; s. auch **Geister** und **Geister erkennen**.

falsche Lehren in der Welt 225; s. auch **Teufelslehren**.

falsche Propheten in Ägypten 207; die Französischen f.n 209, 213 f.; Johanna Southcott 214; Jemimah Wilkinson 214; Irvingianer 215; Isaac Russel 219; Gladden Bishop 219 f.; Oliver Olney 219 f.

Fasten und Beten können Krankheit abwenden 333.

Fehler, man soll nicht hinter jemandes Rücken von dessen F.n sprechen 33; wir sollen uns nicht von den F.n anderer nähren 245, 323; kein Mensch ohne F. 263; selbst Jesus, wäre er hier, hätte F. in den Augen der Menschen 263.

Fehlersuchen führt zur Abkehr vom Glauben 158f.

feierliche Versammlung, Fußwaschung in der f.n 93; ist im Haus des Herrn abzuhalten 93; der Erretter kann in der f.n gesehen werden 94.

Feigenbaum, das Gleichnis vom F. 164.

Feinde, Errettung ist Überwindung der F. 301, 311.

Fels göttlicher F. 44; wer sich nicht nach dem Zweiten Kommen sehnt, wird zu denen gehören, die zu den F.en sagen werden: Fallt auf uns! 162; der Offenbarung 279.

Feuer, die Welt wird mit F. heimgesucht 103, 345; Fleisch und Blut können nicht in ewigem F. verweilen 333, 373f.; Fleisch und Gebein, vom Geist belebt, können in ewigem F. weilen 333; Geist kann sich in ewigem F. aufhalten 333; die Gerechten wohnen in F. 333; Gott wohnt in ewigem F. 373.

FHV s. **Hilfsvereinigung**.

Finsternis, geistige F. bedeckt die Erde 49; herrscht auf der Erde 92; ist Verdammnis der Welt 98.

Fischnetz, Gleichnis vom F. 104.

Fleisch, alles F. ist dem Leiden unterworfen 165; alles F. ist dem Tod unterworfen 165; der Rechtschaffenen wird in ewigem Feuer wohnen 333, 373f.

Fleisch und Blut kann nicht dorthin, wo die erhöhten Geister sind, aber Fleisch und Gebein schon 333, 373; kann nicht mit Gott in ewigem Feuer weilen 373f.

Fleisch und Gebein, Gott hat einen Körper aus F. 184; es gibt keinen anderen Gott im Himmel als den Gott, der einen Körper aus F. hat 184.

Fluch, zurückgewiesene Segnungen werden zum F. 64, 314, 329.

Flügel, Engel haben keine F. 164.

folgen, die Menschen werden errettet, indem sie ihrer Erkenntnis f. 221f.; s. auch **befolgen** und **Gehorsam**.

Follet, King, Tod F.s 350; Vortrag beim Begräbnis von F. 350–368.

Ford, Gouverneur, Brief an F. 385.

Foster, Dr., ein Abtrünniger 375; der Prophet träumt von F. 375.

Fragen und Antworten 121–124.

Französische Propheten, s. **falsche Propheten**.

Frau (Ehefrau) eine F. soll nicht gegen den Wunsch des Mannes getauft werden 89; Liebe zwischen Mann und F. 90f.; eine Pflicht gegenüber der F. 147; soll den Mann mit einem Lächeln statt einer Auseinandersetzung empfangen 234; es gibt auf Erden immer nur einen Mann, der die Schlüssel in bezug auf die Ehe mit mehreren F.en innehat 330; mehrere F.en nur dann, wenn der Herr Weisung gibt 330.

Frauen, Warnung vor Bösem, das den Berichten von F. entspringt 28; Paulus über das Verhalten der F. in der Kirche 214; in der Kirche der Irvingianer predigen Falsches 215f.; .

besitzen keine Vollmacht, die Kirche zu organisieren 216; gläubige F. können Kranke segnen 230, 235; sollen ihren Mann ehren 231; sollen durch ihr Beispiel die Ältesten zu guten Werken aneifern 231; Nächstenliebe und Mildtätigkeit ist für F. etwas Natürliches 232; reine und unschuldige F. kommen in die Gegenwart Gottes 232; sollen ihrem Mann nicht seine Fehler vorhalten 232; sollen mit ihrem Mann nicht streiten, ihm nicht widersprechen und nicht mit ihm zanken 232; sollen ihren Mann freundlich und liebevoll behandeln 232, 234; dürfen nicht engherzig sein 233; sollen ihrem Mann kein böses Wort sagen 234; sollen die Sündigen nicht um ihren Glanz und ihre Prahlerei beneiden 234; sollen zu den Sündigen barmherzig sein 234; heilige F. brachten Salben, um Jesus einzubalsamieren 238; neigen zu übergroßem Eifer 240; besitzen feinere Gefühle 240; sollen sich mit Barmherzigkeit wappnen 242; einige F. halten sich für zu klug, als daß sie sich belehren ließen 315.

Frauenhilfsvereinigung s. **Hilfsvereinigung.**

Freiheitsliebe 319.

Freimaurer 260; Geheimnis der F. 336.

Freunde sind in Zeiten der Not wertvoll 137.

Freundlichkeit eines Menschen darf man nie vergessen 33; die mächtige Wirkung von F. und Zuneigung 232, 245; Mangel an F. verursacht unschöne Gefühle 245.

Freundschaft wird durch Eide geschwächt 148f.; ist ein Grundprinzip des Mormonismus 322; erzeugt Einigkeit 322.

Friede, die Welt wird hinfort wenig F.n haben 163; wird nur in Zion zu finden sein 163; die Pläne Gottes fördern den F.n 253; menschliche Regierungen haben keinen F.n gebracht 253, 257; weltweiter F. muß von Gott kommen 257; die Kirche hat genügend Wissen, weltweiten F.n zu bringen 400.

Früchte des Reiches 278.

Füchse, es sind die kleinen F., die den Weingarten verwüsten 263.

Fülle der Zeiten, in der F. wird alles offenbart 140; in der F. wird nichts vorenthalten 140; in der F. wird alles vereint werden 237; s. auch **Ausschüttung in der Zeiten Fülle.**

Fullmer, John S., in Carthage 390.

Fußwaschung, eine notwendige Verordnung 93; soll in der feierlichen Versammlung vollzogen werden 93; ist nur für offizielle Mitglieder 93; muß abseits von der Welt vollzogen werden 93; im Tempel zu Kirtland 113f.

die **Gabe des Heiligen Geistes** wird nur durch Händeauflegen empfangen 151, 203, 217, 248, 320; wird von heutigen Christen außer acht gelassen 191; Zeichen für die G. 203; Unterschied zwischen dem Heiligen Geist und der G. 203; folgt auf die Taufe 203, 217, 320; die Welt hat verschiedene Ansichten über die G. 246; ist notwendig, um das Priestertum zu organisieren und Menschen zum geistlichen Dienst zu berufen 247; muß der Vollständigkeit halber zusammen mit der Wassertaufe empfangen werden 320, 366; s. auch **Gaben des Geistes.**

Gaben des Evangeliums 229; Gottes sind gerecht 261; s. auch **Gaben des Geistes.**

Gaben des Geistes 246–252; widersprüchlich sind die Ansichten der Welt über die G. 246; sind in der Kirche notwendig, um jemand zum geistlichen Dienst zu berufen 247; auch Mitglieder der Kirche wissen manchmal nichts von den G. 247f.; es gibt verschiedene G. 248; nicht alle haben die gleichen G. 248; Paulus erklärt den Wert der G. 248, 251; nicht alle haben unter den G. die gleiche Macht 248; man soll nach den G.n trachten 248; werden nicht einfach durch Händeauflegen übertragen, sondern man muß danach trachten 248f.; Zweifler werden nicht durch G. bekehrt 249; die meisten G. sind für den Betrachter nicht offen sichtbar 250f.; die Welt kann die G. nicht erkennen 250f.; werden nur mit dem Geist verstanden 251; die Zungenrede ist die unbedeutenste, aber doch begehrteste von den G. 251; Paulus rät, von den G. vor allem die Gabe der Prophezeiung zu erstreben 251; alle G. sind an ihrem Platz nützlich 252; können unzweckmäßig angewandt werden 252; wo es keine G. gibt, ist auch kein Glaube 275; sind notwendig 275f.

Gabriel ist Noach 159.

Gebet des Propheten für die bedrängten Heiligen in Zion 39f.; des Propheten im Gefängnis zu Liberty 134; die beste Möglichkeit Wahrheit zu erlangen, besteht darin, sich im G. an Gott zu wenden 195; der Gerechten vermag viel 350; s. auch **beten**.

Gebote, nur wer die G. bis ans Ende hält, wird errettet 65; alle, die die G. nicht befolgen, werden verdammt werden 204, 340; Gottes befassen sich mit Geistigem und Zeitlichem

257–259; alle G. Gottes sind für uns bindend 258; wer die G. hält, ist glücklich 260; man muß die G. kennen, um sie halten zu können 260; man muß erst die schon gegebenen G. halten, bevor man weitere erhält 260f.; alle G. Gottes sind recht 261; ändern sich den Umständen entsprechend 261; alle G. Gottes sollen die Menschen glücklich machen 261.

Gebote, Buch der s. **Buch der Gebote.**

gefangen, ohne Erkenntnis wird man von böser Macht g. genommen 222.

Gefängnis, Evangelium wird im G. verkündet 182, 372; Jesus predigte den Geistern im G. 224; Petrus erwähnt das G. 224, 315; die letzte Nacht im G. von Carthage 390.

Gefängnis zu Liberty, Brief aus dem G. 125 und 132

Gefühle, Gott achtet die G. seiner Heiligen 21; die Brüder sollen auf die G. des anderen Rücksicht nehmen 27; Unfreundlichkeit erzeugt unschöne G. 245.

geheime Verbindungen, Bekanntmachung über g. 289.

Geheimnis der Freimaurerei besteht darin, ein Geheimnis zu bewahren 336.

Geheimnisse, die Propheten haben die G. der Frömmigkeit gesehen 15; Gott kennt die G. des menschlichen Tuns 21; streitet nicht über G. 80; Schlüssel der G. werden offenbart 140; ein Schlüssel zu den G.n Gottes 158; wenn wir keine weiteren Offenbarungen empfangen, so deshalb, weil wir G. nicht bewahren können 198f.; wir sollen lernen, G. zu bewahren 198f.; der Prophet kann G. bewahren 199; laßt die Finger von den G.n 296f.; Erkenntnis durch Jesus Christus ist der Schlüssel zu den G.n des Himmels 303; in den Schriften des Petrus 309; werden offenbart, wenn die Menschen dafür bereit sind 314; die Heiligen sollen sich mehr und mehr in die G. der Frömmigkeit vertiefen 370.

gehorchen s. **befolgen** und **Gehorsam**.

Gehorsam, die Verheißungen Gottes sind auf G. bedingt 21; in bezug auf die Gebote ist strenger G. erforderlich 30, 34, 340; gegenüber der Regierung ist notwendig 51; gegenüber dem Gesetz des Himmels wird mit Segnungen belohnt 64; macht glücklich 260; s. auch **folgen** und **befolgen**.

Geißel, eine überflutende G. wird über die Menschheit kommen 20.

Geist der Offenbarung 153; ein von Gott gesandter G. kann nur in Herrlichkeit erscheinen 164, 332; nicht jeder G. ist von Gott 164, 207f., 215; ein Auferstandener hat im Körper G. anstelle von Blut 204; ist rein, geschmeidig und feine Substanz 212, 306; Unterschied zwischen Körper und G. 212; kann nur von reineren Augen erkannt werden 306.

der **Geist des Menschen** wurde nicht erschaffen 160, 358, 360; ist nie zu alt, als daß er sich Gott zuwenden könnte 195; wurde gemäß dem Priestertum organisiert 212; ist Materie 212, 306; existiert unabhängig vom Körper 212; existiert durch und aus sich selbst 360; Offenbarungen sind für den G. und nicht für den Körper 361; Offenbarungen, die den G. erretten, erretten auch den Körper 361.

Geister, auf Erden gehen Lügen-G.

um 164; große Kundgebungen von G.n, falschen ebenso wie wahren 164; Unterschied zwischen Engeln und G.n 194f., 332; der Toten werden durch das Priestertum freigesetzt 195; Aufsatz des Propheten über G. 207f.; zur Zeit der Apostel gab es falsche G. 207; Intelligenz von Gott ist nötig, um G. zu erkennen 207–210; die Welt weiß nichts über die G. 207f., 209f.; falsche G. bei den Sektierern 208; falsche G. bei den Heiligen der Letzten Tage 209, 218; falsche G. richten großen Schaden an 209; werden vom Priestertum beherrscht 212; müssen sich bestimmten Gesetzen und Grenzen unterordnen 213; im Jenseits gibt es verschiedenartige G. 301f.; in der ewigen Welt gleichen denen in unserer Welt 311; Rechtschaffene und Schlechte kommen in die gleiche G.welt 316; das Elend der abgeschiedenen G. 316; der Gerechten können sich nur in Feuer und Herrlichkeit offenbaren 332; der Gerechten haben Schlüssel der Macht und Erkenntnis in Händen 332; der Gerechten sind dienende Knechte 332; sind nicht so weit fortgeschritten wie Engel 332; sind nicht fern von uns 333; der Gerechten kennen und verstehen unsere Gedanken, Gefühle und Regungen 333; den G.n der Gerechten bereitet unser Verhalten oftmals Schmerzen 333; verkehren im Jenseits genauso miteinander wie wir auf der Erde 359.

Geister, dienende, s. **dienende Geister**.

Geister erkennen, der präsidierende Älteste kann G. 164; lernt man nicht durch die Glaubensbekenntnisse der Menschen 208; kann man nicht ohne Schlüssel 209; kann man nicht ohne Priestertum 209, 218; ist schwierig

210; kann man nicht ohne Offenbarung 210f.; war den Alten möglich 211, 218.

der **Geist Gottes** wird den Nationen der Erde entzogen 19, 237; gibt all denen Zeugnis, die eifrig nach Gotteserkenntnis suchen 32; verläßt die Abtrünnigen 69; alle, die den G. nicht haben, sind in Übertretung 80f.; ist notwendig, um das, was von Gott ist, zu erkennen 207, 210, 247, 252.

Geist, Heiliger s. der **Heilige Geist**.

geistige Gaben s. **Gaben des Geistes**.

Geistliche (sektiererische) verstehen die Lehre vom ewigen Gericht nicht 192; warum G. keine Offenbarung erhalten 222; lehnen Offenbarung ab, da dadurch ihre Schlechtigkeit bloßgestellt würde 222; behaupten nicht, das Melchisedekische Priestertum innezuhaben 328; haben keine Vollmacht 353; neunundneunzig von hundert G.n sind Irrlehrer 353.

der **geistliche Dienst**, vorschnelle Ordinierung zum g.n 44; wer die Berufung zum g.n nicht groß macht, wird seine Berufung verlieren 45; für den g.n sind Gaben des Geistes notwendig 247.

Geist prophetischer Rede, das Zeugnis Jesu ist der G. 122, 162, 270, 274, 304f., 318, 321.

Gelegenheit, die Menschen müssen vor Gott für jede G., die ihnen gewährt wird, Rechenschaft ablegen 70.

geloben, vor Gott g., ihm zu dienen 11.

gemeinsam, die Mormonen glauben nicht daran, daß sie alles g. haben sollen 122.

Gemüt, Freundlichkeit hat Macht über das G. 245; Liebe hat Macht über das G. 245.

Generation, Strafen erwarten diese G. 335.

geprüftes Volk, die Heiligen sind ein g. 138.

gerecht, Jehovas Pläne sind g. 226; alles, was Gott gibt, ist g. 261; mit dem Nachbarn g. umgehen 309.

die **Gerechten** werden Herrlichkeit ererben 15; für die G. einen Kranz 66; werden vollendet 332; für die G. ist es ein Segen, ins Jenseits hinüberzugehen 333; wohnen in immerwährender Lohe 355; s. auch die **Rechtschaffenen**.

Gerechtigkeit des großen Gesetzgebers 223; die Taufe ist nötig, um die G. zu erfüllen 271, 279, 325.

Gericht, Gott hat den Tag des G.s bestimmt 64; gemäß den Werken und Wünschen des Herzens 109; Lehre vom ewigen G. gehört zu den ersten Prinzipien 151, 371; die Geistlichen verstehen die Lehre vom ewigen G. nicht 192; Petrus lehrte das ewige G. 192; berücksichtigt die Möglichkeiten und Umstände der Menschen 223; gründet sich auf die Taten der Menschen 223, 226, 262, 316; Gottes ist gerecht 223; zieht in Betracht, wie die Menschen das von Gott gegebene Licht genutzt haben 309.

Gesangbuch, Druck des G.s 179.

Geschöpfe im Himmel, verschiedenartige G. 295.

Gesetz ist für den Menschen bindend 52; Christus gab Mose das G. auf dem Berg 281; Erhöhung fordert Befolgung des celestialen G.es 308; Fülle der Errettung nur durch Befolgung des ganzen G.es 338.

das **Gesetz des Mose** wurde dem Evangelium hinzugefügt 63; mit seinen Handlungen und Zeremonien wird nicht wiederhergestellt werden 176; wurde von Christus gegeben 281.

Gesetze sind für Regierungen notwendig 51, 57; menschliche G. stehen mit den G.n des Himmels nicht auf einer Stufe 52; des Himmels garantieren einen Lohn, der über alles Irdische hinausgeht 52; Vergleich zwischen irdischen und himmlischen G.n 52; um in die celestiale Herrlichkeit eintreten zu dürfen, muß der Mensch die G. des Himmels verstehen lernen 53; sollen den Menschen auf die celestiale Herrlichkeit vorbereiten 56; sind nützlich, um Frieden und Glück zu fördern 58; wurden gegeben, um befolgt zu werden 59; Gott beeinflußt die Menschen, gerechte G. zu erlassen 60; wie wichtig es ist, daß der Mensch die ewigen G. versteht und sich ihnen unterordnet 332; Gottes wurden erlassen, damit der Mensch an Herrlichkeit zunehmen kann 360.

Gesetzgeber, Gerechtigkeit des großen G.s 223.

Gesichtszüge enthüllen die Geisteshaltung 303.

gesiegelt, unser Name ist in das Lebensbuch des Lammes g. 11.

gesunder Menschenverstand, Jehovas Pläne entsprechen g.m 226.

Gewächs des Weinstocks, Christus und die Heiligen werden beim Zweiten Kommen vom G. trinken 67.

geweihtes Leben, was g. bedeutet 129.

Gewissen, in Sachen des G.s muß der Mensch frei sein 51, 333; G.sbisse

sind Folge vorsätzlicher Übertretung 52.

Gewißheit, die Heiligen haben G., daß Gott sie beschützen wird 11.

gezüchtigt, die Heiligen wurden g. 258.

Glaube, der Schleier teilt sich aufgrund von vollkommenem G.n 11; es ist eine Sünde, keinen G.n zu haben 60; Abel hatte G.n 60f.; Kain hatte keinen G.n 60f.; heute ist größerer G. notwendig als je zuvor 92; kommt, indem man das Wort Gottes hört 151; ist notwendig 274f.; geht immer mit Gaben des Geistes einher 275; die Abwesenheit von Gaben des Geistes bedeutet das Nichtvorhandensein von G.n 275; der Christenheit fehlt es an G.n 275.

Glaubensbekenntnisse vermischen Wahrheit mit Irrtum 334.

Gleichnis vom gottlosen Richter und der Witwe 38; von den Talenten 50, 70, 261; vom Hochzeitsmahl 65; warum der Erretter in G.sen redete 97; vom Sämann 99; vom Unkraut unter dem Weizen 99, 102; von der Kirche in den letzten Tagen 100; vom Senfkorn 101, 161; vom Sauerteig 102; vom Schatz im Acker 103; vom Fischnetz 104; vom Hausherrn 104; vom Feigenbaum 164; vom neuen Wein in alten Schläuchen 196; vom Weinstock und den Reben 198; vom verlorenen Sohn 282; vom verlorenen Schaf 282; von der verlorenen Drachme 283.

glücklich zu sein ist der Zweck unseres Daseins 260; wird man nur dann, wenn man die Gebote befolgt 260; jedes Gebot ist so verfaßt, daß es den Menschen g. macht 261.

Gnade, die Lehre der Presbyterianer und Methodisten von der G. ist falsch 346; die G. verwirken 346.

Gog und Magog, der Kampf zwischen G. findet nach dem Millennium statt 286.

Gott (Jehova) sieht die geheimen Quellen menschlichen Tuns 21; kennt die Herzen aller Lebenden 21; achtet die Gefühle seiner Heiligen 21; etwas von G. zu erfragen, ist etwas Großes 24; soll nicht mit Unbedeutendem behelligt werden 24; die Gesetze G.es stehen über denen der Menschen 52–55; die Strafe G.es für die Widersetzlichen ist gerecht 54f.; ist die Quelle alles Guten 57f., 60, 255; kann nicht lügen 57; ist vollkommene Intelligenz 57; G.es Weisheit allein reicht aus, das Universum zu regieren 57; ist die Quelle aller Weisheit und Erkenntnis 57; ist der Urheber des Gesetzes 58; ist konsequent 58; es entspricht der Vernunft, von G. Offenbarungen zu erwarten 58f.; Vernunft und Inspiration lehren uns, daß es einen intelligenten G. gibt 58; belohnt seine Knechte gemäß ihrer Arbeit 59; hat einen Tag des Gerichts bestimmt 64; haßt Verräter und falsche Brüder 129, 131; hält den Teufel im Zaum 134; die Angelegeneiten G.es verlangen ernstes Nachdenken 139; die Gedanken G.es sind würdevoller und edler als die der Menschen 139; ist unser Schild 141; ist Urheber des Mormonismus 141; erkennt nicht an, was er nicht berufen und bestimmt hat 171; hat einen Körper aus Fleisch und Gebein 184, 318; zwingt niemand zum Gehorsam 191; übergeht Sünden in keinem Fall 193; schloß immerwährenden Bund 193; der Mensch muß wie G. werden, um dorthin zu gelangen, wo er ist 221; wenn wir uns nicht

G. nähern, nähern wir uns dem Teufel 221; empfindet väterliche Fürsorge für alle Menschen 223; hat die richterliche Gewalt in seiner Hand 223; ist gerecht 223; offenbart anders, als wir es erwarten 229; der Mensch muß unschuldig sein, um bei G. wohnen zu können 232; der Mensch muß rein sein, um bei G. wohnen zu können 232; bestraft die Bösen 243, 246; blickt ohne Billigung auf Sünde 245; man lernt G. durch Beten kennen 251; wie G. regiert 252–259; regiert geistig und zeitlich 256f.; wer G. nicht als Führer hat, wird fallen 258; was G. fordert, ist recht 260; ist weitherzig und großzügig 262; ist Übeltätern gegenüber schrecklich 262; deckt jeden falschen Schritt auf 262; vergilt den Menschen entsprechend ihren Taten 262; versagt den Getreuen keine guten Gaben 262; ist derselbe gestern, heute und in Ewigkeit 270; das, was mit G. zu tun hat, läßt sich nur durch Offenbarung erfassen 296; richtet die Menschen gemäß dem Gebrauch, den sie von dem Licht machen, das er ihnen gibt 309; behandelt dieses Volk wie ein zärtlicher Vater sein Kind 310; nur wenige verstehen, wer G. ist 351; Erkenntnis G.es scheidet den Menschen vom Tier 351; zu erkennen ist Voraussetzung für das ewige Leben 352, 354; hält alles durch seine Macht aufrecht 353; ist ein erhöhter Mensch 353; war einst ein Mensch wie wir 353; die Bibel zeigt uns das wahre Wesen G.es 354; hat einmal auf einer Erde gelebt 354; treibt mit den Menschen keinen Scherz 354; wohnt in immerwährender Lohe 354; ist ein aus sich selbst bestehendes Wesen 359; hat sich nicht selbst erschaffen 360; hat Gesetze geschaffen, durch die der

Mensch Fortschritt machen kann wie er 360; betrachtet uns so, als befänden wir uns in der Ewigkeit 362; wird alle erretten außer denen, die die unverzeihliche Sünde begangen haben 362; ist ein verzehrendes Feuer 373; man kann sich nirgendwo vor G. verbergen 374; s. auch **Jehova**.

Gott (aus sektiererischer Sicht) 184, 317, 379.

Götter, viele G. und Herren 317, 377; mehrere G. 376; das Neue Testament lehrt, daß es mehrere G. gibt 376f.; der Vater, der Sohn und der Heilige Geist sind getrennte Personen, daher gibt es mehrere G. 376; G.: unser Gott hat einen Vater 376, 379f.; das Hebräische spricht von mehreren G.n 378; die Schriften verkünden unmißverständlich mehrere G. 379f.

Gottheit, Abrahams Bericht über die G. 193; drei Personen im Himmel, die die Schlüsselgewalt innehaben 317, 377f.; eine Person der G. präsidiert 317; Beweis, daß der Vater und der Sohn zwei getrennte Personen sind 318; Vater und Sohn haben je einen eigenen Körper 318.

göttliche Vollmacht, für die Gültigkeit von Verordnungen ist g. notwendig 279.

Grab, Jesus Christus errang den Sieg über das G. 65; der Körper wächst im G. nicht 204; ist heilig 299.

Grade der Herrlichkeit, die Vision des Propheten von den G.n 13; Glaube an die G. geht über den engstirnigen Glauben der Menschen hinaus 13; die Jakobstreppe ist eine Darstellung der G. 310.

Grandin, E.B., Drucker des Buches Mormon 9.

Greene, John P., in Carthage 395.

griechisch, was g. „baptizo" bedeutet 267; die Platten des Buches Mormon enthielten kein G. 304; der g.e Text des Neuen Testaments spricht von mehreren Göttern 379.

Grimm Gottes fällt auf Zion, wenn es nicht umkehrt 21; Vorkehrung gegen den G. 143.

der **große Rat**, die Götter im g.n 356; Planung der Erschaffung von Welten im g.n 356; der Teufel legte dem g.n seine Pläne vor 363; im g.n wurden viele ordiniert 371f.; Joseph Smith wurde im g.n ordiniert 372.

Grundsatz, politischer, s. **politischer Grundsatz**.

das Gute, Gott ist Quelle alles G.n 57f., 255.

Haare, der Satan wird an der Farbe seiner H. erkannt 219.

Hades 316; s. auch **Hölle**.

Ham von Noach verflucht 197.

Haman und Mordechai 125; die Verfolger der Heiligen mit H. verglichen 125.

Hand des Herrn läßt sich nicht zurückhalten 141f.

Händeauflegen, das Priestertum wird durch H. übertragen 44, 269; Gabe des Heiligen Geistes durch H. 151, 191, 203f., 217, 248, 320; die Lehre vom H. von der Welt beiseite gelassen 191; Kranke sollen durch H. geheilt werden 202.

Harris, Martin, von einer Schlange gebissen 74; verstand die Verheißungen Gottes nicht 74.

Haß, die Heiligen haben im Herzen keinen Platz für H. 182.

Hauns Mill, Mord und Verfolgung bei H. 136, 143.

Haus des Herrn, bestimmte Verordnungen werden nur im H. vollzogen 314.

Haus Gottes, die Ordnung im H. ist immer gleich 93.

hebräisch, h.er Text richtiger als englische Version 294f.; h.er Text 304, 356, 378; der h.e Bibeltext spricht von mehreren Göttern 378.

heftige Qual für die Schlechten 363.

der **Heilige Geist** offenbart auf Gebet die Wahrheit 14; vermittelt Erkenntnis 14; Erkenntnis durch den H.n ersetzt Mutmaßung 14; Kenntnis von Gott wird durch den H.n erlangt 14; wer Gott gehorcht, empfängt den H.n 64; gibt Zeugnis, daß Christus von den Toten auferstanden ist 64; kommt nach der Vergebung der Sünden 83f.; niemand kann ohne den H.n das Evangelium predigen 114; tut verborgenes Wissen kund 140; ist der ständige Begleiter der Rechtschaffenen 145; ist der erste Tröster 152; die Wirkung des H.n auf die Nachkommen Abrahams 152; die Wirkung des H.n auf die Andern 152; die Ältesten der Kirche werden durch die Macht des H.n geleitet 157f.; befähigt zu wirkungsvoller Rede 158; keine andere Sünde läßt sich mit der Sünde gegen den H.n vergleichen 158; Unterschied zwischen der Gabe des H.n und dem H.n 203; überzeugte Kornelius von der Wahrheit des Evangeliums 203; man kann nur durch den H.n wissen, daß Jesus der Herr ist 228, 247; gibt Zeugnis 247; führt in die Wahrheit 247; erinnert an Vergangenes 247; zeigt, was kommen wird 247; heilige Männer sprechen durch den H.n 247; durch

den H.n kommen verschiedene Gaben 247; die Taube ist das Zeichen des H.n 281; ist eine Person 281; kann sich nicht in eine Taube verwandeln 281; offenbart Fehler in den Bibelübersetzungen 316; ist Gottes Bote, der im Priestertum amtiert 330; kann ohne Offenbarung nicht empfangen werden 335; ist ein Offenbarer 335; kann vom Aaronischen Priestertum nicht gespendet werden 343; die Jünger Johannes des Täufers empfingen den H.n von Jesus 343; überzeugt im Herzen und im Verstand von der Wahrheit 350; ohne den H.n empfangen zu haben, kann man die unverzeihliche Sünde nicht begehen 363; s. auch **Gabe des Heiligen Geistes**; **Sünde gegen den Heiligen Geist**.

heilige Handlungen, Offenbarung h.r 111; s. auch **Verordnung**.

die **Heiligen** werden beim Kommen Christi mit Herrlichkeit gekrönt werden 31; Gebet des Propheten für die bedrängten H. 39f.; müssen einander lieben 78; müssen das Böse überwinden 78; müssen sich vor Befleckung durch die Welt bewahren 78; werden wegen des Zeugnisses Jesu Christi von der Welt gehaßt 127; die Prüfung der H. in Missouri entspricht der Prüfung Abrahams 138; die Sammlung der H. 146; sollen willens sein, alle ihre Sünden zu bekennen 157; werden dem Gericht nicht völlig entrinnen 165; die H. sollen sich immer um Einigkeit bemühen 177, 236; sollen jedes eigensüchtige Gefühl auslöschen 181; sollen Liebe vorherrschen lassen 181; haben keinen Platz für Haß 182; sollen für Gott leben und nicht für sich selber 182; der Glaube und die Prüfungen der H. 188; sollen darauf bedacht sein, alle Gebote zu befolgen 190; sollen geduldig sein

190; sollen ein ausgesuchtes Volk sein 206; sollen sich von allem Bösen der Welt absondern 206; sollen auserkoren, tugendhaft und heilig sein 206; sollen sich nicht durch Sonderinteressen und persönliche Ziele spalten lassen 236; die richtige Einstellung der H. dem Sünder gegenüber 245f.; müssen langmütig sein 246; werden in die Rocky Mountains gejagt werden 260; werden in den Rocky Mountains ein mächtiges Volk werden 260; werden von schlechten Menschen verfolgt 264; sollen nicht zurückschrecken 267; wurden in allen Zeitaltern im Namen Jesu Christi getauft 271; sollen die Leichtfertigkeit über Bord werfen 333; sollen ernsthaft sein 333; den H. bleibt nicht viel Zeit, ihre Toten zu erlösen 338; sind manchmal schwer von Begriff 338; wollen oft nicht lernen 339.

die **heilige Schrift**, Überarbeitung der h.n siehe Fußnote 6 auf S. 11, 12 und 13; soll erforscht werden 14; ist zum Wohle der Menschen gegeben 56; enthält den Willen Gottes 56; enthält die Gesetze Gottes 56; enthält die Lehren Gottes, seine Segnungen und Flüche 56; wer die h. am öftesten liest, wird sie am meisten schätzen 59; die Anzahl der Bücher der h. ist nicht vollständig 124; sagt aus, was sie meint, und meint, was sie aussagt 269; der Maßstab für die Interpretation der h. 282; Schlüssel zum Verständnis der h. 282.

Heiligkeit von Grabstätten 298f.

Heimlichkeiten, Warnung vor H. 148.

Henoch, Prophezeiung H.s über die Sammlung Israels 86; kannte den Plan des Messias 86; wird in bezug auf die Sammlung der Auserwählten zitiert 87; H.s Vision über das Neue Jerusalem und die Erlösung Zions 87; wandelte mit Gott 172, 256, 271; H.s Dienst an terrestrialen Körpern 172; hat Präsidentschaft einer Evangeliumsausschüttung inne 173; ist jetzt ein dienender Engel 173; erschien dem Judas 173; erschien dem Paulus und unterwies ihn 173; regierte nach der Weise Gottes 256; wurde entrückt 256; wurde rechtschaffen, indem er den Geboten gehorsam war 271.

der **Herr** verheißt, den Tempel in Kirtland zu besuchen 21; verlangt, daß die Brüder einander mehr ehren als sich selbst 27; wenn man den Willen des H.n tut, muß man eines Herzens und eines Sinnes sein 27; der Tag des H.n kommt schnell herbei 49; die Hand des H.n läßt sich nicht zurückhalten 141.

Herrlichkeit, die Vision von den H.en ist eine Übertragung aus den Aufzeichnungen der ewigen Welt 13; Grade der H. 13; die Menschheit sollte nach der H. Abrahams, Noachs, Adams und der Apostel trachten 165; der 50. Psalm beschreibt die H. der Sammlung Israels 186; die Gottesgesetze ermöglichen es dem Menschen, an H. zuzunehmen 360; verschiedene H.en 365; ewige H.en 381; s. auch **Grade der Herrlichkeit**

Herrschaft Christi im Millennium 273f.

Herz, Gott kennt die H.en aller Lebenden 21; die Brüder müssen eines H.ens sein, wenn sie den Willen des Herrn tun 27; Gott hat die Macht, allen Menschen das H. zu erweichen 39; alle Menschen werden gemäß den Wünschen ihres H.ens gerichtet 109; der Söhne wendet sich den Vätern zu 162, 345; die im H.en Ehrlichen werden zur rechten Erkenntnis geführt 196.

Heuchler 309.

Higbee, Richter, Begräbnis von H. 326.

Higbee, Chauncey, L., ein Abtrünniger in Nauvoo 375; der Prophet träumt von H. 375.

Hilfsvereinigung (FHV), Worte Joseph Smiths an die H. 206, 228f., 241f., 262f.; die Regeln der H. sind einzuhalten 206; Unwürdige dürfen nicht in die H. aufgenommen werden 206, 244; die H. hat den Zweck, Übeltun auszumerzen 206; ist von Nächstenliebe geprägt 232; soll den Armen helfen 234, 246; die Mitglieder der H. müssen tugendhaft sein und in gutem Ruf stehen 244; es ist das Ziel der H., Menschen zu bessern 244; soll Heiligkeit üben 264.

Himmel muß mehr als ein einziges Reich umfassen 12; wenn Jesus kommt, werden die H. erschüttert werden 31; wird weichen wie ein Buch, das man zusammenrollt 31; dem Gesetz des H.s ist Gehorsam zu leisten 53f.; Gott spricht vom H. herab 56; das H.reich in den letzten Tagen 101.

der **Hochbetagte**, Adam ist der H. 41, 124, 159, 170; die zum H.n gehörende Ordnung offenbart 241.

Hochmut soll von den Heiligen gemieden werden 144.

Hochverrat, Joseph und Hyrum Smith unter der Anklage des H.s im Gefängnis 402.

Hochzeitsmahl, Gleichnis vom H. 65.

Hoffnung gründet sich auf die Auferstehung Jesu Christi 64; H. auf

Gott heiligt 67; die Heiligen haben eine bessere H. als ihre Verfolger 126; die H. der Schlechten wird zunichte werden 137; nicht trauern wie diejenigen, die keine H. haben 201; H.en gehen weit über das hinaus, was der Mensch begreifen kann 365; die Heiligen haben von allen Völkern den meisten Grund zur H. 365.

der **Hohe Priester** soll in Geistigem amtieren 23; soll keine Alleinherrschaft ausüben 23; soll besser als die Ältesten qualifiziert sein, das Evangelium zu lehren 24; ist ein präsidierender Beamter 112; ist kein Siebziger 113; trägt dasselbe Priestertum wie die Präsidentschaft, hat aber nicht dieselbe Vollmacht in der Kirche 114; der Bischof ist ein H.r 114; soll die Gemeinde betreuen 167.

Hoherrat, die Zwölf Apostel sind ein reisender H. 76; Unterschied zwischen ständigem und reisendem H. 76; der ständige H. hat auswärts keine Vollmacht 77; ein ständiger H. wird nur in Zion und in den Pfählen eingerichtet, nicht aber in den Zweigen 77; gegründet, um sich mit geistigen Angelegenheiten zu befassen 78f.; Unterschied zwischen den Obliegenheiten des H.es und der Ältesten 78f.; soll die Angelegenheiten Zions regeln 81; hat dem Zwölf keine Vorschriften zu machen 91; soll in keinem Fall Gericht halten, ohne daß beide Parteien anwesend sein können 167; soll sich vor der Verhandlung nicht die Klage einer Seite anhören 167; Nichtmitglieder dürfen Mitglieder nicht vor dem H. vor Gericht bringen 290.

Hölle, ein ehrlicher Mensch ist stärker als die Mächte der H. 142; was H. bedeutet 316; ist ein jetzt gebrauchter Ausdruck 316; ist die Welt der Geister 316.

427

das **Horn** kämpfte gegen die Heiligen und überwältigte sie 162.

Howe, „Mormonism Unveiled" (Mormonen ohne Maske) 101.

hundertvierundvierzigtausend sind Befreier auf dem Berg Zion 373; sind von einer unzählbaren Schar begleitet 373.

Hyde, Orson, Brief an H. über seine Mission in Palästina 165 f.

Ijob darf Gott schauen 38; hat Gewißheit der Auferstehung 63; hat Gewißheit des Zweiten Kommens Christi 63; der Übertretung beschuldigt 137.

immerwährende Lohe, Gott wohnt in i.r 355, 367, 373 f., 379; die Rechtschaffenen wohnen in i.r 355, 367, 373, 379; unsterbliche Herrlichkeit ist i. 355; Fleisch und Blut können nicht in i.r wohnen 373.

Indianer sind Nachkommen des ägyptischen Josef 19; sind Abkömmlinge Israels 95; werden von der Regierung der Vereinigten Staaten gesammelt 96; werden durch das Evangelium zusammengeführt 96.

Indien, Beginn der Missionsarbeit in I. 181,

Intelligenz, Gott ist die vollkommene I. 57; denen, die das Evangelium befolgen, wird überragende I. verliehen 69; wurde nicht erschaffen: Fußnote 1 auf S. 160; 359; hat der Mensch an I. zugenommen? 254.

Intelligenzen, einige I. sind anderen überlegen 379; Abrahams Gedankengang bezüglich der I. 379.

irdische Hülle, ohne i. keine Errettung 302; s. auch **Körper** (Fleisch und Gebein).

Irdisches ist ein Bild des Himmlischen 380.

Irrgläubige, die Vorstellungen der I.n von der Errettung ist schlimmer als Gottesleugnung 196; die von I.n durchgeführte Taufe ist ungültig 196, 268 f.; haben kein richtiges Wissen über Geister 208; einige I. haben einen verkehrten Begriff von der Gerechtigkeit und Gnade Gottes 225; widersprüchliche Glaubensbekenntnisse der I.n 226; haben eine falsche Hoffnung auf Errettung 275; haben eine falsche Vorstellung von Gott 317, 378 f.; leugnen Offenbarung 318; s. auch **Sektierer**.

Irvingianer haben von allen heutigen Sekten die Wahrheit am täuschendsten nachgeahmt 215; Lehre und Praktiken der I. 215 f.; s. auch **falsche Propheten**.

Israel, zur Zeit Christi kein Evangeliumsbündnis mit I. geschlossen 17; Gott wird den Bund mit I. einhalten 17; die Stämme I.s (außer Juda) erhalten Erbteil in Amerika 19 f.; die verlorenen Stämme I.s werden aus dem Norden zurückkommen 20; das Buch Mormon sagt aus, wer in Amerika I. ist 96; Zweck der Sammlung I.s 313; s. auch **Sammlung Israels**.

Jakob 53; nach ägyptischer Art einbalsamiert 238; in der englischen Version des Neuen Testament „James" genannt 356.

Jakobstreppe, Engel steigen auf der J. auf und nieder 15; mit den Graden der Herrlichkeit verglichen 310.

Jakobus erhielt mit Petrus und Johannes die Schlüssel des Priestertums 160.

Jaques, Vienna, Brief an J. 29.

Jarediten kamen vom Turm zu Babel nach Amerika 272; lebten mehr als tausend Jahre in Amerika 272; bedeckten den ganzen Kontinent 272.

Jascher s. **Buch Jascher**.

Jehova kennt Vergangenheit, Gegenwart und Zukunft 224; ist sich der Lage einer jeden Nation bewußt 225; weiß, in welcher Lage sich die Lebenden und die Toten befinden 225; hat Vorsorge für die Erlösung der Menschen getroffen 225; ist ein weiser Gesetzgeber 226; ist gerechter als die Menschen 226; J.s Plan ist mit dem gesunden Menschenverstand vereinbar 226; der Plan J.s 255; steht an der Spitze des Weltalls 255; s. auch **Gott**.

Jerusalem, das Neue J. 87f.; die Schrift spricht von zwei Städten J. 88; Wiederaufbau J.s 290; s. auch das **Neue Jerusalem**.

Jesus Christus ist der Mittler 15, 60, 327, 332; das Evangelium ist immer im Namen J. verkündigt worden 62; brach nie ein Gebot oder Gesetz des Himmels 69; keiner ist so rein, heilig, vollkommen und gut wie J. 69; niemand ist wie J. 70; das Zeugnis J. ist der Geist prophetischer Rede 122, 162, 270, 274, 304f., 318, 321; um des Zeugnisses Jesu willen im Gefängnis 125; war das einzige vollkommene Wesen auf Erden 191; hatte die Fülle des Geistes 191; hatte größere Macht als sonst ein Mensch 191; ist der Sohn Gottes 191; wurde dienender Geist für die Geister im Gefängnis 195, 223f., 227; diente nach seiner Auferstehung auferstandenen Wesen 195; hatte das Melchisedekische Priestertum inne 227, 270; kann durch die Macht des Heiligen Geistes erkannt werden 228; wurde vor Grundlegung der Welt gesalbt 270; bedurfte nicht der Umkehr 271; war ohne Sünde 271; mußte die Gebote befolgen, um errettet zu werden 271; wurde getauft, um die Gerechtigkeit ganz zu erfüllen 271, 279, 281, 325; der einzige Name unter dem Himmel, durch den man errettet werden kann 271; Taufen sind immer im Namen J. vollzogen worden 271; ist gütig und von Herzen demütig 275; hatte die Schlüssel des Melchisedekischen Priestertums inne 279; wurde von den Juden als der Kleinste im Himmelreich angesehen 281; war wirklich gut 308; die heutige Generation würde J. verwerfen, wenn er erschiene 313, 335f.; durch Befolgung der Verordnungen erlangte J. die Fülle des Priestertums 314; Prinzip, wonach J. gekreuzigt wurde 314, 316; der bloße Glaube an J. – ohne Gehorsam – reicht nicht aus 317; ist ein rechtmäßiger Administrator 326; hat die Schlüssel über die ganze Welt 330; spendete den Jüngern Johannes des Täufers den Heiligen Geist 343; tat, was der Vater tat 354, 380; wird dem Vater sein Reich darbringen 355; verhieß die Errettung vor Grundlegung der Welt 362; hatte als Junge genügend Erkenntnis, um das Reich zu regieren, ermangelte aber der Körperkraft 400; s. auch **Erretter**, **Erlöser**, **Menschensohn**, **Christus**, **Messias**, **Sohn Gottes**, **Zweites Kommen Jesu Christi**.

Johannes der Offenbarer, im Gleichnis vom Hochzeitsmahl zitiert 65; über das Zweite Kommen Jesu Christi 67; sagt aus, daß man König und Priester wird 67; sagt aus, daß Gott bei den Menschen wohnen wird 87; in bezug auf die Erlösung Zions sah J. das gleiche wie Henoch 87; über den Zweiten Tröster 152f.; empfing mit Petrus und Jakobus die Schlüssel des Priestertums 160; über die Geister 207; Vision des J. 251; sagt aus, was einen Propheten ausmacht 274; Auslegung der Offenbarung des J. 291–298; Unterschied zwischen den Schriften der alten Propheten und denen des J. 293; schaute die Zukunft 293; Unterschied zwischen den Schriften Daniels und denen des J. 294; schaute Wesen im Himmel 294; schaute das, was auf der Erde geschehen wird 294; sagt aus, daß es im Himmel viele Wohnungen gibt 365; sagt aus, daß es mehrere Götter gibt 379.

Johannes der Täufer entging dem Kindermord des Herodes 266; kein größerer Prophet als J. 266; warum J. als großer Prophet anzusehen ist 280 f.; hatte die Schlüssel des Aaronischen Priestertums inne 278, 325; richtete das Reich Gottes auf 278; war ein Priester nach der Ordnung Aarons 279, 325; predigte dasselbe Evangelium wie Jesus und die Apostel nach ihm 279; machte Menschen für das Reich bereit 279; was J. auszeichnet 281; sah den Geist im Zeichen der Taube auf Jesus herabkommen 281; war der Vorläufer Christi 325; Vollmachtsbereich des J. war begrenzt 343 f.; die von J. vollzogenen Verordnungen waren rechtmäßig 343; hatte den Geist und die Berufung eines Elias 345.

Jones, Dan, in Carthage 391; Prophezeiung Josephs Smiths für J. 391.

Josef (der ägyptische), patriarchalische Vollmacht gehörte dem Blut J.s 154; erhielt vom Herrn Kenntnis der Astronomie 255; lehrte die Ägypter Astronomie 255.

Joseph Smith, der Prophet, s. der Prophet Joseph **Smith**.

Joshua (jüdischer Geistlicher), äußerliche Erscheinung J.s 105; legt Daniel aus 105; war ein angenommener Name 106; der wirkliche Name J.s war Matthias 107; war wahrscheinlich ein Mörder 107; behauptete, der Geist des Apostels Matthias sei in ihm auferstanden 107; lehrte Seelenwanderung 107.

Juda findet Befreiung im alten Jerusalem 19; muß zurückkehren, bevor Christus kommt 290.

Judas (Apostel) wurde von Henoch besucht 173; zitiert die Weissagung Henochs 173.

Judas Iskariot, der Satan bemächtigte sich des J. 69; Jesus war der beste Freund von J. 69; Beispiel eines Abtrünnigen 69.

Juden verwarfen den ihnen von Jesus Christus angebotenen Bund 17; bekehrte J. sammeln sich einstweilen in Zion anstatt in Jerusalem 183; waren mehr bevorzugt als jede andere Generation 227; müssen sich am Tag des Gerichts für das Blut der Rechtschaffenen von Abel bis Zacharias verantworten 227; werden gesammelt 237; erachten Jesus als den Kleinsten im Reich 281; Zweck der Sammlung der J. 313; wurden verflucht, weil sie die Errettung ihrer Toten vernachlässigten 327.

Kain, K.s Opfer nicht angenommen, weil nicht mit Glauben dargebracht 60; K.s Opfer zurückgewiesen, weil es kein Blut enthielt 60; war ermächtigt, vor seinem Fall Opfer darzubringen 172; für Schlechtigkeit verflucht 172.

Kanada, Ansicht des Propheten über K. 342.

katholische Kirche 297, 319, 382.

Kenntnis, um den Meinungsstreit zu beenden, bedarf es der K. 291; des Priestertums bewirkt, daß man über den Tod triumphieren kann 311.

Kiefernstamm, knorriger (bildlicher Ausdruck) 338.

Kimball, Heber C., K.s Treue 313.

Kinder werden manchmal aus Barmherzigkeit heimgeholt 200f.; K.taufe ist falsche Lehre 320.

Kinder sollen nicht getauft werden, wenn die Eltern Einspruch erheben 89; sollen den Eltern gehorchen 89; K., die sterben, sind im celestialen Reich errettet 109; über den Tod von kleinen K.n 200; K., die sterben, sind von allem Bösen erlöst 201; Taufe von K. ist falsche Lehre 201; alle K. sind durch Christus erlöst 201, 320; Auferstehung der K. 204, 374; Eltern werden im celestialen Reich K. haben 306; sind ohne Sünde 320; die Bibel lehrt die Taufe von K.n nicht 320; Wert der Siegelung der K. 327; die Heiligen werden kämpfen müssen, um K. zu schützen 372; müssen an die Eltern gesiegelt werden 374.

Kirche mit menschlichem Körper verglichen 37, 236, 249; Gleichnis von der K. in den letzten Tagen 100; Unwissenheit behindert die K. 141; ist ein fester Körper 249; wird über alles Böse obsiegen 262; wird gesäubert 380; könnte der Welt allgemeinen Frieden bringen 400; der K. fehlt die Körperkraft, sich selbst zu verteidigen 400.

Kirche des Erstgeborenen 15, 327; Endowment bezieht sich auf K. 241.

Kirtland, Endowment in Kirtland 93; in der Kirche in K. machten sich falsche Geister bemerkbar 218.

kleine Füchse, die k.n verwüsten den Weingarten 263.

kleine Übel verursachen den meisten Schaden 263.

der **Kleinste im Reich Gottes**, Juden erachteten Christus als den K.n 281.

klug, einige sind zu k., als daß sie sich belehren ließen 315.

Knaben und die Evangeliumsverkündigung 45.

die **Knechte Gottes** werden vor der Zerstörung noch nicht alle Nationen erreicht haben 89.

Kolumbus, Anekdote über die Weisheit des K. 310.

Konferenz, April s. **Aprilkonferenz.**

Könige und Priester vor Gott 67, 377.

König der Könige, Christus ist der K. 381.

Kornelius empfing den Heiligen Geist vor der Taufe 203; konnte die G. des Heiligen Geistes erst nach der Taufe empfangen 203; mußte zur Errettung getauft werden 270.

Körper der Rechtschaffenen nach dem K. Christi gestaltet 67; wird bei der Auferstehung der Toten hervorkommen 86; alle, die einen K. haben, besitzen Macht über diejenigen, die keinen haben 184, 193, 311; der Rechtschaffenen wird zur Zeit Christi auferstehen 192.

Körper (bildlich), Kirche mit menschlichem K. verglichen 37, 236, 249; ein Glied beeinflußt gesamten K. 37, 236; alle sind Glieder eines gemeinsamen K.s 236.

Körper (Fleisch und Gebein), Teufel hat keinen K. 184, 302; das Glücklichsein besteht darin, daß man einen K. hat 184; Strafe des Teufels: keinen K. zu haben 184, 302; Zweck des Erdenlebens: einen K. zu erlangen 184; man wird nach dem gerichtet, was man im K. getan hat 196, 226, 316; auferstandene K. haben kein Blut 204, 373; Unterschied zwischen K. und Geist 212; ohne K. keine Errettung 302; der Vater und der Sohn haben jeder einen eigenen K. 318; Offenbarung ergeht an den Geist unabhängig vom K. 361.

Körperschaften, alle K. haben ihre besonderen Untugenden und Schwierigkeiten 242.

Köstliche Perle siehe Fußnote 6 auf S. 11, 12 und 13.

Kraft, Segen zu geben nimmt die körperliche K. in Anspruch 286.

Kranke sollen auf Gott vertrauen 194; sollen die Ältesten rufen 194; sollen mit Kräutern und leichter Kost gepflegt werden 194, 235; sollen vom Glauben leben und nicht von Medizin oder gar Gift 194; werden durch Glauben geheilt 229f.; über die Segnung von K.n durch Frauen 229f., 235; sollen mit einfachen Heilmitteln behandelt werden 336f.

Krankheit, der Herr züchtigt uns mit K. 198; kann durch Rechtschaffenheit abgewendet werden 204; kann durch Fasten und Beten abgewendet werden 333.

Kranz der Rechtschaffenheit erlangt man durch Leid 66f.; Paulus erhält den K. 66.

Krieg und Blutvergießen vorhergesagt 162.

Kürbis (bildlicher Ausdruck) 338.

Lamaniten werden gesegnet werden 87f.; in alter Zeit waren die L. ebenso wie die Nephiten sehr entschlossen und beharrlich 304.

Lamech hatte die Schlüssel des Priestertums inne 174.

Lamm (Gottes), das Lebensbuch des L.es 11, 40.

Lamm und Löwe werden beieinander liegen 73.

Ländereien in Zion sollen nicht verkauft werden 38.

lästerliches Reden, haltet euch von l. fern 131; Bemerkungen über l. 309.

Lästerung gegen den Heiligen Geist ist unverzeihlich 223.

Law, William und Wilson, Abtrünnige aus Nauvoo 375; der Prophet träumt von den Brüdern L. 375.

Leben, das irdische L. ist nicht alles 58; was ist der Zweck des L.s? 58; Quelle des L.s 58; wie man ein langes L. haben kann 245; der Geist des L.s 286; der Sohn gab sein L. hin 318; der Vater gab sein L. hin 318.

die **Lebenden** sollen die Arbeit für die Toten tun 345f., 369.

Lebensbuch des Lammes 11, 40.

Lebewesen in der Offenbarung des Johannes 291f.; Verwendung von L. in den Offenbarungen 292; in Daniels Vision 293; stellen verderbte und schlechte Königreiche dar 293; werden nicht verwendet, um das Königreich Gottes darzustellen 293; im Himmel 295f.; Gott wird durch die Errettung der L. verherrlicht 295; werden aus allen Welten errettet 295; als Abbild von Tieren 295, 298; preisen Gott im Himmel 296; ist Macht

über die Bewohner der Erde gegeben
298.

Lehi ging südlich des Isthmus von
Darien in Amerika an Land 272.

Lehre des Priestertums träufelt auf
die Rechtschaffenen herab 145; wird
nicht durch Gabe der Zungenrede
gegeben 234f.

Lehre des Teufels, daß die Söhne des
Verderbens wiedergewonnen werden, ist eine L. 26; Seelenwanderung
ist eine L. 106.

Lehrer, es gibt viele L., aber vielleicht nicht viele Väter 147.

Lehre und Bündnisse siehe Fußnote
2 auf S. 9.

leichtfertig, mit den Verheißungen
Gottes nicht l. umgehen 74; nur ein
Narr geht mit Menschenseelen l. um
139.

Leichtfertigkeit, die Ältesten und die
Heiligen sollen die L. über Bord werfen 333.

leiden, L. bringt Erfahrungen 145;
der Mensch muß l., um erhöht werden zu können 330; alle werden l.,
bis sie Christus gehorchen 363.

Leidtragende, rechtschaffende L. haben Ursache, sich zu freuen 365.

Lernen, gebt euch dem L. hin, um
Kenntnis zu erlangen 45.

Leugnen des Zweiten Kommens ist
eine Beleidigung der Urteilskraft 67.

das **Levitische Priestertum** wurde
wegen Übertretung hinzugefügt 63;
wird auch Aaronisches Priestertum
genannt 169; ist erblich 325; ist ohne
Eid 330; amtiert in äußerlichen Verordnungen 330.

Liberty, Gefängnis zu L. s. **Gefängnis
zu Liberty**.

Licht, wer L. nicht empfangen will,
wird L. verlieren 97; der Mensch
wird gemäß dem Gebrauch gerichtet,
den er vom ihm gegebenen L. macht
233, 309.

Liebe, vollkommene L. ist Gewähr
gegen den Verlust der Gnade 11; wer
weiß, daß sein Name in das Lebensbuch des Lammes gesiegelt ist, hat
vollkommene L. 11; Gottes läßt der
Gesinnung Spielraum 149; ist ein
ohne Vorurteil 149; ist ein Kennzeichen Gottes 177; zu Gott und Menschen muß vorherrschen 181; die
Macht der L. über das menschliche
Gemüt 245; man muß L. geben, um
L. zu bekommen 319; man muß auch
L. für die Feinde haben 319; Frei-
heitsl. 319; die größte L. ist, daß man
sein Leben für seine Freunde hingibt
321; bringt L. hervor 322; „mit L.
meine ich Nächstenliebe" 323.

Lohe s. **immerwährende Lohe**.

Lohn, das Gesetz des Himmels garantiert einen L. 52; wer gehorsam
ist, erhält seinen L. 57.

Lügengeister gehen um 164.

Luzifer, Grund für L.s Sturz 302;
s. auch **Teufel, Satan**.

Macht böser Geister ist beschränkt
213; Wissen ist M. 222, 292; der Teufel hat mehr M. als manche Menschen, weil er mehr Wissen hat 222;
der Freundlichkeit 232, 245; der Liebe 245; Gott hat mehr M. als alle anderen, weil er größeres Wissen hat
292; Erkenntnis ist die M., die Errettung bewirkt 311; die M. „endloser Leben" 328.

Maiskuchen (bildlicher Ausdruck)
338.

Maleachi, M.s Zitat über das Kommen Elijas 362.

Mann, kein M. ist imstande, richtig zu urteilen, wenn nicht sein Herz rein ist 71; Liebe zwischen M. und Frau 90; ein willensstarker M. hat leicht derbe Gesichtszüge 303; gutaussehende Männer sind nicht immer weise und energisch 303; einige Männer sind zu klug, als daß sie sich belehren ließen 315.

Manufaktur soll in Nauvoo aufgebaut werden 178.

Marcioniten führten eine Art Totentaufe durch 227.

Markham, Stephen, in Carthage 390.

Marks, Ephraim, Rede des Propheten beim Begräbnis von M. 220f.

Mäßigkeitsverein 312.

Maßstab für die Interpretation des Gleichnisses vom verlorenen Sohn 282.

Materie hat ewigen Bestand 306; aller Geist ist M. 306.

Maximen des Propheten: wer sich ohne Anlaß von seinem Freund abwendet, findet nicht leicht Vergebung 33; daß jemand freundlich war, darf man nie vergessen 33; wenn jemand gewillt ist, das Rechte zu tun, soll man ihn loben und nicht von seinen Fehlern sprechen 33; wer Vertrauen nie enttäuscht, soll unsere höchste Achtung genießen 33.

Mehrehe, Unterweisung über die M. 330.

Melchisedek hatte die Macht endlosen Lebens inne 329; ordinierte Abraham 329; belehrte Abraham in bezug auf Christus 329; belehrte Abraham über das Priestertum 329.

das **Melchisedekische Priestertum** ist das Priestertum des Sohnes Gottes 114, 169; hat das Recht zu tadeln, zurechtzuweisen und Offenbarung zu empfangen 114; übt die höchste Vollmacht im Reich Gottes aus 169; durch das P. wird alle Erkenntnis offenbart 169; war schon vor der Welt vorhanden 169; schließt alles Priestertum in sich 183; alle Propheten hatten das M. inne 184; hat die Macht, eine ewige Ehe zu schließen 305; wer durch das M. die Ehe schließt, wird nach der Auferstehung Kinder haben 305; hat die Macht endlosen Lebens 329; nicht aufgrund von Abstammung 330; ist ewig 330; geht mit einem Eid und Bund einher 330; David hatte nicht die Fülle des M.n 347; hat den Zweck, den richtigen Weg zur Errettung zu weisen 370; die wahre Kirche kann ohne das M. nicht bestehen 382.

der **Mensch** ist für sich selbst verantwortlich 14; jeder M. lebt selbständig 14; ist so veranlagt, daß er lieber seinen eigenen Weg geht, als das Gesetz Gottes zu befolgen 29; ist mit wenigen Ausnahmen treulos und selbstsüchtig 32; alle M.en können Gewissensfragen selbst entscheiden 51; der Verstand des M.en ist imstande zu lernen 52f., 360; wird in dem Maß erleuchtet, wie er dem göttlichen Licht Beachtung schenkt 53; die Gesetze der M.en sind unvollkommen 53f.; muß sich bereitmachen, ehe er in die celestiale Ruhe eingehen kann 56; kann sich nicht selbst erretten 60; seit Adams Fall hat es in der Verfassung des M.en keine Veränderung gegeben 62; alle M.en müssen vor Gott stehen, um gerichtet zu werden 65; ist für jede Segnung auf Gott angewiesen 70; vergißt Gott allzuoft 70; muß arglos werden 73; ein ehrlicher M. ist stärker als die Mächte der Hölle 142; Jesus war der einzige vollkommene M. 191; soll Gott dienen, wenn er im Vollbesitz seiner geistigen Kräfte ist 201; wird gemäß seinen Taten gerichtet 223, 226, 262, 316; dem M.en wird ein gerechtes Urteil zuteil 223–227; muß für seine Errettung etwas tun 233; wie kostbar sind doch die M.enseelen! 233; alle M.en sind Gott dafür verantwortlich, wie sie Licht und Weisheit anwenden 233, 309; jeder M. muß für sich selber einstehen und darf sich nicht auf andere verlassen 241; muß selber Gott anbeten 245; kann nicht ins Gottesreich gezwungen werden 245; die M.en haben eine eigenartige Vorstellung von der Gabe des Heiligen Geistes 246f.; ist unfähig, sich selbst zu regieren 254; kein M. ist ohne Fehler 263; schlechte M.en sind hartnäckig 264; gute M.en haben die schlechten M.en gegen sich 264; ist von Natur aus selbstsüchtig und ehrgeizig 302; der Rat älterer M.en ist wertvoll 303; die M.en sind in ihrem Wesen verschieden 303; kann, wenn er geübt ist, eine schwere Last tragen 304; wenn der M. beharrlich ist, zieht er – je nachdem – Unheil oder Segnung auf sich herab 304; seit Adam hat es nicht viele gute M.en gegeben 308; wird danach gerichtet, welchen Gebrauch er vom ihm gegebenen Licht macht 309; ist sein eigener Ankläger 316; neigt dazu, dem Allmächtigen Grenzen zu setzen 326, 328; alle M.en müssen sterben 331, 374; muß das Wesen Gottes begreifen, um sich selbst zu begreifen 351; kann wie Gott werden 354; der Körper des M.en wurde aus Erde vom Ackerboden gemacht 359; existiert durch und aus sich selbst 360; ist in der Lage, an Erkenntnis zuzuneh-

men 360; quält und verurteilt sich selbst 363; jeder M., der geistlich dient, ist im großen Rat dazu ordiniert worden 371f.; alle M.en müssen in die Ewigkeit eingehen 374; kann sich vor Gott nicht verstecken 374; schlechte M.en gehen über Wichtiges gedankenlos hinweg 380; der M., der in celestialer Herrlichkeit regiert, ist für seinen Herrschaftsbereich ein Gott 381; es obliegt allen M.en, ihr Leben zu schützen 399.

der **Menschensohn**, wird bald kommen 31, 135, 162; wird im großen Rat vor Adam hintreten 159f.; wir müssen uns nach dem Kommen des M.es sehnen 162; die Toten werden sich nach dem Kommen des M.es sehnen 162; das Zeichen des M.es 285, 291; s. auch **Jesus Christus**.

der **Messias** ist Jesus Christus 67; Mission und Amt des M. 342f., 348; die Mission des M. ist größer als das Amt Elijas 348; die Macht Elijas bereitet dem M. den Weg 348; gestaltete die Welt 349.

Metall, Kunst der M.bearbeitung durch Offenbarung 255.

Mexiko 342.

Michael ist Adam 41, 159, 170.

Milizoffiziere, Gespräch des Propheten mit M.n 388.

Millennial Harbinger, in A. Campbells M. erscheint ein nachteiliger Artikel über den Propheten 101.

Millennium, das M. bricht bald an 32; nicht die Menge der Prediger, sondern Rechtschaffenheit führt das M. herbei 45; Christus herrscht im M. 273f.; im M. gibt es schlechte Menschen auf der Erde 274; Christus und die auferstandenen Heiligen werden im M. nicht auf der Erde wohnen, sondern sie, wenn nötig, besuchen 274.

Missouri, göttliches Gebot, nach M. zu gehen 82; alter nephitischer Turm in M. 124; die Verfolgung der Heiligen in M. zählt zu den schlimmsten 128; kein unschuldiges Blut hätte M. befleckt 133; die Heiligen in M. wurden heftig verfolgt 133, 307; Verderbtheit der Behörden in M. 133, 135 f.; Mord an Heiligen in M. 307.

Miterbe Christi zu werden setzt Fülle der Verordnungen voraus 315; um M. zu werden, muß man alle falschen Überlieferungen ablegen 328; zu werden bedeutet, wie Gott zu sein 355.

Mitgefühl, das M. der Freunde 136; die Rechtschaffenen empfinden M. mit Seelen, die zugrunde gehen 245; für die, die leiden, müssen wir M. aufbringen 298.

Mitglieder, wie man M. im Fall einer Übertretung zu behandeln hat 24; sollen denen, die nicht unserem Glauben angehören, mit Aufgeschlossenheit begegnen 149; sollen lange leben und gesund sein 206; dürfen nicht von jemand, der nicht der Kirche angehört, vor dem Hohenrat vor Gericht gebracht werden 290; s. auch **Heilige**.

der **Mittler** ist Jesus 15, 60, 327, 332.

Mond wird sich zum Zeichen des Zweiten Kommens Christi in Blut verwandeln 162.

Mord, M. gesinnung kommt vom Teufel 364.

Mörder, ein M. kann nicht ewiges Leben haben 192; David ist ein M. 192, 347; können keine Vergebung erlangen, bis sie den letzten Pfennig

bezahlt haben 192; die Gebete der Geistlichen können einen M. nicht vor der Hölle retten 192; können nicht errettet werden 192; können keine Vergebung erlangen 347; Können nicht zur Vergebung der Sünden getauft werden 347; werden sich unendlich lange in Qualen winden 365.

Mormon, das Wort M. kommt nicht aus dem Griechischen 304; bedeutet „besser" 305; s. auch **Buch Mormon**.

Mormonen, werden alle außer den M. verdammt? 121; auch ein großer Teil M. werden verdammt, wenn sie nicht umkehren 121; glauben nicht, daß sie alles gemeinsam haben sollen 122; wurden von gesetzlosen, nichtswürdigen Menschen verfolgt 128.

Mormonism Unveiled (Mormonen ohne Maske) 101.

Mormonismus ist Wahrheit 141 f.; wird aller Verfolgung widerstehen 142; Gott ist der Urheber des M. 142; einer der Leitsätze des M. ist, daß wir die Wahrheit annehmen, woher sie auch kommt 319; einer der Leitsätze des M. ist Freundschaft 322; trägt die Wahrheit zusammen 322.

Moroni, ein auferstandenes Wesen 121; hinterlegte die Platten des Buches Mormon in der Nähe von Manchester im Staat New York 121.

Mose, das Gesetz des M. wurde dem Evangelium hinzugefügt 63; wird in bezug auf die Sammlung Israels zitiert 86 f.; Petrus, Jakobus und Johannes erhielten von M., dem Erretter und Elija die Schlüssel 160; trachtete danach, die Kinder Israel in die Gegenwart Gottes zu bringen 161; hatte die Gabe, Geister zu erkennen 211; regierte das Volk Israel in bürgerlichen und kirchlichen Belangen durch Offenbarung 256; Christus gab M. das Gesetz 281; praktizierte Gottesherrschaft 356; war für die Kinder Israel ein Gott 381; s. auch **Gesetz des Mose, Buch Mose.**

wurde getauft 269; wurde durch Händeauflegen ordiniert 269.

Offenbarer, jeder der Zwölf ist ein O. 111; der Heilige Geist ist ein O. 355.

Offenbarung ist nur verbindlich, wenn sie von einer rechtmäßig eingesetzten Autorität empfangen wird 23, 220; man soll Gott nicht um O. bitten, wenn es schon eine frühere anwendbare O. gibt 24; die Bibel enthält nicht die gesamte O. 63; man darf mit O. nicht leichtfertig umgehen 56, 63f.; muß durch die Präsidentschaft kommen 114; jeder Beamte in der Kirche kann für seine eigene Berufung O. empfangen 114; an Brigham Young 120; der Geist der O. 153; ohne O. keine Errettung 162; ist der Sprache und Aufnahmefähigkeit des Menschen angepaßt 164; ist notwendig, um zwischen falschen und wahren Geistern zu unterscheiden 209f.; ohne O. kann man weder Gott noch den Teufel verstehen 210; die Welt ist nicht bereit, das Prinzip der O. anzuerkennen 210; ohne O. verbleibt der Mensch in Unwissenheit 210; warum die heutigen Priester keine O. empfangen 222; wird von der heutigen Christenheit abgelehnt 222; die Welt war jahrhundertelang ohne O. 246f.; Noach erhielt den Plan für die Arche durch O. 255; ist den Umständen angepaßt 260; ohne O. können wir nicht das Volk Gottes sein 277; die Kirche empfängt in allen Zeitalter O. 277; wer O. verwirft, wird der Verdammnis der Hölle nicht entgehen 277, 303, 356; Fels der O. 279; was von Gott ist, kann man durch O. erfassen 296; ist das allerherrlichste Prinzip des Evangeliums 303; ist der Schlüssel, der die Himmel erschließt 303; über einiges, was seit

der Grundlegung der Welt verborgengehalten war 314, 327; für die Errettung ist persönliche O. aus erster Hand notwendig 333; der Heilige Geist gibt O. 335; niemand empfängt den Heiligen Geist, ohne O zu empfangen 335; viele haben ihre Erkenntnis durch O. erlangt 337; durch O. kann man alle Erkenntnis erlangen 337; eine einzige O. vom Himmel wiegt alle sektiererischen Vorstellungen auf 346; ergeht an den Geist des Menschen, und der Körper spielt dabei keine Rolle 361; wird im Hinblick auf das ewige Dasein des Menschen gegeben 361.

Offenbarung (des Johannes) zum Teil erklärt 291–298; ist eines der klarsten Bücher, die Gott jemals hat schreiben lassen 294; bezieht sich auf die Zukunft und nicht auf die Vergangenheit 294.

Offenbarungen, der Wert der O. 9; bilden die Grundlage der Kirche 9; sind ein Segen für die Welt; kommen den Reichtümern der ganzen Welt gleich 10; sind uns zu unserer Errettung geschenkt 10; erforscht die O.! 14; auf Gebet tut der Heilige Geist kund, daß die O. wahr sind 14; sind nicht immer auf die gegenwärtigen Zustände anwendbar 73; die Heiligen sollen den O. nicht die Treue brechen 158; O., die den Geist erretten, erretten auch den Körper 361; in den O. ist kein Fehler 374.

„Olivenblatt", vom Baum des Paradieses gepflückt, ist die Friedensbotschaft des Herrn 20.

Opfer, Sinnbild für das O. des Einziggezeugten 60; Christus war das große O. 60, 175; muß mit Glauben dargebracht werden 60f.; soll den Sinn auf Christus lenken 62; in der letzten Evangeliumszeit werden Tieropfer wiedereingeführt 175; die

Priester erhielten Teile vom O. 175; darzubringen ist eine der Obliegenheiten des Priestertums 175; sollen von den Söhnen Levi dargebracht werden 176; Verordnung des O.ns notwendig, um alles wiederherzustellen 176; O.n wird im Tempel stattfinden 176; man muß alles zum O. bringen, wenn man die Schlüssel des endlosen Lebens haben will 329; Bedeutung des O.s Abrahams 329.

ordiniert, man muß durch Händeauflegen o. werden 44, 269; jeder, der im Evangelium dient, wurde im großen Rat für diese Arbeit o. 371f.

Ordinierung, das Übel vorschneller O. 44; ist für die treuen Männer 45.

Ordnung beim Regieren ist vorteilhaft 55; in den Räten der Kirche muß O. herrschen 76f., 96; die O. des Hauses Gottes ist immer gleich 93; des Himmels beim Empfangen von Offenbarung 114; der Allmächtige liebt O. 190; die alte O. der Dinge ist wiederhergestellt 228; die O., die zum Hochbetagten gehört, wurde offenbart 241.

Palästina, Brief an O. Hyde und J. Page über ihren Auftrag in P. 165.

Paradies ist ein jetzt gebrauchtes Wort 315; wie Jesus das Wort P. gebrauchte 315; bedeutet Welt der Geister 315.

ein **Patriarch** ist ein Evangelist 154.

das **patriarchalische Priestertum**, Joseph Smith sen. hat das Recht des p.n und dessen Schlüssel inne 41; Hyrum Smith hat das Recht des p.n inne 43; ist das Priestertum eines Evangelisten 43, 154; das Recht auf das p. steht in den letzten Tagen den Nachkommen Josefs zu 154; Kenntnis des p.n erlangt man im Tempel 330.

patriarchalischer Segen, Adam gab seinen Kindern einen p. 161.

Patten, David W., P.s geistliches Wirken 30; hatte die Gabe der Heilung 30; P.s Märtyrertod bei Hauns Mill 143.

Paulus, wurde verfolgt 34; über vorschnelle Ordinierung 44; über das von Abel dargebrachte Opfer 61; sagt, daß Abraham im Evangelium unterwiesen wurde 62; Verfasser des Briefes an die Hebräer 62; über die Notwendigkeit der Auferstehung Jesu Christi 64f.; beispielhaft für Fleiß und Geduld 66; Zusammenfassung des Lebens und Wirkens des P. 66, 67; arbeitete unablässig im Evangelium 66; trachtete nicht nach irdischer Ehre 66; erhält beim Zweiten Kommen Jesu einen Kranz der Gerechtigkeit 66; über den Glaubensabfall in der Gemeinde von Ephesus 69; über die Liebe zwischen Mann und Frau 90f.; über die Lehre von der Auserwählung 151, 192; hatte den Zweiten Tröster 153; über den Dienst von Engeln 161; über die Evangeliumszeit der Erfüllung 161, 170; über die Taufe der Kinder Israel 161; Abel besuchte P. und gab ihm Erkenntnis über die Geheimnisse der Frömmigkeit 171f.; kannte Henoch und wurde von ihm unterwiesen 173; über die Taufe für die Toten 182, 205, 227; Beschreibung des P. 183; ein guter Redner 183; über die Gaben des Geistes 207, 212, 248; über die Gabe der Prophezeiung 214, 248f., 251; über die Ordnung in der Kirche 214; über die Ämter in der Kirche 249; über die Notwendigkeit, den Geist Gottes zu haben 251; wurde in den dritten Himmel entrückt 251, 306, 310, 315f., 330; hat Dinge gesehen und gehört, die man nicht aussprechen darf 251, 310, 330; über die rechtmäßige Taufe 268, 344; mußte zur Vergebung der Sünden getauft werden 270; über das Zweite Kommen Jesu 290; über die Weisheit der Welt 304; sagt: „Bringt euch nicht mit den Ungläubigen unter das gleiche Joch!" 312; wurde allen alles, um einige zu retten 312; über Priestertum und Verordnungen 314; über die drei Grade der Herrlichkeit 316f., 365, 381; darüber, daß wir nach unseren Toten forschen sollen 362; darüber, daß es viele Götter gibt 377; sagt, das Irdische sei ein Bild des Himmlischen 380.

Perle, wertvolle s. **wertvolle Perle.**

Person, in den Augen Gottes gibt es kein Ansehen der P. 68.

Petrus über die Auferstehung Jesu 64; über den Heiligen Geist 64, 83; über die Vergebung der Sünden 83 f.; über die ersten Grundsätze 84; erhielt auf dem Berg der Verklärung die Schlüssel des Priestertums 160; gab das Priestertum an andere weiter 165; über das ewige Gericht 192; über Davids Lage 192; über die Verkündigung des Evangeliums im Gefängnis der Geister 224, 228, 315; über die Taufe 268; hat die Schlüssel des Reiches inne 268; wußte, wie man in das Himmelreich kommt 268; über Berufung und Auserwählung 302, 310; schrieb von allen Aposteln die erhabenste Sprache 306; das Geheimnis in den Schriften des P. 309; über die Zusammensetzung der Gottheit 317; spricht am Pfingsttag 347.

Pfähle, Zionsp. sollen in den großen Städten der Staaten errichtet werden 369.

Pfingsttag, Aussage des Petrus am P. 347.

Pflicht, tut eure P. 45; gegenüber Frauen und Kindern 147; alle Menschen haben die P., ihre Angehörigen zu beschützen 399.

Phelps, W.W., 20, 27; soll eine Druckerei in Zion (Missouri) einrichten 39; soll alle Angaben über die Verfolgung sammeln 39; wird durch einen Brief von Joseph Smith wieder in der Kirche willkommen geheißen 168.

Philippus hatte den Geist des Elias 344.

Plan der Errettung, der Mensch ist nicht fähig, seinen eigenen P. aufzustellen 60; Abel bekam den P. gelehrt 61; jeder – ob vor oder nach der Zeit Christi – muß durch den gleichen P. errettet werden 62; Abraham bekam den P. offenbart 62; soll unsere Aufmerksamkeit voll in Anspruch nehmen 70; ist eine der besten Gaben des Himmels für die Menschen 70; verbindet alle Prinzipien der Rechtschaffenheit, Gerechtigkeit und Wahrheit miteinander 223–226; wurde vor Erschaffung der Welt festgelegt 224, 332; stellt alle Menschen auf die gleiche Grundlage 224, 228.

Planeten, entrückte Wesen sind dienende Engel für andere P. 173.

Planetensystem, Abraham kannte das P. 120, 255; Josef lernte das P. in Ägypten kennen 255; Abraham und Josef belehrten die Ägypter über das P. 255.

Pöbel, Informationen und Einzelheiten über die Aktionen des P.s sollen zusammengetragen werden 34.

politischer Grundsatz der Mormonen 119.

Präsident der Vereinigten Staaten, Joseph Smith als Kandidat für das Amt des P.en 339.

Präsidentschaft, Erste s. **Erste Präsidentschaft.**

präsidieren, Adam hat die Präsidentschaft aller Evangeliumszeiten inne 172.

Pratt, Parley P., soll länger in England bleiben 179.

predigen, das Evangelium zu p. ist eine höchst wichtige Aufgabe 115; den Wärtern im Gefängnis zu Carthage wurde gepredigt 389.

Priester sollen nicht müßig sein 79; nur wenige sind als P. qualifiziert 115; wenn der P. seine Pflicht tut, ist seine Freude ebenso groß, wie wenn er der Präsidentschaft angehörte 115.

Priestertum (allgemein), ist ein immerwährendes Prinzip ohne Anfang der Tage und Ende der Jahre 59; wer das P. trägt, kann und darf Offenbarung von Gott empfangen 114; alle P.sträger sollten qualifiziert sein 115, 144f.; die Ämter des P.s mit dem menschlichen Körper verglichen 115; alle Ämter im P. sind notwendig 115; je höher die Vollmacht im P., um so schwieriger der Standpunkt 115; die Lehre des P.s wird den Rechtschaffenen auf die Seele träufeln 145; wurde zuerst Adam gegeben 159; die Schlüssel des P.s vom Himmel gebracht 159; keine Änderung der Verordnungen bedeutet keine Änderung des P.s 160., 313f.; ist von Anfang an in ordnungsgemäßer Aufeinanderfolge an uns gelangt 160, 176; Adam steht nach Jesus Christus als nächster an der Spitze des P.s 160; es ist von zwei Priestertümern die Rede 169; Macht im P. ist auf Recht-

schaffenheit bedingt 172; wird manchmal zu einem Fluch statt einem Segen 172; die Macht der Entrückung gehört zum P. 173; vieles, was zum P. gehört, ist seit Grundlegung der Welt verborgen 173; es gibt unterschiedliche Teile des P.s 183; die Ordnung des P.s beim Tempelbau 186; setzt die Geister der Toten frei 195; Schlüsselwörter des P.s 203; Geister erkennt man mit der Macht des P.s 209f., 218; ist auf der Erde und auch im Himmel wirksam 226f.; das himmlische P. vereinigt sich mit dem irdischen 237; höchste Ordnung des P.s offenbart 241; Zusammenhang zwischen Gaben des Geistes und P. 247; die Gaben des Geistes sind notwendig, um jemand zu einem Amt im P. zu berufen 247; die Fülle des P.s muß auf die gleiche Weise erlangt werden, wie Jesus sie erlangt hat 314; drei große Ordnungen des P.s 329; ist ein vollkommenes Gesetz der Theokratie 329; gibt dem Volk Gesetze 329; der Heilige Geist amtiert im P. 330.

Priestertum Aarons s. **Aaronisches Priestertum.**

Priestertum, Levitisches s. **Levitisches Priestertum.**

Priestertum Melchisedeks s. **Melchisedekisches Priestertum.**

Priestertum, patriarchalisches s. **patriarchalisches Priestertum.**

Prinzip, das P. der Erkenntnis ist das P. der Errettung 301; die Wahrheit eines P.s hängt nicht davon ab, ob es beliebt ist oder nicht 340.

Prophet, ein P. hat Schwächen wie andere Menschen auch 91, 308f., 321; die Welt kennt das wahre Wesen eines Propheten nicht 91; jeder Mann, der das Zeugnis Jesu hat, ist ein P. 122, 162; Joseph Smiths Antwort auf die Anschuldigung, er sei ein gefallener P. 198, 371; wodurch jemand P. ist 274; ein P. ist nicht jederzeit ein P. 283.

Propheten offenbaren das Wort und den Willen Gottes 14f.; freut euch darüber, daß Gott der Welt P. gibt 15; kennen die Geheimnisse der Frömmigkeit 15; die Zwölf sind P. 111; falsche P. werden oft für wahre P. gehalten 210; hatten die Gabe, Geister zu erkennen 211; die alten P. waren vom Eifer erfüllt, Zion aufzubauen 237; reden, wie sie vom Heiligen Geist getrieben werden 247.

Propheten, falsche s. **falsche Propheten**.

prophetische Rede, das Zeugnis Jesu ist der Geist p.r 122, 162, 270, 274, 304f., 318, 321.

der **Prophet Joseph Smith** s. der Prophet Joseph **Smith**.

Prophezeiung, befaßt euch mit den P.en 15; die Gabe der P. kommt durch den Heiligen Geist 247; über den Exodus in die Rocky Mountains 260; das sicherere P.swort 306, 309; für Stephen A. Douglas 307; P., daß die Heiligen in fünf Jahren ihren Feinden entronnen sein würden 341.

Psalm, der 102. P. beschreibt die Stadt Zion 19; der 50. P. beschreibt die Herrlichkeit der Sammlung Israels 186.

Qual, enttäuschte Hoffnung in der nächsten Welt ist eine Q. 363; die Q. der Enttäuschung ist wie Feuer und Schwefel 363; der Mensch quält sich selbst 363.

Rat, strenge Ordnung im R. 71, 96, 312; Bedeutung und Wichtigkeit des R.es 71; Anweisung zu richtigem Benehmen im R. 71; Unterschied zwischen ständigem und reisendem R. 76f.; s. auch **Hoherrat**.

Rat der Götter 356f.

Rat, großer s. **großer Rat**.

Ratschläge, Folgen der Mißachtung von R.n 44; für die vertriebenen Heiligen 146; die Heiligen sind auf göttliche R. angewiesen 258f.; älterer Menschen sind wertvoll 303.

Ratschluß, Gott offenbart seinen R. den Propheten 270.

Rechenschaft, alle Menschen müssen über die ihnen gegebenen Möglichkeiten R. ablegen 70.

recht, alles, was Gott fordert, ist r. 260; s. auch **richtig**.

rechtmäßiger Administrator, wo ein r. ist, ist auch das Reich Gottes 276, 279; Johannes der Täufer war ein r. 278, 281, 325, 343f.; nur ein r. kann das Reich Gottes auf Erden errichten 279; ein r. kann Verordnungen gültig vollziehen 279; wo kein r. ist, ist auch das Reich Gottes nicht 279; ohne einen r. gibt es in der ganzen Bibel keine Errettung 326; Jesus Christus war ein r. 326; Jesus ließ sich von Johannes taufen, da Johannes ein r. war 326.

die **Rechtschaffenen** müssen oft mit den Schuldigen leiden 37; s. auch die **Gerechten**.

Rechtschaffenheit nimmt nicht zu 50; muß das Ziel der Heiligen sein 79; wird wie eine Flut über die Erde strömen 86; ergibt sich aus Gehorsam 271; die R. des Menschen ist der R. Gottes weit unterlegen 324.

Regenbogen als Zeichen in bezug auf das Ende der Welt 310; der Herr kommt nicht in dem Jahr, in dem der R. zu sehen ist 348.

Regierung braucht Gesetze, um die Unschuldigen zu schützen und die Schuldigen zu bestrafen 51, 57; ist wertvoll 55; der Allmächtige liebt eine gute R. 190; R.en in alter Zeit haben versagt 254 f.; die R. ist von Gott eingesetzt 256; jede R. sollte Religionsfreiheit garantieren 352 f.

Regierung der Menschen ist eine Abweichung von der Regierung des Herrn 59; ist anders als die Gottes 252; führt zu Verwirrung, Unordnung, Schwäche und Elend 252; Ägypten, Babylon, Griechenland, Persien, Karthago und Rom sind Beispiele der R. 253; fußt auf Gewalt und Unterdrückung 253; schnelle Aufeinanderfolge der R.en 253 f.; hat der Menschheit weder Frieden noch Glück gebracht 254, 257; R.en sind nicht stabil 254 f.; wird seit 6000 Jahren ausprobiert 257; führt nicht zu weltweitem Frieden 257.

Regierung der Vereinigten Staaten sammelt die Indianer 95; hat die Heiligen nicht vor Verfolgung geschützt 323, 334, 339; s. auch **Verfassung** (der Vereinigten Staaten).

Regierung Gottes 252–259; ist Voraussetzung für die Erhöhung 53; Forderungen der R. 53, 260 f.; fußt auf korrekten Grundsätzen 54; kennt keine Gewaltanwendung 245 f.; ist anders als die Regierung der Menschen 252; bringt Frieden, Eintracht, Stärke und Glück zuwege 252, 255; Kennzeichen der R. 252; wurde von Henoch praktiziert 256; wurde von Abraham praktiziert 256; befaßt sich mit bürgerlichen Belangen ebenso wie mit kirchlichen 256; ist der einzige Weg zu weltweitem Frieden 257; wird durch Offenbarung herbeigeführt 258, 261.

Regierungsautorität ist notwendig 51 f.

Reich, Grundsätze und Lehre der Kirche fußen auf den Schlüsseln des R.es 23; Forderungen des R.es 53; das R. des Himmels 65; alle, die Gottes Gesetze übertreten haben, werden aus seinem R. zusammengeholt 103, 161; Vision vom celestialen R. 109; der Mensch kann nicht ins Gottesr. gezwungen werden 245; was das R. ist 276; Unterschied zwischen dem R. und den Früchten des R.es 278; die Juden erachten Jesus als den Kleinsten im R. 281.

Reiche der Herrlichkeit, Bedeutung der Vision des Propheten von den R.n 13; der Prophet darf nicht einmal ein Hundertstel seines Wissens von den R.n offenbaren 310.

die **Reichen** sollen die Armen nicht ausstoßen 24.

Reich Gottes hat schon seit den Tagen Adams auf der Erde bestanden 276; ist überall dort, wo es das Priestertum gibt 276 f., 279; keine Errettung ohne R. 277; ruhte eine zeitlang allein auf Johannes 277, 281; Unterschied zwischen den Früchten des R.es und dem R. 278; kann ohne rechtmäßigen Administrator nicht errichtet werden 279; das R. sehen und in das R. kommen ist zweierlei 335; der Teufel richtet sein Reich auf, um dem R. Widerstand zu leisten 371.

Reichtümer der Erde, Offenbarungen wiegen alle R. auf 10.

Reichtümer der Ewigkeit sind den Gehorsamen zugänglich 9.

rein, wer bei Gott wohnen will, muß rein sein 232.

reinigen, wer sich reinigt, wird selbst sehen und selbst wissen 15.

Reinkarnation s. Seelenwanderung.

Religion ist eine Sache zwischen Mensch und Gott 149; R.sfreiheit ist durch die Verfassung der Vereinigten Staaten garantiert 149f., 189, 284, 352f.; R.sfreiheit sollte von allen Regierungen garantiert werden 352.

Religionsfreiheit durch die Verfassung garantiert 189, 284, 323, 333.

Richards, Willard, in Carthage 390.

richtig, was unter den einen Umständen falsch ist, kann unter anderen r. sein 260; s. auch **recht**.

Rigdon, Sidney, Liebe des Propheten für R. 33; ist nicht der reinen Liebe fähig, die einen Präsidenten der Kirche Christi auszeichnen muß 33; ist selbstsüchtig 33; ist eigensinnig 33; hat Fehler 33; ist ein Mann von großer Wortgewalt 33; gewinnt schnell Zuneigung seiner Zuhörer 33; seine Nachkommenschaft wird eingefangen werden 33; der Herr wird über seine Generation wachen 33; ist nicht geeignet, die Kirche zu führen 389.

Ring als Sinnbild für die Ewigkeit 184, 359.

Rockwell, O.P., Prophezeiung für R. 289.

Rocky Mountains, Prophezeiung über die R. 260; die Heiligen werden in die R. gejagt werden 260; Erkundungszug in die R. 340; der Herr legt Joseph Smith nahe, zu seiner Sicherheit in die R. zu fliehen 383.

rosch, hebräisch, Bedeutung von r. 356, 378.

Sache Gottes ist die Sache aller 236.

säen, der Mensch erntet, was er sät 200.

Salbung, Zweck der S. 329.

Salem s. Schalom.

Salomo, Gott war die Quelle der Weisheit S.s 255.

Sämann, Gleichnis vom S. 96, 99.

Sammlung der Auserwählten 87; der Heiligen 186; Gott hat für die letzte Zeit eine S. vorgesehen 314.

Sammlung Israels ist eine Angelegenheit von größter Bedeutung 86; Propheten haben von der S. gesprochen 86; Indianer sind in die S. miteinbezogen 88, 95; ist einer der wichtigsten Punkte in unserem Glauben 95; die Lehre von der S. ist im Gleichnis vom Sämann dargelegt 96; bereitet die Welt für den Tag des Brennens vor 103; ein Ort der S. 146, 178; die für die S. arbeiten, erhalten jede nötige Segnung 165f.; wird von den größten geistigen und zeitlichen Segnungen begleitet 186; ohne die S. kann Errettung nicht erlangt werden 186; geht dem Zweiten Kommen des Herrn voraus 186; hat den Zweck, die Lebenden und die Toten zu erlösen 313, 315f.; ermöglicht den Bau des Hauses des Herrn 313.

Sandsack, wenn es nicht mit der richtigen Absichten geschieht, kann man ebensogut einen S. wie einen Menschen taufen 320.

Sanftmut, Veranschaulichung der S. 275.

444

der **Satan** erfaßte Judas Iskariot 69; nicht alles, was der Mensch Böses tut, kann dem S. zur Last gelegt werden 199; kann als Engel des Lichts erscheinen 209, 219; das Priestertum ist notwendig, um den S. zu entlarven 209; ist der Ankläger 217; kann an der Farbe seiner Haare erkannt werden 219; Schläge des S.s 346; wurde von Joseph Smith gesehen 380; s. auch **Teufel, Luzifer.**

säubern, die Kirche wird gesäubert werden 380.

Sauerteig, Gleichnis vom S. 102.

Schaden, der meiste S. entsteht aus kleinen Übeln 263.

Schalom, hebräische Bezeichnung Salems, bedeutet Rechtschaffenheit und Frieden 328.

Schatz im Acker, Gleichnis vom S. 103.

Schläge des Satans 305; Verräter und falsche Brüder den S.n überantwortet 131; der Geist des Elija besitzt die Macht, jemand den S.n zu überantworten 346.

Schlangen, der Prophet nimmt S. in Schutz 73; was die Verheißung des Herrn über giftige S. bedeutet 74; der Prophet träumt von S. 375.

die **Schlechten**, Vernichtung der S. zum Ende der Welt 103; während des Millenniums 274; Ungewißheit ist die Strafe der S. 292; die Rechtschaffenen und die S. gehen in dieselbe Welt der Geister 316.

Schlechtigkeit der Menschen 49f.

Schlegel (bildlicher Ausdruck) 338.

der **Schleier**, vollkommener Glaube kann den S. teilen 10; durch einerlei Herz und Sinn könnte der S. zerreißen 11.

Schlüssel des Reiches 23; des Amtes der Apostel 76, 111; zu den Geheimnissen: Übelreden führt zum Abfall 158 f.; für die Zwölf: Ihr seid nicht ausgesandt, um belehrt zu werden, sondern um zu belehren 158; wichtiger Schlüssel für die Zwölf: Seid wachsam und ernsthaft, seid nicht treubrüchig 158; Adam hatte die S. der Präsidentschaft inne 159, 160, 170; Noach hatte die S. inne 159; müssen vom Himmel gebracht werden 159; alle, die S. innegehabt haben, müssen vor Adam hintreten 159 f.; Petrus, Jakobus und Johannes erhielten die S. 160; Henoch hatte die S. inne 172 f.; Lamech hatte die S. inne 174; Elija hatte die S. inne 175, 345; zur Geistererkennung 209; zum Verständnis der Schriften 282; zu einer Aussage des Petrus 302 f.; Erkenntnis von Christus ist der S. zu den Geheimnissen des Himmels 303; eines endlosen Lebens 329; zur Mehrehe 330; der Macht und Erkenntnis in den Händen der Geister der Gerechten 332; der Siegelung von Elija innegehabt 346.

Schlüsselwörter des Priestertums 203.

Schlußstein, das Buch Mormon ist der S. unserer Religion 198.

schmecken, man kann die Grundbegriffe des ewigen Lebens s. 361.

Schmeichelei ist ein tödliches Gift 139; der Teufel verwendet S. 245.

Schöpfer, erster Gott ist S. 193.

Schrei, ein rechtschaffener S. des Propheten zum Himmel 134.

Schriften, heilige S. sind durch Inspiration zum Wohle des Menschen gegeben worden 56.

schuf heißt „formte" oder „gestaltete" 184, 357f.; heißt nicht, daß etwas aus dem Nichts erschaffen wurde 357f.

Schulden, man soll S. bezahlen 24.

Schuldige bringen den Rechtschaffenen Leid 36.

Schule der Propheten, der Herr gebot die Gründung einer S. 21.

Schutzengel 375.

Schwindler, wie man S. entlarvt 343; ein S. überschreitet leicht seine Grenzen 343.

Seaton, N.E., Zeitungsherausgeber, Brief Joseph Smiths an S. 16.

Seelen, erretten 80; nur ein Narr geht mit Menschens. leichtfertig um 139; Mitgefühl für S., die zugrunde gehen 245.

Seelenwanderung ist eine Lehre des Teufels 107; falsche Lehren Joshuas, des jüdischen Geistlichen, über S. 107.

Segen wird zum Fluch, wenn er zurückgewiesen wird 64, 314, 329; einen S. zu erteilen nimmt die körperliche Kraft in Anspruch 286.

Seher kennen die Geheimnisse der Frömmigkeit 15; die Zwölf sind S. 111.

sein wie Gott, um dorthin zu gelangen, wo er ist 221.

Sektierer haben nie behauptet, das Melchisedekische Priestertum zu haben 328; werden verdammt 328; s. auch **Irrgläubige**.

sektiererisch, s.e Taufe ist ungültig 196; s.e Lehre vom Himmel widerspricht den Lehren Jesu und des Paulus 317; s.e Priester sind blind und

bauen auf alten Offenbarungen auf 317.

sektiererische Gottheit ist sehr sonderbar 379.

selbständig handeln, alle Menschen können s. 14.

selbstgerecht, die s.en Juden verurteilten Christus 244; die S.en werden verdammt 283; die Gleichnisse vom verlorenen Schaf und von der verlorenen Drachme beziehen sich auf s.e Menschen 283.

Selbstgerechtigkeit, hütet euch vor S. 233; hemmt den Fortschritt 245; ist ein Prinzip des Teufels 245; hinweg mit der S.! 246; verurteilt 308f.

Selbstrechtfertigung, die Menschheit verharrt in S. 21.

Selbstsucht, die Menschen sind voller S. 245.

selbstsüchtig, die Heiligen sollen nicht s. sein 181; der Mensch ist von Natur aus s. 302.

selig, die verfolgt werden 127.

Senfkorn, Gleichnis vom S. 101,. 161.

Seuche, vor dem Kommen des Menschensohnes kommt eine S. nach der anderen 163; kann durch Rechtschaffenheit abgewendet werden 204.

Sherwood, Henry, Gespräch mit S. 386.

das **siebente Jahrtausend**, im s.n wird die Regierung Gottes herrschen 257.

die **Siebziger** sind ein reisendes Kollegium 71; sollen überallhin auf Erden gehen 71; sind den Zwölf unterstellt 71, 114, 167; nehmen an den Sitzungen der Zwölf nur auf Einla

Smith, Alvin, Erbe des celestialen Reiches 109; Tod S.s 220.

Smith, Hyrum, wegen der Lauterkeit seines Herzens vom Herrn gesegnet 42; S.s Name wird unter den Menschen als Segnung gelten 42; vor der Macht des Satans beschirmt 42; wird nicht fehlgehen, noch wird es ihm an Erkenntnis mangeln 43; wird die patriarchalische Vollmacht seines Vaters innehaben 43; wird mit Reichtümern der Erde gesegnet sein 43; wird ewiges Leben haben 43; ist Nachfolger seines Vaters im Amt des Patriarchen 180; liest im Gefängnis zu Carthage aus dem Buch Mormon vor 390.

Smith, Joseph, sen., wird inmitten seiner Nachkommen stehen 41; hatte das Recht des patriarchalischen Priestertums inne 41; wird seine Nachkommenschaft um sich versammeln wie Adam 41; wird von seinen Nachkommen gesegnet werden wie Adam von den seinen 41; wird in der allgemeinen Versammlung der Patriarchen sitzen 41; die Segnungen des ägyptischen Josef werden auf S. kommen 42; wird eine Wohnung im celestialen Reich haben 42; S.s wird ehrenvoll gedacht werden 42; wird mächtig sein im Rat der Ältesten 42; Tod S.s 180; Hyrum Smith wird S.s Nachfolger als Patriarch 180.

Smith, Lucy, hat an den Segnungen ihres Mannes teil 41; ist erfüllt von Wohltätigkeit 41; wird ewiges Leben haben 41.

Smith, Samuel, soll im Haus des Herrn Lehrer sein 43; der Herr wird S.s Urteilskraft reifen lassen 43.

Smith, William, hat ein stolzes Herz 43; vernachlässigt das Gewichtigere 43; wird ganz gerettet werden 43; ist widerspenstig 44.

der **Sohn** hat, wie der Vater, einen eigenen Körper 318; tut, was der Vater getan hat 318, 354.

Sohn des Menschen s. **Menschensohn**.

Söhne, Herz der S. wendet sich den Vätern zu 162.

Söhne des Verderbens, das schließliche Los der S. wird niemandem offenbart außer denjenigen, die davon betroffen sind 26; werden nicht wiedergewonnen werden 26, 367; sind diejenigen, die gegen den Heiligen Geist sündigen 364; viele, die von der Kirche abgefallen sind, sind S. 364; werden auferstehen 367.

die **Söhne Levi** waren allzu voreingenommen, um das Priestertum vom Erretter zu empfangen 175; werden in der letzten Evangeliumszeit Opfer darbringen 175.

der **Sohn Gottes** kam, um die Welt vom Fall zu erlösen 14; wird in aller Herrlichkeit seines Vaters erscheinen 44; nur durch das Verdienst des S.s kann der Mensch Erlösung finden 60; öffnet ein Tor in die Gegenwart Gottes 60.

Spitzfindigkeiten, hütet euch vor den S. der Andern 158.

Sprache, die menschliche S. wird der Bedeutung des Evangeliums nicht gerecht 59; eine reine S. 95; Jesus paßt sich der S. und Aufnahmefähigkeit des Menschen an 164.

Staub von den Füßen schütteln 89.

Stephanus über die Gottheit 317.

Sterbebett, man darf mit der Umkehr nicht warten, bis man auf dem S. liegt 201.

sterben, Joseph Smith ist bereit, für die Religionsfreiheit aller Menschen zu s. 319; Joseph Smith wird nicht s., bis sein Werk vollendet ist 368, 372; alle Menschen werden geboren, um zu s. 374.

Stimme der Kirche, Beamte werden durch die S. bestätigt 110.

Stolz, hütet euch vor S. 45, 139 f., 157.

Strafe für die, die die Rechtschaffenen verfolgen 137, 266, 365; für die Schlechten besteht darin, daß sie mit ihresgleichen zusammen sind 202; die S. der Ungewißheit 292; des Teufels besteht darin, daß er keinen irdischen Körper hat 302.

Strafgericht Gottes fegt Menschen hinweg 16; wie man dem S. entgeht 18 f.; wird über die Erde hereinbrechen 19; die Heiligen werden dem S. nicht völlig entgehen 165; kommt über die Menschen, die das Evangelium verwerfen 276; wird ausgegossen 290.

Streit, das Übel des S.es 45; im Himmel und worum es dabei ging 363.

Streitgespräch meiden! 45.

Sühnopfer durch das Blut Christi 60 f.

Sünde, vorsätzliche S. ist unverzeihlich 130; was viele Leute S. nennen, ist gar keine S. 197; Zartgefühl bringt die Menschen dazu, der S. zu entsagen 245; Gott blickt nicht mit der geringsten Billigung auf S. 245; Nachsicht für den, der S. begeht 245; kein Freibrief für die S. 246; nagt an der Seele 374; s. auch **unverzeihliche Sünde, Sünde gegen den Heiligen Geist**.

die **Sünde gegen den Heiligen Geist** läßt sich mit keiner anderen Sünde vergleichen 158; ist unverzeihlich 195, 223; keine Umkehr für die S. 358; ist die unverzeihliche Sünde 364; macht Menschen zu Söhnen des Verderbens 364; wie die S. begangen wird 364; bringt den zweiten Tod 367; s. auch **unverzeihliche Sünde**.

Sünden, die Heiligen sollen ihre S. bekennen 157; einige S. können in der kommenden Welt vergeben werden, andere nicht 223 f.; 362 f.; die Menschen müssen von ihren S. errettet werden 243.

Sünder, die Heiligen sollen die S. nicht beneiden 234; S. befinden sich in einer elenden Lage 234; werden von Gott vernichtet, wenn sie nicht umkehren 234; man soll zu S.n barmherzig sein 234, 243; werden errettet, sofern sie Umkehr üben 244; die Juden verurteilten Jesus, weil er mit S.n verkehrte 244; wie man sich S.n gegenüber verhalten soll 245 f.; dem S. wird vergeben, wenn er umkehrt 364.

Tadel, der Wert berechtigten T.s 115.

Tal, jedes T. wird erhöht werden 15.

Talente, Gleichnis von den T.n 70.

Taten der Menschen werden verzeichnet 71; unrechte T. werden uns schuldig sprechen 71; jeder wird gemäß seinen eigenen T. gerichtet 223, 226, 241, 262, 316.

Tatsachen, gegen T. kommt man nicht auf 272; werden beweisen, daß Joseph Smith ein wahrer Prophet ist 272.

Taube, Zeichen der T. bezieht sich auf den Heiligen Geist 281; ist ein Sinnbild der Wahrheit und Unschuld

281; das Zeichen der T. wurde vor Erschaffung der Erde eingeführt 281; der Heilige Geist kann sich nicht in eine T. verwandeln 281; der Teufel kann nicht im Zeichen der T. kommen 281.

Taufe ist für das telestiale und terrestriale Reich nicht nötig 14f.; ist für das celestiale Reich erforderlich 14f., 19, 202; durch die Notwendigkeit der T. erledigt sich die Frage nach der Religion aller Menschen 14, 270; wenn der Mann dagegen ist, soll seine Frau nicht getauft werden 89; mit Wasser bereitet auf den Empfang des Heiligen Geistes vor 151, 203, 268; sektiérerische T. ist ungültig 196, 268f.; kleiner Kinder ist nicht nötig 201; Kindertaufe entspricht nicht dem Charakter Gottes 201; ist ein Zeichen des Gehorsams 203; ist für die Errettung unbedingt nötig 203, 267; dient der Sündenvergebung 203, 267, 320; im Namen des Vaters, des Sohnes und des Heiligen Geistes 205; kommt vom griechischen Wort „baptizo", was „untertauchen" bedeutet 267, 320; die Bibel lehrt die Notwendigkeit der T. 267; ist der einzige Weg zur Sündenvergebung 267; Sektierer haben unterschiedliche Meinung zur T. 267; ist schon immer Bedingung für die Errettung gewesen 270, 271; Engel können nicht taufen 270; es gibt keinen Ersatz für die T. 270; keine Errettung ohne T. 270, 271; ist ein Begräbnis 271; ist notwendig, um alle Gerechtigkeit zu erfüllen 271, 279, 329; ist die einzige Tür zu den Wohnungen der Seligen 271; tritt nicht an die Stelle der Beschneidung 320; muß durch Untertauchen geschehen 320, 267; Bibel lehrt keine Kindertaufe 320; ist zwecklos, wenn nicht zur Sündenvergebung und zum Empfang des Heiligen Geistes vollzogen 320; mit Wasser ist nur eine halbe T. 320,. 360; Mördern kann die T. nichts nützen 347; wenn die T. nicht vollzogen wird, ist das Fundament zur Verdammnis gelegt 367.

Taufe für die Toten wurde in der Urkirche praktiziert 182; wurde von Paulus gelehrt 182; wurde (in unserer Evangeliumszeit) zum erstenmal bei der Beerdigung von Seymour Brunson gelehrt 182; ist für die, die geglaubt hätten, wenn sie das Evangelium zu Lebzeiten gehört hätten 182, 205, 227f.; ist für die, die das Evangelium im Gefängnis der Geister empfangen haben 182, 345; erweitert den Bereich des Evangeliums 183, 195f.; ist die einzige Möglichkeit, Befreier auf dem Berg Zion zu werden 194; ist für die Errettung der Verstorbenen notwendig 196f.; muß im Haus des Herrn vollzogen werden 197, 314, 369; zahlreiche T. wurden vollzogen 205; wird durch die Bibel bekräftigt 205, 315; für verstorbene Verwandte und Freunde 227f.; wurde von den Marcioniten praktiziert 227; Berichtführer und Zeuge bei der T. notwendig 265; soll im großen Rat bezeugt werden 265; wurde vor Grundlegung der Welt angeordnet 314; wird im Neuen Testament gelehrt 315; ist der Zweck der Sammlung Israels 315.

Täufer, Johannes, s. **Johannes der Täufer**.

täuschen, der Teufel täuscht die Menschen 232.

Taylor, John, in Carthage 390f.

das **telestiale Reich** erfordert keine Taufe 14f.

Tempel, Ordnung des Priestertums bei der Errichtung eines T.s 186.

Tempel in Jerusalem 290.

Tempel in Kirtland, Fußwaschung im T. 113.

Tempel in Nauvoo größer als der in Kirtland 180; die Heiligen spenden jeden 10. Tag für die Arbeit am T. 180, 235; im T. wird Weisung vom Allerhöchsten empfangen 185; es ist schwierig, Arbeiter für den Bau des T.s zu bekommen 199f.; im T. wurden viele für die Toten getauft 205; ist für die vollständigen Priestertumsverordnungen notwendig 229; die Errichtung des T.s ist ein Gebot 258.

Tempelverordnungen 368f.; sind immer gleich 93.

terrestriale Körper, auferstandene Wesen dienen den t.n 173f.

das **terrestriale Reich** erfordert keine Taufe 14f.

der **Teufel**, genaues Schicksal des T.s ist nicht offenbart 26; es stimmt nicht, daß der T. wiedergewonnen wird 26; sollte sich der Verräter schämen 129; legt dem Volk Gottes Schlingen 133; bemüht sich aufs äußerste, die Heiligen zu bedrängen 163; der Geist des T.s ist rasend 163; kann gut reden 164; ist mächtig 164, 213; als Engel des Lichts 164, 209, 219; kann in Zungen reden 164; führt Menschen jeder Schicht und jeder Nationalität in Versuchung 164; hat keinen irdischen Körper 184; freut sich, wenn er sich den Körper eines Menschen aneignen kann 184, 302, 311; die Strafe des T.s ist, daß er keinen irdischen Körper hat 184, 302, 311; möchte lieber den Körper eines Schweins als gar keinen Körper 184; besitzt nur so viel Macht über den Menschen, wie dieser zuläßt 185; kann die Menschen nicht zwingen,

Böses zu tun 191; jeder hat die Macht, dem T. zu widerstehen 191; Geist des T.s ist ein unabhängiges Prinzip 193; freut sich über die Unwissenheit der Menschen 208; der menschliche Verstand allein kann den T. nicht entlarven 209; geheimnisvolle Pläne des T.s 209; um die Schlauheit und Unaufrichtigkeit des T.s aufzudecken, braucht man das Priestertum 209; bekundet häufig Eifer für Gott, um die Menschen zu täuschen 209; huldvolles Verhalten des T.s 209; das heilige Gewand des T.s 209; beläßt die Menschen gern in dem Glauben, sie verehren Gott, während sie in Wirklichkeit dem T. dienen 209f.; wird durch den Geist Gottes entlarvt 210; um den T. zu entlarven, ist Offenbarung notwendig 210; um den T. beherrschen zu können, ist das Priestertum notwendig 213; redet sowohl Wahrheit als auch Lüge 219; Treulose nähern sich dem T. 221; hat mehr Wissen als viele Menschen 222; ist schlau 230; um den T. zu bändigen, braucht es Demut 230; eine unschuldige Seele, die dem Bösen widersteht, kann vom T. nicht besiegt werden 231; besitzt große Macht zu täuschen 232; hemmt den menschlichen Sinn und Verstand 245; stellt sich gegen gute Menschen 264; der gleisnerische, raffinierte Einfluß des T.s 275; erweckt in Christen falsche Hoffnung auf Errettung 275; die ganze Welt wird vom T. getäuscht 275; trachtet danach, den Beschluß Gottes zu vereiteln 275; durchstreift die Erde, hin und her, und sucht, wen er vernichten kann 275; nimmt den Körper des Menschen in Besitz 302; trachtet nach etwas, was unrechtmäßig ist 302; Toren verschaffen dem T. oft Vorteil 338; legte dem großen Rat seine Pläne vor 363; die Auflehnung des T.s 363.

Teufelslehre s. **Lehre des Teufels**.

Texas, Ansichten des Propheten über die Angliederung von T. 341f.; die Neger und T. 342; Großbritannien und T. 342; die Sklaverei und T. 342.

Tiere, zu T.n gut sein 73; sollen nicht unnötigerweise getötet werden 73; zukünftige T.opfer 175; Errettung von T.n 295.

Titelblatt des Buches Mormon wurde von den Originalplatten übersetzt 9.

Tochter, die T. wird sich gegen die Mutter stellen 163.

Tod ist manchmal eine Züchtigung 198; soll zur Umkehr auffordern 200f.; von Kindern 200f.; Joseph Smith sagt eigenen T. vorher 230f., 382f.; der Gedanke an Vernichtung ist schlimmer als der an den T. 300; wird als letzter Feind besiegt 302, 311; der zweite T. 367.

Tor zum celestialen Reich 109; viele haben das T. zur Erkenntnis versiegelt 377.

Tote, gebührende Achtung den T.n 122; es ist genauso glaubhaft, daß Gott die T.n errettet, wie daß er sie auferweckt 195; die rechtschaffenen T.n leiden oft darunter, daß sie unsere Gedanken und Taten kennen 333; den Heiligen bleibt nicht viel Zeit, die Arbeit für die T.n zu tun 338; die Lebenden arbeiten für die T.n 346, 369; die Errettung der T. ist die größte Aufgabe der Menschen 362; wenn wir dahingehen, werden wir unsere T.n treffen 366.

das **Tote Meer**, das Wasser des T.n muß gesund werden 290.

Totentaufe s. **Taufe für die Toten**.

Tower Hill (Adam-ondi-Ahman), bei T. befinden sich Überreste eines Altars 124.

trachten, es ist unsinnig, wenn jemand nach einer höheren Berufung in der Kirche trachtet 228f.; es ist besser, seine derzeitige Berufung groß zu machen, als nach einer höheren zu t. 229, 233.

Träume des Propheten Joseph Smith 375, 400f.

Treubruch an Brüdern ist eine schwere Sünde 158.

Treue gegen die Freunde 322.

Treuhandschaft, Adam übergibt seine T. an Christus 160; wer eine T. hat, muß darüber Rechenschaft ablegen 160.

Treulosigkeit der Menschen 314.

Tröster, Unterschied zwischen erstem und zweitem T. 152; der erste Tröster ist der Heilige Geist 152; Wirkung des ersten T.s ist reine Intelligenz 152; der zweite T. ist Jesus Christus 152; Johannes berichtet vom T. 152f.; der zweite T. tut den Vater kund 153; mehrere Propheten hatten den zweiten T. 153.

Trunkenheit, das Übel der T. 111; haltet euch fern von T. 131.

Trunksucht, das Übel der T. 111.

Tugend, man darf an die T. der Mitmenschen kein zu strenges Maß anlegen 233; überschätze die eigene T. nicht! 233; wer an T. zunimmt, muß mit den Fehlern der Menschen Geduld haben 233.

Tugendhafte, die T.n dürfen die Sünder nicht unterdrücken 242.

Tür, bemüht euch, durch die enge T. zu gelangen 69.

Übel, der meiste Schaden entsteht aus kleinen Ü.n 263.

Überlieferungen, der Mensch muß falsche Ü. aufgeben, denn sie hindern den geistigen Fortschritt 72 f., 328, 339.

übertreffen, einige sind darauf aus, die anderen zu ü. 302.

Übersetzung der Schriften 11; des Johannesevangeliums 13.

Übersetzung der Bibel, neue s. **neue Übersetzung**.

Übertretung, der Mensch hat sich vom unmittelbaren Verkehr mit Gott durch Ü. abgeschnitten 60; wer den Geist nicht hat, ist in Ü. 80; Tag für Tag Ü. mißfällt Gott 151.

umgestalten, die Arbeit des Propheten wird die Welt u. 372.

Umkehr, ein Ruf zur U. 18 f., 367; ist notwendig, um dem Gericht zu entgehen 19; soll allen gepredigt werden: alt, jung, reich, arm, geknechtet, frei 84; muß mit Taufe und Sündenvergebung einhergehen 84; mit U. darf man nicht leichtfertig umgehen 151; soll nicht aufgeschoben werden 201; Jesus verkehrte mit Sündern, sofern sie U. übten 244; das beste Mittel, die Armen zur U. zu bewegen, ist, daß man ihrer Not steuert 246; ist in jedem Weltzeitalter notwendig 271; die Ältesten sollen U. predigen 296; nach der Sünde gegen den Heiligen Geist ist keine U. möglich 364.

Umstände, Offenbarung wird den U.n angepaßt 260; was unter bestimmten U.n falsch ist, kann unter anderen U.n richtig sein 260.

unabhängige Prinzipien, es gibt drei u.: den Geist Gottes, den Geist des Menschen und den Geist des Teufels 193.

Undankbarkeit der Menschen 314.

Unduldsamkeit anderer Glaubensgemeinschaften 196.

Ungehorsam hat Strafe zur Folge 54; den Geboten des Herrn gegenüber fügt der höchsten Intelligenz eine Beleidigung zu 56; den Gesetzen Gottes gegenüber hat Strafe zur Folge 64; verursacht Unzufriedenheit 273; in U. kann der Mensch nicht errettet werden 317.

Ungewißheit, Wissen vertreibt U. 292; nichts ist so schmerzlich wie U. 292; ist die Strafe der Schlechten 292.

Ungläubige sehnen sich beim Tod nach Unsterblichkeit 201.

Unkraut, Gleichnis vom U. 99.

Unmäßigkeit ist ein Fluch 49.

Unmenschlichkeit und Grausamkeit gegen die Heiligen in Missouri am schlimmsten 128.

Unsterblichkeit des Geistes 160, 358–360; auch der Ungläubige sehnt sich beim Tod nach U. 201; ist in immerwährender Lohe 354, 367, 379.

die **unverzeihliche Sünde** richtet sich gegen den Heiligen Geist 158; findet weder in dieser noch in der nächsten Welt Vergebung 195, 223, 362, 367; besteht darin, daß man unschuldiges Blut vergießt 305; man kann nicht gegen die u. versiegelt werden 347; ist die Sünde gegen Licht und Erkenntnis 364; s. auch **Sünde gegen den Heiligen Geist**.

unvorbereitet, Hundert und Tausende sterben u. 16; die Menschen sind u., die volle Kenntnis von den Reichen der Herrlichkeit zu erhalten 310.

Unwissenheit behindert die Kirche 141; über das Wesen der Geister 208; niemand kann als Unwissender errettet werden 306; wer zu klug ist, um sich belehren zu lassen, stirbt in U. 315.

Urstoffe sind ewig 184, 358; werden durch Rechtschaffenheit gereinigt 204; können nicht vernichtet werden 358.

Urteil, das Übel vorschnellen U.s 120, 364.

Van Buren, Präsident der Vereinigten Staaten, Besuch Joseph Smiths bei V. 307; Äußerungen V.s zur Verfolgung der Heiligen 307, 334.

Vater, es ist der Plan des V.s, die Menschen in seine Gegenwart zurückzubringen 49f.; wird durch den zweiten Tröster kundgetan 153; und Sohn sind getrennte Personen 317; hat sein Leben hingegeben und es wieder genommen 318; die Macht des V.s. 354.

Väter, es gibt viele Lehrer, aber nicht viele V. 147; werden durch das Werk der Kinder gesegnet 227.

Verantwortung, ruht auf den Eltern, wenn sie ihren Kindern das Evangelium vorenthalten 90; der Juden, weil sie das Evangelium verworfen haben 227; der Juden, weil sie ihre Toten vernachlässigt haben 227; wir haben die V., das uns gegebene Licht nutzvoll anzuwenden 233, 309.

Verbrechen nehmen zu 49.

Verdammnis der Hölle 202, 346; die, die ungehorsam sind, werden der V. nicht entgehen 202; wird erklärt 202; wer Offenbarungen ablehnt, kann der V. nicht entgehen 277, 303; auf die widersetzliche Christenheit wartet die V. 303; angebotene Segnungen abzulehnen führt zur V. 329; ohne Offenbarung kann man der V. nicht entrinnen 356; Mißachtung der Taufe ist die Grundlage der V. 367.

verdammt werden alle außer den Mormonen 121; auch viele Mormonen werden v. 121; alle, die die Gebote nicht befolgen, werden v. 204, 340; wer nicht belehrt wurde, wird für Ungehorsam nicht v. 225–227; Selbstgerechte sind verdammt 283; wird man nicht für zu viel Glauben, sondern für Unglauben 380.

Verderben, Söhne des V.s. s. **Söhne des Verderbens**.

Verderbtheit, keine Nachsicht für V. 231; die Erde stöhnt jetzt unter V. 257.

die **Vereinigten Staaten** werden Schauplatz von Blutvergießen sein 20; den V. stehen mehr Hilfsquellen zur Verfügung als jeder anderen Nation 254; sind von Uneinigkeit und Streit zerrissen 254; die Regierung der V. soll das von den Heiligen in Missouri erlittene Unrecht wiedergutmachen 307; s. auch **Verfassung** der Vereinigten Staaten.

Verfassung (der Vereinigten Staaten) ist ein herrlicher Maßstab 150; auf Gottes Weisheit gegründet 150; ist wahr 150; garantiert bürgerliche und Religionsfreiheit 189, 284, 323, 333, 339, 352f.; Bemerkungen des Propheten zur Macht der V. 284; schafft die Voraussetzung für Gesetzgebung 284; lenkt Gruppen, nicht einzelne Menschen 285; ist nicht weitreichend genug, alles zu erfassen 333; Joseph Smith, stärkster Befürworter der V. 333f.; s. auch **politischer Grundsatz**.

Verfassung (des Menschen), seit Adams Fall hat es in der V. des Menschen keine Änderung gegeben 62.

verflucht sind die, die gegen die Gesalbten des Herrn kämpfen 137.

Verfolgung, wer V. nicht aushalten kann, wird auch das Kommen des Gottessohnes nicht aushalten 44; schwere V. in Missouri 133f.; keine V. im Jenseits 173f.; setzt ein, wenn wir am meisten Gutes tun 263; ist ein Erbteil der Rechtschaffenen 265; die eiserne Hand der V. 266; die Rechtschaffenen leiden immer V. 266; wegen der Religion 339.

Vergänglichkeit, alle sind der V. unterworfen 191.

vergeben, wir müssen bereit sein, einem Bruder zu v. sogar bevor er Umkehr geübt hat 157.

Vergebung ist eine Vorbedingung 157; Mörder haben keine V. 192, 347; das Prinzip der V. 242; von Sünden ist bedingt 364.

Vergeltung, Mißachtung des Wortes des Herrn zieht V. nach sich 56, 80, 265f., 329.

Verhandlungen vor dem Hohenrat 167.

Verheißung, die heutige Generation kann die den Alten gemachten V.en nicht für sich beanspruchen 14; sind auf Gehorsam bedingt 21; den Alten wurden V.en gegeben 67; durch Eifer und Glauben erhält man V. 67; V.en für andere gelten nicht für uns 68; mit den Verheißungen Gottes darf man nicht leichtfertig umgehen 74; der Vater machte den Kindern Abrahams V.en 165; V.en sollen die Heiligen interessieren, wecken und anspornen 165; V.en der Errettung wurden vor Grundlegung der Welt gemacht 362.

Verklärung, die V. der Erde wurde auf dem Berg gezeigt 15; die Schlüssel des Priestertums wurden auf dem Berg der V. übergeben 160.

verleumden, man soll niemanden v. 157.

die **verlorenen Stämme** werden aus dem Norden zurückkehren 20.

Vermehrung, ewige V. beschränkt sich auf des celestiale Reich 306.

Vernunft, die V. lehrt uns, daß es einen Gott gibt 58.

Vernichtung, Gedanke an V. ist schmerzlicher als Tod 300; ein irreführender Gedanke 300; wäre weniger schmerzlich, als ganz ohne die Segnungen des Evangeliums zu sein 326; würde zutreffen, wenn Geist nicht ewig wäre 360.

Verordnung des Opferns wird wiederhergestellt werden 175.

Verordnungen, V. sind immer Teil des Evangeliums 62, 269; Abel hatte die V. 62; V. werden für immer dieselben sein 93f., 171, 269, 314; V. müssen so befolgt werden, wie Gott es bestimmt hat 169f.; Adam soll die V. überwachen und offenbaren 171; die V. aller Evangeliumszeiten werden in der letzten Evangeliumszeit wiederhergestellt 174, 176; V. müssen mit Vollmacht vollzogen werden 175; um die Gabe des Heiligen Geistes zu erlangen, muß man die V. befolgen 203f., 217; bestimmte V. werden nur im Haus Gottes vollzogen 313, 318, 368f.; die Evangeliumsv. wurden vor Grundlegung der Welt im Himmel eingerichtet 314, 332, 373; für die vollständige Errettung sind alle V. notwendig 315, 338;

V. werden von jedem gefordert 338;
die V. für die Toten sind dieselben
wie für die Lebenden 369, 373; ohne
die Tempelv. kann ein celestialer
Thron nicht erlangt werden 369.

Verräter, die Welt benutzt V., um
die Heiligen zu bedrängen 129; Gott
haßt V. 129; wir können V. nicht lieben 129; der Teufel sollte sich der V.
schämen 129; zu sein ist eine der
größten Sünden 158; Gott erkennt
V. nicht an 382.

Versammlung, kein gesitteter Mann
geht knapp vor Schluß aus einer V.
291, 301.

Versammlung, feierliche s. feierliche
Versammlung.

versiegelt, der Himmel war oft v.,
weil es in der Kirche Habsucht gegeben hat 11; was „an ihrer Stirn v."
bedeutet 327.

Verstand, der menschliche V. ist be-
lehrbar und erweiterungsfähig 53,
360; der Satan hemmt den menschlichen V. 245.

verwirken, die Gnade v. 346.

Verwirrung unter den Nationen 257.

viele sind berufen, aber wenige werden erwählt 144, 339.

Vision von den Graden der Herrlichkeit 13; persönliche V.en sind nur
für den Empfänger und nicht für die
Kirche 23; vom celestialen Reich
109; von den Zwölf 110; die V., daß
sich in den letzten Tagen Mutter gegen Tochter und Vater gegen Sohn
wendet 163; man darf sich nur auf
den Augenschein, nicht auf V.en
verlassen 164; wer eine V. hat, soll
um Deutung beten 164; eine offene
V. gibt das kund, was von größerer
Bedeutung ist 164; nicht jede V. ist

von Gott 164; eine V., vom Teufel
eingegeben 218; die V. von den Tieren muß von Auslegung begleitet
sein 295; von der Auferstehung 300.

Volkswirtschaft 336.

vollkommen, v.e Liebe 11; ohne unsere Toten können wir nicht v. werden 161, 346; Jesus war der einzige
v.e Mensch 191; ohne uns können
die Toten nicht v. werden 346; Joseph Smith sagte nie, er sei v. 374.

Vollkommenheit, je näher der
Mensch zur V. gelangt, umso klarer
wird sein Blick 53; erwartet die Getreuen 56; der Lebenden hängt davon ab, daß sie die Arbeit für ihre Toten tun 161, 362; die V. des Buches
Mormon 198; der Mensch soll nach
V. streben 335, 370.

Vollmacht der Apostel kommt gleich
nach der der Präsidentschaft 108;
göttliche V. ist notwendig, um heilige
Handlungen gültig zu vollziehen
279f.

von neuem geboren werden kommt
durch Wasser und Geist und ist für
die Errettung erforderlich 14f.,
269f., 366; durch Verordnungen mittels des Geistes Gottes 164.

Vorahnungen Joseph Smiths 389.

vorsätzliche Sünde ist unverzeihlich
130.

Wahrheit wird wie eine Flut über die
Erde strömen 86; Menschen, die
nicht rechtschaffen sind, können die
W. nicht verstehen 98f.; wird nicht
verstanden, weil kein Verlangen danach besteht 99; ist siegreich 135;
Mormonismus ist W. 141f.; vielen
ist die W. vorenthalten, weil sie nicht
wissen, wo sie zu finden ist 148; viele
stehen der W. fremd gegenüber 178;

der Mensch wird durch W. errettet 194; das Gebet ist der beste Weg, die W. zu erlangen 195; schlägt Irrglauben in Stücke 196; der Teufel sagt die W. und die Unw. 219; ernst denkende und vernünftig urteilende Leute hören auf die Stimme der W. 304; der Mormonismus nimmt W. an, woher sie auch kommen mag 319; wird die Menschen vereinigen 319; bahnt sich ihren Weg selbst 320; alle Kirchen haben eine Mischung von W. und Irrtum 323; die Bedeutung ewiger W. 332; es ist wichtig, daß man die Prinzipien ewiger W. gutheißt 332; durch Beten kann man die W. des Evangeliums erfahren 332; und Irrtum lassen sich nicht in Einklang bringen 332; schwächliche Menschen gehen über die W. hinweg 380.

warnen, die Ältesten sollen die Bewohner der Erde w. 88.

Warnung, eine W. davor, mit der Umkehr bis zum Sterbebett zu warten 201. .

Waschung und Salbung als Teil des Endowments 241; für den celestialen Thron notwendig 368 f.; muß an einer heiligen Stätte vollzogen werden 369.

Wasser, die Taufe im W. ohne nachfolgende Gabe des Heiligen Geistes ist nutzlos 151, 320, 366; hat im Elementarzustand von Ewigkeit her existiert 160; unter der Tempelschwelle in Jerusalem muß W. hervorströmen 290; das W. des Toten Meeres muß gesund werden 290.

Wasson, L.D., Neffe Emma Smiths 205; wurde vom Propheten getauft 205; war der erste Verwandte von Emma Smith, der sich der Kirche anschloß 205; warf Joseph Smith vor, er sei ein Feigling 384.

Weihung muß freiwillig geschehen 25 f.; allzu viele Einzelheiten sind bei der Bestandsaufnahme der W. nicht notwendig 25; ist nötig, um rechtmäßiger Erbe des Reiches zu werden 25; muß im beiderseitigen Einverständnis geschehen 25; wahre Bedeutung der W. 129.

Weinstock, s. **Gewächs des Weinstocks.**

weise, es gebührt uns, w. zu sein 258.

Weisheit, der Mensch soll W. lernen – aufgrund von Weisung und auch durch Erfahrung 157; Beten ist der beste Weg, W. zu lernen 195; jeder muß die ihm von Gott gegebene W. voll anwenden 233; W. kommt von Gott 255; um die Menschheit zu regieren, ist W. von Gott notwendig 256; die Heiligen sollen nach W. trachten 258; die Männer Gottes sind mit W. ausgerüstet 317.

Weisheit, Wort der s. **Wort der Weisheit.**

die **Welt** hat sich den Zorn Gottes verdientermaßen zugezogen 16; es ist höchste Zeit für die christliche W., aufzuwachen 16; ist infolge von Sünde in einer beklagenswerten Lage 49; nimmt nicht an Rechtschaffenheit zu 50; Finsternis ist die Verdammnis der W. 98; ist verdammt, weil sie nicht lernen will 98; was „Ende der W." bedeutet 100, 103; wird verbrannt werden 103, 327, 345; vor der W. verborgene Geheimnisse 140; wird wenig Frieden haben 163; wird schwächer, aber klüger 200; die W. wird schlechter und verderbter 200; vergangene Generationen waren rechtschaffener als die heutige W. 200; kennt das wahre Wesen der Geister nicht 208; hat schon immer falsche Propheten für wahre gehalten 210; ist nicht bereit, das Prinzip der Offenbarung anzuerkennen 211; der W. mangelt es an Nächstenliebe 245; weiß nichts von den Prinzipien der Frömmigkeit 245; kennt die wahre Natur des Heiligen Geistes nicht 246 f.; war jahrhundertelang ohne Offenbarung 247; wird das Zeichen des Kommens Christi nicht erkennen 291; kennt ihren wahren Zustand und ihre Beziehung zu Gott nicht 331; versteht die Lehre von der Auserwählung nicht 346; versteht die siegelnde Macht Elijas nicht 346; wird von Gott in ihrer Bahn gehalten 353; die Erschaffung der W. 356; das Werk des Propheten wird die W. umgestalten 372.

wertvolle Perle, Gleichnis von der w.n 104.

Wheelock, Cyrus, erhält die Liste der Zeugen für die Verhandlung 400; Hyrum Smiths Auftrag an W. 400.

Widersetzliche werden aus dem Reich Gottes ausgestoßen 54.

Wiederherstellung von allem 103, 237; alter Verordnungen 176, 241.

Wille Gottes befaßt sich mit Zeitlichem und auch mit Geistigem 257 f.; die Kirche muß bereit sein, den W.n zu tun 258.

Wissen vertreibt Finsternis und Ungewißheit 292; Gott hat mehr W. als alle anderen Wesen und daher mehr Macht 292; die Heiligen sind nicht willens, W. zu erlangen 339.

wissen, die Heiligen w., daß sie auferstehen werden 300.

Werk, das W. der letzten Tage wird in Rechtschaffenheit abgekürzt 11; der Prophet wird so lange leben, bis

sein W. vollendet ist 262, 280, 336, 368.

Werke, jeder wird gemäß seinen W.n gerichtet werden 14, 15, 201, 233, 309.

Wert berechtigten Tadels 115; der Drangsal 137; der Zurechtweisung 198.

Westen, Zug in den s. **Zug der Kirche in den Westen**.

Wort der Weisheit soll befolgt werden 119 f.; Mitglieder, die das W. nicht halten, sollen kein Amt innehaben, siehe Fußnote 2 auf S. 120.

Wort des Herrn, das W. ist kostbar 95.

Wunder kommen nicht alle von Gott 207; wer am begierigsten nach W.n ist, ist am wenigsten dafür bereit 251 f.

Wunder der Welt, wenn Israel Gott als seinen König behalten hätte, wäre es noch heute das W. 225 f.

Young, Brigham, soll dem Überrest Josefs das Evangelium predigen 78; der Prophet sah Y. in Vision 110; Offenbarung an Y. 120; Y.s Treue 313.

Zacharias, Vater Johannes des Täufers 266; versteckte Johannes in den Bergen, um ihn vor dem Grimm des Königs zu retten 266; weigerte sich, das Versteck des Johannes preiszugeben 266; hatte das Aaronische Priestertum inne 278, 325.

Zartgefühl bringt Sünder zur Umkehr 245.

Zehnter, der Bund des Zehnten 72.

Zeichen, wer ein Z. fordert, ist ein Ehebrecher 159, 283; die Z. des Kommens Christi haben begonnen 162; Gott hat auf der Erde und am Himmel viele Z. gesetzt 202; wer errettet werden will, muß den Z. des Evangeliums folgen 202; die Taufe ist ein Z. des Gehorsams 203; der Krankenheilung 203; der Gabe des Heiligen Geistes 203; folgen dem, der glaubt 229, 267; das Z. der Taube 281; der Teufel kann das Z. der Taube nicht nachmachen 281; das Z. des Menschensohnes erscheint, nachdem sich die Sonne verdunkelt und der Mond sich in Blut verwandelt hat 285, 291; das eine große Z. wird für einen Kometen gehalten werden 291.

Zepter der Rechtschaffenheit 145.

zerstörende Engel, der z. verheert die Bewohner der Erde 89; der z. vernichtet die Übeltäter 94; folgt auf die Verkündigung des Evangeliums 94; vier z. haben Macht über die Erde 327; der z. wird über die Erde ausgehen 338.

Zerstörung kommt über die Welt 18; bereitet den Weg für die Rückkehr der verlorenen Stämme 19; nur die Herzensreinen werden der Z. entrinnen 73; folgt, wenn das Evangelium verworfen wird 276.

Zeuge, dritter Gott ist Z. 193; in den letzten Tagen wird das Evangelium einem Z.n gegeben werden 370.

Zeugen, bei der Totentaufe müssen Z. zugegen sein 265; für die Lehren Christi 268.

Zeugnis, Joseph Smiths Z. vom Werk Gottes in den letzten Tagen 32; der Heilige Geist gibt all denen Z., die eifrig nach Gotteserkenntnis suchen 32; das Z. Jesu ist der Geist prophetischer Rede 122, 162, 270, 274, 304 f., 318, 321; um des Z.ses Jesu willen im Gefängnis 125; Errettung geschieht immer durch Z. 162.

Zion, die Stadt Z. wird in Amerika sein 19; der 102. Psalm beschreibt die Stadt Z. 19; wenn die Heiligen nicht treu sind, wird ein anderes Volk für Z. erwählt 21; der Grimm Gottes fällt auf Z., wenn das Volk nicht umkehrt 21; wird die Freude und Herrlichkeit der ganzen Erde sein 30; Ländereien in Z. (Missouri) sollen nicht verkauft werden 34, 35, 38; die Not Z.s soll in einem Bericht festgehalten werden 34, 39; muß Bedrängnis leiden 36; wird erlöst werden 36; der genaue Zeitpunkt und die Art und Weise der Erlösung Z.s ist nicht offenbart 36; muß bis zum Tod verteidigt werden 38; ist ein Ort der Befreiung 73; die Willigen und Gehorsamen werden in Z. gesegnet sein 79; das Zentrum von Z. durch Offenbarung bestimmt 82; aufzubauen muß unser Hauptziel sein 163; Könige und Königinnen werden nach Z. kommen 232; die große Bedeutung der Erlösung Z.s 236; die Errichtung Z.s hat den Propheten zu allen Zeiten am Herzen gelegen 237; muß durch Offenbarung errichtet werden 258; ganz Nord- und Südamerika ist Z. 368; wird in der Mitte des Landes liegen 368; Z.spfähle sollen errichtet werden 369.

Zorn, die Welt hat sich den Z. Gottes verdientermaßen zugezogen 16.

Züchtigung, der Mensch muß bereit sein, vom Herrn Z. zu ertragen 198; Gott benutzt Krankheit und Tod als Z. 198; ist die Folge von Ungehorsam 258; erfolgt, wenn die Gebote Gottes zu leicht genommen werden 258.

Zufall, Universum ist nicht durch Z. entstanden 58.

Zug der Kirche in den Westen, die Zwölf sollen einen Plan für den Z. erstellen 339; soll der Sicherheit dienen 339f.; Ausrüstung für den Z. 340; ist für die folgenden fünf Jahre prophezeit 341.

Zukunft, Johannes' Vision von der Z. 293.

Zuneigung soll sich auf Gott richten 221; soll nicht zu stark auf unsere Mitmenschen gerichtet sein, 221; und Wohlwollen sind ein mächtiger Einfluß auf den Menschen 232.

Zunge, man muß seine Z. doppelt in acht nehmen 242; hütet eure Z.! 243.

Zungenrede, die Gabe der Z. muß mit Vorsicht gebraucht werden 28; der Satan kann mit Z. täuschen 28, 234; ist gegeben, um Fremdsprachigen zu predigen 151, 199, 252; es ist nicht notwendig, Z. zu lehren 151; der Teufel beherrscht die Z. 164, 199; darf nicht ohne Übersetzung gebraucht werden 164, 252; man soll sich nicht zu sehr mit Z. abgeben 234, 252; was mit Z. gelehrt wird, darf nicht als Lehrsatz angenommen werden 235; kommt durch den Heiligen Geist 248; ist die geringste aller Gaben, wird aber am meisten begehrt 251; s. auch **Gaben des Geistes**.

Zurechtweisung, verderbte Menschen ertragen keine Z. 198.

Zwang steht im Gegensatz zur Rechtschaffenheit 144, 349; im Reich Gottes gibt es keinen Z. 246.

Zweck der Hilfsvereinigung 206, 234f.; 246, 264.

das **Zweite Kommen Jesu Christi**, Zweck des Z.n ist es, die Gläubigen zu krönen 65f.; das Z. wurde von den Aposteln gelehrt 67; wer das Z. leugnet, beleidigt die Urteilskraft 67; vor dem Z.n muß Juda zurückkehren 290; Jerusalem muß vor dem Z.n wiederaufgebaut werden 290; das Tote Meer muß vor dem Z.n gesund werden 290; viele mißverstehen das Zeichen des Z.n 291; das Z. findet nicht statt, solange der Regenbogen sichtbar ist 310, 348; der genaue Zeitpunkt für das Z. wurde nie offenbart 349; alle, die einen genauen Zeitpunkt für das Z. angeben, sind Irrlehrer 349.

Zweiter Tröster, s. **Tröster**.

der **zweite Tod** ist die Folge der Sünde gegen den Heiligen Geist 367.

die **Zwölf Apostel**, Anweisungen für das Amt der Z. 76; die Z. haben die Schlüssel des geistlichen Dienens inne 76, 111; sollen zu allen Nationen reisen 76, 111; das Amt der Z. unterscheidet sich von den anderen Ämtern der Kirche 76; sind ein reisender Hoherrat 76; unterstehen nicht dem ständigen Hohenrat 94; stehen an Vollmacht der Ersten Präsidentschaft am nächsten 108, 193; unterstehen nur der Ersten Präsidentschaft 108; Vision des Propheten in bezug auf die Z. 110; sind Propheten, Seher und Offenbarer 111; sind berufen, zu predigen, und nicht, über die Gemeinden zu präsidieren 112; Anweisungen für die Z. 157–165; sollen nicht hochfahrend sein 157; ein Schlüssel für die Z. 158; sind gesandt, zu lehren, und nicht, um belehrt zu werden 158; sollen vor Gott und den Menschen ehrlich handeln 158; sollen sich vor den Spitzfindigkeiten der Andern hüten 158;

sollen den Brüdern nicht die Treue
brechen 158; es gibt kein wichtigeres
Werk auf Erden als das der Z. 176;
müssen Tugend, Glaubenstreue,
Nächstenliebe und Eifrigkeit üben
176; sollen die Heiligen über die Errichtung Zions beraten 258; der Prophet charakterisiert die Z. 312; wurden von Oliver Cowdery, David
Whitmer und Joseph Smith ordiniert
313; sollen den Zug der Kirche nach
Westen planen 339.